国家社科基金
GUOJIA SHEKE JIJIN HOUQI ZIZHU XIANGMU
后期资助项目

古典经济学派
经济伦理思想研究

Study of the Economic Ethic Ideas of
Classical Economic School

吴瑾菁　著

中国社会科学出版社

图书在版编目(CIP)数据

古典经济学派经济伦理思想研究／吴瑾菁著． —北京：中国社会科学
出版社，2015.11

ISBN 978 - 7 - 5161 - 6970 - 4

Ⅰ.①古…　Ⅱ.①吴…　Ⅲ.①古典经济学—经济伦理学—研究
Ⅳ.①F091.33②B82 - 053

中国版本图书馆 CIP 数据核字(2015)第 251151 号

出 版 人	赵剑英	
责任编辑	喻　苗	
特约编辑	王　衡	
责任校对	朱妍洁	
责任印制	王　超	

出　　版	中国社会科学出版社	
社　　址	北京鼓楼西大街甲 158 号	
邮　　编	100720	
网　　址	http://www.csspw.cn	
发 行 部	010 - 84083685	
门 市 部	010 - 84029450	
经　　销	新华书店及其他书店	

印　　刷	北京君升印刷有限公司	
装　　订	廊坊市广阳区广增装订厂	
版　　次	2015 年 11 月第 1 版	
印　　次	2015 年 11 月第 1 次印刷	

开　　本	710×1000　1/16	
印　　张	31.25	
插　　页	2	
字　　数	561 千字	
定　　价	108.00 元	

国家社科基金后期资助项目

出版说明

后期资助项目是国家社科基金设立的一类重要项目，旨在鼓励广大社科研究者潜心治学，支持基础研究多出优秀成果。它是经过严格评审，从接近完成的科研成果中遴选立项的。为扩大后期资助项目的影响，更好地推动学术发展，促进成果转化，全国哲学社会科学规划办公室按照"统一设计、统一标识、统一版式、形成系列"的总体要求，组织出版国家社科基金后期资助项目成果。

全国哲学社会科学规划办公室

目　　录

第一章　导论

当代日本著名学者大河内一男说："再没有像今天这样需要新的经济伦理的时代，也再没有像今天这样经济伦理如此混乱的时代，同时再没有像今天这样渴望有新的经济理论的建立，也再没有像今天这样经济理论失去了它的方向。"① 尽管这是大河内一男在 20 世纪中叶对世界经济状况发出的感慨。但这个感慨同样适用于今天的世界现状。两次世界大战之后，世界经济形势变幻莫测，各种各样新的经济理论层出不穷，各个国家的经济政策也变动不定，但这一切并没有造就一个有序的、道德的经济环境，也没有给人类带来更为美满的幸福生活。尤其是进入 21 世纪后，在开局的头 10 年，由美国所引发的金融危机折射出的不仅仅是经济理论的危机，更是道德危机，在此时研究经济伦理问题极有现实价值。加之当今世界各主要经济强国所施行的均是近代以来确立的市场制度，把握市场制度特征探究经济伦理问题也是现实要求。从市场制度的启蒙来说，大家公认应追溯至古典经济学派。立足现实、还原历史，才能将思想的资源与现实问题相结合，解决我们实际存在的问题。因此，从古典经济学派经济伦理思想出发，梳理出资本主义市场制度下经济伦理观念发展与变化的历史脉络，以期为当前我们的社会主义市场经济提供伦理参考和道德启示是十分必要的。

第一节　"古典经济学派"和"经济伦理"

以"古典经济学派的经济伦理"为主题，涉及的两个主要概念——"古典经济学派"及"经济伦理"均是有争议的。学界对"古典经济学

---

① [日]大河内一男：《过渡时期的经济思想——亚当·斯密与弗·利斯特》，胡企林、沈佩林译，中国人民大学出版社 2000 年版，第 12 页。

派"的划分及其包括的主要人物的看法各异，也对"经济伦理"的定义及内容争执不下。

一 "古典经济学派"的划分

人们公认亚当·斯密创立了经济学的古典学派，开创并奠定了近代西方经济学研究的方向与基础。然而，任何一种思想学派都源于集体的贡献，需要一代甚至是几代人的努力与智慧。古典经济学派也不例外。在斯密之后，有许多经济学家沿着斯密所开创的研究路径深化着经济理论的研究。但是，哪些人可以归属于这个学派？却是一个颇有争议的话题。事实上，人们对"古典"一词所代表的内容就有着不同的认识。"斯密和李嘉图的最大成就是在经济研究仍处于混乱的状态时建立了体系。这个体系被命名为古典体系。以后不同学派的经济学者选用这个名称各具己见。有的时候，人们把'古典'这一称呼用在理论体系上，为的是表明它们所具有的不容置疑的和广泛的权威。有时这个名称被用来给发源于这些理论的政策领域中的后果加上特殊含义。再就是，有时把一个体系称为古典的，是为了区别于以后随之兴起的批判学派（如浪漫学派），而且在许多经济学家看来，这些批判学派代表了某种程度的没落。"① 基于人们对古典的不同认识，对古典经济学派就有了各异的划分。

1. 西方学者的划分

各个时期的西方研究者对古典经济学派的起止及代表人物的看法有很大不同。归纳起来，较为有影响的说法有：

其一，将亚当·斯密看作标志古典时期的开始，约翰·斯图亚特·穆勒代表着古典时期的终结。在二者之间的李嘉图、萨伊、马尔萨斯、西尼尔、詹姆斯·穆勒等人都归属古典经济学派。"自由放任原理、竞争和劳动价值论，是经济学古典学派学说的主要特征；基本上，这一学派由斯密本人、马尔萨斯、李嘉图和穆勒组成。总体上说，这一经济学史上的第二学派在 1776 年《国富论》出版后的 100 年间处于主导地位。"② 这是美国较有影响的经济学史教科书《经济思想的成长》一书对古典经济学派做出的划分及定义。可见，这一说法在西方有着较大的认可度。在一些经济学史家看来，所谓古典经济学派具有两个重要的特征，即自由主义和经济增

---

① ［英］埃里克·罗尔：《经济思想史》，陆元诚译，商务印书馆1981年版，第138页。
② ［美］亨利·威廉·斯皮格尔：《经济思想的成长》，晏智杰译，中国社会科学出版社1999年版，第208—209页。

长。因此，从斯密开始到穆勒结束的经济学就都可以被称为"古典经济学派"。"斯密在经济学领域的成就不仅提出了一个严肃的和作为科学探讨的独立学科的经济学，而且标志了所谓经济思想古典时期的开始。这个时期大致是从 1776 年《国富论》出版扩展到 1873 年约翰·斯图亚特·穆勒之死。尽管在古典学派经济学家中间所持的思想是不同的，但其共同坚持的原理却包含着天生自由（自由放任）的信条和作为改善人的生存条件的手段的经济增长重要性的信条。"①

其二，在第一种说法上还增加了新古典学派代表马歇尔和福利学派代表庇古。这是凯恩斯对古典经济学派的著名定义。凯恩斯认为古典经济学派应该从李嘉图的理论前辈开始，一直到 20 世纪 20 年代末 30 年代初。他说："'古典经济学者'是马克思所首创的名词，用以泛指李嘉图和詹姆斯·穆勒以及他们的前辈们。这就是说，泛指集大成于李嘉图经济学的古典理论的那些创始人。我已经习惯于在'古典学派'中纳入李嘉图的追随者，即那些接受李嘉图经济学并加以完善化的人，包括（例如）J. S. 穆勒、马歇尔、埃奇沃思以及庇古教授。我这样做，也许犯了用语不当的错误。"② 凯恩斯主义者大多遵循着凯恩斯的这一规定，并对它做出某种诠释。显然凯恩斯的古典经济学派中除了马克思所给出的范围，还增加了在马克思范围之外的马歇尔和庇古等被认为是新古典学派的代表人物。这是一个对古典经济学派较为宽泛的定义。无独有偶，德国柏林工业与经济学院海里希教授也认为所谓新古典和古典之间并没有质的区别，虽然二者在数学模型运用、边际效用重要性认识以及均衡理论等方面存在差别，但在根基上则是共同的，马克思对古典经济学派的批判同样适用于新古典学派。他说："马克思不仅批判斯密和李嘉图的个别观点和结论，而且批判他们的学科根基，而这些根基依然被新古典经济学家共享着。"③

其三，以斯密、李嘉图开创的古典经济学派分析路径为经济学研究工具的都被称为古典经济学。这是《新帕尔格雷夫经济学大辞典》的定义。《新帕尔格雷夫经济学大辞典》是经济学的权威文献，由英国剑桥大学三一学院的约翰·伊特韦尔、美国哈佛大学的默里·米尔盖特和美国

---

① ［美］小罗伯特·B. 埃克伦德、罗伯特·F. 赫伯特：《经济理论和方法史》，杨玉生、张凤林等译，中国人民大学出版社 2002 年版，第 83 页。

② ［美］约翰·梅纳德·凯恩斯：《就业、利息和货币通论》，高鸿业译，商务印书馆 2002 年版，第 7 页注①。

③ 魏小萍：《马克思的劳动价值论及其同古典经济学的四个决裂——德国柏林工业与经济学院海里希教授访谈》，《马克思主义研究》2012 年第 7 期，第 12—23 页。

约翰·霍普金斯大学的彼得·纽曼三位经济学家主编。其中的一位主编米尔盖特称该辞典是"维多利亚女王时期最出色的学术成就之一"。我国著名经济学家陈岱孙教授说："这一赞词并非溢美。"① 该辞典对"古典经济学"做出的定义是："'古典经济学'有时用来特指经济思想史上自1750 年至 1870 年这个阶段，在这期间，一批主要来自英国的经济学家，以亚当·斯密的《国富论》为出发点，分析了资本主义国家中的生产、分配以及商品和服务的交换。而广义的古典经济学定义还须包括古诺、迪皮特、屠能和戈森这些当时的欧洲经济学家，当然还有贝利、劳埃德和朗菲尔德这些起先看似背离亚当·斯密创立的传统理论的英国学者。因此就不容否认，这个含义，即古典经济学不仅仅是指经济思想史上的一个阶段，而且涉及对于经济问题的特定态度。"② 按照这一理解，就意味着经济学研究理论中仍然还沿用斯密、李嘉图分析路径的都可归为古典经济学派。因此，所谓的古典与新古典的区分是无意义的，它们仍然沿用的是斯密、李嘉图理论体系。所以，"我们对近年来根据当代经济学的发展，如发展经济学、增长理论、一般均衡理论和斯拉法分析等对古典经济学做出的新颖而又惊人的解释进行评论。就其本身而言毫无惊人之处，也并非一种新现象：对过去进行重新认识，总是伴随着经济学史的每一个迂回曲折。"③

其四，从斯密开始到边际主义的兴起结束。这是在西方学界较为流行的一种说法。这种划分方法认为，古典时期从斯密的《国富论》问世开始，到 19 世纪 70 年代初门格尔、杰文斯和瓦尔拉所代表的边际主义兴起结束。罗伯特·伊格利的《古典经济学结构》一书认为，从 18 世纪 50 年代的重农主义者开始，直至 19 世纪 70 年代瓦尔拉的一般均衡理论结束。他不仅认为整个古典经济学可以用一个概念性的框架来定义，而且这个框架主要围绕着一个有特定概念的"资本"旋转，这种资本作为中间商品投放于滞缓的生产过程中。主要人物包括魁奈、斯密、李嘉图、穆勒和马克思，还有麦克库洛赫、托伦斯、贝利、琼斯、西尼尔、朗菲尔德、巴比奇、图克、韦克菲尔德等。④ 而另一位学者托马斯·索厄尔则在这个范围

---

① 参见 [英] 约翰·伊特韦尔、默里·米尔盖特、彼得·纽曼《新帕尔格雷夫经济学大辞典》，陈岱孙等编译，经济科学出版社 1996 年版，中文版序，第 1 页。
② [英] 约翰·伊特韦尔、默里·米尔盖特、彼得·纽曼：《新帕尔格雷夫经济学大辞典》1卷，陈岱孙等编译，经济科学出版社 1996 年版，第 473—474 页。
③ 同上书，第 483 页。
④ 同上书，第 474 页。

内排除了一些人物，有些人物的排除甚至是令人不可思议的。他把马克思，以及马尔萨斯、托伦斯和西尼尔排除在古典经济学主流之外。[①]

2. 马克思的划分

马克思第一次提出古典学派概念，并对古典学派作了严格规定，这是大家公认的。1847年，在《哲学的贫困》中，马克思第一次使用了"古典学派"这一概念，第一次对以斯密和李嘉图为代表的古典政治经济学派做出了深刻的阐述。他说："古典派如亚当·斯密和李嘉图，他们代表着一个还在同封建社会的残余进行斗争、力图清洗经济关系上的封建残污、扩大生产力、使工商业获得新的发展的资产阶级。……亚当·斯密和李嘉图这样的经济学家是这一时代的历史学家，他们的使命只是表明在资产阶级生产关系下如何获得财富，只是将这些关系表述为范畴和规律并证明这些规律和范畴比封建社会的规律和范畴更有利于财富的生产。"[②] 在《1857—1858年经济学手稿》中，马克思第一次使用了"古典政治经济学"这一概念，第一次确定了英国和法国古典政治经济学的上限和下限。马克思指出："现代政治经济学的历史是以李嘉图和西斯蒙第（两个正好相对立的人，一个讲英语，一个讲法语）结束的，正像它在17世纪末是以配第和布阿吉尔贝尔开始的。"[③] 在1859年发表的《政治经济学批评》中，马克思对古典政治经济学的定义予以了强调："古典政治经济学在英国从威廉·配第开始，到李嘉图结束，在法国从布阿吉尔贝尔开始，到西斯蒙第结束。"[④]1873年，马克思在《〈资本论〉第二版跋》中又对古典学派作了进一步的论述。他不仅分析了古典学派产生与存在的历史条件，而且还强调古典经济学派是阶级斗争发展不明显时期的产物。他说："只要政治经济学是资产阶级的政治经济学，就是说，只要它把资本主义制度不是看作历史上过渡的发展阶段，而是看作社会生产的绝对的最后的形式，那就只有在阶级斗争处于潜伏状态或只是在个别的现象上表现出来的时

---

① ［英］约翰·伊特韦尔、默里·米尔盖特、彼得·纽曼：《新帕尔格雷夫经济学大辞典》1卷，陈岱孙等编译，经济科学出版社1996年版，第474页。

② 《马克思恩格斯选集》1卷，中共中央马、恩、列、斯著作编译局译，人民出版社1995年版，第153—154页。

③ 《马克思恩格斯全集》46卷上，中共中央马、恩、列、斯著作编译局译，人民出版社1979年版，第3页。

④ 《马克思恩格斯全集》13卷，中共中央马、恩、列、斯著作编译局译，人民出版社1962年版，第41页。

候，它还能够是科学。"① 在 1877 年，马克思在为恩格斯的《反杜林论》写的《〈批判史〉论述》中，按照马克思的看法，英国古典政治经济学的产生时期不只包括配第发表著作的整个时期，还包括从洛克、诺思发表经济理论著作的 1691 年到休谟发表经济理论著作的 1752 年这段时期。

　　总之，在马克思看来，古典政治经济学是资本主义社会上升时期代表资产阶级同封建残余势力进行斗争并要求进一步发展资本主义生产的资产阶级政治经济学。它的使命是要证明资本主义社会的经济规律和经济范畴更有利于生产的发展和社会生产率的提高。

　　按马克思的说法，法国萨伊等人所继承的是对古典经济学派的庸俗化，是庸俗经济学的代表。在法国，古典政治经济学是从布阿吉尔贝尔开始，到西斯蒙第结束。而英国古典政治经济学的全部历史，大致可以分为三个阶段：第一阶段是英国古典政治经济学的产生时期，第二阶段是英国古典政治经济学的发展时期，第三阶段是英国古典政治学的完成时期。

　　其一，产生时期。马克思把"从配第开始到休谟为止"的整个时期看作古典政治经济学"逐渐产生"的时期。英国古典政治经济学的产生时期包括 17 世纪后半期和 18 世纪前半期。主要代表人物有：威廉·配第、约翰·洛克、达德利·诺思、理查·康梯龙、大卫·休谟等。

　　其二，发展时期。马克思认为，从 18 世纪 60 年代起，英国古典政治经济学进入发展时期。18 世纪 60 年代和 70 年代，正是英国资产阶级政治经济学体系形成的重要时期。主要代表人物有：詹姆斯·斯图亚特·穆勒和亚当·斯密。

　　其三，完成时期。马克思认为 19 世纪初期是英国古典政治经济学的完成时期。主要代表人物有：大卫·李嘉图、爱德华·威斯特、约翰·巴顿、乔治·拉姆塞、约翰·斯图亚特·穆勒。

　　3. 国内学者的划分

　　国内学者基本上坚持马克思的划分方法，认为古典经济学派是以资本主义生产关系为研究对象的资产阶级经济学派，其代表人物主要有：威廉·配第、亚当·斯密、李嘉图、西斯蒙第和法国重农学派。国内的一些经济史教科书基本上是这么认为的。古典政治经济学就是以资本主义生产关系为研究对象的经济学派，包括从威廉·配第开始到重农学派，至西斯

---

① ［德］马克思：《资本论》1 卷，中共中央马、恩、列、斯著作编译局译，人民出版社 2004 年版，第 16 页。

蒙第结束。① 《政治经济学大辞典》对古典经济学的解释也大致如此。"古典经济学又称古典政治经济学、资产阶级古典政治经济学。这并非是指凯恩斯经济学产生之前的所有政治经济学学派，因为在此时间段内，还产生了马克思主义政治经济学，而且从时间上细分，也没有如此大的跨度。一般来说，古典经济学是指大约从 1750—1875 年这一段政治经济学创立时期内的除马克思主义政治经济学之外的所有的政治经济学。"② 按照此书的理解，古典经济学派的代表人物包括休谟、斯密、马尔萨斯、李嘉图和穆勒等人。

对此划分持不同意见的是晏智杰教授，他认为马克思将古典经济学在英国从威廉·配第开始，到李嘉图结束，在法国从布阿吉尔贝尔开始，到西斯蒙第结束的定义从一方面看太宽了，从另一方面看又太窄了。他说："这个定义从一方面看是太宽了，因为威廉·配第和布阿吉尔贝尔等人属于前古典阶段的任务，而西斯蒙第是古典派的批判者，他们本不属于古典派；但从另一方面看又显得太窄了，因为李嘉图以后还有一系列人物继承和发展了他和他前人的理论和学说，理应包括在古典派的行列，而马克思却将他们一概归之于庸俗经济学家的营垒。"③ 因此，他认为：

> "古典经济学"，就其主体来说，应是指从 18 世纪 70 年代到 19 世纪 60 年代期间的英国和法国的资产阶级经济学，其中又以英国为主。19 世纪初至中叶可以说是其黄金时代。亚当·斯密（1723—1790）是公认的奠基人，……李嘉图（1772—1823）则是继亚当·斯密之后，古典经济学的最伟大代表者，他的《政治经济学及赋税原理》曾经是一个时代的英国经济思想围绕着旋转的中心。古典经济学此后的发展，正是沿着他们的思想和学说展开的，无论哪一种倾向，都没有离开他们所开辟的道路和园地。马尔萨斯（1766—1834）是李嘉图的密友，在一些问题上他们是一致的，但在一系列经济学基本问题上他们又是论敌。马尔萨斯的人口论是李嘉图等人理论的一个重要支柱，他对市场机制中价格形成和变动的分析同斯密的学说有一定的联系，但他对市场实现的条件的分析以及从中得出的有利于土地贵族的结论，却同代表资产阶级利益的李嘉图等人的信条大相径庭。但总

---

① 参见陈孟熙主编《经济学说史教程》，中国人民大学出版社 2003 年版，第 38 页及以后。
② 张卓元主编：《政治经济学大辞典》，经济科学出版社 1998 年版，第 638 页。
③ 晏智杰：《古典经济学》，北京大学出版社 1998 年版，第 1 页。

的来说，马尔萨斯仍然属于古典经济学的阵营，因为他拥护和赞扬资本主义的私有制和自由竞争制度。他要求在维护资本主义的前提下，也要保护土地贵族的既得利益和地位，因而成为这个营垒中的一个"持不同政见者"。萨伊（1767—1823）是亚当·斯密学说在法国和欧洲大陆的有力宣传者，他的经济学说，包括经济学研究的方法论和一系列基本原理，对当时和后来的资产阶级经济学说发生了深远的不可忽视的影响。詹姆斯·穆勒（1773—1836）、麦克库洛赫（1789—1864）是公认的李嘉图的两位忠心耿耿的追随者，也是使他们老师的学说归于破产的主要人物。属于这一行列还有影响小一些的德·昆西。在接下来的年代里，相继出现了西尼尔（1790—1864）这样的又一位古典派中间的"持不同政见者"，他是一位资本主义制度的热心辩护士，但他同样对李嘉图等人的学说提出了许多异议，而且为后来经济思想朝向主观主义方向的发展提供了若干依据和启发。约翰·斯图亚特·穆勒（1806—1873）以其《政治经济学原理》为古典经济学作了总结，这个总结不仅企图把资产阶级经济学的各种倾向加以调和，而且对正在兴起的社会主义思潮也表现出了相当多的同情和容忍，他的著作恰如其分地代表了古典经济学的衰落。但这个衰落的过程是漫长的，直到 19 世纪 70 年代的所谓的"边际革命"出现以后才逐渐成为一个引人注目的事实。①

还有学者认为，古典经济学大致从重商主义瓦解开始发轫，直到约翰·穆勒结束。"本书基本倾向于把从生产成本角度说明商品价值并基本上主张经济自由的经济学家都划入古典经济学派队伍。古典经济学在英国大致从亚当·斯密开始，到约翰·穆勒结束。但是，从 17 世纪末重商主义瓦解到 18 世纪 70 年代这一段历史时期，英国和法国都有曾经历一个古典经济学的发轫阶段。"②

4. 本书的划分

实际上，虽然国内外学者和马克思对古典经济学派的定义有着非常不一致的理解，但是，有些认识是公认的。这些共识构成了古典经济学派的特征。例如，对经济自由主义的信奉、对经济增长的关注、对社会公正的

① 晏智杰：《古典经济学》，北京大学出版社 1998 年版，第 2—3 页。
② 尹伯成主编：《西方经济学说史——从市场经济视角的考察》，复旦大学出版社 2005 年版，第 11 页。

重视和对资本主义生产过程与生产关系的分析等。这些特征既是古典经济学派留给后人的遗产，也是归属其学派的一个参照类型。① 基于这样的认识，我们并不赞成将新古典主义排除在古典经济学派范围之外。因此，本文所分析的古典经济学派是在传统的古典经济学派主流人物基础之上加上了新古典主义的代表——马歇尔。

但是，对众多的古典经济学人物各自的经济伦理思想进行分析与阐述并非本书论旨。从本书论说目的来说，笔者是期望对古典经济学派这一学派的整体经济伦理思想进行分析与总结，梳理其经济伦理思想的发展与变化，试图从中找到某些带有规律性的东西。经济伦理问题不仅仅涉及经济学理论，更重要的是它与哲学思想密切相关，是对一个时代及一位思想家的哲学观的反映，更是在这个哲学观指导下对经济事实的伦理价值评判。这就需要选择某些具有代表性的观点和思想，而不是一一罗列。因此，对这些众多代表人物我们应有所选择：一是选择被公认为可以代表古典经济学派的大家，如斯密、李嘉图等；二是选择其对经济行为与经济活动有着强烈的哲学反思与伦理批判的人物，如穆勒、西斯蒙第。综合来说，本书涉及的古典经济学派主要人物有：亚当·斯密、李嘉图、萨伊、马尔萨斯、西斯蒙第、穆勒和马歇尔。有一些古典经济学派的人物由于其对某个经济伦理问题较有创见，我们也对其所阐述的这一经济伦理问题进行分析，如巴斯夏的经济自由主义价值观和西尼尔的"经济人"抽象。此外，还涉及一些与古典经济学派经济伦理思想有密切关系的学派，如重商主义和重农主义学派。

二 "经济伦理"的争论

围绕着经济伦理的争论自 20 世纪提出这个问题以来便从未停歇，尤

---

① 有学者也认同古典学派和新古典学派具有研究范式上的共同性。德国柏林工业与经济学院的海里希教授就认为，从马克思对古典学派的分析和批评来看，他的分析和批评也适用于新古典学派，尽管这二者之间存在差异。他说："古典与新古典经济学之间存在很多的差别。新古典经济学家会说：我们代表着现代经济学；斯密和李嘉图的古典经济学代表老式经济学。至于马克思，他们认为（如果他们还谈及马克思的话，他们大都忽略马克思），或许对批判斯密和李嘉图还有点意义，但是我们新古典经济学家已经超越了斯密和李嘉图，因此我们并未遭遇马克思的批评。但当你认真思考我所提及的四个决裂，问题就会很快明朗化：马克思不仅批判斯密和李嘉图的个别观点和结论，而且批判他们的学科根基，而这些根基依然被新古典经济学家共享着。因此，如果把这四点牢记于心，我敢说马克思的批判依然具有根本性意义——它命中了现代新古典经济学的要害。"见魏小萍《马克思的劳动价值论及其同古典经济学的四个决裂——德国柏林工业与经济学院海里希教授访谈》，《马克思主义研究》2012 年第 7 期，第 12—23 页。

其是对经济伦理的定义及其学科性质的争议尤为热烈。甚至有的学者对是否存在"经济伦理"这个研究领域都存有较大的疑虑。"动机危机、合法化危机、合理性危机，这些重大而深刻的文化危机的存在，迫使我们不得不承认一个事实：经济伦理至今仍是一个虚拟命题，至少它在实践上还是如此。"①尽管如此，近50年，国内外关于经济伦理的研究仍不失为"显学"，并对相关问题进行了激烈的争论。

1. 关于"经济伦理"的定义

从国内学界来说，对于"经济伦理"的理解主要有三个角度：一是从伦理学角度，认为经济伦理是对人们经济活动及经济行为的道德观念的研究，也就是说，是对在经济行为中形成的道德概念的认识与反思；二是从经济学角度，认为经济伦理是研究经济制度、经济规律对人们日常道德规范产生的影响；三是从伦理与经济相结合的角度，认为经济伦理既是对经济行为中道德观念的反思，也是对由经济制度及规律所带来的道德观念变化的研究。换句话说，对"经济伦理"这个概念究竟是代表"经济的伦理"，还是"伦理的经济"，抑或是"经济的伦理和伦理的经济"，人们存在不同的理解。

总结国内学者关于"经济伦理"定义，可以归纳出如下几种有代表性的观点：

其一，经济伦理是指在经济活动中形成的各种伦理关系以及协调处理这些关系的伦理道德原则和规范的总和。它的本质在于将经济伦理道德的作用与经济发展有机地结合起来，促进道德与经济的协调发展。②

其二，所谓经济伦理就是人们在现实的社会经济活动中产生并对其评判和制约的道德观念。它包括两方面的内容，一是指直接产生于人们的经济生活和经济行为中的道德观念，二是指人们对这种道德观念的认知和评价系统（经济伦理观）。③

其三，经济伦理指经济主体（企业、个人）在经济生活和经济行为中所特有的道德观念和道德评价的价值体系，以及特有的道德原则和规范。它起着协调经济活动和经济主体之间的经济利益关系，使经济活动有利于社会生产力发展，使经济活动协调和谐，同时促进经济主体的物质和精神

---

①　樊浩：《"经济伦理"：一个虚拟命题?》，《中国人民大学学报》2005年第1期，第55页。

②　许启贤：《经济伦理研究述评——经济伦理的几个问题》，《高校理论战线》2000年第2期，第19页。

③　东方朔：《经济伦理思想初探》，《华东师范大学学报》（哲学社会科学版）1987年第6期，第27页。

方面发展的作用。①

其四，经济伦理学是研究人们在社会经济活动中完善人生和协调各种利益关系的基本规律，明确善恶价值取向及应不应该行为规定的学问。②

其五，经济伦理是指人们在经济活动中的伦理精神或伦理气质，或者说是人们从道德上对经济活动的根本性看法；而经济伦理学则是这种精神、气质和看法的理论化形态，或者说是从道德上对经济活动的理论化的理解、评价和规范。③

此外，有学者认为，经济伦理学是研究社会经济和人的全面发展的关系及直接产生于人们的经济生活和经济行为中的道德观念的科学。也有学者认为，经济伦理学的研究对象即对经济行为合理性的价值论证。④

总之，无论对经济伦理定义有着多大的争论，大家公认的是：经济伦理涉及人们的经济生活和道德生活。事实上，人们的道德生活总是与其他生活领域相互交织在一起，这就为伦理学研究参与现实生活提供了可能。经济伦理就是如此，至于是偏重经济学的角度还是偏重伦理学的角度，只不过是这个问题的具体研究方法的差异。

2. 关于"经济伦理"的学科性质

"经济伦理"是一门交叉学科，这是大家所公认的。虽然大家对这一学科在伦理学上的归属性质有所争议，但并不反对将经济伦理作为一门交叉学科来对待。

国外学者维拉斯科茨认为："经济伦理学是应用伦理学。它是关于道德对错的特殊研究，主要研究道德标准如何特殊地用于经济政策、制度和行为。是把我们关于善与正当的理解用于我们称作'经济'的制度、技术交换、活动和追求。"⑤ 恩德勒提出，经济伦理学这种模式是广义经济学框架和规范伦理学的结合。所谓广义经济学模式，即对伦理学开放的经济学理论，承认人类的动机和伦理价值在经济活动中的作用。规范伦理学则是

---

① 章海山：《当代道德的转型和建构》，中山大学出版社1959年版，第302页。

② 王小锡：《关于我国经济伦理学之研究》，《哲学动态》1997年第11期，第23页。

③ 陈泽环：《功利·奉献·生态·文化——经济伦理引论》，上海社会科学出版社1999年版，第2—3页。

④ 刘国红：《我国经济伦理研究综述》，《深圳大学学报》（人文社会科学版）2000年第5期，第68—69页。

⑤ 转引自陆晓禾《走出"丛林"——当代经济伦理学漫话》，湖北教育出版社1999年版，第104页。

为经济活动提供行为规范，而非仅仅描述伦理现象，澄清伦理术语。① 他说："经济伦理学是一种'应用伦理学'，所以与其他种类的应用伦理学如生命伦理学、医学伦理学、司法伦理学、工程伦理学、传媒伦理学、计算机伦理学等等，具有一些共同的特征。"②

我国有学者也认为："经济伦理学是一门交叉学科，它从伦理学角度对经济提出问题，这些问题并不以经济的合理性为满足，并进而追究它们是否富有伦理的合理性。这就是说，对人们的经济行为的评价，不仅要问'它们是否具有高效率和高效益'，而且要问'它们是否合乎人道原则、公正原则和其他道德原则'。在现实的经济活动中，经济行为的选择并不总是和伦理原则相一致的。必须通过经济伦理学的研究和实践，使两者沿着尽可能统一的方向前进。将经济和伦理割裂开来，只讲其中一个方面，忽视、否定甚至取消另一方面，都是违背经济伦理学基本要求的。……经济伦理学作为一门交叉学科，其基本目标是实现经济与伦理的尽可能统一，其基本任务是寻找伦理学与经济学的结合点，由此找到解决两种冲突的基础和原则。"③

还有学者也认为："从学科上划分，经济伦理学应归为边缘学科类，即是经济学和伦理学的交叉学科。站在经济学的角度，经济伦理学涉及的似乎是经济现象，站在伦理学的角度，经济伦理学涉及的又似乎是道德现象。这些观察其实都是只看到了局部。全面地看，经济伦理学研究的是经济活动中的道德现象。从学科一般来说，经济伦理学既是经济学，也是伦理学。"④

3. 关于"经济伦理"的翻译

国外学界研究中，通常会出现两个相关词语：business ethics 和 economic ethics。后者的翻译对应我们通常理解的"经济伦理"毫无问题；前者就会产生"企业伦理"和"经济伦理"的歧义。而对 business ethics 的翻译就涉及经济伦理研究对象的讨论。如果将 business ethics 翻译为"企业伦理"，这不仅意味着企业伦理与经济伦理是两个不同的话题，也意味着企业行为才是经济伦理研究的中心。更为重要的是，我们所通常认为的 economic ethics 这个词语并不经常出现在相关的经济伦理研究中，反而是

---

① ［美］乔治·恩德勒：《作为行动的经济伦理学》，高国希、吴新文等译，上海社会科学出版社 2002 年版，第 25—28 页。
② 同上书，第 26 页。
③ 周中之：《伦理学》，人民出版社 2004 年版，第 508—509 页。
④ 夏伟东：《经济伦理学研究什么?》，《江苏社会科学》2000 年第 5 期，第 91 页。

business ethics 出现得更为频繁。那么，该如何理解 business ethics 呢？有学者认为，应该将此译为"经济伦理学"。理由在于："business ethics 包括宏观、中观和微观三大经济行动层次上的伦理问题，无论用'商业伦理学'、'企业伦理学'或'管理伦理学'都不能确切地表征其研究范围。"① 对于这三个层次，各个国家的研究侧重是不同的。在美国，更加侧重中观和微观层次；在欧洲，更加重视宏观层次。因此，人们认为 business 不足以突出宏观层次，就将这一概念表述为 business and economic ethics。② 也有学者认为，应该严格区分 business ethics 和 economic ethics 两个概念，"在跨文化交流中，economic ethics，business ethics 都被理解和翻译为'经济伦理'，事实上二者具有不同的学术指谓。前者不仅更加宏观，而且更偏重经济的道德形而上学，在很多场合指经济伦理学。或者则指企业伦理或商务伦理，是应用形态的经济伦理"③。

总之，国内外对于"经济伦理"这个学科研究的成立是赞同的，只是对该学科研究的侧重点有着不同的认识。国内研究者并不反对将企业伦理作为经济伦理的一个研究内容，也不认为企业伦理与经济伦理之间存在着什么学科研究的界线，并较为一致地认同 business ethics 可以译为"经济伦理"的说法。

正如国外研究者主编的《经济伦理学大辞典》中关于"经济伦理学"解释的那样，经济伦理就是研究道德规范如何对经济生活及经济行为发生作用，以及如何以道德的规范来调控人们的经济生活及行为的一个学科。"经济伦理学（企业伦理学）研究如何能使道德规范和理性在现代经济（企业）的条件下发挥作用的问题。"④

4. 关于"经济伦理"思想史

大家认为，"经济伦理学"作为一门学科起源于 20 世纪，并在 20 世纪 70 年代成熟与产生。"在 20 世纪 90 年代的美国，经济伦理学早就告别了'无稽之谈'的年代，作为一门新学科，它已经牢固地确立了它在学术界的地位，并在实践中扎下了根。1991 年，狄乔治作了这样一个有趣的比喻，他说：'作为一门学科，经济伦理学作为哲学与工商管理教育的联姻而令人瞩目。如果罗密欧与朱丽叶的婚姻，双方的父母学科都不赞成他们

---

① 陆晓禾：《经济伦理学研究》，上海社会科学出版社 2008 年版，第 46 页。

② 同上书，第 47 页。

③ 樊浩：《"经济伦理"：一个虚拟命题？》，《中国人民大学学报》2005 年第 1 期，第 48 页。

④ ［美］乔治·恩德勒：《经济伦理学大辞典》，李兆雄、陈泽环等译，上海人民出版社 2001 年版，第 587 页。

的结合。但与罗密欧与朱丽叶不同，他们的结合成功了，而且已经生儿育女。双方的祖父母即便不赞成他们的结合，也容忍了这些第三代。'"①

这是否意味着在此学科产生之前就没有相关思想的出现呢？是否意味着思想史角度的研究就不成立呢？事实上，中国伦理学的发展已经说明了这个问题。伦理学作为一门独立的学科研究也是 20 世纪才在中国出现的，虽然在西方，这个学科的研究已有近 2000 年的历史。但这并不意味着中国在 20 世纪之前就不存在伦理思想，也不存在伦理思想史。与此相反，中国自古以来就有丰富的伦理思想，已经成为人类文明的辉煌象征和杰出代表。经济伦理也是如此。实际上，早在古希腊时期，人们就有关于经济活动的道德思考，并在近代有了很大的发展。古希腊思想家色诺芬的《经济论》一书中就有着丰富的经济伦理思想，之后的柏拉图、亚里士多德等人对此思想的发挥成为古希腊的一大特色。中世纪时期尽管进入了宗教统治时期，但经院哲学家们如托马斯·阿奎那等也同样对社会的经济生活做出了伦理的思考与道德的评判。近代西方资本主义的诞生更是将经济与伦理的思考推向了一个高潮。以斯密为代表的近代资产阶级思想家们以丰富的经济伦理思想、富有创见的经济伦理价值观渗入他们对社会具体经济政策的认识之中，并成为一个时代经济政策的价值导向与标准。"严格说来，自有经济活动就产生了经济伦理。经济伦理理论上应当同伦理学的一般理论同时诞生，古老的《论语》在日本的一些著名企业就被当做经济伦理学来诠释和尊奉。"②

因此，以此立论阐述古典经济学派的经济伦理思想有着学理上的依据，同时也是时代的现实要求。

三　古典经济学派的时代背景

思想总是与历史牢牢地纠缠在一起，以致一门学科研究总是表现为该学科史的研究。哲学、伦理学、经济学和政治学研究大抵如此。这也说明研究任何一个学术问题均不能脱离该问题的时代特征，要以其产生与发展的时代背景为研究依据。古典经济学派的经济伦理思想研究也是如此。我们必须把握古典经济学派从产生到发展的历史背景，才能更好地理解该学派的经济伦理思想总貌及核心。

无论是将古典经济学派的起源视为从斯密开始，还是在斯密之前就已

① 转引自陆晓禾《经济伦理学研究》，上海社会科学出版社 2008 年版，第 9 页。
② 樊浩：《"经济伦理"：一个虚拟命题?》，《中国人民大学学报》2005 年第 1 期，第 48 页。

发端，不得不承认的是：古典经济学派思想的产生与资本主义制度有着天然的、不可分割的关系，是伴随工业化进程开始的一场思想革命。正如米尔斯所描述的那样，在 18 世纪初的时候，依赖于对外贸易的荷兰经济远远领先于英国，但一个世纪以后，英国的经济增长则大大超过了荷兰。"当时荷兰经济依靠的是贸易，这反映出重商主义思想在荷兰经济中占据主导地位；与荷兰不同，新兴的英国经济则另有其根由。与荷兰一样，英国也拥有稳定的政治背景、发达的合同法体系和相当发达的银行系统。除了这些有利条件之外，英国还拥有一个不仅对贸易感兴趣，而且也对农业和工业感兴趣的实业家阶级。借助并得益于领先发展起来的科学和具有悠久历史传统的能工巧匠，英国的工业不仅开始在采矿业、河渠开凿和农业方面处于领先地位，而且也开始在纺织、制陶和金属加工业方面处于领先地位。"[1]

1. 古典经济学派产生的经济背景

商品经济的迅速发展和人口的高速增长既是资本主义制度建立与发展的经济推动力，也是古典经济学派赖以形成并蓬勃发展的经济背景。

首先，从欧洲的经济现状来看，当时整个欧洲的商品经济贸易正蓬勃发展，并孕育着工业资本主义的萌芽，为工业革命的到来与资本主义市场经济的形成奠定基础。应该承认，16 世纪、17 世纪欧洲经济的发展与当时的航海探险是分不开的。随着中世纪时代的结束，人类开始了有史以来最大规模的航海探险活动，并随之展开了日益密切的世界联系，同时形成了一种新的经济状况与生产方式。早在 11 世纪左右，欧洲的地中海沿岸繁荣的贸易活动就使得资本主义的生产关系萌芽在此得以产生。但资本主义生产关系的成熟则是伴随着大规模的航海探险活动产生的。《剑桥欧洲经济史》中就说："由于 15 世纪后半叶葡萄牙人的航海大发现，扩张运动随之拉开了序幕，它所带来的变化使西欧和世界其他大洲——非洲、美洲、亚洲，最后是澳洲——都被带进一种崭新的、更加紧密的、持续的经济联系之中。"[2] 贸易活动促进了欧洲经济的发展，这是得到较多经济学家认可的。"15 世纪中叶到 18 世纪中叶，贸易规模迅速扩大，各种适应世界贸易扩张的制度也应运而生，并逐渐发展。直至 18 世纪下半叶工厂制问

---

① ［英］约翰·米尔斯：《一种批判的经济学史》，高湘泽译，商务印书馆 2005 年版，第 109 页。

② ［英］波斯坦主编：《剑桥欧洲经济史》第 4 卷《16 世纪、17 世纪不断扩张的欧洲经济》，张锦冬、钟和、晏波译，经济科学出版社 2003 年版，前言，第 2 页。

世，这个时代方告结束。"① 也就是说，在工业革命之前，欧洲经济的发展主要是得益于贸易。因此，重商主义学派的核心思想就是阐述贸易之于国家的重要性，并由此派生出关于财富的认识。斯密经济思想的主要内容也是针对重商主义而提出的。

贸易是工业化大生产产生的催化剂，对于这一点，马克思、恩格斯曾经有过精辟的论述：

> 美洲的发现、绕过非洲的航行，给新兴的资产阶级开辟了新天地。东印度和中国的市场、美洲的殖民化、对殖民地的贸易、交换手段和一般的商品的增加，使商业、航海业和工业空前高涨，因而使正在崩溃的封建社会内部的革命因素迅速发展。

> 以前那种封建的或行会的工业经营方式已经不能满足随着新市场出现而增加的需求了。工场手工业代替了这种经营方式。行会师傅被工业的中间等级排挤掉了；各种行会组织之间的分工随着各个作坊内部分工的出现而消失了。

> 但是，市场总是在扩大，需求总是在增加。甚至工场手工业也不再能满足需要了。于是，蒸汽和机器引起了工业生产的革命。现代大工业代替了工场手工业；工业中的百万富翁、一支一支产业大军的首领，现代资产者，代替了工业的中间等级。

> 大工业建立了美洲的发现所准备好的世界市场。世界市场使商业、航海业和陆路交通都得到了巨大的发展，这种发展又反过来促进了工业的扩展。同时，随着工业、商业、航海业和铁路的扩展，资产阶级也在同一程度上得到发展，增加自己的资本，把中世纪遗留下来的一切阶级都排挤到后面去。②

尽管贸易在这一时期对于欧洲经济具有举足轻重的作用，但不可否认的是，在工业革命发生之前，整个欧洲大陆仍然处在从封建制度向资本主义制度过渡的时期，仍然还受着封建制度的影响与统治。这段时期被学者们称为是商业资本主义时代，实际上也就是欧洲的市场经济萌芽阶段。一方面，封建的自给自足的自然经济仍然具有一定的市场与影响；另一方

---

① ［美］内森·罗森堡、L.E. 小伯泽尔：《西方现代社会的经济变迁》，曾刚译，中信出版社 2009 年版，第 57 页。
② 《马克思恩格斯选集》1 卷，中共中央马、恩、列、斯著作编译局译，人民出版社 1995 年版，第 273 页。

面，越来越频繁的商业贸易催生着资本主义工业化大生产的出现。可以说，古典经济学派就是资本主义工业化生产产生与出现的前奏，是资本主义制度在思想上的先锋。

其次，当时欧洲经济的另一表现就是：人口的持续增长。人口是社会经济发展的重要因素，一定程度上反映出当时的社会经济状况。从现有的材料来看，欧洲人口自 11 世纪以来就持续增长，到 14 世纪，人口已达到 7000 万以上。① 人口的增长导致了耕作技术的提高和耕作面积的进一步扩大。但是，一场蔓延欧洲的瘟疫给人口增长带来了深重的灾难。"1347—1351 年间黑死病在欧洲的出现——也许它是查士丁尼一世瘟疫以后中世纪欧洲人口史上最重大的事件——产生了如此长远的影响以至于在描写中世纪之后的欧洲人口时还不得不提到它。……在一些或许是大多数欧洲国家，中世纪以后的人口密度一直低于 1300 年或 1340 年，这一事实证实了 14 世纪人口灾难所产生的长远影响。"② 但是，法国在 15 世纪初，英国则在 15 世纪末，再次出现了人口增长。17—19 世纪，欧洲人口增加了一倍多，达到将近 1.7 亿。③ 可以看出，这一时期的人口增长是伴随着频繁的贸易活动而发生的，也是欧洲经济复苏与繁荣的象征。为了养活越来越多的人口，就需要持续地保证国家财富进一步的增长。因此，古典经济学派的一项重大任务就是关注经济如何得到增长。斯密以"国民财富的增长"作为自己的研究主题，李嘉图以"国家赋税的增加"作为自己的任务，马尔萨斯以"人口如何与经济增长保持协调一致"作为自己的目标……可以看出，古典经济学派正是在当时经济发生重大转型的历史时期产生的。

2. 古典经济学派产生的政治背景

从欧洲的政治现状来看，随着商业贸易的繁荣，产生了商人阶层并同时形成了规模化的城市生活。同时，由于罗马帝国的没落，新兴民族国家的出现为城市成为社会的中心，为商业贸易的重要性奠定了基础。因此，社会出现了新的社会生产力的代表阶级，一个新制度正呼之欲出。

随着欧洲贸易的繁荣，造就了商人阶级和城市的形成。事实上，商业

① ［美］内森·罗森堡、L. E. 小伯泽尔：《西方现代社会的经济变迁》，曾刚译，中信出版社 2009 年版，第 60 页。

② ［英］波斯坦主编：《剑桥欧洲经济史》第 4 卷《15 世纪、17 世纪不断扩张的欧洲经济》，张锦冬、钟和、晏波译，经济科学出版社 2003 年版，第 5 页。

③ ［美］内森·罗森堡、L. E. 小伯泽尔：《西方现代社会的经济变迁》，曾刚译，中信出版社 2009 年版，第 60 页。

活动是人类最早产生的经济活动之一，但是，没有哪个时期的商业活动如当时欧洲一样频繁，以至于需要有一个固定的、为数众多的群体专门来从事这项活动。古希腊时期就有固定的商人群体专门来从事商业贸易，也形成了古希腊有特色的城邦，即现代城市的雏形。可是由于当时的科学技术所限，其贸易的范围主要局限于地中海沿岸，难以形成一个较大范围内的商业贸易活动以及大范围的世界市场，这种商品经济最终没有走向成熟化的市场。在中世纪，尽管自给自足的庄园经济占主导地位，但也不排除商业贸易活动的存在。但当时的贸易规模较小，很少有人专门去从事贸易活动，人们将商品贸易看作副业，基本上是渔民、农民、地主等人的第二职业。交易的目的主要是为了各取所需，从贸易中获利并非是他们的主要目的。

随着市场范围的扩大和贸易活动的频繁，就出现了一个群体专门来从事这项活动。而且，贸易活动的频繁化还需要有一个固定的场所来让人们之间的交易更加便利，商人阶层和城市出现了：

> 只要手工业和贸易仍是农业的附属，并仍掌握在农民、渔夫、土地贵族或教士手中，就没有必要也很少有机会来发展商业和工业城镇。中世纪鼎盛时城镇的发展之所以成为必然并真正不可避免，不仅是因为贸易的扩展，而且因为封建社会的条件使得贸易的发展很难掌握在农村阶级手中，贸易的追求很难与其他农业职业相同。当生活和它的所有职业都完全专业化的时候，当战争和政治成为领主和不动地产所有者的专有职业时，当农业成为准奴隶的农民的专职时，贸易也一样职业化了。……
>
> 这一变化对城镇的影响是显然的。为了使之成为职业并全年进行贸易，商人和工匠必须废除限制他们自由行动和与封建社会下层自由联系的条条束缚和责任。他们的住房和用作商铺房屋，必须免除重压在土地占有使用权上的负担，他们的交易必须依据更适合于商人和商人交易的法律来判断，而不是封建的习俗和普通法。因而，中世纪城镇的基本功能，就像封建海洋中一个非封建的孤岛，它们在11世纪大量出现。①

---

① ［英］波斯坦主编：《剑桥欧洲经济史》第2卷《中世纪的贸易和工业》，钟和等译，经济科学出版社2003年版，第184—185页。

同时，随着罗马帝国的崩溃，欧洲开始出现了民族国家。这些民族国家为了维护自身的权利，一方面加强了政府权力的权威，另一方面开始了强力扩张，以财富积聚为目的以图增强自身的实力。熊彼特说："在腓特烈二世（1194—1250）时代，一场从根本上动摇了基督教世界的持久斗争，最后以教皇付出极大代价而取得胜利宣告结束。但在这场斗争中，双方都耗尽了各自的政治资源，所以更为正确地说是两败俱伤：教皇丧失了权威，罗马帝国开始瓦解。结果，中世纪的国际主义寿终正寝了，民族国家开始维护自身的独立，与那种超国家的权威相对抗。"① 这就导致欧洲封建时期的领主割据状态得以结束，取而代之的是政府权力的兴起，这就导致了政治权力的转移。封建领主个人军事和政治力量丧失了，取而代之的是以政府权力的形式来获得军事和政治上的力量。为此，这就需要封建领主从封建庄园中走出来，进入到政治生活的中心——城市。"政治权力性质的变化要求封建庄园主从农村移居到中央权力所在的城市中心。于是他们逐渐城市化，每年至少有一部分时间要待在巴黎、伦敦或维也纳的朝廷里。1750 年前，城市化了的封建贵族和他们的文化盟友，就已开始把那些始终拒绝城市化的农村富豪当成嘲笑对象。"② 由城市生活所带来的变化就是对封建的自给自足自然经济的冲击。因为，封建领主通过在城市中的生活发现，货币才是最为重要的力量，是政治权力和经济权力的源泉。对货币的重视，使得商人阶级开始进入政治生活的中心，并以财富来影响国家的经济、政治决策。这就是"第三等级"或者被称为是"新阶层"的兴起。

随着 19 世纪进行的政治改革，封建地主失去了对选举程序的控制，这主要不是因为城市选举权的增加，而是由于越来越多的农村选民得到了秘密投票的权利，而这些选民不满于封建地主的财富和权势。毋庸置疑的一点是，这种变化与经济发展相联系。而且，造成这种变化还有这样一个因素，即随着经济的发展，越来越多的人由于受教育程度和经济地位的提高，开始要求政治上的权利。此外，封建地主所施行的政策总体上有利于商业的发展，而在商业发展过程中，他们也进行了投资并直接参与商业活动。因此，政治变化并非根源于封

---

① ［美］约瑟夫·熊彼特：《经济分析史》1 卷，朱泱、孙鸿敞、李宏、陈锡龄等译，商务印书馆 1996 年版，第 230 页。

② ［美］内森·罗森堡、L. E. 小伯泽尔：《西方现代社会的经济变迁》，曾刚译，中信出版社 2009 年版，第 78 页。

建贵族阶层与新兴商人阶层之间的冲突与斗争，经济发展本身才是推进民主化的力量，并最终造就出一个封建贵族无法控制的社会。①

这就预示着，欧洲已经形成一个新兴的阶级，无论构成这个阶级的成员是来自商人阶层还是封建贵族本身，毋庸置疑的一点就是：这个阶级已经不同于封建贵族阶级，是新生产力的象征和代表。古典经济学派也就是这个新阶级的代言人，为这个新阶级完全掌握国家的政治、经济权力而服务。另外，这个新阶级的出现也迫切需要思想文化上的代言人，在为其统治从思想上扫清封建主义障碍的同时，为新生制度进行思想上的辩护与理论上的论证。

3. 古典经济学派产生的文化背景

从欧洲的文化现状来看，欧洲自 11 世纪以来掀起的文艺复兴运动标志着资产阶级开始从思想上展开对封建主义、神学主义的批判，提出了发展资本主义经济的要求。随着资本主义生产方式的成熟，资产阶级进一步提出了获得政权，建立资本主义政治制度的要求。从思想上来说，这一任务就是由启蒙运动来完成的。

17—18 世纪的欧洲，处于从封建社会向资本主义社会过渡的时期。随着西欧各国资本主义经济的发展，资本主义同腐朽的封建制度的矛盾日益尖锐，资产阶级和人民大众的反封建斗争此起彼伏。在这种形势下，在欧洲各地先后兴起了反对宗教蒙昧主义，反对封建专制制度的思潮。启蒙运动中的思想家认为，社会之所以不进步，人民之所以愚昧，主要是由于宗教势力对人民精神的统治与束缚，为了改变这种状况，必须树立理性和科学的权威。他们认为，人的理性是衡量一切的尺度，不合乎人的理性的东西就没有存在的权利。他们主张传播科学知识以启迪人们的头脑，破除宗教迷信，从而增强人类的福利。他们反对封建专制制度，宣扬自由、平等和民主。在他们看来，封建专制制度扼杀自由思想，造成社会上的不平等和文化经济上的落后。因此，他们大力宣扬"天赋人权"，主张人民参与政治，法律面前人人平等。启蒙运动，特别是 18 世纪启蒙运动所宣扬的自由、平等和民主思想，对北美的独立战争和法国大革命都产生了直接而深远的影响。

启蒙运动从其产生背景来说，主要有两个方面的原因：第一，17—18

---

① ［美］内森·罗森堡、L. E. 小伯泽尔：《西方现代社会的经济变迁》，曾刚译，中信出版社 2009 年版，第 81 页。

世纪西欧的手工工场广泛发展。当资产阶级以发达的商业贸易活动完成原始积累之后，为了进一步发展资本主义经济，资本就必然要从商业领域向工业领域转移。此时，欧洲开始出现大规模的手工工场，社会化大生产初现雏形，而封建专制制度严重地阻碍了资产阶级的发展壮大。资产阶级为了自身的利益，迫切地需要结束旧制度，所以资产阶级必须首先从思想上做好革命的准备。第二，科学技术的发展也为思想解放提供了依据。例如，当时的笛卡儿就认为，用数学推理的方法，可以认识世界；培根指出，为了认识世界上的现象，可以使用从特殊到一般、从具体到抽象的归纳法；而牛顿提出的三大定律和万有引力定律，说明了自然界本身运动的自然法则控制着物质世界。这些科学的成果，使启蒙思想家认为：人类社会也有一定的自然法则，这种法则是摆脱"神"的控制而自行发展的。启蒙思想家力求发现支配人类和社会的永恒的法则，也就是力求探索推动人类社会自身不断前进的法则。因此，一场适应资产阶级政治要求的文化运动兴起了。

从字面上讲，启蒙运动就是启迪蒙昧，反对愚昧主义，提倡普及文化教育的运动。但就其精神实质来看，它是宣扬资产阶级政治思想体系的运动，并非单纯的文学运动。它是文艺复兴时期资产阶级反封建、反禁欲、反教会斗争的继续和发展，直接为1789年的法国大革命奠定了思想基础。启蒙思想家们从人文主义者那里进一步从理论上证明封建制度的不合理，从而提出一整套哲学理论、政治纲领和社会改革方案，要求建立一个以"理性"为基础的社会。他们用政治自由对抗专制暴政，用信仰自由对抗宗教压迫，用自然神论和无神论来摧毁天主教权威和宗教偶像，用"天赋人权"的口号来反对"君权神授"的观点，用"人人在法律面前平等"来反对贵族的等级特权，进而建立资产阶级的政权。启蒙运动代表人物有：霍布斯、洛克、孟德斯鸠、伏尔泰、卢梭、康德、狄德罗等。而这些思想家们提出的启蒙主义思想为古典经济学派提供了理论的来源与基础。在一定程度上，我们可以说，古典经济学派就是资产阶级在经济制度、经济思想上的启蒙主义者。

第二节　自由市场的伦理困境及反思

当20世纪初的凯恩斯革命将古典经济学派打翻之后，在很长一段时间内，古典经济学派作为历史的代名词被人们压在了记忆深处。然而历史的发展总是呈现出某种反复性。20 世纪 80 年代开始，兴起了一场新自由主义运动，将古典经济学派重新展现在人们面前。可惜的是，进入 21 世纪以来，自由主义的赞歌并未凯旋多久，一场世界范围内的金融危机使人们开始对自由主义经济政策进行反思。短短几十年，古典经济学派就经历了从复兴到反思的发展历程，这更加引起我们对古典经济学派的研究兴趣。

一　自由主义的兴起

自由主义是古典经济学派的代名词，因此一定程度上，自由主义的兴起也就是古典经济学派的兴起。古典经济学派倡导的自由主义价值导向是如此的深入人心，以至于整个 18、19 世纪资本主义世界都沉浸在自由主义的喜悦之中。20 世纪初的那场世界范围的经济危机打破了自由主义的神话，加之两次世界大战对人们的打击，凯恩斯革命应运而生。资本主义世界的价值导向由自由转向管制，表现在具体的经济政策上，就是国家干预成为主导经济模式。无论之后的萨缪尔森等人如何倡导混合经济模式，其中的国家干预痕迹仍然是非常鲜明的。国家干预给资本主义经济带来了复苏，也诞生了资本主义国家的福利制度模式。正如科茨所分析的那样，国家干预是为解决经济危机而催生的一种手段，并进而形成了一种新的经济伦理价值观念。"危机使得失业增加，这就减弱了工人的议价能力，所以由这种利润挤出导致的经济危机反过来解决产生危机的矛盾。但如果政府进行干预来缓和并缩短经济危机，正如该时期的典型做法，那么工人就能保持相当的议价能力。"①

另外，资本主义国家虽然由政府干预带来了经济上的复苏与发展，但同时也表现出许多问题。其一，经济增长速度变慢。第二次世界大战之后，西方世界普遍出现所谓的"效率危机"现象，经济发展速度处于长期的、明显的低增长。以英国和瑞典为例。英国从战后开始经济持续衰退，1953—1981 年，英国工业生产的年平均增长速度仅为 1.9%。瑞典是福利经济学实践的典范和楷模。战后，由于瑞典政府推行了一套相当完备的社会福利制度、政策和措施，影响很大。但长期的高福利、高税收政策，导致了瑞典经济发展的"病态"格局：公共开支的增长速度大大高于国民生产总值的增长速度；工资的增长使得私人消费增长速度大体上与国民生产

---

① ［美］大卫·科茨：《新自由主义时代经济增长的矛盾：当今美国经济的积累与危机》，顾海良、颜鹏飞主编《经济思想史评论》第一辑，经济科学出版社 2006 年版，第 139 页。

总值的增长速度相同；工业投资总额自 60 年代末期以来一直处于相对萎缩状态，与消费迅速膨胀形成鲜明对照。这种"超负荷"的经济格局导致了瑞典经济发展速度明显减慢。1960—1965 年瑞典国民经济年平均增长率为 5.7%；1965—1970 年则降至 3.8%；1973—1979 年进一步降至历史最低点，即平均年增长率仅为 1.9%。到了 80 年代，这种现象更为严重和突出。1981—1987 年国民生产总值的平均增长率，美国为 2.4%；联邦德国为 1.5%；法国为 1.3%；英国为 2.3%。① 其二，通货压力增大。国家干预给予了工人对劳动工资的更大的议价能力，也使得工资份额在整体国民收入蛋糕中的比例增大，这种增大带来了严重的通胀压力。"美国 1966—1979 年期间经历了 3 次经济扩张，分别为 1966—1969 年、1970—1973 年和 1975—1979 年，这就带来了不断增加的通货膨胀压力。"② 这一系列的问题导致了西方资本主义国家的干预政策的破产。正如科茨所言："这一连串的事件导致了资本主义世界严重的问题并最终导致管制资本主义制度结构解体并被新自由主义制度结构所替代。"③

　　自由主义的兴起有两个主要表现：一是"华盛顿共识"的出台。所谓"华盛顿共识"是 1989 年针对拉美国家和东欧转型国家提出的新自由主义政治经济理论。1989 年，陷于债务危机的拉美国家急需进行国内经济改革。美国国际经济研究院邀请国际货币基金组织、世界银行、美洲开发银行和美国财政部的研究人员，以及拉美国家代表在华盛顿召开了研讨会。在会上，来自美国国际经济研究院的约翰·威廉姆森对拉美国家的国内经济改革提出了与各机构达成共识的 10 条经济政策措施，这些措施被称为"华盛顿共识"。其主要内容是：①加强财政纪律，压缩财政赤字，降低通货膨胀率，稳定宏观经济形势；②把政府开支的重点转向经济效益高的领域和有利于改善收入分配的领域（如文教卫生和基础设施）；③开展税制改革，降低边际税率，扩大税基；④实施利率市场化；⑤采用一种具有竞争力的汇率制度；⑥实施贸易自由化，开放市场；⑦放松对外资的限制；⑧对国有企业实施私有化；⑨放松政府的管制；⑩保护私人财产权。美国学者诺姆·乔姆斯基在其《新自由主义和全球秩序》一书中明确指出，"新自由主义的华盛顿共识指的是以市场经济为导向的一系列理论，它们

---

① 以上材料引自黄兰芳、魏锡华《西方公平与效率理论的发展历程》，《北方经济》2007 年第 6 期，第 62 页。

② ［美］大卫·科茨：《新自由主义时代经济增长的矛盾：当今美国经济的积累与危机》，顾海良、颜鹏飞主编《经济思想史评论》第一辑，经济科学出版社 2006 年版，第 139 页。

③ 同上。

由美国政府及其控制的国际经济组织所制定，并由它们通过各种方式进行实施"①。二是美国里根政府和英国撒切尔政府的经济政策。"华盛顿共识"的出台固然是因为拉美国家经济转型中出现的问题所然，也是因为主要资本主义国家美国和英国的自由主义经济政策的成功。1980 年，共和党总统候选人里根当选为美国第 40 任总统。当时美国面临的主要经济问题是：通货膨胀、高失业率和低生产率。里根政府为了经济复苏，采用了著名经济学家弗里德曼所倡导的经济自由主义政策。弗里德曼在其回忆录《两个幸运的人》中认为里根是他见过的唯一一个"坚定不移地坚持和维护自由生活原则"的总统。学界也公认弗里德曼是新自由主义经济学的代言人。与此同时，英国的撒切尔政府同样也采取了自由主义的经济政策来解决当时令政府头痛的"英国病"。

一时间，由英美主导的经济自由主义从资本主义国家开始蔓延到剧变中的东欧社会主义国家，包括俄罗斯，也通过"华盛顿共识"开始延伸到拉美国家。全球都在经历着这场经济自由主义的洗礼。但是，这场自由主义盛宴在解决了里根和撒切尔政府所面临的经济问题的同时，却带来了更为严重的经济灾难。

二　自由主义的破产

自 20 世纪 80 年代西方各国纷纷实行新自由主义制度以来，西方国家的经济经历了一个迅猛的扩张时期。"1991—2000 年美国经济扩张中，第二阶段的扩张比第一阶段的扩张要有活力得多。1991—1995 年 GDP 增长相对缓慢，每年只有 3.1%，但随后就快得多，1995—2000 年，每年是4.1%。在第一阶段的缓慢增长中，经济增长是由迅速增长的非住宅性固定资产投资所推动的，这表现为税后利润的急剧上升。1995 年后经济的加速开始是由两位数的非住宅性固定资产投资增长率所推动，利润率一直上升到 20 世纪 60 年代以来从未有过的水平。1997 年后，消费支出的加速增长弥补了旺盛的投资。……在 1995 年后的快速扩张阶段，投资和消费支出都是由股票市场泡沫推动的，家庭债务的增加也为消费支出提供了资金。……失业率到达相对较低的 4.0%，而通货膨胀仍然保持低水平。"②

---

① 以上材料参见百度百科"华盛顿共识"词条，http：//baike. baidu. com/link？url =vZa9uSbO5rEbnVNd8AxE6G0UPsjoxFUkVBqk1i3UxUNtkCEtAFA77orX3VbKLp0N。

② ［美］大卫·科茨：《新自由主义时代经济增长的矛盾：当今美国经济的积累与危机》，顾海良、颜鹏飞主编《经济思想史评论》第一辑，经济科学出版社 2006 年版，第 140—141页。

然而，这个经济的辉煌是建立在家庭债务基础之上的。科茨说："2002—2005 年整个经济扩张时期是由上涨的家庭债务支撑的，这次涨幅是近年来的最高历史水平。"[①] 建立在家庭债务基础之上的经济增长是脆弱的，2007 年开始由美国次级贷危机引发的全球性金融危机就证明了这一点。

2007 年年初，美国新世纪金融公司发出了 2006 年第四季度的盈利预警，并于 2007 年 4 月 2 日宣布申请破产保护、裁减 54% 的员工。2007 年 8 月 2 日，德国工业银行宣布盈利预警，预计将有 82 亿欧元的亏损，因为旗下的一支规模为 127 亿欧元的"莱茵兰基金"以及银行本身参与了美国房地产次级抵押贷款市场业务而遭受巨大损失。美国第十大抵押贷款公司——美国住房抵押贷款投资公司 8 月 6 日正式向法院申请破产保护，成为又一家申请破产的大型抵押贷款机构。2007 年 8 月 8 日，美国第五大投行贝尔斯登宣布旗下两支基金倒闭，原因同样是因为次贷风暴。……接下来，一家又一家的金融机构宣布告急，从美洲到欧洲、亚洲，几乎各大经济强国都牵涉在内。

受此影响，2007 年年初美股就开始大跌．各大成分股纷纷下挫。2007 年 8 月，法国最大的银行巴黎银行宣布卷入美国次级贷危机，全球大部分股指开始下跌，金属原油期货和现货黄金价格大幅跳水。世界各国央行开始联手救市。2007 年 8 月 11 日，美联储一天三次向银行注资 380 亿美元救市，然而危机越演越烈。2008 年 4 月 8 日，世界货币基金组织称全球次贷危机亏损一万亿美元。同时，美国消费者信心指数创下 1982 年 3 月以来的最低水平。著名投资人巴菲特声称，美国经济正在衰退中，并且程度将比大多数人预期的更加严重。2009 年 3 月 2 日，美国道琼斯工业股票平均价格指数收于 6763.29 点，创下 1997 年 4 月以来最低收盘水平，这也意味着道琼斯指数的市值在短短一年半时间内缩水过半。在此刺激下，亚洲股市普遍开盘暴跌。2009 年 6 月 1 日，美国工业象征通用公司宣布破产。

事实上，在此之前，那些实施新自由主义经济制度以及以"华盛顿共识"为指导的国家已经开始出现不同的经济问题。

墨西哥：1988 年萨利纳斯总统上台后，开始按照"华盛顿共识"的要求进行改革。内容包括：借助外国资本实现国营企业私有化，到 1994 年除了墨西哥石油公司、国家铁路总局和墨西哥银行等 11 家企业继续由

---

① ［美］大卫·科茨：《新自由主义时代经济增长的矛盾：当今美国经济的积累与危机》，顾海良、颜鹏飞主编《经济思想史评论》第一辑，经济科学出版社 2006 年版，第 151 页。

国家控制外，其余都已拍卖；单方面降低贸易壁垒，1994 年加入北美自由贸易区后，实现了资金和货物的自由流动，使其成为美国制成品的第二大销售市场；颁布一系列法令吸收外资等。在 1994 年 12 月召开的美洲国家首脑会议上，墨西哥被树立为新自由主义发展模式的典范，但让人惊讶的是，这次会议后没几天，墨西哥就发生了震惊世界的金融危机：资本大量外逃，外债剧增，通货膨胀上升，经济严重萎缩。①

阿根廷：阿根廷爆发的经济危机是新自由主义改革模式失败的最新例证。20 世纪 80 年代，阿根廷的阿方辛政府为了解决严重的债务危机，接受了"华盛顿共识"的改革方案。这些改革措施虽然在一定程度上遏制了国内严峻的通货膨胀，但由于外部环境的变化对阿根廷的经济产生了严重的冲击。1994 年国际利率的上升和墨西哥危机、1997 年东亚金融危机、1998 年巴西金融动荡，都对其经济产生了冲击。1999 年阿根廷全国失业率高达 18.3%，外债从 1997 年的 1250 亿美元增至 2000 年的近 1500 亿美元。阿根廷总统杜阿尔德在其就职演说中指出，采取美国倡导的自由市场政策导致了国家的坍塌。②

俄罗斯：20 世纪 80 年代，苏联出现了一批"华盛顿共识"的信徒，把"华盛顿共识"看作能给苏联经济带来繁荣的"福音"。苏联解体后，自由派成为叶利钦总统的依靠力量，领导着俄罗斯改革。在俄政府中掌权的自由派骨干组成了经济自由化和私有化的"突击队"，其任务就是用突击方式，尽快摧毁僵化的高度集权的苏联经济模式，在俄罗斯建立以私有制为基础的自由市场模式。到 1995 年年底，俄罗斯大中型国有企业已有 77% 实现了私有化，其产值占工业产值的 88%，小企业和零售商店 82% 实现私有化。在短短几年时间内，俄罗斯产生了世界级大富豪，涌现出几十个拥有亿万资产的大财团。这些财团至 1999 年已有控制俄罗斯 60%—80% 的经济实力。这就意味着，俄罗斯的经济命脉已经控制在少数大财团的手中。另外，俄罗斯的经济却遭受了沉重打击，国民生产总值大幅度下降。特别是 1998 年俄罗斯爆发了严重的金融风暴，国民生产总值降至 1990 年的 50%，俄罗斯的综合国力大大削弱。虽然在普京政府领导下，俄罗斯经济开始出现恢复性增长，国民生产总值 3 年内共增长 20%，个人收入增长 32%，但经济并没有出现根本性好转。同时，由于分配制度上的改革，俄罗斯出现了严重的贫富

①　《"华盛顿共识"：发展中国家第一波进化道路选择》，"凤凰网" 2009 年 9 月 22 日，http://news.ifeng.com/history/special/zhongguojingyan/200909/0922_ 8129_ 1360059.shtml。

②　同上。

两极分化。对多数俄罗斯人来说，新自由主义改革带给他们的是贫困。改革以来，俄罗斯有50%—70%的人生活贫困，其中生活在贫困线以下的人口占居民的1/4—1/3。黑、恶势力发展迅猛并控制着社会生活。据俄罗斯科学院分析中心的资料，在私有化突击运动过程中，至少有50%的资本和80%的股票被黑手党控制，黑社会势力猖獗。①

无论是受自由主义制度影响，以"华盛顿共识"为改革指导措施的各个国家，还是依靠自由主义制度摆脱经济危机从而陷入另一场危机的国家，问题的矛头都不约而同地指向了"自由主义"制度。目前，这场危机的影响还未过去，并仍呈扩大趋势。随着危机的不断深入，人们对此次危机的反思也在不断深入。经济学家、哲学家、政治学家、伦理学家分别从不同的学科领域透视这场危机的实质。大家公认，此次危机折射出的不仅是经济政策的错置，更是主导伦理价值观的错位。因此，亟须对自由主义的经济伦理价值观进行深入反思。

三 自由主义的伦理困境与反思

自由主义源远流长。约翰·凯克斯说：

> 迄今为止，自由主义的历史是一部成功的历史。它作为对宗教的正统性的一种反应发轫于文艺复兴时期，在宗教改革时期得到强化，并在启蒙时期成为一种主要的政治力量。在其发展过程中，自由主义摆脱了仅仅作为一种消极的反应的角色，转而成为能够作为对所有类型的绝对权威的替代品而产生吸引力的一种积极的政治想象力。它坚定地扩展着它对君主的神圣权利、对来自封建时代的贵族特权以及对所有形式的压迫的抵抗，不管是在沙皇俄国、奥托曼土耳其、共产党的苏联、法西斯的西班牙和意大利、纳粹德国，还是在殖民地的希腊，都是如此。随着马克思主义的寿终正寝，自由主义已经成为我们时代的支配性的意识形态，其中一个标志就是，即使它的敌手现在也会以自由主义者强加给政治话语的评价性术语来表达对他们所支持的政权的辩护。②

从经济政策导向上来看，这一思潮可直接追溯至古典经济学派。当然古典

---

① 何学仁：《"华盛顿共识"对经济的影响》，《欧亚社会发展研究》2003 年年刊。
② ［美］约翰·凯克斯：《反对自由主义》，应奇译，江苏人民出版社 2005 年版，第 3 页。

经济学派的自由主义强调个人价值和自由市场作用，强调私有财产权利的重要性，强调正义之于社会经济的基础作用，强调经济增长对于社会发展的重要意义等，这些思想精髓被新自由主义所扬弃，形成了当前各国所实际执行的新自由主义经济制度。对于此次金融危机，不少学者认为这是新自由主义的破产，是"华盛顿共识"的遇难，应该彻底对自由主义进行反思。实际上，对自由主义的批判是一直伴随着自由主义思潮的。但任何一个时期对自由主义的反思都没有像现在这般热烈。

德国《时代》周报2008年11月6日发表哈贝马斯的访谈录《破产之后》，其中对新自由主义的批判溢于言表。哈贝马斯认为在原来的新自由主义意识形态中，私有化、市场的重要性被高估，公共领域比如杂志、报纸、电视等被出售给利润最大化的追求者，甚至文化和教育也被交付给市场决定的资助者。其实，国家机构不能按照经济原则和企业做生意。按照哈贝马斯的意思，危机已经在这些机制中埋伏。市场的作用在世界范围大行其道。比如90年代制定的臭名昭著的"华盛顿共识"，对市场非常崇拜，私有化、自由化等，一个核心就是，让富人更富有，让财富能够渗透到穷人身上。实际上世界范围穷人和富人的差别扩大，贫穷区域情况并无明显好转。新自由主义扮演的是一个非常不光彩的角色。①

当代左派思想的重要代表人物齐泽克也针对新自由主义对金融危机的作用进行了批评与反思。2008年10月和11月，他先后在《伦教书评》发表短文《不只要做，还要说》和《要有幻想》。在第一篇短文中，齐泽克指出，人们对金融危机的反思首当其冲的是对新自由主义及其措施的反思。目前所遭遇的危机，和人们的认识以及预期不能分开。在没有明白危机的实质、主要原因的时候，甚至不能明白拯救危机的措施的实质性影响的时候，匆忙做出挽救的举动，是有问题的。挽救的举动给华尔街扔大量的钱，其实这些行为挽救的不是穷人，而是富人。这些方法畅行无阻是因为新自由主义奉行了很长时间的一个虚伪的教条被很多人不假思索地接受了：穷人能够在富人变得富有以后，自己也富有起来。其实，市场从来都不是中立的，市场是一个决策者有偏向、有自己利益追求的市场。这个虚伪的教条应该被破除。在第二篇短文中，齐泽克提出，金融崩溃让人们不能忽视全球资本主义甚嚣尘上的非理性。在新自由主义那里，世界粮食市

---

① 参见强乃社《金融危机与新自由主义的危机——近来国外一些学者观点的综述》，《金融危机的伦理反思全国学术研讨会论文集》，上海财经大学人文学院、上海市伦理学会2009年，第3页。

场不是为了穷人的食物，而是为了利润生产，这是个天经地义的事情。金融危机在一定意义上是好事情，也许我们可以从市场的梦想中醒来。可怕的是我们将现实合法化，继续做那个梦。也就是说，齐泽克针对资本和市场进行了猛烈的批判。[①]

这样的批判是有代表性的。基于当前的金融危机背景，对自由主义的批判也是合理的。然而，我们需要认识到的是：对新自由主义的反思从反面佐证了对古典经济学派经济伦理思想研究的重要性。自由主义政策的破产并不意味着古典经济学派所倡导的价值观念的破灭，恰恰证明了古典经济学派所重视的伦理道德观念对经济行为重要的指导作用，以及经济伦理价值观对政府经济政策所具有的导向性这一理论的现代价值。一个脱离了伦理价值规范指导的经济政策，给人民带来的不是福音，而是一场灾难。金融危机的发生正在提醒我们要重视经济伦理在现实经济活动领域的重要意义，并以正确的经济伦理价值观来指导现实的经济活动，影响政府的经济政策，从而真正地使百姓得到实惠，使国家繁荣富强。

第三节　研究的现状、意义及思路

从经济学来说，古典经济学派一直是人们研究的热点；从伦理学来说，经济伦理是近年来国内外研究的热点。但是，对古典经济学派经济伦理思想的研究则是一个冷门。在当前全球范围金融危机爆发的背景下，在当前我国建设社会主义市场经济的进程中，研究古典经济学派的经济伦理思想具有极为重要的理论与现实意义。我们将秉承学科研究的方法论，以问题为主线、以人物为断点，试图对古典经济学派经济伦理思想的发展与变化做出理析。通过对传统思想资源的批判性分析，为当前的现实问题提供一些有益的启发。

一　国内外研究现状

从经济学理论及经济思想史角度研究古典经济学派的论著及文章数不胜数。马克思、恩格斯和列宁等马克思主义经典作家们都曾对古典经济学

---

① 参见强乃社《金融危机与新自由主义的危机——近来国外一些学者观点的综述》，《金融危机的伦理反思全国学术研讨会论文集》，上海财经大学人文学院、上海市伦理学会 2009 年，第 3—4 页。

派的经济学理论做出过批判性的分析。更遑论西方学术界秉承古典经济学派传统并在此基础上做出的解释与阐发。但是，对古典经济学派的经济伦理思想做出阐述，无论是国内学界，还是国外研究者们对此都涉猎甚少。另外，经济伦理的研究是近几十年来国内外学界都颇感兴趣的问题。但主要视线集中在经济伦理学科基础研究及相关具体问题研究上，对经济伦理思想史的研究较为薄弱。在这样的背景下，针对古典经济学派的经济伦理思想研究可谓凤毛麟角。

1. 国内研究综述

从国内学者的相关研究来看，对经济伦理思想的研究并不在少数。这些研究主要关注如下问题：

第一，针对单个思想家的经济伦理研究。当前此类的研究众多，尤其是一些在经济伦理思想史上居于重要地位的思想家更是成为研究的重中之重，如斯密、马克思等。一般是对单个思想家的经济伦理思想进行研究或者是从总体上进行研究，或者是对该思想家的某个经济伦理问题做出解释。从总体上研究思想家的经济伦理思想，西方主要涉及如下思想家：亚里士多德、亚当·斯密、李嘉图、马尔萨斯、约翰·穆勒、马歇尔、西斯蒙第、凯恩斯、庇古等在西方经济学界被奉为经典的一些思想家；中国主要涉及如下思想家：孔子、荀子、管子、颜李学派、事功学派等。从经济伦理问题上来说，大家较为关注公正、自由、分配与消费等问题。由于所取得的成果较丰硕，所以难以一一列举。从这些成果来看，从古希腊到现当代，知名思想家的经济伦理思想几乎都有学者对此进行了较为深入的研究。然而，这些研究基本上都是相互独立的，而且基于各自的研究立场，即使是对同一位思想家的经济伦理思想，人们之间也会有不同甚至是完全相反的意见。值得肯定的是，当前国内学界开始重视马克思主义的经济伦理思想研究，针对马克思、恩格斯、列宁、毛泽东、邓小平等人的经济伦理思想研究论文及论著也不在少数。

第二，针对斯密的经济伦理思想研究。斯密是西方经济伦理思想研究的"显学"。一谈及西方的经济伦理思想，人们首先想到的就是斯密。从思想史来说，对斯密经济伦理思想的研究最为深入、细致。不仅有众多研究成果从总体上对斯密的经济伦理思想进行研究，而且还有为数不少的研究成果是专门针对斯密的某一经济伦理问题展开的。较为有代表性的研究有聂文军的《亚当·斯密经济伦理思想研究》，王莹的《经济学家的道德追问——亚当·斯密伦理思想研究》，李非的《富与德：亚当·斯密的"无形之手"——市场社会的架构》等专著。在中国知网上，以"斯密经济伦理"为主题搜索相关文章，搜索结果显示以比为标题的学术论文、硕士及博士论文共有十余篇；而以此字段为全文搜索，相关文章竟有百篇之多。

第三，针对某一经济伦理问题的研究。经济伦理是一个大学科，尤其是在人类漫长的经济活动历史上，诸多思想家对于经济活动的某一方面，或者对于经济活动整体都有着自己的思考。当代国内学者针对思想家们的某一经济伦理问题展开的研究与思考也是研究的一个内容。例如，对"经济人"思想的研究；对经济自由与公正的研究；对道德与利益之间关系的研究等。以"义利关系"为例，国内近年来出版的著作有：吕世荣的《义利观研究》，欧阳润平的《义利共生论——企业伦理研究》，张跃的《致富论：中国古代义利思想的发展及其对日本义利观的影响》，万俊人的《义利之间——现代经济伦理十一讲》，黄宜亮的《社会主义义利观》，赵璐的《中国近代义利观研究》，王泽应的《义利观与经济伦理》，龚长平的《义利选择与社会运行——对中国社会转型期义利问题的伦理社会学研究》等。可以说，针对某一经济伦理问题的专著及论文都有不少，成果可谓是洋洋大观。

第四，中、西方经济伦理思想史的研究。专门以史立论，对经济伦理思想史进行研究的就较为少见。就笔者所见，国内研究西方经济伦理思想史的仅有乔洪武的《正义谋利——近代西方经济伦理思想史研究》；研究中国经济伦理思想史的有唐凯麟主编的《中国古代经济伦理思想史》。因为思想史研究本身就是一项巨大的工程，一篇学术论文难以涵盖其中的分量，故难见单篇论文阐述经济伦理思想史。

总之，当前国内学界在经济伦理思想史方面做出了比较突出的成就，但其中存在的问题也是比较明显的。其一，没有形成对经济伦理思想史的总体研究成果。思想史的研究是一种历史研究，是需要以发展的眼光和视角来审视其中的问题的，因此，只研究单个思想家的经济伦理思想是远远不够的。当前关于单个思想家的经济伦理思想研究及某一经济伦理问题的研究为经济伦理思想发展史的研究提供了丰富的资料，储备了足够的学术资源。在此基础上进行经济伦理思想史的研究势在必行。其二，就西方经济伦理思想史而言，仅有的一本学术专著只以近代为限，涉及了一些具有代表性的人物，以单个思想家的经济伦理思想为篇展开叙述。这种叙述能够简单、明了地对西方近代以来的经济伦理思想做出介绍，但是西方经济思想史学派众多，内容复杂，这样的叙述难以对经济伦理问题的发展变化做出较为详细的阐析。其三，古典经济学派是西方经济伦理思想史上的一个重要学术流派，可以说该学派是伴随着资本主义市场经济历史而产生并发展的。当前世界上主要的经济强国都已实现了市场经济的运行模式，因此，要深入了解当前市场经济所应倡导的经济伦理价值观，就必然要对这一重要历史学派进行深入研究。可惜的是，当前国内学界在此方面的研究非常薄弱，仅有的研究都是针对单个人的思想研究，难以形成学术研究的整体效应。

2. 国外研究综述

以斯密经济学说为标志的近代西方经济学，从诞生之日起就与伦理学有着密切的关系，使得经济行为与伦理行为之间的关系作为一个严肃的学术主题越发受到人们的关注。经济伦理思想构成了西方学术思想史的有机内容，对资本主义社会的经济决策和经济生活产生了一定的影响。

从杰文斯边际革命开始，西方主流经济学走上了淡化伦理、价值，强调数量化、模型化的实证主义道路。20 世纪 70 年代，经济伦理研究重新得到重视，表现有二：一是许多著名的经济学家强调经济学研究中的伦理化、价值化。例如，诺贝尔经济学奖获得者乔治·施蒂格勒于 1980 年发表了《经济学抑或伦理学》、阿马蒂亚·森于 1987 年出版了《伦理学与经济学》。二是产生了一门新兴学科——经济伦理学。主流经济学对伦理、价值规范的忽视使得经济生活领域漠视企业的社会责任，出现了大量伦理失范的经济行为。70 年代以来，起源于美国的经济伦理运动席卷全球。这一运动不仅产生了一门新兴研究学科，而且使经济伦理的研究实现了组织化、结构化、制度化、法制化，并得到了政府、企业、高等院校的积极参与。西方经济伦理研究不仅从学理上构建了系统化的理论框架，而且在实践上运用了经济伦理研究的有效成果。尽管其中的诸多立场、观点及方法值得商榷，有些甚至应该受到批判，但他们提出的新问题、新理论和新方法无疑对我们构建和完善社会主义的经济伦理体系具有重要的借鉴价值。

令人遗憾的是，尽管西方学界如此重视经济伦理研究，但从思想史的角度来归纳与审视的研究尚不多见，与其对经济伦理的研究相比甚至可以说极为欠缺。

对古典学派经济伦理思想的研究表现出如下特点：①与经济学、伦理学研究交织在一起。国外的古典学派研究基本上集中在经济学研究方面，Sowell Tomas、Samuel Hollander 的研究就是如此，但即便是经济学研究也会涉及古典学派的伦理思想，其主要就是经济伦理思想。②研究力量分布不均衡。以古典学派作为整体对象的研究，绝大部分是经济学研究。除此之外，有大量的论文、论著是对古典学派代表人物的研究。其中，斯密研究可谓是"显学",其余代表人物,如萨伊、西斯蒙第等的研究则相对欠缺。即便是关于斯密的研究,也大多集中于其经济学、伦理学、政治学、法学等思想研究上,对其经济伦理思想的研究比较欠缺。J. Kenneth 和 K. David 的斯密研究均有此特点。③研究力度不够。古典学派的经济思想研究已相当深入,成果丰硕;一些代表人物作为伦理学家,对其伦理思想的研究也相当丰厚。作为二者结合的经济伦理思想研究就表现得相对薄弱,甚至有被边缘化的倾向。

二 研究意义

对古典经济学派经济伦理思想的研究,在当前全球范围金融危机爆发的背景下,在当前我国建设社会主义市场经济的进程中,具有极为重要的理论与现实意义。

1. 理论意义

古典经济学派经济伦理思想研究对当前经济伦理学科研究具有重要的基础性作用,具有重大理论价值。

首先,为马克思主义的经济伦理学科研究提供思想基础与资料。经济伦理学作为一门新兴学科已经是一个不争的事实。但是,西方的经济伦理学科研究无论是从方法还是从内容上来说,尽管可以为我们提供有益的启示,但决不能代替马克思主义的经济伦理学科研究。当前,我们迫切的任务是建立以马克思主义为指导的经济伦理学科,从研究对象、方法、框架及体系上完善该学科的研究,形成以经济伦理原理性研究和现实性研究相统一的学科研究的完整体系。从该学科的原理性研究来说,就需要我们从思想史角度来丰富与完善相关的基础理论问题研究,更需要我们从马克思主义的视角来审视经济伦理思想史的发展与变化。因此,以马克思主义为指导的古典经济学派经济伦理思想研究就为马克思主义的经济伦理学在基础理论问题的研究上扩宽了研究思路、丰富了研究内容、整合了研究方法。

其次,丰富了马克思主义伦理思想史的研究内容。从思想史研究角度来说,经济伦理思想也是一个时代或者一位思想家伦理思想中的有机组成部分。尤其是近代以来,经济学作为一门独立学科之后,诸多经济学家所提供的伦理思想对社会发展及现实道德生活都产生了极为重要的影响。可惜的是,这些经济学家的相关思考却没有得到应有的重视。即便是作为伦理思想史代表人物的约翰·穆勒,当前我们的伦理思想史主要分析的仍然是其社会伦理思想,而对其重要的经济伦理思想却忽视了。尽管他作为伦理思想史上的一位代表人物被大众肯定，但其作为经济伦理思想代表人物却被忽略了，这不能不说是思想史研究的一个遗憾。当然，这种局面也是由于经济伦理思想史研究上的薄弱所造成的。因此，深化经济伦理思想史的研究，丰富了马克思主义伦理思想史的研究内容。

再次，为现实经济活动的伦理指导做出理论上的合理化论证。大家都认可现实经济活动离不开伦理规范的指导与约束。运用什么规范以及为什么要运用此规范来约束人们的经济行为，这就是伦理学研究的任务与职责。市场经济的建设对社会主义国家来说本身就是一个新事物，既不能囿于资本主义市场经济的运行框架，也不能被社会主义制度的教条约束，这就需要我们从学术研究的角度对社会主义市场经济的伦理约束进行研究，并为此研究提供合理化的理论论证。当然这样的研究不能是空中楼阁，必须要有坚实的理论基础。西方市场经济的伦理圣典——古典经济学派的经济伦理思想正好可以为我们的研究提供丰富的资源，为我们的研究带来有益的启发。因此，对古典经济学派经济伦理思想的研究也就是为社会主义市场经济条件下的经济伦理规范提供理论上的合理化论证。

最后，为批驳自由主义的思想倾向提供了理论的支撑。当前形形色色的自由主义思想泛滥，给社会主义的现代化建设带来了诸多理论障碍。对自由主义的批驳不仅仅要从自由主义理论本身，更要从自由主义的历史入手。古典经济学派被誉为是自由主义思想在近代的开端，更是需要我们对此好好进行研究。不仅仅要还原古典经济学派的自由主义本来面目，更要对古典经济学派所倡导的经济自由主义价值观做出历史的、科学的评判。因此，对古典经济学派的经济伦理思想的研究也就是从理论上为自由主义的批驳提供思想资料。

2. 现实意义

对古典经济学派的经济伦理思想进行研究不仅仅在于它在马克思主义的经济伦理学科研究以及伦理学理论研究等方面具有重要的理论意义，更为重要的是它在当前的现实条件下具有重大现实意义。

首先，社会主义市场经济建设对经济伦理有着迫切需求。时任总理的温家宝一再强调市场经济是道德经济，说明社会主义市场经济的建设需要经济伦理的指导。近年来国内一再出现的经济活动中的道德问题也说明了对经济伦理的迫切需求。案例一："三鹿奶粉事件"。2008 年 6 月，位于兰州市的解放军第一医院收治了首例患"肾结石"病症的婴幼儿，据家长反映，孩子从出生起就一直食用河北三鹿集团生产的三鹿婴幼儿奶粉。随后短短两个多月，该医院收治的患婴人数迅速升至 14 名。之后，除甘肃外，陕西、宁夏、湖南、湖北、山东、安徽、江西、江苏等地均有类似案例发生。经相关部门调查，三鹿集团股份有限公司生产的三鹿牌婴幼儿配方奶粉受到三聚氰胺污染。卫生部专家指出，三聚氰胺是一种化工原料，可导致人体泌尿系统产生结石。① 接下来，越来越多的患儿被收治入院，越来越多的奶制品企业被曝光添加三聚氰胺……一时间，中国百姓"谈奶色变"。案例二： "富豪落马"。胡润研究院近日调查指出，10 年中（1999—2008），共有 1330 名企业家上"胡润富豪榜"，上榜的绝大部分企业家在带领企业继续发展，但也有部分企业家"发生变故"。10 年间，共有 48 名富豪"发生变故"，其中"问题富豪"有 19 名，占上榜总人数的1.4%。深陷法律旋涡的知名人物有牟其中、黄光裕等。② 由伦理缺失引发的经济问题还有很多，难以一一列举。这些问题的发生充分说明了，越是在经济高速发展的时代，越是需要道德的约束和伦理的调控。当然，社会主义市场经济条件下的经济伦理指导不是凭空产生的，它需要历史的渊源和依据。因此，对历史上的与市场经济发展史密切相关的古典经济学派经济伦理思想进行研究在当前经济建设背景下具有重要的现实意义。

其次，为我们制定相关的经济政策提供伦理的参考与依据。任一经济政策的出台都有着某种价值观的指导。当前我国存在着严重的贫富两极分化现象。当前中国社会城乡之间、社会阶层之间的收入差距在不断扩大。有学者研究认为："农村家庭的平均纯收入（除去经营费用、税收等收入）与城市居民家庭的可支配收入（除去所得税、社会保险等费用的收入）的差距，在 1978 年时达到了 2.6 倍。1978 年后，由于农村实施了以家庭承包经营责任制为中心的改革，这一差距一度缩小到 1.8 倍。但在改革重点向城市转移的 1984 年，城乡差距再一次扩大，到 1994 年扩大到 2.9 倍。此后，随着农产品价格的大幅度上升，城乡差距虽然在短时期内有所缩小，但由于 1997 年农产品价格的下落这一差距再一次扩大，2005 年达到了 3.2 倍。尽管如此，这一倍数仍然被认为低估了。这是因为，相对于城市居民拥有医疗保险、住宅补贴、企业养老金、失业津贴、最低工资保障、学校的财政补助、教育投资以及福利和社会保障等优越条件，居住在农村的农民却没有享受这些待遇。如果综合以上这些因素考虑的话，中国

① 《"三鹿奶粉事件"始末》，"央视网"2009 年 1 月 15 日，http：//news. cctv. com/society/20090115/107648. shtml。

② 《〈胡润百富榜〉十年 48 名亿万富豪落马》，"央视网"2009 年 8 月 21 日，http：//news. cctv. com/china/20090821/102912. shtml。

的城乡差距会达到 6 倍以上，从而成为世界上最不平等的社会。"① 国际上通常采用基尼系数来描述收入的不平等程度。"从世界银行工作人员的推算、中国政府的推算以及 CHIP 调查三者中的任意一个来看，中国整体的基尼系数都在增大（从 1978 年的 0.25 大幅上升到 2002 年的 0.46），表明中国的收入分配差距在不断扩大。"② 当我们采取经济政策来解决这一社会问题的同时，背后总是需要某种价值观的支撑。只有出于经济伦理价值观指导的经济政策才能得到更多百姓的支持和拥护。事实上，早在资本主义发展初期，古典经济学派就在这方面做出了巨大成就。古典经济学派的经济伦理思想不仅成为资本主义经济发展的道德动力，而且也成为化解资本主义社会矛盾的道德支柱。因此，在社会矛盾纷呈的今天，研究古典经济学派的经济伦理思想具有重要的现实价值。

最后，澄清现实中的一些流行观点的错误，还原经济学的道德立场。在当前，深受自由主义价值观影响的一些经济学家鼓吹自由化的同时，对现实中存在的重大问题视而不见。在严重的社会矛盾面前，一些经济学家针对房价泡沫仍然坚持中国的房价不高，并不一定要让所有人买得起房等言论；仍在对基于减小收入差距的累进税制的征收进行质疑；等等。从这些经济学家的言论及表现可以看出，深受西方主流经济学影响的所谓经济学家应保持"价值中立"的说法正在中国经济学界蔓延。从西方经济学学科诞生之日起，经济学家们就从未否定过自己学术研究的道德立场，并深谙经济学研究必须要有深切的道德关怀，这一点从斯密身上就能得到证明。随着经济学研究的狭隘化，随着经济学逐渐偏离伦理学方向的歧途化，所谓经济学家应保持"价值中立"的说法开始盛行。经济学变成了冷冰冰的数据，成了一门与社会道德无涉的学科。经济学的研究成果也逐渐成为某些特殊利益集团谋利的手段。一门脱离了生活、脱离了群众的学科也就逐渐丧失了其本身所拥有的生命力。因此，西方学者一再呼吁要将经济学拉回到伦理学研究的轨道上来，著名经济学家阿马蒂亚·森更是提出要沟通经济学和伦理学，强调经济学对现实问题的道德关怀已经成为西方经济学研究主流。然而，国内的一些经济学家仍然抱着传统看法，对现实问题漠不关心。在此现实背景下，还原经济学的道德立场显得极为迫切。因此，对古典经济学派的经济伦理思想进行深入研究有助于我们扭转一些

---

① 薛进军编著：《中国的不平等——收入分配差距研究》，社会科学文献出版社 2008 年版，第 6—7 页。

② 同上书，第 13 页。

错误认识，有助于我们更好地解决现实社会问题。

三　研究思路

古典经济学派经济伦理思想研究是一个新问题。无论是国内学界，还是国外学界，单独针对古典经济学派的经济伦理并将其作为一个整体来对待，都是前无古人的。本书与相关题材的学术研究相比，从研究思路上来说是独辟蹊径。为此，必须对本书的研究思路做一个介绍。在坚持马克思主义研究方法，对古典经济学派的经济伦理思想进行分析的基础上，本书研究具有自己的特色，表现如下：

1. 以学派为界线，以问题为主线，以人物为断点

本书以古典经济学派的经济伦理思想立论，从内容上就已经划分出论述的范围，也就是以古典经济学派为界线。与以往论述西方经济伦理思想史论著不同的是，本书是以经济伦理问题为主线来阐述某一经济伦理问题发展及变化的过程。在这个主线下，以每一位思想家对该问题的阐述为断点，将这一论述主线予以丰满。以第二章为例，本章将阐述经济伦理研究中的一个重要问题："经济人"假说。我们以此问题为主线，将斯密、西尼尔、穆勒和马歇尔等古典经济学派思想家对这一问题的阐述予以分析，从中梳理出关于"经济人"假说的发展与变化的历程，并通过这一变化折射出时代背景及研究任务的变化以及这一变化对于资本主义市场经济的发展与成熟所具有的学理意义，这一论述方式将贯穿本书。本书的研究目的之一就是将古典经济学派的经济伦理思想的发展线索与脉络进行梳理，并从中找出带有某种规律性的东西。因为，这种规律性的东西就是我们所要批判继承的文化遗产。

2. 经济伦理问题的典型意义

经济伦理问题最难以理析的一点就是：如何判断该问题是否是经济伦理问题。因为任一经济伦理问题都是涉及经济学问题及论述的，而且古典经济学派的思想家大多为经济学家，都是以其经济学成就闻名于世的，要从其繁复的经济学理论中梳理出经济伦理问题是一个颇伤脑筋的事情。例如，劳动价值论是古典经济学派较有代表性的一个问题。但是，这是一个经济学问题，虽然并不能说其没有涉及伦理价值判断及哲学世界观，但思想家们的劳动价值论反映出来的对社会公正及资本主义制度的价值评判并不是非常鲜明。因此，我们把此类问题视为经济学问题，将其中反映出来的伦理思考结合在其关于"公正"的思考之中。另外，经济伦理问题也不是纯粹的伦理学问题。有的古典经济学派思想家有着丰富的伦理思想，但

这也不是我们所关注的问题，我们关注的是其对经济伦理问题的阐述。例如约翰·穆勒，众所周知，他是西方近代功利主义伦理思想的开创者及主要代表人物之一。然而我们对穆勒的阐述并不集中在其功利主义思想上，而是其对经济伦理问题的思考及阐发，如"经济人"假说、经济自由主义和经济公正观等。总之，我们对经济伦理问题的挑选侧重于经济学与伦理学的交叉，侧重于经济伦理问题本身的特征及要求。为此，本书主要挑选了古典经济学派较有代表性的5个问题："经济人"假说、经济自由主义、财富道德观、经济公正观和社会发展理论。

3. 问题阐释与伦理分析相结合

对思想史上这些思想家们经济伦理思想的阐述，不仅应立足于其对经济伦理问题的具体阐述，更要立足这一思想家的伦理道德立场。因此，任一思想家的经济伦理思想不仅包括其对该经济伦理问题的具体论述，也包括其在相关的经济学问题表述中反映出来的伦理价值观及道德立场。以斯密为例，他在经济伦理思想上对"经济人"，经济自由主义，财富、经济公正和社会发展等问题都有详细阐述。本书对斯密的这些经济伦理思想都将进行深入研究。同时，斯密对这些经济伦理问题的阐述表现出坚定的个人主义立场，个人主义的价值观导向贯穿于其整个经济伦理思想体系之中。所以，本书在分析斯密的经济伦理思想时，不仅对其具体的经济伦理思想进行了分析，同时也对其表现出来的伦理价值观和道德立场有所分析及阐述。

4. 历史分析与逻辑阐述相结合

任何一位思想家的思想就其个人来说，是思想史上的一个断点，但从思想史的历史长河来说，它构成了思想史的有机组成部分。因此，研究历史人物的思想，就需要站在历史的高度，从历史发展的角度来审视这一思想产生的时代背景及历史影响。本书研究古典经济学派的经济伦理思想坚持历史分析的方法，一方面对思想家们的经济伦理思想产生及其影响做出合乎历史发展规律的评价，另一方面通过分析与评价透视出思想家与一个时代之间牢不可破的"血缘关系"，也就是说，古典经济学派思想家们的经济伦理思想无一不透视出其对资本主义制度的发展与维护，对历史发展规律自觉或不自觉地顺应与维护。这也说明没有所谓的"价值中立"的经济学分析与经济政策的制定，思想家总是一个时代的思想家，总是带着自身的阶级烙印。这既需要我们对此有清醒认识，也需要我们在研究社会主义市场经济的经济伦理问题时汲取教训。历史的分析总是需要与逻辑的分析和阐述相结合。古典经济学派经历了一个从产生、发展到没落的历史过程，这一历史过程既表现出历史本身的进程，乜表现出一个学派自身的逻辑发展历程。对西方经济伦理思想史的研究不应该是散乱的材料的堆砌，而应该是将其作为完整的理论体系，进行系统旳、具有内在发展逻辑的研究。本书一方面立足于古典经济学派的产生与发展的历史背景，另一方面通过对其思想发展的逻辑分析，试图将古典经济学派经济伦理予以较为系统的展现。

第二章 "经济人"假说

学界普遍认为，现代西方经济学体系是建立在"经济人"假说基础之上的。"在对市场上的人类行为的这种分析下面存在着某些心理上的假设，以及有关经济现象是合乎理性的假设，这一点是十分清楚的。"① 克里斯托尔此处所言的"合乎理性的假设"就是我们通常所言的"经济人"假设。从这一假设的理论渊源与发展来看，通常认为"经济人"假设开创自亚当·斯密，到马歇尔集大成，一直影响到当代西方经济学的主流代表人物，如阿马蒂亚·森。正如有学者评价的那样，"对于'经济人假说'的补充或重新理解，形成了主流经济学本身的发展"②。同时，"经济人"假说反映的不仅仅是经济学的发展历程，更为重要的是这一假说对于经济理论本身所具有的前提性与基础性的作用，其反映出西方资本主义国家在市场经济建立及完善过程中的经济伦理观念的变迁。因为，"经济人"假说的基本内容就是：在经济分析或者说经济理论中应该对人性持有怎样一种伦理视角，或者说，我们应该以怎样一种人性理论为基础构建经济学的研究。

第一节 斯密的"经济人"思想③

斯密"经济人"思想的出现并不是从天而降，从时代背景来说，资本

① ［美］欧文·克里斯托尔：《经济学中的理性主义》，丹尼尔·贝尔、欧文·克里斯托尔主编《经济理论的危机》，陈彪如等译，上海译文出版社1985年版，第274页。
② 赵茂林：《亚当·斯密"经济人假说"及其现代意义》，《特区经济》2008年第11期，第282页。
③ 为什么此处斯密的"经济人"是思想而不是假说呢？尽管现代经济学认为"经济人"是一个理论预设，但是从其思想发展历程来看，直到阿弗里德·马歇尔才提出把"经济人"作为一种理论上的预设。实际上，从斯密以来，在"经济人"这个问题上，主要是一种客观的描述和事实上的刻画。因此，此处认为斯密的"经济人"是思想而不是假说。

主义制度的发展为"经济人"思想的出现创造了必要条件；从思想来源来说，斯密之前的包括与斯密同时代的一些思想家都为其"经济人"思想提供了丰富的思想资料。

一 斯密人性学说的时代背景与思想渊源

经济学大师熊彼特非常重视历史在学术研究中的重要性，他认为："由于经济学家本人是他自己时代和所有以前时代的产物，经济分析及其成果必然会受到历史相对性的影响，问题只在于影响程度的大小而已。"① 任何一位思想家的学术思想都是其所生活的历史时代的反映，体现出强烈的时代特征。斯密生活于 18 世纪的英国，这个时期英国通过所谓的"光荣革命"已经建立了资本主义制度，开始酝酿并发生着影响全世界现代化进程与发展的工业革命。因此，斯密的时代，基本上可以用"资本主义的兴起与发展"来描述。② 资本主义制度是人类历史上的一项了不起的创举，不仅将人的生产力极大地释放了出来，创造了惊人的财富积累神话，更为重要的是将人从中世纪的神权束缚中解放了出来。

1. 斯密人性学说的时代前提是资本主义制度建立

熊彼特说："封建社会包含着资本主义社会的所有胚芽。这些胚芽缓慢地生长，但每一步都留下了自己的脚印，每一步都使资本主义方法和资本主义'精神'有所发展。"③ 也就是说，资本主义的发展离不开封建制度的基本特点与主要内容，资本主义是在与封建主义的斗争中获得发展与进步的。从这种斗争来说，资本主义的发展首先要针对的就是中世纪神学的禁欲主义。

中世纪神学的禁欲主义以神为中心、以来世幸福为精神寄托、以禁欲主义为道德戒条，竭力否定人的价值、蔑视人的存在、贬低人的现世生活的意义和幸福。④ 对于这种倾向，文艺复兴时期的思想家们已经做过猛烈抨击，这种抨击在某种程度上为资本主义的发展开辟了道路。资本主义的发展是建立在生产力发展，生产工具和生产技术进步的基础之上的，并由此带来了手工业的迅速发展和商业贸易的空前繁荣。随着资本主义生产关

① ［美］约瑟夫·熊彼特：《经济分析史》，朱泱、孙鸿敬、李宏、陈锡龄等译，商务印书馆1996 年版，第 32 页。

② 苏东斌：《我讲〈国富论〉》，中国经济出版社 2007 年版，第 46 页。

③ ［美］约瑟夫·熊彼特：《经济分析史》，朱泱、孙鸿敬、李宏、陈锡龄等译，商务印书馆1996 年版，第 132 页。

④ 宋希仁主编：《西方伦理思想史》，中国人民大学出版社 2004 年版，第 150 页。

系的发展，西欧各国逐渐形成了一股新的社会力量，即资产阶级。这个阶级占有先进的生产工具，从事工业生产和商业经营，有着雄厚的货币资本，并通过雇佣劳动和资本运作，控制着广泛的社会关系和思想舆论。经济力量的强大和经济地位的上升，使新兴资产阶级越来越不能忍受封建专制的统治和神学禁欲主义的道德束缚，他们要求打破封建桎梏和教会枷锁，要求自由地、不受限制地发展经济和增加财富。① 在这个时代背景下，资产阶级强烈地需要思想家们对人性自由、欲望正当、求利可行等问题做出有说服力的论证。于是，一大批思想家不约而同地对人性自利进行了合理论证，如霍布斯、休谟、孟德维尔、卢梭、孟德斯鸠等。可见，在资本主义制度发展早期，需要从人性角度为资本主义制度的发展扫清障碍。"经济人"思想就是这一时代背景的产物。

　　以斯密来说，他长期任教于格拉斯哥大学，而当时的格拉斯哥曾经是英国的第二大城市，并由于其独特的交通便利条件与丰富的煤矿资源，造就了格拉斯哥繁荣与发达的工商业。格拉斯哥的造船业、火车制造业和羊毛业当时都居于世界之首。自 17 世纪以来，格拉斯哥也是英国产业革命的发源地。斯密任教的格拉斯哥大学也曾经是蒸汽机发明者瓦特的母校。可想而知，斯密长期生活在这样的环境之下，必定会对这一新生制度产生兴趣并致力于与此相关的思想研究。

　　2. 斯密人性学说的时代基础是英国的市场经济制度

　　18 世纪中期的英国社会拥有欧洲大陆所缺乏的制度和经济上的优点：相当高的企业经营管理和工艺技术水平，容易获得投资于工业的资本，运价低廉的交通设施，组织严密的市场，人力和物力可以比较自由地流动的政治环境，一个有丰富经验的商人阶层的存在，较为独特的具有开放性和灵活性的社会阶层结构等。② 我们基本可以做出一个判断，此时的英国已经建立了一个较为成熟的市场经济体制，并且这一体制正充满活力地为资本主义经济制度的发展提供源源不断的动力。市场经济建立在完善的市场制度之上，以商品交换为手段，以资源最优配置为目的。这一制度的中心是"交换"，而交换之所以能够发生与存在是和人的自我利益分不开的。

　　茅于轼曾经在《中国人的道德前景》一书中，以古典文学《镜花缘》中描述的"君子国"为例，说明了自我利益对于交换发生与形成的重要

① 宋希仁主编：《西方伦理思想史》，中国人民大学出版社 2004 年版，第 151 页。
② 苏东斌：《我讲〈国富论〉》，中国经济出版社 2007 年版，第 51 页。

性。在君子国里，人人都以自己吃亏让人得利为乐事。其中描写了三笔交易状况：第一笔交易中，买货人认为卖货人的货物品质高却要价很低，非得加价才能交易，而卖货人却认为自己的货品不够买货人所加的价格，不同意买货人所出的价格，双方僵持不下，最后在两个过路的老翁的调解下，照原价拿走了八折货物，交易才得以完成。第二笔交易中，买货人认为货物鲜美却索价太低，而卖货人则认为自己的货色既欠新鲜又平常，最后买货人尽挑次等货物却引起公愤，买货人最后只得各挑一半的上等货与下等货。第三笔交易中，买卖双方在银子的成色和分量上不能达成一致，买货人非说自己的银子成色不佳、分量不足，卖货人则说成色超标、分量过重，无奈买货人已走，卖货人将他觉得多收的银子称出，送给了过路的乞丐。① 君子国中的交易者都是从利他角度出发，不仅增加了交易的成本、延迟了交易的过程，甚至还导致了交易的失败。

另外，交换的前提是什么？我们可以说是商品和市场。但是，商品和市场是交换实现的基础，并不是交换的前提。这个前提是商品的私有权。我们在市场上只能交换属于我们自己的商品，换句话说，只有产品属于交换者，交换者才能将产品拿到市场上出售，成为商品。因此，私有财产的所有权成为商品交换的前提。在奴隶社会，奴隶和奴隶主之间就不是商品的交换关系。奴隶是从属于奴隶主的，是奴隶主的私有财产。作为只具有物的属性的人，是不可能成为市场主体的。在奴隶社会，市场的主体只能是奴隶主。买卖奴隶的过程是两个奴隶主之间的交易，奴隶主才是交换者，而奴隶只不过是奴隶主的交换物。

因此，在市场经济中，利己、重视自我的利益是交换发生的前提。市场经济迫切需要对人性自利进行合理性存在证明。

3. 斯密人性学说的思想根源是同时代的启蒙思想家

当人们从人身依附关系中解放出来，以货币为媒介的商品交换逐渐成为社会经济生活的主旋律时，就迫切需要建立一种新的、平等的人际关系。这种新型人际关系需要建立在对自我利益肯定的基础之上，需要在肯定自我私利的基础上强调人与人之间的平等。从当时的时代氛围来说，"求财"业已成为一种口号，一种社会时尚的风向标。早在1669年法国公布的法令中就规定："商业是致富的源泉；它富国强民……没有其他比商业更无害、更加合法的致富途径……"② 18世纪流行的约翰逊博士的一句

---

① 茅于轼：《中国人的道德前景》，暨南大学出版社1997年版，第1—3页。
② 转引自苏东斌《我讲〈国富论〉》，中国经济出版社2007年版，第50页。

格言就是：“几乎没有比使一个人忙于赚钱更无害的方法。”① 而在思想界，无论是英国的霍布斯、洛克、休谟，还是法国的爱尔维修，荷兰的孟德维尔、斯宾诺莎，大家都在大肆谈论私有财产的神圣不可侵犯，人性的趋乐避苦，求利的正当。应该说，这些思想对于斯密“经济人”思想的提出是有影响的。

那个时代的启蒙思想家们，在对人性的思考方面主要提出了以下有影响的观点：

其一，人都是趋乐避苦的，自保与自爱是人性的共同点。这个时期的思想家们从身体的感受性出发，以自我感觉的快乐与痛苦作为区分善恶的标准，认为凡是让自我感觉到快乐的都是善的，反之即恶。爱尔维修说：“人是能够感觉肉体的快乐和痛苦的，因此他逃避前者，寻求后者。就是这种经常的逃避和寻求，我称之为自爱。”② 在人的基本属性上，不约而同地得出了人性自保、自爱、自私的观点。

荷兰的斯宾诺莎是一位较早阐述该思想的哲学家。在斯宾诺莎眼里，人具有三种最基本的情感：痛苦、快乐和欲望，这三种情感都具有自私的性质。当人的自私本性得到满足，就会感觉到快乐；反之，就感到痛苦。他的名言是：“所谓善是指一切的快乐，和一切足以增进快乐的东西而言，特别是指能够满足愿望的任何东西而言。所谓恶是指一切痛苦，特别是一切足以阻碍愿望的东西而言。……所以每一个人都依据他的情感来判断或估量，什么是善，什么是恶，什么是较善，什么是较恶，什么是最善，什么是最恶。”③ 正如学界通常所认识的那样，认为斯宾诺莎的学说是对基督教把上帝和来世说成是至善的教义的否定，将道德标准从虚无缥缈的上帝那里拉回到人本身，将保存自我的努力看作德行的首先的和唯一的基础。④ 这就是说，当人的个人私利得到满足时，就感觉到快乐，快乐就是善，于是个人利益就是道德的、善的。

霍布斯认为，人的与动物类似的心理动机与欲望追求以及人的身体的天然平等，导致了自然状态下的战争，只是由于人的自我保护的本能和理性原则才使人摆脱自然状态走向社会状态。在他看来，人性的两个基本要素是：包括一切冲动和情感的基本欲望以及人的本能反应；人的自我保护的理性。在人性的指导下，人类发现了自然法，即理性基本法则。这个基

---

① 苏东斌：《我讲〈国富论〉》，中国经济出版社 2007 年版，第 49 页。
② 周辅成：《西方伦理学名著选辑》下卷，商务印书馆 1987 年版，第 53 页。
③ ［荷兰］斯宾诺莎：《伦理学》，贺麟译，商务印书馆 1997 年版，第 120—121 页。
④ 以上参见宋希仁《西方伦理思想史》，中国人民大学出版社 2004 年版，第 171 页。

本法则的主要内容之一就是："这种戒条或一般法则禁止人们去做损毁自己的生命或剥夺保全自己生命的手段的事情，并禁止人们不去做自己认为最有利于生命保全的事情。"① 在霍布斯这里，人的一切行为都是出于自保自利之心，在欲望的驱使下、在理性的指导下，才出现依靠自然法而产生的国家与政府。

其二，个人的自由权利是不容侵犯的。在个人与社会的关系问题上，从人性自保、自爱、自利思想出发必然将个人置于国家、政府与社会之上。在强调人性自私的同时，强调了一种"个人自由主义"②。

较早地系统阐述这一思想的哲学家是英国的洛克。与霍布斯不同，洛克认为自然状态是和平、善意和互助的，但是由于人的利己本性，难免会伤害他人。为了避免争端与战争的发生，人们便订立契约，组成国家。在这个契约中，个人将裁判权转让给了国家，其余的权利仍然归属个人，国家不仅不能剥夺这些权利，还要保护好个人的这些权利。他说："在我看来，国家是由人们组成的一个社会，人们组成这个社会仅仅是为了谋求、维护和增进公民们自己的利益。"③ 当政府和国家任意侵犯个人权利的时候，个人就有权推翻他们。洛克非常看重个人的思想自由和良心自由，主张个人自由与人格独立。所有人生来都是自由而平等的。每个人的目的都是为了保全自己，每个人都有保全自己的权利。当政府与国家的法令与个人主张发生矛盾与冲突的时候，他强调个人自由与独立的优先性，反对个人服从国家的专制，个人的"天赋的自然权利"是神圣不可侵犯的。

法国启蒙思想家伏尔泰则认为，爱有两种：爱自己和爱人类。自爱和博爱都是人类的本性，是人的本质要求。任何东西都不能贬低和诋毁人的这种自然本能要求。因此，一个社会的发展需要遵循的原则就是公正、平等和自由。将平等视为社会原则，就是要反对封建等级特权。伏尔泰认为，人是生而平等的。在平等的意义上，伏尔泰进一步强调了人的自由。他认为，自由就是"去做你的意志绝对必然要求的事情的那种权利"④。伏尔泰在自由观上继承了洛克的思想，在人生而平等的意义上加上了生而自由。不仅如此，伏尔泰还把自由同商业贸易联系起来，赞扬英国人因发展商业贸易不仅富足了起来，而且同时获得了自由，这种自由反过来又促进

---

① ［英］霍布斯：《利维坦》，黎思复、黎廷弼译，商务印书馆1985年版，第97页。
② 苏东斌：《我讲〈国富论〉》，中国经济出版社2007年版，第65页。
③ ［英］洛克：《论宗教宽容》，吴云贵译，商务印书馆1982年版，第5页。
④ ［法］伏尔泰：《哲学通信》，高达观等译，上海人民出版社1961年版，第38页。

了商业贸易的发展。①

　　边沁发挥了以往经验主义伦理学家关于趋乐避苦的人性本能思想，提出了功利主义思想。这一功利主义思想可以说是对资本主义市场经济发挥着至关重要作用的伦理道德观念，是资本主义市场经济制度下的伦理支柱之一。无论是斯密，还是后来的李嘉图、西斯蒙第、马歇尔、凯恩斯，在他们的思想中无一例外地都能发现功利主义伦理学的影响。边沁说："自然把人类置于两个至上的主人——'苦'与'乐'——的统治之下。只有它们两个才能够指出我们应该做些什么，以及决定我们将要怎样做。在它们的宝座上紧紧系着的，一边是是非的标准，一边是因果的链环。凡是我们的所行、所言和所思，都要受它们的支配；凡是我们所作一切设法摆脱他们的努力，都是足以证明和证实它们的权威之存在而已。"② 在这个苦乐原理的基础上，边沁提出了功利原则，"功利原则指的是当我们对任何一种行为予以赞成或不赞成的时候，我们是看该行为是增多还是减少当事人的幸福；换句话说，就是以该行为增加或者违反当事者的幸福为准"③。在边沁看来，社会只是"一种虚构的团体，由被认作其成员的个人所组成"，因此，社会利益、社会幸福不过是"组成社会之所有单个成员的利益之总和"④。每个人在追求个人利益时，自然而然地就增加了社会的整体利益，只要每个人能够追求自我利益的最大化，最后就能达到社会整体利益的最大化。

　　4. 斯密人性学说的直接来源是孟德维尔、哈奇逊与休谟

　　关于斯密"经济人"思想理论最直接的来源是什么，不同的学者有不同的看法。英国经济思想史家埃德蒙·惠特克在《经济思想流派》一书中认为亚当·斯密的"经济人"思想来自荷兰的孟德维尔；哈耶克则认为，这一思想的直接来源是法国的孟德斯鸠，且引用其原话作为证据："因此，每个人都会增进公益，然而在他行动时，他实际上考虑的只是如何增加自己的利益。"⑤ 我国的一些学者则认为，斯密思想的直接来源是休谟。⑥ 有的学者则把将斯密与上述学者联系在一起的观点看作学界对斯密的"误

---

① 参见宋希仁《西方伦理思想史》，中国人民大学出版社 2004 年版，第 258 页。
② 周辅成主编：《西方伦理学名著选辑》下卷，商务印书馆 1987 年版，第 210 页。
③ 同上书，第 211—212 页。
④ 同上书，第 212 页。
⑤ 苏东斌：《我讲〈国富论〉》，中国经济出版社 2007 年版，第 66 页。
⑥ 乔洪武认为，"斯密经济伦理思想来源之二是休谟的道德情感论传统"。参见乔洪武《正谊谋利——近代西方经济伦理思想研究》，商务印书馆 2000 年版，第 56 页。

解"，不承认斯密与上述思想家们的思想联系。① 不管学界对斯密"经济人"思想来源的认识如何不一致，笔者认为，否认斯密思想与孟德维尔、休谟与孟德斯鸠的联系是不可能的。② 斯密"经济人"思想在受到如孟德维尔、休谟和孟德斯鸠等为个人私利高唱凯歌的思想家影响的同时，也接受了英国情感主义伦理学家哈奇逊的彻底仁爱主义思想的影响。因此，从其受影响的程度来说，孟德维尔、哈奇逊和休谟是对其"经济人"思想形成产生最直接影响的三位思想家。

孟德维尔的"私恶即公利"。一反同时代思想家们遮遮掩掩地谈论个人私利重要性的做法，孟德维尔更为鲜明地为个人私利高奏凯歌。他的这种态度无疑会受到那些标榜道德高尚的人士的猛烈抨击，即便斯密本人，也不承认孟德维尔的思想对其在某种程度上产生了影响，而且，在其著作中还对他的"私利有益"论思想进行了批评。无论斯密本人承认与否，学界还是普遍认可孟德维尔的思想对斯密是有影响的。

就伦理学而言，正是曼德维尔③悖论所引出的争论，迫使对他的各种类型的批评者不得不偏离严格的严肃主义，而或多或少步入一种功利主义的态度。最起码，早期的两位功利主义者佛朗西斯·哈奇森④和约翰·布罗姆，正是在直接寻求曼德维尔悖论的解决方式的过

---

① 罗卫东在《情感·秩序·美德——亚当·斯密的伦理学世界》一书中就认为，把斯密与休谟、孟德维尔思想根源联系在一起的看法是对斯密的"误解"。参见罗卫东《情感·秩序·美德——亚当·斯密的伦理学世界》，中国人民大学出版社2006年版，第329—343页。
② 斯密"经济人"思想的直接来源是谁，确实是一个复杂的问题。从其思想根源来说，与其同时代的这三位大师的思想对他肯定是有影响的。至于是哪一个思想家对其"经济人"思想产生了最为直接、最为重要的影响，笔者认为这不是本文要解决的主旨问题。因此，将这三位大师的思想都作为斯密"经济人"思想的来源。试图通过这种揭示说明：斯密"经济人"思想带有时代的强烈思想烙印，也是当时资本主义发展的必然产物。如果没有斯密，在当时任何一位伟大的思想家那里，也有可能诞生类似的思想。斯密只是出色地完成了时代赋予他的这个伟大使命。
③ 即孟德维尔。国内学界这两种译法都有。
④ 国内学界对18世纪英国情感主义伦理学家Francis Hutcheson的翻译没有统一，有的文本译为哈奇森，有的文本译为哈奇逊。本文选择后一种译法，但对别的引用文本中的不同译法并不予以纠正，特此说明。请注意的是，哈奇逊是斯密精神导师的称号是为后人所公认的。斯密在格拉斯哥大学接任的道德哲学教授一职就是承自哈奇逊，而且，斯密在格拉斯哥大学学习时的道德哲学老师也是哈奇逊。值得说明的是，从该引文中可以看到，从斯密对孟德维尔本人的批评中得出斯密并没有受到孟德维尔思想的影响的结论是轻率的。

程中第一次阐述功利主义的。……

就经济学而言，曼德维尔的具体影响，其一，他的关于劳动分工的论述，肯定是斯密分工理论的重要来源。……其三，他是自由主义经济学的哲学基石——个人主义的重要奠基者。①

孟德维尔明确指出，自利行为才是社会文明和经济进步的源泉。他以蜂巢为例，强调"众多蜜蜂当中的那些最劣者对公众的共同福祉贡献良多"②。在人类社会中，"人依靠理性与自我克制所能获得的真正美德也罢，这些皆非社会的基础；相反，被我们称做现世罪恶的东西，无论是人类的恶德还是大自然的罪恶，才是使人类社会成为社会性动物的重大根源，才是一切贸易及各行各业的坚实基础、生命与依托，概莫能外；因此，我们必须将它们视为一切艺术与科学的真正起源；一旦恶德不复存在，社会即使不马上解体，亦必定会变得一团糟"③。从上述精辟的论述可以看出，孟德维尔将那种对私利予以赞赏的论调上的那层薄纱完全去掉了，让个人私利赤裸裸地暴露了出来。对孟德维尔赞赏也好，批评④也罢，他的思想在当时犹如一枚重磅炸弹，引起了思想界的强烈震动。

哈奇逊的纯粹无私"仁爱"理论。在当时崇尚自利的思想大潮中，哈奇逊可谓是独树一帜，他坚决反对将利益作为评价道德善恶的依据，认为人们对物质利益的知觉与人们道德善恶上的知觉是完全不同的。在他看来，那种导致感官上获得满足的知觉是不能激起人们心中对善的追求的，只会引导人们对个人利益的期盼；如果仅仅是从个人利益出发，是不能促使我们去赞美那些对人类有益的行为和尊敬那些行为高尚者的。相反，事

---

① ［荷兰］伯纳德·曼德维尔：《蜜蜂的寓言：私人的恶德、公众的利益》，肖聿译，中国社会科学出版社 2002 年版，中译本序言，第 16 页。

② 同上书，第 66 页。

③ 同上书，第 235 页。

④ 斯密非常厌恶孟德维尔的观点，认为他的学说混淆是非善恶，劝导人们弃善从恶。斯密说："这就是孟德维尔博士的体系，它曾名噪一时。虽说世界上并不曾因为这种体系的出现而产生更多的罪恶，但它至少教唆那种因其他原因而产生的罪恶显得愈加厚颜无耻，并以一种前所未闻的放肆公然声称其动机的败坏。"参见斯密《道德情操论》，余涌译，中国社会科学出版社 2003 年版，第 353 页。应该说，斯密的这一认识是有问题的。孟德维尔本人就明确地指出："我绝非鼓励恶德。一个国家若能杜绝那些不洁的罪孽，我亦不会不认为那是该国无与伦比的福分。然而我担心的是，这些罪孽是无法杜绝的。"参见孟德维尔《蜜蜂的寓言：私人的恶德、公众的利益》，中国社会科学出版社 2002 年版，第 74 页。可见，孟德维尔的本意是要求看到那些所谓恶德存在的客观性，这种存在是不以人的主观意志为转移的。

实经验告诉我们，只有出于爱、人道、同情的行为，无论它们发生在何时何地，也不管行为者离我们多么遥远，都会使我们在内心感到愉悦并对他们的行为表示赞赏。这就完全排除了出于利己动机的行为的道德性，强调了道德行为动机的无私利他性。在哈奇逊这里，只有出于仁爱、人道、善良、同情的动机且谋求公共福利的行为才具有道德的意义，才是善的；反之，那些出于利己动机并且以个人快乐和利益为目的的行为，无论如何都不能被称为是善的。他说："因此一般称为基本道德的那四种性质之所以得到基本道德的名称，是因为它们以普遍谋求公共的善和表示对于理性者的感情，为其特质。要不是如此，那么，它们就说不上有道德的意义了。"① 我们知道，斯密的"经济人"并不是一个纯粹利己，完全自私的人，而是一个既肯定自我私利，又对他人充满仁爱的同情的人。斯密仁爱学说思想不能说与哈奇逊没有任何关系。

休谟的人性论。斯密一生与休谟之间都保持着一种亲密的关系，这是无可置疑的。长期以来的一般观点都认为斯密不仅是哈奇逊的学生，也是休谟的学生，认为斯密的伦理思想受到休谟哲学思想的深刻影响。斯特劳斯派政治哲学家约瑟夫·克鲁普斯认为："斯密的道德哲学，正如他实际所承认的，是休谟道德哲学的提炼。休谟的道德哲学与斯密的道德哲学在某些方面有所不同，这些方面尽管是非常重要的，但却不是决定性的。"② 休谟从对理性的分析出发，得出了一个重要结论，道德不是从理性中来的，而是来自人的道德感。既然道德源于情感，那情感具有怎样的特性呢？休谟认为，决定道德善恶的情感，既不是自爱的利己心，也不是仁爱的利他心，而是人的同情心。"人性中任何性质在它的本身和它的结果两方面都是最为引人注目的，就是我们所有的同情别人的那种倾向。"③ 休谟试图以同情心统一人的利己心与利他心，由此来说明个人利益与公共利益统一的现实性与客观依据。

综上所述，斯密是在看到了资本主义市场经济发展趋势，在广泛吸收同时代思想家的研究成果的基础上，提出了自己的"经济人"思想。斯密的"经济人"思想不仅成为构建其经济伦理思想大厦的基石，也成为继其之后经济伦理思想的重要内容，更是支撑资本主义市场经济制度的伦理机制。

---

① 周辅成主编：《西方伦理学名著选辑》上卷，商务印书馆 1964 年版，第 792 页。
② 转引自罗卫东《情感·秩序·美德》，中国人民大学出版社 2006 年版，第 99 页。
③ ［英］大卫·休谟：《人性论》，关文运译，商务印书馆 1983 年版，第 352 页。

二　"经济人"思想的主要内容

1878 年，德国历史学派经济学家斯卡尔茨基在《亚当·斯密的道德哲学及其作为政治经济学的创始人》中提出，斯密在《道德情操论》中谈到的人性是利他的，而在《国民财富的性质和原因的研究》（文中简称《国富论》）中谈到的人性是利己的。自此之后，人们将斯密的学术世界一分为二：伦理学思想中的利他性和经济学思想中的利己性。这就是历史上持续了一个半世纪争论的所谓"斯密问题"①。"斯密问题"涉及的是斯密学术思想中的伦理学思想与经济学思想是否统一的问题，其实质就是如何理解斯密眼中的"人"的问题。赞成"斯密问题"存在的学者往往认为斯密笔下描写了两个不同性格的人：一个是仁慈的、对他人充满爱心的道德的人；一个是利己的、对自我私利充满欲求的经济的人。在历经学界热烈争论，在对斯密的研究进一步深入之后，现在人们普遍赞同：所谓的"斯密问题"是个伪命题。在斯密的学术世界中，从来就没有将经济学与伦理学进行过割裂，也没有提出所谓的两个不同性格的人。从斯密本人提供的有力的证据就可以反驳认为他的两本书之间存在矛盾的论点。在《道德情操论》第六版的公告中，他谈及，在第六版的最后一段他承诺将会有另一本关于法律和政府的书，并说《国富论》承接了《道德情操论》的思想。②可见，斯密眼中的"经济人"本身就是一个既注重自我私利，又对他人充满仁爱之心的理性的人。这种"人"是市场经济条件下所需要的，是市场经济的主体。我国著名经济学家朱绍文先生也认为，"斯密在《道德情操论》和《国富论》中所讨论的'人性'是同一时代同一阶级属性的人，是这个时代的新人，而绝不是两种属性完全不同的人物。在斯密的思想体系中，经济学本来就是他的道德哲学体系中的一个有机组成部分。"③

1. "经济人"的利己性

斯密认为，凡生活在社会中的人，都有"自利的打算"，这就是我们常说的"利己心"或"自爱心"。这种"自利""自爱"是人的本能，是

---

① 关于"斯密问题"的由来、变化及主要观点，可参见朱绍文《〈国富论〉中"经济人"的属性及其品德问题》，《经济研究》1987 年第 7 期，第 41—45 页。

② 苏东斌：《我讲〈国富论〉》，中国经济出版社 2007 年版，第 236 页。

③ 朱绍文：《〈国富论〉中"经济人"的属性及其品德问题》，《经济研究》1987 年第 7 期，第 42 页。

上帝为了实现人类的幸福而赋予每个人的本能的冲动。① 这就是"每个人改善自身境况的一致的、经常的、不断的努力"②，并且，"每一个的利益，在于能过着尽可能做到的安逸生活"③。可见，斯密的"经济人"具有的一个最为基本的属性就是利己。

在《国富论》一书中，斯密对"经济人"的利己性做了如下刻画："人类几乎随时随地都需要同胞的协助，要想又仅依赖他人的恩惠，那是一定不行的。他如果能够刺激他们的利己心，使得有利于他，并告诉他们，给他做事，是对他们自己有利的，他要达到目的就容易得多了。不论是谁，如果他要与旁人做买卖，他首先就要这样提议。请给我以我要的东西吧，同时，你也可以获得你所要的东西：这句话是交易的通义。我们所需要的相互帮忙，大部分是依照这个方法取得的。我们每天所需的食物和饮料，不是出自屠户、酿酒师或烙面师的恩惠，而是出于他们自利的打算。我们不说唤起他们利他心的话，而说唤起他们利己心的话。我们不说自己有需要，而说对他们有利。"④ 这段引文众所周知，也经常被作为斯密强调利己心的论据。确实如此，我们从斯密的这一段话中可以很清晰地看到斯密对"经济人"基本特性的描述。首先，任何一个社会都需要相互协助，这种协助在商品社会中就表现为交换，而且这种交换是以货币为中介的价值交换，而不是别的什么东西。人类社会中的这种相互协助精神既是人类社会得以建立的基石，也是人类社会与动物界相区别的最根本的特性。其次，人类的相互协助精神从来就不建立在对他人施以恩惠的基础之上，任何人都没有理由，也没有根据对他人无条件地施以恩惠。人类的相互协助从其根本目的来说是人类出于自利打算而造成的客观后果，协助是建立在自利的基础之上的。最后，商品社会中的由自利而达成的协助构成了社会的繁荣，建立了商品交换的市场机制。每一个人出于自利的打算，通过自己的劳动，在市场交换机制下，不仅满足了自利的需求，客观上也造成了满足了他人需求的后果。Samuel Hollander 就认为，斯密《国富论》中提出推动人的行为唯一动机是自

① 邓春玲：《亚当·斯密的"经济人"思想探析》，《中共长春市委党校学报》2004 年第 10 期，第 26 页。

② ［英］亚当·斯密：《国富论》上卷，郭大力、王亚南译，商务印书馆 1972 年版，第 315 页。

③ 同上书，第 320 页。

④ 同上书，第 13—14 页。

利。①

《国富论》中对"经济人"的这个经典刻画，其实在《道德情操论》中，斯密就已经有过阐述。他说："就像斯多葛派学者常常所说的，每个人首先和主要的是关心他自己；无论从哪方面看，每个人都必定更适合和更有能力关心自己，而不是任何他人。每个人对自己的快乐和痛苦的感觉都会比对他人的快乐和痛苦的感觉更为显著。前者是原始的感觉，后者则是前者的反射或同情的映像。前者可谓本，后者则为末。"② 如果说《国富论》中的阐述是对"经济人"形象的客观描述的话，《道德情操论》中的这段话则是对"经济人"的哲学论证。斯密是从斯多葛学派的自然主义立场出发，对"经济人"的利己心做了合乎自然法规定的论证。众所周知，斯密在哲学立场上深受斯多葛学派的自然主义影响，也深受近代以来的自然法思想的影响。自然法学说反映在斯密的"经济人"思想上，那就是人的这种自利的打算从天性来说，是人的一种最本能的反应。斯密从经验主义出发，看到了现实中人的快乐的和痛苦的情感发生的自然性，并且认识到了快乐的和痛苦的情感与自我利益满足之间的密切联系。从自然主义和经验主义的哲学立场，斯密为"经济人"的利己性进行了理论上的论证。因此，在《道德情操论》中，斯密多处对人的利己本性的自然性与合理性做了强调。"无疑，就本性而言，每个人首先和主要的是依靠自我关心；由于他更胜任于关心自己，而不是别人，所以，自我关心亦理所当然。因此，同那些与别人相关的东西相比，每个人都会更密切地关注一切与他自己切身相关的东西。听说一个与自己毫不相干的人死了，我们大概不会把这事放在心上，也许我们自己的一点头疼脑热比听说这事更容易让我们食不知味、寝不安宁。"③

斯密一方面在《国富论》中对"经济人"的利己本性进行客观描述，一方面在《道德情操论》中对"经济人"的利己本性进行理论论证，其目的就是要说明"经济人"利己本性存在的现实性与合理性。一方面，从现实中看，人的利己本性客观存在；另一方面，从理论上说，人的利己本性自然合理。在对"经济人"的利己本性做了存在论上的合理性论证之后，斯密进一步对"经济人"利己本性对社会繁荣与进步所具有的巨大作用进行了阐发。

---

① Samuel Hollander, Adam Smith and the Self-Interest Axiom, *Journal of Law and Economics*, Vol. 20, No. 1 (1977), pp. 133 – 152.

② ［英］亚当·斯密：《道德情操论》，余涌译，中国社会科学出版社 2003 年版，第 247 页。

③ 同上书，第 89 页。

　　斯密说："每个人改善自身境况的一致、经常的、不断的努力是社会财富、国民财富以及私人财富所赖以产生的重大因素。"① 斯密《国富论》的全称是《国民财富的性质和原因的研究》，可见他要研究的是两个问题：什么是国民财富？如何才能增加国民财富？也就是性质与原因这两个问题。对斯密来说，个人的利己心既是个人利益得以实现的基础，更为重要的是，个人的利己心促进了整个社会财富的增长，造就了社会的繁荣。从《国富论》一书的逻辑来看，斯密是从对分工的论述开始的。一开始，斯密就列举了一家制造扣针的工厂是如何进行生产的例子。从这个例子中，让我们深刻地感受到了分工带来的高效率和创造的巨大财富。那么，是什么原因引起分工的呢？斯密认为是一种倾向带来了分工。"这种倾向就是互通有无，物物交换，互相交易。"② 这种交换的倾向，就是由人天生的利己心引起的。人类随时随地需要同胞的协助，互相满足对方的生活所需，这就产生了交换。但是这种交换不是建立在向对方施以恩惠的基础之上，而是在个人的自利基础之上，是依赖于"刺激他们的利己心"才产生的。所以，斯密由利己心引出交换，又由交换引出分工，在这个基础上，又引出了货币。货币的重要性在于：假如没有货币，交换就会发生困难。可见，按照斯密的这个逻辑思路，就是从人类的利己主义本性，推演出了自己的整个经济理论体系；而且，更为重要的是，斯密把利己心看作经济活动的原动力，进而把整个社会的经济发展也归于人的利己心。他说，资本家"追求自己的利益，往往使他能比在真正出于本意的情况下更有效地促进社会的利益"③。出于自我利益的追求，造就了社会的繁荣。从斯密的这个论点来看，剥离其与孟德维尔思想之间的联系是多么的可笑。因为，孟德维尔正是如此强调的：私人的恶德，公众的利益。

　　在斯密看来，每个人都有的这样一种改善自我境况的愿望推动着个人努力去发家致富，最后造就了整个社会的繁荣。他说："在可自由而安全地向前努力时，各个人改善自己境遇的自然努力，是一个那么强大的力量，以致没有任何帮助，亦能单独地使社会富裕繁荣。"④ 可以清楚地看到，是"各个人改善自己境遇的自然努力"，而不是别的什么东西，造就了社会的富裕繁荣。什么是"各个人改善自己境遇的自然努力"呢？这种努力无非是每个人通过自己的劳动让自己过上"安逸的生活"。"每一个人

---

① ［英］亚当·斯密：《国富论》上卷，郭大力、王亚南译，商务印书馆1972年版，第315页。
② 同上书，第12页。
③ ［英］亚当·斯密：《国富论》下卷，郭大力、王亚南译，商务印书馆1972年版，第27页。
④ 同上书，第112页。

的利益，在于能过着尽可能做到的安逸生活。"① 也就是说，不是自私自利，而是出于改善自我生活的良好愿望采取的踏实努力，才能推动社会的繁荣。从这个意义上说，斯密的利己心包括了两层意思：一是利己不是自私自利，利己的同时需要考虑到他人的感受，要对他人充满同情和仁爱；二是利己不是好吃懒做，利己是诚实劳动，是需要通过自己的双手实现自我的利己，需要通过自己的劳动才能过上安逸的生活。斯密的"经济人"不仅具有利己的本性，同时还需要具有利他的本性。即便将"经济人"进行理性自利假设的马歇尔也不得不承认，在事实的基础上，"经济人"不能说只是利己的，而是具有"利人"本性的。他说："道德的力量也是包括在经济学家必须考虑的那些力量之内的。的确，曾经有过这样的打算：以一个'经济人'的活动为内容，建立一种抽象的经济学，所谓经济人就是他不受道德的影响，而是机械地和利己地孜孜为利。但是，这种打算却没有获得成功，甚至也没有彻底实行过。因为，它们从没有把经济人真正当作利己的：一个怀有利人的愿望、感受劳苦和牺牲以赡养家庭的人，是最能信任的，他的正常的动机常被默认为包括家庭情感在内。但是，他的动机既包括家庭情感在内，为什么它就不能包括其他一切利人的动机。"②

2. "经济人"的利他性

对他人的怜悯与同情之心与人的利己心一样，都是人类情感中最为自然、本能的情感反映。斯密一方面认为人的利己心是本能的；一方面又认为人的利他心也是本能的。他说："无论人如何被视为自私自利，但是，在其本性中显然还存在某些自然的倾向，使他能去关心别人的命运，并以他人之幸福为自己生活所必需，虽然除了看到他人的幸福时所感到的快乐外，他别的一无所获。这就是怜悯和同情，当我们看到他人的痛苦，或只是因为栩栩如生地想象他人的痛苦时，都会有这样的情感。"③ 可见，在斯密这里，怜悯和同情等利他本性一方面是人的天性，就如利己本性一样是人的天性；另一方面，这种本性是人人都有的，就是罪大恶极的恶棍也不例外。但是，即便一个人如何对他人的不幸表示怜悯和同情，其感受都不同于当事人的感受。这就是斯密所说的："旁观者的感情终究不容易达到不幸者本人所感觉到那种强烈程度。虽然说人类天生富于同情心，但人们对降临在别人头上的不幸不可能抱有当事人所自然而然产生的同等程度的

---

① ［英］亚当·斯密：《国富论》下卷，郭大力、王亚南译，商务印书馆1972年版，第320页。
② ［英］阿弗里德·马歇尔：《经济学原理》上，朱志泰译，商务印书馆1964年版，第11—12页。
③ ［英］亚当·斯密：《道德情操论》，余涌译，中国社会科学出版社2003年版，第3页。

激情。同情赖以成立的想象中的位置交换转眼即逝，他们在脑子中不断转动的念头是，自己还平安无事，自己并不是真正的受害者；这固然不妨碍他们抱有同受害者的感觉有几分相似的情感，但却使得他们不会有与受害者同样强烈的激情。"① 也就是说，人的怜悯与同情的激情是不能持久的，只有利己心才是最能持久发挥作用的本性；怜悯与同情的利他心与自爱的利己心相比，后者是先发生作用的，人们总是先想到自己，然后在这个基础上才能对他人的不幸表示怜悯和同情。可以肯定的是，斯密对利他本性是有所限定的。那么，人的利他性是如何发生的呢？

"同感"是利他发生的心理基础。斯密继承并吸收了哈奇逊的道德感理论和休谟的同情论，构建了自己的"同感"理论，这一理论成为他解释人之所以具有利他本性的心理学依据。斯密在《道德情操论》中一开篇就阐明，怜悯和同情是人所具有的共同本性，这一本性是建立在人类情感共鸣基础之上的。斯密说："'怜悯'和'悲悯'这两个词用来表示我们对他人的悲伤而产生的同情心，是颇为贴切的。而'同情'一词，虽然其含义与上述两词原本无异，但现在可能被用来泛指我们人与人之间任何激情上的共鸣，这并无多大不当。"② 那么，人类为什么会有情感共鸣呢？斯密用了当时心理学流行的"联想"方法以及经验主义的哲学方法，阐述了同感发生的过程。作为人性中基本倾向的同情，不是神赋予的，而是源于人们的生活经验和人的想象力。人们具有一样的感官，这意味着对同一作用对象或相同的情境，人们会产生相同的感觉；人的感受的一致性是人们同情发生的基础。③ 通过想象，我们可以体会并感受到他人的情境与感受，就会设身处地为他人着想，就会具有温和、有礼、宽容、公正的品德；就会产生崇高、庄重、自我克制和自我控制的美德。斯密说："因此，正是更多地同情他人，更少地同情我们自己，约束我们的自私自利之心，激发我们的博爱仁慈之情，构成了人性的完善；也只有这样，才能在人类中产生得体与合宜即在其中的感情的和谐。"④

"公平的旁观者"是利他心的制约机制。虽然"同感"让我们产生了怜悯和同情之类的利他心，但是，在某些具体的情境下，行为当事人的行为不仅不能引起我们的同感，反而会让我们产生一种不同于行为当事人感受的感情。比如，发怒者的狂暴行为，在我们不知其原因的情况下，常不

---

① ［英］亚当·斯密：《道德情操论》，余涌译，中国社会科学出版社2003年版，第18—19页。
② 同上书，第5页。
③ 宋希仁：《西方伦理思想史》，中国人民大学出版社2004年版，第239页。
④ ［英］亚当·斯密：《道德情操论》，余涌译，中国社会科学出版社2003年版，第22页。

能激起对他的敌人的愤怒，反而是对他的粗暴行为的不满。① 这就需要我们在同感的基础上，不仅是要分享他人的情感感受，更为重要的是要站在"公正旁观者"的立场上进行客观的想象。"公正旁观者"成了斯密利他心的约束与制导机制。每一个人以同感为基础产生的怜悯和同情的利他心，是否符合客观的实际情况呢？每一个出于善意动机的行为就一定能带来好的效果吗？斯密强调应该从更为客观的行为效果的好坏来进一步对利他性的行为进行考察。由此，他引入了"公正旁观者"的概念。可以说，正是由于有"公正旁观者"的存在，使得人的利他更符合客观实际的要求，更能够产生符合实际的好的效果。斯密说："旁观者努力去理解当事人的感情，而当事人也努力缓和自己的情绪以达到旁观者能够认同的程度，正是在这两种不同的努力中，两类不同系列的美德得以成立。一类温和、高雅而可亲，是坦诚屈就和宽容仁慈的美德，它们以前一种努力为基础；另一类强烈、庄重而可敬，是自我克制和自我管理的美德，那种对情感的控制使我们本性的全部活动去适应我们对尊严、荣誉和行为合宜性的需求，这类美德源于后一种努力。"②

"合宜性"是利他心的伦理尺度。"同情"这种利他性的情感是一切人都具有的，是人类与生俱来的原始感情，"像人性的其他所有原始感情一样，这种感情决不只为德行隆厚、秉性仁慈之士所独有"③。也就是说，这种感情是否就一定是善的呢？其本身就需要进行道德的评判。因此，斯密引入了"合宜性"这个概念作为对人类感情进行评判的伦理尺度。合于伦理尺度的感情就是善的，基于同感而产生的怜悯与同情的利他心显然也是善的。"合宜性"也就可以视为是利他心的伦理尺度。"很显然，由与我们有特定关系的对象所激发的每一种激情，其合宜性，即旁观者能够赞同，必定存在于某种中庸中。如果激情过于强烈，或过于微弱，均不可能被旁观者赞同。"④"合宜性"就是一种与亚里士多德所谈的"中道"类似的东西，它要求激情的程度不偏不倚，既不过于热烈也不过于软弱，它是行为合宜性的基础。只有在"合宜性"的感情基础之上产生的同感导致的行为才可能是合宜的，是善的行为。是否"合宜"也就是人们行为是否合理的尺度，是美德与恶行的分水岭，同时也是对自我和他人进行道德评判，对

---

① 宋希仁：《西方伦理思想史》，中国人民大学出版社2004年版，第240页。
② ［英］亚当·斯密：《道德情操论》，余涌译，中国社会科学出版社2003年版，第20—21页。
③ 同上书，第3页。
④ 同上书，第25页。

自我和他人行为赞同或否定的内在标准。① 这也就是斯密再三强调的，"虽然谨慎、正义和仁慈的美德在不同的情况下可能是由两种不同的原则差不多同等地向我们提出的要求，然而，自制的美德在绝大多数情况下主要的或差不多完全是由一种原则，亦即合宜感、虽想像中的公正的旁观者的情感的尊重，向我们提出的要求"②。

3. "经济人"的理性

同时兼有利己与利他本性的"经济人"为什么能够让这两种截然不同的品性共存，而不至于发生人格分裂呢？"经济人"的利己与利他如何和谐统一于人的品性之中的呢？这就是"经济人"的理性。

自古希腊以来，对于人的本性的一个公认的观点就是：人是有理性的动物。人因为具有理性得以与动物区分开来，也正是因为人的理性使人成为世界的主宰。中世纪的神学将人从属了神，也使人的理性让位于上帝的神性。文艺复兴运动肯定人的地位的一个表现就是对人的理性价值的重新认定与发挥。在这样的文化背景下发展起来的资本主义制度必然要受到这种思想观念的影响，斯密也不例外。尽管大家都认为斯密是一位承继了英国经验主义传统的思想家，但并不意味着斯密对人的理性本质予以否定，甚至在最一般的意义上，斯密仍然吸收了古希腊的文化传统，认为理性是人的本质所在。斯密指出："显然，美德的本性要么必定被不分彼此地归于我们所有得到恰当控制和指导的感情，要么必定被限定于这些感情中的某一类或某一部分。我们的感情大体上可分为自私的感情和仁慈的感情两大类。因此，如果美德的本性不能不分彼此地归于我们所有得到恰当控制和指导的感情，那么，它必定要么限定于那些旨在直接增进我们个人幸福的感情，要么限定于那些旨在直接增加他人幸福的感情。因此，如果美德不是存在于合宜性中，那么它要么存在于审慎中，要么存在于仁慈中。"③ 这里的"审慎"就是在理性指导下表现出来的一种美德。正是这种审慎的美德，使人得以自我控制，使人在满足自我私利的同时不致损害他人利益，使人在追求自我私利的同时会想到他人利益，并能在满足私利的同时实现他人利益。因此，理性使"经济人"的利己性与利他性统一了。

斯密在《道德情操论》中花费了相当多的笔墨刻画了"审慎之人"。

① 杨金廷：《利己利他"斯密问题"的启示》，《河北大学学报》（哲学社会科学版）2008年第6期，第32页。

② ［英］亚当·斯密：《道德情操论》，余涌译，中国社会科学出版社2003年版，第296页。

③ 同上书，第303—304页。

审慎的品质是怎样的呢？第一，审慎是成熟的标志。当每一个人长大之后，就必然会形成审慎品质，这也是个人长远利益能够实现的基本条件。"一旦他长大成人，便立刻意识到，为了能有办法去满足那些自然的欲望，去获得快乐避免痛苦，去驱寒避暑，必须要小心谨慎、深谋远虑。维护和增进被称作外在财富的东西之艺术便寓于这种小心谨慎和深谋远虑的恰当指导之中。"① 第二，审慎就是不损害他人。"一个人决不应该为了自己获利而损人利己，侵犯或损害任何他人的利益，即使他所得之利益要远远大于他人所损之利益，亦不例外。"② 第三，审慎之人总是真诚待人，不夸夸其谈，不拉帮结派，而是依靠自己的真才实学力图发展。第四，审慎之人总能建立稳定的友谊，既不趋炎附势，也不自视清高，总是以合理的态度去对待他人。第五，审慎之人勤奋、节俭，为了获取更长远的更大的利益，他会坚定地牺牲掉眼前的享受。第六，审慎之人不多管闲事，既不逃避自己的责任，也不会承担超出自己责任之外的义务。③ 总而言之，当一个人要保全自己利益，实现自我私利的时候，就一定需要这种出于理性决定自己该怎么做和做什么的审慎品质。

理性并不只是告诉"经济人"如何满足利己心，更重要的是，理性还指导"经济人"如何实现利他。然而，在以往的斯密研究中，对斯密最大的误解就是认为他只强调审慎品质之于满足利己的一面。普遍的看法认为，斯密的"经济人"具有上述六个特征，是在理性的指导下满足自我私利的人。这种认识显然是有问题的。因为，斯密自己也这么认为，"当谨慎只是面向于关心个人的健康、财富、地位和名声时，虽然它被认为是一种值得尊敬，甚至在一定程度上是可亲和适意的品质，但它决不会被认为是最讨人喜欢的美德之一，或者是最崇高的美德之一。虽然它可以博得某种冷淡的尊敬，但却似乎不配享有炽烈的热爱或赞美"④。谨慎这种美德在多大程度上得到人们的赞赏，取决于它的目的。当与个人私利目的结合在一起的时候，它是较低程度上的美德；而当它与利他的高尚目的结合在一起的时候，它就是一种高尚的品德。"明智而审慎的行为，当它是面向比关心个人的健康、财富、地位和名声更伟大、更高尚的目的时，经常和非

---

① ［英］亚当·斯密：《道德情操论》，余涌译，中国社会科学出版社 2003 年版，第 239 页。
② 同上书，第 148 页。
③ 斯密对审慎之人品质的刻画，可参见［英］亚当·斯密《道德情操论》，余涌译，中国社会科学出版社 2003 年版，第 239—243 页。
④ ［英］亚当·斯密：《道德情操论》，余涌译，中国社会科学出版社 2003 年版，第 243 页。

常贴切地被称之为谨慎。"① 这就是说，从德性价值来说，只有以理性指导实现利他目的，才具有更高地位。满足自我利益需要，尽管这是人的本能要求，虽不能说是恶的，但其作为善的价值意义显然无法与满足他人利益相提并论。从道德价值来说，善的导向始终还是指向他人，而不是自我。当然，肯定自我利益的满足也具有善的价值，只不过这种价值始终还是低等级和低层次的。

三 斯密"经济人"思想述评

斯密提出的"经济人"思想对近代以来西方资本主义市场经济的发展起到了非常重要的作用，围绕着"经济人"问题学界也开始了热烈的争论。"经济人"争论的实质从某种意义上说就是将斯密"经济人"的两种基本属性进行割裂的争论。主张"经济人"具有纯粹利己本性，就意味着市场经济是冷冰冰的金钱交易。然而没有道德内涵的市场经济显然不会有长足的发展，现实也证明了市场经济本身是有道德因素的。随着对经典大师著作研读的深入，我们逐渐接近大师的真实想法。"经济人"是一个既有利己本性，也有利他本性的，并在理性指导下上这两种本性统一在一起的完整的、真实的人。为此，我们需要从如下两个方面进一步认识斯密的"经济人"。

首先，斯密的"经济人"是资本主义经济蓬勃发展时代的"新人"。资本主义制度是在反对封建宗法等级制度的基础上发展起来的，新兴的资产阶级为了谋求在社会上的政治地位付出了沉重代价，并经历了一个较为漫长的时期。11—12 世纪，已经出现了资本主义的萌芽，开始逐渐形成了一个新兴的阶级，但是，这样一个阶级直到斯密生活的 18 世纪，也仍然只是被视为"中等和下层的平民"。他们在社会上没有地位，更没有特权，也不能进入上流社会。上层社会，仍然还是被传统的统治阶级和特权阶层把持着，这些人的价值观，仍然是奢谈财富，鄙视劳动，将通过自我劳动获得财富视为是下等阶层的事情。然而，这个新兴阶层，却由于惯于思考、勤于劳动、善于节俭，积累了大量的社会财富，对封建贵族阶层鄙视劳动、游手好闲、腐化堕落的价值观极为厌恶，并强烈反对他们把持社会特权，为此，这个新兴的第三阶层强烈要求获得自由平等的社会地位，要求对诚实劳动获得的财富予以肯定，要求承认"利己心"对社会繁荣与进步的巨大作用。斯密的"经济人"就是在这个时代背景下提出来的，他所

---

① ［英］亚当·斯密：《道德情操论》，余涌译，中国社会科学出版社 2003 年版，第 243 页。

谓的"经济人"也就是身处时代洪流之中的"新人"。因为这个新兴阶级为了改善自我生活境况不断努力，同时也是由于这些人的生产性劳动，社会的财富才得以增长。如果社会可以肯定他们的"利己心"，使他们有行动的自由、竞争的自由，那么社会就可以促进生产、增加财富。"经济人"是对资本主义早期经济发展起到巨大贡献的新兴资产阶级的代言人。因此，倘若在历经时代变迁之后，仍然用斯密的"经济人"作为社会经济理论推演的前提，并以此来论证"自由竞争""理性预期假设"等主张的合理性，不仅一方面进一步扩大了经济学与伦理学的鸿沟，更为重要的是，在这一前提下建立起来的经济学理论体系本身就是有问题的。明确斯密"经济人"的时代背景是正确理解社会发展现实，为市场经济发展注入伦理关怀的基础。

日本学者大河内一男评述说到，对"利己心"的肯定，是"市民社会"向前发展的特殊经济条件下的特有现象，反映了从中世纪向近代"市民社会"转变的历史要求。他说："随着经济生活借近世初期专制君主之手巩固了有利于它本身发展的基础，并进展到创设统一的国内经济领域——'国内市场'，'市民社会'逐渐以新的田园式城市——与旧商业城市相对立——为中心开始发展。在这里，'利己心'逐渐获得具体的立足点，在自然神论上被视为前提的人类冲动，第一次获得了历史性的规定，表现为'营利心'、'互相交易的人类自然倾向'。'利己心'与美德相关联，即'个人劣行即公共利益'的命题，只有在这样的具体基础上才是可能的。"[1] 作为一个时代产物的思想内容是否可以成为一种普遍施行的主张，是需要历史验证的。从历史事实来说，"利己心"是市场经济不可否认的存在，但并不意味着在市场经济的任何一个时期，都需要对"利己心"进行过分强调。过于重视与强调人的本性中的"利己"，也就是将人本性中非善的那一面进行某种天然、永恒的论证。显然，对"利己"的过于强调和重视会导致诸多社会问题，并带来严重的社会后果。

其次，当前的科学研究事实，进一步论证了人兼有利己性与利他性的本质属性。现代生物学的研究表明，人既具有利己的基因，又具有利他的基因，是基因决定了人既有利己性又具有利他性。近年来，行为经济学者在几十个国家做的几百次实验表明，人们是关心公平、互利的，是愿意在物质利益上帮助他人的。汪丁丁等学者介绍的美国经济学家 H. 金迪斯等

---

① ［日］大河内一男：《过渡时期的经济思想——亚当·斯密与弗·李斯特》，胡企林、沈佩林译，中国人民大学出版社 2000 年版，第 9 页。

人的最新研究成果表明：人类的进步离不开合作；合作意味着利己与利他并存。① 根据这些学者的说法，人的利己性从某种程度上来说是人的自然属性的流露；人的利他性是人的社会属性或道德属性的流露。马克思主义人性论认为，人是既有自然属性、也有社会属性的。但是，用利己来界定自然属性、利他来界定社会属性是不合适的。然而，能够看到人身上的利己与利他的统一性，就等于在某种程度上看到了人的属性的复杂性。这恰恰是斯密"经济人"思想最有价值的内容。斯密认为，基于人属性的复杂性的要求，人在社会经济生活中肯定一方面会表现出利己的本性，另一方面表现出利他的本性。因此，分裂地看人的利己性与利他性就是对斯密"经济人"思想的误解。

斯密的"经济人"是一个既表现出利己性，又表现出利他性的人。这是一个在市场经济条件下，在资本主义生产关系中如鱼得水的人，是充分适应了时代要求的人。这个人是应时代的呼唤而出现的，并将成为一个新的时代的主流。斯密顺应那个时代的要求，为扫清资本主义发展道路上的封建专制主义的残余力量，对人本性中的"利己"进行了更多地强调。这样的强调并不意味着斯密认为人的利己优先于利他，是更为善的东西。我们今天如果看不到这一点，就不具有实事求是的认识态度。因此，在当今资本主义制度已经成为主导模式，封建专制主义已经成为历史记忆的时代，抱着斯密的认识不放，奉斯密为经典也是不对的。

总之，斯密在吸收了其同时代思想家们对人性研究与探讨思想的基础上，提出了自己的"经济人"思想，可以说是第一个把人性思想系统地、清晰地纳入经济学分析框架中的思想家，是第一位基于道德哲学基础来阐明经济学中个人利益与社会利益如何统一的思想家。斯密倡导的"经济人"思想成为西方经济学大厦中最重要的基石之一，在其之后的诸多思想家或者站在肯定的立场，或者站在批评的立场，对斯密的"经济人"思想予以了修订和补充。

第二节　斯密之后的"经济人"假说

斯密"经济人"思想提出之后，得到其拥护者的赞同和信仰，他们认为，利己的"经济人"是可以用来说明经济现象并发现经济规律的。马歇

---

① 以上转引自苏东斌《我讲〈国富论〉》，中国经济出版社2007年版，第241页。

尔说："他（指斯密）对这一理论（"经济人"理论）的辩护给予世人的印象是如此深刻，以致大多数德国学者在谈到斯密主义的时候主要指的是这一点。"① 当然，这与斯密经济学说在经济思想史上的地位是分不开的。大河内一男曾经对斯密有过如此评价，他说："人们认为，亚当·斯密的经济学说是在他以前根据形形色色的立场阐述的各种意见或见解的综合，在他以后的近代经济理论则以不同的形式占有逐渐分化、发展的蓄水池地位。"② 可惜的是，斯密之后的思想家对"经济人"的阐发并没有沿着斯密开创的客观描述的道路前进，而是走向了另一条对"经济人"抽象化、方法论化的道路，"经济人"思想成为"经济人"假说，从西尼尔、穆勒到马歇尔，走的都是这样的道路。

一 西尼尔的"经济人"抽象

第一个明确认识到"经济人"的方法论意义，对"经济人"进行理论抽象的经济学家是西尼尔。他指出，经济学家无须也不可能考虑到"影响人的一般福利③的一切因素"。这就意味着，西尼尔将经济学看作一门仅谈论财富生产的学问，这门学问是无须考虑人的因素的，甚至在一定程度上，将人的因素排除得越彻底就越科学。于是，他从政治经济学定义出发，通过政治经济学研究前提的确立实现了"经济人"的抽象。

1. 政治经济学的定义

将政治经济学视为一门科学的看法早已有之，但是并不意味着政治经济学就取得了科学的地位。西尼尔认为，政治经济学之所以没有获得科学性，一个非常重要的原因，那就是研究内容的非单一化，将包括政治学、哲学等学科的研究内容都囊括在内了。他认为，政治经济学就是一门"讨

---

① ［英］阿弗里德·马歇尔：《经济学原理》下卷，陈良璧译，商务印书馆 1965 年版，第 404 页。

② ［日］大河内一男：《过渡时期的经济思想——亚当·斯密与弗·李斯特》，胡企林、沈佩林译，中国人民大学出版社 2000 年版，第 176 页。

③ "福利"一词，从其概念的本意来说就是与道德观、伦理观相联系的。因为福利其本质上是"人"的福利，涉及人的价值与尊严，这不仅是一个经济学的问题，也是一个伦理学问题。英国学者诺曼·巴里的《论福利》对"福利"概念及其福利理论的发展进行了详细的阐述。他认为，"可以将福利要求建立在某些道德观念如平等、社会正义，甚至权利等基础上"，福利就是从某种伦理观、价值观出发所建构的对于人的幸福生活实现的思考，"福利命令意味着，在广义上，公共政策应该趋向增加人们（个人或集体）的幸福和满足：无论是一种限制市场力量自由运作的消极政策，还是相信交易体系不能生产所有可欲东西的国家积极行动，在伦理上都没有什么区别"。参见［英］诺曼·巴里《福利》，储建国译，吉林人民出版社 2005 年版，第 12—13 页。

论财富的性质、生产和分配"① 的科学。遗憾的是，这样的科学定义在长期的研究中没有得到应有的重视，反而将政治经济学研究与政治学、哲学研究等同在一起了。

> 这个词常常在广泛得多的意义下被使用。那些号称政治经济学家的早期作者所公开谈论的并不是财富，而是政治。利维尔的著作题名为《政治团体的自然基本秩序》，表示要建成一个有机组织，"这个组织必然会提供世间能够享有的一切福祉"。詹姆斯·斯图亚特爵士说："这门科学的主要目的是，为一切人民取得一定的生活基金，排除足以危及这一基金的一切障碍，提供社会所需的一切事物。"……斯托赫先生说："政治经济学是决定国家繁荣，也就是国家的财富及其文化的自然法则的一门科学。"西斯蒙第先生认为："从政府的事业来看，人类的物质福利是政治经济学的研究目标。"萨伊先生说："政治经济学是社会经济学，是将我们对社会团体各部门的性质和职能作出的观测结果结合起来的一门科学。"……麦克库洛赫先生说明政治经济学的定义是，"支配对人类说来必然有用或适合的并具有交换价值的那些物品或产品的生产、积累、分配和消费的定律的科学"，或者是"价值的科学"；然后又加以补充，说，"这门科学的目的是指出怎样使人类的勤劳得以在最大效率下产生财富的方法，是确定在什么样的环境下最有利于财富的积累，并且确定财富的分配比例及其最有利的消费方式"。②

西尼尔认为，以上这些错误的政治经济学定义的共同错误就是将"福利"视为了政治经济学的研究对象。西尼尔明确指出，政治经济学的研究对象是"财富"。从"福利"出发的政治经济学研究必然导致非科学化，也就使得政治经济学研究难以得出科学的、客观的结论。

那么，政治经济学研究需要怎样的研究方法？对研究者又有怎样的要求呢？对于这些问题，西尼尔一一予以了明确的回答。

政治经济学是一门与自然科学类似的、无偏见的学科。这就要求它与自然科学研究一样，从一些大家公认的定理、定义和公理的前提出发，通过严密的逻辑推导，得出客观的、无任何个人偏见的结论。他说："就我

---

① ［英］西尼尔：《政治经济学大纲》，蔡受百译，商务印书馆1977年版，第9页。
② 同上书，第9—10页。

们所使用的狭义下的政治经济学这个词来说，它所讨论的主题却不是福利，而是财富；构成它的前提的是很少的几个一般命题，这是观测的或意识的结果，简直不需要证明，甚至不需要详细表述，差不多每个人一听到就会觉得在他思想上久已存在，或者至少是在他的知识范围之内；作为一个经济学家，他的推断如果是正确的，推断就会和他的前提具有几乎一样的普遍意义，一样地适用。"① 在这里，西尼尔明确指出，政治经济学研究的对象是"财富"，而不是"福利"。尽管他没有对这二者之间进行严格的区别，但从其论述中，可以看出，他将"财富"视为是某种客观的东西，是可以用某些具体内容予以描述的，实际上，"财富"就等于是客观的物质经济利益。在他看来，"福利"之所以不能成为政治经济学的研究对象，这是因为"福利"带有了更多的主观因素，与政治制度、价值观念等问题具有更为密切的联系。因此，西尼尔的政治经济学的研究对象定义无形之中就对"财富"与"福利"做出了客观与主观的区别。

西尼尔自身是否将这一研究方法贯彻到底了呢？既然政治经济学研究是科学的研究，一切都应该上升到理性的假设与推论，那么，显然其中的定义或者是研究的方法等都需要排除那些非理性的因素。但是，他在对于财富的定义中，却使用了极为明显的非理性内容，违背他的客观性和纯理性的要求。对于财富，他给出了三个要素，其中，效用是财富的一个非常重要的内容。那么，什么是效用呢？他说："使任何事物得以成为一项财富——或者换句话说，使之具有价值——的上述三种特质中最显著的是足以直接或间接产生愉快的能力，这个词包括一切类型的满足，或痛苦（包括一切类型的不愉快）的防止。可惜我们没有一个字眼足以精确表达这种能力；效用这个词是比较最近似的，一般即用以表示作为防止痛苦或间接产生愉快的一个手段的特质。这里还准备将这个词的含义大胆地加以推广，认为也包括足以直接产生愉快的一切事物在内。"② 显然，痛苦与愉快是人的情感感受，绝不会是人的理性认知。用感觉上的某种体验来说明一种纯客观的定义，岂不是自相矛盾！这是西尼尔经济人抽象中存在的一大缺陷。

政治经济学研究的科学性、严谨性对经济学家提出了严格的要求。他说："他所从事的是科学，其间如果有了错误或是有了疏忽，就会产生极其严重、极其广泛的恶劣影响；因此，他就像个陪审员一样，必须如实地

---

① ［英］西尼尔：《政治经济学大纲》，蔡受百译，商务印书馆1977年版，第11—12页。

② 同上书，第17页。

根据证据发表意见,既不容许同情贫困,也不容许嫉视富裕或贪婪,既不容许崇拜现有制度,也不容许憎恶现有的弊害,既不容许酷爱虚名,投合时好,也不容许标新立异或固执不变,以致使他不敢明白说出他所相信的事实,或者是不敢根据这些事实提出在他看来是合理的结论。"① 他强调,经济学家应该抛弃自己的好恶感情、价值观念,站在一个纯粹客观的立场上来进行经济学的研究。研究者是否应该对研究对象带有道德情感,始终是人文社会科学研究中争论不休的话题。韦伯提出所谓的"价值中立"的看法,与西尼尔的这一看法是不谋而合的。其实,这一争论所涉及的核心是研究结果的科学性与社会性之争。就人文社会科学研究来说,科学性和社会性都是其研究的目的,如果能够兼顾二者的实现,这是再好不过的了。但如果二者只能选择其一,何者具有优先性呢?能否以科学的名义置研究的社会价值不顾呢?这个问题迄今学界也未能做出很好的回答。

西尼尔认为,只有从科学性上定义了政治经济学的研究对象、研究方法,经济学家具备了必要的素质之后,从某些公认的研究前提出发,就一定能得出科学性的研究结论。

2. 政治经济学的研究前提

在对政治经济学的学科研究的科学性进行论证之后,西尼尔提出了政治经济学的几个基本研究前提,其中的第一个研究前提就是人性假设前提,即我们认为的"经济人"的抽象。

政治经济学所依据的一般事实,可以概括成出于观测或出于意识的结果的几个基本命题。当时所暗指的几个命题如下:

1. 每个人都希望以尽可能少的牺牲取得更多的财富。

2. 限制世界上的人口或限制生存在这个世界上的人数的,只是精神上或物质上的缺陷,或者是各阶级中各个人对于在养成的习惯下所要求的那类财富可能不足以适应其要求的顾虑。

3. 劳动的力量和生产财富的其他手段的力量,借助于将由此所生产的产品作为继续生产的工具,可以无定限地增加。

4. 假使农业技术不变,在某一地区以内的土地上所使用的增益劳动,一般会产生比例递增的报酬,也就是说,尽管在土地上增加劳动,虽然总的报酬有所增加,但报酬不能随着劳动成比例增加。②

---

① [英]西尼尔:《政治经济学大纲》,蔡受百译,商务印书馆1977年版,第12页。
② 同上书,第46页。

以上就是西尼尔给出的政治经济学研究的四个基本前提，这四个前提的基本特征"不言而喻"。可见，这四个前提在西尼尔看来就如数学、几何证明中的公理、定理，具有无须证明的可靠性和说服力。从这四个前提出发进行的政治经济学研究必定具有科学性，能够获得科学的结论。

当政治经济学具有了研究上的科学性、客观性之后，也就意味着对人的权利、发展等基本问题的漠视；当将人的本质抽象为政治经济学研究的前提之一，也就意味着人的工具化和理性化，这样的政治经济学研究还有意义吗？针对众人对此的批评，西尼尔辩解道，任何学科的研究目的与研究方法都是分开的，正如数学、几何学研究的数或图形并不意味着这种研究对象在生活中存在现实性。他说："政治经济学家常常受到埋怨，认为他们所注意的只是财富，而漠视一切关于福利或德行的研究。我们但愿这样的指责有其比较合理的依据；但指责的普遍存在表明其间含有一种看法，认为政治经济学家的任务不仅是在于表述论点，而且应当推荐实际措施，……谁也不会责备一个研究战术的作家，说他专门注意军事，也不会由此断定这位作家抱着好战态度。"① 但是，学科研究是有区别的，数学、几何学等自然科学的研究与社会科学研究有着本质的区别，其中最为重要的区别就在于社会科学研究需要适用性，即研究成果、研究目标的现实性。不能运用于现实生活的社会科学研究是没有意义的。既然社会科学是一门现实的学问，显然它就不能是一种纯粹的抽象，更不能无视现实条件、客观因素等的影响，也不能无视研究者的价值立场、伦理观念等主观因素的影响。

遗憾的是，西尼尔正是在这样的指导思想的引领下，坚持认为政治经济学的研究必须提出假设的研究前提，采用科学、客观的研究方法，才能获得研究结果上的科学性。

3. 抽象的"经济人"的主要内容

在这四个前提之中，第一个前提"每个人都希望以尽可能少的牺牲取得更多的财富"，就是他对政治经济学研究人性论前提的假设，即"经济人"的假设。这一假设被后来研究者称为"利益最大化"的理性"经济人"假设。这一假设预设了"经济人"的两个前提：一是任何人都是为追求利益最大化这个目的来从事经济活动的；二是这种对于利益的计算是出于理性的。

"经济人"的抽象在政治经济学研究中具有基础性的地位和作用。西

---

① ［英］西尼尔：《政治经济学大纲》，蔡受百译，商务印书馆1977年版，第13页。

尼尔认为，上述四个前提都是政治经济学的研究前提，但第一个前提却非常重要，是政治经济学研究的基础。他说："这一命题在政治经济学中的地位，就和万有引力在物理学或'全或无定律'在论理学中的地位一样；离开了这一基本事实，推理就无法进行，差不多一切其他命题只是对这一基本事实的注解。"① 在西尼尔看来，这个假设是一切的经济学推论过程中的一个基本的假设，是构建经济学大厦的基石。可以说，西尼尔的这个认识历经穆勒、马歇尔的阐发，确实成为之后经济学研究的导向，"经济人"假说真的成为之后经济学研究的出发前提。

"经济人"抽象是学科研究的必要。西尼尔并不否认自己的这个前提假设并不真的能代表现实中的"人"，并不能完全涵盖现实生活中的"人"的需求。他说："各人的欲望性质不同，迫切的程度不同，正和各人个性不同的情形一样。有些人求权势，有些人求的是荣誉，还有些人则求的是闲暇；有的需要身体上的享受，有的则追求精神上的愉快；有些人急于为公众谋重大利益，还有少数人——也许没有这种人——假使可以如他们的愿望，就不会让他们相熟的人或朋友得到好处。"② 正是因为现实中的"人"的丰富多样性，才需要在政治经济学研究中对"人"进行抽象，否则政治经济学研究就难以有一个研究的前提。

"经济人"抽象的可能性在于人对财富欲求的共同性。对于现实中的多面性的、多姿多彩的人性，为什么能够用这样一个假设性的前提进行抽象呢？这是因为，"金钱似乎是共同期求的唯一目标；这是因为金钱是抽象的财富。一个人只要有了钱，就可以随其所好地满足他的种种奢望或虚荣，就可以使他游惰度日，就可以发挥他急公好义的精神，或施行他私人间的恩惠，就可以千方百计地求得肉体上的快乐，避免肉体的劳苦，就可以用更大代价求得精神上的愉快"③。显然，人在自爱、自保本能驱使下表现出来的利己本性，就是"经济人"的本质属性，也是可以对"经济人"进行抽象的基础。从这里明显可以看出，西尼尔尽管在方法论的意义上对"经济人"进行了抽象，但其"经济人"的内容仍然是理性的、自利的人性本质。也就是说，从本质上说"经济人"还是现实的人，其与现实人的区别就在于在经济学研究上对这个"人"实现了自利表征的抽象、实现了自利手段上的抽象而已。将"经济人"从现实中完全剥离的工作就有待后

---

① ［英］西尼尔：《政治经济学大纲》，蔡受百译，商务印书馆 1977 年版，第 49 页。
② 同上书，第 47 页。
③ 同上书，第 47—48 页。

人来完成了。

二　穆勒的"经济人"抽象

科学的研究就是希望找到普遍适用的规律。当经济学取得了作为独立学科的地位之后，经济学家们必然要为这一学科的科学性进行有益的论证。在古典经济学派时代，人们通常都是参照自然科学的标准来论证社会科学的科学性的。当然，这种论证方法是否正确，这是值得商榷的。但是，当时的人们通常采用这种方法。他们认为，自然科学往往都是从假设的前提出发进行逻辑的推理得出科学的结论，由此发现具有普遍适用性的规律；社会科学也就需要从某种假设的前提出发进行逻辑的推理并找到客观的规律。对经济学学科而言，假设推论的前提就显得非常必要。穆勒在西尼尔开创的这个道路上走得更远。

1. 政治经济学是一门科学

穆勒之前及其同时代的思想家们已经开始普遍赞同政治经济学的科学地位，但第一次明确指出政治经济学科学性质，并给予论证的思想家是穆勒。

首先，科学与技艺是有区别的。穆勒认为，科学不提供行为的规则与指导，科学给出的是自然的规律。他说："科学讲事实，技艺讲戒律。科学是真理的集合，技艺是规则的总和或对行为的指导。科学的语言是，这是什么或这不是什么；发生了什么或没有发生什么。技艺的语言是，这样做，不要这样做。科学认识的是一个现象，并努力去找到这一现象的规律；技艺则给自身定个目标，并找出影响这一目标的种种手段。"① 提供价值观导向，给人的行为予以直接导向的不是科学，而是技艺。换句话来说，科学只是研究具体的规律和原则，从规律和原则中引导出人的行为，那是技艺的工作，这就将价值规范完全排除在了科学的范围之外。在这样的区分标准下，"政治经济学确实是一门科学，而家庭经济学，就它能从原则中推导出来而言，则是一门技艺"②。作为科学的政治经济学研究的是指导人的行为的那个原则本身，至于这个原则的应用，就不属于政治经济学的研究范围了。

其次，科学需要从假设出发。在穆勒看来，科学研究的标志就是假

---

① ［英］约翰·穆勒：《政治经济学定义及研究这门科学的哲学方法》，程恩富、顾海良主编《海派经济学》第6辑，上海财经大学出版社2004年版，第132页。

② 同上。

设。任何科学都需要建立在某种假设的前提和基础之上。只有从假设出发，才能得到科学的真理。这就会有一个问题：一方面，科学具有确切的真理性；另一方面，科学的真理又要建立在一个含糊的、不确定的假设前提之上，这岂不是矛盾了？"全部科学的首要原则，包括它们的定义在内，迄今为止一直带有含糊性和不确定性，这一含糊性和不确定性已经渗透到全部知识的最根本、最棘手的地方。"① 所有的科学研究都具有这样的特点。这是因为，作为科学研究前提的原则看起来是首要原则，其实是最终原则，本身就是通过证明之后得出的结论。"为什么这些科学结论已被承认的真确性丝毫没有因为前提的不牢固而受到损害呢？一个坚固的上层建筑如何能建立在不稳固的基础上呢？这一矛盾的解决在于这些所谓的首要原则实际上是最终原则。它们不仅是一个支点，在这点上可以将支持这门科学所有其余内容的一系列证明悬搁起来，它们本身也是证明的最后结果。虽然看上去所有其他真理都是从这些原则推导出来的，但其实这些原则本身是最后得到的真理；它们是最后归纳阶段的产物或是最后和最精细分析过程的产物，可以将这门科学的特殊真理置于这些原则中；这些特殊真理先前已通过符合其本性的证据得以确证了。"② 科学的前提——假设，本来就已经是通过科学论证的真理，其表现出来的含糊性和不确定性是研究方法所需，而不是其本身存在的含糊与不确定。

再次，政治经济学是道德科学。作为科学的政治经济学在具备了上述科学特征之外，它还是一门道德科学，与物理科学等自然科学是有区别的。"如果我们考虑人类已获得或可获得的知识的整个领域，会发现它像自发似的将自身明显分成两个部分，两者是如此尖锐对立，以至在我们知识的一切分类中两者始终是分开的。这就是物理科学和道德或心理科学。"③ 这二者区别的标志不在于其研究的主题，而在于其研究所依据的法则。科学研究的分类就取决于研究法则上的区别。"精神法则与物质法则在性质上是很不相同的，因而将两者混为同一研究的对象有悖于理性分类的全部原则。因此，在一切科学方法中，两者一直是分开的。"④ 根据这个区分原则，物理科学和道德科学得以区分，"物理科学讨论的是物质法则和取决于物质法则这一方的全部复杂现象。精神或道德科学讨论的是精神

① ［英］约翰·穆勒：《政治经济学定义及研究这门科学的哲学方法》，程恩富、顾海良主编《海派经济学》第6辑，上海财经大学出版社2004年版，第131页。

② 同上。

③ 同上书，第134页。

④ 同上书，第134—135页。

法则和取决于精神法则这一方的全部复杂现象"①。道德科学的这一特点决定了其研究现象的复杂性和不确定性，也导致我们在某种程度上不能完全通晓研究对象的所有环境条件，加之科学研究的假设性特征，决定了道德科学研究更需要坚定地执行假设研究方法。

最后，政治经济学是道德科学中的一个分支。道德科学既然讨论的是精神法则和取决于精神法则的全部复杂现象，那么，道德科学的研究对象就是人。然而，这一特征是所有道德科学都具有的要求，并不只是政治经济学这门道德科学特有的。从研究对象来说，道德科学的不同学科分支都是在"几种性质决然不同的假设之下"来讨论人的。政治经济学讨论的并不是全部的人性法则，只是部分的。"政治经济学研究的是就取决于人性法则而言的财富生产和分配问题。"② 政治经济研究的人性法则与道德科学其他分支研究的人性法则有何区别？在穆勒看来，最起码有两种不同的人性法则。"有些人性法则相关于某些通过他人或其他理性存在物而产生于某人身上的情感，如爱慕、良心、或义务感、满足感，就行为而言，取决于或相关于人性的这些部分——这些法则构成了纯精神哲学另一部分的整体，这部分是道德或伦理学的基础。"③ 另一种人性法则与此不同，"关系到生活中的人产生的思想和情感，这个人即是为了一个或几个共同目的而结成的人类整体或集体的一分子"④，这就是成为社会法则或社会人性法则的东西。后一种人性法则是社会经济学的主题，而政治经济学就是社会经济学的一个方面。正是这样的人性法则决定了政治经济学研究中的"经济人"抽象。

2. "经济人"的抽象

正是因为政治经济学只是研究人的社会人性法则，而不是人的全部本性，只涉及人的部分社会行为，而不是社会中的全部行为，所以必须对"人"予以抽象，上升为推论的假设前提。穆勒说："它不讨论受社会改变的人性的全部，也不讨论社会中人的全部行为。它只把人看作是渴望占有财富，并能对达到目的的各种手段的有效性进行比较。"⑤

---

① ［英］约翰·穆勒：《政治经济学定义及研究这门科学的哲学方法》，程恩富、顾海良主编《海派经济学》第 6 辑，上海财经大学出版社 2004 年版，第 135 页。

② 同上。

③ 同上书，第 136 页。

④ 同上。

⑤ ［英］约翰·穆勒：《政治经济学定义及研究这门科学的哲学方法》，程恩富、顾海良主编《海派经济学》第 6 辑，上海财经大学出版社 2004 年版，第 137 页。

"经济人"抽象是政治经济学科学研究的前提。正如前面所说过的那样，科学的特征就在于预设某种前提，通过这种前提的逻辑推论才能得出科学的真理，作为科学的政治经济学也必须符合这一要求。因此，对"经济人"进行抽象这是进行政治经济学科学研究的必要前提。穆勒说："它将人类的其他感情和动机全部抽取掉；除那些作为原则与欲求财富永远相对立的感情和动机，即对劳动的厌恶和对当下纵乐的欲求以外。"① 也就是说，政治经济学研究需要建立在一个假设的人性"模型"之上，这个人性"模型"假定人只具有与财富追求相关的情感和动机，除此之外的别的情感和动机即使在现实的人身上存在，在政治经济学的研究中也是不予考虑的。这样一来，政治经济学研究就符合科学研究的规范，以某种假设的前提为依据，就可以进行逻辑上的推理，也就能够得出真理性的结论了。穆勒声称："政治经济学是从一些假设前提推导而来的——对这些前提或许事实上根本不需要有一个基础，也不声称是与这基础相符合的。所以，政治经济学的结论，如同几何学的结论一样，只在抽象意义上为真；即这些结论只在一些特定假设的前提下为真。"② 这就是穆勒必须将"经济人"进行抽象的真实原因。

抽象的"经济人"假定人是自利的。作为政治经济学研究前提的"经济人"，将人进行了怎样的假设呢？其中最重要的假设就是自利假设。"政治经济学把人仅仅看作是获取和消费财富的，目的在于表明除以上提及的两种永远对立的动机检阅外，这个动机能绝对主宰人们行为的话，那生活在社会中的人们将被推进怎样的一种行为过程。'③ 人的行为的唯一动机就是获取和消费财富，除了与此相关的"财富的欲望""厌恶劳动"和"渴望满足昂贵嗜好的目前享受"之外，将任何其他的"激情和动机完全抽象掉"，人是"在现有知识水平上以最少劳动和最小生理节制获取最多必需品、享受和奢侈品"。作为经济学家的穆勒，也是功利主义伦理学的代表，"经济人"的自利假定反映出的就是他的功利主义导向。功利主义伦理学认为，社会整体利益都是由组成社会的每个个人利益构成的，当个人利益得到满足与实现之后，就能最大限度地实现社会的整体利益。因此，个人的自利不仅是自然的，也是社会所必需的。穆勒说："既然他的经营活动是有益的，因此激励他继续经营的各种通常的刺激因素就应当存在；同

---

① ［英］约翰·穆勒：《政治经济学定义及研究这门科学的哲学方法》，程恩富、顾海良主编《海派经济学》第6辑，上海财经大学出版社2004年版，第137页。
② 同上书，第140页。
③ 同上书，第137页。

时，对于这种有益于公众但伴有私人利益（这种私人利益同完全而自由的竞争可以和谐共存）的行业，法律或舆论都不应该予以妨害；这些都是公众的利益所在。"① 而且，追逐利益不是人的行为的全部动机，是人的经济行为的唯一动机。政治经济学研究的就是人的经济行为，因此"经济人"抽象对于政治经济学来说，这样的人就是自利的。"在人类许多行为中，财富甚至不是主要的欲求对象，对于这些行为而言，政治经济学并不声称它的结论是适用的。但也有一些特定的人类事务，其主要和公认的目的就在于获取财富。政治经济学关注的就是这样的行为。"②

"经济人"抽象只是假设。穆勒非常明白这一假设与现实中的"人性"有着很大的差别，无法代表真实的人。因此，他强调"经济人"抽象只具有假设的意义，只是政治经济学的研究方法，从最实际的本质上来说，与现实中的人是有差距的。他说："没有一个政治经济学家会如此荒谬地认为人类事实如此，但这种假设是这门科学研究的必要方法。……人在社会中的行为也是如此。为了判断一个人在受不同好恶同时影响时会如何行事，我们就必须知道在受具体每一种好恶的影响下他会怎么做。"③ "经济人"抽象实际上只是具有方法论上的意义，这种方法论上的抽象是由政治经济学的科学研究性质所决定的。这就是，"在我们已构建的政治经济学定义中，我们将其刻画成一门抽象科学，它的方法是演绎法。……我们认为，这门科学必然是从假设而不是从事实中进行推论的。他以假设为基础，类似于以定义为名的一些假设是其他抽象科学的基础"④。所以，我们必须严格地区分在理论假设中的"人"和在现实生活中的"人"、抽象的人和具体的人。在理论假设中为真的东西，未见得就是现实中的"真"。穆勒说："不要把根据一个假设得来的一些结论的真确性归为是不同于结论事实具有的另一种真确性。得自假设的结论只在纯粹想象中才完全为真。而当从假设回到现实时，他必须相应地偏离结论的严格性；否则就会认为只有他任意假设的东西为真，而实际存在的事物反而是不正确的。"⑤ 尽管理论的假设与现存的实在不相同，但二者并不是两码事，只是从理论

---

① ［英］约翰·穆勒，《政治经济学原理及其在社会哲学上的若干应用》下，赵荣潜、桑炳彦、朱泱译，商务印书馆1991年版，第272页。
② ［英］约翰·穆勒：《政治经济学定义及研究这门科学的哲学方法》，程恩富、顾海良主编《海派经济学》第6辑，上海财经大学出版社2004年版，第138页。
③ 同上。
④ 同上书，第140页。
⑤ ［英］约翰·穆勒：《政治经济学定义及研究这门科学的哲学方法》，程恩富、顾海良主编《海派经济学》第6辑，上海财经大学出版社2004年版，第140页。

的假设到现存的实在需要进行修正而已。"抽象上的真经过适当的修正在具体现实中就永远为真了。"①

穆勒将理论的假设与现实进行区分,又强调二者本质上的共同性,这种理解和认识是否可行呢?虽然穆勒一再用自然科学中的例证来论证其"经济人"的这种假设,例如,他说"几何学的结论不是严格适用于我们画出来的线角和图形的"②,但这种认识明显是有问题的。其一,社会科学与自然科学无论是在研究对象上,还是在研究方法上都是有区别的。政治经济学作为科学,显然是在社会科学的意义上来讲的。用自然科学的方法来理解并运用社会科学研究,必定是行不通的。其二,理论与现实的差距并不是通过在某种程度上修正假设前提就能够解决的。对社会科学研究来说,理论与现实之间肯定是有距离的,但理论在现实中的运用表现出来的是普遍性规律向特殊性事实的回归,并不是什么假设的前提通过修正就可以被理解为真。

穆勒的"经济人"抽象,在经济学研究中,在很长的一段时间内,都被经济学家们奉为圭臬。因为,"在现实社会生活中,没有哪一个人的终生活动仅仅是出于追求财富的动机而不受任何其他冲动的直接或间接的影响。……但是,在经济活动领域中,追求财富是人的主要的和公认的目的"③。事实上,不仅在现实社会生活中,人的行为动机不仅仅是经济动机,就是在人的经济活动中,求利也不是唯一的动机。从现代心理学、行为学等科学研究的结果来看,人的行为动机组成其实是复杂的,并不只有理性的计较,各种非理性的情感因素和理性计较夹杂在一起,共同支配着人的行为。就拿经济行为来说,追求财富的获得只是一个方面,在更广泛的意义上,还有个人兴趣、爱好和自我价值实现等。在很多时候,恰恰是除逐利外的那些非理性因素主导着人的经济行为。随着这种狭隘的对"经济人"抽象的认识在政治经济学研究中的被肯定,经济学研究道路也逐渐地被狭隘化了。当马歇尔对"经济人"抽象达到了最高程度,也就意味着古典经济学派在"经济人"问题上的覆灭与崩溃。

---

① [英]约翰·穆勒:《政治经济学定义及研究这门科学的哲学方法》,程恩富、顾海良主编《海派经济学》第6辑,上海财经大学出版社2004年版,第140页。

② 同上。

③ 杨春学:《经济人与社会秩序分析》,上海三联书店、上海人民出版社1998年版,第119页。

三 马歇尔的"经济人"假设

关于穆勒等人的"经济人"抽象，马歇尔认为他们并没有完全揭示"经济人"的深刻内涵，也没有真正发挥"经济人"在经济学大厦中的基础性地位。因此，马歇尔在对穆勒"经济人"抽象提出批评后，明确提出要重新明确"经济人"的内涵，以发挥"经济人"假说在经济学研究中的重要性。

1. 对传统"经济人"抽象的批判

马歇尔认为人的行为和品质与一定的社会历史条件是分不开的，对于经济科学的研究需要将之置于社会历史环境之中，要看到社会历史发展对经济科学的影响。他说："虽然历史上主要事件的近因，可以用各个人的行为去说明，但是，使这些事件成为可能的大多数条件来自传统制度、种族的品质和自然环境的影响。而种族的品质主要是在悠久的岁月中由个人的行为和物质原因所形成的。"① 在这种哲学历史观的指导下，对于"经济人"假说，他认为也应该考虑到社会历史条件等因素的影响。因此，他认为传统的"经济人"抽象是有问题的。马歇尔说："为了论证的简单，李嘉图及其追随者在他们的议论中往往仿佛把人看成是一成不变的，他们对人的变异，从未大力研究。他们所最熟习的人是市民；而且有时由于表述的不慎，以致几乎暗示其他的英国人和他们所知道市民完全相似。"② 也就是说，他们对人性决定于环境的影响估计不足，导致他们给出了一个不受社会历史条件影响的、不变的"人性论"假设。而且"经济学家们不屑于认真检验他们的任何学说，尤其是他们关于人性的各种臆测"③。可以说，这种"经济人"的抽象不仅不符合经济学作为科学的学科性质，同时也在社会主义运动中招致了社会主义者的诸多批评。在传统的科学认识中，往往认为自然科学的研究对象是固定不变的。但是，随着自然科学的进步，人们发现自然科学的研究对象也是随着不同的发展阶段不断变化的，更不用说社会科学的研究了。马歇尔说："他们懂得如果科学的对象经过不同的发展阶段，则适用于某一阶段的规律如不加修正就很难适用于其他阶段；科学规律必须同它们研究对象的发展有一个相应的发展。这种新观念

---

① ［英］阿弗里德·马歇尔：《经济学原理》下，陈良璧译，商务印书馆1965年版，第373页。
② 同上书，第407页。
③ 同上书，第408页。

的影响逐渐扩展到人文科学。"①

在这样的背景下，出现了穆勒的"经济人"抽象。可以说，穆勒的"经济人"抽象比李嘉图、西尼尔等人已经有了很大的进步。但是，穆勒同样没有注意到人的心理因素的多样性，也就没有对"经济人"假说在经济学研究中的基础性作用予以足够的重视。马歇尔说："1830 年约翰·穆勒写了一篇讨论经济学方法的文章，在这篇文章中，他提出经济学要有轮廓分明的抽象。他坚持了李嘉图的这一暗设，即除了贪财的动机外，经济学家无须更多地考虑其他动机；他认为这个假设如不加以明确的表述，那是有危险的。他打算有意识地，公开地根据这个假设写一本书，但是他并没有履行他的诺言。在 1848 年发表他的经济巨著以前，他的思想情感发生了变化。他把它叫做《政治经济学原理及其在社会哲学上的若干应用》，在这本书中，他没有严格地区分这两种推理，即根据人的唯一动机乃追求财富这一假设的推理，与不根据它的推理。"② 这个批评是中肯的，确实在《政治经济学原理及其在社会哲学上的若干应用》一书的开篇，穆勒就认为，"实际上，政治经济学是同社会哲学的很多其他分支不可分离地纠缠在一起的。除了一些单纯的枝节问题，也许没有任何实际问题，即令是其性质最接近于单纯经济问题，可以单独地根据经济前提来决定"③。可见穆勒已经对自己的"经济人"抽象存在的问题予以了一定程度上的纠正。马歇尔说："在讨论经济问题的过程中，他经常考虑到追求财富以外的许多动机。"④ 但这种纠正并不光明正大，也就是说，他们尽管认识到了"经济人"中心理因素的重要性，但没有对这些因素予以更多的明确的说明。这个工作实际上是边际主义者们完成的。马歇尔对边际主义者们的努力予以了肯定，同时，更进一步地对"经济人"的假说予以了完善。

2. "经济人"是社会人

把"经济人"还原到社会和历史环境之中，就可以发现：经济人绝对不是自私自利的、孤立于社会之外的人。他是有着丰富的社会动机，并且

---

① ［英］阿弗里德·马歇尔：《经济学原理》下，陈良璧译，商务印书馆 1965 年版，第 409 页。

② 同上书，第 409—410 页。

③ ［英］约翰·穆勒：《政治经济学原理及其在社会哲学上的若干应用》上，赵荣潜、桑炳彦、朱泱译，商务印书馆 1991 年版，第 8 页。

④ ［英］阿弗里德·马歇尔：《经济学原理》下，陈良璧译，商务印书馆 1965 年版，第 426 页。

是精于计算的理性的人，虽然有时会屈从于习俗和习惯产生冲动，但从本质上来说仍然是理性的。这是马歇尔"经济人"假说的基本思路，从其内容来说，主要有如下四个方面的内容：

其一，经济学研究的是实际存在的"人"。针对以往的政治经济学认为的研究对象，马歇尔认为，政治经济学不仅是研究财富的学问，更是一门研究"人"的学问。他说："经济学是一门研究财富的学问，同时也是一门研究人的学问。"① 而且这个人并不是只具有理论抽象意义的人，而是活生生的现实的人。马歇尔说："在这一切方面，经济学家所研究的是一个实际存在的人：不是一个抽象的或'经济的'人，而是一个血肉之躯。他们所研究的人，在他的营业活动中大大受到利己的动机的影响，因而在很大程度上与这些动机有关；但这个人既不是没有虚荣心和草率的作风，也不是不喜欢为做好工作而做好工作，或是不愿为他的家庭、邻人或国家而牺牲自己；总之，他是一个为喜爱善良生活而喜爱善良生活的人。"② 在马歇尔看来，经济学家所要研究的"经济人"，并不是一个抽象的人，而是一个拥有血肉之躯，既有着明显的缺点，也有着受人喜爱的热情，既有着自利的动机，也有着为他人、国家牺牲的利人的品性，这是一个完整的、现实中的、有血有肉的人。

其二，"经济人"并不仅仅只具有利己的本性。针对以往的"经济人"假说将"经济人"定位为理性的、自利的人，马歇尔认为，这是不对的。他说："道德的力量也是包括在经济学家必须考虑的那些力量之内的。的确，曾经有过这样的打算：以一个'经济人'的活动为内容，建立一种抽象的经济学，所谓经济人就是他不受道德的影响，而是机械地和利己地孜孜为利。但是，这种打算却没有获得成功，甚至也没有彻底实行过。"③ 那些将"经济人"抽象为利己人的经济学说从来就没有真正成功过，即便如穆勒，也曾遮遮掩掩地肯定了"经济人"的利他的一面。至于在传统经济学那里一再肯定经济动机的利己心，马歇尔也指出，"经济动机不全是利己的。对金钱的欲望并不排斥金钱以外的影响，这种欲望本身也许出于高尚的动机。经济衡量的范围可以逐渐扩大到包括许多利人的活动在内"④。所以，他一再强调，当我们强调经济行为动机的时候，并不意味着人的经

---

① ［英］阿弗里德·马歇尔：《经济学原理》上，朱志泰译，商务印书馆1964年版，第23页。
② 同上书，第47页。
③ 同上书，第11—12页。
④ 同上书，第42页。

济行为动机只有唯利是图，除此之外，人的行为动机还有很多别的考虑，正是这些考虑导致了人的利他性经济行为。传统的经济学研究一方面强调"经济人"的纯粹利己性，另一方面在现实中却没有把"经济人"真正当作是利己的人，也就是说："它们从没有把经济人真正当作利己的：一个怀有利人的愿望、感受劳苦和牺牲以赡养家庭的人，是最能信任的，他的正常的动机常被默认为包括家庭情感在内。但是，他的动机既包括家庭情感在内，为什么它就不能包括其他一切利人的动机——其作用在任何时间和地点的任何等级的人之中都是如此地一律，以致能被变为一般法则——在内呢？这似乎是没有理由的；在本书中把正常的活动看作是一个产业集团的成员在一定条件下会有的活动；而对于任何动机——其作用是有规律的——的影响不加考虑，只是因为这种动机是利人的，在本书中却没有这样的打算。"①

其三，"经济人"利他性的主要表现。马歇尔指出，证明"经济人"具有利他本性的方面有很多，最为重要的表现有：第一，对陌生人的关怀、同情和信任。当社会转型到近代以来，资本主义制度建立以后，社会结构最大的一个变化就表现为从熟人社会向生人社会转变。在这个转变过程中出现的最大变化就是：传统社会建立在熟人人际关系之上的伦理规则开始被取代，人际往来的情感制约被理性契约的约束所取代。陌生人关系基础之上行为准则规范的建立是现代社会的一个重要特征。对此，马歇尔已经有了较为清醒的认识。近代社会的变化表现为："近代使贸易的欺诈行为有了新的机会。知识的进步发现了新的鱼目混珠的方法，并使许多新的掺假的方法成为可能。生产者现在与消费者相距很远；他的错误行为不会立即受到严厉的处罚。"② 即便如此，近代社会却是建立在信任他人的基础之上的，类似的欺诈行为与中世纪相比要少得多。马歇尔认为，这反映出来的其实就是某种程度上的利他性。他说："邻居关系是松懈了，而家庭关系在许多方面比从前加强了，家庭情感所引起的自我牺牲和热诚比过去大得多：对陌生人的同情心，是近代以前从未有过的一种有意识的利人心的日见增长的源泉。"③ 第二，对自身精神满足的追求。马歇尔指出，"经济人"除了对那些可直接用货币来衡量的物质利益的追求之外，还有对精神满足的追求。这种精神追求包括：为洁身自好所具有的自尊心，为

① ［英］阿弗里德·马歇尔：《经济学原理》上，朱志泰译，商务印书馆1964年版，第12页。
② 同上书，第28页。
③ 同上。

自己才能得到发挥而感到的愉快，为具有良好社会地位的职业追求，为得到他人赞美、避免他人藐视的欲望，为了家庭追求兴旺发达的向往等。①当人们一旦具有了这样的精神追求，就会具有责任感，也就能对邻人表示出友爱和关怀。也就是说，对精神满足的追求，能引导人们做出利他的经济行为。追求精神满足在某种意义上来说也就是一种利他的行为。

其四，"经济人"具有理性的精明。尽管作为社会人的"经济人"，可以做出某种程度上的利他的经济行为，但从本质上来说，"经济人"仍然是利己的。与其他经济学家解释"利己"所不同的是，马歇尔更为强调"经济人"利己的理性化色彩，即他所说的"精明"。马歇尔认为，"经济人"的活动是"基于精明和有远见的计算，并以努力和才能来实行，……正常的甘愿节省、正常的甘愿为某种金钱报酬而努力，或者为找寻买卖的最好市场或是为自己或子弟找寻最有利的职业之正常的留心"②。这种基于理性基础表现出来的"精明"，是近代以来最明显的特征。马歇尔详细刻画了这样一种"精明"的"经济人"，"它们是：自己选择方向的某种独立自主和习惯；自力更生；谨慎而敏捷的选择和判断；未雨绸缪和向遥远的目标前进的习惯。这些特征可以而且往往使人互相竞争；但另一方面，它们也可使人走向，而且现在的确正在使人走向合作以及各种好的和坏的联合的道路。但是，这种趋于共同所有和共同活动的倾向与前代的大不相同，因为它不是风俗习惯的结果，也不是任何被动地与邻人联合的结果，而是每个人自由选择某种行为的结果，这种行为经过他仔细考虑之后，似乎最适合于达到他的目的，不论这些目的是否为了利己"③。"经济人"的精明表现出的是某种深思熟虑，而且这种谨慎的思考、精确的判断，并不仅仅是出于利益的计较，常常是为了道德或者法律的考虑。"经济人"会考虑到，"这个或那个办法虽然省了一点麻烦或一点钱，但对别人是不公平的"，"它使人看起来卑鄙"或"它使人感到卑鄙"④。也就是说，"经济人"会在道德或法律的界限内考虑自我利益追求，以不触犯道德和法律底线作为自己追求利益的约束，这样的"经济人"才是精明的，也正是近代社会所需要的。"一个谨慎的人如果认为在他的生活的一切阶段中，他会从相同的财产中获得相同的满足，他也许会力图把他的财产平均地分配给

---

① ［英］阿弗里德·马歇尔：《经济学原理》上，朱志泰译，商务印书馆 1964 年版，第43—44 页。
② 同上书，第 12 页。
③ 同上书，第 27 页。
④ 同上书，第 41 页。

他的一生；如果他认为他的赚钱能力在将来会有减少的危险，他就一定会储蓄一些资财作为将来之用。"①

3．"经济人"仍然是方法论上的假设

尽管马歇尔费尽笔墨解释"经济人"不能像以往经济学家认为的那样抽象，但是，他的"经济人"仍然不是斯密意义上的那种对资本主义经济制度下的理想人格的客观描述。与穆勒等人一样，马歇尔的"经济人"实质上还是只具有方法论意义的某种假设，是一种更为高明的抽象。马歇尔认为：

首先，一切科学研究都是从假定出发的。马歇尔从来就没有将自己的经济学排除在了科学的范围之外，与穆勒一样，他要建立的是一种科学的经济学研究。既然如此，经济学研究就必定要符合科学研究的基本范式，这个范式就是：一切的科学研究都是以某种假定为前提，并在这个前提下进行的。他说"一切科学的学说无不暗含地采用条件的：但这种假设的因素在经济规律中特别显著"②。因此，经济学研究的出发点也是假定，"像其他各种科学一样，经济学从事研究某些原因将产生哪些结果，但这种因果关系不是绝对的，而是受到以下两个条件的限制：第一，假定其他情况不变，第二，这些原因能够不受阻碍地产生某些结果"③。马歇尔通过自己的理解认为斯密的经济学研究中已经暗含了某种假设。他说："亚当·斯密和许多往代的经济学作家，依照谈话的习惯，省掉了假设的语句，因而获得了表面上的简捷。但这样却使他们不断地为人误解，并在无益的争论中引起了许多时间上的浪费和麻烦；他们获得了表面上的安心，却是得不偿失。"④ 在他看来，包括斯密在内的许多经济学家，其著作中本来就暗含假设，但由于没有清晰地表明，才导致了许多无谓的争论。

其次，"经济人"只能是经济学研究中的假设。虽然马歇尔对"经济人"进行了更为深刻的阐述，使"经济人"表现出不同一般的丰富性，但其目的并不是为了伦理规范上的证明，并不是希望给人们提出行为规则上的导向，而是为了使"经济人"抽象合理。马歇尔认为，如果能够给予

---

① ［美］丹尼尔·贝尔、欧文·克里斯托尔：《经济理论的危机》，陈彪如等译，上海译文出版社1985年版，第247页。

② ［英］阿弗里德·马歇尔：《经济学原理》上，朱志泰译．商务印书馆1964年版，第56页。

③ 同上。

④ 同上书，第57页。

"经济人"更为客观的描述,"经济人"的抽象将会具有更为坚实的基础,也就不会招致众多诟病。不管怎样,"经济人"始终只是一种研究上的假设。马歇尔说:"经济学家所研究的是一个实际存在的人:但主要是研究生活的某个方面,在这些方面,动机的作用是如此地有规律,以致能够加以预测,对动力的估计,也能用结果来证实,这样,经济学家已经将他们的工作建立在科学的基础上了。"① 马歇尔从来没有否认过自己要建立一个科学的经济学研究体系的努力,为了这个努力,就必须对经济学研究中的"人"进行某种程度的抽象,使之成为假设。还有一个更重要的原因在于:经济学研究的客观性决定了经济学不是规范性的学科,而是事实性的学科,这就是马歇尔所说的经济学只具有资料的性质,并不具有道德评判的性质,但这种资料有助于人们的道德评判。他说:"经济学与其他几种科学所共有的一个特点,就是他们的资料的性质能由人类的努力来改变。科学可以提示一种道德或实际的教训来改变那种性质,从而改变自然规律的作用。"② 所以,将经济学中的正常活动与道德上的公正等同在一起,那是极其错误的。经济学研究的事实性决定了"经济人"的假设性。

最后,"经济人"可以通过"货币"得到抽象成为假设。马歇尔认为,传统的"经济人"假说的错误在于将"经济人"仅仅视为自利的人。作为现实人的"经济人"不仅是自利的,也是利他的。这样具有利己和利他双重本性的人如何能够成为学科研究中的假设呢?马歇尔认为,可以被度量的货币能够实现这个目标。他说:"'货币'或'一般购买力'或'物质财富的掌握'是经济学所研究的中心问题,虽属确实,但其所以如此,并非因为货币或物质财富被当作人类努力的主要目标的缘故,甚至也不是因为它被当作对经济学家的研究提供主要课题的缘故,而是因为在我们这个世界里,它是大规模地衡量人类动机的惟一便利的方法。"③ 无论是利己动机,还是利他动机,从其效果来说,都是为了获得和满足某种利益,既然如此,人的行为动机都可以用货币来进行衡量。他说,"经济规律,即经济倾向的叙述,就是与某种行为有关的社会规律,而与这种行为有主要关系的动机的力量能用货币价格来衡量"④。虽然马歇尔一再反对之前古典学派的功利主义立场,认为这是影响经济学科学性的主要因素,但是,从其

---

① 〔英〕阿弗里德·马歇尔:《经济学原理》上,朱志泰译,商务印书馆 1964 年版,第47 页。
② 同上书,第 55 页。
③ 同上书,第 43 页。
④ 同上书,第 53 页。

本质来说，马歇尔仍然深受古典经济学派的影响。从这个观点来看，就存在着颇为明显的功利主义效果论思想，而且无论他如何对"经济人"的利他本性进行辩解，从其思想根源来看，他仍然脱离不了古典学派的利己主义思想渊源。

通过种种努力，马歇尔认为自己已经将经济学研究的主要问题转向了方法论意义，而且，他的这种假设对经济学来说，使得"经济学上的推理在各方面比过去是更精确了。任何研究中所假设的前提表述得比从前是更加严谨了"[①]。一方面，马歇尔认为经济学研究的"人"是一个活生生的现实的人，另一方面，为了研究的需要，需要从方法上对这个"人"进行抽象。他将经济学的研究内容与研究方法进行了割裂。严格意义上，任何学科的学科研究，内容与方法是不能分割的。假如经济学研究的内容是一个现实的人，而又需要从研究方法上抽象这个人，那么，这种研究究竟是现实的还是具体的呢？马克思主义认为，学科研究既是内容的研究，也是方法的研究，二者是统一的，不能人为割裂。可以说，马歇尔之后的经济学的发展在沿着马歇尔开创的道路[②]继续前进的时候，不仅没有达到马歇尔所预期的研究目的，反而"窒息"了经济学的学科发展。"经济人"假说也进一步地失去了其本来具有的经济伦理含义，纯粹地成了某种方法论。以阿马蒂亚·森为代表的现代经济学家一再强调要重新认识斯密的"经济人"，要求"经济人"假说向斯密的传统回归。可以说，这一思潮的出现揭示了"经济人"假说作为方法论的狭隘性。

第三节　"经济人"思想演变的原因及影响

从经济伦理研究角度来看，"经济人"思想在资本主义市场经济体制下所具有的重要意义就在于为资本主义市场经济提供了理想的人格模型。通常每一个社会都会给人民提供人格楷模，倡导一种理想的人格境界，其目的是给社会成员提供某种行为指导和约束。"经济人"所具有的经济伦

---

①　[英] 阿弗里德·马歇尔：《经济学原理》下，陈良璧译，商务印书馆1965年版，第410页。

②　马歇尔之后，以莱昂内尔·罗宾斯为代表的一批现代经济学家把"经济人行为的解释从功利主义心理学转到现代行为主义"，"以'偏好'概念代替对目的本身的解释，从而切断'自利'与自私在理论上的任何联系"。"经济人"假说变得更纯粹了。参见杨春学《经济人与社会秩序分析》，上海三联书店、上海人民出版社1998年版，第143页。

理意义正在于此。但是，从斯密的客观描述到马歇尔的方法论假设的这种演变过程可以看到，"经济人"的规范色彩在不断弱化，而其方法论意义上的理论色彩则在不断强化。这种变化不是无原因的，其背后反映出明显的时代特征，并对资本主义市场经济的经济伦理思想产生了重要影响。

一　"经济人"思想演变的原因

学界的一种看法认为，"经济人"假说始于斯密，马歇尔就是这么认为的。这种看法是不对的。丹尼尔·贝尔认为："斯密的世界是个人主义的世界（因为意识把一个人从顺从的镣铐中解脱出来），但不是利己主义的世界。存在着被他称之为'伟大的社会'这样的世界。经济学作为这样的世界的一个方面，是与规范的和道德分不开的。"① 具有规范与道德内涵的经济学研究决定了斯密的"经济人"无论如何都不会只是一个没有道德品性的、纯粹的、抽象的人。大河内一男也认为，"后世将亚当·斯密的经济学称为'经济人'的经济学，则大多意味着它是违背道德的经济学。但是，如同前面已反复说明的，斯密的经济学，其本身具有明显的伦理色彩，《国富论》贯穿着这种精神"②。从斯密的"经济人"思想可以看到，他自己从来就没有明确提出过什么"经济人"，但其字里行间透露出来的、精心描绘的就是一个市场经济所要求的人格形象。这个人格形象就是"经济人"的真实内涵，也是资本主义市场经济伦理规范的应有之义。

自西尼尔开始，"经济人"一步一步地从客观的道德人格形象变为一种方法论上的抽象，到马歇尔最终完成这一抽象，也就在某种程度上导致了"经济人"理论的"死亡"和经济学研究的"窒息"。究其本质，导致"经济人"思想产生这种变化的原因主要有以下两个方面：

第一，随资本主义制度的发展表现出的不同历史任务的要求。每一个时代的思想家总是带有时代的深刻烙印，也总是为着时代发展的历史任务服务的。斯密的时代是资本主义诞生时期，还需要与封建贵族阶级等残余封建势力做斗争，这一时期的主要历史任务是对资本主义制度产生的合理性进行论证。自西尼尔到马歇尔，资本主义制度已经稳定，并在稳固地向前发展，其中资产阶级的先进性已经发生了变化。与此同时，无产阶级运动和社会主义革命风起云涌，资产阶级统治受到了威胁，这就导致这一时

---

① ［美］丹尼尔·贝尔、欧文·克里斯托尔主编：《经济理论的危机》，陈彪如等译，上海译文出版社1985年版，第79页。

② ［日］大河内一男：《过渡时期的经济思想——亚当·斯密与弗·利斯特》，胡企林、沈佩林译，中国人民大学出版社2000年版，第70页。

期的主要历史任务发生了转变，要求资产阶级的思想家们为资本主义制度存在的永恒性来做证明。

斯密生活的时代充分反映出当时市民社会处于蓬勃发展的兴盛时期。大河内一男就认为，这个时代反映的是"市民社会"或"商业社会"的兴起，"斯密以笔墨表述的一般'利己心'，在具体的社会，即 18 世纪下半叶英国的所谓'市民社会'，或斯密所命名的'商业社会'，可以形成良好的近代美德"①。当然，这种道德是时代的产物，"上述市民道德当然是近代，特别是从 17 世纪至 18 世纪的经济社会近代化的直接产物，是随着这个'市民社会'和'商业社会'的发展而成熟起来的"②。这里一再强调的"市民社会"或"商业社会"究竟是怎样的呢？其实这里反映的就是资本主义制度发展初期，即近代社会中"市民社会"兴起的时期。

当时的英国，即斯密生活的那个年代正是 18 世纪。1756—1763 年的"七年战争"是英法争夺北美和印度的一次决定性的战争，英国取得了胜利。战后，英国殖民地进一步扩大，对外贸易额急剧增加。在战争中，资产阶级获得了大量的国债利息。市场的扩大和资本的积累推动资本主义生产关系更快地向前发展。英国已经拥有当时欧洲最先进的工场手工业，并且已经成为资本主义生产的统治形式。18 世纪 60 年代，英国纺织业出现了"珍妮"机和水力纺纱机。机器的出现，拉开了英国工业革命的序幕。在农业方面，英国圈地运动在 18 世纪出现了新的高潮。小农经济已经被资本主义农业所取代，流入城市的破产农民成为工业发展所需廉价劳动力的主要来源。资本主义社会的阶级结构和阶级关系已经清晰可辨。但是，资产阶级和封建地主阶级之间的矛盾仍然是主要矛盾，新兴的资产阶级仍在同封建残余势力进行激烈的斗争。③

政治斗争的需要给思想家们提出了历史任务。当时资产阶级斗争给资产阶级思想家们提出的历史任务是：为资本主义制度战胜封建主义制度，为资本主义制度的优越性及存在的合理性做出有说服力的解释。斯密的"经济人"思想正是为了完成这一历史任务而提出的。

如前所述，斯密的"经济人"的道德人格形象是一个既适合社会发展的实际要求，又具有较为高尚道德品质要求的具体的现实人。不仅如此，斯密所描述的"经济人"实际上特指的是当时社会中的某一部分人，

---

① ［日］大河内一男：《过渡时期的经济思想——亚当·斯密与弗·利斯特》，胡企林、沈佩林译，中国人民大学出版社 2000 年版，第 8 页。

② 同上书，第 8—9 页。

③ 转引自吴易风《英国古典经济理论》，商务印书馆 1988 年版，第 19—20 页。

是一个社会的"新人"，即新兴的资产阶级。按照斯密的说法，"获取美德的途径"同"获取财富的途径"是一致的，只限于"中等和低等的阶层"，从拥有特权的"上流阶层"的情况来看，二者并不一致，甚至是对立的。① 那么，当时拥有社会特权的上流阶层是哪些人呢？就是那些王公贵族、封建地主，即所谓的大人物。这些人不仅不会依靠自己的诚实劳动获取财富，反而尽可能地奢侈、挥霍和浪费。斯密在《道德情操论》中曾经生动地描绘了这样一些大人物的形象：

> 不幸的是，在上层的生活中，通向美德的道路和通向好运的道路不总是一致的。在王公们的官殿里，在大人物们的客厅里，成功和升迁不是靠那些地位相同的聪明且见识广的人的尊重，而是靠那些无知、专横且自以为是的上司的特别和愚蠢的偏爱，奉承和欺骗常常比美德和才能更起作用。在这样的社会中，更受重视的是讨人喜欢的本领，而不是供职的才能。在清静太平的年代，没有什么社会动荡，王公或大人物一门心思想着消遣，甚至会以为，他无须为任何人服务，或者，那些能逗他一乐的人就足以胜任侍候他的工作。一个被人们看作是上流社会的人的傲慢无礼和愚不可及的家伙，他的漂亮的外表和那些雕虫小技，通常比一名勇士、一个政治家、一位哲人、或一个立法者的坚定和富于男子汉气概的美德更受赞赏。②

与给予这些大人物的尖锐讽刺相反，斯密尽心描绘了一个属于中下层等级的人物形象：踏实工作、诚实劳动、勤于致富、谨慎、节制、慈爱、正义。一个是成天想着浪费，一个是成天想着节俭；一个以劳动为耻，一个以劳动为荣；一个奢谈财富，一个以致富为目标；一个只会空谈，一个埋头实干。斯密以这样两个对比的形象，通过富有感染力的褒贬语言的描绘，让我们在这两个形象之间做出的选择轻而易举。显然，斯密眼中的后一个人物形象无论如何都不会是当时拥有特权的贵族、僧侣和王公们，而是那些身处中下层等级的、一个期盼着向上爬升的、野心勃勃的新阶层，这就是新兴的资产阶级。

斯密为什么要尽心竭力地描写这样一个人物形象，答案是不言而喻

---

① ［日］大河内一男：《过渡时期的经济思想——亚当·斯密与弗·利斯特》，胡企林、沈佩林译，中国人民大学出版社 2000 年版，第 11 页。

② ［英］亚当·斯密：《道德情操论》，余涌译，中国社会科学出版社 2003 年版，第 64—65 页。

的。对这样一个富有道德正义感的新兴阶层的描绘和对腐朽落后的封建统治阶级的批判，其背后隐藏的就是对两种社会制度的价值评判。对"经济人"的道德肯定实际上就是对资本主义制度的肯定；对"经济人"在社会中的地位的认可，也就是对资本主义制度产生的合理性的论证。

任何社会制度的产生时期，任何一个新兴社会阶级在其上升过程中总是更具有进步性的。当这个新兴阶级掌握政权以后，成为统治阶级，这个阶级的落后性也就会逐步表现出来。社会发展的历史任务总是随着社会发展阶段的变化在不断变化的。从斯密的"经济人"思想向"经济人"抽象与假说进程变化是于19世纪以后开始的。工业革命后，机器生产取代了手工劳动，工厂取代了手工工场，资本主义进入迅速发展时期。一方面，工业革命带来了社会生产力的极大解放，为新兴的资本主义制度的巩固提供了强大的经济基础；但另一方面，也使社会阶级结构发生了巨大的变化，其突出表现就是工人阶级作为一个独立的阶级登上了历史舞台，并承担了葬送资本主义的伟大历史任务。以英国为例，19世纪30年代初，英国工业资产阶级在国会中取得了强大地位，便和土地贵族、金融巨头结成同盟，共同统治英国。无产阶级随着工业的发展，也日益壮大，日益觉醒。它和资产阶级之间的阶级斗争，"在欧洲最发达的国家的历史中升到了首要地位"[1]。正如马克思所指出的："此后不久，城市无产阶级在里昂敲起了警钟，而农村无产阶级在英国又燃起了熊熊烈火。海峡此岸在传播欧文主义，海峡彼岸在传播圣西门主义和傅里叶主义。"[2] 政治上的无权地位，导致工人阶级决定掀起一场争取普选权的运动。19世纪30—40年代，英国开展了轰轰烈烈的宪章运动，之后的运动中心移到了法国，爆发了里昂工人运动、巴黎公社运动，成立了第一国际。此时，一个影响整个资本主义历史进程的事件发生了，那就是1848年《共产党宣言》的发表，标志着马克思主义的诞生，自此无产阶级斗争开始有了思想的武器。在政治经济学领域，1867年马克思的《资本论》出版后，以往的资产阶级政治经济学的本质已被马克思所揭穿，已经不能承担维护资本主义制度的任务了。正如马克思主义经济学家们将此时的资本主义政治经济学称为庸俗经济学一样，其反映的就是社会历史条件导致的历史任务的转向。"资产阶级深切地感到了无产阶级的阶级斗争的威胁，它不仅利用自己的政治统治

---

① 《马克思恩格斯选集》3卷，中共中央马、恩、列、斯著作编译局译，人民出版社1995年版，第65页。

② 《马克思恩格斯全集》23卷，中共中央马、恩、列、斯著作编译局译，人民出版社1972年版，第654页。

镇压无产阶级，而且豢养了一批文丐来为资产阶级制度辩护，极力抵制和反对工人运动。资产阶级政治经济学进一步庸俗化了。西尼尔就是英国资产阶级庸俗经济学在这一时期的主要代表，他充当了资产阶级的辩护士。"①

从"政治经济学"转变为"经济学"也可以看出历史条件的变化。在资本主义发展的早期，思想家们一般将自己的研究命名为"政治经济学"，要求研究一定历史条件下的社会经济状况，其目的是希望就此对资本主义经济制度进行合理性论证。因为，此时资本主义经济制度刚刚产生，作为一个新生事物，要获得大家的承认，就需要对这种制度产生的合理性进行论证。思想家们一般就从当时的社会历史条件入手分析当下的社会状况，从而为资本主义经济制度的产生摇旗呐喊。这样，经济学的研究就与政治制度、社会状况等社会哲学的研究联系在一起。而当马歇尔提出应该用"经济学"这一名词取代"政治经济学"时，资本主义早就已经获得存在的合理性，但是随之而来的社会主义运动和无产阶级革命对资本主义制度提出了挑战，此时的资产阶级迫切需要的是对资本主义经济制度存在的永恒性的论证，而不是像早期那样需要的是合理性的论证。这种永恒性的论证决定了经济学研究的客观化、科学化道路。在资产阶级思想家看来，只有证明了资产阶级经济学的科学性，才能证明在这种科学学说指导下建立起来的资本主义经济制度存在永恒性。历史任务决定了"经济学"研究从"政治经济学"向"经济学"的转向。开始这个任务的是西尼尔，完成这个伟大历史任务的是马歇尔。所以，在长期的斗争中，社会主义者才会将他们定性为"资产阶级庸俗经济学的代表、资本主义制度的辩护士"。虽然这个批评带有强烈的时代特色，但对这一本质的认识还是深刻的。

因此，这个变化反映在"经济人"问题上，就表现为从客观描述"经济人"的学说向方法论意义上的"经济人"抽象的转变。正如大河内一男所说："那是只同自由竞争联结在一起的'经济人'同垄断经济联结在一起的'经济人'之间的差别，是从18世纪下半叶到19世纪上半叶承担经济社会的'经济人'和从19世纪下半叶到20世纪承担垄断经济、垄断资本主义的'经济人'之间的差别。"②

第二，经济学学科发展的需要。正如西尼尔、穆勒和马歇尔一再强调

---

① ［英］西尼尔：《政治经济学大纲》，蔡受百译，商务印书馆1977年版，第1页。

② ［日］大河内一男：《过渡时期的经济思想——亚当·斯密与弗·利斯特》，胡企林、沈佩林译，中国人民大学出版社2000年版，第161页。

的"政治经济学"作为科学学科地位所要求的那样,"政治经济学"研究必须符合科学研究的范式。我们知道,斯密在经济学上的重要地位在于,他开创了经济学研究的新时代。从古希腊开始就有关于经济学的研究,但是那时的经济学研究杂糅在哲学、政治学中,并没有什么所谓的"经济学"①研究。斯密在前人研究的基础上,构建了一个较为完整的、庞大的经济学研究体系,开创了近代经济学研究之路。斯密之后的经济学家不仅一直为经济学学科的独立地位而努力,而且还为经济学学科研究的科学性质而努力。他们力图建立一个与自然科学一样的经济学研究范式。

为了经济学研究科学范式的创立,他们借助当时力学、生物学、数学、几何学等自然科学学科研究成果,将自然科学研究的方法、途径运用于经济学的学科研究。"经济人"的抽象与假设就是这一研究的突出表现。正如贝尔所指出的那样,"现代的(过去二百年以来)经济思考方式,……从两个方面来讲是完全新颖的,同以往的所有思考方式截然不同。首先是它把经济学从传统意义的道德活动中分离出来,并把它所研究的对象确立为可以纯粹用达到目的的手段作出判断的一套人类行为。其次是把实行经济交换的世界,在理论分析上看作是自发地趋于和谐一致的领域,是由一套结构性关系组成的一个系统,在这当中,人们可以从对该系统的假设中取得对经济活动的理解"②。建立假设前提进行经济学研究的代表就是马歇尔。马歇尔一方面把道德因素从经济学研究中剥离出来,一方面强调了经济研究中假设的重要性。

所以在研究中,非常典型地表现出当时力学、数学等自然科学方法的影响。"当时流行的关于科学的看法,是要阐明一些常数的基础结构,阐明位于不断变化的表面现象下面的恒定不变的关系,以及列出用来表达这些常数的相互关系的一套方程组。这就是古典力学的模型。伽利略从研究具体的物体转向考察物体的抽象的性质,如质量、加速度、速度以及处于一个统一体之内的这些性质之间的相互关系。与此相类似,人们也是从原来研究一定历史条件下的社会状况的政治经济学,转向抽象地考察经济变量的相互关系,从而发展成为适用于任何生产和交换体系的经济学的。换句话说,人们开始探索一些常数,这些常数据认为是与稳定的、作为经济

---

① 色诺芬所谓的"经济"指的是"家庭管理","经济学"实际上是奴隶主家庭如何进行管理,以获得经济收入的一门学问。这样的"经济学"与现代意义的"经济学"具有完全不同的内涵。

② [美]丹尼尔·贝尔、欧文·克里斯托尔主编:《经济理论的危机》,陈彪如等译,上海译文出版社1985年版,第67页。

基础的'现实'相一致的。"① 他们将经典力学、数学等研究方法在经济学研究中进行运用，试图找到经济现象背后的带有某种规律性的东西，并将这种规律上升到"永恒"的地位。当然，他们所研究的"经济学"必然是资产阶级的经济学，在证明资产阶级经济运行规律永恒性的同时，必定可以得出资本主义制度永恒存在的结论。

总之，一定程度上，这两个方面的原因是不可分割地联系在一起的。资产阶级历史任务的转变必然要带来经济学学科研究的转向，经济学学科研究的转向必定要对其理论的基础抽象化、永恒化。这样一来，"经济人"理论中的伦理内涵逐步淡化，与此同时，"经济人"假设作为手段的意义在逐步上升。

二　"经济人"思想演变的影响

"经济人"思想的这种演变不仅是历史发展的必然，更重要的是它的演变对后来的经济伦理思想的发展、经济学的研究等都产生了极为重要的影响。继马歇尔之后，一大批伟大的经济学家沿着古典经济学派开创的"经济人"假说之路对"经济人"理论进行了完善，进一步造成经济学研究中的道德影响、伦理规范约束的淡化，直接影响到经济学研究的发展。

1. 当代主流经济学理论"经济人"假说的完善

马歇尔等人所进行的"经济人"抽象和假设工作使得经济学研究科学化的努力，在近代波普科学研究范式理论下得到支持，并进一步强化。他们认为：

> 科学是通过"公理"的系统阐述而获得进步的，这类公理等价于基本假设；从公理推导出来的假说和法则，可以利用真实世界的资料，在统计上得到验证。一种理论，若要有科学的含义，就必须能够产生出数量上可检验的推论；且理论的解释须包含着预测的内容。如果所预测的事件发生，则这种理论就得到确证，而不管理论表面上看是否符合现实。如果所预测的事件没有发生，那应该受怀疑的是构成这种理论的基石的假设。②

---

① ［美］丹尼尔·贝尔、欧文·克里斯托尔主编：《经济理论的危机》，陈彪如等译，上海译文出版社 1985 年版，第 69 页。

② 杨春学：《经济人与社会秩序》，上海三联书店、上海人民出版社 1998 年版，第 142 页。

一方面是在这种逻辑实证主义哲学思想的指导下，另一方面是由于"经济人"假说本身的不完善，之后的主流经济学家纷纷在古典学派"经济人"假说的基础上完善着这一假说。针对古典经济学派"经济人"假设中没有放弃考虑人的心理动机影响这一点，他们认为"经济人"假说要成为真正的科学，就必须坚持完全的、纯粹的理论的抽象。其中最为典型的代表就是萨缪尔森。

> 他认为，经济学本身就意味着最大化行为。这暗含着经济人的典型表述：消费者使效用最大化，生产者使利益最大化等。他在 1938年发表的论文中宣称，要阐述"一种没有完全效用概念遗迹的消费者行为理论"。在其博士论文中又指出，面对既定的总支出和物价，理性的消费者"会选择处于其偏好尺度二最高点的那一商品组合"。……正是由于他的论著的影响，以经济行为的数理化论述形式而隐藏起来的"万能经济人"或"准万能经济人"，充斥于整个正统经济理论体系中，以致一般的正统经济学家依样画葫芦，不去用心重新探讨经济人，更不曾想到有必要自己亲自探索或借鉴其他学科的成果以丰富经济人的内容，顽固地坚持那种纯数学形式的经济人。[①]

之后，随着约定主义方法论的兴起，"经济人"朝着纯粹抽象的方向越走越远。约定主义认为，理论的真伪无关紧要，只要具有逻辑上的有效性就可以，理论的假设前提只需要一种约定。弗里德曼可以视为是约定主义方法论的经济学代表。在其《论实证经济学的方法论》一文中，他指出，经济学家不应该费尽心机使自己的假定"成为现实"，假定就是经济学研究的方法，它能否在现实中存在和运用，那是不重要的。按照弗里德曼的观点，经济人的抽象，即使不符合事实，对科学的经济学也是无关紧要的。弗里德曼甚至说，"经济人"可能是一个虚构的任务，是由经济学家杜撰出来的。[②]

在当代主流经济学的努力下，"经济人"假说逐渐成为一种纯粹的数学模型。他们受"建成一个牛顿式的经济学体系的美丽梦想的激励，力图使经济学数学化。在这种努力的过程中，为适应按数学方法使经济学严格

---

① 杨春学：《经济人与社会秩序》，上海三联书店、上海人民出版社 1998 年版，第 144 页。
② 段雨澜：《"经济人"假定的人性基础与方法论问题》，《解决问题》2004 年第 7 期，第 19 页。

形式化的需要，作为经济学分析起点的经济人，也就经过了一场大力删繁就简的洗礼，以求达到这种程度"①。当然，当代主流经济学的这种努力离开了古典经济学派的"经济人"假说的这种演变，那是肯定无法想象的。

2. 伦理学与经济学的分离

"经济人"从事实描述走向假设，也就脱离了道德评判尺度，淡化了伦理规制的内涵。贝尔就说："它（经济学）的'经济人'假说在排斥了道德意义上的'自私'的基础上，论证了个人对自身利益的追求与人性的完善之间、自利与社会利益增进之间的有机结合，超越了利己和利他的纯道德评判。"② 当"经济人"成为一种纯粹学术上的某种假设，其所具有的经济伦理内涵势必荡然无存。"简而言之，经济学从本来具有道德的（或政治的）和规范的特点的学科转变成作为工具的和科学的学科。这一成就的伟大结构就是艾尔弗雷德·马歇尔的新古典大厦和里昂·瓦尔拉的'一般均衡'理论中描述这一组关系的数学方程式。"③ 当经济学研究仅仅只表现出工具的意义，当道德观念、伦理约束脱离经济活动的范围，整个社会将变成道德荒漠，不诚信、欺诈、唯利是图、自私自利将大量出现，社会经济的运行将大受影响。

从伦理价值导向来说，这一变化的趋势反映出来的就是由功利主义到个人主义的变化，由此导致的自由主义信条将个人的道德信仰从经济活动中驱逐了出去。

> 英国经济理论向功利主义方向发展，它假设最大多数人的幸福即使不是独立自主的经济选择的目的，也是它必然带来的结果。但是，正如剑桥大学伟大的道德哲学家亨利·西季威克在他的《伦理学》一书中所指出的，利己主义和功利主义如此容易地和谐一致，或者说，"所有的人的利益就是每一个人的利益"是一个明显的真理，这种看法决不是不言而喻的。然而，马歇尔以后的经济学离开了功利主义纲要，变成了主要是考察利己主义的每个人的福利。④

---

① 杨春学：《经济人与社会秩序分析》，上海三联书店、上海人民出版社1998年版，第167页。
② ［美］丹尼尔·贝尔、欧文·克里斯托尔主编：《经济理论的危机》，陈彪如等译，上海译文出版社1985年版，第4页。
③ 同上书，第67页。
④ ［美］丹尼尔·贝尔、欧文·克里斯托尔主编：《经济理论的危机》，陈彪如等译，上海译文出版社1985年版，第68页。

道德制约的内涵就在于通过个人自我行为的约束，以求达到社会整体利益的满足及社会和谐。当经济学变成只是强调个人主义行为动机的学科，也就意味着肯定并强调经济行为中个人求利行为的无道德制约性。于是，与主流经济学被实证主义取代相适应的是，制度主义的思想正成为社会的主流。当个人行为只以是否符合制度规则为评判标准时，也就意味着传统伦理学中所颂扬的道德精神被法治精神所取代，合法成为人们行为的旨归。

> 经济学是与现代自由主义及其基本信条结合在一起的，按照自由主义的基本信条，人被看作从家庭、部族、阶级或民族分离出来的单个个人，是独立的、自我决定的生物，每个人对他自己的行动做出判断；这一信条的一个必然推论是，制约个人之间的相互关系的规则是程序性的，而不包含道德的实质。就这方面来说，适用于经济学的原则也适用于法律、宗教和文化。艺术本身就是艺术的目的，并不受到道德规范的制约；法律和道德被看做是独立的领域。伦理道德被视为与个人的私人行为有关，而法律则是规范人们的公共行为的形式化的一般规则。在经济学中，每个人都恰当地寻求自己的利益。①

在个人主义基础之上的产生自由主义的信条寻致将伦理道德剥离出了经济学的范畴。从这个意义上说，制度主义的高涨也就是对道德规则的贬低；人的逐利行为的公共化，意味着私人领域的缩小，更意味着道德调整范围的缩小。道德只用于调整个人的私人行为，经济学作为个人公共行为的科学，已经超越了道德调整的范围。而且更为重要的是，经济本身就成了经济学的目的。经济学成为只是追求财富增长和经济利益满足的学科，在这个学科中，人的行为已经跳出私人空间，扩展到了一个更为广阔的公共领域之中。在这个领域内，我们需要的只是制度，制度自然就能达到对个人的公共行为的调控。道德让位于经济学的手段和法律的制度。

当然，无论是西尼尔、穆勒还是马歇尔都不承认自己否定道德在经济行为中的作用，将道德驱逐出了经济范围。但是，无论如何辩解，在这种立足点下表现出来的事实让他们无可辩驳。贝尔说："马歇尔重视道德的推动力量也是明显的。他的《原理》一书包含了对改善人们的福利的关

---

① ［美］丹尼尔·贝尔、欧文·克里斯托尔主编：《经济理论的危机》，陈彪如等译，上海译文出版社 1985 年版，第 67 页。

注。他甚至提出了一种衡量福利的尺度，即'消费者剩余'，或者说是消费者为了获得一定量消费品本来愿意付出的金额同他事实上付出的金额这两者之间的差额，'消费者剩余'一度成为福利的指数。但对马歇尔来说，道德与货币是被截然分开的。由于科学是'归纳的'，经济学必须把它的研究范围限定在可以用价格来衡量的现象上。由于人类在'日常生活事务'中力求为自己寻求最大利益，经济规律表述的是那些能够用货币来表示的人类行为的规律性。在效用的衡量（马歇尔在当时认为这是可能的）既定的条件下，人类行为的规律性是可以观察到的和加以计量的，并可据此对未来事件作出预测。"①

马歇尔之后的当代经济学在将"经济人"纯粹数学化的同时，也就将伦理的要素完全予以了否定。正如有学者评论的那样："这类伦理观在当代经济学中不断减少，特别是在经济学的数学化潮流中，经济人的非人化倾向已占据主流。这种非人化不仅表现为经济人具有神一般的完全理性，而且还表现为经济人本身实际上已转化为一种'理性选择'概念的代名词，其中不包含有任何伦理因素的考虑。……这种经济人形式是无须考虑到市场伦理和道德因素的。"②

3. 经济学研究的"贫困化"

对这些经济学家来说，其将"经济人"抽象与假说的目的是建立一个科学的经济学学科，以求获得经济学研究的更为长足的发展，事实是否如他们所预计的那样呢？经济学真的得到了长足的、深远的发展了吗？答案是否定的。"经济人"的假设不仅偏离了经济伦理对经济行为的调节方向，更为重要的是导致了经济学研究的"贫困化"。

"工具理性"意义上的抽象的"经济人"假说自一开始就招致诸多的批评，这些批评都是非常中肯并切中要害的。更重要的是，正如这些批判者所预言的那样，经济学研究确实正逐步走向"贫困化"。克里斯托尔就说："使得人们普遍地承认经济学是所有社会科学中最'科学的'一门学科的原因何在？是的，经济学确实比社会学有较完善的形态，因为这门学科形成了一套关于经济过程的前后连贯一致的理论体系，这套理论体系一旦被掌握，就提供了一套非经济学家不能掌握的'专门知识'。另一方面，'经济理论发生了危机'确实存在这一点，是由如下事实来证明的：在我

---

① ［美］丹尼尔·贝尔、欧文·克里斯托尔主编：《经济理论的危机》，陈彪如等译，上海译文出版社1985年版，第79页。

② 杨春学：《经济人与社会秩序分析》，上海三联书店、上海人民出版社1998年版，第163—164页。

们的眼光中，这个没有争议的理论体系是在日益缩小而不是日益增长。"①

力图用自然科学方法建构经济学的研究是有问题的。"总的说来，经济理论是建立在古典力学模型的基础上的并且是根据自然科学的设想发挥作用的。这种模型导致'均衡'这一概念，在这模型中'自然力量'力求发挥它们自己的作用并使经济关系恢复平衡，平衡的支柱则是'完全竞争'。其结果是对于人类行为基本上持一种机械论的观点，当出现了不调和的情况时，接着而来的便是一系列孤注一掷的和慌乱的努力，试图用位于体系之中的'实际量值'（理性的）去修正'名义量值'（即反理性的）。多么象黑格尔啊！"② 这种研究方法必然导致经济学研究的"危机"。"简而言之，经济理论是一种方便的虚构，一种'好象'，以便对照着它来衡量个人、厂商和政府的习惯的、非理性的、逻辑的、利己主义的、自私自利的、偏执的、利他主义的行为——但它不是模拟现实的模型。甚至作为虚构的理想它也是大成问题的。"③ 从社会现实来说，经济学的这种研究模式显然无法真正反映社会的真实面貌，由此必然带来经济学研究中的诸多问题。

> 经济学并不是由自然规定的东西。它是一套被构造出来的逻辑，它最多也只是一种"似乎"性质的模型：这个模型描述的是，假如个人按照特定的"逻辑的"方式行事，将会出现怎样一种资源分配。但对于一个社会来说，并不存在单一的"基础结构"。由于习惯和风俗以及反理性的或热情的原因，也由于人们能够有意识地改变制度或重新涉及社会的安排，人的行动是千变万化的，因此不存在内在的秩序，也不存在构成那个经济的"结构"的"经济规律"；只有不同形式的历史行为。所以，经济学和经济理论不可能是一个"封闭系统"。社会科学必定是不完全的"多棱镜"，它挑选出人类行为的各个不同的方面，以便去认识变动的原因和它们的含义。④

当代著名经济学家、诺贝尔经济学奖获得者阿马蒂亚·森对当代经济

① ［美］丹尼尔·贝尔、欧文·克里斯托尔主编：《经济理论的危机》，陈彪如等译，上海译文出版社1985年版，第270—271页。
② 同上书，第108页。
③ 同上书，第89页。
④ ［美］丹尼尔·贝尔、欧文·克里斯托尔主编：《经济理论的危机》，陈彪如等译，上海译文出版社1985年版，第108页。

学研究贫困化的原因进行了深入阐发，并由此得出结论：要解决经济学研究的贫困化必须重新回到斯密，并肯定斯密"经济人"的利己与利他的双重本性存在的合理性与现实性。

森认为在经济学研究中有两种方法，即"伦理学"方法和"工程学"方法。"伦理学"方法将人的行为动机及个人实现的社会成就引入经济活动的研究中；而"工程学"方法"只关心最基本的逻辑问题，而不关心人类的最终目的是什么，以及什么东西能培养'人的美德'或'一个人应该怎样活着'等这类问题"①，这一方法的产生来自两个方面，一是自然科学中的机械科学，二是治国方略中的技术取向分析。而现代实证经济学往往只是强调"工程学"方法的运用，实际上经济学研究中是不可忽视"伦理学"方法的。"经济学所研究的人真的能够不受这一富有挑战性的问题的影响，并一成不变地恪守现代经济学所给予他们的那种不健全的精明和现实性吗？"② 这种分离表现在经济学家身上就表现为个人伦理观念与研究内容的分离，即"作为个人，经济学家会表现出得体的友善，但是在其经济学模型中，他们却假设人类的行为动机是单纯的、简单的和固执的，以保证其模型不会被友善或道德情操等因素所干扰"③。由于现代经济学都只重视"工程学"方法的运用，忽视"伦理学"方法，由此便造成了现代经济学的贫困化。"随着现代经济学的发展，伦理学方法的重要性已经被严重淡化了。被称为'实证经济学'的方法论，不仅在理论分析中回避了规范分析，而且还忽视了人类复杂多样的伦理考虑，而这些伦理考虑是能够影响人类的实际行为的。"④

从"经济人"假说的起源来看，斯密是这个问题的源头，但是现代经济学把斯密关于人类行为的看法狭隘化了，"在现代经济学的发展中，对亚当·斯密关于人类行为动机与市场复杂性的曲解，以及对他关于道德情操与行为伦理分析的忽视，恰好与在现代经济学发展中所出现的经济学与伦理学之间的分离相吻合"⑤。森认为，重新解读斯密，重返斯密"经济人"问题的本质，对于经济学研究重新重视"伦理学"方法是有意义的。

① ［美］阿马蒂亚·森：《伦理学与经济学》，王宇、王文玉译，商务印书馆2001年版，第8页。
② 同上书，第9页。
③ 同上书，第7页。
④ 同上书，第13页。
⑤ ［美］阿马蒂亚·森：《伦理学与经济学》，王宇、王文玉译，商务印书馆2001年版，第32页。

这个想法与克里斯托尔是不谋而合的。克里斯托尔也认为,"最终为经济提供方向的东西,正如凡勃伦很久以前所指出的,并不是价格体系,而是有经济嵌于其内的文化的价值体系"①。

综上所述,"经济人"的本意是对市场经济条件下理想人格的描述与刻画,力图为人们提供市场社会下求利行为的伦理规范导向。斯密的"经济人"想要解决的就是如何在市场经济条件下使个人的求利行为与社会的整体行为达成一致,并在个人的求利过程中与满足他人的道德愿望实现统一。这种"经济人"是市场经济运行过程中的必然要求,也是维护与促进市场经济健康发育的基础。而随着经济学研究中的"经济人"假说的出现,斯密的初衷被篡改了。"经济人"逐渐成为一个书本中的、失去了现实喜怒哀乐的一个纯粹数学模型。这种转变不仅影响到了经济学研究,更为重要的是对整个社会的经济伦理导向产生了重大影响。分析古典经济学派的"经济人"思想,对我们从市场经济社会所需的理想人格角度来理解经济伦理思想的变迁是有意义的。

① [美] 丹尼尔·贝尔、欧文·克里斯托尔主编:《经济理论的危机》,陈彪如等译,上海译文出版社1985年版,第109页。

第三章 经济自由主义价值观

丹尼尔·贝尔等思想家普遍赞同，"经济学是与现代自由主义及其基本信条结合在一起的"[1]，即经济学上存在着一种自由主义的价值导向。这种价值导向实际上是自资本主义市场经济建立以来存在的一种主流价值导向，从其产生的根源及主要的倡导人物来说，属于古典经济学派。古典经济学派确立了一种自由主义的经济价值导向，并将这一导向实际运用于国家的经济政策之中，同时成为社会成员普遍遵守的一种价值规范。可以说，经济自由主义的价值观是资本主义市场经济条件下的一种主要的经济伦理规范与主导价值观。古典经济学派从斯密开始倡导这种自由主义的价值观，在英国经李嘉图、穆勒和马歇尔，在法国从重农学派到萨伊、巴师夏，从完全放任的自由主义到有限度的自由主义，经历了一个从产生、完善到成熟的发展过程。

第一节 斯密的经济自由主义价值观

在古典经济学派的思想中，功利主义的伦理观经济上表现为一种自由主义的经济价值观。这种价值观宣扬和鼓吹经济自由主义的政策，反对国家干预。从这种自由主义价值观的产生来说，斯密是确立者，也是最为坚定的支持者。在斯密看来，当每个人出于追逐私利的需求进行经济活动的时候，资本主义的经济制度中存在着一只"看不见的手"，可以引导个人追逐私利的行为得到实现，也不损害社会其他成员的个人利益，同时，社会的秩序井井有条，运行规范。正是资本主义的市场经济制度导致了这一美好的结果，而这一制度需要的价值观导向就是——自由主义。卢森贝认

---

① ［美］丹尼尔·贝尔、欧文·克里斯托尔主编：《经济理论的危机》，陈彪如等译，上海译文出版社1985年版，第67页。

为，经济自由是贯穿《国富论》的一个基本原理，虽然这种自由主义思想并非斯密原创，但斯密为自由主义做出了伟大的功绩。他说："斯密完成了下列几种功绩：（一）他为这个思想安排好了一个理论基础；（二）他把这个思想作为自己的历史研究的基础和自己对于过去一切经济学说的批评的基础；（三）他以这个思想为基础，建立了一个完整的经济政策和所谓国家经济的理论。"①

一　"看不见的手"中的自由主义价值观

斯密的"经济人"是一个同时具有利己与利他本性的理性的人，这个人能够成为资本主义市场经济社会的人格典范，是市场经济所决定的。斯密坚持认为，市场经济中有一只"看不见的手"，能够指引人们在追求自身利益最大化的同时，也能实现富国裕民的目标。当然，斯密的"看不见的手"是什么？他本人并没有给予明确的说明，人们通过对他思想的解读，对"看不见的手"有许多不同的解释。

1. "看不见的手"释义

无论是国内学者，还是国外学者，对斯密的"看不见的手"存在着诸多理解，同时对斯密本人是否赞同"看不见的手"的作用也充满疑问。学者格瑞普指出，"看不见的手"至少有九种不同的诠释，但影响较大的是把"看不见的手"看作能自我调节的市场力量，或把"看不见的手"理解为指导市场供需的价格机制。不过，格瑞普却指出，斯密从没有说过（或暗示过）足以支持这两种诠释的话。英国剑桥大学历史与经济中心主任罗思柴尔德则进一步指出，"看不见的手"其实并不是斯密思想的重要概念，甚至认为他之所以提出"看不见的手"，只是在开一个反讽的玩笑。②

不管学者们对斯密的"看不见的手"如何争论，但一个不争的事实就是：在斯密的著作中有三处明确提到了"看不见的手"。加上对斯密著作的解读，基本上可以断定，斯密的思想中确实肯定了"看不见的手"的作用。我们可以一方面将斯密著作中提到"看不见的手"的原文引出来，另一方面借助学者们现有的对"看不见的手"的理解，对斯密的"看不见的手"做出一个合适的解读，进而对斯密的经济自由主义价值观有更深入的理解。

---

① ［苏联］卢森贝：《政治经济学史》1卷，李侠公译，生活·读书·新知三联书店1959年版，第252页。

② 苏东斌：《我讲〈国富论〉》，中国经济出版社2007年版，第182页。

第一次谈到"看不见的手"是在《天文学史》一文中：

> 火炽热，冷水清凉，重的物体下落，较轻的物质向上飘扬，这一切都是它们的本质使然。在这些现象之中，我们都看不到朱庇特转化为天神的**无形之手**的作用。①

在《道德情操论》中，斯密又一次提到了"看不见的手"：

> 自然正是以这种方式在欺骗我们。也正是这种欺骗唤起了人类的勤奋，并使之不断保持下去。……由于人类的劳作，已使得地球的自然产出成倍增长，供养越来越多的地球居民。一个自大和无情的地主，他眼盯着自己那一片土地，并妄想独自吃光这土地的全部收成，而根本不考虑他的同胞们在忍饥挨饿，这是完全徒劳无益的。……他的欲望无边无际，但他胃的容量却是有限的，充其量不过与一般农夫的差不多。因此，他得对收成的剩余部分进行分配，分配给以最精致的办法来烹制他所享用的那点东西的人，分配给他要在里面消费自己的那一小部分收成的宫殿的人，分配给为权贵提供和整理各种各样小玩意的人，所有这些人都这样从他的奢侈和人性中分享着他们的生活必需品，这些生活必需品不可能指望从他的仁慈和公正中获得。土地的产出差不多总能供养它所能供养的那么多居民。富人只不过是从中挑走了最宝贵和最中意的部分。他们所消耗的比穷人的多不了多少，尽管他们生性自私和贪婪，尽管他们只是考虑自己的方便，尽管他们雇佣无数人劳作的唯一目的也只是为了满足自己那爱慕虚荣和贪得无厌的欲望，但是，他们还得与穷人一起分享他们全部经营的成果。他们被一只**无形的手**所指引，去对生活必需品做差不多同样的分配，假设地球在其所有居民中被分成各自相等的一份，所能做出的即为这样的分配，因此，他们在无意无知中促进了社会利益，为人类的繁殖提供了条件，当上天把土地分割给那些土地主时，它既未忘记，也未抛弃那些看似被置于这种分割之外的人。②

---

① 转引自杨春学《经济人与社会秩序分析》，上海三联书店、上海人民出版社1998年版，第107页。

② ［英］亚当·斯密：《道德情操论》，余涌译，中国社会科学出版社2003年版，第202—203页。

《国富论》中，斯密是这么提到"看不见的手"的：

> 所以，由于每个个人都努力把他的资本尽可能用来支持国内产业，都努力管理国内产业，使其生产物的价值能达到最高程度，他就必然竭力使社会的年收入尽量增大起来。确实，他通常既不打算促进公共的利益，也不知道自己是在什么程度上促进那种利益。由于宁愿投资支持国内产业而不支持国外产业，他只是盘算他自己的安全；由于他管理产业的方式目的在于使其生产物的价值能达到最大程度，他所盘算的也只是他自己的利益。在这场合，像在其他许多场合一样，他受着一只**看不见的手**的指导，去尽力达到一个并非他本意想要达到的目的。①

关于斯密的"无形的手"指的究竟是什么，可谓是众说纷纭。米诺维茨认为，无形的手一语具有不同的神学文意。"在《哲学论文集》中的无形的手表示原始人心目中的决定不规则的自然现象的朱庇特之手，在《道德情操论》中，则是保证贪婪的富人能够养活穷人的理神论的天理之手。到了《国富论》，无形之手则是调和个人欲望和公共福祉的、无神的、自然的、完全非人格化作用的一种隐喻。"②

这种从神学角度来理解斯密的"无形的手"是不完整的，也许在《天文学史》中"无形的手"有着神学的内涵，但是，《道德情操论》和《国富论》这两处"无形的手"所谈论的问题都与财富相关，都涉及个人利益与他人利益、社会利益之间的一种说不清、道不明的天然的联系，显然"看不见的手"具有鲜明的经济内涵，涉及社会经济制度的运行规则。"看不见的手"具有经济内涵，这是大家普遍公认的，但是，"看不见的手"涉及怎样的经济内涵？对此，国内外学者有着不同观点："看不见的手"是指市场经济机制。有较多的学者认为，所谓"看不见的手"指的是市场经济的运行机制，或者说就是市场经济本身。③ Joseph Persky 认为，在两个多世纪以后，亚当·斯密的著名比喻，即将"市场体系"比喻为"看不

---

① ［英］亚当·斯密：《国民财富的性质和原因的研究》下卷，郭大力、王亚男译，商务印书馆 1972 年版，第 27 页。

② 转引自李非《富与德：亚当·斯密的无形之手——市场社会的架构》，天津人民出版社 2001 年版，第 8 页。

③ 苏东斌：《我讲〈国富论〉》，中国经济出版社 2007 年版，第 193 页。

见的手"不断传递着英美政治经济的基本信息。① 在这段话中，作者明确地指出把"市场体制"称为"看不见的手"是一个著名的比喻。"看不见的手"就是等价交换的市场经济灵魂。此外，"'看不见的手'的作用，即人们从利己的动机出发从事各种活动时，在价格的引导下就增加了社会利益，实现了利他。这说明市场经济机制保证了利己与利他的基本一致性"②。在他们看来，市场经济所具有的基本特征就是商品交换。商品交换中，每个交易者的交换目的都不是利他的，而是纯粹自利的，但是，交换所产生的后果则是互利的，甚至在较大程度和范围上是有利于整个社会的。因此，市场经济的交换规则就是"看不见的手"，自然地引导着个人利益与他人利益、个人利益与社会利益实现一致。有学者指出，"各个人纯粹出于利己目的的活动，其结果不仅满足和实现了自己的目的，而且还附带地、连带地产生出一个客观的、积极的利及他人和社会全体的后果。……因此，'看不见的手'必然包含着某种客观的不以人的意志为转移的力量，必定包含着特定的过程性、制度性的内容，这就是市场经济的过程、制度与运行方式"③。

"看不见的手"是指市场竞争中的制衡力量。有学者认为，"'无形之手'是一种存在于事态的'自然进程'中的强制力量。在这种力量对经济人的自利行为的限制中，个人追求自身利益的动机可能推进整个商业社会民众的利益。在这里，'公共利益'不仅仅是指随着经济发展而来的就业机会和国民收入的扩大，还包括各种收益均等化的分配趋势。因此，'无形之手'是一种广泛存在于市场竞争过程中的制衡力量。只要给'经济人'以必要的经济自由，那么，仅仅出于改善个人境遇的这种自然的愿望，个人就会将自己的劳动力投入到他自己能可靠地得到最高工资、从而为整体创造最大价值的地方"④。

"看不见的手"是指维持社会的伦理秩序。有学者认为，社会是由每一个自利的个人组成的，但是，自利却没有造成社会秩序的混乱。在这背后，显然隐藏着某种制约或者说维持社会秩序的机制。斯密将这种机制称

---

① Joseph Persky, Adam Smith's Invisible Hands, *The Journal of Economic Perspectives*, Vol. 3, No. 4 (Autumn, 1989), pp. 195 – 201.

② 苏东斌：《我讲〈国富论〉》，中国经济出版社 2007 年版，第 187 页。

③ 聂文军：《亚当·斯密"看不见的手"的伦理得失》，《湖南文理学院学报》（社会科学版）2006 年第 3 期，第 49 页。

④ 杨春学：《经济人与社会秩序分析》，上海三联书店、上海人民出版社 1998 年版，第 109 页。

为"无形之手"，显然就不是某种制度性的要素，只能是伦理的秩序。"利己心的本性衍生出商品交换、分工协作、竞争、货币流通等经济现象，人们从事经济活动，不是随心所欲，要受到一种客观的、自然而然的力量支配，必须遵循这个自然的社会力量所规定的道路去行动。……'看不见的手'是自然而然的发生作用的'自然秩序'的力量，是自然、社会和人的自然本性，是一种自然的伦理秩序。"①

"看不见的手"是社会的自发秩序。众所公认，斯密的经济学说主要的批评对象之一是重商主义者。重商主义者的特征就是强调国家的强制管理，要求国家对经济活动实现全面的干预。另外，斯密思想的主要来源是重农主义学派的经济学说。重农主义学派的代表魁奈的"自然秩序"观对斯密的影响甚巨。在魁奈那里，"自然秩序"被视为是支配人类社会的最高法则。如果人类的人为秩序符合自然秩序，遵循自然的法则，社会就是健康的；反之，就是病态的。斯密同样对人为秩序持怀疑和批评的态度，"看不见的手"反映的就是斯密眼中的那个自发、自然的社会秩序。"斯密等人认为，如同自然界是长期演化而成的一样，社会发展也是进化的自然结果。而社会进化的法则就是自发秩序，即'看不见的手'所导致的秩序。在本质上，这种秩序观突出强调人类社会存在着一种自发生长、自我运动的力量。"②

"看不见的手"是社会经济运行的制度。20世纪70年代以来，学界出现了一股"斯密复兴"主义思潮。大家认为，"斯密复兴"的主体是重新评价与发展斯密经济学中那些被新古典学派不恰当地予以舍弃，可是对当代经济理论与实践仍有启示意义的思想内涵，尤其是斯密经济学中制度因素的诸多研究同当代关于经济发展与制度结构的理论存在十分明显的渊源关系。③ 学界存在着一种看法，认为斯密是经济学上制度主义的开拓者。"看不见的手"就是斯密探讨制度基础的明显表现。"斯密早已在其伦理学、法律学体系中充分论证'看不见的手'的社会法律等制度基础，而后才把'看不见的手'作为自由经济制度的运行法则进行展述。"④

可见，围绕着"看不见的手"的内涵问题，大家确实没有达成统一意

①　薛永昶：《"看不见的手"的伦理意义阐释》，《江南大学学报》（人文社会科学版）2004年第6期，第14页。
②　刘会强：《"看不见的手"、理性设计与社会发展——斯密发展观及其当代意义》，《江西社会科学》2007年第1期，第167页。
③　邹薇、庄子银：《斯密经济学的制度因素研究》，《经济科学》1995年第6期，第63页。
④　同上。

见：美国经济学家罗伯特·L. 海尔布罗纳认为，"看不见的手"在《国富论》中是用来比喻说明过程的有益结果的；米尔顿·弗里德曼认为，"看不见的手"是斯密对一种经济运行方式的设想，在这一方式中，千百万人的自愿行动可以通过价格体系来协调而无须一个人为的指导中心；还有人认为，"看不见的手"就是资本主义竞争的自发力量或自发势力；也有人认为，"看不见的手"就是价值规律；另有人认为，"看不见的手"就是市场调节，而与之相对的"看得见的手"就是计划调节等。①《新帕尔格雷夫经济学大辞典》认为"看不见的手"有三个逻辑的步骤，分别是："第一步是一种观察：人类行为常常导致行为人所不曾存心或不曾预见的结果。第二步是一种论点：从大量个人或从长期来看，这些没有存心而产生的结果的总和，在适合的环境下，可能形成这样一种秩序：它是人心所能理解的，它的出现好像是某一个明智的计划人所造成的产物。第三步是一个判断：总的秩序对于这种秩序的参与者能以他们所不曾存心而又感到可取的方式，对他们产生善果。"②

　　无论大家对"看不见的手"的内涵提出怎样不同的意见，但无法否认的是：斯密是在资本主义市场经济条件下阐述"看不见的手"的思想的。因此，"看不见的手"显然指的是资本主义制度下与市场经济相关的某种东西。"我们可以不管斯密本人怎样感觉，他那只'看不见的手'的比喻，就是指以价格为引导的市场经济制度，这是一个经济学的上帝。"③ 无论是市场经济运行机制，还是市场经济的制衡力量，抑或是市场经济的伦理秩序等，背后反映出的都是斯密对市场经济应该如何发挥作用以及如何发挥作用的某种认识，并且可以清晰地看到，斯密认为市场经济应该是以自由主义的价值导向为基础的。

　　2. "看不见的手"中的自由主义价值导向

　　"自由"是一个古老而又新鲜的词汇。其古老在于对"自由"的探讨早已有之；其新鲜在于对"自由"的解释常在常新。自近代以来，思想家们对"自由"问题充满兴趣，并提出了内容各异的自由理论。无论对自由有着怎样的认识，有一个观点是共同的，那就是：只有人才应该享有自由，但人的行为从来也不是完全自由的。这就意味着，如果承认人类社会

---

① 聂文军：《亚当·斯密"看不见的手"的伦理得失》，《湖南文理学院学报》（社会科学版）2006 年第 3 期，第 47 页。

② ［英］约翰·伊特韦尔、默里·米尔盖特、彼得·纽曼：《新帕尔格雷夫经济学大辞典》2卷，陈岱孙等编译，经济科学出版社 1996 年版，第 1070 页。

③ 苏东斌：《我讲〈国富论〉》，中国经济出版社 2007 年版，第 182 页。

与动物界的区别，那就一定要将人的自由作为我们的追求目标。这是人之为人，人的完善所必然要求的。秉承这一学说传统的斯密，显然在这个问题上也是有着相同看法的。自由主义的价值导向在其经济思想中比比皆是，"看不见的手"同样表现出这一点。并且，这种自由主义的价值导向也左右了他对经济政策与经济制度的理解。

"看不见的手"中的自由主义伦理观。自由主义伦理观认为，人是一个独立自主的，有创造精神、有理性的人。这就意味着，人从其行为上必须能够自主选择自己的行为，并对自己的行为选择有着自觉意识，这样才能为其行为的结果负责。斯密思想中有着浓重的自由主义倾向，正如有学者所言，"斯密的自由主义社会科学学说肇始于伦理学"①。斯密在伦理观上坚持着传统的自由主义倾向，并将之在资本主义市场经济条件下的表现与要求予以发挥。温奇说，斯密在格拉斯哥大学的讲义的经济学部分中，即已充分地论证了商业的发展与个人自由的关系，特别是经由农业社会向着商业社会的过渡所带来的社会的文明化发展。他基于历史事实，从理论上论证了商业的发展带来了独立的人格，进而产生出近代的自由。② 在1958年的一次拍卖会上被学者发现并于1978年才公刊的斯密在格拉斯哥大学的讲义笔记中有一段引人注目的记述："总而言之，在一些城市中，拥有诸多仆人和家丁乃是一切混乱和无序的根源；我们可以确信，不是行政法规而是尽量减少仆人和家丁，才使整个国家的安全有所保障。没有像从属那样使人腐败、软弱、品性卑贱，唯有独立和自由使人愈加慷慨和廉洁。商业则是这样的习性的伟大先导者。商业防止出现依附者和拥有甚多家丁，工业给予穷人超过主人所能提供的较高工资，而且它还使富人减少雇佣仆人的支出……因此，英格兰平民的独立和自由乃是有目共睹的，他们是最为诚实的标志。"③ 那么，英格兰平民的独立和自由是如何实现的呢？在斯密看来，这就是资本主义市场经济制度的优越性所带来并独有的。斯密终其一生赞扬了一种商业社会的制度，即资本主义的市场经济制度，这是无可否认的。我们从其《道德情操论》和《国富论》两处谈及"看不见的手"的原文来理解，也可以看到其所谓的"看不见的手"所表达的就是这种自由主义的伦理观。

在《道德情操论》中的"无形之手"是通过富人与穷人之间共享社

---

① 李非：《富与德：亚当·斯密的无形之手——市场社会的架构》，天津人民出版社2001年版，第14页。

② 同上书，第41页。

③ 同上书，第49—50页。

会财富的社会事实引出的。斯密描述了这样一个社会事实，那就是拥有众多土地的富人，无论如何都无法尽享土地提供的所有财富，他必须将自己的财富自觉或不自觉地、部分地分配给穷人来享用。当然，这种结果并不是出于富人的仁慈或公正，而是受着"无形之手"的引导。对于斯密的这一描述，大家从不同的角度对此进行了解读。无论解读的答案是什么，我们不可否认一点，那就是富人之所以将财富予以某种分配，这是基于某种交换的基础，或者说是社会劳动分工的基础。倘若富人可以完全自己解决自己的生活所需，无须依靠他人，那么，他就可以独自享有财富，无须与他人分享。可是，这不是事实，对于富人来说，即便他能享有自己的所有财富，他也不能依靠一己之力获得如此大的产出。富人的土地产出必须依靠他所雇佣的穷人，为了这种雇佣，他就不得不将自己的财富部分地分与穷人。这一切的行为都是自由而不是被迫的。而且，商业交换越发达，这只"无形之手"的力量就越强大，越能实现人的自由。

在《国富论》中，斯密实际上描述了一个发达商业社会中财富共享的社会事实。《国富论》中斯密是通过商业贸易的交换来引出"无形之手"的。我们可以看到，商业社会的贸易之所以能够在利己的目的下有效地促进社会的利益，这也是基于交换才实现的。商业社会带来的最大进步就是人与人之间关系的变化，从封建制度下的从属、依附的社会关系中解放出来，形成了新型的市场关系。市场关系最为显著的特征就是独立与自由，也就是斯密在其格拉斯哥大学讲义中一再予以肯定的东西。什么是"无形之手"？其实就是在商业社会中培养出来的自由主义精神，这种自由主义的精神自然地、必然地要求市场制度实现私利与公利的统一，最大限度地满足个人利益的追求。显然，"看不见的手"中蕴含着自由主义伦理观的价值导向。

"看不见的手"中的自由主义的经济观。秉承《道德情操论》中的说法："无论从哪方面看，每个人都必定更适合和更有能力关心自己，而不是任何他人。"① 在《国富论》中，斯密进一步地强调道："一切特惠或限制的制度，一经完全废除，最明白、最单纯的自然自由制度就会树立起来。每一个人，在他不违反正义的法律时，都应听其完全自由，让他采用自己的方法，追求自己的利益，以其劳动及资本和任何其他人或其他阶级

---

① ［英］亚当·斯密：《道德情操论》，余涌译，中国社会科学出版社 2003 年版，第 247 页。

相竞争。"① 这就是斯密在"看不见的手"中所坚持的自由主义经济观。从内容上说，这种自由主义的经济观包括以下四个方面的内容：其一，个人自由地追求自我利益的实现。在斯密看来，每个人都有为改善自己境遇的努力，这种努力是自然与天然的，是每个人应有的权利。作为个人所有的自然权利，是任何人都无法剥夺的。"看不见的手"首要保证的就是个人追求自我利益的自由。其二，实现社会利益的合理价格机制。斯密说："每个人都不断地努力为他自己所能支配的资本找到最有利的用途。固然，他所考虑的不是社会的利益，而是他自身的利益，但他对自身利益的研究自然或毋宁说必然会引导他选定最有利于社会的用途。"② 那么，什么是社会的利益？如何才能在实现自身利益的动机下实现社会的利益？斯密说，"人民大众的利益总在于而且必然在于，向售价最廉的人购买他们所需要的各种物品。这个命题是非常明白的"③。可见，在斯密看来，要在经济上实现"人民大众的利益"——公益，则必须利用市场的价格机制。④ 古典经济学派对市场竞争通常抱有神圣的态度。在市场经济中，竞争往往是通过价格得以表现的。通过我们的经验就可以发现，人们总是倾向于物优价廉的物品。对个人而言，这种物品的生产就意味着能花较少的货币满足个人较大的欲望；对社会而言，就是那些最能有效率地利用资源的生产企业获得了竞争中的胜利。边沁就说："所谓自由竞争，它与给予最低之价格供应最优之财货者以报酬同义。"⑤ 其三，市场的自由等价交换。我们通常将等价交换视为市场的"黄金律"。每一个人实现自己的自利追求，都必须通过市场的交换。那么，市场交换是否是任意与随意的呢？虽然斯密从来就没有对市场交换作过任何限定，然而，没有限定并不意味着取消限定，而是意味着这种限定是不言而喻、无须说明的。这个限定就是：市场的交换是在双方自觉自愿基础上的等价交换。我们知道，商品社会中，个人私利的实现或者意味着用自己的商品换取货币，或者意味着用自己的货币来换取商品。市场交换满足了每一个人具有的这样两种需求，也满足了两个有着不同需求的人，就此来实现个人私利。显然，市场交换需要满足

---

① ［英］亚当·斯密：《国富论》下卷，郭大力、王亚南译，商务印书馆1972年版，第252页。

② 同上书，第25页。

③ 同上书，第66页。

④ 李非：《富与德：亚当·斯密的无形之手——市场社会的架构》，天津人民出版社2001年版，第108—109页。

⑤ 转引自李非《富与德：亚当·斯密的无形之手——市场社会的架构》，天津人民出版社2001年版，第109—110页。

的是双方，而不是某一方的私利，而这种交换必然构建在自由的基础上，必须要遵循某种约定俗成的公认的规则。"看不见的手"所强调的就是这样的一种市场自由等价交换规则。其四，自由的市场竞争。罗宾斯曾指出，对于生产者自由这一主张，在古典经济学理论上是分两个基本步骤加以论证的。一是在人类的经济活动中，利己心是最为普遍、最为强大的驱动力量，除利己心之外，不存在如此普遍、如此强大而恒久的心理动力；二是要引导这样的利己动机有助于增加一切关系者的利益，只能依靠市场机制和竞争的力量。① 斯密从来就不否认竞争对实现个人私利与社会公利的统一作用。我们从斯密对垄断的批评中也可以体会到斯密对自由市场竞争机制的赞扬。斯密说："为了要促进一个国家一个小阶级的利益，独占妨害了这个国家一切其他阶级的利益和一切其他国家一切阶级的利益。"② 自由的市场竞争不仅能够最大限度地实现个人利益，满足他人利益，同时也是实现国家繁荣的唯一途径。斯密说："在国家内，各个人为改善自身境遇自然而然地、不断地所作的努力，就是一种保卫力量，能在许多方面预防并纠正在一定程度上是不公平和压抑的政治经济的不良结果。……如果一国没有享受完全自由即完全正义，即无繁荣的可能，那世界上就没有一国能够繁荣了。"③

　　这样一来，自由主义价值观就将政府或君主的权限驱逐出了经济范畴，"君主们就完全被解除了监督私人产业、指导私人产业、使之最适合于社会利益的义务"④。当然，斯密并不是一个无政府主义者，而是在自由主义价值观的指导下，对政府或君主的权力予以了某种限定。

二　政府责任范围划定中有限度的自由主义价值观

　　斯密崇尚自由主义价值观，并将之运用在经济范畴，倡导自由主义的经济政策，但这是否意味着斯密就是一个完全的、自由放任的自由主义者呢？在很长一段时间内，人们将斯密表述为一个完全放任的自由主义者。然而，经过对斯密思想更为深入的研究，人们发现，斯密作为完全放任的自由主义者的形象是不可靠的。斯密通过对政府责任的规制，强调了社会

---

① 转引自李非《富与德：亚当·斯密的无形之手——市场社会的架构》，天津人民出版社2001年版，第111—112页。
② ［英］亚当·斯密：《国富论》下卷，郭大力、王亚南译，商务印书馆1972年版，第183页。
③ 同上书，第240页。
④ 同上书，第252页。

公正和市场约束的法律、道德机制。虽然斯密是一个彻底的市场主义者，然而，倡导市场主义并不意味着认可市场的"无规则"。市场不是一种可以任意脱离规则的东西。布坎南就说过，"只有在法律的、政治的公共机构框架内，市场的运转才成为可能"①。显然，这个框架需要政府的作用。

1. 划定了政府在经济领域的职责

斯密反对政府对经济事务的粗暴干涉，并对这种干涉的危险性予以了强调。他说：

> 关于可以把资本用在什么种类的国内产业上面，其生产物能有最大价值这一问题，每一个人处在他当地的地位，显然能判断得比政治家或立法家好得多。如果政治家企图指导私人应如何运用他们的资本，那不仅是自寻烦恼地去注意最不需要注意的问题，而且僭取一种不能放心地委托给任何个人、也不能放心地委之于任何委员会或参议院的权力。把这种权力交给一个大言不惭地、荒唐地自认为有资格行使的人，是再危险也没有了。②

斯密反对政府或君主对经济活动的肆意干扰，要求解除君主监督私人企业、指导私人企业的权力，但这并不意味着斯密完全否定政府在市场经济领域内职责存在的可能性与正当性。他在经济自由的总体框架下，对政府有限度地干预经济的前提条件进行了严格的规定。而且，更为重要的是，斯密强调政府有限度地干预的伦理基础是：社会公正与个人自由。

第一，弥补自由市场经济可能带来的种种不公正。一方面，斯密尽管对自由市场经济予以了极大的赞扬；但另一方面，他是清醒的。他对完全自由市场经济可能带来的社会不公正有着清楚的认识。在其著作中，对于完全自由市场经济可能带来的不公正现象做了如下的阐述：

（1）收入分配的不公。斯密看到了社会中三大阶级的划分，"以地租为生、以工资为生和以利润为生这三种人的收入。此三阶级，构成文明社会的三大主要和基本阶级"③。这三个阶级也就是地主阶级、劳工阶级以及

---

① 转引自苏东斌《我讲〈国富论〉》，中国经济出版社2007年版，第205页。
② ［英］亚当·斯密：《国富论》下卷，郭大力、王亚南译，商务印书馆1972年版，第27—28页。
③ ［英］亚当·斯密：《国富论》上卷，郭大力、王亚南译，商务印书馆1972年版，第240页。

商人和制造业者。在社会生产中，资本家总是趋于提高利润，尽力削减劳工的工资；而地主总是极力提高地租，甚至对未经改良的土地和完全不能由人力改良的土地都要求高地租。面对这种情况，劳工阶级总是处于最弱势的地位，相对于雇主，工人的讨价还价能力明显不足。斯密说："劳动者在繁荣社会中不能享得地主阶级那样大的利益，在衰退的社会中却要蒙受任何阶级所经验不到的痛苦。"① 社会在收入分配上，各阶级之间显然存在着不平等。这种分配格局既不利于人口增长，也不利于财富增进，甚至会使经济增长陷于停滞、退步的状态。②

（2）商人和制造业者的逐利破坏了社会的秩序。作为使用资本最大的两个阶层，商人和制造业者通常总是为自己的利益打算，并不会考虑公众利益。因此，为了获取自己的利益，他们通常会破坏社会的秩序。他说："商人的利益在若干方面往往和公众利益不同，有时甚或相反。扩张市场，缩小竞争，无疑是一般商人的利益。可是前者虽然往往对于公众有利，后者却总是和公众利益相反。缩小竞争，只会使商人的利润提高到自然的程度以上，而其余市民却为了他们的利益而承受不合理的负担。"③ 当国内在闹粮荒的时候，商人却大量输出谷物以牟取暴利；当市场经济要求自由竞争时，商人却想方设法形成垄断以求获得最大利益。

（3）人们出于逐利动机的行为无益于社会。比如律师按所写页数获酬，因而在欧洲各法院，律师超过所需增添语词，以致所用法律语言错误百出。又如英格兰以医生已获学位的高低确定诊费，以致医生们不择手段地谋求博士学位，而不精通医术。再如人总是在投机上高估自己的运气，因而过多资本流入冒险事业中。④

（4）劳动分工对劳动者的损害。斯密在《国富论》一开篇就产生劳动分工的优越性，对分工所带来的生产效率的提高予以了极大的赞扬。但同时，另外，斯密也承认，分工的结果导致劳动者终生局限于一种单纯的操作。因而，在大大增进劳动熟练程度，提高生产效率的同时，也致使劳动者在智力、精神品质方面受损，机械的操作致使人们丧失努力的习惯，无

---

① ［英］亚当·斯密：《国富论》上卷，郭大力、王亚南译，商务印书馆 1972 年版，第 241 页。

② 邹薇、庄子银：《斯密经济学的制度因素研究》，《经济科学》1995 年第 6 期，第 65 页。

③ ［英］亚当·斯密：《国富论》上卷，郭大力、王亚南译，商务印书馆 1972 年版，第 242 页。

④ 邹薇、庄子银：《斯密经济学的制度因素研究》，《经济科学》1995 年第 6 期，第 65 页。

所事事，最终导致劳动的异化。①

显然，自由市场所带来的如上社会不公平现象，纯粹依靠自由市场机制是无法解决的。政府的现实存在实际上就提示了其所应该承担的经济职责，那就是，通过经济政策、法律法规的制定尽力弥补自由市场经济的缺陷。

第二，运用税收手段调节经济发展。政府不干预市场中的具体经济行为，并不意味着政府对社会经济的发展不承担任何责任。在斯密看来，政府有责任采用必要的税收手段最大限度地调动经济发展的动力。

（1）运用税收政策来调动出口贸易。斯密认为，为鼓励自由贸易和商业出口，国家给予奖励是非常好的。他说："在各种奖励中，所谓退税，似乎是最合理的了。"② 斯密反对重商主义的国家限制进出口的政策与措施，在贸易政策上坚持了自由主义。但是，需要指出的是，斯密的自由贸易主义政策并不是完全放任的自由主义，反而强调了政府通过税收手段进行的干预。所谓"退税"，是针对出口商品而言的。可见，斯密的出口退税奖励实际上是鼓励商品的出口。当商品出口有利可图超过商品进口时，政府的这一调控政策也就起到作用了。

具体来看，斯密的出口退税强调了两个方面：一方面，商品输出的时候，退还本国产业上的国产税或国内税的全部或部分。这种退税自然使资本转移到这种退税货物的生产上来，扩大此货物的商品出口。另一方面，输入的外国货物，当再输出时，可以退税。对某些产品输入后再输出给予退税，实际上是鼓励进口产品的再次输出。一定程度上保护本国同类产品的生产。当给予出口商品退税政策之后，带来的一个最直接的后果就是：货流行业的发展，使社会资本得以更为自然地实现行业转移。斯密说："这种贸易，对于那一部分既不能投在本国农业，亦不能投在本国制造业，既不能投在国内贸易亦不能投在消费品国外贸易上的资本，必然提供了一个出路。"③ 综合来说，出口退税政策不仅促进了商品出口，增加了国内财富，同时也为资本找到了一个新的增长途径，使国民财富得以增长。有学者认为，"退税的实质是将本应上缴国家财政的那部分税收返还给纳税者，因

---

① 参见［英］亚当·斯密《国富论》下卷，郭大力、王亚南译，商务印书馆1972年版，第338—339页。劳动分工所具有的两面性，早在古希腊时期的色诺芬那里就有论述。参见［古希腊］色诺芬《经济论　雅典的收入》，张伯健、陆大年译，商务印书馆1983年版。

② ［英］亚当·斯密：《国富论》下卷，郭大力、王亚南译，商务印书馆1972年版，第70页。

③ 同上书，第74页。

此，退税实质上是用财政手段扩大出口，调节供求平衡和部分资本的投资方向"①。为什么要强调政府采取措施进行出口贸易的调控？斯密将其著作命名为《国民财富的性质和原因的研究》，目的就是要研究如何增长国民财富。所谓国民财富，是指一国的收入和物质财富。显然，斯密具有国家主义的立场，一种在个人主义价值观关照下的国家主义。当本国财富能够最大限度地得到增长，这种措施就具有价值上的正当合理性。

（2）运用税收政策调节收入的分配。正如前文所阐述的那样，斯密认识到了社会收入分配不公的存在。那么，该如何解决社会收入的分配不公平呢？斯密虽然没有明确地对这个问题做出回答，提出分配公平的思想，但多少还是触及这一问题的。其中，税收思想就是斯密解决分配不公问题的一个途径。斯密将社会阶级分为三类：地主、劳工和资本家，②并根据社会境况，区分了对这三个阶级征税的不同情况。假如对劳工阶级征收工资税，必然会提高劳工的货币工资，工资本来就是由资本家支付的，因此，对劳工阶级征税，实际上就是对资本家征税。而资本家总是千方百计地将它转嫁出去，如果资本家转嫁不出去，他对劳动的需求就会减少，从而使国家的年总产品减少。假如对资本家征收利润税，资本家或者歇业不干，或者转嫁到消费者身上，或者资金外流。这些情况对国民财富的增长都是不利的。假如对地租征税，不仅不会影响财富的生产，也不会影响大多数人的收入。比较这三种情况的征税，显然征收地租税是最为合适的。这一思想同时反映了斯密坚定的阶级立场，他一生所崇尚的制度是资本主义的市场经济制度，他也是新兴资产阶级的代言人。当时，初出茅庐的政坛新秀——资产阶级面对着土地贵族阶级的强大势力，需要斯密这样的思想代言人为他们高唱赞歌，为他们扫清政治前行道路上的障碍。

为了最大限度地促进生产，斯密提出对奢侈品进行征税。他说："对奢侈品课税，除这商品本身的价格外，其他任何商品的价格，都不会因此增高。对必需品课税，因其提高劳动工资，必然会提高一切制造品的价格，从而减少它们贩卖与消费范围。"③ 显然，奢侈品与必需品相比，更具有征税的可能性与合理性。当某种商品课税过重时，必然会影响此商品的

---

① 郭怀亮：《论亚当·斯密调节经济活动过程的三只手》，《汉中师范学院学报》（社会科学版）2000 年第 3 期，第 47 页。

② 斯密本人并没有提出这个称号，他通常用"商人和制造业者"来指代第三个阶级。为了说明的方便和理解的顺畅，我们就用这个大家所熟知的称号来表示斯密的第三阶级。

③ ［英］亚当·斯密：《国富论》下卷，郭大力、王亚南译，商务印书馆 1972 年版，第 433—434 页。

消费。当消费减少时，必然会影响生产。而社会生产的动力并不是来自奢侈品，而是生活的必需品。因此，对奢侈品的课税影响到消费，是从另一个渠道影响社会财富的生产。

第三，运用财政政策进行基础工程和公共工程的建设。基础工程和公共工程是社会所必需的基础建设，并且是大家所共同受益与使用的，加之工程浩大，所费不赀，因此，必须由政府进行财政投入才能保证工程的建设。斯密说："通航水道、运河以及供给城市自来水的各种必要工事，很明显的，不仅有很大、很普遍的效用，同时，其所需巨大费用，亦常非个人财力所及。"① 这些工程是社会经济发展所必需的基础设施，其投资巨大而受益匪浅，为了富国裕民的目的，需要投资建设这些工程项目。然个人限于财力，无法负担此重大项目，这就需要政府予以必要的财政投资。

> 这类机关和工程，对于一个大社会当然是有很大利益的，但就其性质来说，设由个人或少数人办理，那所得利润决不能偿其所费。所以这种事业，不能期望个人或少数人出来创办或维持。并且，随着社会发达时期的不同，执行这种义务所需的费用的大小也非常不同。②

> 维持良好道路及交通机关，无疑是有利于社会全体，所以，其费用由全社会的一般收入开支，并无不当。不过，最直接地受这些费用的利益的人，乃是往来各处转运货物的商贾，以及购用那种货物的消费者。所以，英格兰的道路通行税，欧洲其他各国所谓路捐桥捐，完全由这两种人负担；这一来，社会一般人的负担就要减轻许多了。

> 凡有利于全社会的各种设施或土木工程，如不能全由那些最直接受到利益的人维持，或不是全由他们维持，那么，在大多数场合，不足之数，就不能不由全社会一般的贡献弥补。③

从斯密的论述中可以看到，斯密并不是完全否定个人在公共基础设施上的作用，而是认为当个人能力有限，无法支付庞大开支的时候，政府应该从公共收入中予以财政支持。而且更为重要的是，斯密在公共基础设施投入上表现出了一种关于"效率"和"公平"的鲜明的伦理立场：就"效率"而言，公共基础设施的建造应该以能否促进商业繁荣与发展为准

---

① ［英］亚当·斯密：《国富论》下卷，郭大力、王亚南译，商务印书馆1972年版，第318页。
② 同上书，第284页。
③ 同上书，第375页。

则。"公路、桥梁、运河等，如由利用它们的商业来建造和维持，那么，这种工程，就只能在商业需要它们的地方兴建，因而只能在宜于兴建的地方兴建。"① 就"公平"而言，公共基础设施秉承的是"谁受益、谁缴费"的原则，公共工程应该向那些使用者按比例收取费用。

2. 划定政府在政治领域的职责

斯密曾经指出，在自然自由制度树立起来以后，君主只有三个应尽的义务：

> 第一，保护社会，使不受其他独立社会的侵犯。第二，尽可能保护社会上各个人，使不受社会上任何其他人的侵害或压迫，这就是说，要设立严正的司法机关。第三，建设并维持某些公共事业及某些公共设施（其建设与维持绝不是为着任何个人或任何少数人的利益），这种事业或设施，在由大社会经营时，其利润常能补偿所费而有余，但若由个人或少数人经营，就决不能补偿所费。②

在政治领域，政府通常所具有的职责主要有三个：

首先，保护个人权利。这就是上面所引的君主三个义务中的第二个。在以往的斯密研究中，人们不是将斯密视为"自利"的代言人，就是将斯密视为放任的自由主义者。事实上，这种认识从现实经验层面来看就是有问题的。要知道，一个社会如果缺乏最起码的公平与正义，无法保障个人的最基本的权益的话，这个社会是无法实现有效率运转的。而且从斯密著作中发现，他对"公正"予以了足够的重视。从他所谓由"自利"而到"利他"的逻辑推理中，暗含一个基本的前提，那就是：社会予以了每个人获得自我权利的保护，社会具有最基本的"公正"，只有这样，出于"自利"动机的"经济人"在追求自我利益的同时自然地就能实现社会和他人的利益，而"正义"法则需要依靠政府才能实现。斯密认为，"正义"是自然法则，"正义"是自然赋予人的基本权利。"每个人都自然而然、并早在市民政府建立之前即被认为有权保卫自己不受伤害，有权强迫对已经给他造成的伤害进行相应的惩罚。"③ 每个人有保卫自己不受伤害的权利，有对伤害自己行为进行还击的权利，而这些权利早在市民政府建立

---

① ［英］亚当·斯密：《国富论》下卷，郭大力、王亚南译，商务印书馆1972年版，第286页。

② 同上书，第252—253页。

③ ［英］亚当·斯密：《道德情操论》，余涌译，中国社会科学出版社2003年版，第86页。

之前就具有了。"善有善报、恶应恶报，以牙还牙是自然加于我们的伟大法则。"① 但是，并不是每个人都能很好地利用这一自然权利与法则的。由于人的能力的差异，天然地将人分为了强者与弱者。强者总是千方百计地想侵夺弱者的权利，而弱者总是无力反抗。为了维护社会基本公平，就需要政府通过各种司法手段使"正义"法则得以实现。

政府通过对个人权利的保护来实现社会的公平。随着私有财产的出现，社会不平等开始出现，这就会导致贫富阶层之间的争斗，影响社会的稳定。斯密说："少数人的富裕，是以多数人的贫乏为前提的。富人的阔绰，会激怒贫者，贫人的匮乏和嫉妒，会驱使他们侵害富者的财产。……他想避免敌人的侵害，只有依赖强有力的司法官的保护。"② 政府的建立，确立了司法行政的职能，也就有了保护个人权利不受侵害的法律机构。因此，社会公平的实现有赖于司法的职能，司法的职能又是政府的职责之一。政府成为实现社会公平的主要力量。值得注意的是，斯密强调了公平的司法行政。也就是说，政府的这一职能实现本身还存在着公平与否的道德判断。他说："各个人的自由，各个人对于自己所抱的安全感，全赖有公平的司法行政。"③ 言下之意，假如政府行使司法权力的时候不公平，个人也无法感到安全，也就无法实现个人的自由，而在个人自由主义基础上建立起来的市场经济制度也就无法实现。

其次，开办教育机构对民众实行教育。斯密认为，政府有对人民进行教育的职责。为什么需要对人民进行教育呢？

由商业社会带来的不利影响需要教育。"为防止这些人民几乎完全堕落或退化起见，政府就有加以若干注意的必要。"④ 斯密对商业社会充满了赞美，但同时，他也是很清醒的。他清楚地意识到，商业社会的繁荣可能在某些方面带来不良影响。他说，"也有若干不良现象是由商业精神中产生出来的。首先要提出的是它使人们的见识变得狭隘。……当一个人的全部心思都用在一只扣针的十七分之一或一只扣钮的十八分之一的时候，见识必然更有限"⑤，"商业带来的另一种不良现象是教育大受忽视。……商

---

① ［英］亚当·斯密：《道德情操论》，余涌译，中国社会科学出版社 2003 年版，第 88 页。
② ［英］亚当·斯密：《国富论》下卷，郭大力、王亚南译，商务印书馆 1972 年版，第 272—273 页。
③ ［英］亚当·斯密：《道德情操论》，余涌译，中国社会科学出版社 2003 年版，第 284 页。
④ 同上书，第 338 页。
⑤ ［英］坎南编著：《亚当·斯密关于法律、警察、岁入及军备的演讲》，陈福生、陈振骅译，商务印书馆 2005 年版，第 261—262 页。

业的又一不良影响是使人豪气消沉。一点没有尚武精神"①。这些不良影响一方面影响个体素质的提高，另一方面也影响政府和国家的利益。

个体素质的提高需要教育。斯密发现，在分工发达的现代社会，一部分有闲暇去研究社会的人不受职业局限，可以从众多的社会分工中受益。因为他们可以不断运用自己的思想，使他的智能变得敏锐和广泛。这极少数的人尽管有大能力，但对社会而言，却没有多大帮助。他说，"他们这大能力，纵然对自身是一种光荣，对社会的善政和幸福，却可能没有多少贡献"，因为，"人类一切高尚性格，在大多数人民间，依然可能在很大程度上消失了"②。也就是说，对于大多数人而言，社会分工的发达导致了智能的退化。从社会发展来说，社会的进步是建立在大多数人智能得以发展的基础之上的，而不是那些极少数人的智能。当社会中的大多数人智能退化以后，"至于国家的重大和广泛的利益，他更是全然辨认不了的"③。这样的后果，是社会分工高度发达所带来的必然产物，对此，政府是有职责的。斯密说："他对自身特定职业所掌握的技巧和熟练，可以说是由牺牲他的智能、他的交际能力、他的尚武品德而获得的。但是，在一切改良、文明的社会，政府如不费点力量加以防止，劳动贫民，即大多数人民，就必然会陷入这种状态。"④

国家的利益维护需要教育。正如前面所提到的那样，商业社会带来的一个不良影响就是：尚武精神的丧失。而缺乏了尚武精神的社会就会影响国家的国防。当面对强敌入侵的时候，国家的利益就无法得到维护。斯密说："各个社会的安全，总多少依赖大多数人民的尚武精神。"⑤ 而且更为重要的是，这种尚武精神还有利于组织国家常备军可能带来的危害国家统治的行为。斯密说："这尚武精神、军人精神，一方面，在外敌侵略时，可以大大便利常备军的行动；另一方面，假使不幸常备军发生违反国家宪法的事故，它又可以大大地加以阻止。"⑥ 人民的尚武精神可以让大家将国家的利益至于最高位置，当国家利益受到损害的时候，就能挺身而出。而要弘扬尚武精神和提高人民智能就必须依靠教育：

---

① ［英］坎南编著：《亚当·斯密关于法律、警察、岁入及军备的演讲》，陈福生、陈振骅译，商务印书馆 2005 年版，第 262—263 页，
② ［英］亚当·斯密：《国富论》下卷，郭大力、王亚南译，商务印书馆 1972 年版，第 340 页。
③ 同上书，第 339 页。
④ 同上。
⑤ 同上书，第 343 页。
⑥ 同上。

这般人民有了教育，国家可受益不浅呢。在无知的国民间，狂热和迷信，往往惹起最可怕的扰乱。一般下级人民所受教育愈多，愈不会受狂热和迷信的迷惑。加之，有教育有知识的人，常比无知识而愚笨的人，更知礼节，更守秩序。他们各个人都觉得自己的人格更高尚，自己更可能得到法律上、长上的尊敬，因而他们就更加尊敬那些长上。对于旨在煽动或闹派别的利己性质的不平之鸣，他们就更能究其原委，更能看透其底细；因此，反对政府政策的放恣的或不必要的论调，就愈加不能欺惑他们了。在自由国家中，政府的安全，大大依存于人们对政府行动所持的友好意见，人民倾向于不轻率地、不任性地判断政府的行动，对政府确实一件非常重要的事。①

从上论述就可以看出，斯密将政府的教育职责与政府统治能否稳定联系在一起。教育成为政府的一个重要的政治职责。政府将投入资金开办教育机构，并对教育内容进行合理的选择。

最后，保卫国防安全。斯密认为："君主的义务，首在保护本国社会的安全，使之不受其他独立社会的暴行与侵略。"② 国家安全所具有的重要性在于它是经济增长的基本保障。一旦国家安全受到威胁，经济发展必然受到极大的影响。斯密详尽地考察了自有国家以来，国家军事实力、国防安全与国家兴衰之间的关系，认为社会文明越是进步，就越需要强大的国防，国家为此支付的费用也就越大，君主应对此有所重视。斯密说："君主的第一义务，就是策本国社会的安全，使其不受其他独立社会的横暴与侵侮。这种义务的实行，势必随社会文明的进步，而逐渐需要越来越大的费用。"③ 现代国家为了保卫国防安全，最好的方法就是建立一支有战斗力的常备军。这种军队与国家经济发展之间的关系是成正比的。只有富裕的国家才能建立并维持这样一支具有战斗力的军队；也只有这样的军队才能保卫国家安全，使之经济增长有安全保障。"只有富裕的文明国家，才能好好维持这种军队；亦只有这种军队，才能保卫这种国家不受贫困野蛮邻国的侵掠。"④

---

① ［英］亚当·斯密：《国富论》下卷，郭大力、王亚南译，商务印书馆1972年版，第344—345页。
② 同上书，第254页。
③ 同上书，第270页。
④ 同上书，第269页。

当军队力量过于强大，他们是否会借此篡夺政权呢？斯密认为，军队的危险是由掌握军队的人员来决定的。如果军队掌握在支持民主政权的人手中，这样的军队不仅没有危险，反而会对国内民众的自由权利有更大的保障。"全国兵力，如果都是由那些自己享有民政权力的最大部分，所以本身的最大利益在于支持民政权力的这种人指挥，则常备军对于自由决无危险。反之，在某种场合，它说不定还有利于自由。"① 正是因为民众的自由权利得到了保证，市场经济的制度才能得以更好地运行，富国裕民的社会目标才能得以实现。所以，斯密总结道，现代社会中，国家的富裕程度决定着国家的兵力；只有强大的国防，才能保证国家的经济增长。无论如何，"文明国家对野蛮国家立于优胜的地位"②。

三 贸易上的有限度的自由主义价值观

将斯密视为自由放任主义的先知，这是萨缪尔森对斯密的误解。萨缪尔森给予了斯密极大的荣誉，将他与牛顿在自然科学方面取得的成就相提并论，但同时，又为斯密戴上了放任的自由主义者的桂冠。他说："亚当·斯密的最伟大贡献在于他在经济学的社会世界中抓住了牛顿在天空的物质世界中所观察到的东西，即自行调节的自然秩序。斯密所传达的福音是：你认为，通过动机良好的法令和干预手段，你可以帮助经济制度运转。事实并非如此。利己的润滑油会使齿轮奇迹般地正常运转。不需要计划。不需要国家元首的统治。市场会解决一切问题。"③ 通过上面对斯密的分析，我们看到斯密尽管坚持自由主义的价值导向，但是这一价值导向是要以正义为准则的。也就是说，以正义之名行自由主义来保障个人权益，并在此基础上保障国家的权益。可见，斯密的自由主义是一种有限度的自由主义。"如果像经济史家布劳格所说：斯密有关自利和'看不见的手'的观点，'往往被用来表达与他的本意完全不同的东西'，那么把斯密说成反对政府干预的放任主义者，也明显是一种误读。正如罗思柴尔德指出，斯密真正针对的，并非是所有的政府干预，而是会造成特权和不公平的干预。"④ 最为明显地体现斯密的这一伦理价值导向的，就是斯密的贸易思想。

---

① [英]亚当·斯密：《国富论》下卷，郭大力、王亚南译，商务印书馆1972年版，第270页。

② 同上书，第271页。

③ [美]萨缪尔森：《经济学》下，高鸿业译，商务印书馆1979年版，第290页。

④ 苏东斌：《我讲〈国富论〉》，中国经济出版社2007年版，第209页。

1. 有限度的自由贸易价值观源起：休谟的自由贸易思想

在经济思想方面，斯密与休谟有着极深的渊源，斯密的贸易思想与理论也深受休谟的影响。

休谟从个人主义的立场出发，强调了由个人私利而能自然达到社会的公益，体现了自由主义的价值导向。当然，休谟的这些经济伦理思想是建立在其人性论思想之上的。休谟宣称，他的人性论是"一切科学唯一稳固的基础"[1]，一切科学都在某种程度上依靠"人的科学"，各门具体科学也只是研究"人性"的某一方面。当然，经济学也不例外。休谟的人性论继承了当时占主流的人性自私理论，将"自私"和"贪欲"视为了人的本性。在这样的理论看来，为了满足人的欲望，人们就开始了劳动；当个人劳动满足不了自己多种欲望的时候，就产生了交换；当人类的欲望超过了自然的"稀少的供应"，就有了私有财产制度的出现。因此，无论是人类的经济活动还是私有财产制度，都是人类自然本性活动的必然结果。人的自利本性是自然的，也是正当的。只要对私利的追逐不影响社会的公益，就无须限制；甚至人的追逐私利的行为，自然地就能实现社会的公利。休谟说："一般公认，国家的昌盛，黎民百姓的幸福，都同商业有着密切难分的关系，尽管就某些方面而言，也可以认为彼此之间并无制约互赖的关系。而且，只要私人经商和私有财产得到社会权力机构的较大保障，社会本身就会随着私人商业的繁荣发达而相应强盛起来。这一准则一般地说是正确的。"[2]

在商业社会中，每个生产者并非出于满足社会欲望目的而是出于满足自我欲望目的的动机自然地就会实现满足他人利益的结果。休谟说："不论我以什么为业，社会的若干成员的财富可以有助于增加我的财富；他们消费我所生产的东西，而以他们所生产的东西给我作为交换。"[3] 生产者的独立生产，通过生产的交换，最后满足了各自的需要，同时也形成了商业社会的基本准则——市场经济制度。显然，所有这一切结果都是在肯定个人独立自主、自由行动的权利基础上产生的。休谟以这种自由主义的经济伦理观指导着人们的经济行为，尤其是贸易活动。

第一，贸易是满足个人欲望的主要方式。为什么需要贸易活动，这是因为各国的才能、气候和土壤等自然条件不同，从而各国大都拥有根据本

---

[1]　［英］大卫·休谟：《人性论》，关文运译，商务印书馆1983年版。

[2]　［英］大卫·休谟：《休谟经济论文选》，陈玮译，商务印书馆1984年版，第5页。

[3]　同上书，第70页。

身优势生产的主要产品，但任何国家的技艺和工业都不可能改进得那样精良，以致对他国无所需求。欲望的多样化使得人们总是向往获得一切尽善尽美的商品。这就为各国之间的交流通商提供了稳固的基础。① 可见，贸易的出现并非出于什么仁慈的目的，而是个人为了满足私欲的最为直接的后果。

第二，贸易可以带来很多的益处。贸易活动无论是给个人还是给国家都带来好处。其一，促进各国产业发展。各国从进行商品交换发展到相互交换技术成果，将直接促进各国产业的发展。这是一种必然的趋势。② 休谟说："各国之间你追我赶的竞争……会使各自的工业蓬勃发展。"③ 其二，促进技艺的发展。开展国际贸易，发展各国之间的自由竞争，从而促使各国改进经营和技术，在本国生产出尽可能完美的商品。技艺发展对自由具有极为重要的作用。在休谟看来，"技艺进步对自由是相当有利的，它具有一种维护（如果不是产生的话）自由政府的天然趋势"④。技艺进步之所以能带来自由的发展，这是由资本主义生产关系建立所带来的。众所周知，资本主义生产关系的最初萌芽就是手工业的发展。手工业表现出来的就是技艺的进步与发展。随手工业发展而带来的资本主义生产关系的建立，确立了一种自然自由的制度，也使得人们的独立自主与自由的权利得到了发展。其三，谋取利益。休谟说："国内工业的发展为对外贸易奠定了基础。当国内市场堆积着大批精致商品时，总会有一部分商品可以出口牟利。"⑤ 因此，重要的不是在任何情况下都保持对外贸易出超，防止逆差，而是要保持人力，发展工业和技艺。其四，唤起人们的生产动力。通过国际自由贸易，通过财富和产品的巨大诱惑，使得人们产生追求财富的巨大动力，这种动力对生产是极为有利的。他说："同外国人做生意所要产生的主要好处也许就在于：它使一些饱食终日无所事事的人奋发有为，它也为这个国家里那些寻欢作乐的纨绔子弟展示了穷奢极欲的新天地，这种奢侈豪华的生活，他们过去连做梦也想不到，因而在他们心中唤起了一股追求为他们先辈所未曾享受过的更美妙的生活方式的欲望。"⑥

① ［英］大卫·休谟：《休谟经济论文选》，陈玮译，商务印书馆1984年版，第9页。
② 同上。
③ 同上书，第71页。
④ 同上书，第25页。
⑤ 同上书，第70页。
⑥ 同上书，第13页。

综上所述，休谟认为，通过国际贸易和自由竞争，各国之间的经济利益可以协调地发展。他说："一般地说，任何一个国家的商业发展和财富增长，非但无损于、而且有助于所有邻国的商业发展和财富增长。"① 更为重要的是，贸易实现了富国裕民。

> 我们就会清楚地看到海外贸易的好处：既使臣民富裕幸福，又使国家国力强盛。对外贸易能够增加国家的产品储备，君主可以从中把他所认为必需的份额转用于社会劳务。对外贸易通过进口可以为制造新产品提供原料，通过出口则可以将本国消费不掉的某些商品换回产品。总之，一个从事大量进出口的国家，比起另一个满足于商品自给自足的国家来，其工业必然更加发达，在衣食住行各方面都更讲究享受。因此，这样的国家既富足又强盛。就个人来说，这些商品满足了他的各种欲望和爱好。就整个社会来说，也获得了利益，凭借这种办法，更多的劳动（产品）储备被贮存起来，以应一切紧急之需；也就是说，一大批劳力被维持下来，随时可以转入社会劳务，而又不剥夺其生活必需品，甚至基本日用品。②

2. 斯密有限度的自由贸易

斯密关于经济活动与经济政策的目标非常明确，那就是：富国裕民。斯密说："被看作政治家或立法家的一门科学的政治经济学，提出两个不同的目标：第一，给人民提供充足的收入或生计，或者更确切地说，使人民能给自己提供这样的收入或生计；第二，给国家或社会提供充分的收入，使公务得以进行。总之，其目的在于富国裕民。"③ 显然，贸易之所以重要，就是因为它是达到这两个目标的途径之一。

首先，针对重商主义的国家管制政策，斯密提出了严重的批评。斯密着重对重商主义的两大政策进行了深入分析与批评。重商主义认为使国家富裕的手段就是：限制输入和鼓励输出。为此，他们主要采取了两大政策：一是限制金银的流出。重商主义将财富等同于贵金属。认为金银等贵金属的流出，意味着国家财富的流失。二是强调对外贸易的重要性，忽视国内贸易。重商主义认为，国内贸易无助于货币的增加，因此是无意义

---

① ［英］大卫·休谟：《休谟经济论文选》，陈玮译，商务印书馆1984年版，第69页。
② 同上书，第12—13页。
③ ［英］亚当·斯密：《国富论》下卷，郭大力、王亚南译，商务印书馆1972年版，第1页。

的。针对重商主义的这两项政策，斯密针锋相对地提出：金银的增多不代表国家生产能力的增长，并不能带来国家的富裕，"金银的输入，不是一国得自国外贸易的主要利益，更不是唯一利益"①；国内贸易比起国际贸易来说，更能给社会创造就业的机会，带来生产的增长，使财富得以增加。斯密说："内地或国内贸易，尤其重要的是，即那种以同量资本可提供最大收入而又能使本国人民获得最大就业机会的贸易，却被视为只是国外贸易的辅助。"② 因此，重商主义的认识是有问题的。

重商主义所倡导的政府管制只会带来坏处，使国家财富减少。针对重商主义所提倡的政府管制，斯密认为，这种管制是无法解决问题的。重商主义通过政府管制限制金银等贵金属的输出，但实际上，金银走私越来越厉害。并且，政府的管制导致了财富和收入的减少。斯密说："管制的直接结果，是减少社会的收入，凡是减少社会收入的措施，一定不会迅速地增加社会的资本。"③ 换句话说，重商主义所倡导的政府管制措施，从出发点来说，是为了使国民财富得到增加，但结果却适得其反。

之所以这样是因为重商主义管制政策的目的有问题。斯密认为，重商主义或者是出于私人利害关系和独占精神，或者是出于国民的偏见和敌意，要求对贸易采取各种管制措施。但事实上，商业社会的运行规则决定了这两个目的都无法实现，并导致了相反的结果。针对前者，斯密分析到，社会上之所以有部分人极力赞成管制的贸易政策，是因为这部分是社会的既得利益者。很显然，所谓的这部分既得利益者并不是在政坛崭露头角的资产阶级，而是封建的贵族阶级。对这部分人来说，封建制度是维护他们既得利益的法宝，因此，他们是极力反对资本主义自由市场制度的。斯密认为，这帮商人和制造业者的利益与人民大众的利益是相反的。"这班商人和制造业者的利益，在于自己抱有国内市场的独占权。"④ 针对后者，斯密认为出于本国利益考虑的狭隘目的却未见得能带来有利于本国利益的结果。他说："奖励金与独占权，虽为本国利益而设立，但由奖励金即独占权所促成的贸易，却可能对本国不利，而且事实上常是这样。反之，不受限制而自然地、正常地进行的两地间的贸易，虽未必对两地同样

---

① ［英］亚当·斯密：《国富论》下卷，郭大力、王亚南译，商务印书馆1972年版，第18—19页。
② 同上书，第7页。
③ 同上书，第29页。
④ 同上书，第66页。

有利，但必对两地有利。"① 更有甚者，出于这种狭隘目的，会导致两国间的战争与仇恨。斯密说："各国都认为他们的利益在于使一切邻国变得穷困。各国都嫉妒与他们通商的国家的繁荣，并把这些国家的利得，看作是他们的损失。国际通商，像个人通商一样，原来应该是团结与友谊的保证，现在，却成为不和与仇恨的最大源泉。"②

其次，只有自由贸易才能解决重商主义管制所不能解决的问题。第一，斯密认为，这个问题的解决并不是难事。他说，"至于不是亦不应该是人间支配者的商人和制造业者们，其卑鄙的贪欲，其独占的精神，虽也许不能改正，但要不让他们扰乱别人的安宁，却是极其容易的"③。这个容易的解决方法就是自由主义。第二，自由主义对商业社会有着极为重大的益处。其一，促进社会资本的迅速增长。斯密说："要是听任资本和劳动寻找自然的用途，社会的资本自会迅速地增加。"④ 其二，从商品的输出获得更多利益。商品的输出就意味着一个新的市场的开辟，新的市场就意味着为分工和技术的进步提供了机会，由此生产力得到了提高，产品生产得以增加，社会财富得到增长。"美洲的发现给欧洲各种商品开辟了一个无穷的新市场，因而就有机会实行新的分工和提高新的技术，而在以前通商范围狭隘，大部分产品缺少市场的时候，这是决不会有的现象。劳动生产力改进了，欧洲各国的产品增加了，居民的实际收入和财富也跟着增大了。"⑤ 其三，商品的输入满足了国内人民的消费需要。斯密说："经营国外贸易的任何地方之间，毫不例外地都可从中得到两种不同的利益。那就是，输出他们所不需要的土地和劳动年产物的剩余部分，换回他们所需要的其他物品。"⑥ 为了说明自由贸易带来的好处，斯密特意对欧洲与美洲贸易和东印度公司贸易进行了比较。欧洲各国从东印度公司贸易中所得到的利益远远不如从美洲贸易中得到的好处，二者的差别就在于管制与自由。斯密说："美洲贸易，即欧洲几乎每一国家对其所属殖民地的贸易是其一切臣民可以自由经营的。"⑦

再次，自由是市场经济的应有之义。自由主义之所以能为国民财富的

---

① ［英］亚当·斯密：《国富论》下卷，郭大力、王亚南译，商务印书馆1972年版，第61页。
② 同上书，第65页。
③ 同上书，第65—66页。
④ 同上书，第29页。
⑤ 同上书，第20页。
⑥ 同上书，第19页。
⑦ 同上书，第21页。

增长带来益处，是资本主义的市场制度所必然要求的。斯密认为，个人与政府相比，总能更好地找到有利财富增长的途径。"关于可以把资本用在什么种类的国内产业上面，其生产物能有最大价值这一问题，每一个人处在他当地的地位，显然能判断得比政治家或立法家好得多。"① 众所周知，就是在此处，在阐述自由贸易益处时，斯密提出了他那有名的"无形之手"的论断。显然，斯密认为，对个人自由的肯定之所以能带来极大的益处，是市场制度本身所必然要求的，也是由于自由市场制度，个人对自我利益的追求自然而然地能实现社会的利益。也就是说，对自我利益的追求自然地能达到对社会有益的用途。②

最后，自由贸易是有限度的。斯密所赞赏的自由主义并非是纯粹的、无任何阻碍的自由主义，而是有限度的。我们从前文中斯密的退税思想就已经了解到了这一点。而且，斯密也给出了有限度自由贸易的理由。斯密说："人道主义也许要求，只能一步一步地、小心翼翼地恢复自由贸易。如果骤然撤废高关税，较低廉的同种类外国货物即将迅速流入国内市场，把我国千千万万人民的日常职业与生活资料夺去。"③ 假如无限度地实现自由主义贸易政策，国门迅速被打开，外国产品将向本国倾销。这不仅导致本国工业举步维艰，更为重要的是，它将会影响国内生产者的就业机会，导致社会财富的减少，由此影响社会的稳定。

从斯密关于贸易的阐述中，我们可以清晰地看到他在价值导向上坚定支持自由主义的立场。斯密说："在可自由而安全地向前努力时，各个人改善自己境遇的自然努力，是一个那么强大的力量，以致没有任何帮助，亦能单独地使社会富裕繁荣，而且还能克服无数的顽强障碍。"④ 但是，与公正相比，自由主义显然具有更低的价值判断。为此，当自由主义影响到社会公平时，就需要对自由主义实行限制。因而我们说，斯密的自由主义是有限度的自由主义。值得注意的是，斯密在自由贸易政策上所采用的限制措施是经济手段干预。很显然，斯密反对政府在经济生活中的任何形式的直接干预，要求将政府干预赶出经济活动的范围。而否定政府的直接干预并不意味着完全自由主义。经济手段的间接干预比直接干预有着更好的

① ［英］亚当·斯密：《国富论》下卷，郭大力、王亚南译，商务印书馆 1972 年版，第 27 页。

② 由于在上文中已经较为详细地展开了对此问题的论述，此处就不展开了。

③ ［英］亚当·斯密：《国富论》下卷，郭大力、王亚南译，商务印书馆 1972 年版，第 40 页。

④ 同上书，第 112 页。

效果，也是斯密所许可的干预措施。况且，斯密也深刻地认识到，完全的自由贸易是一件难事。"不能期望自由贸易在不列颠完全恢复，正如不能期望理想岛或乌托邦在不列颠设立一样。不仅公众的偏见，还有更难克服的许多个人的私利，是自由贸易完全恢复的不可抗拒的阻力。"①

斯密在经济伦理价值观上坚持了一种自由主义导向，是以公正为前提与规制的自由主义。可以说，这是现实经济条件所必然要求的。正如后来的萨缪尔森所分析的那样，所谓的"完全自由"的市场竞争机制完全是某种理想，在现实中是不可能存在的。

> 经济学者把完全竞争当作一个专用名词："完全竞争"只存在于一种情况，在这种情况下，没有任何农民、二商业者或劳动者在市场上所占的份额大到使他个人能对市场价格施加影响的地步。在另一方面，当他的谷物、货物或劳动的数量大到足以对市场价格产生压低或抬高的影响时，使竞争不完全的某种程度的垄断便已经出现，从而，看不见的手的效能必然要相应地降低。②

> 竞争的完全性是一个难于达到的极点。不用说，纯粹的完全竞争条件和物理学上完全无阻力的钟摆的条件同样是难以实现的。我们能够逐步接近于完全，但永远不能达到它。然而，这件事实未必使这个理想化概念的有用性受到严重的影响。③

然而，不管怎么说，古典经济学派沿着斯密所开创的自由主义价值导向继续前进，并根据市场经济的发展事实对斯密的自由主义经济伦理价值观进行着发展和修正。

第二节　英国经济自由主义传统

英国是古典经济学派的故乡和大本营，斯密开创的这一自由主义经济伦理传统在英国得以发扬光大。这其中的代表人物就是李嘉图。李嘉图沿着斯密开创的自由主义路线前进，并对其进行了一定程度的修正。在其

---

① ［英］亚当·斯密：《国富论》下，郭大力、王亚南译，商务印书馆1972年版，第42页。
② ［美］萨缪尔森：《经济学》上，高鸿业译，商务印书馆1979年版，第43页。
③ 同上书，第99页。

后，约翰·穆勒、马歇尔也继续发扬了自由主义传统，并在马歇尔这里予以了终结。

一 李嘉图的经济自由主义价值观

正如法国经济学家季德和利斯特在《经济学说史》中所强调的那样，"斯密的思想在欧洲的迅速传播以及它的无可争辩的优越地位，是思想史上最奇特的现象之一。斯密说服了他自己的一代人并支配了下一代人。"① 显然，这里面的一代人中包含李嘉图。卢森贝也说："斯密的直接继承者是李嘉图；古典派经济学由于他而达到了最高度的发展。"② 作为斯密学说的继承人和坚定的支持者，李嘉图并不是对斯密没有批评。但是，自由主义的价值传统在李嘉图这里确实得到了进一步的发扬。陈岱孙也认为，"经济自由主义，作为产业资本的哲学的胜利，和产业革命后资本主义生产方式的巨大胜利，是同步发展的。亚当·斯密，李嘉图奠定了经济自由主义的基础"③。

1. 经济自由主义的伦理基础：功利主义

虽然李嘉图与斯密同样坚持自由主义的立场，但二者的伦理基础还是有区别的。在斯密那里，斯多葛学派的自然主义思想对他有着很深的影响，随处可见"自然秩序"的影子。"在斯密学说中，经济自由的思想本身，又是以自然秩序的思想为立脚点的。"④ 自然秩序或者说自然法的思想，其出发点是个人主义。卢森贝说："自然秩序是建立在个人主动性、个人利害观和利己主义之上的一种秩序。"⑤ 虽然在伦理思想史上，个人主义和功利主义总是不可分割地交织在一起，但是二者总是两种不同的伦理价值观。个人主义以个人利益为出发点，强调个人行为的主动性和自我奋斗的价值；功利主义虽然也以个人利益为出发点，但侧重于强调行为效果的优先性，以及最大多数人最大幸福的合理性。通常地，赞成功利主义的思想家一般都是个人主义者，但是赞成个人主义的思想家却未必是功利主义者。斯密思想中的个人主义和功利主义总是交缠在一起，但个人主义立场还是更为鲜明。李嘉图尽管倡导个人主义立场，但功利主义思想则更为

---

① ［法］夏尔·季德、夏尔·利斯特：《经济学说史》上，徐卓英等译，商务印书馆 1986 年版，第 116 页。

② ［苏联］卢森贝：《政治经济学史》1 卷，李侠公译，生活·读书·新知三联书店 1959 年版，第 351 页。

③ 陈岱孙：《陈岱孙文集》，北京大学出版社 1981 年版，第 812 页。

④ ［苏联］卢森贝：《政治经济学史》1 卷，李侠公译，生活·读书·新知三联书店 1959 年版，第 252 页。

⑤ 同上。

突出。李嘉图的功利主义立场与其时代是分不开的。

　　卢森贝在《政治经济学史》中对李嘉图生活的时代作了详细描述，认为是资本主义生产方式的确立产生了功利主义思想。在李嘉图生活的 18 世纪末 19 世纪初，发生了许多重大的事件，如英国产业革命、法国大革命等。其中产业革命的完成标志着资本主义生产方式的确立，更为重要的是，产业革命标志着工业资产阶级开始登上历史的舞台。工业资产阶级在自由主义的旗帜下，开始了争取议会改革、反对谷物法，以及拥护自由竞争的斗争，甚至这些斗争还比较激进。在这种激进主义的氛围下，英国诞生了对近代社会发展产生极大影响的伦理思想——功利主义。"在急进的知识分子中间，哲学家兼道德家边沁，即功利主义哲学的创始者，成了最高的权威。"① 李嘉图恰恰就是生活在这样一个年代，很显然，功利主义的伦理思想会对他具有某种影响。②

　　关于李嘉图是否能被称为功利主义者，大家是有不同意见的。熊彼特就说："称李嘉图为功利主义者是没有必要的，虽然他同这一派人有私人交往，对这一派的信条也可能表示赞同。"③ 边沁曾经说过："我是穆勒的精神上的父亲，而穆勒是李嘉图精神上的父亲；所以李嘉图是我精神上的孙子。"边沁说这些话是多少有些理由的，④ 这个理由就是李嘉图与穆勒之间深厚的私人友情。此处的穆勒是詹姆斯·穆勒，也就是后来以经济学研究闻名的约翰·穆勒的父亲。詹姆斯·穆勒不仅是功利主义伦理思想的创始人之一，也是著名的经济学家，他与李嘉图有着深厚的交情。在李嘉图逝世不久后，穆勒就写道："李嘉图不得不自己去积聚产业，他只得自己去教养自己，自己去指导学习。他给了我们许多证据，说明他不仅对政治经济学感兴趣，就是对最广义的政治科学也感兴趣。这里，我们只需要回忆一下他对好政府的基础所发表的清晰的论述，他因为拥护宗教问题讨论中无限制的思想自由和言论自由而发表的大胆的值得纪念的宣言，以及他

---

①　[苏联] 卢森贝：《政治经济学史》1 卷，李侠公译，生活·读书·新知三联书店 1959 年版，第 375 页。

②　当然，边沁创立了功利主义并不意味着功利主义的思想在其之前就不存在。伴随着文艺复兴与启蒙运动，功利主义的思想就已经出现了。斯密那个年代，显然就是一个功利主义萌芽的时代；李嘉图那个年代，是功利主义占主导的年代。

③　[美] 约瑟夫·熊彼特：《经济分析史》2 卷，朱泱、孙鸿敞、李宏、陈锡龄等译，商务印书馆 1996 年版，第 48 页。

④　[苏联] 卢森贝：《政治经济学史》1 卷，李侠公译，生活·读书·新知三联书店 1959 年版，第 384 页。

拥护自己对这些问题的观点时所具有的那种毅力和坚强的意志。"① 从穆勒的字里行间，我们可以感受到他对李嘉图给予的高度评价和肯定，也能感受到他对李嘉图的深情厚谊。关于这一点，我们从约翰·穆勒那里也可以得到证明。在约翰·穆勒的《穆勒自传》中，他写道，李嘉图的《政治经济学及赋税原理》一书"如果不是我恳切的请求与热情鼓励，恐怕这本书永远不会出版，或者永远不会写出"②。而且，他还说，他父亲詹姆斯·穆勒教育他要继承李嘉图经济学说和功利主义社会哲学（边沁是这个哲学的最伟大的阐述者）的联合传统③。所以，即使像熊彼特所言，将李嘉图称为功利主义者不合适，但无可否认，李嘉图深受功利主义伦理思想的影响。关于这一点，熊彼特本人也不否认。他说：

> 只有边沁、詹姆斯·穆勒（有条件地）、约翰·穆勒三人既是杰出的经济学家，同时又是杰出的和好斗的功利主义者，像十八世纪的贝卡里亚和维里那样。边沁和穆勒父子很自然地会觉得在经济学家中应当起到哲学保护人的作用，并对经济学与功利主义的联盟承担责任，这种联盟为许多后来的经济学家如杰文斯和西奇威克等默认。……为什么在经济学关于十九世纪思想的图画中，功利主义是显得那样的大，比它作为一种哲学或是作为时代精神的一个要素所具有的重要性大得多，这种联盟是唯一的原因。④

这个功利主义的联盟既然在 19 世纪对经济学产生了如此重大的影响，那么，李嘉图也就不能例外。熊彼特也承认，李嘉图的思想与功利主义是联系得比较密切的。他说，李嘉图思想"确实包含了有关一般政策和人生态度的看法，这种看法似乎至少可以说同功利主义比同任何其他人生哲学联系得更紧密"⑤。因此，李嘉图的自由主义思想深受功利主义伦理观的影响，是在功利主义基础之上的自由主义。

2. 功利论自由主义价值观

以功利主义伦理思想为基础，李嘉图形成了功利论的自由主义价值

---

① ［苏联］卢森贝：《政治经济学史》1 卷，李侠公译，生活·读书·新知三联书店 1959 年版，第 383 页。

② ［英］约翰·穆勒：《穆勒自传》，吴良建、吴恒康译，商务印书馆 1987 年版，第 24 页。

③ 参见［英］约翰·穆勒《穆勒自传》，吴良建、吴恒康译，商务印书馆 1987 年版。

④ ［美］约瑟夫·熊彼特：《经济分析史》2 卷，朱泱、孙鸿敞、李宏、陈锡龄等译，商务印书馆 1996 年版，第 47—48 页。

⑤ 同上书，第 49 页。

观。就如布隆克所言："功利主义作为一种道德教义的吸引力至少在某种程度上会与自由市场这看不见的手并驾齐驱。正是古典经济学与功利主义的共生。……自由市场和自由主义逐渐被视为一种有价值的社会理想，同时又是一种有价值的方法论。这看不见的手似乎费了好大的劲来调整对个人自由的道德要求与功利主义者追求最大多数人的最大幸福的特定道德要求之间的关系。"① 而且从李嘉图的一些阐述中，我们也可以清晰地看到他的这种功利论自由主义的经济伦理价值观。

第一，自由制度实现了个人利益和社会利益的结合。李嘉图说："在商业完全自由的体制下，各国都必然地将其资本和劳动用于对本国最有利的方面。这种对个体利益的追求很好地同整体的普遍利益联系在一起。通过奖励勤奋、奖励智巧和有效利用自然所赋予的各种特殊力量，它能够最有效并最经济地分配劳动。通过提高生产总额，让人们都受益，用相互利益和交往这一共同纽带把文明世界的各民族结合成一个大同社会。"② 这是李嘉图的一段非常有名的论述，被大家在多种场合下经常引用，这段话表达了这样的中心思想：自由制度才能保证由对个体利益的追求而实现整体的普遍利益。布隆克指出："自由市场其实是需要一个紧密联合的社会环境，强有力的道德和政治框架来提高福利。但首先有必要研究一下与自由市场经济学紧密相关的一种哲学学说，即功利主义。"③ 在功利主义看来，人的自私本质决定了人以趋乐避苦为其行动的准则，个人总是首先追求自我的利益，但是，由于社会是由个人组成的，因此，个人的社会行为总是以实现最大多数人的最大幸福为目标。在功利主义伦理观的指导下，李嘉图所倡导的经济自由主义就认为，在市场自由主义的引导下，个体利益的追求必然会导致整体普遍利益的实现；从世界角度来看，经济自由主义在全球范围内的实现，必将带来大同社会理想的实现。这一理论成了资本主义全球扩张的幌子和口号，也成了自由经济主义者们在全球推行资本主义自由经济的伦理论证。

当然，李嘉图毫不讳言资本主义条件下个人的求利本性。他说："虽然每个人都自由地随其所愿支配其资本，但人们都会自然地寻求一种最为

① ［美］理查德·布隆克：《质疑自由市场经济》，林季红译，江苏人民出版社 2000 年版，第 261 页。

② ［英］大卫·李嘉图：《政治经济学及赋税原理》，周洁译，华夏出版社 2005 年版，第 94 页。

③ ［美］理查德·布隆克：《质疑自由市场经济》，林季红译，江苏人民出版社 2000 年版，第 119 页。

有利的资本用途。如果有一个人利用资本能获得百分之十五的利润，那么他自然不会满足于百分之十的利润。所有资本使用者都愿意放弃利润较少的行业去追求有较高利润的行业。这种愿望极强地促使利润平均化。"① 资本主义条件下，每个人总是以最大利润作为自己的追求目标，这种求利本性是自然的。然而，恰恰是由于这种逐利本性导致了社会利润的平均化，也就是说个人追求私利的结果导致了社会普遍利益的实现。当然，这样的结果并不是任何社会条件下都能实现的，只能由资本主义的自由市场制度带来。可以看出，作为经济自由主义者的李嘉图，他和斯密一样，认为市场能够自由地调节人们追求利润，最后达成市场利润的平均化。市场真的是万能的吗？人的求利性本质在市场条件下真的能导向有利于社会的方向吗？资本家的赤裸裸的求利欲真的能导致社会的繁荣吗？李嘉图与斯密的梦想在资本主义的发展现实面前完全破裂了。于是，在李嘉图之后的穆勒等人那里，对自由市场经济制度就有了更为清醒的认识，对自由主义的弘扬也就显得更为理性了②。

第二，在工资问题上反对国家干预。李嘉图在肯定自由市场制度能够实现社会普遍利益的同时，强烈反对国家干预经济生活。最为明显地表现李嘉图这一思想的就是他在工资问题上所持的意见。李嘉图说："这些便是支配工资的法则，同样这些法则也支配着每一社会绝大多数人的幸福。工资和所有契约一样，由市场自由公平的竞争所决定，而决不应当受立法机关的干预和控制。"③ 李嘉图对国家干预工资的做法是十分反对的，这似乎是李嘉图理论中的一个矛盾。一方面，在李嘉图的著作中，他对工人受剥削的现状予以了毫不留情的揭露；另一方面，他似乎对工人所处的悲惨境况并没有给予应有的同情，他反对政府干预提高工资、反对《济贫法》。假若对李嘉图理论的来龙去脉进行梳理，就可以发现，这并非是李嘉图思想中的自相矛盾。在李嘉图著作《政治经济学及赋税原理》中，他对经济学的最大贡献就是发现了劳动价值理论。我们知道，斯密将商品的交换价值、使用价值与价值等概念混淆在了一起，没有给出商品价值来源的科学

① ［英］大卫·李嘉图：《政治经济学及赋税原理》，周洁译，华夏出版社2005年版，第61页。

② 事物的发展总是曲折的，总是在否定之否定的过程中向前发展的。当自由主义制度被凯恩斯主义全盘否定之后，随着资本主义制度的发展，国家干预主义又被自由主义重新取代。人们将这个思潮称为"斯密复兴"，将这种自由主义称为新自由主义。弗里德曼成为新自由主义的掌旗者。

③ ［英］大卫·李嘉图：《政治经济学及赋税原理》，周洁译，华夏出版社2005年版，第74页。

说明。李嘉图在对斯密学说的批评中，发现了商品的劳动价值理论。对李嘉图的这个贡献，马克思曾经给出了高度的评价。但是，李嘉图顺着劳动价值理论在分析工资问题时，却犯了一个错误。在其著作第五章"论工资"中，李嘉图将工资看作是劳动的价格。劳动是商品的价值，并以价格的形式表现出来；但工资并不是劳动的价格，只是劳动力的价格。将工资视为"劳动"的自然价格，很自然地，李嘉图得出的结论就是：工资是由市场来决定的，工资的高低是市场自由竞争的结果。因此，他反对任何形式的对于工资的干预与调整。在他看来，政府采用任何手段提高工资，救济贫民，都是对自由市场制度的践踏。

李嘉图说："劳动的自然价格取决于供养劳动者及其家庭所必需的食品、生活必需品和便利设施的价格。"[1] 将工资视为是"劳动的自然价格"，也就决定了李嘉图一方面对工人的被剥削地位有所同情，但另一方面，他无法真正看到资本主义的剥削本质，也不能真正将之揭露出来。

第三，对《济贫法》的反对。李嘉图针对当时的《济贫法》予以了激烈的批评。他说：

> 《济贫法》直接并明显地违背了这些明确的原理。与立法机关慈善的意图相反，它不能改善穷人的状况，而使穷人和富人的状况都趋于恶化。它没能使穷人变富，而使富人变穷。在现行的《济贫法》有效期间，维持贫民生活的基金自然会不断增加，直到把国家的全部纯收入吸收完为止，或者在国家满足其必不可少的公共开支的需要之后，至少把国家留给我们的那部分纯收入吸完为止。[2]

在李嘉图看来，《济贫法》似乎是通过政府干预手段使贫民得到救济，但实际上，这是人为地将社会财富进行重新分配。这种分配是有违正义法则的，因为它强行从富人那里剥夺财富给予贫民，违反了市场经济的自由法则。更重要的是，《济贫法》并没有解决问题，因为它没有看到造成贫困的真正原因。李嘉图认为，贫民之所以贫困的原因是不节俭。他说："如果贫民自己不关心，立法机关也不设法限定贫民人口的增加数量，减

---

① ［英］大卫·李嘉图：《政治经济学及赋税原理》，周洁译，华夏出版社 2005 年版，第65 页。

② 同上书，第 74 页。

少贫民之间不审慎的早婚，那么贫民的舒适和福利便无长久的保障。这一点毋庸置疑。《济贫法》的运行已经直接背离了这一点。该法规定勤奋节俭的劳动者的部分工资须分他人，这样做使节俭成为不必要，而鼓励了不节俭的行为。"① 李嘉图认为将勤奋节俭的劳动者的工资分给他人是不必要的。在李嘉图看来，资本家就是勤奋节俭的劳动者。这个观点，在从斯密到韦伯的资本主义思想家们那里都是如此，他们认为资本家发家致富的秘密在于他们的节俭和勤奋。韦伯将资本主义经济发展与繁荣的原因归结为新教伦理的天职观和节俭。因此，李嘉图反对济贫，那是情理之中，再合理不过了。

李嘉图说："这种法律的趋势肯定是把有财富有能力的人变成贫困和无能，除仅能维持生活之外不做任何劳动，混淆了一切智力上的差别，满脑子都是满足生理需求，最后直到所有阶层都染上普遍贫困的瘟疫为止。这种趋势比引力定律的作用还要确定。"② 李嘉图认为，资本家致富还在于从智力上来说优于贫民。一旦实施《济贫法》，会使富人的创造欲望降低，导致全社会的普遍贫困。要解决问题，就必须要逐步缩小《济贫法》的范围并到最后完全予以废除。李嘉图说："灾难的性质指出了其补救办法。只要逐步缩小《济贫法》的约束范围，向贫民强调自主的价值，教育他们不要依靠体制上的或临时的施舍，而要靠自己的努力维持生活，这种节俭就成为必不可少的有益的品德，我们就可逐步接近一个更合理并且更健康的社会状态。"③ 为什么不能直接予以废除呢？"然而，不幸的是，这些法律实施已久，贫民对其运行已养成习惯，要安全地将其从我们的政治体制中废除掉则需要极其谨慎和极具技巧的安排。"④

第四，对外贸易上的自由主义。继承斯密传统，李嘉图对重商主义在贸易上的限制政策进行了批评。他说：

重商制度的有害影响已经被斯密博士全面揭露出来了。这种制度的整个目的就是通过禁止外国竞争，在国内市场上提高商品价格，这种制度对农业阶级的害处与对社会任何其他阶级的害处是一样的。迫使资本流入本不会流入的渠道，减少了商品的总产量。尽管价格一直

① ［英］大卫·李嘉图：《政治经济学及赋税原理》，周洁译，华夏出版社 2005 年版，第 75 页。
② 同上书，第 76 页。
③ 同上书，第 75 页。
④ 同上书，第 74 页。

很高，但不是由于产品稀缺造成的，而是由于生产上的困难所造成的。因此，虽然这些商品的卖主以较高价格出售其商品，但在必要的资本量投入商品生产后，他们出售商品所获得的利润不会很高。①

重商主义的限制政策，既伤害了社会各个阶级的利益，也影响到了国民财富的增长。要消除重商主义造成的危害，根本措施就在于实行自由贸易政策。李嘉图说："更为明智的办法是承认这种错误的政策导致我们采用错误的做法，立即开始逐步实施普遍自由贸易的正确做法。"② 不仅如此，自由贸易还具有的一个最为重要的作用就是：它是国民财富增长的发动机。

李嘉图认为，在人口保持与资本同比例增长的情况下，技术进步难以抵消土地收益的递减，此时，一个国家的发展前景是暗淡的。但是，当一个国家处于开放的条件下，经济增长就有可能。他指出，经济达到了资本和人口增长幅度极限的国家，借助于对外贸易，就可以继续增加财富和人口。很显然，李嘉图的这一认识是针对当时英国而言的。自产业革命以后，英国成为国际工业制造中心，具有工业品制造的极大潜力。假如英国能自由地实行对外贸易，就可以使国内土地短缺现象得到缓解并能增加资本积累，创造生产机会。为此，李嘉图详细论述了自由贸易的巨大作用。

其一，对外贸易有助于人类幸福的实现。李嘉图认为对外贸易使各国把他们的资本和劳动用于最有利于本国的用途上，最有效地利用本国的自然禀赋，也就最能实现本国劳动的经济有效的分配。他说："尽管市场扩展可以同样有效地增加商品总量，从而使我们能够增加用于维持劳动的基金和劳动所使用的原料，但利润率的提高却不是市场扩展的结果。由于劳动分工更为合理，由于各国都生产适用于本国国情、气候、其他自然优势或人为优势的商品，并且由于将这些商品与其他国家的商品进行交换因而使我们的享受增加，这对人类幸福来说，其意义就和我们享受由于利润的提高而得到的增进是一样重要的。"③ 通过对资本实现最有效的分配，能让我们享受到比以往更丰富的产品，这对人类幸福增长来说，是极为重要的。

① ［英］大卫·李嘉图：《政治经济学及赋税原理》，周吉译，华夏出版社 2005 年版，第223 页。
② 同上书，第 224 页。
③ 同上书，第 93 页。

其二，自由贸易有利于提高利润率，有利于资本积累。李嘉图认为，由于自由对外贸易可以降低谷物价格，致使工人生活必需品的价格降低，从而有助于降低工资，提高利润，资本积累有望得以增长。他说："如果由于对外贸易的扩张，或由于机器的改良，劳动者的食物和必需品能按降低的价格送上市场，利润就会提高。如果我们不自己种植谷物，不自己制造劳动者所用的衣服以及其他必需品，而发现了一个新市场可以用低廉的价格取得这些产品的供应，工资也会低落，利润也会提高。"① 当然，李嘉图明确指出，对外贸易进口的绝不能是奢侈消费品。只有进口劳动者所需要的必需品，才能提高利润。他说："除非进口商品是属于用劳动者的工资所购买的那种商品，否则对外贸易不会有提高资本利润的趋势。"② 为什么只有进口劳动者的生活必需品才能提高利润呢？因为，资本家利润的提高是建立在工人工资下降的基础之上的。只有大量进口工人生活所必需的用品，工人工资才能降低，才能提高利润。

其三，对外贸易有利于国家的利益。利润提高、资本积累增长带来的最直接的后果就是国民财富的增加，这个结果对国家是有利的。李嘉图说："由于对外贸易可以增加用所得收入所购买的商品的数量和品种，并且大量的廉价商品刺激了储蓄和资本积累，因而对外贸易极大地有益于国家。"③ 很显然，对李嘉图而言，对外贸易之所以有利于国家，是因为它首先有利于个人。他说："在对外贸易方面，最适合于个人的也最适合于国家。因此，阻碍个人想要做的贵金属出口贸易就是迫使他用不利于自己和国家的利润较少的其他商品取而代之。"④

值得一提的是，李嘉图对贸易自由的主张与肯定，影响了当时英国废除《谷物法》的斗争并取得了胜利，而这一胜利具有重大的时代意义。1815 年英国《谷物法》规定：只有当国内粮价涨到限额以上时才许输入谷物。由于这个限额定得很高，土地贵族仍能将粮价和地租维持在高水平上。这就使居民用于粮食消费的货币支出极高，影响到了工业产品的消费能力，同时，高粮价又导致工资上涨和利润降低。这些情况反过来又影响到了英国工业产品的出口。可见，当时的谷物法是维护封建利益的贸易保护措施，也是英国工厂主走向世界市场的一大障碍。李嘉图在《政治经济

---

① ［英］大卫·李嘉图：《政治经济学及赋税原理》，周洁译，华夏出版社 2005 年版，第
111—112 页。
② 同上书，第 94 页。
③ 同上。
④ 同上书，第 225 页。

学及赋税原理》的第七章的脚注中做了一个比喻，即著名的"比较成本学说"，得出了自由贸易有利的结论。可以说，1846 年，英国议会终于废除了《谷物法》，与李嘉图的自由贸易主张不无关系。对于《谷物法》的废除，恩格斯评价道："这永远确立了资产阶级、特别是资产阶级最活跃的部分即工厂主对土地贵族的优势，这是资产阶级的最大的胜利，但同时也是它专为自己本身利益所获得的最后一次胜利。"①

总之，李嘉图代表着英国自斯密以来开创的自由主义传统的继承，并对之作了进一步的发扬。自由主义的经济传统对当时资本主义的发展起着巨大影响。熊彼特说："自由主义的插曲到处都有，但在英国看来最为壮丽，这是同一种——就我们所能判断的而言——空前的经济发展，即铁路时代初期和中期的全部成就相联的。很容易把那些令人惊叹的一系列的不可否认的成功归之于经济自由主义的政策。"② 继续书写这一壮丽诗篇的代表是约翰·穆勒。

二 穆勒的经济自由主义价值观

穆勒是继李嘉图之后的"极负盛名"的"大师级人物"，他的著作《政治经济学原理及其在社会哲学上的若干应用》在很长时间内都被西方经济学界奉为经济学的"圣经"。可见，穆勒在古典经济学派中具有举足轻重的地位。他一方面继续发扬了斯密的自由主义传统，另一方面又结合时代变化，对自由主义进行了改造和折中，即他一方面肯定自由放任原则的普遍性，一方面又强调政府干预的必要性。穆勒成为古典经济学派向凯恩斯干预主义过渡的先驱。

1. 经济自由观的伦理基础：功利主义

穆勒从一开始就是边沁功利主义的拥趸和捍卫者，并且终其一生都是功利主义的积极践行者，同时也对边沁的理论作了进一步的批评和修正。正如熊彼特所言，穆勒对功利主义"施以了批评之斧"③。而且，穆勒对功利主义有所修正的伦理思想与其经济伦理中所倡导的原则是一致的。因而，在分析穆勒的经济自由主义价值观之前有必要对其功利主义的伦理思想有所说明。

---

① 《马克思恩格斯选集》3 卷，中共中央马、恩、列、斯著作编译局译，人民出版社 1995 年版，第 397 页。
② ［美］约瑟夫·熊彼特：《经济分析史》2 卷，朱泱、孙鸿敝、李宏、陈锡龄等译，商务印书馆 1996 年版，第 28 页。
③ 同上书，第 231 页。

穆勒赞同功利主义的"最大多数人的最大幸福"的功利原则，但同时对边沁功利原则的基础——快乐主义予以了修订。边沁从人的趋乐避苦本能出发，得出了快乐主义原则，即凡是让我们感到快乐的就是善的，反之就是恶的。显然，快乐的标准是外在的、感官上的。穆勒对边沁的这一快乐主义原则进行了辨析，并在其基础上有所变化，表现在：第一，不再将快乐当作生活的目标，而把快乐以外的目的作为社会的目标；第二，把个人的内心修养当作人类幸福的首要条件之一。① 在这个基础上，穆勒对快乐的"质"予以了强调。边沁功利主义的特点之一就是对快乐进行量的计算。穆勒指出，快乐不仅有量上的考虑，更重要的是有质上的差别。他说："做一个不满足的人胜于做一只满足的猪；做不满足的苏格拉底胜于做一个满足的傻瓜。"② 为此，穆勒提出应把幸福作为人生目标，幸福是道德的最终标准。幸福是一个综合的整体，包括健康、德性、自由、高雅，也包括金钱、名望、权势等。

个人自由和自我发展是幸福的主要内容。在穆勒看来，个人幸福同他的精神和个性的自由发展密切相关。在穆勒幸福观的基础上，他提出了更为重要的自由观。穆勒认为个人应该拥有广泛领域内的自由权利，其中包括：（1）思想和感想的自由，要求在一切题目上的意见和情操的绝对自由；（2）趣味和志趣的自由，要求自由制订自己的生活计划以顺应自己的性格；（3）随着各个人的这种自由而来的，在同样的限度之内，还有个人之间的相互联合的自由。③ 因而社会必须为实现个人的自由权利负责。穆勒的自由并非是绝对的、无限的自由，而是相对的、有限的。这表现在：就个人方面而言，"个人的自由必须约制在这样一个界限上，就是必须不使自己成为他人的妨碍"④；就社会方面而言，社会对个人行为的裁判权，必须是在个人的行为影响到他人和社会的利益的时候，才能施行，任何社会借舆论、习俗和教育之名干涉私人行为或左右个人的思想，都是对个人自由的不合理的限制和干涉。⑤ 所以，在穆勒这里，个人自由与社会干涉之间保持着某种若即若离的关系，这种自由观表现在经济伦理上，就体现为穆勒对自由放任和政府干预保持的某种中和态度。需要注意的是，穆勒

---

① 参见宋希仁《西方伦理思想史》，中国人民大学出版社 2004 年版，第 299 页。
② ［英］约翰·穆勒：《功利主义》，徐大建译，世纪出版集团、上海人民出版社 2008 年版，第 10 页。
③ 宋希仁：《西方伦理思想史》，中国人民大学出版社 2004 年版，第 303 页。
④ 同上书，第 59 页。
⑤ 同上书，第 303 页。

对于自由放任和政府干预并没有给予同等的重视，其实质仍然是一个自由主义者。这种导向与其功利主义立场是有关系的。我们知道，某些场合下，肯定个人自由并不意味着带来更多的功利结果；限制个人自由也许会带来更大的功利。此时，该如何取舍呢？穆勒认为，自由最终诉诸的仍是功利原则，即以结果带来的最大好处作为取舍的标准。显然，无论是自由放任还是政府干预，只要能最大限度地有利于资本主义的统治，那就是正确的。

穆勒功利主义的修正与当时风起云涌的工人运动和社会主义思想的兴起密不可分。面对当时残酷的社会现实，他对边沁所描述的人性——人类行为的原因只是由于对自爱的感觉，产生了怀疑。穆勒认为，边沁的观点过于狭隘，没有考虑到人类还有着追求完善、荣誉和为整体利益自我牺牲等种种非自爱动机。在其《自传》中，穆勒也描述了自己从边沁观点中，即人类行为的主要动机是私利和行为目的是个人利益，摆脱出来在精神上所感到的震荡。然而，穆勒对边沁在功利主义上的修正并不意味着对功利主义的抛弃，而是在吸收当时历史学派、浪漫主义和实证主义等思想影响下的某种折中。熊彼特说，不能把穆勒"无条件地称为功利主义者，在某些方面他超越了这种信条；在另一方面他使之更臻完美了。但他从来没有明确地抛弃它，正是由于他对19世纪五六十年代的后起各代的影响，一种更为驳杂的功利主义在一些学术中心，特别是在剑桥大学建立起来了"①。这样一种功利主义的立场势必影响到他的自由主义经济伦理价值观。穆勒的经济伦理观，并没有坚持一种彻底的自由主义，而是自由主义和干预主义的混合，他的自由主义是一种不纯粹的自由主义。因为他"开始怀疑私利力量的自由活动的确实好处。固然他向来未曾放弃过功利主义的协调学说，或竞争的资本主义优越于其他经济制度的总的信仰，从那时开始，他也愿意研究并主张对现场制度的改革，即使这些改革牵涉到政府干预私人的利益"②。

2. 经济自由观的一般原则：自由放任

不管穆勒在怎样的程度上强调了政府应该对经济活动予以干预，但他多次强调并肯定：自由放任是社会经济活动的一般原则。他说："总之，一般应实行自由放任原则，除非某种巨大利益要求违背这一原则，否则，

---

① ［美］约瑟夫·熊彼特：《经济分析史》2卷，朱泱、孙鸿敞、李宏、陈锡龄等译，商务印书馆1996年版，第47页。

② ［英］埃里克·罗尔：《经济思想史》，陆元诚译，商务印书馆1981年版，第347页。

违背这一原则必然会带来弊害。"① 穆勒对自由放任原则的强调是通过揭示政府干预弊病来表现的。

第一，政府保卫个人安全是其第一职责，即便如此，也不能超越范围。无论是多么彻底的自由主义者，都会强调政府对个人安全的保卫职责。毕竟自由主义不是无政府主义。穆勒也认可政府对个人安全的保卫是其第一职责。他说："政府的第一项一般职能，就是保护人身和财产的安全。不用说，政府能否很好地执行这项职能，对社会的经济利益是有影响的。人身和财产的安全得不到保障，也就等于说是人们所作出的牺牲或努力与目的的实现之间没有确定的关系。"② 尽管政府的这项职责对于社会的经济发展具有重大的利益，也不意味着，政府可以以此名义，对社会事务和经济事务强加干涉，这种干涉是有限度的。穆勒说：

> 这些自由城市和另外一些自由国家在没有法律的时代的繁荣昌盛告诉我们，在一定条件下，由于某种程度的不安全使勤劳努力和实际才能成为安全的条件，因而这种不安全既有坏的一面也有好的一面。只有当不安全达到极为严重的程度，致使人类无法以自己的一般能力适当自卫时，不安全才会起瘫痪作用。主要正是由于这一原因，对于国家的繁荣来说，政府的压迫要比自由制度下几乎任何程度的没有法律的混乱状态有害得多，因为政府的权力一般说来是任何个人所无力反抗的。③

可以看出，穆勒对政府保卫个人安全并没有予以全盘肯定，而是认为，只有当个人安全状况紧迫到政府不进行干涉就不行的情况下，才能运行政府的干预。因为政府对个人安全的保卫往往容易走向对个人压迫的极端。穆勒的这种担忧并不是没有道理的。德国纳粹的法西斯统治就是以保卫个人安全为名的。所以，哈耶克对穆勒给予的赞赏不是没有道理的。

第二，政府干预是引导式的干预而不是命令式的。穆勒说，一定要清楚地明白有的事情是不能政府干预的，政府干预只是针对某些事情而言的。他说："有些事情政府应当干预，有些事情则政府不应当干预。但无

---

① ［英］约翰·穆勒：《政治经济学原理及其在社会哲学上的若干应用》下，赵荣潜、桑炳彦、朱泱译，商务印书馆1991年版，第539—540页。

② 同上书，第465页。

③ 同上书，第466页。

论干预本身是对还是错，如果政府不了解所干预的对象，干预必定会带来有害的结果。"① 政府一旦越过这个范围，干预了本不该政府干预的事情，必定会带来危害。为此，他认为，必须要严格区分两种政府干预，即政府干预的方法究竟是强硬的还是温和的，是命令式的还是引导式的。穆勒说：

> 首先，我们应区分两种政府干预，这两种干预虽然都与同一问题有关，但所具有的性质和所带来的结果却有很大不同。政府干预可以扩展到对个人自由加以限制。政府可以禁止所有人做某些事情，或规定没有它的允许就不能做某些事情；也可以规定所有人必须做某些事情。这就是所谓命令式的政府干预。还有另外一种干预，可以称为非命令式的，也就是说，政府不发布命令或法令，而是给予劝告和传播信息（这是一种政府本来可以加以广泛利用但实际上却很少采用的方法）；或者，政府允许个人自由地以自己的方式追求具有普遍利益的目标，不干预他们，但并不是把事情完全交给个人去做，而是也设立自己的机构来做同样的事情。②

穆勒反对政府命令式的干预，赞成的是政府对个人事务的引导。但凡命令式的干预总是会造成不好的后果，除非有非常肯定的理由可以证明命令式干预能够带来有利的后果。一般情况下，命令式干预总是不对的。穆勒说："在任何情况下，都得有大得多的必要性作为前提，命令式的干预才是正当的；与此同时，在人类生活的很大范围内，必须毫无保留地、无条件地排除命令式的干预。无论我们信奉什么样的社会联合理论，也无论我们生活在什么制度下，每个人都享有一活动范围，这一范围是政府不应加以侵犯的，无论是一个人的政府、少数人的政府，还是多数人的政府，都不应对其加以侵犯。每一个已经成年的人，都应有一部分生活不受任何其他人或公众全体的控制。只要是稍许尊重人类自由和尊严的人都不会怀疑，人类生活中确实应该有这样一种受到保护的、不受干预的神圣空间。"③ 在人类社会中，有一个无论如何政府都不能进行干预的空间，这个空间就是人的自然权利空间，是神圣不可侵犯的。

---

① ［英］约翰·穆勒：《政治经济学原理及其在社会哲学上的若干应用》下，赵荣潜、桑炳彦、朱泱译，商务印书馆1991年版，第503页。
② 同上书，第530页。
③ 同上书，第531页。

　　第三，反对政府干预是有道理的。穆勒认为，基于这么几个方面的理由，政府干预是不应该的：其一，浪费。因为政府干预需要特定的机构来实现，维持这些机构的运转就必须花费一定的费用。这个费用如果不是赋税，就是政府本身的收益，无论是哪种收入，将它们花费在维持干预的政府机构的运转上，都是一种极大的浪费。穆勒说："在政府的几乎所有干预活动中，有一件事情是强制性的，那就是政府必须有经费才能进行干预。而经费则来自税收；或者即使来自公共财产，它们仍然是强制课税的原因，因为如果把公共财产的年收益卖掉，便可以免除一部分赋税。"① 其二，滥用权力。政府干预的范围越广，意味着政府的权力也就越大。当政府权力强大到一定程度，就势必会侵犯个人的自由与权利。穆勒说："反对政府干预的第二条理由是，每增加一项政府职能，都会增加一分政府的权力，无论是就政府的权威来说，还是就政府的影响来说，都是如此。至少在英国，人们已充分认识到了这一点对政治自由所具有的重要性。……然而，经验证明，即便是大多数人选举出来的当权者，也和寡头政治统治集团一样，当他们认为能够得到民众的支持时，便很容易滥用权力，很容易非法侵犯个人生活的自由。"② 因此，为防止出现这个结果，就必须防止政府扩大干涉的范围、行使不必要的权力。其三，效率低下。穆勒认为，政府职能的增加也就意味着政府工作和责任的增大，这往往会导致人浮于事、拖沓散漫、效率低下。他说："反对政府干预的第三条理由，依据的是分工原则。每增加一项政府职能，就会给已经责任过重的政府增加一项新工作。其结果自然是，大多数事情都办得很糟糕；许多事情根本无人办，因为政府要办就得往后拖，而拖延也就等于不办，一些较为麻烦而不显眼的工作不是被拖延就是被忽视，而且总能为拖延找到理由，与此同时，行政领导的脑子里则一团糟地塞满了琐碎的小事，没有时间也没有精力来考虑国家的大事或考虑进行更大规模的社会改良。"③

　　第四，个人比政府更能照顾好自己的事情和利益。无论基于怎样的理由反对政府干预，归根结底，唯一的原因就是政府干预是对个人自由权利的干涉。换句话说，穆勒认为，基于功利主义的考虑，任何形式的政府干预都是对个人权利的干涉，因此都是不合理的。穆勒有一段非常著名的论述，即"在所有较为文明的社会，政府插手做的绝大多数事情，还是不如

---

① ［英］约翰·穆勒：《政治经济学原理及其在社会哲学上的若干应用》下，赵荣潜、桑炳彦、朱泱译，商务印书馆1991年版，第532页。

② 同上书，第533页。

③ 同上书，第534页。

由或者让具有重大利害关系的个人来做得那么好。其所以如此的原因，在一句人们常说的话中相当精确地道了出来：个人要比政府更了解自己的事情和利益，并能更好地照顾自己的事情和利益。这句话对于生活中的绝大部分事情来说是正确的，因而在所有适用于这句话的方面，各种政府干预都应受到谴责"①。这是对穆勒功利主义的最佳表述。"而且，应该记住，尽管政府在智力和知识方面要强于某一个人，但它肯定不如全体个人。在干某一件事时，政府只能雇用全国一部分有学识、有才干的人。即使政府在招聘人才做某一工作时只以适合与否为条件，在政府招聘的人才以外，必定还有不少同样适合做此项工作的人，在个人经营制度下，这种工作常常会很自然地由这些人来做，因为他们能比别人更好，更省钱地做这项工作。"②

第五，政府干涉会制约个人能动创造能力。在穆勒看来，政府干涉就意味着将个人处理事务、决断的权利交给了政府，长此以往，个人在这方面的能力就会丧失，就会影响到个人创造能力的发挥。他说："在全体国民中通过实际运用而培养出来的能力，是国家最为宝贵的财富之一，即使国家的大小官吏已具有较高的文化水平，仍需要在全体国民中培养此种能力。对于人类的幸福来说，最危险的情形莫过于，只是统治集团具有较高水平的知识和才能，而统治集团以外的人则既无知识又无才能。这样一种制度要比任何其他制度都更为全面地体现了专制主义思想，因为它使那些已经掌权的人享有较高的知识水平，使他们掌握了统治人民的另一件武器。这种制度就如同牧羊人照看羊群，但却不关心羊的肥壮与否那样，由此而会造成人与其他动物之间在机体上的那种巨大差别。"③ 如果个人失去了主动性和创造力，政府权力就会无限膨胀，就会吸引人们对政府权力的追逐，就引起社会动荡。"另一方面，如果所有主动性和创造性都来自政府，个人总是习惯于受政府的监督和指导，那么民主制度在人们心中培养的就不是对自由的渴望，而是对权力和地位的无限贪欲，人们的聪明才智就不会用在正经事情上，而是用来钩心斗角，争名逐利。"④

基于这样的立场，穆勒心中的良好政府形象是这样的：

---

① ［英］约翰·穆勒：《政治经济学原理及其在社会哲学上的若干应用》下，赵荣潜、桑炳彦、朱泱译，商务印书馆1991年版，第536页。
② 同上。
③ 同上书，第538页。
④ 同上书，第539页。

　　毫无疑问，一个良好的政府所必须具备的条件是，其行政首脑，无论是永久性的还是暂时性的，都应对其管辖范围内的各种利害关系具有总的、全局性的调节控制权。但是，只要行政机器运转灵活自如，就应使下属，并尽量使地方官吏不仅有执行具体公务的权力，而且有决定具体事务的权力，只要下属的行为不触犯法律，就应使他们只对行为的结果负责，而不是对行为本身负责。良好的政府还应最有效地确保诚实而有才干的人得到任命；应为官吏的晋升开辟广阔道路；应使各级官吏享有较为广泛的行动自由，从而使最高一级的官吏能集中精力考虑各自管辖范围内的总体利益；如果做到了这一切，政府在那些适合它承担工作的方面也许就不会感到负担过重了，尽管如果政府承担不适合它做的工作，负担过重仍旧会带来严重的弊害。①

3. 经济自由观的重要补充：对政府干预一定程度的肯定

　　自由放任作为一般原则，并不意味着在具体的社会事务和经济事务中不需要一些特例。这个特例就是，在某些方面仍然是需要政府干预的。穆勒强调，"政府的职能与作用，应以何者作为适当限界"，这是一个关键性的问题。但这个限界勾勒出来以后，就需要强调政府的干预了。因为，自由放任的原则不能解决所有的社会问题，尤其是社会生产所带来的分配不公的问题。此时，就需要采用政府的干预手段。穆勒说："我们已经指出，一般说来，生活中的事务最好是由那些具有直接利害关系的人自由地去做，无论是法令还是政府官员都不应对其加以控制和干预。"② 但同时，"自由放任有许多例外"，"不干预原则在一些情况下不一定适用，或不一定普遍适用"，"有时政府干预对实现当事人的愿望是必不可少的"③。

　　第一，自由放任原则不是万能的。自由放任原则是社会生活的一般原则，但这个原则在有的情况下是无能为力的：其一，对不具有判断和行为能力的人是不适用的。自由放任原则是建立在理性原则基础之上的，也就是说，自由放任适用的是能对自我利益做出最佳判断的人。显然，社会上存在部分这样的人，由于年龄、知识、生理、经验等原因，就是对与自己具有重大利害关系的事情也无法做出最佳判断，甚至是根本就无法判断。

---

①　[英] 约翰·穆勒：《政治经济学原理及其在社会哲学上的若干应用》下，赵荣潜、桑炳彦、朱泱译，商务印书馆 1991 年版，第 535 页。

②　同上书，第 540 页。

③　同上书，第 542 页。

当出现这个情况时，就需要政府的干预了。这就意味着，政府有必要对人民进行初等教育、保护儿童妇女的合法权益。其二，个人对自我利益做出的最佳判断是无法自然实现的。虽然人们可以通过协商的方法使个人利益得以最好的实现，但是，假如没有法律的认可和批准，这种协议也是无法实施的。有的事情对社会中的个人来说未见得是有益的，但对其组成的整个群体或者长远利益来说都是有益的。可是，这种有益需要建立在大家对规则的遵守基础之上，否则就无法实现利益。在这种情况下，就需要国家法律的保护。穆勒说："各阶级的人们有时会需求法律的帮助，使每个人确信其他竞争者也会采取同样的做法，从而贯彻实施他们全体经过深思熟虑而取得对自身利益的看法。如果没有法律的保障，人们是不会放心大胆地实施集体的看法的。"① 其三，对他人利益和长远利益的实现是不利的。自由放任原则不利于他人利益和长远利益的实现。穆勒看到了社会贫富分化的残酷事实，深刻认识到仅靠自由放任原则是无法解决这个现实问题的。对人类来说，在保证财富增长的基础上，更为重要的是实现平等与正义。贫富分化是自由放任的必然结果，而自由放任原则无法给穷人提供帮助，解决贫困问题只能靠政府的干预。更重要的是，个人往往只能看到自身的利益，对超出自身之外的，涉及社会整体的长远利益往往无法考虑到，对于这种利益的实现，就必须依靠政府的干预，例如，开辟殖民地的事业。

第二，政府干预要以功利原则为标准。经济活动中政府可以干预的范围与权利主要有以下方面：为人们提升教育的机会；保护低能儿、儿童和青少年，禁止招募童工、反对虐待儿童；对签订的永久性契约进行限制，允许在一定条件下解除这种契约；从社会利益角度，对现实中的垄断公司活动进行干预；通过立法实现某一阶层或阶级的愿望；为他人利益的实现进行干预；承担凡人们无力负担的、能增进国民幸福的各种设施。这就是说，政府干预的原则就是功利原则。如果能最大限度地有利于社会中的大多数人的幸福，政府就应该对此进行干涉。穆勒说："实际原则就是，社会事务最好是由私人自愿地去做。然而，应该补充一句，政府干预实际上并非无论如何不能超出其固有的适用范围。在某一时期或某一国家的特殊情况下，那些真正关系到全体利益的事情，只要私人不愿意做（而并非不

① ［英］约翰·穆勒：《政治经济学原理及其在社会哲学上的若干应用》下，赵荣潜、桑炳彦、朱泱译，商务印书馆1991年版，第555页。

能高效率地做），就应该而且也必须由政府来做。"①

4. 经济自由观的核心：自由竞争学说

在古典经济学派的眼中，自由竞争是至高无上的自然规律。正如季德等人评论道："古典政治经济学的法典的《政治经济学辞典》表达了这样一种看法，即竞争之于工业界犹如太阳之于自然界。"② 显然，这个评论对穆勒来说也是适用的，自由竞争学说是穆勒经济自由观的核心。

穆勒认为，自由竞争是社会发展不可或缺的推动力，是使一切自由人紧密结合的重要纽带。古典经济学派认为自由竞争是最为重要的一条经济规律，"这些规律不但不与个人自由相悖，而且是它的直接结果之一。它们是使一切自由人紧密结合起来的自发性纽带"③。穆勒赞同这样的看法，并对自由竞争之于社会的有利性予以了详细阐述：其一，与垄断相比，竞争更有利于社会。穆勒认为，社会生产假如不是竞争，必然就是垄断。垄断相比于竞争，显然是更不利于社会发展的。他说："虽然社会主义者在许多道德问题上所持的见解远远优于现存的社会秩序，但一般说来，他们对现存社会秩序运行方式却抱有非常糊涂和错误的看法；我认为，其中最大的错误便是把现存的所有经济弊病都归罪于竞争。他们忘记了，哪里没有竞争，哪里就有垄断；忘记了垄断不管以何种形式出现，都是向勤劳者征税（如不是掠夺的话）来养活懒惰者。他们还忘记了，除了劳动者之间的竞争外，所有其他竞争都对劳动者有利，都会使劳动者消费的物品更便宜；忘记了只要争取获得劳动力的竞争大于劳动力之间的竞争……"④ 无论是何种形式的垄断，都是财富分配上的不公平，都是对个人自由和权利的极大伤害。就此而言，无论竞争会带来怎样的恶果，与垄断相比，竞争显然是更有利于社会发展的。其二，竞争是社会发展的动力。社会如果要向前发展，就必须要有发展的动力。可人天性中的弱点，往往会导致无所作为。只有竞争能够解决这个问题，刺激着人类社会向前发展。穆勒说："社会主义者所犯的共同错误是，他们没有看到人类的天性懒惰，没有看到人类倾向于无所作为，倾向于做习惯的奴隶，倾向于墨守成规。一旦人

---

① ［英］约翰·穆勒：《政治经济学原理及其在社会哲学上的若干应用》下，赵荣潜、桑炳彦、朱泱译，商务印书馆1991年版，第570页。

② ［法］夏尔·季德、夏尔·利斯特：《经济学说史》下，徐卓英等译，商务印书馆1986年版，第414页。

③ 同上书，第412页。

④ ［英］约翰·穆勒：《政治经济学原理及其在社会哲学上的若干应用》下，赵荣潜、桑炳彦、朱泱译，商务印书馆1991年版，第362页。

类处于自己认为过得去的生存状态，人类所面临的危险便是他们就此止步不前，不再努力改善自己的处境，听凭自己的能力衰退，以致连维持现状的能力都丧失殆尽。竞争也许并不是可以想象的最好的刺激物，但它目前却是必不可少的刺激物，而且谁也说不出什么时候进步不再需要竞争。"①在穆勒看来，大多数社会主义者将社会恶果归之于竞争的看法是错误的。竞争是社会发展的必然规律，也是一种客观存在的必然。他说："我与大多数社会主义者不同，并不把竞争看作是有害的、反社会的原则，而是认为，在现在的社会状态和工业状态下，限制竞争是一种罪恶，而扩大竞争，即使暂时会损害某一劳动阶层，最终也将带来最大的利益。"② 竞争会给社会发展带来更大的利益。

穆勒在看到自由竞争带来益处的同时，并不认为竞争就是绝对无害的，他清醒地看到了自由竞争给社会带来的危害。穆勒说："我不认为竞争是没有缺点的，也不认为社会主义者从道德方面提出的反对竞争的观点是毫无道理的。"③ 但是，权衡自由竞争的利弊，穆勒认为，从长远的角度来看，自由竞争显然利处更大。

5. 经济自由观的表现：自由通商思想

和所有的古典经济学派思想家一样，穆勒认为对外贸易，即通商对国家和个人来说都是有利的，对重商主义的限制政策予以了批评。穆勒将重商主义称为庸俗的理论，指出了其思想中的简陋性与错误。穆勒认为"庸俗的理论无视这种利益，认为通商的利益在于输出；似乎一国对外贸易的利益不是由其所输入的物品构成，而是由其所输出的物品构成"④ 是错误的观点，相反，自由通商会给国家带来更大的好处。他说：

　　重商主义的用语和学说，依然是所谓销售阶级（与购买者或消费者有别）政治经济学的基础。在重商主义的用语中，最常见或最危险的用语莫过于"廉价销售"一词。过去人们说，现在人们还是时常说，应以低价驱逐别国，而不是被别国所驱逐，这几乎好像是生产和商品在世间的唯一目的。数百年来，各国商人之间普遍存在着敌对情绪，而看不到各商业国家利害关系的普遍一致，即商业国家可以从相

---

① ［英］约翰·穆勒：《政治经济学原理及其在社会哲学上的若干应用》下，赵荣潜、桑炳彦、朱泱译，商务印书馆 1991 年版，第 363 页。
② 同上书，第 363—364 页。
③ 同上书，第 363 页。
④ 同上书，第 120 页。

互繁荣中得到好处。①

那么，通商带来的好处具体来说有哪些呢？

第一，促进生产力的进步与发展。通商带来的世界范围内的分工与市场，也就给生产创造了一个极为广阔的生产空间，这个空间的出现，会使人们更加积极地使用更高机械化程度的生产，带来生产技术、管理技术和劳动技能等的改变与进步，最后促进社会生产力的巨大发展。穆勒说："市场的每一次扩大都具有改进生产过程的趋向。为比国内市场大的市场进行生产的国家，可以采用更广泛分工，可以更多地使用机械，而且更有可能对生产过程有所发明和改进。"② 穆勒在这个问题上是有远见的。当今世界的高科技的出现与发展，也就证明了世界市场存在的重要性。之后的马克思，同样提出了世界市场的概念，并给予了高度的赞扬与肯定。

第二，带来了落后民族的产业技术革命，唤醒了落后民族的生产积极性。穆勒说：

> 还有一种考虑主要适用于产业发展的早期阶段。某一民族会因为其全部爱好或者已经得到充分满足，或者完全没有得到发展，而处于沉寂、怠惰、未开化的状态，他们因为没有足够的欲望，也就不能发挥自己的全部生产能力。开展对外贸易，可以使他们知道各种新的物品，或者使他们较易获得以前没有想到可以得到的各种物品，这种引诱，有时会在由于人民缺乏干劲和抱负而资源尚未开发的国家引起一种产业革命；引诱过去满足于少数舒适品和少量工作的人们，为了满足他们新的爱好而更加勤奋地工作，甚至为了将来能够更加充分地满足这些爱好而积蓄金钱和积累资本。③

穆勒生活的年代，正是资本主义积蓄力量，准备瓜分世界的时候。在之后的几十年，鸦片战争就打开了中国的大门。这种打开，确实一方面使中国人看到世界先进的技术力量，唤醒了中国人改进生产技术，向西方学习；但另一方面也给中国带来了深重的灾难。故此，对于通商的这个方面

---

① ［英］约翰·穆勒：《政治经济学原理及其在社会哲学上的若干应用》下，赵荣潜、桑炳彦、朱泱译，商务印书馆1991年版，第235页。
② 同上书，第122—123页。
③ 同上书，第123页。

的作用，是需要我们一分为二地来看待的。从发达国家来看，它们往往打着这个旗号，实质上实施着自己的扩张政策和侵略目的。而且，我们还要看到，所谓的通商带来的这方面的利益，需要"落后民族"国家实力的强大以及国家主权上的完整。倘若这个落后民族是真正的落后，是真正的弱小，这种通商就会成为殖民地的扩张。所谓通商，应该是两个独立的主权国家之间的通商，否则，就是侵略和扩张。

第三，促进了各个国家和民族之间知识的相互沟通。任何一个国家和民族都不能独占人类文明的全部成果，我们需要进行相互的沟通，使我们全人类的知识能够得到共同进步与发展。穆勒说："但是，在重要性上超过通商的经济利益恶，是通商在知识和道德上所起的作用。在现今人类进步程度很低的情况下，使人们接触与自己不同的人，接触自己不熟悉的思想方式和行为方式，其意义之大，简直是无法估计的。"① 这种利益是通商在经济和道德上给我们带来的间接利益，而这种利益往往比直接利益更大。

第四，促进了不同民族之间的文化、价值观和道德观的沟通，使各民族能够相互理解。"通商首先使各民族认识到，应当以善意来看待彼此的财富和繁荣。"② 李嘉图就说过，出于狭隘的私利目的进行的对外贸易的管制造成了国家间的仇视与战争。穆勒在李嘉图的基础上，进一步指出，只有自由通商，才能彻底解决，实现世界和平。穆勒说："可以毫不夸张地说，国际贸易的高度扩展和迅速增加，是世界和平的主要保证，是人类的思想、制度和品性不断进步的巨大而永久的保障。"③ 确实如此，在很大程度上，各民族和国家之间的冲突往往是由于相互间的不了解和隔阂所致。通商可以在很大程度上带来相互间的了解。因此，穆勒最后归纳：通商对世界和平是有利的。

总之，穆勒在主张自由的基础上，强调了政府的干预作用。与斯密、李嘉图相比，穆勒确实在自由主义价值观上显得更加谨慎。这也是学界通常将穆勒称为折中主义的原因。但是，需要指出的就是，穆勒的折中不是毫无原则的妥协，而是基于自由放任原则，对自由主义的某种修正。正如英国经济学家安德鲁·甘布尔格指出的那样，"尽管英国后来是通过曼德维尔、休谟、斯密和伯克，奠定了真正自由主义的基本原素，但这一传统

---

① ［英］约翰·穆勒：《政治经济学原理及其在社会哲学上的若干应用》下，赵荣潜、桑炳彦、朱泱译，商务印书馆1991年版，第123页。

② 同上书，第124页。

③ 同上。

还是被边沁的理性功利主义和功利主义学说的传播所淹没了。约翰·斯图亚特·穆勒在哈耶克的心目中的地位非常模糊。一方面，他反对功利主义的某些关键论点；另一方面，他又提供了一套理论，使自由主义者能够在大范围内接受国家干预政策，为20世纪的新自由主义运动铺平了道路"①。

三　马歇尔的经济自由主义价值观

将马歇尔看作自由主义的追随者与代表，这是得到人们认可的。埃里克·罗尔在《经济思想史》一书中就说："马歇尔和穆勒之间有着精神上的联系。马歇尔固然不承认有什么功利主义的偏见，但他基本上是个后期的功利主义者，就是说，是一个自由主义社会改良家。"② 我国学者也认为，马歇尔基本上是一个传统的、以完全自由竞争为前提的经济自由主义者，他的理论体系是一个折中的理论体系，在几十年间居于欧美经济学的主流和中心的地位，它无可辩驳地标志着经济自由主义的完成，又预示着它在不久之后的终结。③ 因此，马歇尔的自由主义经济伦理价值观相比于他之前的思想家显得更加的精致和完善，标志着自由主义价值观的顶峰，也预示着资本主义市场经济制度下即将出现的价值观转向。

1. 市场经济的基本特征是"经济自由"

熊彼特就这么说过马歇尔："在其《原理》的开头几页，他强调的是经济自由而不是竞争，没有给竞争下严格的定义。"④ 事实上，马歇尔本人就曾非常明确地指出，与其用"竞争"来描述市场经济的基本特征，不如说是用"经济自由"。他说："'竞争'这个名词用来说明近代产业生活的特征是不甚恰当的。我们需要这样一个名词，它不含有任何好的还是坏的道德品质的意味，而只是说明这样一个无可争辩的事实：近代企业和产业的特征是较能自力更生的习惯、较有远见和较为审慎和自由的选择。没有一个名词能适合于这个目的：但'产业与企业的自由'，或简言之，'经济自由'，指出了正确的方向。"⑤ 之所以强调用"经济自由"来描述市场经济的基本特征，是由于"竞争"这个名词已经充满了罪恶的意味。在现实

---

① ［英］安德鲁·甘布尔格：《自由的铁笼：哈耶克传》，王晓东、朱之江译，江苏人民出版社2002年版，第46页。

② ［英］埃里克·罗尔：《经济思想史》，陆元诚译，商务印书馆1981年版，第395页。

③ 晏智杰主编：《西方市场经济理论史》，商务印书馆1999年版，第194—195页。

④ ［美］约瑟夫·熊彼特：《经济分析史》3卷，朱泱、孙鸿敞、李宏、陈锡龄等译，商务印书馆1996年版，第328页。

⑤ ［英］阿弗里德·马歇尔：《经济学原理》上卷，朱志泰译，商务印书馆1964年版，第31页。

中，竞争已经表现出极大的破坏性。

马歇尔认为，竞争是有破坏性的，"竞争可以是建设性的，也可以是破坏性的，即当建设性的时候，竞争也没有合作那样有利"①。在马歇尔时代，竞争表现出的破坏性极为明显。马歇尔说，"'竞争'这个名词已经充满了罪恶的意味，而且还包含某种利己心和对别人的福利漠不关心的意思"②。为什么竞争是罪恶的？因为竞争表现出的利己心与近代社会现实是不相符的。马歇尔认为，近代社会固然有着对利己心的肯定和对利己心的自觉意识，但同样利他心也是客观存在的事实，"近代的特色是精明而不是自私"③。正因如此，对竞争的强调也就忽视了利他的社会事实，表现出对他人利益的冷漠。当然，马歇尔对竞争存在的原因有着清醒的认识。他承认，竞争是私有财产制度下的产物，只要有私有制的存在，就会有竞争。"在一个人人都十分善良的世界里，竞争就不会存在，不过，私有财产与各种形式的私人权利也都不会存在了。"④从竞争对于私有制具有的非凡意义来看，竞争从来不是天然就存在的，也不是永远存在下去的，正如私有制的产生与存在一样，它总是一定社会发展阶段才有的产物。但是，从理论上讲，竞争不如合作，竞争是有害的。马歇尔强调："如将竞争与为了公众利益而无私工作的有力的合作对比的话，那么，即使是最好形式的竞争也是相对地有害的；至于它的较为苛刻和卑鄙的形式简直是可恨了。"⑤

关于自由竞争带来的破坏性，马歇尔曾经客观地描述：

> 机械的发明、工业的集中，以及为远地市场大规模生产的制度，打破了旧的工业传统，使每个人能尽量自由地论价；同时，它们促进了人口的增加，但在工厂和作坊里的仅可立足之地以外，并没有为增加的人口准备安身之处。这样，自由竞争，或不如说是工业和企业的自由，便如巨大不驯的怪物，横行无忌了。那些能干而没有受过教育的商人，滥用他们的新力量，引起了各方面的罪恶；它们使母亲们担任她们不适合的职务。它加重了孩子们的过度工作和疾病，而且在许

---

① ［英］阿弗里德·马歇尔：《经济学原理》上卷，朱志泰译，商务印书馆1964年版，第26—27页。
② 同上书，第27页。
③ 同上。
④ 同上书，第30页。
⑤ 同上。

多地方使民族堕落了。①

正因如此，马歇尔一再强调，应该用"经济自由"来取代"竞争"的说法，使自由主义价值观成为社会的主导观念。

2. 经济自由主义价值观的主要内容

马歇尔指出，传统的自由主义价值观存在着缺陷，这个缺陷就是它的狭隘性，将自由主义仅仅看作是自由竞争。他说："自由企业的思想主要是中世纪的商人首倡的，十八世纪后半期的英法哲学家继续加以发扬，李嘉图及其追随者，便依据这种思想发展成为一种自由企业的理论（或如他们自己所说，自由竞争的理论），这种理论包含许多真理，其重要性或将永存于世。他们的著作在它所涉及的狭隘范围内是极其完美的。"② 为了克服传统自由主义的狭隘性，就必须对自由主义的经济伦理价值观做出新的解释。

第一，自由主义价值观包括对弱者权利的重视。传统的自由主义价值观带来了社会财富的急剧增长，尤其是对资本家而言。然而，作为自由主义价值观基础的个人主义和功利主义都无法保证资本家能够对贫困阶层的穷困予以足够的关怀和重视。这也就是说："目睹经济自由的急剧增长所带来的各种祸害就有待于我们这一代了。现在我们才第一次逐渐懂得不尽自己新义务的资本家如何力图使工人的福利服从于他的致富愿望。"③ 资本家总是力图、想尽一切办法来使自己财富得到增加，而罔顾工人的福利。但是，马歇尔认为，随着资本主义制度的发展，这种情况应该得以改变，"我们才第一次逐渐知道坚持富人不论以个人或集体身份除享有权利外还得尽义务的重要性"④。传统的自由主义价值观必须涵盖新的内容，这个内容就是要求资本家重视社会弱者的权利，应该对所谓的自由竞争予以某种程度的限制，也就是对传统的自由主义价值观予以某种程度的修正。马歇尔说："这些新的限制与旧日限制是不同的。它们并不是作为一种阶级统治的手段而强加上的，而是为了在那些不能利用竞争力量来保护自己的事

---

① ［英］阿弗里德·马歇尔：《经济学原理》上卷，朱志泰译，商务印书馆 1964 年版，第32 页。

② 同上书，第 33 页。

③ ［英］阿弗里德·马歇尔：《经济学原理》下卷，陈良璧译，商务印书馆 1965 年版，第397 页。

④ 同上。

务中来保护弱者，特别是儿童和有子女的母亲。"①

第二，自由主义价值观包括克己的自由。马歇尔说："知识的增进和自赖性的加强，曾给予他们以真正克己的自由，而这种自由使他们有可能自愿地对他们自己的行动有所约束。"② 随着大家认识上的提高，人民开始意识到对社会弱者权利的重视并不仅仅只是靠政府的干预措施，更为根本的是需要依靠人们的自我约束和自我克制。也就是说，人们真正认识到需要通过对自我财富积累欲望进行某种程度上的约束与克制，资本家应该主动认识到对社会、对弱者群体所应尽的责任和义务。这种认识上的提高不需要政府的干预就能采取实际的行动，也是一种无碍于自由的行动。

自由主义价值观是个人自由和集体自由的统一。马歇尔认为人性是可以改变的。也就是在肯定古典经济学派人性理论的基础上，认为人性可以向集体主义变化。也正是因为人性的这种变化，导致自由主义价值观中要含有集体自由的新内容。马歇尔说："人性是可以改变的——新思想新机会和新的行为方法甚至用几代的时间就可以使它有很大的改变，如历史所表明的那样；人性的这种改变所涉及的范围也许从来没有现在那样广泛，所进行的速度也许从来没有现在那样快。但它仍然是发展的，从而是渐进的。"③ 这种渐进导致的必然结果就是产生一种新的社会秩序，个人自由将在集体自由中得以实现：

> 慢慢地我们就会达到一种社会生活的秩序，在这种秩序中，公益战胜了个人的反复无常，其程度甚至超过个人主义开始以前的那些时代。但那时大公无私将是有意识的产物；虽然借助不能，那时个人自由将在集体自由中发展自己。④

但是，假如因为马歇尔对集体主义的这种赞扬就将他视为马克思主义者，那是有问题的。不管马歇尔对自由主义如何修正，如何用集体主义修正个人主义，其根本立场从来就没有改变，他始终是站在资产阶级的立场上为维护资本主义制度而服务的。正如马歇尔自己所言，为什么要有所改变，为什么要有新的、更高的标准，那是因为资本主义经济发展已经超越

----

① ［英］阿弗里德·马歇尔：《经济学原理》下卷，陈良璧译，商务印书馆 1965 年版，第397 页。

② 同上书，第 398 页。

③ 同上。

④ 同上。

最初的资本原始积累阶段，换句话说，也就是超越了最初的经济增长阶段和最初的效率优先阶段。当资本主义发展已经解决了最基本的生活问题之后，社会公平问题将会凸现为社会的主要问题。马歇尔说，"国家的财富增加了，卫生条件改善了，教育发达了，道德增进了；我们不再被迫几乎把其他各种考虑都置于增加工业总产量的需要之下"，为此，"这种新增加的繁荣使我们富强得足以对自由经营加以新的限制。虽然为了高尚的最后较大利益必须忍受暂时的物质损失"①。时代的发展迫使此时的资产阶级经济学家必须对经济伦理观念增加新的内容，对传统的自由主义价值观予以修正。

3. 由经济自由而走向合作

对传统自由主义价值观修正的结果就是，由传统经济自由主义价值观倡导的自由竞争走向倡导合作。马歇尔认为，自由主义本身就有两面性，既可能使人们相互之间产生竞争，也可能使人们之间产生合作。他说，经济自由"可以而且往往使人互相竞争；但另一方面，它们也可使人走向，而且现在的确正在使人走向合作以及各种好的和坏的联合的道路。但是，这种趋于共同所有和共同活动的倾向与前代的大不相同，因为它不是风俗习惯的结果，也不是任何被动地与邻人联合的结果，而是每个人自由选择某种行为的结果，这种行为经过他仔细考虑之后，似乎最适合于达到他的目的，不论这些目的是否为了利己"②。

不仅因为合作是经济自由本身的必然结果，而且还因为资本主义大工业的发展为合作提供了有利的机会。马歇尔看到了大规模的机械化大生产带来的社会生产条件的改变，及由此带来的合作具有比竞争更有利的社会结果。马歇尔说："大工厂的利益在于：专门机械的使用和改良、采购与销售、专门技术和企业经营管理工作的进一步划分。"③ 在资本主义发展初期，自由竞争确实带来了经济的快速发展，也在某种程度上实现了资本主义生产企业的优胜劣汰。当社会进化论进行优选之后，剩下的企业精英们如果再继续进行你死我活的市场竞争，其结果只能是两败俱伤。而且，产业革命之后的机械化大生产的发展，需要在更大规模基础之上进行合作，而不是竞争。只有企业间的相互合作才能带来更大的社会财富。也正是基

---

① ［英］阿弗里德·马歇尔，《经济学原理》下卷，陈良璧译，商务印书馆 1965 年版，第397 页。

② ［英］阿弗里德·马歇尔：《经济学原理》上卷，朱志泰译，商务印书馆 1964 年版，第27 页。

③ 同上书，第291 页。

于这样的考虑，马歇尔才对所谓的"有限的垄断"给予了肯定，而不像其他的古典经济学派思想家那样对垄断予以了无情的批判。马歇尔说："大企业大量采购，因而价格低廉；它的运费支出是低的，而在运输上有许多方面也是节省的——特别是它如有铁路侧线直通厂中的话。它往往大量销售，因而免掉麻烦；同时还可有很的售价，因为它的存货很多，对顾客很方便，顾客能从这些存货中选择，并配齐各种订货；同时，大企业的声誉使顾客对它很有信心。"① 由于大企业有这样的优势，那么出现"一种有限的垄断"也是正常的和被许可的。"所谓有限的垄断，就是受到以下原因的限制的垄断：很高的价格会引起竞争的生产者的出现。"② 当垄断不是带来价格和利润的绝对优势，而是促使商品价格下降时，这种垄断就是"有限的垄断"，而这种垄断对社会和消费者个人来说都是有利的。"有限的垄断"表现的就是某种形式的合作。

正是由于穆勒、马歇尔等人对自由主义价值观的逐步修正，才为凯恩斯主义的国家干预理论的出现拉开序幕，同时也预示着后来萨缪尔森等人所谓的混合经济制度的出现。市场经济究竟是需要自由还是干涉，当代资本主义的发展证明了现实中的经济政策总是在二者之间摇摆。这种摇摆从经济伦理角度来说，受着某种经济伦理价值观的引导。自由主义的经济伦理价值观在英国经李嘉图、穆勒到马歇尔的发展达到了极致，也预示着它的衰落。

第三节　法国经济自由主义价值观传统

英法两国在思想方面总是存在纠缠不清的关系。法国的重农学派虽然不能算是严格意义上的古典经济学派，但它的自由主义秩序观对斯密产生了重大的影响；反过来，斯密的自由主义价值观又对法国的萨伊、巴师夏等人产生了极大影响。如果说英国是古典经济学派的大本营，法国就是古典经济学派最为坚定的盟友。

一　重农学派的经济自由主义价值观

重农学派是 18 世纪 50—70 年代盛行于法国的一个经济学派，该学派

① ［英］阿弗里德·马歇尔：《经济学原理》上卷，朱志泰译，商务印书馆 1964 年版，第294 页。
② 同上书，第 298 页。

代表了法国封建社会末期新兴资产阶级的思想意识，代表了当时资产阶级的利益和要求。重农学派有广义和狭义之分。如果把所有反对重商主义和主张自由放任的经济学家，都算作重农学派，那就是广义的重农学派。一般所谓重农学派，只是指 18 世纪中叶法国重农主义的经济学家所组成的重农学派而言，主要是由魁奈及其追随者组成。但是在其之前，还有一些重农学派的先驱者，他们对重农主义的思想和理论产生着重大影响，如布阿吉尔贝尔、坎梯隆等。① 重农学派最为重要的理论特征就是强调并主张了自由主义的价值观。卢森贝评价布阿吉尔贝尔②之所以被称为是重农主义者的先驱，是因为"他发挥了经济自由主义的思想，而且那个已经在他口边的 'Laissez faire, laissez passer' 的口号，也是重农主义的基本原理之一"③。重农学派的自由主义价值观是建立在其自然秩序观念之上，并通过对自由贸易的肯定表现出来的。

1. 理论基础：自然秩序观

自然秩序观是重农学派的一大特点，也被公认为是影响斯密思想最为重要的内容。学界普遍认为斯密"看不见的手"的思想深受重农学派的自然秩序观的影响。自然秩序观是重农学派的世界观和方法论，也是其经济伦理思想的理论基础。从内容上说，自然秩序观包括"自然秩序""自然法则"和"自然权利"三个主要内容④。

首先，自然秩序是普遍存在和永恒不变的。重农学派将自然和社会的秩序区分为两类：自然秩序和人为秩序。自然秩序是健康的、正常的，而人为秩序是不健康的、非常态的。这一思想是受到当时法国启蒙学派的自然主义思想的影响而形成的。启蒙学派站在维护资本主义的立场上对当时的封建主义等级秩序思想进行了猛烈的抨击。他们认为，自然的合理的秩序才是人类社会的真实存在，一切人为的秩序都违反了自然规律，因而是不合理的，必然要被推翻和打倒。实际上，启蒙学派所暗含的思想就是：封建主义的等级秩序是一种人为秩序，是不自然的，也是不合理的；只有资本主义制度才是一种自然的、合理的社会秩序。这是资产阶级革命在思想上的前导与准备。魁奈在继承与吸收启蒙学派的这一观念的同时，结合自己的自然科学研究方法，提出了两种社会状态学说。"魁奈医师像对待

---

① 以上参见张人价《重农学派的经济理论》，农业出版社 1983 年版，第 1—10 页。

② 卢森贝的《政治经济学史》一书中将布阿吉尔贝尔译为布瓦岐尔培尔。

③ ［苏联］卢森贝：《政治经济学史》1 卷，李侠公译，生活·读书·新知三联书店 1959 年版，第 149 页。

④ 张人价：《重农学派的经济理论》，农业出版社 1983 年版，第 66 页。

活着的有机体一样对待社会，把它分成两种状态：健康的正常状态和病态的不正常状态。因此，对于社会也可以用适用卫生和治疗两种方法；当社会很健康，即处于平衡状态中的时候，便适用前一种方法，当社会患病，即失去了平衡状态的时候，便适用后一种方法。"① 显然，健康的正常状态的社会就是自然秩序得以实现的社会。这个自然秩序从何而来？重农学派将答案归之于上帝。自然秩序是上帝为了人类幸福所制定的秩序，这是神意的秩序。"'自然秩序'是上帝为了人类的幸福而赋予的秩序。它是上帝的秩序。"② 由上帝制定的自然秩序是一个至善至美的理想秩序。自然秩序虽说是上帝制定的理想秩序，而实际上却是客观存在的物质秩序，是不以人们意志为转移的，是普遍存在和永恒不变的，是一个基本的秩序。不论是自然世界，还是人类社会，自然秩序都处于统治的地位。如果人们能够认识自然秩序，并按照自然秩序的准则来制定社会秩序，这个社会就会处于健康的正常的状态，否则就是不健康或有病的。③ 就如布阿吉尔贝尔说："只有大自然能够安排这个秩序并维持和平；其他的权力，尽管是出于善意，如果要过问其事就会将全盘破坏。"④

　　其次，自然法则是最高法则。要实现自然秩序，就需要遵照自然规则的要求。自然法则是自然秩序的统治基础，是一个神定的最高法则。"它不仅是永远不变的无可非议的法则，而且是不依人们意志为转移的客观存在的法则。"⑤ 魁奈就认为"自然法"作为最高的法则和规律包括物体的规律和道德的规律。

　　　　物体的规律，可以理解为明显地从对人类最有利的自然秩序所产生的一切世纪事件的运行规则。这里所说的道德的规律，则可以理解为明显地适应对人类最有利的实际秩序的道德秩序所产生的一切人类行为的规律。上面二个规律结合在一起，就是所谓自然法。所有的人，一切人类的权力，都必须遵守这个由神所制定的最高的规律；这些规律是坚定不移，不可破坏的，而且一般说来是最优良的，因此可

---

① ［苏联］卢森贝：《政治经济学史》1 卷，李侠公译，生活·读书·新知三联书店 1959 年版，第 160 页。
② ［法］夏尔·季德、夏尔·利斯特：《经济学说史》上，徐卓英等译，商务印书馆 1986 年版，第 18 页。
③ 参见张人价《重农学派的经济理论》，农业出版社 1983 年版，第 67 页。
④ ［法］布阿吉尔贝尔：《谷物论，论财富、货币和赋税的性质》，伍纯武译，商务印书馆 1979 年版，第 106 页。
⑤ 张人价：《重农学派的经济理论》，农业出版社 1983 年版，第 67 页。

以作为最完全统治的基本规律，可以作为所有实在法的基本规律。①

　　人类社会进行统治的法则必定就是这个自然的法则，即使是那些人为制定的实在法，也必须依靠自然法的精神、遵照自然法的要求。当然，这个自然法则的创设者不是别人，而是上帝。魁奈说："对于这个确立社会最初的根本法规的立法权，是不可能有争论的；它不可能属于任何人，只能属于上帝，上帝在世界的整个体系中建立了一切，并且预先作出了规定；人只会在这里制造混乱。只有切实地遵守自然规律，才能把他们应当避免的这种混乱现象消除掉。"② 重农学派对自然法则所具有的无上权威予以了充分的肯定，将人类社会中出现的种种混乱、落后、不公平等现象都归之于对自然法则的不遵守与破坏。布阿吉尔贝尔说："我们仍然认为应该听任大自然，也不必害怕有这样的事情出现；而且，只是因为人们老是扰乱和干扰大自然的安排，才会有那不幸之事发生。"③ 魁奈强调说："国民明显的应该接受构成最完善的管理的自然秩序一般规律的指导。"④

　　最后，自然权利是人生来就有的最基本的权利。当运用自然法则建立了自然秩序，自然秩序就自然会规定人的权利，这种权利就是自然权利。魁奈说："实际规律确立对人类最有利的自然秩序，确切地规定一切人们的自然权利，这是永久不变的、最好的规律。"⑤ 具体来说，自然权利是指什么呢？魁奈认为，"所谓人的自然权利，大体上可以规定为人们对于适合他们享用的物件的权利"⑥。从魁奈对自然权利的定义中，我们可以知道，所谓自然权利，是人们的某种权利，这种权利的规定者是自然，也就是上帝依照自然法则规定的。从内容上，自然权利表现为享用物件的权利。为什么将自然权利限定在"可以享用的物件"这个范围，魁奈首先对一些哲学家将人的自然权利无限扩大的做法予以了批评，认为这是对自然权利的抽象，因而这样得出的自然权利内容是空洞的。与其如此扩大概念

---

① ［英］魁奈：《魁奈经济著作选集》，吴斐丹、张草纫选译，商务印书馆1979年版，第304页。

② 同上书，第402页。

③ ［法］布阿吉尔贝尔：《谷物论，论财富、货币和赋税的性质》，伍纯武译，商务印书馆1979年版，第107页。

④ ［英］魁奈：《魁奈经济著作选集》，吴斐丹、张草纫选译，商务印书馆1979年版，第332页。

⑤ 同上书，第405页。

⑥ 同上书，第289—290页。

而导致言而无物，还不如缩小范围让概念有实际的内容。魁奈说："由于看到这个一切人对于一切的自然权利的抽象观念，是非常空洞的，为了适合自然秩序，不如把人的自然权利的范围，归纳到他可能享受的各种物质上。因此所谓一般的权利，实际上是极其有限的。"① 进一步地，魁奈对自然权利予以了说明。自然权利，其一是指每个人享有自己劳动所获得的所有权，其二是每个人享有自由从事对他有利的工作的权利。也就是说，自然权利的两个基本内容是：财产与自由。这种天赋的权利是神圣不可侵犯的。一个国家要想富裕，就必须保障人们的这两个基本的自然权利。魁奈说：

> （一）所谓人对于一切的权利，不过是个理想；（二）在原始自然状态下中人所享用的那部分物质，是由劳动所获得的；（三）对于适合人享有的各种物质的权利，必须从自然的秩序和正义的秩序中来考虑。……（四）在原始自然状态中，人迫于满足自己的欲求，各自进行探索，他们不肯把时间空费在相互之间的斗争上，因为这样会妨碍他们取得生存所必要的物质；（五）包含在自然秩序和正义秩序中的自然权利，只能存在于人们的相互交错的一切关系之中。②

综上所述，重农学派对自然秩序表现出了一种狂热的追求，并对自然秩序的作用予以了强烈的肯定。他们认为，社会上的一切秩序都是有自然规定的，通过自然法则建立了自然秩序，并规定与维护了人们的自然权利。一旦破坏了自然的法则，违背了自然秩序的要求，人们的自然权利也就无法得到保证，社会就会产生混乱。因此，为了保证人们的自然权利，政府对于人们活动的基本态度就是不要干预，自然秩序观自然就得出了自由主义的结论。

2. 自由的价值追求

重农学派认为，"以最小的牺牲，……以最小的劳动、痛苦，以求得最大的满足"③ 是人们的行为法则，也是"自然秩序"的目的。"社会运动是自发的而不是人为的，一切社会活动所显示的追求快乐的愿望，不知

---

① ［英］魁奈：《魁奈经济著作选集》，吴斐丹、张草纫选译，商务印书馆 1979 年版，第 295—296 页。

② 同上书，第 296—297 页。

③ ［美］约瑟夫·熊彼特：《经济分析史》1 卷，朱泱、孙鸿敞、李宏、陈锡龄等译，商务印书馆 1996 年版，第 361 页。

不觉地使理想的国家形式得到实现"，这十足是"自由放任"①。这是法国经济史学家夏尔·季德对重农学派的评价，也是学界对重农学派的通常认识。重农学派特别强调了对自由主义的价值追求，尽管学派中的不同人物强调自由的侧重点有所不同，但对自由价值的肯定是无一例外的。

首先，自由是自然秩序的必然结果。布阿吉尔贝尔说："正像自然或神明给弱小的动物准备了隐蔽所和护身术以便不至于全部都成为强大有力而且生来便有坚齿利爪、靠食肉为生的动物的猎获物那样，在生活的贸易中，自然或神明建立了这样一种秩序，只要听任自然安排，强者在购买穷人的东西时就无法阻止这种出售会给穷人提供生计；这便维持了富足，而他们各自符合其身份的生活是靠着这种富足才得以获得的。我们说过，只要听任自然安排，这就是听其自然，任何人参与贸易只是为了贸易中给人以保护而阻止发生暴力行为。"② 在重农学派看来，只要依照自然法则行事，听任自然的安排，就一定能实现富足。因为在生活中，也像在自然界一样，自然或神明所建立的秩序能保证个人自由的实现。正是在这样的思路下面，重农主义者们对自由竞争与自由贸易予以了强烈的重视。魁奈说："必须维持商业的完全自由。因为最完全、最确实，对于国民和国家最有利的国内商业和对外贸易的政策，在于保持竞争的完全自由。"③ 布阿吉尔贝尔认为，人们之间的职业的划分是自然秩序的安排，既然如此，职业之间就必须实现互通有无，为此，就需要保持商业上的绝对自由，否则就是违背自然秩序的安排。他说："财富不是别的，而只是一种完全收益权；它不仅完全拥有生活的一切必需品，而且拥有构成欢乐与豪华的一切东西，为此，它就必需跟今天组成文明和富足的国家之两百多种职业发生关系。这样，所有这两百个行业必须彼此不断进行贸易，互通有无以相互帮助，这不仅发生在个人与个人之间，而且甚至在地方与地方、王国与王国之间；否则，一方毁于某种消费品的过剩或过缺，而另一方或另一地方却由于完全相反的情况而沦于同样的灾难之中。正是这种脱节形成了普遍的灾难，倘若相互间能进行贸易，那么就会使两个极其严重的缺陷变为两

---

① ［法］夏尔·季德、夏尔·利斯特：《经济学说史》上，徐卓英等译，商务印书馆 1986 年版，第 19—20 页。

② ［法］布阿吉尔贝尔：《法国的辩护书》，伍纯武等译，商务印书馆 1983 年版，第 20—21 页。

③ ［英］魁奈：《魁奈经济著作选集》，吴斐丹、张草纫选译，商务印书馆 1979 年版，第 338 页。

种极为完美之情景。"①

其次，自由能自然达到公正。在重农学派看来，正是因为政府过多的干预，过重的赋税，导致了行业发展的失调，这种失调造成了社会上突出的贫富分配不公现象。要解决这个问题，必须要强调自然秩序观，必须要严格尊重自由的价值准则。布阿吉尔贝尔以人体为例，论证了自由的可贵和公正的必然。他说：

> 国家就像人体一样，人体各个部分和所有的肢体都同样要为维护共同的利益而出力，因为身体一部分的损坏立即就会发生连带作用，从而使整个人体死亡。正因此，既然并非一切部分均同样有力健壮，那么最粗实的部分就要招受，甚至要主动承受可能落到最脆弱、最娇嫩的部分的打击，而这些部分却连最轻微的打击都经受不起，且不说像蛇那样了；圣经里把蛇作为谨慎的象征，因为当它受到攻击时，它便以其整个身躯来盖住自己的头。自然难道不是也同样教会人们，在类似的情况下，当人们打自己的眼睛和头时，要用手和胳膊来挡开或者承受这些拳头吗？
>
> 在一个国家里，穷人好比眼睛和头颅，因此他是娇嫩而脆弱的部分，而富人则是身体的胳膊和其余部分。人们为了国家的需要而打出的拳头，如果落到这些强有力的部分，那几乎是若无其事的；而如果落到脆弱部分，也就是落到穷人身上，那就要致命，而反过来却又损害了那些拒绝给穷人帮助的人。……如果由于捐税的分配不公，或者由于权贵们根本不愿缴纳他们的份额，结果固定的捐税不足以满足国王的需要，因而设置了某些特别税务，当穷人们突然被剥夺了这一二个埃居，于是头颅和眼睛便受到了致命伤，同时也使那些不愿为它们挡住打击的粗壮的肢体也归于灭亡，对于这些肢体来说，挡住打击本是轻而易举之事，自己只不过受到轻微的一击而已。②

自然法则要求社会上的不同职业互通有无，也要求富人与穷人之间的互相帮助。换句话说，各阶层与职业间的互利就是自然法则的基本内容。假如每个人都能自由地运用这个权利，按照自然法则的要求去做，社会公平自然就能得到实现。布阿吉尔贝尔说："一切交易对于参与的双方都有

---

① ［法］布阿吉尔贝尔：《法国的辩护书》，伍纯武等译，商务印书馆1983年版，第26页。
② 同上书，第97—98页。

利，从全体的利益看来这是必要的。这个结果，如同工业的改进那样，也只能依靠生产者的竞争和自由来实现。"① 因此，自由不仅是保证社会经济效率得到增长的必要手段，也是社会公平得到保证的基础。魁奈说："在耕作上决不能助长垄断，应该给各人在自己的土地上进行合宜的耕作的自由。"② 他以法国的耕作为例，说明了耕作上的自由给国家能带来更大的财富，国家财富的增加也就预示着人民生活水平的提高，这就是社会公平的实现。

再次，自由的重要内容是商业贸易上的自由。重农学派的产生背景是重商主义学说与政策的盛行。当时的法国不仅盛行重商主义的学说，在国家政策上也坚持着重商主义的主张。重商主义对贸易的限制措施不仅没有带来预期中的金银财富的增长，反而加重了人们生活的负担，致使法国人民陷于贫困之中。针对当时的社会现实，重农学派强调财富并不是金银，而是人们实际可以享用的东西。农业生产产出人们实际上进行消费的农产品，而且必须通过贸易的交换来获得别的消费品。基于这样的立场，重农学派强调贸易上的自由，反对对贸易的各种干预与限制。魁奈说："依靠贸易，各国之间能交换自己多余的东西，并且通过购买使自己得到各种各样的财富。"③ 贸易不仅能够使大家获得更多的消费品，而且是使国家财富得到增长的重要方式。

> 自由的双方对外贸易的优点就在这里：它能使你们的任何商品经常都有共同价格，甚至在你们没有能力销售或购买的时候。这种共同价格能为你们的产品确定一个真正的，从对邻国的关系来说是相对的价格，而你们真正的财富就是由这种相对价格确定的。……因此，商品的售价只能通过通商各国之间的共同的和稳定的价格来实现，因为每一个通商国家能够按照这种价格确实地向国外销售商品。于是土地面积最广大和物产最丰富的国家就成为最富裕的国家。④

最后，自由保证了富国裕民。从人们行为终极价值目标来说，大家所

---

① ［法］布阿吉尔贝尔：《谷物论，论财富、货币和赋税的性质》，伍纯武译，商务印书馆1979年版，第97页。
② ［英］魁奈：《魁奈经济著作选集》，吴斐丹、张草纫选译，商务印书馆1979年版，第351页。
③ 同上书，第141页。
④ 同上书，第130—131页。

追求的就是财富。在对财富的欲求过程中，人的利己心总是希望能够更多地占有别人的财富，由此来增加自己的财富。重农学派认为，既然自然法则规定了人们行为的方向，按照自然法则要求形式，给予人充分的自由，就能解决这个利己心的破坏力。布阿吉尔贝尔说："一切劳动者在一个不违反自然规律的社会中应当能够惬意地生活。对于这些规律的尊重或工业的自由，是使旨在破坏社会协调的利己主义之继续发展不起作用的唯一方法。"① 利己主义是普遍存在的，而由于利己主义的狭隘性，总是为社会带来不利的后果。"大家为了各自的利益，日夜维沪着自己的财富，也是养成一种习惯无论在什么事情上，他们对公众利益考虑得最少；虽然这其中也有他们的一份儿，但他们经常总是关注着个人的实利。"② 要解决这个问题，就必须严格尊重自然法则，严守自然秩序，由此表现出来的自由自然就能在满足个人私利的同时实现社会的利益。自由自然能达到富国裕民。

> 只是大自然或者是神才能主持公道，无论谁人都不要干扰；这样，大自然自会履行职责。它首先会在一切交易中，在售卖和购买之间，建立起同样的需求，是买卖双方谋利的欲望，成为各种各样市场的灵魂；而在这个不偏不倚平衡的要求的帮助下，双方彼此就同样地被迫要讲道理并对之服从。③

重农学派在自然秩序观下的指导下，自然就推导出了自由主义价值导向的正当合理性。"'自然秩序'也意味着每一个人都可以在自己选择的地点，不论国内或国外从事自由买卖。"④ 这种自由的存在，能满足个人的利益需求，同时也能实现社会与国家的利益，这就是重农学派自由主义价值观的目的。正如瓦尔拉所表述的："自由竞争使每一个人得到最大程度的最后效用，或相同的东西即最大的满足。"⑤

二 萨伊的经济自由主义价值观

被马克思称为"庸俗经济学家"代表的萨伊，是斯密自由主义理论的

---

① ［法］布阿吉尔贝尔：《谷物论，论财富、货币和赋税的性质》，伍纯武译，商务印书馆1979年版，第104—105页。
② 同上书，第106页。
③ 同上书，第107页。
④ ［法］夏尔·季德、夏尔·利斯特，《经济学说史》上，徐卓英等译，商务印书馆1986年版，第34页。
⑤ 同上。

坚定支持者。"亚当·斯密《国富论》的问世，标志着经济自由主义思潮进入到一个全面发展的新阶段。这部划时代的著作所表述的经济自由主义的理论和政策要求，顺应历史潮流，反映了自由竞争资本主义发展的客观需要和规律，因而它不仅在英国引起了巨大反响和热烈赞同，而且在欧洲大陆和美洲也极大地推动了新思潮的兴起。在欧洲，对这个新学说和新思潮的发展起过重要作用的众多人物中，萨伊是最有影响的一位。"① 沿着亚当·斯密开创的自由主义价值观思路，萨伊不仅发展了自由主义学说，也将此学说进一步发扬光大。比德尔在萨伊名著《政治经济学概论》一书的原编者的话中也指出：

> 限制制度，或企图通过法令条例把国内的资本和劳动引到某一特殊方面的制度，完全是建立在现今已经公认为毫无理由或毫无根据的假设上面。这些假设是：就贸易说，一个国家无论得到什么利益，这利益总是另一个国家的损失；财富只由贵重金属组成，因此，销售货物，应当以换回金银为主要目的。欧洲各学派的政治经济学家早已放弃这种错误主张，但他们之间对这门科学的若干比较深奥的根本原理，依然意见不同，有所争执。也许在政治经济学整个领域，没有一个论旨能比下述的进步主义（即自由主义理论，吴注）更加确定和更普遍地得到各国有识见的研究这门科学者的认可。这个主义是在和财产安全不矛盾的条件下，如果给人完全的自由以支配和应用自己资本和劳动，那么，劳动和资本就可得到最活跃、最普遍和最有利的使用。这门科学的开山祖师亚当·斯密博士首先有系统地发展、说明和传授政治经济学的这个基本论旨以及基于这个而作为系论的其他原理，……斯密博士说："使一个民族达到富强的最有效计划，莫过于维持自然所提示的事物的秩序，允许每一个人在遵守公平规则的条件下按照自己的意思追求自己利益和使用自己劳动力与资本跟同国人进行最自由的竞争。"继承斯密衣钵最有学问的研究者，被促进人类进步和人类幸福的同一愿望所鼓舞，也遵奉斯密的进步和仁慈的观点，认为这是扩大国民财富的唯一可靠办法，并雄辩地拥护这观点与坚持这观点。采纳和传授贸易自由和劳动自由的主义的人士，英国有斯图亚特、李嘉图、马尔萨斯、多伦斯、祸诺尔、哈斯基逊、劳德戴尔、边沁、穆勒父子、克雷格、劳埃、图克、麦卡洛克等最负盛名的政治

---

① 晏智杰主编：《西方市场经济理论史》，商务印书馆 1999 年版，第 156 页。

经济学家；欧洲大陆有萨伊、西斯蒙第、斯托奇、加尼埃、德斯塔－特雷西、甘尼、约维拉诺斯、萨托里阿斯、揆波、莱德、斯洛泽、克劳斯、韦伯尔、缪勒等知名作家。①

　　萨伊站在利己主义的立场上，对自由主义的价值观予以了充分肯定和进一步的发扬。萨伊的经济学理论在很长的一段时间内被资本主义经济学界奉为正统，他的自由主义价值观也对资本主义市场经济的经济伦理观念产生着极大的影响。

　　1. 利己主义的公开立场

　　按照古典经济学派的逻辑思路，国民财富的增长是由于生产产品的增加，要增加工业产品的生产，就必须要增加生产的资本。也就是说，必须要尽可能地进行资本的积累，将资本投入扩大再生产，这样才能增加生产，才能增长国民财富。按照斯密的说法，这一切是建立在资本家节俭的道德品质之上的。"每一笔的出现或每一次增加的资本，不但给储蓄者本人打下年年收入一定利润的基础，而且给所有由于这笔新增加的资本而有机会贡献劳力的人打下这种基础。正是由于这个原因，远近驰名的亚当·斯密，把一生中只一次扩大他的生产资本的俭约的人，比作创立济贫院收容一生自食其力的工人的慈善家；另一方面，他把侵蚀自己资本的浪子比作乱花慈善机构基金的无赖的管事，他不但使现在要依靠它为生的人流离失所，并且使将来需要依靠它为生的人也流离失所。斯密非常坦率地把所有浪子都叫做害群之马，把所有谨慎花钱的俭约的人都叫做社会的恩人。"② 萨伊在斯密的基础上，肯定了资本积累对财富增长的意义，但不同于斯密所主张的资本积累建立在资本家节俭道德品质基础上的观点，他认为资本积累是建立在了人们的"利己心"之上，提出"利己主义"促进了资本的积累，从而增加了社会的财富，公开地为"利己主义"摇旗呐喊。萨伊说："侥幸得很，利己主义会使人们不断警惕着保护自己的资本，因为资本一旦撤出生产领域，收入势必相应地减少。"③ 利己主义的追求不仅使人们热衷于将财富用于资本的积累再生产，也在商品流转和资本流通领域内起着重要作用。萨伊说："刺激流转的最有力因素，乃是一切阶级的

---

① ［法］萨伊：《政治经济学概论》，陈福生、陈振骅译，商务印书馆1997年版，第10—11页。
② 同上书，第119页。
③ 同上书，第120页。

人特别是生产者本身想尽量减少所使用资本的利息负担这个自然愿望。"①
由此，他得出的一个著名论断是："利己主义是最好的教师。"② 需要指出
的是，萨伊所肯定的"利己主义"绝不是自私自利，而是有限度的利己，
或者说是在不侵犯他人利益前提下的利己。

首先，"利己主义"应该是财富的得之有道。萨伊看到了当时资本主
义的蓬勃上升，并意识到财富的增加取决于投入资本的多寡。他说："和
过去相比，资本都成为最大和更普遍的追求对象。"③ 当然，资本的积累会
造成贫富的不均，会影响到社会的稳定，尤其是在"利己主义"的导向
下。针对这一点，萨伊辩护道，"一个人的日益增长的财富，如果是得之
有道并使用于再生产方面，决不可加以嫉视，而应该加以欢迎，看作一般
繁荣的泉源。我说得之有道，因为通过掠夺或勒诈取得的财产，并不增加
国民的资本，他不过是从一个人手中转移到另一个人手中的一部分已存在
的资本。这资本本来在前者的地方，后者并没作任何生产性劳动来取得
它。一般地说，凡使用不正当手段取得的财物，往往也以不正当方法花费
去"④。资本积累之所以造成贫富不均，并不在于财富获得手段的正当与
否，而在于由于起点的不公平导致结果的不平等。当然，萨伊看不到这一
点，而只是从最简单的层面为"利己主义"辩护。在他看来，资本积累导
致的贫富不均显然是不可能的，因为人总是会死的，当他死亡之后，财产
就会被瓜分，积累就此结束。既然资本积累并不能造成贫富不均，那么，
通过正当手段获得财富并用于资本积累投入再生产获得更大的财富也就是
正当的了。萨伊虽然在这个问题上以粗陋的方式在为资产阶级辩护，但我
们应该看到他肯定利己主义所具有的积极意义。那就是，古典学派通常将
财富增长的出发点建立在人的利己本性基础之上，但这种利己并不是无规
则、无正义的利己，财富的获取必须要得之有道，要遵守基本的社会法则
和道德准则。对财富的欲求需要接受伦理规则的制约，要在某种伦理价值
观的指导下以正当的手段来获取。

其次，"利己主义"就是私有财产神圣不可侵犯。萨伊的"利己主义"
所要表达的是资本主义的圣律——私有财产神圣不可侵犯。私有产权在资
本主义生产方式下具有非常重要的作用，是资本主义生产方式的基石。萨
伊认为一些政治经济学说只看到私有财产的存在对财富积累的重要性，并

① ［法］萨伊：《政治经济学概论》，陈福生、陈振骅译，商务印书馆 1997 年版，第 153 页。
② 同上书，第 196 页。
③ 同上书，第 123 页。
④ 同上书，第 124 页。

不研究私有财产保护等问题是不对的。萨伊说："事实上，如果政府不能使人遵守法律，如果政府自己从事掠夺，或没有力量禁人掠夺，如果由于法律条文过于繁杂，或由于法理过于玄妙，以致所有权始终不稳固，那么，法律上的私有财产不可侵犯性显然就是一种笑话。此外，如果财产既不是现实的东西也不是权利，那就不能说财产存在。只有财产是权利和现实的东西的场合下，生产的泉源即土地，资本和劳动才能发挥其最大生产力。"① 为什么私有财产对资本主义生产方式具有如此重大的作用，萨伊认为这是不证自明的，不证自明的缘由就是因为这是利己主义的应有之义。萨伊说："有些真理完全是自明的，不需要什么证明。下面就是这种真理之一。安稳地享有自己的土地、资本和劳动的果实，乃是诱使人们把这种生产要素投于生产用途的最有力动机，谁会否认这个道理呢？财产所有者本人比任何人更清楚地知道如何最有效地利用他的财产，谁会怀疑这个道理呢？"② 私有产权制度对资本主义经济的自由发展具有极为重要的作用，因此萨伊反对政府对个人经济活动的任何干预。

最后，"利己主义"能实现国家的利益。萨伊之所以公开地为利己主义摇旗呐喊，一个非常重要的原因在于，他将集体看作单个人的利益的总和。也就是说，所谓的集体利益，是组成这个集体的单个人利益的总和。那么，当集体中的单个人的利益得到了满足，这些个人利益的相加也就构成了集体利益，集体利益就建构在个人利益满足的基础之上。萨伊说："凡对个人说是财富的，对国家说也是财富，因为国家是由许许多多个人组成的。"③ 这种关于集体和个人的关系，马克思曾经有过形象的比喻，那就是，这就好比一个口袋的马铃薯。当我们用一个袋子装满马铃薯的时候，每个马铃薯看似都在一个袋子的集合里面，但马铃薯与马铃薯之间仍然是相互独立与分离的。显然，当我们想把这个马铃薯的袋子看作一个集体的时候，集体中的个人就不仅仅是原来的那个狐立的马铃薯。虽然这只是一个比喻而已，但是已经非常说明问题。当我们把集体看作是个人的集合，所谓的集体利益绝不是什么个人利益的总和与相加，而是个人利益的统一。萨伊的这种认识明显看出，他深受功利主义思想的影响。功利主义伦理思想在看待集体利益和个人利益关系时，就是将集体利益看作是个人利益的相加与总和。这种利己主义的立场在萨伊的思想中到处可见，正如

---

① ［法］萨伊：《政治经济学概论》，陈福生、陈振骅译，商务印书馆 1997 年版，第 137 页。
② 同上。
③ 同上书，第 252 页。

他所宣称的那样，"就对外贸易说，凡最有益于全体个人的，也就最有益于国家"①。当然我们可以看出，萨伊的这种论证是有问题的。萨伊本人也很清楚地看到这一点。当面对个人对私利的追逐无益于社会利益的情况时，怎么用这一利己主义的观点来解释呢？萨伊说："对资本家自己说，资本最有利的用法，是在同样风险下能生最大利润的用法，但对他最有利未必对一般社会也最有利，因为资本有这个特殊机能，除产生它本身所特有的收入外，还帮助土地与劳动产生收入。"②萨伊用了一个很有意思的解释，就是将问题的解决归之于人性的弱点。他说："侥幸得很，事物的自然发展使资本投入最有利于社会方面，而不使它投入有最大利润方面。人们一般喜欢的投资是最靠近家庭的投资。……他们最不喜欢的是对外商业、运输业和跟遥远国家贸易。资本家，尤其是中等资本家，都愿意把资本投在他自己能够监督的地方，而不愿意把资本投在遥远的事业。"③在萨伊的那个年代，农业投资是最有利于社会的投资。如何能够保证资本家将资本投入最有利于社会的方面呢？萨伊自己也承认，资本家总是愿意将资本投向最有利于资本最大限度增值的地方，但由于资本家个性中的原因，人性中存在的天然弱点，总是倾向于把资本投向自己所能掌控的地方，这个地方就是农业。萨伊的这个证明，显然是粗陋的，没有说服力的。我们可以看到，萨伊力图用这个证明来掩盖资本的图利性质，试图为资本主义的个人主义立场找到功利主义的证明，证明从个人利益出发能够自然达到最有利于社会的效果。

萨伊与同时代思想家不同，他不再遮遮掩掩地谈论个人私利对社会财富增长的有效性，也不讳言个人对私有财产的追求，而是公开地为"利己主义"正名，宣扬这种所谓的合理的利己主义。

2. 对经济自由主义价值观的追求和倡导

在利己主义立场上，萨伊进一步强调了自由主义的重要性，宣扬了自由主义的价值观导向。"经济自由主义贯穿于萨伊著作的始终，但在其生产论和分配论中体现得最为集中。"④

第一，自由是个人财富得以增长的重要手段。萨伊将财富看作是效用的创造，而劳动、资本和自然力三要素是创造效用的基本要素。要使这三个要素充分发挥作用，就必须保证私有财产权。在萨伊看来，保障私有财

---

① ［法］萨伊：《政治经济学概论》，陈福生、陈振骅译，商务印书馆 1997 年版，第 299 页。
② 同上书，第 403 页。
③ 同上书，第 405 页。
④ 晏智杰主编：《西方市场经济理论史》，商务印书馆 1999 年版，第 157 页。

产权不仅仅是尊重个人对财产占有和处置的权利，更为重要的是对个人自由地运用资本、土地等生产要素进行效用创造以及自由发挥个人才干的允许。萨伊无时不将自由和财产所有权以及个人财富增长相联系，认为政府干预就是对自由的侵犯、对财产所有权的侵犯，并对此有详细阐述。其一，政府干预就是对人们劳动权利的侵犯，而劳动权利是人最为重要的财产所有权。他说："应该指出，阻碍人自由运用生产手段，就是侵犯人的财产所有权，正如剥夺人的土地、资本或劳动的果实是侵犯财产权一样。"① 每个人都有自由劳动的权利，这个权利也包括在私有财产权之内。除非运用这种权利会伤害到他人的权利，政府才有干预的必要。比如，偷盗是一个人劳动的权利，当运行这种合理权利就会伤害到他人的利益，显然这是应该被政府所干预和制止的。除了这种情况，任何形式的政府干预人们劳动权利都是对私有财产权的侵犯。其二，以维护社会治安的名义也不能侵犯个人的权利。"我知道，维持社会治安比尊重财产所有权更为重要，因为财产所有权的安全依存于社会的安宁。但是正由于这个原因，除非社会治安明显地受到威胁，为着维护治安必须侵犯个人权利，否则，上述或和上述相似的侵犯个人权利的行为是不能允许的。正是这一点使财产所有者深深感到，在组织国家时，必须规定某种保证，使当权者不能以公共利益为口实来掩蔽他的野心或出于爱憎的举动。"② 任何打着维护社会治安名义征收的捐税都必须谨慎，绝对不能超过这个范围，否则就是对个人权利的伤害。其三，因对生产有利而干涉个人的财产所有权也需谨慎。"但有些极端情况，在这些情况下，干涉财产所有者的财产却对生产有利。例如，在允许可恶的奴役权的国家，人们都发觉限制奴隶主对奴隶的权利是有利的，因为奴役权是与一切其他权利相对立的。"③ 即便如此，也不意味着这种干涉是正当的，在迫不得已的情况下即使做了，也需要谨慎。其四，为公共安全做出的私有财产牺牲即使有赔偿，也是对私有财产的侵犯。"公共安全有时迫切需要牺牲私人的财产。任这种牺牲即使给付赔偿，也是侵犯。因为，财产权意味着能够自由处置自己的财产。上述牺牲无论得到怎样充分的赔偿，总不是出于心愿的处置。"④ 其五，维护私有财产神圣不可侵犯对穷人也是有利的。虽然穷人没有私有财产，但制止对私有财产的侵犯，对穷人而言也是有利的。"身无长物的人，和富人一样，对维

① ［法］萨伊：《政治经济学概论》，陈福生、陈振骅译，商务印书馆 1997 年版，第 138 页。
② 同上书，第 139 页。
③ 同上。
④ 同上书，第 140 页。

护财产的不可侵犯性也有利害关系。如果没有过去所积累和所保护的财产的助力，穷人的个人服务将无人需要。一切阻碍或浪费这些蓄积的行为，都大不利于穷人的生计。上层社会的破坏和掠夺，结果必定引起下层社会的困难和堕落。穷人对财产权的利益的一知半解，以及富人的利害关系，曾经促使一切文明国家对侵犯财产的举动提出起诉做犯罪论处。"① 总之，萨伊归结到一点，无论如何，政府都不能掠夺个人的私有财产。"如果政府当局自己不作掠夺，那就是人民最大的幸福，财产就可得到保护，不遭别人掠夺。要是没有社会的联合力量保护个人财产，就不能想象人、土地和资本的生产力的巨大发展，甚至不能想象资本的存在，因为资本只不过是在政府保护下所积累的价值。正由于这个原因，政治不上轨道的国家，没有一个达到富裕。"②

萨伊从保护财产所有权的利处与侵犯财产所有权的弊处两个方面强调了财产所有权的神圣不可侵犯。基于这个前提，他对于任何形式的政府干预都予以了反对。因为政府干预意味着对私有财产某种程度上的侵犯。更为值得重视的是：萨伊将财产私有权的神圣化为了永恒。他认为，财产私有神圣不可侵犯是一个永恒的时代主题，是天生如此的，资本主义制度的基础就是财产私有。这就在承认财产私有的前提下，承认资产阶级统治与剥削的合理性。从进步性来说，这是针对封建制度的等级统治而言的。在承认财产私有的前提下，释放出了人身地位平等与独立的信息；同时，也予以了阶级剥削与压迫制度一种新的形式。那就是：所谓的人身地位的平等与独立并不是真正的平等与独立，而是在财产私有前提下的平等与独立。这就为资本主义的不平等蒙上了一层财产所有权的面纱。

第二，以自由之名反对任何形式的政府干预。在萨伊看来，任何形式的政府干预都势必会影响到生产，而生产的自由与否直接与财富的增长相关，由此，他反对任何形式的政府干预。他说，"严格地说，政府的措施，无一不会在一定程度上影响到生产"，而"政府影响生产的企图，一般有两种目的：使人们生产它认为比其他更有益的东西，使人们采用它认为比其他更适当的方法"③。在萨伊眼中，"政府干涉生产的大危害，并非起因于偶然违反规定的准则，而是起因于对自然法则的不正确看法以及以这些看法为根据所定立的不正确原则。于是弊政层出不穷，灾祸紧随着原则而

---

① ［法］萨伊：《政治经济学概论》，陈福生、陈振骅译，商务印书馆 1997 年版，第 141 页。
② 同上书，第 140 页。
③ 同上书，第 154 页。

产生"①。政府干涉会给社会生产带来严重的危害，因此，萨伊对政府的自由放任主义予以了高度的赞扬。他说："最繁荣的社会，必定是不受形式拘束的社会。"② 既然如此，我们还需要政府吗？如果需要，政府还能干什么？萨伊指出，在不干涉生产的前提下，政府承担的两个最主要的职责是：管理社会和保障人身、财产安全。当然，就是这两种职责也不意味着政府可以任意行使权力。萨伊说："如果管理的目的，在于防止那些显然有害其他生产事业或公共安全的欺诈行为，而不在于指定产品的性质和制造的方法，那么管理便是有益和正当的。"③ 这个立论的依据就在于"政府采行旨在使人民不能自由运用自己才干与资本的措施是一种犯罪行为"④。针对政府保障人身、财产安全的干预，萨伊也强调："但在政府所能使用以鼓励生产的一切方法中，最有效的是保证人身和财产的安全，特别是保证不受专横权力蹂躏的安全。这种保证本身就是国家繁荣的一个泉源，不仅仅抵消迄今为止所曾经发明的一切阻碍国家繁荣的拘束的影响。拘束会压缩生产的弹性，但没有安全就会导致生产的绝对毁灭。"⑤

仁慈的政府就是尽量减少干涉。在萨伊看来，政府干涉绝对是一件坏事，因此，应该强调尽量减少政府的干涉。萨伊指出，即使干涉能够带来利益，它本身就是一件坏事。他说：

> 理由是：首先，干涉使人感受烦恼和苦痛；其次，干涉必定伤财，或伤国家的财，如果费用是由政府支付，就是说，是由国库负担，或伤消费者的财，如果费用是由有关产品负担。在后一种情况下，费用必然导致产品的涨价，于是不但增加消费者的负担，而且在这范围内减少国外的需求。⑥

针对当时政府通行的在产品检测、专卖许可等方面的干涉措施，萨伊予以了严正的批评。对于政府在生产中的直接干预，萨伊更是强烈反对。他说：

---

① ［法］萨伊：《政治经济学概论》，陈福生、陈振骅译，商务印书馆1997年版，第154页。
② 同上书，第197页。
③ 同上书，第198页。
④ 同上书，第197页。
⑤ 同上书，第221—222页。
⑥ 同上书，第199页。

　　和政府在生产方面所作的努力分不开的，还有另一种流弊，那就是政府的这种努力会妨碍私人的企业。不是妨碍和政府有商业往来的人们的企业，因为这些人必定非常小心避免损失，而是妨碍在生产方面和政府竞争的人们的企业。无论在农业、工业和商业方面，政府都是极其可怕的竞争者，政府有巨大的财富和力量供其支配。政府往往不计较利润的有无。政府能够承担得起以低于成本的价格抛售货物的损失。政府能够于很短时间内消耗或生产或垄断这么巨大数量的产品，剧烈地扰乱各种货物的相对价格，而剧烈的价格变动没有一次不是有害的。①

更为可怕的是，政府在交易的时候，难免会上当。既然如此，政府更不应该参与生产。萨伊说："如果政府所作的交易，总不免上人的当，那么，政府何苦自己经营生产和商业，从而增加受人欺骗的机会，就是说，何苦从事那些必定无止境地增多和私人打交道的事业呢？"②

　　总之，萨伊对自由给予了充分的肯定，"挽留人或吸引人的最有效方法，就是给人以公平和仁慈的待遇，保护每个人使能享受他认为最珍贵的权利，许人自由安排自己的人身和财产，许人继续保持住所和迁移住所，许人言论自由，阅读自由，写作自由"③。并在此基础上，给政府做了一个定位，即政府只不过是"公共财富的托管人"。

　　学界对萨伊的自由主义通常都给予了中肯的评价，但他对经济学研究方法的简单化使之被冠以"庸俗经济学家"的头衔，"萨伊的弱点不在于他坚持'自由放任'的口号和把工业资产阶级的利益提到首要地位——古典经济学家也是站在这种立场上的。但是他把'自然秩序'——十八世纪的资产阶级思想——解释得未免太简单化了，就是说，太庸俗了，因而政治经济学就被他看成像是物理学……一样的自然科学了"④。

三　巴师夏的经济自由主义价值观

　　巴师夏（1801—1850），法国著名的自由主义代表。他深受斯密自由主义的影响，发表了一系列宣传自由经济观点的著作，其代表作是《和谐

①　［法］萨伊：《政治经济学概论》，陈福生、陈振骅译，商务印书馆 1997 年版，第 219 页。
②　同上书，第 220 页。
③　同上书，第 239 页。
④　［苏联］卢森贝：《政治经济学史》2 卷，李侠公译，生活·读书·新知三联书店 1959 年版，第 26 页。

经济论》。在经济思想史上，巴师夏历来得到的是截然相反的评价。赞扬者给予他高度的肯定，批判者给予他高度的否定。马克思评价巴师夏说："庸俗经济学辩护论的最浅薄因而也是最成功的代表。"① 《经济学说史》中也说道："不论在国内或国外，巴师夏向来都被认为是资产阶级政治经济学的化身。蒲鲁东、拉萨尔……凯尔恩斯、西季威克、马歇尔和庞巴维克都认为它是现存秩序的维护者。他们都不认为他是一位有科学头脑的作家。"② 更为极端的评价是肯定巴师夏的写作水平，而不是他的学术水平。"几乎每一个写他的人都情不自禁地证明他是一位了不起的修辞和政论天才，伟大的奥地利经济学家路德维希·冯·米塞斯 1927 年在其《自由主义》一书中谈道，巴师夏是一位'光彩照人的修辞学家'，'读他的著作是一种特殊的享受'。巴师夏的同胞约瑟夫·熊彼特则将他看作是有史以来最出色的经济记者。"③ 但同时，巴师夏作为自由主义的代表是得到肯定的。"《经济和谐论》和巴师夏的其他著作包含着自由主义学派学说的一切主要特点。他的极端乐观主义和他对终极原因的信念已为很多自由主义学派经济学家所承认，但他仍然是乐观主义自由学派，而且也许是整个法国自由主义学派的有名的代表人物"④，"巴师夏应该得到较为公允的评价"⑤。德特马·多林认为，"事实上，在自由主义和自由贸易的事业上，几乎找不出一个文字上比他更强有力的代言人了"⑥。在多林看来，"巴师夏虽然没有成为像亚当·斯密那样的经济学文献中的巨擘，但却清楚地显示了一种知识分子的责任感。他就是以这种责任感来实实在在地进行学术上经得起推敲的、严肃的思想论证的"⑦。将巴师夏视为法国继萨伊之后自由主义最著名的代表，恐怕是不会言过其实的。巴师夏继承了重农学派的自然秩序观，将和谐作为了自然秩序的基本内容。并从个人利益出发，强调通过自由的手段，最后达到公共利益的实现。

---

① ［德］马克思：《资本论》1 卷，中共中央马、恩、列、斯著作编译局译，人民出版社 2004 年版，第 18 页。

② ［法］夏尔·季德、夏尔·利斯特：《经济学说史》下，徐卓英等译，商务印书馆 1986 年版，第 381 页。

③ ［法］弗雷德里克·巴师夏：《和谐经济论》，许明龙等译，中国社会科学出版社 1995 年版，导言，第 1 页。

④ ［法］夏尔·季德、夏尔·利斯特：《经济学说史》下，徐卓英等译，商务印书馆 1986 年版，第 380 页。

⑤ ［法］弗雷德里克·巴师夏：《和谐经济论》，许明龙等译，中国社会科学出版社 1995 年版，第 381 页。

⑥ 同上书，导言，第 1—2 页。

⑦ 同上书，导言，第 13 页。

1. 经济自由主义价值观的出发点：利益的自然和谐

巴师夏把自己《和谐经济论》一书的主旨定为"一切正当的利益彼此和谐"，并认为这是真理。他论述的整个内容和主要目的就是围绕着"利益的和谐"来进行的，同时这也是其阐述自由主义价值观的出发点。"利益的和谐"在巴师夏看来，这是自然法则的真理，同时，这种和谐在社会生活的很多方面得到表现。当然，这个利益指的是个人利益。

第一，个人利益是正当的。巴师夏强调，个人利益是人们行为的动力。他说："人的基本动力就是个人利益，因为很多事情都是个人利益引发的。"① 个人主义立场是巴师夏经济伦理思想的出发点。虽然巴师夏对功利主义思想提出了批评和反对的意见，但他从未否认自己的个人主义立场，而且对个人主义进行了详细的阐述。巴师夏认为，个人利益是行为动力，不仅是客观的事实，也是自然法则的应有内容。针对当时社会上盛行的对个人主义的批评，巴师夏认为，这种批评不仅没有认识到人的本性，同时更是对自由的极大伤害。他归结这种批判观点的论证是这样的："人人钟爱自己，这就是万恶之源。因为，人既然钟爱自己，当然就要去追寻自己的幸福。可是，幸福却只能在他人的不幸中找到。因此，必须遏制人的本性，扼杀自由，改变人心，以另一种动力取代上帝赋予的动力，发明并领导一个人造的社会。"② 这种人造社会显然就是对上帝自然法则的最大侵害，是不正当和不道德的。针对当时代那些对于个人主义的批评，巴师夏对个人利益的正当性做出了如下论证。

首先，人的本性中有两个方面：利己和同情。巴师夏说："当然不应否认，人确实钟爱自己。不过，一方面由于人们相互同情和关怀，另一方面由于在人的活动范围内人人都具有相同的情感，所以自我钟爱在一定程度上就受到了克制，变得不那么强烈。"③ 即人虽然有自利的本性，但由于同情心的存在，人们能够感受到他人与自己所具有的相同情感，这在一定程度上克制了人的自利。从思想深度来说，巴师夏的这一人性理论显然不是什么新鲜的内容，而是斯密利己与同感思想的再阐述④。但他则进一步

---

① ［法］弗雷德里克·巴师夏：《和谐经济论》，许明龙等译，中国社会科学出版社 1995 年版，第 54 页。

② 同上书，第 65 页。

③ 同上书，第 67 页。

④ M. G. O'Donnell 也认为，巴师夏的"经济和谐"中有来自于斯密的"自利"观念：a producer increases his own well-being by increasing the well being of his customers. Bastiat sought an ethical framework that would include the knowledge of this harmonious relationship. 见 M. G. O'Donnell, Economics as Ethics: Bastiat's Nineteenth Century Interpretation, *Journal of Business Ethics*, Vol. 12, No. 1 (Jan., 1993), pp. 57 – 61, Published by Springer.

对个人利益追求的正当性做出论证。因此，他再三强调，"利己和同情"是社会的两个基本原则。

其次，爱别人就是爱自己。巴师夏肯定个人利益追求的正当性，也就是对满足人的正常需求的肯定。他认为，满足基本生活的物质需要是人类生活的基础，也是人与动物所共同具有的本性。但是，人与动物的不同是因为人是社会的存在，在社会关系中结成相互依存的关系。也正是在社会中，使得人的需要不断增长，这就形成了人所特有的一种能力——交换。"自然使人在孤立状态中的需要大于能力，而在社会状态中则能力大于需要，从而为更高层次的享受开拓了无限前景。……如果没有交换能力，人类即使不从地球上消失，也只能永远苦苦挣扎在贫困、匮乏和无知之中。"① 交换的出发点恰恰就是爱自己的动机，却造就了爱别人的结果。社会中大家认可的"我为人人、人人为我"，就是爱别人和爱自己的统一。而爱别人的目的恰恰就是爱自己。"同情只不过是个人主义原则的一种绝妙的表现形式，爱别人归根结底是非常聪明的爱自己。"②

最后，个人利益能实现整体利益。巴师夏认为，个人利益与全体利益之间是统一的，根本就不存在着冲突。他认为，"每个人的幸福能增进全体的幸福，全体的幸福能增进每个人的幸福"③，这是社会的定律。个人与整体在利益上的一致，是由个人与整体的关系决定的。巴师夏认为，个人与社会就是部分与整体的关系。显然，部分之和是能大于整体的，而且整体的满足也就等于是部分的满足；部分的利益也就是整体的利益。巴师夏说："社会每一成员获得满足的总和远远高于他通过自身努力所能得到的总量。"④ 整体大于部分的哲学思考，早在亚里士多德时代就已经被大家所认识。但是，需要注意的是，整体与部分的关系不是 1 + 1 = 2 的关系。所谓部分，那是组成整体的有机联系的每个因素；所谓整体，那是部分构成的一个完整内容。整体大于部分的前提是整体与部分的关系必须得以成立。巴师夏以个人主义立场建构的个人与社会的关系能否以部分与整体的关系进行解释？原子主义从个人观出发是否能导致整体主义立场的建立？答案显然是否定的。巴师夏在批驳功利主义的同时，恰恰使自己的论证陷入了功利主义的怪圈。

---

① ［法］弗雷德里克·巴师夏：《和谐经济论》，许明龙等译，中国社会科学出版社 1995 年版，第 103 页。
② 同上书，第 118 页。
③ 同上书，第 120 页。
④ 同上书，第 289 页。

第二，正当的个人利益之间是和谐的。巴师夏认为，既然和谐是自然的法则，那么，"正当的个人利益之间是和谐的"。和谐是自然的法则，而自然法则是社会的最高法则和基本要求，因而，和谐也是社会的必然要求。和谐是上帝所预设的自然法则，"上帝的法则是和谐的"①。这种法则是自然天定的，是上帝早有预设的。巴师夏说：

> 在研究人类的规律、力量、能力和倾向之前，我们不应为人类作出这种绝望的结论。牛顿发现万有引力后，每当提到上帝时都脱帽致敬。智力高于物质，同样，社会世界远在牛顿所崇敬的那个物理世界之上。因为，天体虽然按规律运行，却并未意识到规律的存在。当我们观察社会世界的机制时，更有理由向永恒的智慧鞠躬致敬。因为社会世界机制也反映了上帝的思想：精神推动物质，而且还有一个与众不同的特点，那就是：每个原子都有生命、会思想，具有神奇的力量，拥有人所独具的品质，即一切道德、尊严和进步的源泉：自由。②

正是因为和谐是上帝早有预设的自然法则，对于这种法则就不能人为地破坏，而必须顺应这个法则的要求。如果人类一意孤行，任意破坏这种自然法则，就必定会受到上帝的惩罚。"当我们欣赏交易的顺应天意的规律时，当我们说利益一致时，当我们由此得出结论：它们的自然引力趋向于实现相对平等和普遍进步时，表面上看起来我们是在这些规律的行动中，而不是在它们的干扰中期待和谐。当我们说：顺其自然吧，看起来我们是想说：让这些规律起作用，而不是让人去干扰这些规律。好事或坏事的产生，取决于人们是否顺应或违反这些自然规律。"③ 社会生活中，和谐是其最基本的自然法则，当这种法则被破坏了，人类就将得到惩罚。"在社会自然规律的运作中，我已经瞥见了崇高而令人欣慰的和谐"④，"社会大趋势是和谐，因为任何错误都导致失望，任何邪恶都会受到惩罚，不协和终将一一消失"⑤。巴师夏归纳利益法则具有四个特性：和谐性、宽慰

---

① ［法］弗雷德里克·巴师夏：《和谐经济论》，许明龙等译，中国社会科学出版社 1995 年版，第 42 页。
② 同上书，第 64 页。
③ 同上书，第 220 页。
④ 同上书，第 68 页。
⑤ 同上书，第 72 页。

性、宗教性和可行性，其中和谐是利益法则的主要特征①。这样的话，所有的个人正当利益之间是不应该有冲突的，必定是和谐的。

2. 经济自由主义价值观中的三个和谐

从利益的自然和谐出发，巴师夏主要阐述了三个方面的经济和谐：交换的和谐、价值的和谐和资本的和谐。

首先，交换的和谐。巴师夏认为，个人利益是行为的发动机，由个人利益出发自然而能达社会利益的满足。他的这个结论的推导其实非常简单：我们每个人都有满足物质需要的要求，这种要求就是个人利益；在这种需要的推动下，我们进行劳动，生产出产品；庄于个人能力所限，我们必须对我们的劳务进行交换，结果每个人利益都得到了满足，就表现出和谐②。巴师夏说道，我们为什么要进行交换呢？

> 自然提供给人利用的自然资源不是均匀分布的，自然赋予人的能力也是强弱不等的。我们每个人并不拥有同样的力气、勇气、智慧、耐心以及艺术、文学和工业才能。如果没有交换，这种差异不但不能为我们带来幸福，反而会加剧我们的贫困。因为，一方面，人人对自己实际拥有的能力不能充分认识，另一方面，人人都对自己所缺少的能力有特别强烈的感受。通过交换，身强力壮的人在一定程度上可以少拥有一些才干，有才干的人可以少拥有一些力气。因为，在人们共同建立的集体中，每个人都可以分享其他成员的优点。③

交换给我们带来了便利，即使交换的动机并不高尚，但带来了高尚的结果。"交换的动机虽不崇高，但无论在其最初的以物易物阶段，还是在后来遍布各地的商业阶段，交换都在社会中推动了崇高的趋向。"④ 具体来说，交换之所以带来崇高的结果，就是因为"交换促成了分工，于是有了不同的职业。人人为了公众的利益而努力战胜某一类困难，提供某一类劳务。对价值所作的分析表明，每种劳务的价值，首先在于它固有的效用，其次在于它被提供给一个比较富有的环境，也就是说，被提供给一个准备

---

① ［法］弗雷德里克·巴师夏：《和谐经济论》，许明龙等译，中国社会科学出版社 1995 年版，第 41 页。
② 同上书，第 80 页及以后。
③ 同上书，第 109 页。
④ 同上书，第 118 页。

购买它并具有支付能力的人群。……处在富裕环境中的人有更多致富的机会"①。在交换中表现出来的就是和谐，而且这是"最重要、最美好、最具决定性、最多产的和谐"②。

其次，价值的和谐。在肯定了交换重要性的基础上，巴师夏进一步阐述了价值问题。经济学上最基本的原理就是价值交换，即商品交换是以价值为基础的交换。那么什么是价值？巴师夏批判了当时流行的一些价值理论，提出价值是劳务。也就是说，以价值为基础的交换其实是两种劳务之间的交换。这种交换就是相互提供服务，相互帮助。他说："两个人相互让与正在进行的努力或各自先前努力的结果，他们就是互相帮助，互相提供劳务。所以我认为，价值就是两项交换的劳务之间的比例关系。"③ 巴师夏将价值看作是劳务。既然是劳务，显然就包括提供劳务的和接受劳务的，二者之间是服务与被服务的关系，这种关系是平等的。"我认为价值原理寓于人的劳务，价值是对两项相互比较的劳务作出评价的结果。"④ 相互提供劳务，互相帮助，在平等关系基础上表现出来的正是和谐的社会关系。"我不相信世界上会有一个人反对互助服务的公正性，因为换句话说互助服务意味着公正。"⑤ 进一步地，巴师夏还提出了无偿效用规律来说明价值中的和谐。他把效用分为两类：一类是上帝或自然无偿赐予的自然财富，即无偿的效用，如空气、阳光等。这类效用在人类交易史中一直是公有的；另一类则是人类行动应给予的社会财富，即具有价值的有偿效用。他指出，随着人们越来越用自然力来完成他们原先只是用体力来完成的工作，无偿的效用部分一直在增加，劳动或服务所取得的有效效用部分及价值在逐渐缩小，而价值的下降意味着个人财产的削弱。人类社会随着公有效用比重的不断提高，个人财富比重逐渐缩小，社会会出现趋于社会化和平等的最强烈的倾向。巴师夏说：

> 这是社会各种和谐中最重要、最美好、可能是最鲜为人知的和谐，它概括了其他所有的和谐。将有偿使用性转变为无偿使用性；降低价值而不降低使用性；使每个人为得到同样的东西而自己付出更少

---

① ［法］弗雷德里克·巴师夏：《和谐经济论》，许明龙等译，中国社会科学出版社1995年版，第119页。
② 同上。
③ 同上书，第136页。
④ 同上书，第169页。
⑤ 同上书，第199页。

的辛苦或给别人更少的辛苦报酬；不断扩大公共事物的数量，以便所有的人以同样的方式享有这些公共事物，并逐步消除来自产权差别的不平等现象，所有以上这些都是进步的本质所在，而进步也只能体现在这些方面。①

最后，资本的和谐。从交换就是互助服务的理论出发，巴师夏得出结论：资本家和劳动者之间也是互助服务的关系，资本家付给工人工资、工人给资本家干活，相互之间交换的就是各自的劳务，因此，根本就不存在什么剥削和利益对立的问题，资本家和劳动者之间天然地存在着和谐的利益关系，资本就体现出和谐。而且，从所谓的财富分配的"资本规律"来看，劳动者和资本家之间的关系就是和谐的。什么是财富分配的"资本规律"呢？财富分配的"资本规律"，即劳资两利而不是劳资对立的分配规律。巴师夏认为随着资本的增加，社会总产品会不断增加，劳动者和资本家"每一方有一个不断增长的绝对提取额，但是资本的提取比例部分与劳动的提取比例部分相比却不断减少"②，这是一条社会基本规律。巴师夏说："'资本从生产总值中的绝对提取额随着资本日益积聚而增加，提取比例则下降；与此同时，劳动从中提取的相对比例增加，其绝对提取额增加得更多。资本缩减时则引起相反的效果。'如果这条规律得到确认，就可证明，劳动者及其雇主之间显然存在着利益的和谐。"③ 他从利息与资本之间的关系来论证了这条规律。资本家获得的相对数额会不断下降，是因为随着资本的增加，利息将会不断下降；绝对额将会不断增加，是因为资本总额不断增加，会使得利息总额不断增加。同时他用数字证明"随着资本的增长，资本从总产品中的绝对提取额增加了，而它的相对份额降低了。相反，劳动从中提取的绝对额和相对份额都增加了"④。由此巴师夏劝说工人和资本家应该很好地合作而不应互相对立，因为双方的利益是一致的。他说："资本家和工人们，你们不要再以不信任和嫉妒的目光互相对视了。不要再听那些荒谬的说法了，这根本不是骄傲，只是一种无知，他们以允诺未来的博爱为借口，开始挑起了当前的不和。不管人们怎么说，应该承认：你们的利益是共同的、一致的；不管怎么说，它们融合在一起，它们

---

① ［法］弗雷德里克·巴师夏：《和谐经济论》，许明龙等译，中国社会科学出版社1995年版，第227页。
② 同上书，第214页。
③ 同上书，第45页。
④ 同上书，第212页。

的目标是一起去实现总的利益。"① 他饱含激情地对资本赞美道："资本使我们的需要高尚了，使我们的努力减轻了，使我们的满足洁净了，使自然降服了，使道德变成了习惯，使社会发展了，带来了平等和自由，它还通过最巧妙的方法使得公正无处不在、无时不在。因此，不管人们从什么角度来看待资本，只要将它与以上各点联系起来，只要它依照不脱离自然轨道的社会秩序去形成和活动，我们就能在它身上找到一切合乎上帝的伟大法则的特点：和谐。"② 所以，"就让资本毫无顾忌地根据它们自己的倾向和人们的心理倾向去形成、发展吧！"③

巴师夏的资本和谐理论为他招致诸多诟病，人们给他冠之以"资产阶级的庸俗的、坚定的"辩护者之名。可是，随着资本主义经济理论的进一步发展，在资本主义的经济实践中，人们发现，巴师夏的资本和谐理论并非一无是处。美国经济学家西奥多·W. 舒尔茨在《人力投资》一书中提到，"与劳动对于国民收入贡献的增大相反，资产所贡献的国民收入的份额下降了。对西方国家的这个发展过程，库兹涅茨做了相当长时期的考察，发现国民收入中由资产所创造的份额从大约45%降至25%，而劳动的份额则从55%提到75%"④。书中的两位诺贝尔经济学奖获得者都认为，随着经济的发展，发达国家的劳动者的利益得到了增强。

3. 经济自由主义价值观的最后归宿：自由

在阐述了利益的和谐法则之后，巴师夏将自由作为了经济活动的归宿。他说："经济学派以自然和谐为出发点，以自由为归宿。"⑤ 可以说，自由是巴师夏思想的归宿，也是其经济自由主义价值观的归宿。

首先，和谐要求自由，自由就是和谐。巴师夏认为，自由的重要性是和谐本身就规定了的。在社会秩序上，存在着两种状态：自由与强制。利益和谐就决定了社会不应以任何方式对个人有所干预，呈现出完全自由的状态。巴师夏说："彼此必然和谐的利益，应由自由来解决；相互必然对抗的利益，则需借助强制来解决。对于前者，不加干预即可；对于后者，

---

① [法] 弗雷德里克·巴师夏：《和谐经济论》，许明龙等译，中国社会科学出版社 1995 年版，第 214 页。
② 同上书，第 216 页。
③ 同上书，第 211 页。
④ [美] 西奥多·W. 舒尔茨：《人力投资》，贾湛、施炜译，华夏出版社 1990 年版，第 63—64 页。
⑤ [法] 弗雷德里克·巴师夏：《和谐经济论》，许明龙等译，中国社会科学出版社 1995 年版，第 37 页。

则必须加以阻挠。"① 所谓自由状态，实际上就是政府不予干预的状态。在巴师夏看来，社会虽然是由个体组成的，但组成社会的个体必须保有独立。自由也就是不干预，而这种结果是和谐早就决定了的。"凡是承认人的利益彼此和谐并以此为出发点的人，都会赞同用这样的方法来解决社会问题：对各种利益不横加干涉，不人为地进行分配。"② 和谐要求自由，只有自由才能带来公共利益的满足和实现。"人的利益如不受约束就能和谐地彼此结合，就能促使公共福利逐步优先增长。"③ 通过对自由的一系列论述之后，巴师夏得出结论："自由就是和谐"④。

其次，竞争就是自由。社会的自由状态决定了竞争存在的必然性和重要性。巴师夏说："假如他们给予我自由，竞争就存在。"⑤ 竞争是什么，竞争不是无秩序的争斗和动荡，竞争意味着行动的完全自由。"竞争即是自由，破坏了行动的自由，也就破坏了选择、判断、比较的可能性和能力；也就扼杀了智慧、思想和人。"⑥ 他认为，在自由目标下的竞争具有极为重要的作用，具体表现在：其一，竞争促进了平等。巴师夏不同意当时一些人认为的社会不平等是由竞争所带来的看法，认为恰恰是由于竞争带来了人与人的平等。他说："竞争远非像被人指责的那样是不平等的，之所以人为地说它不平等，正是因为这种不平等并不存在。"⑦ 竞争就是民主法则。之所以是民主法则，是因为由于自由竞争，我们才能自由交换我们的劳务，才能共享社会成员所创造的财富，这就是民主，这就是平等。值得注意的是，巴师夏认为由于天然存在的社会不平等作为刺激的动力，加上竞争的作用，最终实现了平等。"竞争是不可避免的，它就是因为存在不平等而引起的。……不平等是一种刺激剂，它迫使我们自觉不自觉地走向平等。"⑧ 其二，竞争带来社会利益的满足。个人利益是行动的动力，这一点，我们前面就已经阐述过了。个人利益最终能够带来社会利益的满足，这其中的重要力量就是竞争。巴师夏说："个人利益是不可战胜的个人主义力量，它促使我们，激励我们去寻求和发现进步并设法垄断之。竞

---

① ［法］弗雷德里克·巴师夏：《和谐经济论》，许明龙等译，中国社会科学出版社 1995 年版，第 35 页。
② 同上。
③ 同上书，第 39 页。
④ 同上书，第 438 页。
⑤ 同上书，第 287 页。
⑥ 同上书，第 288 页。
⑦ 同上书，第 289 页。
⑧ 同上书，第 293 页。

争同样是一种不可战胜的人道主义力量。随着进步的完成，竞争从个人手中夺取进步，使其成为人类大家庭的共同财富。"① 也就是说，人总是从自我利益出发来追求并满足自我的，但总在有意无意之间实现了社会利益的满足，这个实现的机制就是竞争的存在。"我们应将竞争看成是一个公正的和自然均等的原则，应称赞竞争是挫败利己主义的力量。竞争与个人利益巧妙地结合在一起，它既遏制个人主义的贪婪又刺激人们去劳动，我们应赞美竞争，把它看作是上帝对人类公正关怀的最明显表示。"② 其三，竞争带来共有的满足。资产阶级和工人阶级正是由于有了竞争，才使得相互间的需要得到了共同的满足。针对人们指出是由于竞争带来对工人阶级的剥削的观点，巴师夏认为这是不可能的。资本家和工人阶级之间存在的劳务交换关系，正是因为竞争的出现才得以存在并是双方利益得到了共同的满足。他说："劳动者即是消费者，劳动阶级即是所有的人，正是这一大家庭最终从竞争中从进步不断消除价值中得到好处。"③ "当劳动者带着他们所赚的工资出现在市场上时，成了无数产业涌向的中心，他们从普遍的竞争中获利，而这些产业却轮番地抱怨竞争。"④ 其四，竞争带来进步。巴师夏当然不能无视当时社会上存在的不平等的事实。如何来使自己的理论圆满呢？巴师夏承认，社会上存在着不平等，这是竞争给无产者带来的不利的一面。在他看来，在形成报酬不平等的诸多因素中，教育是最常见的因素。如何解决这种不平等？由于有竞争的存在，大家通过提高自己的教育水平，从而使报酬不平等的现象得到解决，社会得到了进步。"随着教育的普及和平等，两个社会阶层逐渐接近，此时，与竞争这一伟大法则有关的一些重要经济现象又加速了融合的过程"，"我承认，竞争伤害了作为生产者的人，但这是为了改善人类的普遍条件，其唯一的目的在于合理地提高它，在福利、宽裕、消遣及智力与道德完善方面有所提高"⑤。

最后，自由需要"最小政府"。"最小政府"是自由主义者眼中的理想政府。所谓"最小政府"，也就是要将政府的职责范围控制在最小范围之内。对人民而言，政府管的事越少，这个政府也就越好。从斯密开始，就有这种思想的萌芽，到了萨伊明确提出政府职责的最小化，巴师夏又予以

---

① ［法］弗雷德里克·巴师夏：《和谐经济论》，许明龙等译，中国社会科学出版社 1995 年版，第 291 页。
② 同上书，第 296 页。
③ 同上书，第 300 页。
④ 同上书，第 302 页。
⑤ 同上书，第 304 页。

了进一步的强调。在巴师夏看来，政府的基本职责就是三个，即"政府的强力只应用来维持秩序、保障安全和公正等"①。他用华丽的语句、深情的陈述，对政府的职责予以了生动的描绘：

> 你们将权力赋予了我，我只有在运行迳行强力干预的场合才会使用权力，这种场合只有一个，那就是维护公正。我要求人人不得超越权利的界限，你们人人应该白天自由地劳动，黑夜安稳地睡眠。我负责你们的人身和财产安排。这是我的使命，我一定完成；但我不接受其他的使命。我与你们之间不应再有误解，你们从今以后只需缴纳些许赋税，用于维护秩序和分享公正即可。不过，你们还应知道，从今以后，人人要为自己的生存和发展负责，不要时时求助于我，不要向我要求财富、劳动、贷款、教育、宗教和道德，不要忘记，促进你们发展的动力就在你们自己身上，而我只能遥过强力采取行动；我一无所有，除了你们给我的，我绝对一无所有。②

除了维持秩序、保障安全和公正之外，政府所采取的任何行动都是对自由的干预，都是违背自然法则的，也就是破坏了和谐。

在巴师夏看来，政府如果不用手段去调整人们的行为，而是任由自由竞争，社会成员自然就能实现平等，社会自然能致和谐。他说："所有的人不断接近一个日益提高的水平；或者说是完善和均等；归结成一句话，即和谐。"③ 总之，和谐即自由；自由即和谐，二者其实是一个问题。"自由是和谐原则，压迫则是不和谐原则；这两种力量的争斗构成了全部人类历史。"④

综上所述，法国的自由主义价值观自重农学派开始，历经萨伊、巴师夏的发展，在将自由主义推向顶峰的同时，也对自由主义进行了庸俗化的解释，进而将自由主义价值观推向了反动的一面。与英国的自由主义传统相比，法国人的浪漫主义色彩赋予了自由主义更加彻底的解释，表现得更为不羁。但无论如何，法国古典经济学派对自由主义的弘扬和肯定，其根本的目的在于维护与巩固资本主义自由竞争的市场经济的稳健发展。自由主义经济伦理价值观也就是资本主义市场经济条件下的主导价值观。

---

① ［法］弗雷德里克·巴师夏：《和谐经济论》，许明龙等译，中国社会科学出版社 1995 年版，第 46 页。
② 同上书，第 123 页。
③ 同上书，第 312 页。
④ 同上书，第 313 页。

第四章　财富道德观

财富是个人利益的集中体现，也是人们经济活动的主要目的。关于财富的特性及功能，自古希腊时期就开始成为人们研究的对象。在创造财富、使用财富的过程中，人们发现，对财富的认识及观念上的差异会直接或间接地影响到社会及个人财富的创造，进而影响到整个社会的发展进程。因此，树立一种与时代相适应的、被社会大多数阶级所认可的一种财富观念是极为重要的。也就是说，财富尽管是比较纯粹的经济因素，但对财富的认识则是一种道德观念。无论是社会还是个人，都会有这样或那样的财富道德观念，而这种观念对创造财富、使用财富的经济活动会产生极大的影响。古典经济学派同样对财富问题予以了极大关注，财富道德观成为其经济伦理思想中的重要内容。极有特点的是，古典经济学派在财富道德问题上，或者是在吸收了前人的思想，或者是在批评前人思想的基础上，适应当时资本主义发展的时代特征，提出了自己独具特色的财富道德观。

第一节　古典经济学派财富道德观的源起

西斯蒙第说："人类形成社会团体以后，就必须管理由自己的财富所产生的共同利益。"① 正是在这种观念的指导之下，人类社会早就开始有关于财富问题的研究与认识，并形成了一些关于财富的经济学及伦理学研究。尤其是古希腊时期，诸多思想家中的杰出人物，如色诺芬、柏拉图和亚里士多德等就有了关于财富的探讨。古希腊时期的财富道德观念对西方近代以来的财富观产生了极为深远的影响。

---

① ［瑞士］西斯蒙第：《政治经济学新原理》，何钦译，商务印书馆 2007 年版，第 24 页。

一 古希腊的财富道德观

把古希腊时期看作孕育和诞生西方近代思想与文化的母腹，是一点都不为过的。古希腊人对于人类的各门科学都有过追求，并留有一定的论述，包括经济学。在古希腊经济学研究中，财富可谓是其中一个非常重要的问题。最早对财富进行较为系统与明确阐述的古希腊思想家是色诺芬。

1. 色诺芬的财富道德观

恩格斯曾经说过："由于希腊人有时也涉猎于这一领域，所以他们在这范围内也和他们在其他领域上一样，表现出同样的天才力与特出性。所以他们的见解，在历史上成为近代科学理论的出发点。"[1] 对古希腊人之于近代思想的重要性予以了深刻的揭示。对经济学研究来说，色诺芬正是一位这样的古希腊人。众所周知，他是苏格拉底的弟子，但他对历史、哲学、政治、经济等问题也不乏自己的创见，尤其是经济学。色诺芬是历史上最早使用"经济"一词的人。虽然他所谓的"经济"主要是指家庭经济管理，尤其是奴隶主的家庭经济管理，并不是现代意义上的"经济"。但是，色诺芬通过对奴隶主家庭经济管理活动的考察，阐述了财富及财富增长问题，而这些问题直至今日也仍然是经济学研究中的一个重要内容，也是人类经济活动中的一个突出事实。他对财富的认识不仅影响到其同时代的古希腊思想家，同时也对近代古典经济学派的财富思想产生了一定的影响。总结起来，色诺芬主要从如下方面阐述了财富及其增长问题。

其一，财富就是人们"能够从中得到利益的东西"[2]。在《经济论、雅典的收入》一书中，色诺芬一开篇就提出"什么是财富"的问题。通过与苏格拉底的对话，以特有的苏格拉底式反诘，层层递进，理析了"财富"的定义，即"财富是一个人能够从中得到利益的东西"。根据色诺芬的定义，财富具有三个主要特征：①财富是一个人所有的东西。财富首先需要界定人们的所有权，这也是当时人们的一个普遍认识。我们不能把不属于我们的东西称为是我们的财富，即使这个东西具有很大的价值，但也不是财富，至少不是"我"的财富。可见，当时的人们已经

---

[1] ［德］恩格斯：《反杜林论》，吴黎平译，人民出版社1965年版，第237页。

[2] ［古希腊］色诺芬：《经济论 雅典的收入》，张伯健、陆大年译，商务印书馆1983年版，第3页。

对财富的所有权问题有了较为清晰的认识。色诺芬同意了这个看法，但进一步地指出，一个人所拥有的东西并不一定就是财富。我们所拥有的东西会有很多，有的东西会给我们带来利益，但有的东西却会给我们带来伤害。例如，疾病是我们所有的东西，但疾病会给我们带来伤害，也就不能算是财富。在财富的这个特征上，色诺芬很肯定地提出，一个人所拥有的未必是财富，但财富一定是人所拥有的。②财富是能够给人们带来好处的东西。一个人所拥有的东西怎样才能算是财富，就要看这个东西给人们带来的是好处还是坏处。如果能够给人们带来好处，而不是伤害，这个东西就是财富。但是，事实上，一件东西能否给人们带来好处，固然取决于该事物的客观特征与本质属性，也还需要取决于"人"这一主体与该事物之间的某种价值关系。假如某种东西确定是能够给人们带来好处的东西，但是其主人却未能使用它，这件东西对人来说就不能算是财富。所以，财富是能够给人们带来好处的东西，但带给人们好处的东西不一定就是财富。③财富是人们从其中获得好处的东西。也就是说，"获得"是一个东西是否是财富的一个最为本质的特性。一件东西是否是财富，取决于人们能够正确使用并给人们带来好处。也就是说，一个事物是否是财富并不取决于其固有的客观属性与本质特征，而取决于该事物所具有的价值属性。显然，价值属性也就具有了人的主动性的参与。一件东西是否是财富就取决于人们如何去使用。例如，金钱是财富，但假如人们拥有金钱却不知道如何使用，如何给人们带来好处，这种金钱就不是财富。这就是色诺芬所想要表达的观点。

其二，经济管理的主要目的就是增加财产或财富。财富是能够给人们带来好处的东西，财富就是人们的利益所在。财产管理的目的就是尽可能多地增加人们的财产。在古希腊思想家那里，个人利益或者个人财富往往不被重视，甚至被认为是低俗的东西，应该加以摒弃。这种思想从毕达哥拉斯学派到斯多亚学派都有表述。他们认为，物质欲求是低级的，肉体的享乐是粗俗的，唯有精神上的追求和满足才是幸福的、高尚的。因而，追求物质利益是不道德的。色诺芬并不囿于这种思想，对个人利益的追求与满足予以了肯定。更为重要的是，在这一基础上，色诺芬还提出，利用自己的知识得到了利益，这种知识本身就是财富。

> "那么，一个懂得这门技艺的人，即使自己没有财产，也能靠给别人管理财产来挣钱，正像他靠给别人盖房子挣钱一样吗？"
> "当然可以；而且在他接管一份财产以后，如果能够继续支付一

切开支，并或有盈余使财产不断增加，他就会得到很优厚的薪给。"①

色诺芬以苏格拉底与克利托布勒斯的对话，道出了知识、资历及学识等精神性的东西也是财富，只要人们正确地运用它们并给人们带来好处。尽管一个人可能没有财富，但一定会有这种管理财富的知识。"即使一个人偶或没有财富，也总有一种类似家政管理学的东西。"② 这种家政管理的学问就是一个人所具有的财富，而这种学问是可以学习的。但是如果一个人不知道如何进行家政管理的话，即使家财万贯，也是会财富尽失的。也就是说知识和学识是否是财富，要看人们是否愿意及如何去使用。有的人虽然具有许多知识，具有很高的资力，但是他不愿意使用自己的知识和资力，不愿意以正确的目标来引导自己的人生，致使耗光了所有的财产而陷入困境，或者成为权力、野心、口腹之欲的奴隶。对这些人来说，他们的知识就不是财富了。

克利托布勒斯问苏格拉底：

> 但是有时我们也碰到一些具有知识和资力的人，如果他们工作，他们可以凭这种知识和资力增加他们的财产。可是我们发现他们不愿意这样做，所以我们觉得他们的知识对他们并没有好处。我们怎样理解这个问题呢？在这种情况下，他们的知识和财产真都不是财富吗？③

对于克利托布勒斯的问题，色诺芬明确地给予了否定的回答，并指出，对于这些人来说，他们已经沦为了"奴隶"，"有些人是饕餮的奴隶，有些人是好色的奴隶，有些人是贪杯的奴隶，也有些人是无聊而代价很高的野心的奴隶。……在它们支配着人们的时候，却无时无刻不在损害着人们的身体、精神和财产"④。

其三，增加财富的主要途径是分工。在色诺芬看来，一切能够增长财富的手段都是道德的。他说："所谓小心谨慎就是要尽可能使他们的财产

---

① ［古希腊］色诺芬：《经济论　雅典的收入》，张伯健、陆大年译，商务印书馆 1983 年版，第 1 页。
② 同上书，第 7—8 页。
③ 同上书，第 4 页。
④ 同上书，第 5 页。

不受任何损失，而且要尽可能用正大光明的办法来增加他们的财产。"① 这个方法就是分工。需要指出的是，色诺芬所谓的分工并不是如斯密等古典经济学派思想家们所言的社会化分工，而是在最一般意义上的合作分工。在当时，这种分工主要是基于性别差异基础之上的男女分工。即便如此，色诺芬的分工思想仍然是极具影响并有积极意义的。他对分工的分析主要涉及四个方面的内容：①分工就是男女合作，互相帮助。色诺芬说："我觉得神聪明睿智地把所谓男性和女性配合在一起，主要就是为了使他们结成完美的合作关系，互相帮助。"② 人类社会产生及其伟大的根源就在于群体化的生存，而这种群体化生存中，个人并不是单一的原子，而是既相对独立，又能相互合作的。对于这个问题，中外思想家有着共同的认识。中国古代思想家荀子就以"群""分"等概念论述了这个问题。中外思想家们对这个问题认识的共同之处是：他们认为，由于人与人之间存在着个体上的差异，决定了人类对于世界的主宰地位取决于个体间的相互合作。正是这种相互合作的关系弥补了个体能力上所可能存在的某种不足，将相对独立的个体整合为一个整体，发挥其合力的作用。男女两性之间在其生理特性上存在差异并具有各自的局限，只有通过分工才能克服这种局限并创造出更大的利益。②男女分工的合法性基础是神意。在色诺芬看来，男女性别上的差异是神意所然。他认为，神考虑到男女都需要有接受知识和认识事物的能力，所以在记忆力和注意力上，他不分轩轾。"因为男人和女人都必须有所授受，他就不偏不倚地给予他们同样的记忆力和注意力。"③但是神也对男女予以了区别对待，那就是给予了男人以忍受艰难劳动的能力和更大的勇气，使他们的身心适合于室外工作；相反，赋予了女性以温柔的特质和更为畏惧的心理，使女人们更适合于室内工作。色诺芬说："神从一开始就使女人的性情适宜于室内的工作，而使男人的性情适宜于室外的工作。"④ 正是因为神意的基础，男女分工具有了合法性。③分工与男女平等无关。在色诺芬看来，分工的目的是尽可能多地增加财富，因此，这种分工与道德上的善恶无关。在我们看来，色诺芬的分工思想与中国传统社会的"男主外、女主内"的思想不谋而合。而"男外女内"的思想实际上表示着道德上的男女不平等。但是，色诺芬却不这么认为。他

---

① ［古希腊］色诺芬：《经济论 雅典的收入》，张伯健、陆大年译，商务印书馆 1983 年版，第 23 页。
② 同上。
③ 同上书，第 24 页。
④ 同上。

说："神还无所轩轾地给予男女以应有的自我克制的能力，并给予那做得较好的一方——无论是男人或女人——以获得更多的由此而来的好处的权力。"① 神意赋予了男女以同样的能力，而谁能掌握有更多的权力，取决于其所为。正是因为分工是增长财富的手段，其隐含的道德评价就是：只要能促进财富增长，这种分工就是正当合理的。④分工可能会给人们的身心带来某种伤害。分工的产生除了神意使然，还有一个重要原因在于人的能力的有限性。色诺芬明确指出，"很难找到精通一切技艺的个人，而且也不可能变成一个精通一切技艺的专家"②，于是我们就一定需要掌握精通某一技艺的人。而人们一旦只精通某一技艺，可能会损害人们的身体，甚至是精神。色诺芬说："这些技艺迫使工人和监工们静坐在屋子里，有时还整天待在炉火旁边，伤害他们的身体。弄坏身体就会严重地弄坏精神。而且，这些所谓的粗俗的技艺使人没有余暇去注意朋友和城市的事情，所以从事这类技艺的人被认为不善于与朋友们交往，也不能保卫他们的国家。"③ 这也就是说，当人们固定化地从事某一种技艺的时候，在带来效率增长、财富增加的同时，也可能在日复一日、年复一年的程式化的劳动中损害劳动者的身心健康。马克思曾经将这种危害称为"异化"，并对资本主义生产条件下的人的"异化"问题进行了深刻的阐述，并以此批评了资本主义制度的不合理性。

其四，财富的源泉是农业生产。尽管分工能够给我们带来财富的增长，但分工并不产生财富，生产财富的源泉是农业生产。色诺芬说："最富足的人也不能离开农业，因为从事农业在某种意义上是一种享乐，也是一个自由民所能做的增加财产和锻炼身体的手段。"④ 在这里，色诺芬明确地表示了两层意思：①农业是财富生产的源泉。色诺芬认为，财富只有在农业劳动中才能获得。农业之所以具有这样的作用，是因为它能够给我们提供生活所需的各种物品并为其他劳动和制造业提供原料。况且，只有农业劳动能够每年生产出新的产品，从内容上丰富与增加人们的财产。不仅如此，农业也是社会中其他一切技艺的基础。当农业繁荣时，其他一切技艺都会欣欣向荣；反之，就会衰退。这一观点被重农主义思想代表威廉·配第引用作为其著作《经济表》中的题词。"农业是其他技艺的母亲和保

---

① ［古希腊］色诺芬：《经济论　雅典的收入》，张伯健、陆大年译，商务印书馆 1983 年版，第 24 页。
② 同上书，第 12 页。
③ 同上。
④ 同上书，第 16 页。

姆，因为农业繁荣的时候，其他一切技艺也都兴旺；但是在土地不得不荒废下来的时候，无论是从事水上工作或非水上工作的人的其他技艺也都将处于垂危的境地了。"① ②农业能够锻炼人们的身体，实现劳动者的身心健康。色诺芬认为，健康的身体、强健的体力是增加财富的必要条件。他说："既能保证他的健康，又能增加他的体力。学习战术，使他更有资格光荣地保全他的身体。适当的勤勉努力，不沾染放荡的恶习，使他更有增加他的财产的可能。"② 基于这种观点，色诺芬对分工可能给劳动者身心带来伤害进行了批评，认为这一伤害必然会影响财富的生产与增长。要增加财富，就需要减低分工对劳动者身心的伤害，就必须要锻炼劳动者的体力。而唯有农业，会使这一目的得到完美的实现。农业最好地表达了"不劳动者不得食"的事实，也使人们的体魄得到了锻炼，这些事实都是有助于财富增长的。

　　总的来说，色诺芬的财富观改变了当时人们的习惯认识，建立了一种主观主义的财富道德观念，要求从满足人们利益所需的视角来审视财富的内涵。基于这样的一种财富道德观，他对财富增长手段——分工和财富增长源泉——农业也给予了某种伦理的思考与道德的评价。

　　2. 亚里士多德的财富道德观

　　对于生活在城邦制中的古希腊思想家们来说，思考与探索城邦的建立、发展与繁荣是重要的学术活动。柏拉图认为财富之于城邦具有重要作用，因为财富或者说是物质资料是人们生活与存续的必要基础，而只有人们生存下来，才会有城邦的建立。亚里士多德虽然在财富之于城邦重要性上与柏拉图持有相同的见解，但其论述角度与方法则与柏拉图有所区别。他认为，城邦的建立后于个人和家庭。单个的人由于本性使然，需要结成集体，这个集体首先是家庭，有家庭而成城邦。要分析城邦的政治活动，就需要先分析家庭的管理活动。在家庭管理中，一个最为重要的内容就是"致富技术"。因此，分析财产、正确认识财产并运用财产显得极为重要。亚里士多德说："财产既然是家庭的一个部分，获得财产也应该是家务的一个部分；人如果不具备必需的条件，他简直没法生活，更说不上优良的生活。"③ 以此为前提，亚里士多德对财富进行了如下的道德思考：

　　其一，财富是可以用货币形式衡量的手段和工具。对于财富是什么这

① ［古希腊］色诺芬：《经济论　雅典的收入》，张伯健、陆大年译，商务印书馆1983年版，第18页。
② 同上书，第38页。
③ ［古希腊］亚里士多德：《政治学》，吴寿彭译，商务印书馆1996年版，第11页。

个问题，亚里士多德明确地给予了这样的回答，"所谓财富就是一切其价值可以用金钱来衡量的东西"①；"财富就可解释为一个家庭或一个城邦所用的工具的总和"②。西斯蒙第也说："他（亚里士多德）给财富下的定义是：'属于家庭和国家的经过加工的丰富的物质'——这个定义是十分正确的。"③ 这也就是说，财富不一定是货币，但财富必定是可以用货币来衡量的东西。而且，财富是一个人借以完成其工作的所有工具及能力的总和。这些工具既包括有生命的，也包括无生命的。亚里士多德实际上是将一个人所能拥有的、可以实现其活动目的的一切所有物及其技能都称为财富。他说："每一个专业的工人，必须具有各自专门工具，才能完成他的工作（功效）；这在治家而论也是这样。至于'工具'有些无生命，有些有生命；对一个航海家说来，例如舵是他所运用的无生命工具，而船头守望者是他所运用的有生命工具——在每一个专业中，凡从属的人们都可算作工具。这样，'财产'（所用物 = 所有物）就可说是所有这些工具的总和，而每一笔财产（所有物）就都是谋生'所用的一件工具'；奴隶，于是，也是一宗有生命的财产；一切从属的人们都可算作优先于其他（无生命）工具的（有生命）工具。"④ 亚里士多德把"奴隶"看作是"会说话的工具"，这一认识使之备受诟病。但站在亚里士多德的时代立场，把可以用货币来衡量的，并具有明确归属的东西称之为"工具"或者"财富"是一件再自然不过的事情。

其二，自然的财富增长才是正当的、善的、合乎德性要求的。财富虽然是可以用货币来衡量的东西，但货币不意味着财富。财富只是手段和工具，财富本身不能自然地实现善的目的和要求。也就是说，作为手段的财富可以是道德的、善的，也可以是不道德的、恶的，这取决于获取财富的方式和手段。亚里士多德说："于是，获得财产这一自然方式（广义的狩猎方式）的确应该是家务技术的一个部分。作为一个家主，他就应该熟悉并运用这些手段以取得家庭所必需的各种物品，而且不仅要足够当时所需的数量，还得有适量的积储，以备日后的应用。这种致富方式和技术不但有益于家庭团体，也有益于城邦团体。这种的财富就是这些物品。虽然梭伦的诗句中曾经说过，人们的财富并未订定限额；这类真正的财富就供应

① ［古希腊］亚里士多德：《尼各马可伦理学》，苗力田译，中国社会科学出版社 1998 年版，第 236 页。

② ［古希腊］亚里士多德：《政治学》，吴寿彭译，商务印书馆 1996 年版，第 24 页。

③ ［瑞士］西斯蒙第：《政治经济学新原理》，何钦译，商务印书馆 2007 年版，第 27 页。

④ ［古希腊］亚里士多德：《政治学》，吴寿彭译，商务印书馆 1996 年版，第 11 页。

一家的人的良好生活而言，实际上该不是无限度的。有如其他各业（技术）所需的手段（工具）各有限度，家务上一切所需（生活资料和用以获得生活资料的工具）也一定有其限度。"① 从亚里士多德这一段话中，我们可以获得他关于财富的如下认知：（1）财富能满足生活所需。即财富的功能是为人们服务，可以满足人们生活的各种所需。（2）财富可以用于储藏。财富不是当下的所有并为当下所用的全部，而是可以用于储存并满足将来生活所用的。（3）财富是有限度的。即财富的量是可以被衡量的，财富总是有一个范围的。因此，财富是一个总和。（4）财富既是物质的客观事物，也是精神的获得财富的手段。财富并不局限于具体被人们所消耗的客观事物，那些用于获得财富的工具及手段都是财富。其中，满足生活所需是财富的最为重要的特征。假如一件物品不是用于生活所需，而是用于交换的目的，这个财富就是不正当的、恶的。亚里士多德对于那些把货币当作财富的人和观念进行了深刻分析与批判。亚里士多德认为，财富是满足人们生活所需的那种东西，为此，人们就需要通过交换来获得。久而久之，有的人远离了这种初衷，将交换视作是获取货币增值的手段并积累了大量财富，这样的财富不仅不道德，而且无有益处。他说："交易进行到满足生活要求为度，两方都直接以物易物（在交易之间，货币是没有的）。这样的交易既然不是获得金钱的致富方法，那就不是违反自然的。这种简单交易的继续发展，我们就可料想到它会演变而成比较繁复的另一种致富方法（'获得钱币'的方法）。"② 这是因为："财富观念从物品转向钱币，人们因此想到致富的途径就是聚敛钱币，大家由此竟然认为以钱币作中介的贸易会产生钱币，而积储这些钱币正是财富了。"③ 但是，"富有金钱的人的确常常有乏食之虞；寓言中的米达斯，贪婪地祈求获得点金的本领，但在如愿以偿的时候，凡是他所触及的全都成了不堪食用的金质。以此为鉴，那么，重视这种'人们拥有许多而终于不免饿死'的金钱为财富，实际是荒唐的观念"④。

其三，财产私有具有优越性，可以产生很多美好的德行。虽然亚里士多德对以赚钱为目的的经济行为进行了批评，认为这种行为是违反自然的、恶的行为，但另一方面他又认为，"'产业私有而财物公用'是比较妥善的财产制度，立法创制者的主要功能就应该力图使人民性情适应于这样

① ［古希腊］亚里士多德：《政治学》，吴寿彭译，商务印书馆1996年版，第24页。
② 同上书，第26页。
③ 同上书，第27页。
④ 同上。

的慷慨观念"①。亚里士多德对那种废除财产私有，共有财产的做法是十分反对的，认为这一做法"违背了三条原则——多样性、互惠性、自给性，即使这种完善的统一是能够实现的，也意味着国家的毁灭"②。所以，亚里士多德对财产私有和财产共有进行了对比，指出了财产私有相对具有的优越性：第一，财产私有可以促进更高的生产力，更有利于社会进步。因为人们总是倾向于率先考虑自己的利益，对自己的财产会有更多的关注，更易于忽略那些也可以依靠别人履行义务照顾的财产，所以，共有财产很难获得如私人财产般精心的照看。第二，财产共有会出现多劳少得、少劳多得的现象。第三，财产私有会给所有者带来快乐。如果所有的人都把同一件东西看作是自己所有的，就会损害对财富热爱的自然感情。第四，废除所有制的成本可能比保持财产私有的社会成本更大。财产私有制度古已有之，是得到了经验证明并被广泛应用的制度。第五，财产私有更能训练人们节制和慷慨的世纪品德，利于人们从事慈善事业。总之，亚里士多德认为，财产私有比财产共有具有更多的优越性。至于柏拉图所提出的纷争和罪恶是源于财产私有的说法，他认为是有问题的。因为，现实中因财产问题出现的纷争和罪恶实际上并不源于财产私有而是源于人的本性，即便是实施财产共有也并不会解决这个问题。正如有学者评论的那样："亚里士多德就是个个人主义者，而且最清楚不过地表达了个人主义的常识。我们将看到，他不太强调个人主义的主要经济论证，即如果人们辛勤劳动的果实直接由他们自己和子孙收获，而不是放到公共资金之中，那么他们将更努力地劳动。……他的论证归根结底就是说，财产像家庭一样，是个性的自然和正常的扩展，是快乐的根源和善行的机会。"③

其四，良好地使用财富是一种德行。亚里士多德承认财富就是可以用金钱衡量的东西，无所谓好坏，但如何使用财富则体现出了德行，就有善恶之分。他说："有些东西是有用的，对有用东西的使用，既可以好，也可以坏。财产是有用的，一个人能够良好地使用，他就具有了对这东西的德行。一个人能对财产最好地使用，也就具有了在财富方面的德行。"④ 在

---

① ［古希腊］亚里士多德：《政治学》，吴寿彭译，商务印书馆1996年版，第55页。
② ［美］斯皮格尔：《经济思想的成长》上，晏智杰译，中国社会科学出版社1999年版，第23页。
③ ［英］W. D. 罗斯：《亚里士多德》，王路译，张家龙校，商务印书馆1997年版，第271页。
④ ［古希腊］亚里士多德：《尼各马可伦理学》，苗力田译，中国社会科学出版社1998年版，第236页。

亚里士多德看来，财富是无所谓好坏的某种价值中立的东西，而且，这种东西对于人实现"优良生活"具有基础性的作用。他说："财产既然是家庭的一个部分，获得财产也应该是家务的一个部分；人如果不具备必需的条件，他简直没法生活，更说不上优良的生活。"① 亚里士多德把人的生活分为享乐、名利和沉思三类，这三种生活代表着人的不同的境界和层次，但无可否认，生活的基础是拥有足够的财产。梭伦提出了"幸福"的五个要素，其中之一就是"足够的财富"，显然这二者之间具有直接的联系。亚里士多德还进一步地指出，人生的目的在于追求幸福，但幸福不在于拥有财富。他说："幸福是某种实现活动，而实现活动显然要生成，而不是某种财产的占有。如果幸福的享受是在生活之中，在实现活动之中，那么，善良的人的实现活动就是真诚的，奉献本身就是快乐。"② 这也就是说，财富只是手段，本身不具有善恶的意义，但如何获得并使用财富就与人的德行有关，就有善恶、正当与否的分别了。

二　重商主义③财富道德观

古典经济学派思想产生之前，有一个孕育与发蒙时期。这个时期的各种经济学说尽管在今天看来存在不少粗陋、简单之处，但不可否认，它们或成为古典经济学派吸收的思想资源，或成为古典经济学派批评的靶子和对象，为在胚胎发育时期的古典经济学派提供了有益的营养成分。熊彼特就说过："正是从这种被指控的重商主义体系的灰烬中，产生出了斯密自己的政治体系。"④ 重商主义的财富道德观也具有如此的作用。

---

① ［古希腊］亚里士多德：《政治学》，吴寿彭译，商务印书馆1996年版，第11页。

② ［古希腊］亚里士多德：《尼各马可伦理学》，苗力田译，中国社会科学出版社1998年版，第72—73页。

③ "重商主义"从严格意义上来说并不是一种独立的经济思想学派，更不是一个成系统的理论。但是，在西方社会从中世纪向近代资本主义国家转型的过程中，重商主义起了极为重要的作用。正如米尔斯所言，"重商主义（Mercantilism）或者叫商业资本主义为从十五世纪末到十八世纪末差不多三百年中有关经济话题的思想提供了占主导地位的思想框架。重商主义并没有公认的倡导者。与其说它是一种理论，不如说它是一种体系。"参见［英］约翰·米尔斯《一种批判的经济学史》，高湘泽译，商务印书馆2005年版，第95页。鉴于国内外学界对重商主义的普遍认识，尽管其从发展过程中可以分为早期重商主义与晚期重商主义，并且在某些具体的理论问题上存在差异，但在本文中所阐述的重商主义尽量忽略其代表性人物的思想论争，以大家普遍认可的并可以代表重商主义思想的观点作为立论与阐析的出发点。

④ ［美］约瑟夫·熊彼特：《经济分析史》1卷，朱泱、孙鸿敞、李宏、陈锡龄等译，商务印书馆1996年版，第291页。

1. 重商主义财富道德观的主要内容

人们普遍认可重商主义产生于西方商业资本主义兴旺发达时期，是商人资本家利益的代言人。罗尔说："一般公认商业资本主义走在现代工业资本主义之前并为之铺平道路。"① 重商主义作为商业资本家的代言人，力图为商业贸易的蓬勃发展扫清各种障碍，势必要提出一些促进商业资本主义发展的经济价值观念。我们知道，商业活动实际上是一种货物的流通过程，在这个过程中，随着市场的扩大与发展，货币将成为商业经济活动不可或缺的主要因素。这个问题，早在古希腊的亚里士多德那里就已经阐述过了。正是基于这样的目的，重商主义者们无一不对货币予以了足够的重视，"所有的重商主义者都普遍地重视货币"②，并且明确地认为，金、银等贵金属就是财富。从内容上说，重商主义的财富道德观包括以下三个方面：

首先，财富就是货币，而以金、银等贵金属为代表的货币就是财富的最佳诠释。重商主义的这一思想散见于其代表人物的诸多著作中，也招致了斯密、穆勒和西斯蒙第等古典经济学派代表人物的强烈批评。米尔斯说："所有这些人都共同具有重商主义观点中的最主要特征。金银和各种各样的珠宝是财富的精华。"③ 英国的重商主义代表托马斯·孟就明确表达了货币就是财富的观点。他说，"一切东西的贵贱乃是货币的多寡所使然的。并且这种货币，正像我所说的一样，乃是在对外贸易中由其顺差或逆差而得来或失去的"④，因此，"只有从我们对外贸易的差额所带进我国的财富，才是会留在我们之间，并且从而使我们致富的"⑤。意大利的瑟拉也持有同样的观点。"瑟拉认为理所当然的是：每个人都懂得'无论对于人民还是对于王公贵族来说，一个王国富有金银是一件十分重要的事。"⑥

对于重商主义的这种财富认识，古典经济学派的批评是猛烈的。斯密说："任何一国贵金属价值的高昂并不能证明它的贫穷或野蛮。那只能证

---

① ［英］埃里克·罗尔：《经济思想史》，陆元诚译，商务印书馆 1981 年版，第 63 页。
② 同上书，第 65 页。
③ ［英］约翰·米尔斯：《一种批判的经济学史》，高湘泽译，商务印书馆 2005 年版，第 97 页。
④ ［英］托马斯·孟：《英国得自对外贸易的财富》，袁南宇译，商务印书馆 1983 年版，第 19—20 页。
⑤ 同上书，第 21 页。
⑥ ［英］约翰·米尔斯：《一种批判的经济学史》，高湘泽译，商务印书馆 2005 年版，第 97 页。

明当时供应商业世界的矿山的贫瘠。"① 货币是什么？从货币产生的历史我们就可以看出，它是一般等价物，是为了人们之间交换产品的便利而产生的。因此，货币的功能依赖于商品，其本身的价值需要通过商品来得到体现。重商主义者们舍本逐末，将作为流通媒介的货币作为了财富，在斯密看来，这是百姓们普遍所有的一种通俗观念。将一种通俗观念作为经济理论，从经济学研究来说，是可笑的；从社会价值导向来说，是有问题的。斯密说："财富是由货币或金银组成是一种通俗的观念，这种观念是由货币的两种职能自然而然地产生的，这两种职能就是交易媒介和价值尺度。……在普通语言中，财富和货币从每一个方面来看都是同义语。"② 对于这样的一种观点，其错误性不言而喻，根本不用证明。他说："要去认真证明，财富不是由货币或金银构成的，而是由货币所购买的东西构成的，货币除了用于购买以外没有什么价值，那未免太可笑了。货币无疑总是构成国民资本的一部分，但是，正如已经指出的，它一般只构成国民资本的一小部分，并且总是最无利可图的部分。"③ 这种无利可图集中表现在货币本身的无用上。古希腊的亚里士多德曾经就批评过当时将金钱作为财富的流行观点，讽刺地将他们称为"寓言中的米达斯"，即传说中的点金术士。斯密表达了与亚里士多德同样的认识，他说："货币不能用作生活必需品，肚子饿的时候不能把货币拿来吃，冷的时候不能把货币拿来穿，货币也不能用作住宅。必须把货币交换各种货物来供给衣食住的用途。"④

穆勒对于重商主义的财富观也进行了深刻剖析，对其中的错误进行了细致的分析。他说："重商主义流行时，在国家全部政策中都或明或暗地将财富看成是只由货币或贵金属组成。按照当时流行的学说，有助于一个国家积累货币或金银块的无论什么事情都会增加其财富。而将贵金属从一个国家运出则会使其变穷。"⑤ 他认为，重商主义之所以得出这样的财富认识，是基于如下的几个方面的论述：其一，人的富裕程度是用货币来衡量的。他指出："在日常交谈中，财富总是用货币表示的。如果问一个人有

① ［英］亚当·斯密：《国民财富的性质和原因研究》，杨敬年译，陕西人民出版社 2001 年版，第 279 页。
② 同上书，第 476 页。
③ 同上书，第 485 页。
④ 同上书，第 205 页。
⑤ ［英］约翰·穆勒：《政治经济学原理及其在社会哲学上的若干应用》上，赵荣潜、桑炳彦、朱泱译，商务印书馆 1991 年版，第 14 页。

多富，得到的答复是他有几千镑。"① 这就是我们在生活中普遍存在的一种认识，总是以一个人占有货币的多寡来衡量其富裕的程度，久而久之，一个人拥有的金钱也就代表了这个人所具有的价值。其二，人的收益总要转化成货币来结算。穆勒说："所有的收入和支出，所有的得益和损失，用来使人致富的每一件东西都是用出入多少货币来计算的。的确，在一个人的财产账上不仅包括他所实际拥有的或者应归于他的货币，而且还包括一切其他的有价物品。然而，有价物品不是以它们本身的性质登录在账上，而是按它们能卖多少钱来登记的。如果它们的卖价降低，虽然这些物品本身还是一样，其所有者的富裕程度就会被认为降低了。"② 一个人所拥有的一切财产往往都是以货币的形式来结算与计量的，货币总能代表人的一切。其三，货币是唯一能够用于购买不同所需的等价物，体现出支配力。穆勒说：

> 的确，我们在衡量一个人因拥有财富而得到的好处时，不是看他实际享有多少有用而合意的物品，而是看他对一般有用而合意的物品拥有多大的支配权，即看他在应付紧急需要或满足欲望方面有多大能力。而货币本身便是这种能力……超过一定数量的财富所具有的最大效用，不是它所买到的享受，而是其拥有者具有的达到一般目的的能力，没有任何一种财富能像货币那样直接和有把握地具有这种能力。只有货币这种财富不仅能用于某一用途，而且还能立即转而用于任何一种用途。③

货币具有一种不可估量的支配力，正是这种支配力造就了人们对货币的崇拜，产生拜金主义的价值观念。事实上，重商主义的财富观并不一定是完全错误的，至少它说明了一个问题：货币是人的财富的表现形式之一，而且是最为重要的表现形式。直到今天，所谓的福布斯排行榜，衡量富豪们的标准是什么？货币！金钱在现实生活中的能量就表现出它的支配力，所谓的权钱交易、钱色交易，无不体现出金钱对人性、权力、欲望的支配力。货币为什么能够支配人，不在于其本身所具有的价值，而在于其表现出来的购买力，而且是对一切有价物品的购买能力。这种购买能力能

---

① ［英］约翰·穆勒：《政治经济学原理及其在社会哲学上的若干应用》上，赵荣潜、桑炳彦、朱泱译，商务印书馆1991年版，第15页。

② 同上。

③ 同上书，第16—17页。

够满足人的欲望与需要。无论是个人的还是政府的。有的时候，一个国家也是如此。为了获得金钱，在国际事务中，有的国家能够背信弃义、颠倒黑白、朝三暮四。重商主义关于"财富即货币"的认识，虽然没有对财富的本质做出科学的说明，但起码对社会现象做出了一定程度上的解释。这也是穆勒无法否定的。

古典经济学派中的异类、浪漫主义者西斯蒙第也对重商主义的财富观予以了批评，认为重商主义者们将财富等于钱，不仅影响到了国家政策的制定，而且影响到了经济学上的研究。在国家政策上，重商主义的理论主张转化为对商业的畸形重视及商人阶级地位的无上尊荣；在经济学研究上，经济学的研究目的被误认为就是研究钱财的增长。西斯蒙第说：

> 一些早期的经济学家曾经说过：财就是钱。一般几乎都把钱、财两个字当作同义词来运用，而且谁也不怀疑钱和财的同一性。他们又说：金钱支配着人的劳动和人的全部劳动成果；只要钱肯于对劳动付出代价，那就是钱产生的劳动和劳动果实；在一个国家里，维持工业的是钱，每个人能赖以生活和延续生命的也是钱。在国与国之间的关系上钱更重要；钱可以建立军队，能够保证战争获胜；富裕的民族压迫着穷困的民族。所以，整个说来，政治经济学就是旨在探讨如何供应国家以大量的钱。[①]

西斯蒙第认为，重商主义学说的流行是基于民族国家利益的考虑，是有着强烈政治目的的。并不仅仅是在中国，对商人及商业有着轻视，即便在西方，商人与商业也没有很高的社会地位。古希腊及中世纪的思想家们谈及商人往往都是鄙视的口吻，并把商业视为细枝末节。但这样的状况在重商主义流行的时代得到了转变。据西斯蒙第分析，这是因为当时民族国家独立的政治目的所然。中世纪封建时代向资本主义转变的一个标志就是民族国家的出现。而任何一个国家的独立与强大都离不开军事实力，军事实力的武装就必须借助于大量的货币，即钱财。西斯蒙第说："很久以来，各国政府都非常轻视商业，后来才认识到商业是国家财富的不尽源泉。国家的一切大量财富并非都属于商人；可是，当国王有紧急需要、必须立即征收大量金钱的时候，却只有商人能够为他们出钱……只要商人与政府分肥，政府是非常愿意使商人获得高额利润的。他们认为，要达到这个目

---

① ［瑞士］西斯蒙第：《政治经济学新原理》，何钦译，商务印书馆1964年版，第35页。

的，只要彼此取得谅解就行了。"① 于是，"重商学说成了受人欢迎的形式；而且它也必然要这样，因为直到今天，在财政和商业中重商学说一直迷惑着绝大多数实业家"②。

从古典经济学派这几位代表人物对重商主义的批评中，我们可以清晰地看到重商主义财富观的基本内容。将财富看作货币，也就是金银等贵金属是重商主义财富道德观的首要内容。

其次，能够使货币得到增加的手段就是财富增长手段。在重商主义者的逻辑中，所谓财富的增加也就是货币的增加。因此，任何能够使得货币得到增加的手段都是财富增长途径。如何增加一国的货币呢？重商主义者们认为主要有两个途径：一是积极途径，即增加货币；二是消极途径，即减少货币支出。之所以会产生这样的认识是与当时的社会状况相关的。"在重商主义时代，一个幽灵困扰着欧洲，这便是担心像西班牙一样，因富于黄金、贫于生产，以及可怕的贸易逆差而被毁灭。"③

如何从正面及积极的意义上增加货币呢？重商主义者们在这个问题的认识上是有变化的。早期的重商主义者们简单地认为积聚货币，即金银等贵金属就能增加财富；晚期的重商主义者们认为积聚金银并不等于财富增长，使货币得到增加的手段可以是贸易流通，尤其是大量的贸易顺差，就能够使本国的货币得到大幅度的增加。货币对经济繁荣的影响可以追溯到中世纪早期。米尔斯说："在中世纪早期，欧洲的繁荣曾经因为铸币数量眼中短缺而被拖了后腿，直到将近十二世纪末的时候在德国和其他地方发现了白银、从而大大提高了货币供应量为止。"④ 也是基于这样的立场，当时的欧洲大陆掀起了一场发现黄金、白银的大冒险，也就是历史上著名的发现新大陆。整个社会也流行着一种对黄金、白银的盲目崇拜。哥伦布说："金真是一个奇妙的东西！谁有了它，谁就成为他想要的一切东西的主人。有了金，甚至可以使灵魂升入天堂。"⑤ 宗教改革运动领袖路德也表达了对黄金的类似的看法。"他说当德国人输送金银到外国去的时候，他们是正在使全世界富裕起来，却把自己变成乞丐；拥有许多交易市场的法

---

① ［瑞士］西斯蒙第：《政治经济学新原理》，何钦译，商务印书馆1964年版，第34页。
② 同上书，第35页。
③ ［瑞典］拉尔斯·马格努松主编：《重商主义经济学》，王根蕾、陈雷译，上海财经大学出版社2001年版，第25页。
④ ［英］约翰·米尔斯：《一种批判的经济学史》，高湘泽译，商务印书馆2005年版，第99页。
⑤ ［德］马克思：《资本论》1卷，中共中央马、恩、列、斯著作编译局译，人民出版社2004年版，第155页。

兰克福，就是使德国失去财富的漏洞。"① 与这种寻找新大陆冒险运动相应，在国家政策上就会主张一种限制黄金白银输入与输出的政策。罗尔说："既然，找寻被看成是财富的最名贵的代表物的贵金属是理所当然的，那么防止贵金属的出口和鼓励进口便成为显然必要的政策。"② 同时，随着发现新大陆而涌入的大量的黄金白银造成了欧洲各国的通货膨胀及物价飞涨，人们于此开始认识到严格控制黄金白银输出及输入的重要性。"从1500 年到 1600 年，西班牙南部的安达卢西亚地区的物价上涨了五倍，其他地方的物价也都有上涨，尽管总的来说上涨幅度并不显得那么刺目。"③ 当然，是否是因为黄金白银的进口和输出才导致通货膨胀，有些经济学家是有疑义的。"不过，目前尚不清楚这种通货膨胀究竟是不是完全是由来自新大陆的金银引起的。遍及整个欧洲的物价上涨开始于 1510 年代，远远早于开始大规模从新大陆装运金银的时间。波托西这一主要银矿是直到1545 年才被发现的，而到 1530 年代为止，每年外运来的黄金的平均数量也还不超过 1000 千克。"④ 但事实上，欧洲各国针对货币的输入与输出制定了相关的经济政策，并成立了相关机构进行货币管制。例如在英国，"1939 年的一项法案试图迫使羊毛商人每出口一袋羊毛要运进一定数量的金银器皿"⑤，"为了禁止金银出口和奢侈品进口，专门设立一个皇家汇兑管理机构，一切汇兑交易必须经过这个机构"⑥。早期的重商主义所倡导并实际施行的经济政策就是"严格地管制贵金属运出国境以保持国内贵金属的存量"⑦。晚期的重商主义虽然在重视货币的思想主张上予以了保留，但在具体措施上则予以了改进。

以托马斯·孟为代表的晚期重商主义者们对贸易予以了强调，并竭力主张通过对外贸易的顺差来保持国内货币的增加，从而获得财富的增长。孟明确地指出，管制货币的进出口，控制货币留在国内并不一定会使国家致富，反而会造成国家的贫困，因为货币管制所带来的只是表面的货币充裕。他说："我现在还要指出的是，就是那种表面的货币充裕现象与唯一能够实际担负起致富的任务的那种货币因素区别开来。因为有许多的方

---

① ［英］埃里克·罗尔：《经济思想史》，陆元诚译，商务印书馆 1981 年版，第 64—65 页。
② 同上书，第 69 页。
③ ［英］约翰·米尔斯：《一种批判的经济学史》，高湘泽译，商务印书馆 2005 年版，第96 页。
④ 同上。
⑤ ［英］埃里克·罗尔：《经济思想史》，陆元诚译，商务印书馆 1981 年版，第 69 页。
⑥ 同上书，第 70 页。
⑦ 同上书，第 69 页。

法，可以替国家带来很多货币，但是由于随着这种变更而来的种种麻烦，不但不能使国家致富，反而会使它贫困了。"① 这个唯一的因素及手段是什么？就是对外贸易。我们熟知的孟的一个著名的比喻，就是将对外贸易所产生的巨大效益比喻为农夫的生产。农夫进行耕种需要投入一定的生产资料，但生产却给农夫带来巨大的效益；对外贸易也是如此，当我们投入一定的货币之后，会给我们带来巨大效益，产生货币的增加，这种增加才是真正的财富的增长。他说："因为我们倘使只看到农夫在下种时候的行为，只看到他将许多很好的谷粒抛在地上，我们就会说他是一个疯子而不是一个农夫了。但是当我们按照他的收获，也就是他的努力的最终结果，来估值他的劳动的时候，我们就会知道他的行动的价值及其丰富的收获了。"② 对外贸易创造剩余价值需要取决于贸易的顺差，只有当贸易出口大大超过贸易进口的时候，一国才能从对外贸易中产生巨大财富。孟说："对外贸易是增加我们的财富和现金的通常手段，在这一点上我们必须时时谨守这一原则：在价值上，每年卖给外国人的货物，必须比我们消费他们的为多。"③ 孟认为，英国是一个没有金银矿藏的国家，要想把金银财富运进英国，明智的方法就是贸易的出超。他说，"我认为当然的是，除了通过对外贸易以外，我们就没有其他手段可以用来获得现金，这是一个有判别力的人所不能否认的"④，而且，"只有从我们的对外贸易的差额所带进我国的财富，才是会留在我们之间，并且从而使我们致富的"⑤。对于重商主义只重视对外贸易，忽视或轻视国内贸易的思想，斯密予以了尖锐的批评。斯密说："内地贸易或国内贸易是最重要的一种贸易，在其中等量的资本能提供最大的收入，能为一国人们创造最大的就业机会，却被认为只是对外贸易的附属物。据说，它既不能将货币带入国为，也不能将货币带出国外。因此，国家不能因国内贸易致富或变穷，除了国内贸易的繁荣或衰落可能间接影响对外贸易的状况以外。"⑥

如何从消极意义上增加货币呢？当减少了货币的支出，在等量货币前提下，无形之中也就增加了货币的数量。出于这样的认识，重商主义者反

---

① ［英］托马斯·孟：《英国得自对外贸易的财富》，袁南宇译，商务印书馆 1983 年版，第 20 页。
② 同上书，第 19 页。
③ 同上书，第 4 页。
④ 同上书，第 13 页。
⑤ 同上书，第 21 页。
⑥ ［英］亚当·斯密：《国民财富的性质和原因研究》，杨敬年译，陕西人民出版社 2001 年版，第 481—482 页。

对货物的进口，尤其是奢侈品的进口。因为这些货物的进口不仅无法增加国内的货币数量，反而耗费了国内的货币，影响国家财富的增长。孟说：“如果我们认真节约，在饮食和服饰方面不要过多地消费外国货，同样地也可以减少我们的进口货。在这一方面，因为风尚屡变，经常更改，所以大大增多了浪费和开支；这类恶习现在在我们之间确是骇人听闻，较先前的时代尤甚了。”① 对于奢侈浪费，孟是有感而发的。在当时，国王和贵族们的奢侈是一个普遍的现象，带来了整个社会对奢侈品与昂贵消费品的追捧。沃尔特·明钦顿在《1500—1750 年需求的类型与结构》一文中指出：“1500—1750 年这一时期是一个商业革命的时期，是欧洲的贵族讲排场、摆阔气的时期。”② 奢靡之风造成的恶果不仅是社会财富大量被消耗，更重要的是会带来对国家安全的危害。对此，托马斯·孟是有清醒认识的。他说：“我们在吸烟、喝酒、宴乐、奇装异服和把我们的时间滥用在偷安和享乐（这是天道和其他国家的习俗所不容许的）方面的普遍的堕落，已经使我们在身体方面毫无丈夫气，使我们的知识欠缺，使我们的财富贫乏，使我们的勇气低落，使我们的事业遭到不幸，并且使我们为敌人所轻视。”③ 孟的这种担心是有道理的，历史上的事实证明，一个奢靡之风泛滥的时代，往往就是一个国力衰微的时代。当社会从上到下都追捧奢侈消费时，常常是国家身处生死存亡之时。宋朝就是一个因奢靡而亡国的最佳例证。宋代人追求物质享受，奢靡之风盛行。司马光说：“宗戚贵臣之家，第宅园圃，服食器用，往往穷天下之珍怪，极一时之鲜明。惟意所欲，无复分限。以豪华相尚，以俭陋相訾。愈厌而好新，月异而岁殊。”（《温国文正司马公集》卷 23）整个社会浸淫在奢靡、豪尚的风气之中，达官贵人争相追逐饮食上的新异，食不厌精、脍不厌细；服饰上的靡丽，衣料精良，款式新异。在这种风气的影响下，军中将士也“竞蹱此风”，“诸军帅从卒，一例新紫罗衫，红罗抱肚，白凌裤，丝鞋，戴青纱帽，拖长绅带，鲜华灿然，其服装少敝，固已耻于众也。一青纱帽，市估千钱；至于衫裤，盖一身之服，不啻万钱。”（《续资治通鉴长编》卷 163）奢侈之风引领了整个社会崇尚消费的道德认知观念，将士们的这种对奢华之风的追求

① ［英］托马斯·孟：《英国得自对外贸易的财富》，袁南宇译，商务印书馆 1983 年版，第 6 页。

② 转引自乔洪武《正义谋利——近代西方经济伦理思想研究》，商务印书馆 2000 年版，第 26 页。

③ ［英］托马斯·孟：《英国得自对外贸易的财富》，袁南宇译，商务印书馆 1983 年版，第 73 页。

削弱了宋军的战斗力，以致宋室飘摇、颠沛动荡。

重商主义者们在具体的经济政策上尽管有不同的意见，经常争吵不休，但对钱财重要性的意见却惊人地相似，也认同一切能够增加钱财的手段的合理性。罗尔说："马林斯和米塞尔登虽然在对外贸易政策上争吵不休，但对财宝的重要性却能意见一致。马林斯说：'即使商品很丰富而且很便宜，如果缺少货币，贸易交往定会减少。'……而孟则一直认为以增加王国境内的财宝为政策的目的是理所当然的。"①

最后，对商人阶级予以了崇高的道德赞美。与以往时代对商人的轻视不同，重商主义者们对商人阶级给予了足够的重视，并不吝给予崇高的道德赞美。孟说："我把你列在这样一种受人尊重的地位；因为商人肩负与其他各国往来的商务而被称为国家财产的管理者，实在是受之无愧的。这种工作所得的荣誉与所负的责任同样巨大，应该以极大的技巧和责任心去履行才好，这样，私人的利益才会常常跟着公共利益而来。"② 商人是国家财产的管理者，肩负着国家财富增长的重大责任。当完成这个责任后，商人不仅获得了巨大的荣誉，也获得了丰厚的私人利益。在孟看来，商人需要具备很高的职业素质，表现出文明与优雅，并且应该得到较高的重视。他说："无可否认，在威尼斯、卢加、热那亚、佛罗棱萨、尼德兰和基督教国家的其他一些地方的最优良的政府里，也表现出商人们的才能。就是在最不重视他们的国家里，他们的技能与知识尚且往往为占最高权力地位的人们所借重。"③

可以说，重商主义的这一认识与当时民族国家兴起息息相关。对于这一点，古典经济学派的西斯蒙第也没有予以否认。他说："因为这种学说是创始于一个向商人咨询财政意见而不许他们参与国事的国家中，这些商人已由公民变成臣子；在这样的国家中，虽然叫商人考虑别人的利益，但实际上他们所了解到的只能是自己的利益。"④ 正是当时国家对财富的强烈需求欲望，导致了对商人阶级与商业活动的重视。熊彼特也认为，在当时"毫无疑问，增加国家的财富和权力是政策目标；经济政策的目标是获得

---

① ［英］埃里克·罗尔：《经济思想史》，陆元诚译，商务印书馆1981年版，第65页。
② ［英］托马斯·孟：《英国得自对外贸易的财富》，袁南宇译，商务印书馆1983年版，第1页。
③ 同上书，第3页。
④ ［瑞士］西斯蒙第：《政治经济学新原理》，何钦译，商务印书馆1964年版，第33页。

最大的公共收入，供宫廷和军队消费，对外政策的目标则是征服"①。罗尔说，"民族国家的成长，渴望消灭封建社会的分治主义和教会精神势力的普遍统治，造成了对财富的更大关心与经济活动的加速"②。对财富的关心就需要重视商人经济的作用，因为只有商人阶级及商业活动才能为国家带来直接的财富，即货币。"到那个阶段为止，商人的巨大重要性不仅仅反映在他在生产上的作用，同时也体现在国内外贸易经营方法上和从事于经营贸易的人们的社会与政治地位上。"③ 这个地位就是"各贸易公司的所有显赫人物都拥有相当政治影响，而他们就是我们即将遇到的，作为那个时候经济思想的领袖人物。例如，一位首要的重商主义者，米塞尔登被任命为调查贸易衰落的常设委员会的成员，后来这个委员会发展成为贸易部。……当最伟大的重商主义者 T. 孟歌颂商人的活动时，他只不过是以极端的口吻表达了当时广泛流行的情绪"④。

2. 重商主义财富道德观的意义

从重商主义财富道德观内容来看，其思想的精髓就是："金银和各种各样的珍宝是财富的精华。应当对对外贸易予以调控，通过确保出口的货物和服务多于进口的货物和服务，使对外贸易能够造成金银的流入。……重商主义学说的核心在于：贸易顺差是可取的，因为它是实现国家繁荣富强的钥匙。"⑤ 对于这样的一种学说，古典经济学派给予了较为全面的否定评价。随着时代的发展，对重商主义思想的某种肯定与重新认识成为学界共识。凯恩斯在《通论》第二十三章中题为"略论重商主义……"的文中，为重商主义作了一定程度的辩护。他说："作为管理国家的方法的贡献者，16 和 17 世纪的早期经济思想的先驱者关心整个经济制度，关心整个制度的全部资源能达到最优的就业状态，从而他们所使用的方法使他们能抓住在实践中的一部分的明智之道，而这部分的明智之道首先为李嘉图的不合乎现实的抽象方法所忘掉，然后又为他的方法所涂抹掉。……而这些做法是有其明智之处的。"⑥ 因此，对于重商主义的财富道德观的意义同

① ［美］约瑟夫·熊彼特：《经济分析史》1 卷，朱泱、孙鸿敞、李宏、陈锡龄等译，商务印书馆 1996 年版，第 225 页。
② ［英］埃里克·罗尔：《经济思想史》，陆元诚译，商务印书馆 1981 年版，第 54 页。
③ 同上书，第 56 页。
④ 同上书，第 57 页。
⑤ ［英］约翰·米尔斯：《一种批判的经济学史》，高湘泽译，商务印书馆 2005 年版，第 97 页。
⑥ ［英］约翰·梅纳德·凯恩斯：《就业、利息和货币通论》，高鸿业译，商务印书馆 2007 年版，第 350 页。

样需要我们审慎地做出评判。

首先，重商主义将财富等同于金银等货币的观点是有问题的，这是拜金主义思潮的理论渊源。从经济学角度，重商主义的财富观错误在于，将财富生产的源泉归之于流通，即商业贸易，而且主要是对外贸易。之后的古典经济学派对重商主义财富观的批评主要在此。斯密等人认为，流通领域并不产生财富，只不过是实现财富；财富是在生产领域当中产生的。而且，财富也并不一定就是货币。当然，财富要以货币的形式在一定程度上得以体现，但财富绝不等于货币。重商主义在经济学上的错误我们无须多谈，可他们在财富上的伦理价值观给社会带来了极为不利的影响，主要就表现为拜金主义思潮的泛滥。拜金思想在资本主义世界就是物质主义。物质主义一旦控制了社会生活，人们将异化为各种物质化的消费品的俘虏，包括金钱。虽然重商主义并没有倡导对金钱的崇拜，甚至还一再强调反对奢侈品的进口，反对奢靡的生活作风。但是，重商主义将金钱等于财富，对一个国家来说，积聚的金钱越多就越富有；那么，对个人来说也同样如此。对于金钱是否能够代表一个国家的财富，斯密是表示怀疑的。他说："由于任何国家财富的增长而使贵金属数量增加，并没有使它们价值下降的趋势。金银自然趋向富国，其理由与奢侈品和珍奇品趋向富国相同，不是因为它们在富国比在穷国更为低廉，而是因为它们在那里比较昂贵，或者说能得到更好的价钱。正是价格的优越性吸引着它们；一旦失去这种优越性，它们就会停止前往。"[①] 但当用金钱来代表一个人的财富的时候，也就意味着一个人的价值衡量标准发生了变化。个人在社会及其他个人心目中是否是成功人士，就依赖于其所拥有的金钱。进而，由于金钱所具有的某种能力，即穆勒所言的"支配力"，将金钱的作用辐射到社会。到那时，所谓的"社会精英"就是"有钱人"；所谓的"公民政府"就是"有钱人的政府"。而且，重商主义的所谓的控制奢侈品进口也无法解决全社会对物质消费品，尤其是高级消费品的追捧。因为，金钱的多少总是要通过其外在所拥有的物品来表示，也就是我们今天所能看到的大众对一个开汽车的人和一个没有汽车的人给予的是否成功的判断是不一样的。把一个人拥有金钱的多少看作事业成功的标志就是拜金主义的影响。对由物质主义带来的人们精神的空虚，及被金钱奴化的人的"异化"，从马克思到法兰克福学派的马尔库塞、弗洛姆都有过很深刻的批评。从这个角度，古典经济

---

① ［英］亚当·斯密：《国民财富的性质和原因研究》，杨敬年译，陕西人民出版社 2001 年版，第 256 页。

学派对重商主义的批评可以说是有意义的。

值得一提的是，熊彼特对重商主义是否持"财富等于货币"有着不同的认识。他认为，在重商主义这里，"财富等于货币"是一个经济学的假定，是为了其经济理论研究的严谨而做出的一个假设，只不过后来以斯密为代表的古典经济学派混淆了这个观点，将一个经济学的假设看作是一个事实。熊彼特说："就我所知，在'重商主义'作家那里找不到这样的命题，要解释这些命题——不管它们多么错误——必须假定'重商主义'作家把财富与货币或金银'财宝'看作是同一东西，或者他们把货币同货币可以购买的东西混淆在一起。因此我们没有理由在这个毫无趣味的问题上浪费篇幅。……这个问题自从亚当·斯密不恰当地批评'商业主义或重商主义'从而树立了坏榜样以来在经济学编史工作中成了标准的论题。"① 但是，尽管熊彼特一再强调，"财富等于货币"只不过是重商主义者们的一种表达方式，完全可以不用管。但是，他自己也不得不承认，"财富就是货币的这种说法确实经常出现"②。穆勒也说，"财富就是货币"的学说是一代人的普遍信念，"一代人的普遍信念——若不靠智慧和勇气进行非凡的努力，当时便没有人能够摆脱它——常常到下一代时会变得如此荒谬可笑，以致唯一的困难是去想象当时人们怎么会相信它。货币是财富的同义词这种学说就是如此"③。

其次，重商主义的财富道德观也是反对封建主义，催生资本主义市场经济的有力武器。重商主义思想冲破了中世纪宗教思想的樊篱，是培育现代资本主义精神的摇篮，它对于资本主义取代封建主义起了重要的推动作用。重商主义产生的时代正好是封建主义向资本主义的转变时期，衰落的时代也正好是工业革命时期。这个时代恰好是资本主义萌芽初期，资本主义机器化大生产模式即将产生的时代。如马克思所分析的那样，资本主义生产模式的建立需要有两个前提：资本和自由劳动力。重商主义思想及其活动恰恰为资本主义生产提供了一个必要前提，即资本。米尔斯说："重商主义或者叫商业资本主义为从十五世纪末到十八世纪末差不多三百年中有关经济话题的思想提供了占主导地位的思想框架。……它的原则和信条所具有的吸引力，是随着欧洲在文艺复兴运动和民族国家的发展的双重影

---

① ［美］约瑟夫·熊彼特：《经济分析史》1 卷，朱泱、孙鸿敞、李宏、陈锡龄等译，商务印书馆 1996 年版，第 535 页。

② 同上书，第 536 页。

③ ［英］约翰·穆勒：《政治经济学原理及其在社会哲学上的若干应用》上，赵荣潜、桑炳彦、朱泱译，商务印书馆 1991 年版，第 15 页。

响下开始繁荣起来而得到增强的。随后，随着理论风向开始转向一种与它不同的、比它更加精细缜密的、由工业革命引起并以亚当·斯密《国富论》和美国《独立宣言》的发表（这两件事恰好都发生在 1776 年）为典型体现的方向，它便衰落了。"① 重商主义虽然颇受古典经济学派诟病，但是并不意味着它与斯密之类的资产阶级思想家站在了阶级立场的对立面，代表的是封建阶级的利益。恰恰相反，与斯密一样，重商主义也是资产阶级利益的代言人，只不过在资本主义发展的不同阶段，重商主义是商业资产阶级的代言人罢了。"重商主义时期的那些著作都带有浓重的反映当时处于上升阶段的商人阶级的利益的色彩。重商主义关心得最多的是要论证应当如何尽可能成功地按照从事贸易活动的那些人的利益需要来管理国家，而不是如何实现更广泛的目标。"②

从重商主义阶级利益来看，其所代言的商业资产阶级同样需要对封建势力发出挑战，要破除一切阻碍资本主义发展的封建思想的影响。罗尔说，"经济的发展不仅加强了商人的实力地位，已摧毁了那些可能阻挡商业扩展的制度与传统观念，特别是那些仍旧以宗教信条为基础的社会思想的残余"③。欧洲的整个中世纪时期都笼罩在宗教思想的阴影之下。在利益观上，宗教思想并不重视现世生活与利益，而是强调一种禁欲主义的生活，以求得到彼岸的解脱，它们反对一切对金钱的追求，即使是为了生活必需的金钱。"深受《圣经·旧约》先知们的影响，基督教教义的主要思想根本不在于为将来提出一种清晰的新型社会结构，它的首要目标是来世。在耶稣说过的话里，对经济问题毫不重视，因此没有必要为很快就要降临的天国中的生产和物质福利操心。"④ 但这种观念随着资本主义的发展受到了强烈冲击。熊彼特说："商业、金融和工业资产阶级的兴起，自然改变了欧洲社会的结构，从而改变了它的精神，如果愿意的话，也可以说改变了它的文明。"⑤ 在这个改变活动中，重商主义功不可没，它们以一种实践的姿态批判了伪道学和封建教会的矫揉造作，以毫不掩饰的口号呼唤人们对金钱的重视与尊敬。"重商主义被设想为经济政策的一个阶段。其

① ［英］约翰·米尔斯：《一种批判的经济学史》，高湘泽泽，商务印书馆 2005 年版，第95 页。
② 同上书，第 102 页。
③ ［英］埃里克·罗尔：《经济思想史》，陆元诚译，商务印书馆 1981 年版，第 57 页。
④ ［英］约翰·米尔斯：《一种批判的经济学史》，高湘泽译，商务印书馆 2005 年版，第86 页。
⑤ ［美］约瑟夫·熊彼特：《经济分析史》1 卷，朱泱、孙鸿敞、李宏、陈锡龄等译，商务印书馆 1996 年版，第 125 页。

目的是战胜封建割据与中世纪的特权。"①

此外，重商主义对封建主义的摧毁还表现在：以一种自由交换秩序取代了封建的等级秩序。封建社会的典型特点就是其等级性。封建社会是以人们在社会中所处的等级为秩序形成的一个金字塔形社会结构。熊彼特说："封建文明这个词使人想到一特殊类型的武士社会，即一种由武士阶层统治的社会。武士阶层是按照臣属原则，即按照封有采邑的领主和骑士这种等级制度组织起来的。"② 重商主义重视商业活动，强调以商业活动获得利益的正当合理性。商业交换本身就突破了一种等级秩序的限制，是基于对等立场上表现出来的某种平等性。这不仅是商业交换的特征，也是赖此基础之上建立的资本主义的特征。从这个角度，重商主义以防止钱财外流，反对奢侈浪费，实质上就是反对当时靠奢侈炫耀来维持的封建特权。正是由于重商主义不遗余力地对封建主义的批评，从而也为即将到来的工业资本主义的快速发展扫清了障碍。

最后，重商主义表现出了对民族国家利益的维护。重商主义者到底代表谁的利益？这是一个有争议的话题。以斯密为代表的古典经济学派认为重商主义代表的只是商人们的利己主义。西斯蒙第就明确指出："在这样的国家中，虽然叫商人考虑别人的利益，但实际上他们所了解到的只能是自己的利益。"③ 斯密说："在重商主义下，消费者的利益，几乎都是为生产者的利益而被牺牲了。"④ 斯密所讲的生产者的利益实际上也就是工商业阶层利益。当然，也有学者认为，重商主义所代表的只是个人利益，是从个人主义出发的为个人谋利的思想体系。英国经济学家约翰·希克斯认为，"重商主义根本不是指令经济，它并不是计划好的经济，它是高度个人主义的，但这并不是说它是无政府主义"⑤。

然而，有更多的学者认为，商人们的利己主义和个人主义都无法代表重商主义的立场，重商主义是民族国家主义的，代表的是社会民族国家利益。罗尔说："必须承认，从开明的英国商人孟到奥地利的民族主义律师

---

① ［瑞典］拉尔斯·马格努松主编：《重商主义经济学》，王根蕾、陈雷译，上海财经大学出版社 2001 年版，第 120 页。

② ［美］约瑟夫·熊彼特：《经济分析史》1 卷，朱泱、孙鸿敞、李宏、陈锡龄等译，商务印书馆 1996 年版，第 118 页。

③ ［瑞士］西斯蒙第：《政治经济学新原理》，何钦译，商务印书馆 1964 年版，第 33 页。

④ ［英］亚当·斯密：《国富论》下，郭大力、王亚南译，商务印书馆 1972 年版，第 227 页。

⑤ ［英］约翰·希克斯：《经济史理论》，厉以平译，商务印书馆 1987 年版，第 32 页。

和枢密顾问官霍尼克，许多重商主义文献都宣称是主张促进民族利益的。"① 托马斯·孟就指出，在对外贸易中存在着三种利益，"第一是国家的利益，那是可以在商人（他是国内的主要代理人）丧失利益的时候获得的。第二是商人的利益，它是既公平又正当地得来的，虽然国家要成为损失者。第三是国王的利益，这是他在任何时候一定会得到的，即使是在国家和商人双方都成为损失者的时候"②。这三种利益中，哪种利益最重要呢？孟认为，商人在经营时不仅要计算自己的损失，更要考虑增进公共财富和国家实力。这实际上就预示着孟在国家利益和商人利益之间，选择了前者作为优先考虑的对象。当然，在重商主义的经济伦理思想中，并没有否认个人利益，也有后来古典经济学派所极力倡导的那种追逐个人私利使得公共利益增长的观点。但是，无可否认，个人对自身利益的关心是要以尽可能地增强国家财富为出发点的。

重商主义之所以主张维护民族国家的利益，乃是社会发展的一种必然。诸多经济史研究者都肯定民族国家的兴起是伴随封建主义解体和资本主义产生的过程。在民族国家兴起过程中，就必定会对商业活动及商人予以更多的重视。因此，代表商业资产阶级利益的重商主义必然会以民族国家的利益为自己优先考虑的内容。熊彼特说："自十六世纪起，在大多数这类国家，君主都变成了国家和民族的化身。君主成功地使各阶级服从于自己的权威，不仅资产阶级和农民得服从，贵族和僧侣也得服从，只不过贵族和僧侣的服从带有这样一个条件，即他们继续享有社会和经济上的特权地位。毫无疑问，增加国家的财富和权力是政策目标：经济政策的目标是获得最大的公共收入，供宫廷和军队消费，对外政策的目标则是征服。"③ 重商主义之所以不仅是一种思想的理论，而且还是一种社会的实践，正是因为它们符合了当时民族国家发展的需要。从重商主义者本身来说，"重商主义者要求有一个强大的国家以保护贸易并粉碎阻挡商业扩张的种种中世纪羁绊"④。因此，这样的评价是中肯的：

　　　重商主义的理论与政策完成了他们的使命。他们取消了中世纪的

---

① ［英］埃里克·罗尔：《经济思想史》，陆元诚译，商务印书馆1981年版，第62页。

② ［英］托马斯·孟：《英国得自对外贸易的财富》，袁南宇译，商务印书馆1983年版，第25页。

③ ［美］约瑟夫·熊彼特：《经济分析史》1卷，朱泱、孙鸿敞、李宏、陈锡龄等译，商务印书馆1996年版，第225页。

④ ［英］埃里克·罗尔：《经济思想史》，陆元诚译，商务印书馆1981年版，第63页。

限制，为建立统一的强盛的民族国家立下了功劳。这些因素反过来又成了推动贸易的强有力的工具，直到早期资本主义发展为成熟的工业资本主义。在最先完成这个过程的国家里，比如说英国和法国，国家权力立即转向新的途径。它必须帮助工业取得经济优势。但是先前的重商主义思想并没有消逝。直到今天，它们都不时地披着不同的外衣再出现，甚至有时这种重新发现的古代真理被认为是出奇地符合现代情况而大受欢迎。①

重商主义作为一个为工业资产阶级诞生扫清障碍的思想理论体系，尽管受到斯密等古典经济学派思想家的批评，但不可否认，它们对古典经济学派的财富观的产生起到了积极作用。

第二节　古典经济学派生产论者②财富道德观

进入 18 世纪，重商主义学说的影响日渐式微，同时催生出古典经济学派。在这其中，重商主义的财富观是最受古典经济学派诟病的，并且在对重商主义财富观的批评上产生出了古典经济学派自己富有特色的财富观。重商主义财富观的影响之所以日渐衰退，一方面固然是因为其财富观中的鄙陋；另一方面也是因启蒙思想的兴起，一种个人主义的财产观的盛行。例如，从霍布斯、洛克到休谟都对个人财产问题进行了阐述。正如米尔斯所评论的那样，"重商主义的影响都日渐式微。其中原因，主要并不在于重商主义政策的失败（尽管这方面的失败当时越来越成为攻击的对象），而是由于：总的说来，人们对于人类理智能力的范围和作用的认识视野日益开阔起来了"③。

---

① [英]埃里克·罗尔：《经济思想史》，陆元诚译，商务印书馆1981年版，第84—85页。
② 古典经济学派代表人物众多，如何划分是一个大问题。在财富道德观上，我们以在生产与消费这两个重大经济问题上的观点差别来划分古典经济学派。认为生产重于消费的，我们将他们称为古典经济学派的生产论者；认为消费重于生产的，我们将他们称为古典经济学派的消费论者。在生产论者中，主要代表人物有斯密、李嘉图、萨伊和穆勒；在消费论者中，主要代表人物有西斯蒙第、马尔萨斯和马歇尔。
③ [英]约翰·米尔斯：《一种批判的经济学史》，高湘泽译，商务印书馆2005年版，第110—111页。

一　斯密的财富道德观

斯密是古典经济学派的开创者，其对古典经济学派及现代经济学所具有的影响是不言而喻的。分析斯密的财富道德观不仅对古典经济学派的财富道德观具有总括性的意义，而且对于这个西方经济伦理思想的研究具有纲领性的意义。斯密对财富问题极为重视，他将自己的著作命名为《国民财富的原因和性质的研究》，并开宗明义地指出，其目的就是要研究如何实现富国裕民的目的。在这个目的的指导下，他一方面对重商主义的财富观进行了尖锐的批评，一方面对重农主义财富观中的合理内容进行了总结，从资本主义生产过程出发，阐析了自己的财富理论。

1. 财富是由劳动创造的物质产品

在《国民财富的原因和性质的研究》一书中，斯密明确指出，政治经济学的目标或者说本书的目标就是研究如何实现富国裕民。他说："政治经济学，作为政治家或立法家的一门科学，提出两个不同的目标：第一，为人民提供丰富的收入或生活资料，或者更确切地说，使人民能为他们自己提供丰富的收入和生活资料；第二，为国家供立足够维持公共服务的收入。它提出要使人民和国家都富起来。"① 基于这样的研究目的，就需要对财富是什么予以说明。当时，社会上流行的并在实践中具体使用的就是重商主义的思想和理论。重商主义认为，财富就是货币，尤其是金银珠宝等贵重物品。斯密认为这是一种荒谬的认识。

货币是不是财富？斯密认为，把财富看作货币是一般普通百姓的无知认识。从货币的本质来说，它所具有的两个基本职能是：交换媒介和价值尺度。斯密说："财富是由货币或金银组成是一种通俗的观念，这种观念是由货币的两种职能自然而然地产生的，这两种职能就是交易媒介和价值尺度。"② 也就是说货币并不是财富本身，只是财富得以实现的工具而已。也正是因为财富的实现离不开货币，因此，在普通语言中，人们才会将财富等于货币。"在普通语言中，财富和货币从每一个方面来看都是同义语。"③ 但这种普通认识并不就是科学认识。

财富的科学客观认识是什么呢？斯密认为，这需要从财富的本质来说。对个人而言，一个人贫富的标准往往是以其所能享有的物质产品来衡

---

① ［英］亚当·斯密：《国民财富的性质和原因研究》，杨敬年译，陕西人民出版社2001年版，第475页。
② 同上书，第476页。
③ 同上。

量的，既然如此，财富就是生产这种物质产品的劳动。斯密说："一个人是富还是穷，依他所能享受的市场必需品、便利品和娱乐品的程度而定。"① 一个人所能享有的市场必需品、便利品和娱乐品都是一种物质产品，这些物质产品的价值实质是劳动。因此，要购买这些产品，就需要以同等的劳动来实现。所以，从财富本质来说，指的就是劳动，而不是别的。斯密说："用来最初购得世界上的全部财富的，不是金或银，而是劳动；财富的价值，对于拥有它并想要用它来交换某种新产品的人来说，正好等于它能使他们购得或支配的劳动的数量。"② 既然商品的价值就是劳动，显然财富对劳动购买力也就是对商品的购买力。财富就是人们所能获得的必需品、消费品和便利品的总和。这与斯密在前面讲的财富内容是一致的。在斯密看来，财富是指物质产品，其本质是劳动，这是一个不言而喻的东西。

把财富看作是劳动尽管是一种较为粗陋的观点，但从经济伦理角度，这一思想是有积极意义的，主要表现如下：

其一，还原了财富为人所用的真实内涵。重商主义财富观对财富给出了一个客观主义的标准，即财富就是货币。这种客观主义的定义不能说完全错误，但其主要问题就在于忽视了财富之于人之需要的意义。也就是说，一个人所有的货币如果无法转化成其所能使用的产品，货币是毫无意义的。而且货币是需要以产品为基础的。当一个人饥饿的时候，仅仅拥有货币是无法解决其所需的，也许一个糠菜团子比一块黄金具有更大的财富价值。斯密反复强调："货币不能用作生活必需品，肚子饿的时候不能把货币拿来吃，冷的时候不能把货币拿来穿，货币也不能用作住宅。必须把货币交换各种货物来供给衣食住的用途。"③ 斯密将财富定义为物质产品，也就是将财富从客观主义定义还原到了主体的价值需要。斯密说："决定社会的富裕的绝不是劳动的价格；社会的富裕在于能以少量的劳动换得大量的东西。"④ 从这句话中我们可以看到，斯密以人的消费水平来衡量社会的财富，从一定意义上来说，这是重商主义财富观的巨大进步。财富之所以为"财富"是因为它对人而言所具有的价值与意义，离开这点谈财富，

---

① ［英］亚当·斯密：《国民财富的性质和原因研究》，杨敬年译，陕西人民出版社 2001 年版，第 41 页。
② 同上书，第 42 页。
③ 同上书，第 205 页。
④ ［英］坎南编著：《亚当·斯密关于法律、警察、岁入及军备的演讲》，陈福生、陈振骅译，商务印书馆 2005 年版，第 180—181 页。

往往会使人沦为财富的手段与工具。斯密财富观的意义就在于确认了人的目的性意义，尽力避免资本主义制度下人的工具性。但是，资本主义制度的发展最终仍然没有在目的论的意义上实现财富应有的价值，反而是在工具论的意义上对财富意义予以了弘扬。当然，斯密并不是像古希腊哲学家那样，将人的一切需要都定义为财富。而是从经济学学科研究出发，将财富严格规定为物质产品。假如说古希腊时期的财富概念是一个一般的哲学概念，斯密的财富概念则是一个严格的经济学概念了。也正是因为如此，我们才能从经济伦理的角度对斯密的财富观予以一种伦理分析。

其二，表现了社会普遍利益的追求。"劳动是财富的源泉"的观点并不是斯密的独创，在其同时代的重农学派也提出了相似的观点。但是，重农学派将"劳动"限定为农业劳动，认为只有农业劳动才能生产财富。对此观点，斯密在其著作开篇的第一句话就表明了其对重农学派的批评。斯密说："一国国民每年的劳动，本来就是供给他们每年消费的一切生活必需品和便利品的源泉。构成这种必需品和便利品的，或是本国劳动的直接产物，或是用这类产物从外国购进来的物品。"①与重农学派不同，斯密肯定劳动对财富的创造作用：一是肯定了劳动是人类活动；二是肯定了劳动是社会所有阶级的劳动。重农主义从自然秩序观出发，认为土地有着特殊的生产力，表现了自然的伟大力量，因此，财富是农业劳动创造的。对重农学派的这种认识，斯密的分析是一分为二的。一方面肯定了重农学派看到"劳动创造财富"观点的合理性。他说："虽然将在土地上使用的劳动说成是唯一的生产劳动，这样一再重述的观念未免过于狭隘和偏窄；但是它认为，国民财富不是由不能消费的货币财富组成的，而是由社会劳动每年生产的可消费的货物组成的，认为完全自由是使这个年度再生产可能最大的唯一有效方法，这种学说无论从哪一方面来说都是公正的，是慷慨大度和自由的。"②另一方面，斯密也认为重农学派只将农业阶级看作财富的创造者是错误认识。他批评重农主义代表魁奈经济体系的错误是，"这种政治经济体系的主要错误，似乎在于它把技工、制造业和商人阶级说成是完全不生产的"③。为此，他做出论断，财富的孕育者不是自然界，而是最广义的劳动——不是重农学派所认为的农业阶级劳动，而是社会一切阶级的劳动。

①　[英]亚当·斯密：《国富论》上，郭大力、王亚南译，商务印书馆1972年版，第1页。
②　[英]亚当·斯密：《国民财富的性质和原因研究》，杨敬年译，陕西人民出版社2001年版，第744页。
③　同上书，第740页。

将劳动看作是一切阶级的劳动，因此，社会的财富所代表的就不仅仅是某个阶级的利益，而是社会的全体利益。更重要的是，这种全体利益表明了社会各个阶层利益是相互合作的产物，单靠某个阶级是实现不了社会财富的。斯密说："在任何方面限制或挫伤商人、技工和制造人的劳动，决不可能是符合土地所有人和农场主的利益的。这个不生产阶级享受的自由越大，组成这个阶级的所有不同行业中的竞争也就越大，供应这两个其他阶级的外国货物和他们本国的制造品，也就越低廉。"① 这就意味着，"一国国民的年收入应该或多或少地归功于每一个参加劳动的人。这是他们相互协作，及他所说的'合作'的结果。因此不再有任何必要划分不生产阶级和生产阶级，因为只有懒汉是不生产的"②。

2. 国家财富增长途径

斯密一再强调其著作《国民财富的性质和原因的研究》的写作目的是如何实现富国裕民。因此，如何实现财富的增长成为其财富道德观的一个重要内容。斯密从正反两个方面提出了财富增长的途径。一方面，斯密提出了分工、节俭和自由贸易对财富增加所具有的积极意义；另一方面，斯密分析了影响国民财富增长的因素。斯密认为，并不是如重商主义所言的那样，是货币带来了财富的增加，而是财富增加自然就能带来货币的增长③。

第一，财富增长的正面途径。

首先是分工。分工之所以能够带来财富增加，是与财富内涵有关系的。在《国富论》中，斯密一再强调，国家的富裕在于产品的丰富，而不是货币。他说："货币并不是价值的真正尺度，价值的真正尺度乃是劳动。因此，一国的富裕在于货物的数量和物物交换的便利。"④ 所以，货物或者是产品的丰富才能代表一个国家的财富。既然如此，一切能够用于货物丰富的手段也就是财富增加手段。斯密说："国家的富裕不在于铸币的数量，而在于生活所需要的货物的丰富。凡有助于增多这些货物的东西，都有促

---

① ［英］亚当·斯密：《国民财富的性质和原因研究》，杨敬年译，陕西人民出版社2001年版，第735页。

② ［法］夏尔·季德、夏尔·利斯特：《经济学说史》上，徐卓英等译，商务印书馆1986年版，第77页。

③ 同上书，第256页。

④ ［英］亚当·斯密：《国民财富的性质和原因研究》，杨敬年译，陕西人民出版社2001年版，第203页。

进一国财富的作用。"①

从上述斯密的阐述中，我们可以看到，斯密对分工之于国家财富增加的重要意义的认识出于两个分析：一是财富是劳动创造的物质产品，因此，产品越是丰富，社会越是富裕。社会劳动产品的增加取决于劳动生产力。提高劳动生产力除了运用机器之外，重要途径就是分工。斯密说："在欧洲的所有国家，劳动生产力改进了，它们的产品增加了，居民的实际收入和财富也随之增加了。"② 二是财富表达的是全体国民利益，是社会各个阶层相互合作的产物。因此，要使一国财富得到增加，最重要的途径就是分工。我们知道，斯密在《国富论》一书中花了大量的篇幅不厌其烦地阐述了分工带来的劳动生产力的提高，从而大大丰富了产品数量，实现了国家的富裕。他说："由于实行劳动分工的所有不同行业的产量成倍增长，在一个治理得很好的社会出现普遍的富裕，推广到了最低层的人民。每一个工人自己劳动的产品，除了供应自己的需要而外，还可大量出售；每一个其他的工人也完全一样，能用自己的大量产物去交换他人的大量产物或其等价品。他对他们的需要作出丰富的供应，他们也对他的需要作出同样丰富的供应，于是社会的所有不同阶级都变得普遍富裕起来。"③

当然，分工能够带来产品生产效率的提高，从而在单位时间内生产出更多的产品。但是产品的丰富就能自然带来社会的普遍富裕吗？斯密的回答是肯定的。显然，斯密并没有考虑到产品的分配问题。社会的富裕并不意味着社会每个阶级的共同富裕；阶级的共同富裕是产品分配的问题，社会的富裕是产品增长的问题。产品的增长并不意味着产品分配的公平。在斯密这里，他所给予关注只是如何实现产品的最大限度的增长。也就是富国裕民的目标，在斯密看来，国富自然也就能裕民。他说："对靠工资生活的人的需求，必须随着每个国家收入和资本的增长而增长，并且不可能脱离它而增长。收入和资本的增长就是国民财富的增长。因此，对靠工资生活的人的需求，自然随着国民财富的增长而增长，并且不可能脱离它而增长。"④ 然而，事实证明，这是两个不同的问题。国富并不一定意味着裕民。裕民需要从社会公平的角度对社会的产品进行更为合理、更人性化的分配。这是斯密经济理论的缺陷。单纯地将经济的增长等同于经济的发展

---

① ［英］亚当·斯密：《国民财富的性质和原因研究》，杨敬年译，陕西人民出版社 2001 年版，第 205 页。
② 同上书，第 495 页。
③ 同上书，第 14 页。
④ 同上书，第 91 页。

的论点是有问题的。经济的发展应该包含有比经济增长更多的内容，不仅仅有经济的增长，还有经济分配的公平与合理、人的能力的提高、社会福利的增长等内容。

可是，在斯密这里，分工不能实现财富增长只有两种情况：一是市场范围的狭小；二是社会的秩序的混乱。当解决了这两种情况之后，分工自然就能促进财富的增长。他说："分工的程度必须和商业的范围相称。如果只有十个人需要某种商品，这种商品制造的分工，绝不能达到像在有一千人需要它的情况下的程度。其次，旨在促进富裕的分工，总随着交通的改良而日臻完善。如果盗贼遍地，如果道路泥泞难行，商业必不能继续发展。……所以，劳动分工是国家财富增长的一个大原因，而国家财富增长的速度，总是和人民的勤劳程度成比例，绝不是和金银的数量成比例，像可笑的想法那样。至于人民的勤劳，总是和分工的精细程度成比例。"[①]

其次是节俭。资本之于生产的重要意义在斯密那个年代是经济学的一个颠扑不破的真理。在古典经济学派眼里，资本积累越大，"生产工人即工具和机器的制造者——增加生产力的主要因素——的人数愈多，则分工的范围愈大。增加一国的资本就是扩展其工业和增进其福利"[②]，生产规模越大，物质产品就越丰富，社会就越富裕；反之亦然。既然资本对财富的增长有着如此重大的意义，那么该如何实现资本增长呢？斯密说："资本增加的直接原因是节俭，不是勤劳。诚然，勤劳提供了节俭可能积累的东西。但是不管勤劳能得到什么，如果没有节俭去节约、去贮存，资本就不可能增大。"[③] 节俭创造资本、资本创造生产、生产带来财富，因此，我们完全可以得出这样的结论：节俭创造财富！

基于这样的立场，斯密对节俭进行了详细分析。其一，节俭对个人及社会而言都是极为重要的。斯密认为，节俭对个人来说带来了勤劳的道德品质，避免了懒惰；对社会来说，带来了资本的增加，从而实现了全体居民的财富增长。他说："资本和收入之间的比例，似乎在到处都决定勤劳和懒惰之间的比例。凡是资本占优势的地方，勤劳就占上风；凡是收入占优势的地方，懒惰就占上风。因此，资本的每一次增加或减少，自然会增

加或减少劳动的实际数量、生产性劳动者的人数，从而增加或减少一国土地和劳动年产物的交换价值、它的全体居民的真实财富和收入。"①　其二，节俭是可行的，因为它是由个人改善自我生活状况的原始欲望推动的。斯密说："从经验看来，个人的节俭和良好行为，在大多数场合，似乎不仅足以补偿个人方面的私人浪费和行为不当，而且足以补偿政府方面的公共浪费。每一个人改善个人状况的一致的、经常的和不断的努力，是国家和国民富裕以及私人富裕的原始动力，它常常强大到足以维持事物趋向改革的自然进程，尽管有政府方面的浪费和行政方面的最大失误。"②　这种欲望的力量是如此强大，无论政府采取怎样的措施都无法阻挡。"每个人改善自身状况的一致的、经常的、不断的努力是社会财富、国民财富以及私人财富所赖以产生的重大因素。"③　其三，节俭不是不消费，不是吝啬，而是将收入运用到耐用品的消费上面。斯密反对奢侈，提倡节俭。为此，他说："奢侈都是公众的敌人，节俭都是社会的恩人。"④　然而，这并不意味着斯密就不强调消费了。在消费问题上，斯密主张耐用商品的消费。他说，"用在耐用商品上的花销，不仅有利于积累，而且有利于节俭"⑤，"花在耐用商品上的开销，普遍比用在最奢侈的款待方面的钱为更多的人提供维持费"⑥。当然，斯密的这种消费理论并不是从消费者角度来谈论消费之于人的限度，而主要是从生产，尤其是资本的社会化生产的角度来谈论消费的。他说："一种花用方式，因其总是会造成有价值商品的某种积累，因其更有利于私人节俭，从而能增加公共资本；因其维持生产性劳动者而不是维持非生产性劳动者，所以比另一种花用方式更有助于公共富裕的增长。"⑦　也正是基于此，我们虽然认为斯密是从人的价值需要出发来看待财富问题，但他仍然是古典经济学派生产论者的财富道德观，与持消费论的西斯蒙第、马尔萨斯等人还是有区别的。

最后是自由贸易。针对重商主义的财富观，斯密认为，只有自由贸易

---

① ［英］亚当·斯密：《国民财富的性质和原因研究》，杨敬年译，陕西人民出版社2001年版，第378页。

② 同上书，第384页。

③ ［英］亚当·斯密：《国富论》上，郭大力、王亚南译，商务印书馆1972年版，第315页。

④ 同上书，第313页。

⑤ ［英］亚当·斯密：《国民财富的性质和原因研究》，杨敬年译，陕西人民出版社2001年版，第389页。

⑥ 同上书，第390页。

⑦ 同上书，第390—391页。

才能带来财富的增长，重商主义那种限制商品进口的国家干预政策是无法带来财富的增加的。不仅是对外贸易，而且还有国内贸易都能带来财富的增长，但其前提是——自由。只有自由的贸易政策才能最大限度地带来财富的增加。斯密说："一个国家的富裕不在于用以实现货物流通的货币的数量，而在于生活必需品的丰富。因此，如果我们能想出一个方法把一半的货币运往外国换成货物，而同时又能供应国内流通的需要，我们便可大大增加国家的财富。"① 贸易可以带来财富的增加，因此，国家是否富裕并不取决于货币的多少，而在于如何实现产品的丰富。关于重商主义，斯密认为，其贸易理论中有些内容是合理的，但有一部分的论据则是诡辩，但重商主义提醒我们只有自由贸易才能带来财富的增加。他说："这些论据有一部分是正确的，有一部分是强词夺理。他们说贸易上的金银输出常常有利于国家，这是正确的。他们还说，当私人发现出口金银有好处时，禁令不能阻止其出口，这也是正确的。但是当他们说为了保持或增加金银的数量，要求政府给予更多的注意，即是说，不仅要注意保持和增加任何其他有用商品的数量，而且要更加注意保持和增加金银的数量，这是诡辩，因为只要保持贸易自由，不需有任何的政府注意，也决不会不按适当的数量去供应。"② 斯密不仅重视自由的对外贸易，而且认为加强国内贸易的自由也是促进财富增长的重要手段。"内地贸易或国内贸易是最重要的一种贸易，在其中等量的资本能提供最大的收入，能为一国人们创造最大的就业机会，却被认为只是对外贸易的附属物。据说，它既不能将货币带入国内，也不能将货币带出国外。因此，国家不能因国内贸易致富或变穷，除了国内贸易的繁荣或衰落可能间接影响对外贸易的状况以外。"③

因此，斯密得出结论，重商主义限制贸易的做法是徒劳无功的：

当输入任何一国的金银数量超过有效需求时，政府的警惕不可能阻止其出口。西班牙和葡萄牙的一切严峻法律，均不能使自己的金银留在国内。从秘鲁和巴西不断输入的金银超过了这两国的需求，使金银的价格低于邻国的价格。反之，如果任何一国金银的数量少于有效需求，金银的价格就会提高到邻国价格以上，也无须政府费力去进口

---

① ［英］亚当·斯密：《国民财富的性质和原因研究》，杨敬年译，陕西人民出版社2001年版，第204页。
② 同上书，第480页。
③ 同上书，第481—482页。

金银。即使政府竭力去阻止金银进口，它也不能做到。①

第二，影响财富增长的负面途径。

假如分工、节俭和自由贸易带来财富增长是从积极方面来阐述财富增长途径的话，那么，影响财富增长的负面途径就是从消极方面来看待财富增长问题。这是一个简单的推导。如果一个社会影响财富增长的途径越多，财富增长也就越慢；反之亦然。在斯密看来，影响财富增长的途径主要有两个：一是天然因素，即资本的缺乏；二是人为因素，即政府的过多控制和干预。他说："富裕何以不能迅速增长。……可分两方面研讨它的原因，即天然的阻碍和政府的压迫。"②

天然的阻碍。在斯密看来，这个天然的阻碍就是资本的缺乏。财富的增长取决于产品的生产，而产品的生产是依赖于资本的。对个人来说，资本的拥有是不同的。对那些缺少资本的穷人来说，就天然地存在资本障碍，这个因素是天然的。斯密说："在能够实现分工之前，必须积蓄一些资本，没有资本的穷人，绝对没有力量开始经营制造业。……人人都晓得，即在文明社会，从白手爬上小康地位是何等的困难。至于想从不需要技术或技巧的职业而发迹，那更是不容易的。所以搬运工人和普通日工往往终身穷困。在社会刚开始时，尤不容易由穷致富。"③ 后人对斯密的指责之一就是，他对造成社会贫困的制度原因没有作深入的分析。当然，这不是斯密个人的问题，是斯密生活的那个时代的局限。斯密无法看到造成社会财富不平等的原因是资本主义的私有财产制度，反而对私有财产制度的合理性做了高度的赞美。基于这样的立场，斯密当然认为，每个人私有财产占有上的不均等影响到了财富的增加，这是合理的。所以，斯密一方面看到了社会财富分配上的不平等，另一方面却未对这个不平等的原因进行分析。

人为的阻碍。这个人为的阻碍就是政府的性质。斯密说：

> 富裕不能很快增长的另一原因是政府的性质。上面常常提到，在社会初期，政府总是软弱无力。经过好久之后，政府才能保护人民劳

①　[英] 亚当·斯密：《国民财富的性质和原因研究》，杨敬年译，陕西人民出版社2001年版，第483页。

②　[英] 坎南编著：《亚当·斯密关于法律、警察、岁入及军备的演讲》，陈福生、陈振骅译，商务印书馆2005年版，第231页。

③　同上书，第232页。

动的果实，使其不受附近人的侵犯。在人们感觉财产没有安全保障有随时被人掠夺的危险时，人们自然不想勤劳地工作。在这时候，不可能有大量财产的积聚，因为这时候懒惰人占绝大多数，他们依靠勤劳者为食，把后者所生产的东西消耗掉。当政府权力强大到能够保护人民劳动果实时，另一阻碍从别的地方产生。在野蛮国家与野蛮国家之间，战争总是不断发生，一个国家总是不断侵略和掠夺另一个国家。私人财产现在虽然得免于附近居民的侵夺，却又时常处在被外国敌人侵袭的危险中。在这种情况下，积贮资财的可能性也很小。……就富裕的增进来说，再没有比这更大的阻碍了。①

　　政府性质影响财富的增长，一方面是政府无法保障人民的财产安全；另一方面是政府对社会的经济活动采取了不正确的干预。斯密曾经列举了一些影响社会财富增加的状况，这些状况包括："（1）对工业所课的一切的税，对皮革、鞋（人民对这种税反对最烈）、盐、啤酒或酒（因为任何国家都有酒）所课的税"②；"（2）专利制度也会破坏国家的富裕。专利品的价格，总是高于足以鼓励人们去从事这种劳动的价格"③；"（3）把独占权给予公司也有同样的结果。……正像把市价抬高到自然价格之上的措施不利于国家的富裕，使市价跌到自然价格之下的措施也有相同的影响"④。从斯密列举的这些影响社会财富增加的情况来看，这些情况都不是市场本身所特有的，反而是人为因素干扰所致的。可见，斯密认为，造成社会财富减少的主要原因就在于人们对市场自由制度的控制和干扰。于是，斯密的结论是："因此，总的说来，最好的政策，还是听任事物自然发展，既不给予津贴，也不对货物课税。"⑤

　　只有做到了市场自由，才能实现各个行业的繁荣，才能实现财富的增长。由于自由市场依赖于商业，斯密进而分析了影响商业发展的主要因素：鄙视商人的心理，有关契约法律的不完备性，交通的不便，商业中心城市的发展，赋税，等等⑥。当然，斯密对商业之于社会的意义做了一分

---

① ［英］坎南编著：《亚当·斯密关于法律、警察、岁入及军备的演讲》，陈福生、陈振骅译，商务印书馆 2005 年版，第 232—233 页。

② 同上书，第 193 页。

③ 同上书，第 194 页。

④ 同上。

⑤ 同上书，第 196 页。

⑥ 参见［英］坎南编著《亚当·斯密关于法律、警察、岁入及军备的演讲》，陈福生、陈振骅译，商务印书馆 2005 年版，第 241—244 页。

为二的分析与肯定。一方面商业促进了社会重承诺、讲信誉的道德风尚；另一方面商业也带来一个社会的不利影响。斯密说："一旦商业在一个国家里兴盛起来，它便带来了重诺言守时间的习贯。在未开化的国家里，根本不存在这种道德。"① 但是，商业的不利影响在于，"可是，也有若干不良现象是由商业精神中产生出来的。首先要提出的是它使人们的见识变得狭隘"②；"商业带来另一种不良现象是教育大受忽视"③；"商业的又一不良影响是使人豪气消沉，一点没有尚武精神"④。

3. 基于人性基础的财富分析

在《国富论》一书中，斯密集中阐述了社会财富增加的问题，而在《道德情操论》一书中，斯密则分析了财富的人性基础，即人为什么会追求财富，财富对个人具有怎样的意义，追求财富应该具备怎样的美德等问题。

首先，对财富的追求是由趋乐避苦的人性使然。因为人都有一种趋乐避苦的人性倾向，导致人在财富问题上趋富避穷。斯密说："由于人们更多地倾向于同情我们的欢乐，而不是我们的悲伤，所以这使得我们喜欢炫耀自己的富裕，掩饰自己的贫穷。对我们来说，最难堪的事情莫过于不得已而当众露穷，或者是感到，虽然我们处境人人皆知，但谁都对我们的穷困无动于衷。此外，更是考虑到人的上述情感，这使得我们去求富避贫。"⑤ 基于这样的目的，为了得到他人的羡慕，从而实现情感上的满足，就会对财富充满着追求的激情。

其次，个人财富上的贫富分化是自然秩序的表现。对财富的欲望不仅仅是由于趋富避穷的心理，而且也是因为自然秩序使然。斯密认为，自然秩序规则本身就决定了社会贫富分化是正常存在的，因此，对富人地位的尊崇和对财富的尊敬成为必然。他说：

> 正是这种附和有钱人和有权有势的人的全部情感的倾向，构成了社会地位和社会秩序的基础。我们对比我们地位高的人的谄媚更经常的是出自我们羡慕他们的地位所带来的好处，而不是出自个人期望从

---

① ［英］坎南编著：《亚当·斯密关于法律、警察、岁入及军备的演讲》，陈福生、陈振骅译，商务印书馆 2005 年版，第 260 页。
② 同上书，第 261 页。
③ 同上书，第 262 页。
④ 同上书，第 263 页。
⑤ ［英］亚当·斯密：《道德情操论》，余涌译，中国社会科学出版社 2003 年版，第 52 页。

他们的善意中得到什么恩惠，他们恩惠所及只是少数人，但他们的命运却受人关注。……我们屈从他们，这主要不是，或者说完全不是出于对这种屈从的功利性质的考虑，和对通过我们的屈从得以很好维持的社会秩序的考虑。甚至当社会秩序看来需要我们去反对他们时，我们仍无勇气这样做。认为君主是人民的公仆，根据公众利益的需要，可以服从，可以反抗，可以废黜，还可以惩治，这是理性和哲学的教义，而不是自然的教义。自然教导我们为他们自己屈从于他们，在他们高贵之身面前点头哈腰、瑟瑟发抖。①

需要指出的是，斯密不仅肯定了贫富分化存在的合理性，而且肯定了私有财产制度的合理性，并指出，正是因为私有财产制度的存在才有政府的产生。他说："造成财富不均的对牛羊的私有，乃是真正的政府产生的原因。在财产权还没有建立以前，不可能有什么政府。政府的目的在于保障财产，保护富者不受贫者的侵犯。"② 斯密的这一认识源自洛克。洛克在《论政府》第94节提出了"除保护财产外，政府没有其他目的"。值得注意的是，斯密这一论述的目的是力图说明，政府的权限仅在于保护财产的所有权，任何侵犯财产所有权的行为都是不正义的；政府的权限不能用于财富的生产，导致财富产生的经济活动行为与政府无关，那完全是个人的事情。显见，斯密的这一认识不在于说明私有财产制度的不合理性，恰恰是为了证明私有财产的神圣不可侵犯。

最后，财富追求具有基础性的地位和作用，是人们精神满足的必要基础。当然，这种外在财富的追求并非是我们所应追求的唯一对象与目标。斯密说："虽然，外在财富最初受我们欢迎，在于它有为我们的身体提供必需品和便利的好处。但是，我们却不可能就一直为这些好处活着，除非我们发现，我们同仁的尊敬、我们在自己所生活的社会中的声望和地位，在很大程度上视我们拥有或被认为拥有这些好处的多寡而定。"③ 但是，"对获得财富所带来的好处的渴望，更多的是由这种欲望激起的，而不是那种总是很容易得到满足的为身体提供各种必需品和便利的欲望"④。

---

① ［英］亚当·斯密：《道德情操论》，余涌译，中国社会科学出版社2003年版，第54—55页。
② ［英］坎南编著：《亚当·斯密关于法律、警察、岁入及军备的演讲》，陈福生、陈振骅译，商务印书馆2005年版，第41页。
③ ［英］亚当·斯密：《道德情操论》，余涌译，中国社会科学出版社2003年版，第239页。
④ 同上书，第240页。

从个人来说，财富尽管具有如此重要的作用，但并不意味着财富就没有任何非道德的影响。斯密是清醒的，在对财富不吝给予赞美的同时，也看到热衷于财富给社会道德风气带来的败坏。这种败坏一方面是崇拜财富观念本身所使然；一方面是社会给予财富的赞美往往过超其是。斯密说："羡慕、或几乎可以说是崇拜富人和大人物，和鄙视、至少可以说是忽视穷人和小人物，这种倾向虽然对于建立和维持地位差别和社会秩序都是必需的，但同时，它也构成了我们道德情感败坏的重要的和最普遍的根源。"① 更何况对社会来说，虽然智慧和美德显然应该得到比财富和显贵更多的赞赏和崇拜，但在现实中，却恰恰相反。"所有时代的道德家们都在抱怨，财富和显贵常常受到只有智慧和美德才配享有的那种尊敬和羡慕，贫穷和懦弱则往往不公正地遭到只为愚蠢和罪恶才应得的那种蔑视。"② 真正会给予财富以正确评价，而给智慧和美德以更多崇敬的人，在社会中是极少数的。斯密说："智慧和美德的真正和坚定不移的赞赏者主要是那些智者和有德行的人，这样的人在人群中恐怕只能挑出极少数。而人群中的大部分都是财富和显贵的赞赏者和崇拜者，看来更让人惊奇的是，他们常常都是些财富和显贵的无私的赞赏者和崇拜者。"③

如何追求财富才能尽量避免财富带来的负面忹呢？斯密提出了谨慎的道德品质。他说："个人对他的健康、财富、地位和声望——这些都被认为是他此生的舒适和幸福所主要依赖的对象——的小心对待，被看作是通常称之为谨慎的那种美德的分内之事。"④ 为什么谨慎能够带来财富又能避免财富的负面性呢？在斯密看来，一个谨慎的人总是会以安全的方式获得财富，不仅如此，还能以勤劳、肯干、节俭等品德获取财富。这样不仅可以获得尽可能多的财富，而且还可以保证获取财富的安全性。斯密说："安全是谨慎的第一位和主要的目标。我们总不情愿让自己的健康、财富、地位和声望面临各种各样的危险。因而小心更甚于进取，维护既得的利益更甚于获取更大的利益。我们首要的认为可取的增进财富之方法，是那些不遭受任何损失或不面临任何危险的方法，诸如，在我们的贸易或行业生活中的真知和技能，运用这种真知和技能时的刻苦勤奋，以及我们在各种消费中的节俭，甚至是一定程度的吝啬。"⑤ 作为财富品德的谨慎要求在行

---

① ［英］亚当·斯密：《道德情操论》，余涌译，中国社会科学出版社2003年版，第62页。
② 同上书，第62—63页。
③ 同上书，第63页。
④ 同上书，第240页。
⑤ 同上。

为中具体表现为：追求财富时使用正当手段，运用自己的真知实干，刻苦勤奋的劳动，节俭的消费等。这就是斯密一再强调的"谨慎之人一贯勤奋、节俭，为了期望获得更遥远但却更为长久的那种更大的安逸和享受，他坚定不移地牺牲眼前的安逸和享受，因而，他总是被公正的旁观者和他的代理人——内心人的充分赞同所支持所赞赏"①。

在斯密眼中，能够满足这种品德要求并能实现财富增长的不是社会的上层人物，反而是社会的中下层。斯密认为，只有在中下层人群当中，才能较容易实现美德和财富的统一。在大人物身上，美德和财富往往是分离的。因此，大人物并不是社会值得向往和追求的导向。反而是社会的中下层，即前面斯密所谈论的"经济人"才是德行和财富完美统一的象征，是社会道德人格追求的典范。反对对大人物的尊崇，并不是反对对财富的追求，而是对当时社会统治阶级，即封建贵族和僧侣阶层一方面享有巨大财富，另一方面道德败坏的批评，也就是对封建制度的批评。对中下层人物的赞美，是对一个新兴阶层的赞美和新制度的赞美。我们可以从下面两段话中看到斯密对待上层与中下层阶级的不同态度：

　　　　在中下层的生活中，通向美德的道路和通向好运——这种好运至少对处于相同地位的人都能合情合理地期望得到——的道路，恰巧在多数情况下几乎是一致的。在中下层的职业中，真正和扎实的职业技能，再加上谨慎、公平、坚定和节制的品行，就很少不使人获得成功。②

　　　　不幸的是，在上层的生活中，通向美德的道德和通向好运的道路不总是一致的。在王公们的官殿里，在大人物们的客厅中，成功和升迁不是靠那些地位相同的聪明且见多识广的人的尊重，而是靠那些无知、专横且自以为是的上司的特别和愚蠢的偏爱，奉承和欺骗常常比美德和才能更起作用。③

对大人物来说，往往会为了显赫地位和财富采取不正当的手段。斯密举出了恺撒的例子说明，这些人即使获得了成功，但终其一生也摆脱不了不道德行为的阴影。而依靠不正当手段获得的财富是不值得人们羡慕和追

① ［英］亚当·斯密：《道德情操论》，余涌译，中国社会科学出版社 2003 年版，第 242 页。
② 同上书，第 64 页。
③ 同上书，第 64—65 页。

求的。斯密说："为了获得那令人羡慕的地位，寻求好运的人常常舍弃美德之路不走，因为不幸的是，通往好运之路与通往美德之路时常南辕北辙、背道而驰。但是，野心勃勃的人自以为，在获得显赫地位以后，他有许多办法能让人对他肃然起敬、赞赏不已，他的行为举止会十分优雅得体，因此，他未来品行的光彩将彻底掩盖或抹去他在攀登那显赫地位时留下的不光彩的足迹。"①

二 李嘉图的财富道德观

李嘉图是斯密理论的最伟大的继承者，这是大家所公认的。罗尔评价李嘉图说，"他把斯密所创始的工作发展到登峰造极的高度，而又没有选择引上存在于其中的矛盾的道路"②。在李嘉图对斯密的继承工作中，最出色的就是将政治经济学作为工业资产阶级代言人的角色发挥得淋漓尽致。这就是马克思所评论的，"李嘉图曾把资本主义生产方法，当作生产一般的最有利的方法，当作财富生产的最有利的方法。这种看法，对于他的时代，是正确的。他冀求为生产的生产，这是正当的，……如果李嘉图的见解大体上合于工业资产阶级的利益，那只因为（并以此为限）他们的利益，和生产的或人类劳动生产性的发展的利益相一致"③。李嘉图完成这一伟大历史任务，就是通过继承斯密财富学说并进一步深化财富分配问题来实现的。

1. 对斯密财富道德观的继承

李嘉图坚持了斯密的财富定义，认为财富就是物质产品，并针对法国古典经济学家萨伊将价值等于财富的论点进行了批评。

财富是必需品和奢侈品，与价值不同。李嘉图说："财富不取决于价值。一个人的贫富程度取决于他所能支配的必需品和奢侈品的充足程度。"④ 李嘉图认为价值与财富是有本质区别的。价值代表的是为财富生产付出的劳动；财富代表的是这种劳动的结果。在斯密那里，关于财富和价值的关系已经有过表述。斯密认为，财富是必需品、便利品等物质产品，这些物质产品需要通过生产才能实现，也就是劳动。凝结在物质产品中的

---

① ［英］亚当·斯密：《道德情操论》，余涌译，中国社会科学出版社 2003 年版，第 66 页。

② ［英］埃里克·罗尔：《经济思想史》，陆元诚译，商务印书馆 1981 年版，第 171 页。

③ ［德］马克思：《剩余价值学说史》2 卷，考茨基编，郭大力译，生活·读书·新知三联书店 1957 年版，第 296—297 页。

④ ［英］大卫·李嘉图：《政治经济学及赋税原理》，周洁译，华夏出版社 2005 年版，第 195 页。

劳动就构成了这个产品的价值。可见，在斯密这里，尽管财富的创造离不开价值，但是财富与价值并不是同一个概念，而是两个不相同的东西。可是，法国的经济学家萨伊在继承斯密财富理论的同时，恰恰把价值和财富进行了等同，这招致了李嘉图的强烈批评。

李嘉图说："萨伊先生……但在我看来，他对财富和价值所下的定义是不可思议的和令人遗憾的。他把这两个词看成是同义词，并且认为一个人越是增加其所有物的价值，就越有能力支配大量的商品，他就越为富有。……萨伊先生把价值、财富和效用看成是同义词是不正确的。"① 那么，价值和财富的区别是什么呢？李嘉图认为，一个是表示生产难度的概念；一个是表示拥有物的多少的概念。他说："价值与财富在本质上是不同的。因为价值不取决于产品的充足程度，而取决于生产的困难或便利程度。"② 也正是因为将这两个概念进行了混淆，才导致了经济学中一系列的错误。"政治经济学中的许多错误都源于对这一问题的错误观点，即把财富的增加和价值的增加混为一谈，把毫无根据的概念看成是标准的价值尺度。"③ 从李嘉图的阐述中，我们可以清晰地看到：创造价值的并不一定能够拥有财富。财富的增加需要依靠生产，但是，一个人是否能有拥有财富，取决于财富的分配。也就是说，尽管劳动者付出了艰难的劳动，创造出了巨大的价值，但并不意味着其拥有如此大的财富；对劳动者来说，其所拥有的财富还需要依靠在生产过程结束之后的分配。这就是李嘉图财富观、道德观在继承斯密理论基础上对斯密的进一步发展。

在财富增长问题上，李嘉图并未提出过多的有创见性的东西，表现出对斯密财富理论的重复与强调。李嘉图谈到了两种增加财富的方式：一是投入更多的劳动以生产更多的产品；二是在劳动量不变的前提下，通过提高劳动生产率来生产更多的产品。他说：

　　　　由此可以看到，一国的财富增加方式有两种：一种是用更多的收入来维持生产性劳动——这样做不仅增加了商品数量，而且也增加了商品的价值；另一种是无须增加劳动量，但却使等量劳动更具生产效率——这样做会增加商品的充足程度，而不能增加商品的价值。在第一种情形下，一个国家不仅会变得富有，而且财富价值也会增加。致

① ［英］大卫·李嘉图：《政治经济学及赋税原理》，周洁译，华夏出版社 2005 年版，第 198 页。
② 同上书，第 193 页。
③ 同上书，第 194 页。

富途径是极其节俭和减少奢侈品及享用品的支出，并将节约所得的用于再生产。在第二种情形下，既不必减少奢侈品和享用品方面的支出，也不必增加生产劳动量。但是用等量的劳动可以生产出更多的产品，财富会增加而价值不变。增加财富的两种形式中，第二种方法一定是可取的，因为它没有第一种方法必然产生的享用品的减少和匮乏，但却能得到相同的效果。资本是国家用于未来生产的那部分财富，可以按照增加财富的相同方法来增加资本。新增资本无论取自技艺和机器的改进，还是来源于再生产所获得的收入，它对未来财富的生产都会产生同样的效力。因为财富总取决于已生产出来的商品数量，与生产中所使用的工具带来的便利无关。①

事实上，不管是哪种方式，与生产过程都是密不可分的。显然，李嘉图与斯密一样，认为只有生产过程才能产生财富，对国家来说，生产的产品越多就越富裕。与斯密不同的是，李嘉图并不认为个人财富的增长是能够由生产决定的，个人财富需要依赖于财富的分配。但财富分配是以生产为基础的。所以，我们仍然将李嘉图视为一个古典经济学派中的生产论者。他们对"生产创造财富"的神话深信不疑。

关于社会生产过程中影响财富的因素分析。首先，贸易并不直接增加财富。李嘉图与斯密一样，认为贸易只是财富的实现手段，并不是财富产生的本质。其次，资本对于财富增长具有重要意义。正是因为贸易过程并不直接产生财富，因此就需要重视生产过程的基本要素，即资本。资本是生产过程中的必要条件和前提，资本积累越大，生产规模越大，财富越充足。李嘉图认为，资本积累有两个基本途径，"积累资本有两种途径：一是增加收入；二是减少消费"②。再次，分工是生产过程中影响生产的最为积极的因素。李嘉图说："尽管市场扩展可以同样有效地增加商品总量，从而使我们能够增加用于维持劳动的基金和劳动所使用的原料，但利润率的提高却不是市场扩展的结果。由于劳动分工更为合理，由于各国都生产适用于本国国情、气候、其他自然优势或人为优势的商品，并且由于将这些商品与其他国家的商品进行交换因而使我们的享受增加，这对人类幸福

---

① ［英］大卫·李嘉图：《政治经济学及赋税原理》，周洁泽，华夏出版社 2005 年版，第196—197 页。
② 同上书，第 93 页。

来说，其意义就和我们享受由于利润的提高而得到的增进是一样重要的。"①

2. 财富的分配

在继承斯密理论基础上，李嘉图大大地向前迈进了一步，突出表现在对财富分配问题的重视上。正如有学者评论道："一般地说，李嘉图所主要关心的是财富的分配。因此他帮助开拓了经济研究的一个新的领域，因为他的前辈大部分致力于生产问题。"② 对财富分配问题的强调，说明古典经济学派在财富道德观上的一个转向，即从关注财富的量转向了关注财富的比例；从关注社会财富的增加转向关注个体财富的实际拥有。这个问题也成为 19 世纪以来经济学着重关注的主要问题之一。"李嘉图对于分配的强调，提出了阶级关系问题，并引起了人们对经济分析中的社会因素与历史因素的注意。它也标志了探求社会财富的指数的终结，而把重点从绝对数量问题转移到了比例问题。"③ 当然，李嘉图通过对财富分配问题的分析，所得出的结论并不是对资本主义剥削制度的不合理性的批判。恰恰相反，他以地租为出发点，通过分析社会各阶级在财富分配上的地位，从而为工业资本主义的先进大奏凯歌。

首先，地租不是自然力的产物，而是一个阶级牺牲另一个阶级的获利。从重农学派开始到斯密，对地租的分析始终未能脱离自然秩序观的窠臼。在他们眼中，地租是由土地所具有的自然生产力而获得的报酬，是与劳动无关的东西。在斯密看来，地租的差别取决于自然肥力的差别。"这种地租可被看成是地主借给农场主使用的自然力之产物，其大小是依据自然力被假定的范畴，换句话说，依据的是土地被假定成自然肥力或改良的肥力。把被看成是人类工作的部分减去或进行补偿之后，剩下的便是自然工作的成果。"④ 对斯密的这个说法，李嘉图是不赞同的。他认为，假如有两块自然肥力相同的土地，土地上人工投入的差别同样会影响到地租的差别。他说："假定有两个相邻的农场，其面积相等，自然肥力也相同；其中一个具有农场建筑的各种便利条件，而且排水施肥也很得宜，又有墙壁

① ［英］大卫·李嘉图：《政治经济学及赋税原理》，周洁译，华夏出版社 2005 年版，第 93 页。

② ［法］夏尔·季德、夏尔·利斯特：《经济学说史》上，徐卓英等译，商务印书馆 1986 年版，第 164 页。

③ ［英］埃里克·罗尔：《经济思想史》，陆元诚译，商务印书馆 1981 年版，第 191 页。

④ ［英］大卫·李嘉图：《政治经济学及赋税原理》，周洁译，华夏出版社 2005 年版，第 49 页。这是李嘉图引自斯密《国富论》第二篇第 5 章中的斯密对地租的论述。

篱垣便利地分割开来；另一个却全然没有这些设施，那么使用前者所付报酬自然会比后者多，然而两种情形下所付的这种保持却都会被称为地租。"① 从李嘉图的这个论述中，我们可以看到他将以往"自然秩序观"所没有看到的劳动对地租的影响解释了出来，即"描述了'自然秩序'的一些暗淡面，结果使它威风扫地了"②。因此，地租从本质上来说，是土地所有者对土地劳动者劳动的占有，而这种占有是不道德的。"斯密博士在详细研究地租的再生产成为社会的一个极大有利因素时，没有考虑到地租是高昂价格的结果，也没有考虑到地主用这种方法取得的利益是牺牲一般社会利益而得到的。地租再生产没有给社会增加绝对利益，只不过是一个阶级牺牲另一个阶级的利益而获利罢了。因为大自然在耕种过程中协助人类劳动，所以便认为农业提高产品，因此也能提高地租，这只不过是一种幻觉。地租不是由产品产生的，而是由销售产品的价格得到的，而且这种价格之所以能获得，不是因为自然生产，而是因为这种价格使消费适应了供给。"③ 李嘉图认为，地租是生产的产品利润在不同阶级之间的分配。按照马克思的说法，地租只不过是工人剩余价值在土地所有者中的另一种分配形式。因此，李嘉图认为，地租再生产并没有给社会增加绝对利益，只不过是一个阶级牺牲另一个阶级的利益而获利罢了。

李嘉图之所以得出这样的结论，一方面固然是看到了资本主义制度下地租的实质是剩余价值，另一方面是由其维护资本主义生产关系目的所决定的。在李嘉图看来，农业生产并没有进入社会生产领域，是与财富创造无关的活动。它不仅不创造财富，而且还要参与社会财富的分配。当然，它的分配就是占有了另一个阶级的劳动，牺牲了另一个阶级的利益。李嘉图说："地租上涨始终是一国财富增加和向增长的人口提供食物发生困难的结果。它是财富的征兆，绝不是财富的原因。因为财富常常在地租稳定或者下降期间增加最为迅速。"④ 从这段话可以看出，李嘉图从来就没有将财富增长的原因从生产领域中剥离开去。地租上涨不能导致财富的增加，财富增加只能从生产领域的增长中才能得到。因此，"决定农产品和工业

---

① ［英］大卫·李嘉图：《政治经济学及赋税原理》，周洁译，华夏出版社 2005 年版，第55 页。

② ［法］夏尔·季德、夏尔·利斯特：《经济学说史》上，徐卓英等译，商务印书馆 1986 年版，第 174 页。

③ ［英］大卫·李嘉图：《政治经济学及赋税原理》，周洁译，华夏出版社 2005 年版，第50 页。

④ 同上书，第 52 页。

制品的一般原理同样适用于金属；它们的价值既不取决于利润率和工资率，也不取决于为矿山所付的租金，而是取决于获得金属并将其运至市场所需的劳动总量"①。

在李嘉图生活的时代，一方面，处在 19 世纪转折点上的英国仍然是一个以农业为主导的农业国，另一方面，工业化大生产的兴起预示着一场工业革命的到来。这就意味着当时的英国尽管已经建立了资本主义的生产关系，但这种生产关系仍然受到封建残余势力的重重阻碍。李嘉图指出地主阶级占有地租的不合理性，实际上就是要为封建主义奏响安魂曲。"如果这新的学说是正确的，那么土地所有者的利益，不仅与社会的其他各阶级利益相抵触——因为分配经常产生对抗——而且也与整个社会的共同利益相抵触。"② 李嘉图一方面通过对地租本质的揭露，另一方面通过对工人工资的分析，强调了建立在劳动供求关系上的报酬的合理性，从而为资本主义尤其是工业资本主义的到来扫清障碍。

其次，工资是受供求关系影响的劳动的价值。既然土地生产过程中的地主阶级与农民之间存在的是一种不合理的关系，那么，只要证明工业生产过程中的劳资关系的合理性，自然就能证明资本主义制度的先进性。李嘉图认为，从社会生产角度来说，地主和农民之间的关系与资本家和工人之间的关系是不相同的。他说："地租是为使用土地原有的和不可摧毁的土壤生产力而付给地主的部分土地产品，不过它往往与资本的利息和利润相混淆。"③ 为什么地租不能与资本的利息和利润相混淆？因为工人工资表示出劳动的供求关系，这种关系是自然合理的，工人的工资报酬的多少与强力占有是无关的。这就是李嘉图著名的工资理论。

李嘉图在为资本主义生产关系辩护的时候，一个不可回避的事实就是：工人日益艰难的生活。一方面，随着无产阶级人数的不断增加，人口的压力在不断加大；另一方面，资本家给予工人的实际工资在不断下降。无产阶级面对的是一个艰难的生存环境。要使无产阶级接受资本主义生产关系的合理性，就需要告诉他们一个可以看到的光明未来，以及接受当前困难的一个合理解释。李嘉图的工资理论就起了这样一个作用。李嘉图告

---

① ［英］大卫·李嘉图：《政治经济学及赋税原理》，周洁译，华夏出版社 2005 年版，第 57 页。
② ［法］夏尔·季德、夏尔·利斯特：《经济学说史》上，徐卓英等译，商务印书馆 1986 年版，第 174 页。
③ ［英］大卫·李嘉图：《政治经济学及赋税原理》，周洁译，华夏出版社 2005 年版，第 43 页。

诉无产阶级，工资是资本家给予的劳动的报酬，这个报酬受市场规律的调整，因此是合理的；工人生活困难主要是因为维持生活的必需品价格上涨，在当时就是谷物价格，而这个价格是由地主阶级操控的，因此，并不是资本家造成了工人生活的困境，反而是地主阶级，是没落的封建主义导致了工人的生活困境。一旦实现完全自由竞争的市场机制，这一切的问题都将得到解决。

李嘉图工资理论是有问题的。虽然我们说李嘉图相比斯密来说是一个进步，他强调了财富的分配，但他把资本主义分配方式看作是合理的分配方式，并据以反对封建主义的分配方式则是错误的。他的错误正如马克思所批评的那样，工资不是劳动的价格，而是劳动力的价格。工资是一种商品。资本家购买的是工人的劳动力，而不是劳动；但工人给予资本家的却是他全部的劳动。这个劳动力的价格并不能完全反映劳动的价值，资本家的利润来自工人创造的剩余价值。马克思以这个发现闻名于世。李嘉图却试图掩盖资本主义生产方式中的剥削关系。更重要的是，分配是由生产所决定的，也就是说，以何种方式来分配劳动的成果是由占有生产资料的人来决定的。在资本主义的这个分配游戏中，资本家才是规则的制定者。李嘉图的分配，只是强调应保障每个人获得其所有的那一部分东西，至于游戏规则本身是否合理，则是一个不需证明的问题。这就如，"两个人分食一块蛋糕，如果其中一个人得到的多余他应得的部分，另一个人得到的必然少一些，这不是很明显吗？另一方面，可以指出，……将蛋糕增加十倍，甚至一百倍，但如果一个人得到的超过一般。另一个人所得的必然会少些。李嘉图的意思正是这样。他的规律所涉及的是比例而不是数量"①。当然，在李嘉图的眼中，这个比例是合理的。

最后，基于自由主义立场的对《济贫法》的批评。将工资视为"劳动"的自然价格，很自然地，李嘉图得出"工资是由市场来决定的，工资的高低是市场自由竞争的结果"的结论。因此，他反对任何形式的对工资的干预与调整。在他看来，政府采用任何手段提高工资，救济贫民，都是对自由市场制度的践踏。他说："《济贫法》直接并明显地违背了这些明确的原理。与立法机关慈善的意图相反，它不能改善穷人的状况，而使穷人和富人的状况都趋于恶化。它没能使穷人变富，而使富人变穷。在现行的《济贫法》有效期间，维持贫民生活的基金自然会不断增加，直到把国家

---

① ［法］夏尔·季德、夏尔·利斯特：《经济学说史》上，徐卓英等译，商务印书馆 1986 年版，第 181 页。

的全部纯收入吸收完为止，或者在国家满足其必不可少的公共开支的需要之后，至少把国家留给我们的那部分纯收入吸完为止。"①

李嘉图认为，工人的贫困是工人本身带来的。用政府力量来干涉对贫民的救济，也就是违反了自由竞争的市场法则。他说："如果贫民自己不关心，立法机关也不设法限定贫民人口的增加数量，减少贫民之间不审慎的早婚，那么贫民的舒适和福利便无长久的保障。这一点无可置疑。《济贫法》的运行已经直接背离了这一点。该法规定勤奋节俭的劳动者的部分工资须分他人，这样做使节俭成为不必要，而鼓励了不节俭的行为。"② 李嘉图将贫民贫困的原因归结为他们的不节俭，认为将勤奋节俭的劳动者的工资分给他人是不必要的。在李嘉图看来，资本家就是勤奋节俭的劳动者。这个观点，从斯密到韦伯的资本主义思想家们都是如此认为的。资本家发家致富的秘密在于他们的节俭和勤奋。到了韦伯，将之归结为新教伦理的天职观和节俭。从这里看，李嘉图完全否定了资本主义的剥削本性，将资本家发家致富的秘密看作是其勤劳所得，是其劳动报酬。

因此，李嘉图认为，要对《济贫法》进行合理的修改。由于《济贫法》的影响巨大，完全废除一下子是很难做到的，需要对它进行有技巧的修改。李嘉图说："然而，不幸的是，这些法律实施已久，贫民对其运行已养成习惯，要安全地将其从我们的政治体制中废除掉则需要极其谨慎和极具技巧的安排。"③ 如何来修改呢？一方面缩小《济贫法》的救济范围，另一方面展开对贫民的教育。他说："灾难的性质指出了其补救办法。只要逐步缩小《济贫法》的约束范围，向贫民强调自主的价值，教育他们不要依靠体制上的或临时的施舍，而要靠自己的努力维持生活，这种节俭就成为必不可少的有益的品德，我们就可逐步接近一个更合理并且更健康的社会状态。"④

正是由于这些古典经济学派思想家的大力提倡，英国在 1834 年通过了《济贫法修正案》。"它是以埃德温·查德威克和当时的主要经济学家之一西尼尔合写的一个报告为基础的。"⑤ 该修正案一方面对当时的济贫行政

---

① [英] 大卫·李嘉图：《政治经济学及赋税原理》，周洁译，华夏出版社 2005 年版，第 74 页。

② 同上。

③ 同上。

④ 同上书，第 75 页。

⑤ [美] 约瑟夫·熊彼特：《经济分析史》2 卷，朱泱、孙鸿敞、李宏、陈锡龄等译，商务印书馆 1996 年版，第 36 页。

机构进行了调整，另一方面却将惩罚施于济贫之中。熊彼特说："它把济贫工作限制在济贫院中的维持生活，并在原则上禁止户外救济，着眼点是，陷于困境的有劳动能力的失业者，诚然不应当让他挨饿，但是应当将其维持在一种半属惩罚的状态中。"①　面对古典经济学派的这种认识，后继的思想家们往往给予他们"冷血"的评价。这种评价言过其实，要知道，古典经济学派的这种认识是基于他们的自由主义立场的。正如熊彼特指出的那样，"这种支持所依据的理论完全符合于他们的经济和政治思想的一般图式，即与他们的天赋自由的图式是完全符合的。也符合于他们关于人口和工资的看法，更加符合于他们几乎是荒唐可笑的信心，即相信个人有能力去劲头十足地、富于理性地行动，去负责地照顾他们自己，去找到工作，并去为老年和困难的日子而储蓄"②。

三　萨伊的财富道德观

正如我们前文所指出的那样，历史上的经济学家恐怕没有人像萨伊这样得到如此混乱的评价，或者将其贡献完全抹杀；或者将其放置于很高的位置对其贡献大加赞赏。马克思给予了萨伊以"资产阶级庸俗经济学家"的称号，法国思想家则认为，"把萨伊仅仅看作是斯密学说的一个普及者，那是不公允的。……他给了法国的政治经济学以一种鲜明的风格，使其有别于英国的政治经济学"③。但事实是：在很多比较知名的经济思想史著作中，根本就不提及萨伊。熊彼特也说："他（指萨伊，笔者注）就从来没有得到应有的重视。他的巨著《概论》作为教科书所取得的巨大成功——在别处都没有在美国那么大——只不过证实了当代和后来的批评家的诊断：他仅仅是亚当·斯密的普及者。"④　因此，对于这样的一个人物的财富道德观进行分析是颇为困难的。

马克思认为萨伊的浅薄正是在于将资本主义下的人与人的关系完全抹杀，只看到物与物的关系，由此得到资本主义制度永恒性的论证。在萨伊的《政治经济学概论》一书的中译本序言中，就有着这样一段分析：

---

① ［美］约瑟夫·熊彼特：《经济分析史》2卷，朱泱、孙鸿敞、李宏、陈锡龄等译，商务印书馆1996年版，第36页。

② 同上书，第38页。

③ ［法］夏尔·季德、夏尔·利斯特：《经济学说史》上，徐卓英等译，商务印书馆1986年版，第120页。

④ ［美］约瑟夫·熊彼特：《经济分析史》2卷，朱泱、孙鸿敞、李宏、陈锡龄等译，商务印书馆1996年版，第175页。

亚当·斯密在《国民财富的性质和原因的研究》中固然是以财富即物，以及物与物之间的关系为其研究对象，但他所着重研究的是资产阶级社会中的财富，也没有故意避而不谈人与人之间的关系。他在这方面的缺陷是把人与人之间的关系和物与物的关系混同起来，而不知道，人们之间的关系是通过物的关系表现出来的。萨伊在这本书的《导论》中一开始讲到研究对象时，就特别强调政治经济学应当和"研究社会秩序所根据的原则的政治学"① 分离开来。就是说他主张经济同政治分开，使经济活动免受政治的干预而得以自由地进行。他所以会抱这种主张，诚然是借此来反对拿破仑的尤其是雅各宾党执政时期的政治，而更重要的原因则在于，抽去社会和阶级的具体内容而抽象地空谈一般经济问题，以便于掩盖资本主义的内在矛盾和资本家对无产阶级的剥削关系，从而庸俗化了亚当·斯密的理论而奠定了资产阶级庸俗政治经济学的基础。②

这种认识不无道理。但是因为这个原因就认为萨伊在财富问题上没有一种伦理标准是不对的。虽然萨伊认为经济学应该研究财富的生产及分配这样一个纯粹的经济理论问题，要避免政治制度等因素的影响，要严格区分政治学研究和政治经济学研究，但是，在其思想中，也无法做到完全客观与中立，仍然有关于财富的伦理认识。

1. 效用论的财富定义

萨伊认为，物品价值的唯一基础是它的效用，很明显，他把价值和使用价值混为一谈了。在斯密那里，财富是一切生产出来的劳动产品，劳动创造了商品的价值，商品的使用价值则是另一回事。在萨伊这里，二者则是同一个东西。因此，萨伊认为，要对斯密的财富观进行修正。财富不是劳动产品所表现出来的价值，而是效用，即它的使用价值。由此，萨伊提出了一种效用论的财富观。

首先，萨伊对斯密财富学说中的错误进行了批评。在萨伊看来，斯密的财富学说在财富的概念定义上、社会财富的分配方式上以及财富消费等问题上都缺乏令人满意的论证。其一是财富定义上的错误。萨伊说："由于把财富一语狭隘地限定在有形物质所具有或所体现的价值，斯密博士缩

---

① ［法］萨伊：《政治经济学概论》，陈福生、陈振骅译，商务印书馆 1997 年版，第 15 页。
② 同上书，中译本序言 v。

小了这门科学的范围。他应该把那些虽不是有形的，但却是实际的价值，例如先天才能和后天才能，也包括在财富内。在两个没有财产的人中，一个有特殊才能的人，就不像另一个那么穷困。"① 萨伊认为斯密的财富定义过于狭隘，指的仅仅是那些可见的有形物质。一些无形的不可见的精神性产品虽然不直接表现为财富，但可以创造财富，因此，财富就应该将它们包括进去。事实上，从萨伊的这个论述中我们可以发现一个重要的问题，即萨伊的财富定义是对资本家致富合理性的论证。在早期的古典经济学家那里，常常把资本家致富的秘密归之于资本。因为资本家拥有资本，工人缺乏资本，所以资本家才能致富。这样的论证看似合理，但久而久之，人们就发现其中的纰漏了。那就是，资本的最初拥有是不平等的，何以能说明资本家致富的正当合理性呢？萨伊将财富的定义扩大到精神性的才能上，也就是将资本家获得报酬的依据归于资本家的聪明才干。资本家获得资本的利润，不仅仅是因为投入了资本，而且也是他们管理才能、辛勤劳动的报酬。其二是在社会财富的分配方式上未能做出令人满意的或有系统的说明。萨伊的这个批评是有道理的。斯密奠定了西方经济学关注经济增长的主流方向，但对财富的分配却未能像对经济增长问题那样重视。这与斯密本人的理论预设是有关的。因为斯密认为，在自由市场规则的导引下，自然就能做出合理的财富分配，这是一个无须多言的问题。其三是对财富消费的重视不够。萨伊说："财富消费，虽只是财富生产的相对物，斯密的学说，虽能引导我们去作正确的研究，但斯密自己没发挥他的学说。"② 斯密财富学说中的纰漏有待他进行纠正，斯密未能深入阐发的思想将由他进行，这就是萨伊给自己规定的工作目标。

其次，萨伊得出了自己的财富定义。"我们必须下这个结论：财富是由协助自然力和促进自然力的人类的劳动所给予各种东西的价值组成的。这些价值既可以创造，又可以消灭，既能增加，也能减少。所有这些，各国都能够依靠自己来实现，不必依靠外来，但要看所采用的方法以为定。"③ 当然，萨伊的财富定义是基于他的所谓的效用学说与理论。他说："人们所给予物品的价值，是由物品的用途而产生的。……当人们承认某东西有价值时，所根据的总是它的有用性。这是千真万确的，没用的东西，谁也不肯给予价值。现在让我把物品满足人类需要的内在力量叫做效

① ［法］萨伊：《政治经济学概论》，陈福生、陈振骅译，商务印书馆1997年版，第40页。
② 同上书，第41页。
③ 同上书，第69页。

用。我还要接下去说，创造具有任何效用的物品，就等于创造财富。这是因为物品的效用就是物品价值的基础，而物品的价值就是财富所由构成的。"① 因此，所谓财富的创造就不是物质的生产，而是效用的创造。"人力所创造的不是物质而是效用。这种创造我叫做财富的创造。……所谓生产，不是创造物质，而是创造效用。"② 因此，任何没有创造或扩大效用的活动实际就不是生产财富的活动。为什么会得出这样的结论？萨伊说得很明确，因为人没有创造物质的能力，人只能创造效用。"任何人都没有创造物质的能力，连自然也没有这个能力。但任何人都能利用自然所提供的力，把效用授与物质。所谓劳动，实际上只不过是人类役使自然力而已。劳动的最完全产品，即几乎全部价值来自制造者的产品，也许只是钢这个天然产品对其他天然产品的作用的结果。"③ 显然，萨伊在这里，把具体的物体与物质的哲学概念进行了混淆。从哲学角度，"物质"是无法被创造的，它是客观存在的，但是，具体的物质形态总是人们劳动所创造出来的。

最后，政治经济学是研究财富的学问，要与政治学有所区分。萨伊认为，政治经济学是研究财富的学问。"政治经济学考虑到农业和工业，但它所考虑的只是各该业中和财富的增加与减少有关系的方面，而不是所使用的方法。政治经济学说明，在什么情况下商业确实有利，在什么情况下一个人得到利益而另一个人遭受损失，以及在什么情况下商业对一切的人都有利。"④ 研究财富是政治经济学学科的特点，也是它的主要内容。"政治经济学根据那些总是经过仔细观察的事实，告诉我们财富的本质。它根据关于财富本质的知识，推断创造财富的方法，阐明分配财富的制度与跟着财富消灭而出现的现象。"⑤ 之所以要重视研究财富，要重视政治经济学，是因为这门学科对国家、人民具有重大的利益。萨伊看到了当时社会上存在的贫困及贫富分化现象，认为这是缺乏财富学说所导致的。他说："无论在什么地方，赤贫和富豪都成为鲜明的对照，一些人的劳动被剥削来养活另一些闲散人，丑陋茅屋和堂皇公馆毗连邻接，穷人褴褛衣衫和富人华丽衣服混战一起。总之，一边是酒肉臭腐，另一边是三餐不济。"⑥ 这

---

① 　［法］萨伊：《政治经济学概论》，陈福生、陈振骅译，商务印书馆 1997 年版，第 59 页。
② 　同上。
③ 　同上书，第 62 页。
④ 　同上书，第 16 页。
⑤ 　同上书，第 18 页。
⑥ 　同上书，第 48 页。

样的现象，可以通过政治经济学的研究得到解决。因为

> 如果政治经济学揭示财富的由来，如果它指出充实财富的方法，并教导我们可逐日取用更多的财富而财富不至枯竭，如果它证明，一个国家的人口可增多，而同时又能有更好的生活必需品的供应，如果它满意地证明，富人和穷人的利益，以及各个国家的利益，不是相对立，而所有对抗全是愚蠢，如果可从这些论证推断，许多被认为无可救治的弊病，不但可以救治，甚至容易救治，而我们可无须遭受我们所不愿意遭受的痛苦，那么我们就必须承认，没有什么研究比政治经济学研究更为主要，更值得有高尚思想和仁慈思想的人的研究。①

所以，萨伊强调，政治学与政治经济学的研究是有区分的。他说："自亚当·斯密以来，著作家似乎都把这两个很不相同的研究截然分开。现在，一般都以政治经济学来称阐述财富的科学，而以政治学来称阐述政府和人民关系的以及各国相互关系的科学。"②

2. 财富分配说

萨伊首先是从社会劳动的分工合作关系来阐述财富分配的。萨伊认为，分工不仅仅是生产内部的，而是整个社会范围内的，所谓的阶级也是一种分工合作的社会关系。他说：

> 我们已经看到劳动、资本和自然力如何在自己职能范围内协同进行生产工作。我们也看到这三者是创造产品所不可缺少的因素，但是，这三者并不是必须属于同一个人的所有。
> 一个勤勉的人可把他的劳动力借给另一个拥有资本和土地的人。
> 资本所有者可把资本借给只拥有土地和劳动力的人。
> 地主可把地产借给只拥有资本和劳动力的人。
> 不论借出的是劳动力、资本或土地，由于它们协同创造价值，因此它们的使用是有价值的，而且通常得到报酬。
> 对借用劳动力所付出的代价叫做工资。
> 对借用资本所付出的代价叫做利息。

---

① ［法］萨伊：《政治经济学概论》，陈福生、陈振骅译，商务印书馆 1997 年版，第 55 页。
② 同上书，第 15—16 页。

对借用土地所付出的代价叫做地租。①

注意萨伊的这个用词："借用"。换言之，劳动、资本和自然力三者反映出来的关系并不是阶级剥削与压迫的关系，而是分工合作的关系。因为，"借用"反映出的是一种相互平等的地位，分工也是相互间平等地位的反映。所以，我们说，分工促进社会生产力的发展，这是相互独立的个体之间智慧、能力和技巧的相互合作。可是，当时的社会状况是这样的吗？不可否认，资本主义的发展带来了社会分工的极大飞跃，但是，社会分工不能用来表示阶级关系。资产阶级和无产阶级之间并不是分工合作的关系，而是基于相互间财产不平等关系产生的一种新的不平等关系，这种不平等关系带来的并不是合作，而是剥削与压迫。可见，萨伊将分工扩大化了，将社会阶级的分化，也看作是分工。这就无形之中否定了阶级剥削和压迫，也对阶级剥削、阶级压迫的存在予以了合理性的证明。

进而，萨伊得出这样的论断："一切劳动都是共同协作！"。萨伊对劳动过程进行了详细阐述，认为从社会生产过程来说，不同阶级只是分别执行了劳动的不同动作而已。所有的劳动都可分为三种：理论、应用和执行。所谓不同的阶级只不过是执行了不同的劳动动作而已。这是一种为资产阶级剥削进行辩护的理论。那就是资产阶级获得剩余价值（利润）的合理性的依据就是：资产阶级也付出了劳动，这个劳动在萨伊这里就是"应用"，将具体的理论应用于生产中，工人是执行者。既然如此，资产阶级获得的利润就是对其付出的劳动的合理报酬。因此，社会生产中是不存在剥削与压迫的。

当然，在结成这种社会化的分工合作的过程中，有一种人的作用是巨大的，或者说，正是他们决定着社会的分配方式。这就是被萨伊称为"冒险家"，在有的地方被称为"工业企业家"的人。萨伊说："整批地雇佣劳动的人，或叫做冒险家的人，只是在出卖人与购买人之间的一种掮客，他比照某一特定产品的需求程度，雇佣一定数量生产力来生产那产品。"②这些人不仅指挥生产，而且决定着分配。他说："工业企业家的力量对财富的分配，发挥着最显著的作用。""在同一种工业中，一个贤明的、积极的、有条不紊的而诚心诚意的企业家可以发家致富，而另一个没有这些质

———————

① ［法］萨伊：《政治经济学概论》，陈福生、陈振骅译，商务印书馆1997年版，第77页。
② 同上书，第354页。

素或遭遇大不相同的企业家，将会破产。"① 在萨伊的关于整个社会生产、分配的体系中，企业家是这个系统的枢纽。他们不仅将分散的社会群体以分工的形式结合在一起，并且将生产出来的成果，即收入合理地分配到各个阶级，使每个阶级各得其所。他说："所创造的价值，按这个分配方式归地主获得的那一部分叫做土地的利润。……分配给资本家即垫款者的部分，……叫做资本的利润。……分配给技匠或工人的部分，叫做劳动的利润。……这样，每一个阶级都从所生产的总价值得到自己的一份，而这份就是这个阶级的收入。"②

3. 分工提高劳动生产率

萨伊作为斯密学说的继承人，在某些问题上的看法与斯密有着惊人的相似，例如分工。斯密认为，分工提高了劳动生产率，一定单位时间的劳动得以大大增长，从而提高了产品的生产量，社会财富得以大大增加。萨伊在分工问题上承继了斯密的思想，对斯密的分二理论进行了更为细化的解说。

萨伊对斯密的"分工带来了社会产品数量的增加和质量的改善"进行了阐释。萨伊认为，是斯密第一个提出了分工思想，"大名鼎鼎的亚当·斯密，第一个指出产品数量的跃增和产品质量的改善起因于分工"③。在斯密那里，分工具有极大的优势在于如下三种情况："斯密认为这个巨大差别是由于以下三种情况：（一）从经常重复同一种简单动作所获得的熟练，包括体力上的熟练和脑力上的熟练。……（二）时间损失的减少。时间的损失，往往是由于抛下一种工作去搞另一种工作，或由于更换工作地点、工作姿势、工作工具而发生的。转移注意力是个缓慢的过程，人不能在顷刻之间，完成注意力从旧的对象到新的对象的彻底转移。（三）大量机器的发明。这使一切工作变得更容易和更迅速。分工当然把各种动作局限于非常简单和反复执行的性质。这种性质的动作，恰恰就是最容易使用机器来搞的动作。"④

萨伊不仅对斯密分工思想进行了扩大，并在这一基础上对社会分工优点进行了更为详细的解释。

首先，萨伊认为，分工不仅存在于社会生产领域，就是非生产领域，

---

① 转引自［法］夏尔·季德、夏尔·利斯特《经济学说史》上，徐卓英等译，商务印书馆1986年版，第125页。

② ［法］萨伊：《政治经济学概论》，陈福生、陈振骅译，商务印书馆1997年版，第356页。

③ 同上书，第93页。

④ 同上书，第94—95页。

分工也具有促使人专心一致干事的作用，比如哲学研究就是如此。哲学研究虽然不是社会生产活动，但从事哲学研究也是社会分工的一个方面，从事哲学研究的人也是社会分工的一个成员。他说："此外，人能够最快发现达到一个目标的方法，如果这个目标近在眼前，而且是专心注意的对象。即在哲学方面，大多数新的发现也是来自分工，因为分工使人能够专心一志地从事一门学识的钻研。专心一志的钻研，曾使人类获得巨大的进步。因此，促进商业所必需的知识和理论，也一定会达到更完善的发展，如果不同的人分别从事不同方面的钻研。"①

其次，分工引起产品价格的下降，这对消费者来说更为有利。因此，生产分工的利益不仅有利于生产者，更重要的是有利于消费者。萨伊说："分工引起产品价格的下降，因为通过分工，同一数额或更小数额的生产费用能够生产更大数量的产品。由于竞争的关系，生产者不久之后不得不降低价格以至等于所节省的全部生产费用。所以生产者所得的利益远小于消费者所得的利益。消费者对于分工所设置的各个障碍，都是害自己的。"② 作为一位生产论者，萨伊相信"生产创造一切"的神话，想方设法为生产者进行辩护。

再次，分工使人们技术熟练，生产出更多的产品。萨伊说："一生专干一种工作的人，对这工作一定比别人干得更快更好。"③ 显然，萨伊认为分工就是将人进行某种形式的固定化。当固定化之后，人们将其所有的聪明才干、技术能力都投入其中，从而创造出更多的产品。

当然，萨伊也并非只看到分工带来的好处，其对分工可能带来的害处也是有清醒的认识的。萨伊认为，分工可能带来人的能力的退化，这种退化对无产阶级来说可能会是致命的。他说："但与此同时，他将比较不适合于干一切其他工作，不管是体力工作或脑力工作。他的别项才干将逐渐减退，或完全消失，其结果，作为一个人说，他是退化了。"④ 这种退化的能力对工人阶级来说可能会带来更为不利的影响，它会导致工人阶级除了一种工作之外，无法胜任其他的工作。一旦被资本家解雇，失业以后，将无法顺利地再就业，从而陷入更加困苦的境地。萨伊说："就工人阶级说，如果他们除一种工作外，其他都一窍不通，这一定会使他们陷入更困苦、

---

① ［法］萨伊：《政治经济学概论》，陈福生、陈振骅译，商务印书馆1997年版，第95页。

② 同上书，第96页。

③ 同上书，第101页。

④ 同上。

更不利的境地。他们将更没有能力要求公平分享产品总价值的权利。"①

最后，萨伊得出结论："总而言之，我们可作以下的结论：分工是巧妙地利用人的作用的一种方法，分工可扩大社会的产品，换句话说，可扩大人类的权利和人类的享受。但另一方面，分工在一定程度上会使人的个人能力趋于退化。"②

4. 政府的节俭创造资本

斯密认为，节俭创造资本，资本造就财富。且这个节俭主要是针对个人而言的。萨伊对斯密的节俭创造资本予以赞同，但是他认为，不是个人的节俭，而是政府的节俭才能创造资本。

首先，资本是创造财富的源泉。对于这一点，萨伊是深信不疑的。并且，萨伊认为资本必须投入到生产之中，是社会生产而不是消费带来财富的增加。萨伊说：

> 节约风气的发展，应该归功于产业的发达。由于产业的发达，一方面人们发现许多更经济的方法，另一方面到处愿出更高的利息和更安全的担保以饵诱大大小小资本家借贷资本。在产业萎靡不振的时候，资本由于无利可图，一般都处于现金形态，或锁在保险箱中，或埋在地下，以备临时的紧急需要。无论它的数量是怎样的大，它不生利益，事实上它不过是预防性的储藏。但一旦发现了这项资本能够产生与其数量相称的利益时，资本所有者便具有双重的动机来扩大资本的累积。这种利益不是遥远的利益，也不仅仅是预防的利益。它是实际的利益、眼前的利益，因为资本所产生的利润可以消费来取得更多的满足而资本并不减少丝毫。所以，对于没有东西可创造生产资本的人，或对于已有生产资本可设法使其扩大的人，和过去相比，资本都成为更大和更普遍的追求对象。③

资本是创造财富的源泉，而且这种创造使其本身利益不会减少半分。这种利益是资本主义制度带来的。而且，资本如果不投入生产那是没有意义的。在一个繁荣发达的资本主义国家，社会自然就能引导资本投入生产，引导人们尽可能地节俭。

---

① ［法］萨伊：《政治经济学概论》，陈福生、陈振骅译，商务印书馆 1997 年版，第 101 页。
② 同上书，第 102 页。
③ 同上书，第 123 页。

所以，虽然斯密认为只要节俭就能带来社会财富，但事实上，斯密所言的那种社会现实并没有发生，代之而起的却是整个社会的贫困。萨伊说：

> 据斯密的意见，在各个国家，民众的俭约和对自己利益的留心，可绰绰有余地抵补个人和政府的浪费。至少无可否认，差不多一切欧洲国家都是越来越富裕，但这些国家除非所生产的东西超过它们的非生产性消费，否则它们便不能越来越富裕。斯密认为就是现代的革命，也似乎有利而不是不利于财富的增长。因为，不像古代的革命，现代的革命不带来敌人的侵入和普遍与延续的掠夺。另一方面，现代革命通常把许多有碍进步的偏见推翻，给才能和进取精神开辟了更大的活动范围。但是，斯密所归功于个人的俭约，对人数最多的社会阶级来说是不是由于不良政治组织所促成，还是一个疑问。不错，这些阶级得到总产品的相当部分作为他们劳力的报酬。但即在人们公认的最富裕的国家，不知道有多少人日坐愁城，有多少城市和乡村家庭，不断过着困苦艰难的生活。尽管周围充满着会引起欲望的东西，他们只能得到最低的满足，好像是处在最野蛮和最困苦的时代那样。①

在萨伊看来，资本主义的生产制度促进了资本的增长与繁荣，也就造就了国家的繁荣与富裕。但是，如果不是提倡生产，而是提倡消费的话，不仅无助于资本主义的繁荣，反而会造就资本主义的贫困。萨伊是典型的生产论经济学家，他的名言就是"生产给生产创造需求"。他说："一个人通过劳动创造某种效用，从而把价值授与某种东西。但除非别人掌握有购买这价值的手段，便不会有人赏鉴，有人出价购买这价值。上述手段由什么东西组成呢？由其他价值组成，即由同样是劳动、资本和土地的果实的其他产品组成。这个事实使我们看到一个乍看起来似乎是很离奇的结论，就是生产给生产创造需求。"② 在经济危机到来之前，绝大多数的经济学家对生产予以了极大的热情，总是将自己的经济理论与学说建立在生产的基础之上，认为只要生产，就能解决一切的社会问题，萨伊也不例外。

其次，不合适的消费是可耻的。萨伊认为，消费本身就是消灭价值的行为，是不值得提倡的。他说，"消费，消灭任何东西的效用，消灭任何东西的价值，严格地说是同义语，正如它们的反义语，生产，授与效用，

---

① ［法］萨伊：《政治经济学概论》，陈福生、陈振骅译，商务印书馆1997年版，第120页。
② 同上书，第142页。

创造价值，是同义语一样"①；"各种消费的直接结果是，物品所有者失去价值，因而失去财富"②。但是，消费也是必要的行为。它之所以必要，萨伊给出同样属于生产论的一个证明。他说："在各种社会，每一个成员都是消费者，因为要想生产，就不能不设法满足某些必须的需要，尽管所需要的并不很多。另一方面，所有不靠慈善或施舍过活的人，都通过他们的劳动、资本或土地，对于生产都有一定的贡献，所以消费者同时也可以说是生产者。大部分消费是在中产阶级与贫苦阶级中间发生，他们人数众多，尽管每一个所分得的份额很少。"③ 因此，萨伊给出了"适宜"消费的标准，认为以下的消费才是适当的，超出这个范围与标准的消费都是可耻的。这样的消费有如下四种：

其一，满足人的生存所需的必要消费。萨伊说："有助于满足实际需要的消费。我说的实际需要，是指关系到人类生存、健康与满意的需要。这些需要和那些起因于好色、夸耀与任性的需要恰恰相反。"④

其二，经久实用的耐用品消费。即"最耐久、好质量产品的消费。对国家或个人说，以最耐用和最常用物品为主要消费对象，是明智的政策"⑤。而"式样日新月异，必然使国家陷于穷困，因为它既增加消费，又把还可使用的物质弃而不用"⑥。

其三，集体消费。很多人的集体消费是最经济的，既可以节省产品也可以节省劳动。因为这种消费即使增加数量，也不增加投入的生产力。集体消费最典型的就是大学、修道院、军队或大工厂的餐厅等公锅、公灶。

其四，"最后，根据和上述完全不相同的理由，那些和道德标准相符合的消费是得宜的消费，而违反道德规律的消费，往往造成公众或个人的灾难"⑦。

再次，政府的消费行为最重要。萨伊认为，政府消费行为与个人消费行为相比，具有导向性的意义，因此，政府的浪费行为比个人浪费更严重。他说："在所有国家，政府对全国消费的性质都起极大决定作用。这不但因为政府绝对控制国家本身的消费，而且因为大部分个人消费，也以

---

① ［法］萨伊：《政治经济学概论》，陈福生、陈振骅译，商务印书馆1997年版，第436页。
② 同上书，第441页。
③ 同上书，第440页。
④ 同上书，第447页。
⑤ 同上书，第448页。
⑥ 同上书，第449页。
⑦ 同上书，第450—451页。

政府的意旨与榜样为准绳。如果政府耽迷于豪华与铺张，豪华与铺张便将成为风气，大家竞相仿效，连判断力较强、思虑比较周到的人在一定程度上也将随波逐流。"① 而在政府浪费行为中，战争和课税是两种最可耻的浪费行为。

所以，萨伊一再强调，"由于国家或代表国家的政府的消费，带来价值的损失，因而带来财富的损失，所以，只在牺牲的价值能给国家产生相当利益的条件下，消费才是适当的消费。因此，政府应当善于随时权衡所要作的花费与所预期的社会利益。我毫不犹豫地说，政府的得不偿失的举动，都是愚蠢行为或犯罪行为"②。也就是说，政府浪费行为产生的影响比个人的浪费行为要大得多，因此，不仅是私人而且是政府都应该对自己的利益有正确的认识。

最后，对节约的赞美和对奢侈的批评。萨伊认为，富裕来自节约，而浪费是与贫困相随的。他说："政府当局的干涉决不是走向富裕的途径，因为富裕来自生产积极性与节约精神——各行业的人都养成勤奋与有助于累积资本节约的习惯。只在人民普遍具有这些品性的国家，人民对所消费的东西才能讲究或苛求。相反地，消费与穷困是分不开的伴侣。如果饥寒交迫，那就饥不择食寒不择衣。"③

什么是节约？萨伊认为节约不是吝啬，而是一种谨慎的消费。他说："总之，节约只不过是经过深思熟虑的消费——晓得我们的收入是多少，并晓得使用收入的最好方法是什么。"④ 这样的消费不仅与浪费不同，也不同于吝啬。节约是一种美德，"节约列为美德是很有道理的，因为它像其他美德那样，意味着克己自制，并产生最愉快的结果"⑤。他能给人们带来富裕，可能这种富裕并不一定取决于财产。"节约者虽只有中等资产，但很富裕，而守财奴与阔绰者虽拥有最大财富却很穷困。"⑥

什么是奢侈？在消费伦理中，我们知道，区别合理消费与不合理消费是相当困难的，对于这个问题，萨伊同样有清醒的认识。他说："关于奢侈，有人下定义说，奢侈是非必需品的使用。至于我，我不知道怎样区别非必需品与必需品，因为这两者的细微差异是那样不明显、那样混淆，好

---

① ［法］萨伊：《政治经济学概论》，陈福生、陈振骅译，商务印书馆1997年版，第451页。
② 同上书，第469页。
③ 同上书，第450页。
④ 同上书，第454页。
⑤ 同上书，第455页。
⑥ 同上书，第456页。

像虹的颜色那样……必需品与非必需品的差别，随着社会情况的变动而变动。……由于同样原因，这个差别也随着个人财产情况的不同而不同。"①萨伊强调，这个区别是"那样不明显、那样混淆"，而且这个区别随着社会情况的变动而变动，也因个人差别而异。所以，奢侈是一种炫耀的贵重物品的消费。萨伊说："奢侈大体上可以说是贵重物品的使用或消费，因为贵重一语含有相对意义，所以可适当地用于解释另一个有相对含义的词语。在法国，我们所用奢侈一语，与其说耽于肉欲，毋宁说是指夸耀……奢侈含有炫耀的意思，但炫耀本身却含有广泛得多的意义，它包括所有为着夸耀而装作的样子。一个人可能装做道貌岸然的样子，但不能说他的道德过于豪侈，因为奢侈含有花费的意思。"② 但是，"文明社会中有思虑与有见识的人，在无须讲排场的情况下，对衣食住所希望达到的丰富多彩，我不叫做奢侈"③。

因此，对于个人来说，以满足家庭与个人所需为目的的、合理的消费才是正确的。萨伊说："遵守家庭经济规律，使家庭在合理限度内从事消费，就是在每一次要消费时先细心比较消费所牺牲的价值与消费所提供的满足。只个人自己才能公平地或正确地估量每一个消费行为所产生的损益，因为这种比较依存于他自己及其家庭的财产、社会地位与需要，也许在一定程度上也依存于个人的爱好或情感。把消费限定在过于狭窄的范围，就使一个人得不到他的资产所允许的满足；相反地，过于豪爽的消费则会侵蚀到不应该滥用的财富。"④ 在消费问题上，浪费和吝啬是两个极端，都应该极力避免。"关于消费，阔绰与鄙吝是两个应当避免的过失。这两者把财富所能给与它的所有者的利益剥夺掉，因为阔绰用尽享乐手段，而鄙吝不使用享乐手段。"⑤ 从影响上来说，浪费比吝啬具有更坏的影响。"但在这两者中，它（阔绰，著者注）对社会的危害更大，因为它浪费并毁灭应当成为劳动的支柱的资本，而由于它毁灭资本这一生产因素，所以它也毁灭劳动即最重要的生产因素。"⑥ 阔绰影响到生产资本的投入，因此，与鄙吝相比，具有更大的社会危害。

针对当时的消费创造需求理论，萨伊予以了严厉的批评。他说："有

---

① ［法］萨伊：《政治经济学概论》，陈福生、陈振骅译，商务印书馆 1997 年版，第 457 页。
② 同上书，第 457—458 页。
③ 同上书，第 458 页。
④ 同上书，第 453 页。
⑤ 同上书，第 454 页。
⑥ 同上。

人说，鼓励人花费或消费，就是鼓励人生产，因为人无所得就无从花费。这谬见基于以下假设，即生产与消费同是人力所能及，而增加收入跟花费收入同样容易。可是，即使假定花费的愿望产生工作的兴趣（经验绝不给这结论提供依据），但资本如果没有增加，就不能扩大生产，因为资本是必要的生产要素之一。很明显，资本只能通过节约而累积起来，但对于生产动机完全在于享乐的那些人，怎能希望他们累积资本呢？"①

四　穆勒的财富道德观

古典经济学家穆勒在生产问题上不像李嘉图、萨伊他们那样鲜明地表露自己的观点，而是一再强调要考虑财富的分配，认为"只有在世界上的落后国家，才会仍然把增加生产作为重要目标。在那些最发达的国家，从经济上来说所需要的是一种更好的分配"②。同时还强调人的劳动并不一定是以生产为目的的。那么，这是否意味着穆勒与李嘉图、萨伊等人不同，是一位持消费论观点的古典经济学家呢？事实上，穆勒从一开始就指出，政治经济学所要关注的是财富生产。虽然财富分配也是经济学研究中的一个重要问题，但是，与财富生产相比，财富的分配往往与社会制度的关系更为密切，更缺乏一种客观性与真理性。在前文关于"经济人"假说的分析中，我们看到穆勒认为经济学研究应该是一种类似于科学研究的学问。显然，在财富的生产和分配问题上，穆勒更看重前者。穆勒对当时西斯蒙第、马尔萨斯等人的悲观的生产过剩理论还予以了强烈的批评，明确地提出供应并不会带来产品的过剩。"由于任何一种商品都可能发生供给过剩的现象，并由此而给生产者或商人带来不利或损失，因此有许多人（包括一些著名的政治经济学家）认为，所有商品有可能同时发生这种现象；财富的一般生产过剩是可能的；商品的供给总额超过需求总额也是可能的；其结果，一切生产阶级将陷于不景气状态。这种学说的主要倡导者，在英国有马尔萨斯先生和查默斯博士，在欧洲大陆有西斯蒙第先生。……在我看来，这一学说在它的概念中就包含着许多矛盾。"③ 因此，综合这些内容，我们基本上还是将穆勒归之于生产论的古典经济学派。

---

① ［法］萨伊：《政治经济学概论》，陈福生、陈振骅译，商务印书馆1997年版，第462页。
② ［英］约翰·米尔斯：《一种批判的经济学史》，高湘泽译，商务印书馆2005年版，第142页。
③ ［英］约翰·穆勒：《政治经济学原理及其在社会哲学上的若干应用》下，赵荣潜、桑炳彦、朱泱译，商务印书馆1991年版，第94页。

1. 对货币与财富关系的阐述

我们知道，穆勒对重商主义的财富观进行了深入分析，对其中的错误予以了毫不留情的批评。在对重商主义财富观进行批判之后，穆勒对货币与财富的关系进行了阐述。穆勒认为：

首先，货币只是为了人们便利交换的一种手段，是等价交换物。货币要以生产为基础，对一个国家来说，倘若没有生产，货币的增加毫无意义；对个人来说，一旦社会无法提供满足其需要的物品，货币将是最无价值的东西。货币本身虽然有价值，但这一价值取决于人们的需要。在饥饿年代，货币不如一块发霉的面包；在丰裕年代，货币会使人们变得疯狂。

其次，财富是货币，但不仅仅是货币；换句话说，货币只构成财富的一部分：

> 货币作为对政府和私人都有重要用途的工具，被看作是财富，是正当的；但所有其他对人有用而大自然又不是无偿提供的东西，也是财富。所谓富有，就是拥有大量有用的物品，或购买这些物品的手段。因此，每一件具有购买力的东西都是财富的组成部分，因为用它可以交换有用或合意的东西。①

2. 财富具有交换价值

理清了货币与财富之间关系，穆勒对于财富的特征予以了分析，将交换价值作为财富的主要特点。为此，他从如下四个方面阐述了财富的这一特征：

首先，国家财富和个人财富是有区别的。穆勒说："这就使用来指个人占有物的财富与用来指国家或人类占有物的财富在含义上有了重大区别。在人类的财富中，不包括那些本身不能满足某种实用的或享乐目的的东西。但对于个人来说，某样东西虽然本身是无用的，但只要能使他从别人那里换到有用的或可供享受的东西，便是财富。"② 穆勒这里所谓的人类财富，实际上是指国家财富，也就是斯密所讲的国民财富。对一个国家来讲，其财富是以其有用性来衡量的，能在多大程度上满足人民的所需。对个人来说，财富是以其能够交换的有用性来衡量的，只要能够交换，对个

---

① ［英］约翰·穆勒：《政治经济学原理及其在社会哲学上的若干应用》上，赵荣潜、桑炳彦、朱泱译，商务印书馆 1991 年版，第 18—19 页。

② 同上书，第 19 页。

人来说就是财富。从某种意义上说，个人财富的增长与国家财富的增加不存在同一性。有的时候，对个人来说，财富得到了增加，通过交换获得了更大的有用性，但对国家来说，没有得到总量上的增加。

其次，财富应该是某种具体的物品。既然财富是具有交换价值的东西，那么，财富必定是一种具体的物品。穆勒说："按照正当的分类，一个国家的人民不应算作这个国家的财富。国家的财富是为了人民而存在。财富这一名词是用来指他们所拥有的满足其需要的物品，并不包括他们本身，而是与之对立的。虽然他们是获得财富的手段，可他们对自己来说并不是财富。"① 国家的财富不包括这个国家的人民，财富应该是指具体的能够满足人民需要的物品。尽管人民是财富的创造者。

再次，要严格区分经济学上的财富。"有人提出将财富定义为'手段'：不仅是指工具和机器，而且指个人或社会为达到其目的所使用的一切手段。……由此最终便得到了不是手段的东西，这些东西由于自身的原因而被人所需要，不是达到其他目的的手段。这样来看财富，在哲学上是正确的，或者更确切地说，这种表达方式可以和别的方式一道使用，不是为了标新立异，而是为了使通常的看法更清晰和更符合实际。然而，它与习惯说法相去太远，不大可能被普遍解释，只能偶尔用来说明财富。"② 如果说财富是指满足人们需要的有用的物品，从哲学角度就可以将它们看作是手段。毕竟人的生存才是目的，一切为了满足人的生存所需的东西就都是手段。但这种说明在经济学上还是有问题的，因为有的东西可以看作是满足人的生存所需的手段，但有的东西其本身就是目的。经济学上所理解的手段与哲学上所理解的手段是有区别的。

最后，财富所具有的一个基本特性就是：交换价值。但是具有交换价值的要被称为财富，还需要具备物质产品的特性。"因此，可将财富定义为一切具有交换价值的有用的或合意的物品；换言之，所谓财富就是一切有用的或合意的物品，只要是刨除那些不付出劳动或作出牺牲便可随意得到的物品。对于这个定义，唯一的反对意见看来是，它留下了一个引起很多争论的问题未能予以解决，即所谓非物质产品可否视作财富，例如，是否可将工人的技能或任何其他天生的或后来获得的体力或智力称为财富。"③

---

① ［英］约翰·穆勒：《政治经济学原理及其在社会哲学上的若干应用》上，赵荣潜、桑炳彦、朱泱译，商务印书馆 1991 年版，第 21 页。

② 同上。

③ 同上。

3. 财富特指的是物质性的东西

穆勒认为，财富首先是一种可积累的东西。假如某种东西生产出来，无法被储存和累积，这种东西就不会被人称为财富。"我认为，物品生产出来以后，若不能在使用以前保存一段时间，则决不会被人称作财富，因为不管能生产、能享用多少这种东西，受益于这种东西的人也不会变得更富有，境况也不会丝毫有所改善。"① 显然，有的精神性财富从这个意义来说，也应该划为财富。但是，财富是一种效用，是建立在效用基础之上的。满足这样条件的就只能是物质财富。穆勒说："因此在本书中，讲到财富时，指的仅仅是物质财富，生产性劳动指的仅仅是这样的努力，这种努力产生了体现在物质对象只能够的效用。"②

财富既然是物质性的东西，那么，就只有生产性劳动才能创造财富。非生产性劳动不仅不创造财富，而且会消耗财富。"与生产性劳动相反，非生产性劳动是指不创造物质财富的劳动；无论多么大规模地或成功地从事这种劳动，它都不会给整个社会和整个世界带来更丰富的物质产品，反而会使物质产品减少，减少额等于被雇佣来从事这种劳动的人消费的物质产品额。"③ 进一步地，穆勒对当时教会神职人员的无事生产进行了批评。他说："显而易见，一个国家供养的传教士或牧师愈多，它能花在其他方面的钱愈少；而它明智地养活工农业劳动者方面花的钱愈多，它能用于干其他各种事情的钱也就愈多。"④

4. 节省创造资本，资本造就财富

穆勒认为，资本是节省的结果，"全部资本，除很少部分外，最初都是节省的结果"⑤；资本家之所以能够节省资本，是因为他们有着优于常人的智力和道德水平，"这些不同的原因，智力的和道德的，使各种人在积累欲望的强烈程度方面的差异比通常认为的要大"⑥。

为此，他对奢侈浪费的行为进行了批评。穆勒不仅将劳动分为生产性劳动和非生产性劳动，而且将消费也进行了类似的划分：

---

① ［英］约翰·穆勒：《政治经济学原理及其在社会哲学上的若干应用》上，赵荣潜、桑炳彦、朱泱译，商务印书馆1991年版，第64页。
② 同上书，第65页。
③ 同上书，第66页。
④ 同上。
⑤ 同上书，第88页。
⑥ 同上书，第191页。

生产性和非生产性的区别不仅适用于劳动，而且也适用于消费。虽然并非所有社会成员都是生产者，但所有社会成员却都是消费者，而消费或是非生产性的或是生产性的。谁对生产既没有直接贡献也没有间接贡献，谁就是非生产性消费者。只有生产性劳动者才是生产性消费者，……生产性消费者也有非生产性消费。他们在保持或改善健康、体力和工作能力，或抚养下一代生产性劳动者方面的消费，乃是生产性消费。但是娱乐或奢侈方面的消费，不论是懒惰者所为，还是勤劳者所为，因为生产既不是其目的，也不会因此而有任何进步，所以必须看作是非生产性的。不过，也许一定数量的享乐可以认为是必需的，因为缺了它，会使劳动达不到最高效率。①

消费是一个大问题，也是经济伦理研究中的一个难题。正如穆勒指出的，非生产性消费是不合适的，但是一定程度的非生产性消费可以增加消费者的生产能力，似乎不能完全算为非生产性消费。这也就是说，消费在正常与过度之间的标准是什么？这一标准是否是固定的？这一标准是社会标准还是个人标准？有没有一个共同的社会标准呢？如果是随着时代变化而发展的，那么这种变化的度是什么？还有就是，奢侈消费难道就一无是处吗？正如穆勒所认识的那样，非生产性消费是对生产无益的，因为它并不增加财富，而是消耗财富。"我承认，为非生产性消费者生产物品所耗费的劳动，无助于社会的持久富裕。"② 但是，现代经济学观点表明，奢侈消费一定程度上能够大力拉动生产，从最终意义上来说，是有益于社会财富的增加的。

总之，对于生产论的古典经济学派思想家来说，生产是重于一切的，只有在生产中，才能创造出足够多的财富。当然，他们的这种财富观有着明显的漏洞。正如熊彼特所分析的那样，他们将收入与财富进行了混淆。熊彼特说："'古典'经济学所讨论的主要问题是生产和分配，头一个问题似乎是，被生产和消费的是什么。答复是'财富'。但这只是引起了这样一种讨论：这种财富又是什么呢，或者说，既然它同所生产和分配的货物（或者也许是它们的价值）显然是一个东西，那么应当包括在这些货物中

---

① [英] 约翰·穆勒：《政治经济学原理及其在社会哲学上的若干应用》上，赵荣潜、桑炳彦、朱泱译，商务印书馆1991年版，第69页。
② 同上书，第69—70页。

的又是什么呢。这种讨论只是表明了分析的不成熟性达到了惊人的程度。"① 我们知道，生产创造出来的产品是否能被称为财富，还需要涉及人的主观价值判断和需求。也就是说，只有为人所用，这些产品才能被称为财富，否则，为生产而生产，其对于人类的意义何在？财富之于人的意义何在？失去了人的主体意义的财富又有什么价值？

第三节　古典经济学派消费论者的财富道德观

针对生产论古典经济学派思想家们的财富道德观，后继的这些古典经济学派思想家们予以了纠正，对财富之于人具有的价值意义予以了强调。所以，他们从强调生产转向了强调消费，要求使财富之于人的意义得到确证。西斯蒙第、马尔萨斯和马歇尔等人就是代表。

一　西斯蒙第的财富道德观

大家都认为，在经济学史上，西斯蒙第占据着一个特殊的地位。他既是法国资产阶级古典经济学的完成者；又是小资产阶级经济学的创始人。作为前者，他的许多经济学理论受到斯密的很大影响，在一些经济学理论上吸收并继承了斯密学说；作为后者，他对斯密开创的古典经济学派的经济思想进行了校正。西斯蒙第的财富道德观就比较典型地表现出这个问题。他一方面肯定了斯密的劳动创造财富理论；另一方面认为斯密等人对物的过度关注忽视了人的因素，偏离了财富的主题，要求将财富回归到人的需求和福利上来，对古典经济学派的生产论进行了尖锐的批评。有学者认为："西斯蒙第指出：斯密只是考察财富，并认为拥有财富的人总是关心财富的增加，只有让个人在社会上自由地进行利己主义的获得，才能最大限度地增加财富，因此政府对经济生活应该听其自然。正是在这两个问题上，西斯蒙第'修正'了斯密的学说。他认为，财富应该保证人们过幸福的生活，因此政治经济学不应该只考察财富，而应该考察财富和人的关系，特别是人及其需要。他指出，富人能够增加自己的财富，甚至掠夺属于穷人的财富；为了使财富的分配合理和均衡，保证穷人过幸福的生活，

---

① ［美］约瑟夫·熊彼特：《经济分析史》2 卷，朱泱、孙鸿敞、李宏、陈锡龄等译，商务印书馆 1996 年版，第 379—380 页。

他说：'我们几乎始终呼吁亚当·斯密所摒弃的政府干预。'①"②

1. 对"只关心财富不关心人"的批评

在提出自己的财富理论之前，西斯蒙第对以往经济学说的财富观，包括重商主义③、重农学派和古典经济学派都进行了尖锐的批评。西斯蒙第认为，以往的这些经济学说在财富问题上的一个主要问题就是"只关心财富不关心人"。

首先，对重农学派的财富观进行了批评。在当时，重农学派是一个占主流地位的经济学派，人们一谈到经济学家，指的就是重农学派的经济学家。对于这种流行理论的财富观，西斯蒙第认为是有问题的。西斯蒙第肯定了重农学派对重商主义"金银就是财富"的批评。他说："这种学说首先确定什么是财富，因为在魁奈看来，金和银不过是一种标志，是在人类彼此之间进行交换的一种手段，是各个市场上的价格，他认为只有大量的金银，决不能成为某个国家繁荣的标志。"④ 但是，重农学派将土地收入看作财富源泉，轻视商业的作用，并强调地主阶级力量是不对的。重农学派的代表，例如魁奈，将"土地的收入"看作财富的来源。"魁奈认为，地主的这种收入和其他一切收入的性质完全不同。这绝不是用以表明补偿给劳动者垫支所用的名词：reprises（回报）；这也绝不是酬金，绝不是交换的结果，而是土地的自然劳动的价格，是大自然所赐予的恩惠；此外，既然只有这种收入绝不代表已经存在的财富，也就只有它应该成为其他一切财富的源泉。按照创造出来的一切物品的价值，不管它们有什么变化，魁奈总是把土地的收入看做最原始的来源。"⑤ 也就是说，重农主义认为，商业表示的只是财富的交换关系，并不产生新的财富。因此，商业不能看作是财富的来源。"他们把全国分为三大阶级，他们只承认地主是国家财富的分配者；农民是生产工人；因为只有他们为地主生产收入；商人、工人以及维持国家秩序和安全的官吏一概被列为薪俸阶级。"⑥ 重农学派赋予了地主以崇高地位和极大权力，这在西斯蒙第看来是一种历史的倒退。西斯蒙第虽然反对资本主义的机器化大生产，但并不意味着他反对资本主义制

---

① ［瑞士］西斯蒙第：《政治经济学新原理》，何钦译，商务印书馆2007年版，第46页。
② 同上书，ⅶ，林森木，评西斯蒙第的《政治经济学新原理》。
③ 在介绍重商主义财富道德观时，对西斯蒙第之于重商主义的批评已经论及，故此处不再对西斯蒙第的这个问题进行阐述。
④ ［瑞士］西斯蒙第：《政治经济学新原理》，何钦译，商务印书馆2007年版，第38页。
⑤ 同上书，第40页。
⑥ 同上书，第41页。

度。重农学派将权力控制交到地主阶级手上，这本身就是一种倒退。"在政治方面，经济学家认为地主是接待全国房客的房东，是一切财富的分配者，是全体公民赖以生存的主人，同时把他们看成国家绝无仅有的至高无上的君主。经济学家尽管出身于君主政体之下，并且他们的学说不得不为君主政体的政府服务，但是根据他们的学说，他们却主张建立极权贵族政治。他们赋予地主或国家当局以同样的义务，而且认为支配整个社会力量的义务必须永远操在地主的手里。"① 虽然重农学派和重商主义是两种完全相反的经济理论，提出了完全相反的经济政策，但在错误性上是一样的，他们对现实充满了浪漫主义的乐观，却对残酷的社会现实熟视无睹。就在这个基础上，产生了伟大的天才式的斯密学说。"这种学说有很多的事实和考证作依据；它经过一个很短时期的斗争就使其余两种学说黯然失色，因为无论这些谬论曾如何风行一时，真理毕竟是要战胜谬论的。"②

其次，对斯密的财富道德观进行了一分为二的分析。正如前文所言，西斯蒙第既是古典经济学派的继承者，也是古典经济学派的批判者。西斯蒙第认为，斯密对重商主义和重农学派的财富观进行了扬弃，形成了自己的财富学说，蕴含了许多有价值的内容，如劳动创造财富，节约积累财富等。"亚当·斯密对于其他两种排他性的学说同样加以摒弃，因为这两种学说一个把财富的创造归功于商业，而另一种学说又把财富的创造归功于农业，他则是从劳动中找到财富的源泉的。他认为，任何一种劳动，无论是农业劳动或工业劳动，无论是生产作为财富一部分的商品，也无论是增加一种已存在的物品的价值，只要产生交换价值，就是生产性的劳动。"③ 斯密通过对前人批判地继承，在财富学说中形成了一些有价值的东西。他认为，劳动是财富的唯一创造者，而节约则是积累财富的唯一手段。资本是通过节约创造的。④ 他认为，国民财富包括：①通过人的劳动而变成能够生产的土地，它不只是以收益补偿所付出的劳动，而且还给土地的主人生产纯收入——租金，即他所谓的地租；②用来发展工业，使工业可以赢利的资本，资本的流通给资本的主人生产第二种收入，即所谓利润；③给从事劳动的人带来第三种收入，即所谓工资的劳动。⑤

同时，斯密的财富理论中还存在着明显的不足，这表现为对财富目

① ［瑞士］西斯蒙第：《政治经济学新原理》，何钦译，商务印书馆2007年版，第41页。
② 同上书，第42页。
③ 同上书，第43页。
④ 同上。
⑤ 同上书，第44页。

的的忽视。西斯蒙第认为，斯密的财富理论将财富本身当作了目的，忽视了财富所具有的手段意义。财富不是目的，它仅仅是手段，是人为了实现幸福生活的一种手段。西斯蒙第说："我们同亚当·斯密都一致认为：劳动是财富的唯一源泉，节约是积累财富的唯一手段；但是，我们还要补充一句：享受是这种积累的唯一目的，只有增加了国民享受国民财富才算增加。"① 正是斯密忽视了财富所具有的手段意义，将财富本身当作目的，因此，从个人主义立场出发，斯密财富理论在现实中导致了贫富的急剧分化。"亚当·斯密所考察的只是财富，并且认为所有拥有财富的人都关心财富的增加，从而得出这种结论：只有让个人利益在社会上自由活动，这种财富才能最大限度地增加。他曾经向政府讲过：私人财富的总和就是国家财富：没有一个富人不兢兢业业地把自己变得更富，因此，就听其自然好了；他在使自己致富的同时也会使国家变得富裕起来。"② 斯密的这种看法是有问题的。事实上，并非富人致富就能带来全体国民的富裕，甚至有时候，富人的致富是以牺牲穷人的利益为代价的。

> 我们讨论过财富与人口的关系，因为财富应该保证人们的生活，或者使人们幸福；一个国家并不只是使资本增加就算得上富裕，而是在资本增加的同时，也使本国的人民生活得更富足的时候才算富足；……我们曾经讲过，富人能够增加自己的财富：他们有时用增加新产品的方法，有时窃夺原来应该属于穷人的一大部分财产；为了使这种分配更为合理，分配均衡，我们几乎始终呼吁亚当·斯密所摒弃的政府干预。我们把政府看成应该保护弱者不受强者欺侮的保护者，应该成为没有自卫能力的人的保卫者，应该代表公众的长远利益，应该使长远而稳定的集体利益不受暂时而又强烈的个人利欲所侵犯。③

最后，对生产论者进行了批评。斯密的财富思想中尽管有不正确的东西，但之后李嘉图和萨伊等生产论者在错误的道路上则走得更远。西斯蒙第评价李嘉图说："目前，亚当·斯密的一位英国籍学生所走的道路是完

---

① ［瑞士］西斯蒙第：《政治经济学新原理》，何钦译，商务印书馆 2007 年版，第 45 页。
② 同上。
③ 同上书，第 45—46 页。

全不同的，他脱离了亚当·斯密的学说，甚至我们认为他们更远远地离开了亚当·斯密那种探讨真理的态度。"① 他们的这种脱离就是抽象了财富之于人的意义，尤其是财富和人民享受之间的意义关系。西斯蒙第说："他的英国新学生，陷入了抽象，这就使我们把人遗忘了，而财富正是属于人而且为人所享受的。"② 这种抽象表现在具体理论上，就是对生产的过分强调。"萨伊先生和李嘉图先生由于未能确定许多非常重要的问题而得出这样的学说，他们认为消费是一个无限的力量，或者至少是除了生产的界限以外没有其他的界限，其实，它受收入的限制。他们说，任何生产出来的财富都会有消费者，他们鼓励生产者造成大批商品积压，现在这种积压正使文明世界遭受灾难，但是，他们应该预先告诉生产者，叫生产者只应该指望有收入的消费者。"③ 西斯蒙第认为，生产论者的错误是不言而喻的。因为，如果没有消费，生产出来的产品将会大量积压，生产者就无法投入进一步的扩大再生产。"无论是在工业方面或者农业方面，决定繁荣或萧条的直接原因，似乎就是市场；企业家们都希望根据市场的情况来决定自己的生产，虽然他们并不是经常能够成功的。"④ 这是一条多么简单的道理，但是生产论者却不明白，而是一再强调生产，并认为，"经济学家只要管生产财富就行了，……他们说，不管人类的劳动生产多么大量的财富，都永远不应害怕财富会充斥市场，因为人的需要和欲望是无止境的，总是会把所有这些财富转化为享受的"⑤。人们劳动的目的就是满足自己的欲望，而欲望的满足需要和交换联系在一起，需要能够以自己的劳动交换满足自己欲望的需要。假如这种需要无法得到实现，仍然是会影响生产的。

所以，这些经济学家在财富问题上的错误认识，归于一点，就是"只关心财富不关心人"。这样的经济学理论，是造成当时社会一方面财富增加，另一方面贫困加剧的理论根源。

我们的先驱正是由于相信金、银就是国家的财富，所以发明了重商主义和贸易平衡，他们还继续追求社会的虚假繁荣，强迫社会接受

---

① ［瑞士］西斯蒙第：《政治经济学新原理》，何钦译，商务印书馆 2007 年版，第 47 页。
② 同上。
③ 同上书，第 11 页。
④ 同上书，第 502 页。
⑤ ［瑞士］西斯蒙第：《政治经济学研究》第一卷，胡尧步等译，商务印书馆 1989 年版，第 46 页。

各种代价高昂的规定，各种禁令以及形形色色的困苦。另一些哲学家则因为相信纯产品就是财富，所以发明了同样令人失望的重农主义，并且竭力用他们所谓的直接税来代替一切赋税。各国政府正是因为现在认为国家财富就意味着多生产，少消费，所以竭力活跃工业和出口贸易，而同时阻挠入口。我们今天的经济学家以为财富就在于无限地增加生产和消费，在他们看来，消费是生产的必然结果，所以他们不顾正视无产者日甚一日的贫困，与此同时，生产价值和财富则不断增加。①

2. 消费论的财富观

通过对以往经济学财富理论的批评，西斯蒙第得出了自己消费论的财富道德观。他认为，财富之于人们的生活和国家的繁荣具有基础性的地位；财富是人劳动创造并通过交换来体现的；为体现财富对于人的意义，就需要对消费、消费与生产之间的均衡予以足够的重视。

首先，财富是人们生活的基础。西斯蒙第并不反对提倡财富，认为财富在社会与国家繁荣上具有基础性的地位。他说："从政府的事业来看，人们的物质福利是政治经济学的对象。人的一切物质需要都要依靠人们通过财富得到满足。财富支配着劳动，购买他人的服务，以及供给为了人的使用和享受而积累的一切。人们通过财富来保持健康，维持生活，使老幼都能得到他们的必需品，使每个人都能得到衣、食、住。因此，我们可以把财富看作是人们为了彼此的物质福利而能创造的一切的表征。"② 财富是人们生活的保障，是人类生活的必需品。如果将社会比喻成人的话，生活资料和物质财富就是机体的健康。"人靠生活资料活着，而人类道德和智力的发展也与人的生活有关。社会也应该像人一样，首先想到的应该是它的机体健康，社会应该首先满足它的需要和发展。"③ 从这一点来说，西斯蒙第对物质财富的认识是客观的。他既没有将物质财富视为洪水猛兽，对财富进行大肆批评；更没有将资本主义的悲惨现实归之于财富，而是对财富进行了实事求是的认识。

财富是一种客观的、中立的东西，它是人们生活的物质基础。对一个

---

① ［瑞士］西斯蒙第：《政治经济学研究》第一卷，胡尧步等译，商务印书馆 1989 年版，第81 页。

② ［瑞士］西斯蒙第：《政治经济学新原理》，何钦译，商务印书馆 2007 年版，第22 页。

③ ［瑞士］西斯蒙第：《政治经济学研究》第一卷，胡尧步等译，商务印书馆 1989 年版，第10 页。

国家来说，之所以会有悲惨现实，并不是财富的原因，而是人们对财富的使用出现了问题。"实际上，财富和人口并不是国家繁荣的绝对标志；国家繁荣的标志在于财富和人口的比例。各个阶层如果都能得到温饱，财富才是好东西；只有每个人都确能通过劳动得到迁当的生活，人口才是一个优点。尽管国家中的某些人积累了大量的财产，它依然只能是一个穷困不堪的国家；如果一个国家的人口——如像中国那样——始终超过它的生活资料，如果他们只能靠恶人的残羹剩饭维持生活，而经常受饥荒的威胁，那就绝不是令人羡慕的对象或什么强大的力量，而是一种灾难。"① 人们生活是否幸福取决于政府对财富的分配。重视财富的分配标志着财富道德观从重视财富的数量向重视财富的比例转变。西斯蒙第振聋发聩地提出："财富正是属于人而且为人所享受的。"② 一旦财富不和人联系在一起，不考虑人对财富的消费，财富是毫无疑义的。"财富这个词，也像繁荣和享受这两个词一样，如果不和享受它的人相联系的话，本身是没有意义的。"③ 所以，西斯蒙第说："我们设想的社会财富是社会的所有成员参加分享的劳动产生的物质利益。"④

其次，财富是在劳动中产生的并通过交换实现的。西斯蒙第将财富的特点归结为三个：劳动、可消费和可积累。"劳动"作为财富的第一个特点表明了财富的渊源是来自人的劳动。他说："人们所能使自己享有价值的一切，都是由自己的技能创造出来的，他所创造的一切，都应该用于满足他的需要或他的愿望。……这种积累起来不予消费的劳动果实，便称为财富。"⑤ 需要指出的是，西斯蒙第所谓的"劳动"并不是机器化的大生产劳动，而是自耕农的劳动。他赋予了自耕农制度以浪漫主义的激情，对它进行了高度的赞美，认为这种劳动创造出来的才是使人们都能过上幸福生活的财富。他的理由就是："没有一个社会组织能够保证国内人数最多的阶级得到更多的幸福和具有更多的美德，能够保障全体得到更大的满足，保证社会制度更为巩固。占有土地曾经被认为对整个社会有利，这是由于土地能够使劳动者可以长期稳妥而充分地享受自己的劳动果实。"⑥ 这

① ［瑞士］西斯蒙第：《政治经济学新原理》，何钦译，商务印书馆 2007 年版，第 23 页。
② 同上书，第 47 页。
③ ［瑞士］西斯蒙第：《政治经济学研究》第二卷，胡尧步等译，商务印书馆 1989 年版，第 154 页。
④ 同上。
⑤ ［瑞士］西斯蒙第：《政治经济学新原理》，何钦译，商务印书馆 2007 年版，第 49 页。
⑥ ［瑞士］西斯蒙第：《政治经济学新原理》，何钦译，商务印书馆 2007 年版，第 108—109 页。

个特点决定了交换无法产生财富，只能使财富得到实现。西斯蒙第说，"交换根本改变不了财富的性质；财富永远是通过劳动创造出来、为日后需要而保存起来的东西，而且只是由于这种未来的需要，财富才有价值"①；"交换不能改变产品的性质，同样也不能改变劳动的性质"②。

从这个态度出发，西斯蒙第认为商业不能创造财富。他说："绝对不能因为有少数商人大发横财，就认为国家的工商业必然使国家趋于繁荣；恰恰相反，少数商人的特殊利润，几乎永远是同国家的普遍繁荣背道而驰的证明。"③ 更有甚者，时刻想到以交换谋求利益会使得人们道德品质败坏。正是商业交换的普遍和繁荣给人们纯朴的道德习俗带来了致命打击。西斯蒙第说："迅速的交换主要败坏着人民的善良习俗。经常想多赚些钱，就一定会使卖者抬高物价，进行欺骗；靠经常交换为生的人的处境愈困难，他就愈受到欺骗活动的诱惑。"④ 在《政治经济学新原理》一书的注脚中，西斯蒙第列举了美国农民的例子来说明交换对道德败坏的影响。在美国，农民不是将土地视为耕作的对象，而是买卖的对象。农民经常通过出卖土地得到大量的财富，这在西斯蒙第看来，"通过这种种活动得到了大量财富，但却败坏了道德品质，应该维护原有的道德的阶级终于被汹涌的急流卷走了"⑤。

无论是个人财富还是公共财富都应该满足财富的三个特点，因为所谓公共财富就是个人财富的总和。"公共的财富就是各个个人财富的总和；个人财富和公共财富都是通过劳动产生的；个人的财富的积累和公共财富的积累的形成，都是由于每天的劳动所得超过当天需要的结果；个人财富的目的和公共财富的目的都是为了满足消费和消耗财富的享受，如果财富不能让人享受，如果任何人都不需要它，那末，它就失去了价值，就不再是财富了。"⑥ 所以，他总结财富的三大特点就是劳动、可消费和可积累。

　　大凡不是通过直接或间接的劳动而产生或获得价值的东西，不论对人类生活怎样有利、怎样重要，绝不是财富。对人完全无利、不能满足人的愿望，也不能间接或直接为人所使用的东西，不论是通过怎

① ［瑞士］西斯蒙第：《政治经济学新原理》，何钦译，商务印书馆2007年版，第54页。
② 同上书，第55页。
③ 同上书，第106页。
④ 同上书，第111页。
⑤ 同上书，第111页注脚①。
⑥ 同上书，第51页。

样的劳动产生的，也同样绝非财富。最后，完全不能积累、不能保存以备日后消费的东西，即使也是通过劳动产生的，也是为人的享受被消费的，也绝非财富。①

最后，要重视消费和生产的均衡。正因为财富意义需要通过人的意义来得到体现，所以，只有关注人的享有财富的能力，财富才有意义。然而，当时的经济学家对消费有着一个误解，"绝大多数现代经济学家却认为消费是一个无底洞，随时都能吞噬无限的产品，这是一种极大的误解"②。对人类来说，消费能力是有限的，只有奢侈品的消费才是无限的。"社会必需品的消费是有限的，而奢侈品的消费却是无限的。"③ 西斯蒙第认为，一个人无论如何都吃不下没有限度的食物，也就是说，一个人的肚子容量是有限的。因此，消费是有限度的。但是，这不意味着人们在食物方面就没有浪费，人们可以以消费奢侈品的形式无限消耗产品。西斯蒙第明确地认为所谓有限度的是消费，而不是浪费。正是因为消费能力的有限，就不能只为生产而生产。社会财富如果要得到增长，就应该从只关心财富的生产转向关心财富的消费。社会应该关注人的消费能力，只有提高消费能力，才能促进社会财富的增长。如果不关注人的生活，就会造成：社会越是进步，人类社会就越不平等。"因此，工业的进步，与人口相比较的生产的进步，能大大加强人类不平等现象的趋势。一个国家在技术和工业方面愈先进，劳动者和享受者的命运之间的不协调现象也就愈严重，前者受苦越多，后者越可以恣意挥霍，除非国家通过一些好像和增加财富的纯经济目的相反的制度，就不能改善分配，就不能保证创造享受资料的人得到更多的享受。"④

需要重视的是，西斯蒙第对消费的重视包含着均衡的内容。也就是说，他对消费的重视不是一味地，而是建立在与生产、收入相协调的基础上的。他说："可见在生产、收入和消费之间的相互比例中，如果发生不协调现象同样会有害于国家，有时会使生产的收入比平时减少，有时会使一部分资本变成消费基金，或者相反，这种消费减少，也就不再要求新的生产。只要这种均衡受到破坏，国家就会遭难。如果在劳动阶级里发生好吃懒作的恶习，生产就会下降；如果浪费和奢侈成了风气，资本就要减

---

① ［瑞士］西斯蒙第：《政治经济学新原理》，何钦译，商务印书馆 2007 年版，第 51 页。
② 同上书，第 58 页。
③ 同上书，第 60 页。
④ 同上书，第 61 页。

少；最后，如果有了减少劳动以外的其他穷困原因，消费也会减少；但是，既然它完全不许将来进行再生产，劳动量也就会降低。"① 西斯蒙第的均衡理论对后来边际学派等经济学派产生了重大影响。

在消费、收入和生产之间，西斯蒙第认为，收入决定消费，消费决定生产。"在我们查看社会的总账时（人类社会的总账是调节世界贸易的），永远可以看出，只有消费的增加才能决定再生产的扩大，而消费则只能根据消费者的收入来加以调节。"②

3. 政治经济学的研究对象应该从财富回到"人"

基于这样一种消费论的财富道德观，西斯蒙第明确地提出，"财富"不能成为政治经济学的研究对象，应该使政治经济学的研究对象回到"人"。关心人、关心人所能享有的财富，才是政治经济学一以贯之的目标。

首先，为财富而研究财富，这是长久以来政治经济学研究的错误认识。西斯蒙第说："人类劳动的产物被称作财富，它和生活资料都代表人类要求享受的所有物质财产，而且几乎所有的精神财富，都是借助于物质财富才能得到。人们把财富或财富增长的理论，看作政治经济学的特有目的。这种目的，从亚里士多德时期开始，被恰如其分地称作理财学。"③ 当然，在此基础上建立的政治经济学研究大厦是缺乏坚固基石的，也是毫无意义的。"这里，一切都起源于人，一切都与人有关，和聚集在一起而有共同联系的人有关。但是，我们说财富是从属于人或物的，如果不同时指明人或物的关系，财富这个比较术语就没有任何意义。财富是对所有物质财富的估量，当时只不过是抽象名词；而理财学或财富增长的科学，也被认为是抽象的，不是与人或物相关联的，在这种基础上建立的大厦也就像空中楼阁。"④ 事实上，财富不是独立的，脱离人的财富从来就不存在；离开人的意义去谈论财富更不客观。"我们已经说过，财富是人类劳动的产物，它给予人们要求享受到的一切物质财富；包括一切物质享受和来源于物质享受的精神享受。财富固然是好东西，但它为谁享用？这个问题从来没有理论家提过。对这个问题作出的回答是，人本身属于财富，或者财富

① ［瑞士］西斯蒙第：《政治经济学新原理》，何钦译，商务印书馆2007年版，第85页。
② 同上书，第87页。
③ ［瑞士］西斯蒙第：《政治经济学研究》第一卷，胡尧步等译，商务印书馆1989年版，第10页。
④ 同上书，第10—11页。

本身属于人。"①

这样抽象地看待财富至多只能被称为是"财富学",而不是"政治经济学"。

> 我们是这样区分财富学和政治经济学的:财富学把财富当作目的,或像人们期望的那样,抽象地看待财富;而政治经济学则把财富看作获得社会幸福的手段。……我们坚持将政治经济学看作应是对上帝为维护人的善心与和蔼而赋予人类社会的伟大律法的探讨和应用;我们坚持将我们的努力用于人类的进步而不是物的进步,用于谋求人类的幸福而不是用于获取财富;对于人们向我们宣称的那些传闻,我们既不相信也不同意;我们相信,我们还应该重复过去向全世界各国发出的呼吁:多关心你们的农民吧!因为他们既是国家中人数最多的又是最重要的阶级;审慎的政治经济学应该满足这个阶级最大的幸福。②

西斯蒙第指责那些将政治经济学看作是研究财富科学的人,忘记了"人"。为此,他特别指责李嘉图,认为在李嘉图那里,"财富就是一切,而人是微不足道的"③。

其次,西斯蒙第断言,财富只是人类物质享受的象征,它只是一种手段。人类进行财富生产是为了满足自身物质生活的需要,不断地提高物质享受。因此,财富应该给所有的人带来幸福,而且也只有全体居民的物质享受增加了,国民财富才算是有了增加。所以,政治经济学的真正对象应该是"人",而不是财富,政府应该通过政治经济学使全体居民都能获得物质上的享受。④ 西斯蒙第提出,必须将政治经济学研究财富增长规律这一研究目标转向对人的福利与幸福生活、尊严提升等问题。只关注财富的增加不能给穷人带来好处,反而给穷人带来灾难。"这种国家财富,从物质进步来看确实令人惊奇,但是,它到底能不能给穷人带来好处呢?一点好处也没有。英国人民当前的温饱和未来的保证全都被剥夺了。农村里再

---

① ［瑞士］西斯蒙第:《政治经济学研究》第一卷,胡尧步等译,商务印书馆1989年版,第11页。
② ［瑞士］西斯蒙第:《政治经济学研究》第二卷,胡尧步等译,商务印书馆1989年版,第2—3页。
③ ［瑞士］西斯蒙第:《政治经济学新原理》,何钦译,商务印书馆2007年版,第457页。
④ 同上书,vii—viii,林森木,评西斯蒙第的《政治经济学新原理》。

也没有农夫了；他们被迫把位置让给短工；城市里几乎完全没有手工艺者或独立的小工厂主，只剩下大工厂主了。产业职工不知道什么叫保持地位；他只赚取工资，同时，由于这项工资不能平均地满足他各个季节的需要，差不多每年都难免要向穷人请求施舍。"①

政治经济学的转向意味着一种新的研究视角。只有这样的研究视角，才能给社会整体带来利益的普遍提升。"我们并不是阐述新的理论，我们打算搜集的也就是这些事实；这些事实与人相关联而不是与财富相关联；我们打算研究的是社会上各种身份的人，目的是鉴定每种身份的人的幸福，不仅是研究物质方面得到满足，同时也与人的情趣和习性相关，与日常生活所产生的智慧与道德的发展有关。实际上，我们的目的是要确定关于社会的物质利益和它的生活资料的规则究竟是什么，我们将只是对财富本身对人类幸福和人类道德尊严的关系加以鉴定，而不是对价值和真实价格抽象的概念进行研究，这样，我们自信最终能认识每一种身份的人的享受和痛苦，认识到社会能给予每个阶级的智慧发展有多少，最后，社会秩序的改变，从政治经济学角度来看，究竟有多少值得赞扬或加以谴责。"②

用西斯蒙第的原话来对其研究目标做出说明，就是：

> 我着重阐述财富分配的理论，而财富学派只关心财富的形成。劳动是人的一切物质享受之父；劳动创造财富；真正的政治经济学，城市与家庭的规则，应当教育指导人的劳动，以达到以下诸点：全体人民都能享受劳动的成果，人人有饭吃，有房住，有衣穿，大家都能从造物主给人的恩赐中受益；全体人民都能有足够的闲暇时间，以保持身心健康；全体人民都能分享智慧的硕果；然而，少数天资优越的人能在财富中获得空闲时间、独立性与兴趣，这些都是促进心性智慧高度发展所必不可少的条件；这些少数人能向人类社会增光的艺术、科学、道德领域进发；这些有特长的人，这些为了全体人民的最大利益的富人，将来数量会更多，在各地都树立起有益的榜样；他们将像酵母一样激发群众，或者将像光束一样将全体人民照亮；他们在都市、城镇与乡村，他们的富裕程度，以及他们同其余人口的比例将裁处得当，使他们的财富在最大限度上造福于社会；这样就能够实现天主的

---

① ［瑞士］西斯蒙第：《政治经济学新原理》，何钦译，商务印书馆 2007 年版，第 8 页。
② ［瑞士］西斯蒙第：《政治经济学研究》第一卷，胡尧步等译，商务印书馆 1989 年版，第 37 页。

旨意，贫富并存，始终是为了双方的利益。①

二　马尔萨斯的财富道德观

一谈到马尔萨斯，人们联想到的往往是他的人口理论，将其作为经济学家的地位大大降低。事实上，马尔萨斯是通过人口问题的分析来阐述其经济学理论的。"不管马尔萨斯的学说引起了人们怎样的反对，但他的理论长时期来一直是经济科学的组成部分。"② 这一点是无可否认的。在马尔萨斯的诸多经济学理论中，关于财富问题的阐述是其中的一个重要内容。在继承古典经济学派重视财富问题的理论传统的同时，他也对古典经济学派财富理论中的错误进行了一定程度的批评，他是古典经济学派阵营中的"持不同政见者"③。

1. 对以往财富理论的批评

虽然在财富认识上，马尔萨斯没有像西斯蒙第那样进行一个崭新的视角转换，基本上继承了古典经济学派的思想，但是，他还是对古典经济学派的财富理论进行了某种程度的修正。这表现在他对古典经济学派思想家们财富学说的批评上。

首先，他对当时在财富定义上的分歧深表忧虑。马尔萨斯说："在引起政治经济家们意见分歧的问题中，财富的定义并不是一个最不值得注意的问题。"④ 这种分歧表现在，"有些学者对财富下过正式的定义；有的学者只是让人从他们的著作中领会他们所理解的含义。他们当中，有些人对财富的解释限制过严，有些人引申过广。'经济学家'⑤ 是前一类的突出的代表。他们把财富或富只限于土地的纯产品。这样一来，他们关于人们所理解的最熟悉和惯用的财富含义所作的研究的价值，就大大减低了。劳德代尔勋爵的定义是属于引申过广的例子。他认为'凡是人们认为有用和可爱而希望得到的东西'，都是财富"⑥。

---

① ［瑞士］西斯蒙第：《政治经济学新原理》，何钦译，商务印书馆 2007 年版，第 5 页。

② ［法］夏尔·季德、夏尔·利斯特：《经济学说史》上，徐卓英等译，商务印书馆 1986 年版，第 162 页。

③ 参见晏智杰《古典经济学》，北京大学出版社 1998 年版，第 3 页。

④ ［英］马尔萨斯：《政治经济学原理》，厦门大学经济系翻译组译，商务印书馆 1962 年版，第 23 页。

⑤ "经济学家"在当时是重农学派的特定名称。

⑥ ［英］马尔萨斯：《政治经济学原理》，厦门大学经济系翻译组译，商务印书馆 1962 年版，第 24 页。

关于财富定义的分歧导致了财富定义的混乱。这种混乱主要表现在如下两个方面的争执上：

第一，财富是物质的还是非物质的。当时，主要是法国的经济学家萨伊将斯密开创的财富特指物质产品的定义予以了扩大，将非物质的、精神性的才能等包含在了财富之中。"近代有一些学者，他们不愿意采用亚当·斯密的说法，同时也了解如果把财富说成是包括人们可感到的各种利益和满足，就会引起混乱，他们便把财富界说为只是具有交换价值的东西，不管这些东西是物质的或是非物质的。"① 马尔萨斯认为，这种定义实际上没有对财富进行界定与区分，尽管它与重农学派等人的定义相比有一定的进步。"这个定义的确比刚才讲过的那种包罗更广的定义好一些，但也不像最初所设想的那么好。只要仔细考察，就会发现它和那比较广泛的定义一样容易引起人们的非难，并且对于那些应该和不应该列为财富东西之间所划的界线，也是极不清楚而不能令人满意的。"②

第二，财富是不是价值。另一种模糊财富定义的说法就是将财富与价值进行等同。这在马尔萨斯看来，是不正确的。"在财富定义中，采用像价值这样一个会引起这么多争论的术语，是不正确的。这一点姑且不说，可以从以下几点来看：用价值来定义财富可以引起如下问题：一、如果把可以购买或者可以雇用的东西都认为是具有交换价值的，那末，差不多所有智力和体力的技能和成就，都可以包括在财富范畴之内了。……二、由于同样可被雇用或可被购买的性质，所有由高等教育和优良才能而获得的知识，更要包括在这种估计之内。"③ 即使将价值的范围缩小，限定在交换价值的范围，这样的财富定义也仍然还是有问题的，是无法用于这种政治经济学的研究的。"如果我们在财富这一名称下包括一切可被雇用的体力和智力的技能，我们就会发现，尽管把财富这一词的意义局限于具有交换价值的东西，我们在消除以前那种定义所带有的混乱和不确定方面，仍然没有什么进步；要对任何一个国家的财富增长情况加以估量或者作近似的估量，还是绝对不能的。"④ 这种做法，看起来是想扩大财富的范围，夯实政治经济学的研究基础，但事实上，不仅没有扩大财富的范围，反而将一些原属财富范围内的东西都没有包括进去。这样的经济学研究，就会自相

---

① ［英］马尔萨斯：《政治经济学原理》，厦门大学经济系翻译组译，商务印书馆 1962 年版，第 25 页。
② 同上。
③ 同上书，第 25—26 页。
④ 同上书，第 26 页。

矛盾：

> 因此，如果有交换价值的东西是指可以交换的东西，那就要把大量人类体力和智力的技能都包括进去，结果使得财富这一术语的意义极不明确并且不切实用。……其次，如果有交换价值的东西仅仅指那些实际上已经交换或者意图用来交换的东西，那就会把大量向来列入而且应该列入财富范围以内的物质商品，排除于财富这一名词之外。……这种困难的当然结果是，即使是最有才能的学者，如果在财富的定义中抛弃了物质这个特征，几乎就不可避免地要陷于自相矛盾和前后不一致。①

其次，对重农学派和从斯密开始到李嘉图、萨伊、麦克洛克等古典经济学派思想家的财富学说进行了批评。

第一，重农学派的财富定义是不精确的。马尔萨斯认为，重农学派将财富限定在农产品的范畴内，这是不精确的。不仅从经济学理论来看，就是从现实生活来看，这样的财富定义都是站不住脚的。"重商学派的理论体系用错了哪些名词是不值一提的；但'法国经济学家'的体系却是科学的体系，而且要求的就是精确性。然而我们必须承认，'法国经济学家'关于财富的定义违反了科学家与一般人用字时所应遵循的首要的和最明显的指导法则。财富是最常用的名词。所有的人谈到一个国家的财富时也许不能立即准确地说出他们的语义是什么，然而我们相信，凡是打算按一般的意义用这一名词的人都会同意，他们所指的并不限于该国的总农产原料或净农产原料。有一个十分确定的事实是：当两个国家的总农产原料和净农产原料都相等时，在优良的房屋、家具、衣服、车辆等许多其他公认的财富特征方面，却可能有很大的区别。"②

第二，斯密的财富定义虽然科学，但在具体使用上往往不够准确。斯密将财富定义为物质产品，这在马尔萨斯看来，是科学的。但是，斯密并没有对这种物质产品做出说明与区分，而且他对非生产性劳动不产生财富是有偏见的。这就是，"他对财富的定义就不够精确，而且也没有充分始终如一地遵守。但他用这一名词时，一般的涵义无疑是指令人喜爱的、有

---

① ［英］马尔萨斯：《政治经济学原理》，厦门大学经济系翻译组译，商务印书馆1962年版，第28页。

② ［英］马尔萨斯：《政治经济学定义》，何新译，商务印书馆1960年版，第5页。

用的和必需的物质产品，而且也不是自然界中取之不尽、用之不竭的物品"①。"他把财富一词限于用在物质对象方面，并把人类劳动描述成财富的主要来源。这样他就清楚地看出，许多不同种类的劳动必须加以区别；他无法不看出，这些劳动，不论其效用如何，对于直接造成他从性质上加以研究的那种财富说来，效果是根本不同的。其中的一种他称之为生产性劳动，而另一种则称为非生产性劳动；前者可以产生财富，后者不能。"②

第三，萨伊的模糊价值和财富定义是错误的。关于法国经济学家萨伊的财富定义，马尔萨斯认为其中存在着较为严重的错误。它不仅是模糊了财富的物质产品界线，而且模糊了价值和财富的区别。

> 萨伊在他的《政治经济学》的最后一版中，以后又在《政治经济学教程》中，把一切先天的和后天获得的才能都包括在财富这一名词之内。试问，关于这种才能，怎样可能确定"财富在什么时候和什么情况下增加，在什么时候和什么情况下减少，以及按什么比例进行分配"呢？在任何一个有进步的国家中，一定总有大量的先天和后天获得的才能，这些才能从来不成为经常交换或估价的对象。关于可能包括在萨伊的财富的定义内的大量东西，可以肯定地说，它并不是由"在数量上可以精确地计算，其增减是受确定的规律支配的"东西所组成的。

> 萨伊把"最高尚的德行、最稀有的才能"硬列入财富的定义之内，其动机似乎是为了扩大和提高政治经济学的领域和地位。因为他说，政治经济学一向由于专门从事世俗商品的研究和助长贪婪之风而受到责难。但是，即使这些分类会使这门科学显得更加重要，这种增加的重要性也是以牺牲结论的精确性这一高昂的代价而换来的。然而，问题不在于有用劳动的成果可否像在亚当·斯密《国民财富的性质和原因的研究》中一样，在《政治经济学》中也占有适当的地位；而在于是否应当这样来下财富这个专门名词的定义，不但使定义本身的意义含糊不清，而且连道德科学的一些名词也弄得更不明确。③

这样的含混不清的财富定义会给政治经济学的研究带来极坏的作用。

---

① ［英］马尔萨斯：《政治经济学定义》，何新译，商务印书馆1960年版，第6页。
② 同上书，第7页。
③ ［英］马尔萨斯：《政治经济学原理》，厦门大学经济系翻译组译，商务印书馆1962年版，第30页。

"一旦在财富的定义内抛开物质这个因素，就不可能再有任何明确的界线，或者前后一致性；并且最后要把一大堆非物质的东西包括在财富之内，把这一术语的含义弄得含糊不清，使我们不可能正确地论述不同个人和不同国家的财富。"① 而从斯密的思想来看，他明确地认为，财富就是物质性的东西。"亚当·斯密并没有对财富下过正式的定义。但从他的整个著作看来，显然他给予这个术语的意义只限于物质的东西。"② 可见，萨伊的财富定义不仅偏离了古典经济学派的研究方向，而且偏离了政治经济学学科的研究方向。

再者，财富和价值之间是有明显区别的。马尔萨斯说："我们必须在'价值'和'富'之间作适当的区别，我们说他富，并不是因为他拥有较大价值能够用以交换他所需的物品，而是因为他所需的物品，或者构成他的富的主要物品，能够比较易于获得，并且比在欧洲确是较为丰裕和便宜。"③ 同样是基于斯密的经济学理论，所谓财富是一个人所能享有的物质产品，而不是什么价值。价值是以投入的劳动来衡量的，我们所说的只是享用财富，而不是享用劳动。"亚当·斯密曾正确地说过，一个人的富有或贫穷是按照他能享受社会必需品、便利品和奢侈品的程度来判定的。根据这个定义来推断，如果自然的恩赐给予一个国家的每一个居民所有的必需品、便利品和奢侈品，充分满足了他们的愿望，这样的国家就是非常富有，不一定要拥有任何具有交换价值或能换取一小时劳动的物品。"④

第四，李嘉图对理清价值和财富的区别做出了巨大贡献，但他的价值定义仍然是有问题的。"我们虽然不得把认为李嘉图先生力图确立的价值标准是不完整的，但我不禁认为他将财富与价值明显地划分开来，就是政治经济学的一大贡献。"⑤ 所以，"我完全同意李嘉图先生这些说法。如果财富所包含的是生活必需品、享用品和奢侈品，而等量劳动在不同时间和不同条件下所能生产的生活必需品、享用品和奢侈品的量又有很大差异，那么支配劳动的能力和支配生活必需品、享用品和奢侈品的能力便显然根本不同了。事实上前者是价值的说明，后者则是财富的说明"⑥。这也就是

① ［英］马尔萨斯：《政治经济学原理》，厦门大学经济系翻译组译，商务印书馆1962年版，第32页。

② 同上书，第33页。

③ 同上书，第93页。

④ 同上书，第249页。

⑤ ［英］马尔萨斯：《政治经济学定义》，何新译，商务印书馆1960年版，第11页。

⑥ 同上书，第12页。

说，价值与财富的区别在于：价值是一种生产产品的能力，而财富则是支配产品的能力。

第五，麦克洛克的财富定义就是典型的未对物质产品进行区分，这导致了其思想中的自相矛盾。麦克洛克是与马尔萨斯同时代的古典经济学派的一位代表人物。马尔萨斯认为，虽然麦克洛克的财富定义有一定的道理，但其中的错误仍然是明显的。"麦克洛克先生认为他对于财富的定义是完全无懈可击的。他说财富是'那些具有交换价值，并且是必需、有用或令人喜爱的物品和产品'。"① 马尔萨斯一方面指出，他将"价值"放在财富定义中，本身就是不正确的，无论他的价值仅仅只是指交换价值。"把价值一词用在财富定义里，恐怕就未必是完全无懈可击的。这很像是用更不明白的概念来解释不明白的概念。"② 另一方面，麦克洛克在论述中，对财富定义中的物质界定是模糊的。"根据这些理由，他把财富限于物质产品方面。但在同一论文中，他又把根据这些充分理由不列入财富定义中的一切取得满足的泉源都包括到生产性劳动的定义中去了。但这样一来，他就不得不背上一种矛盾，即一方面说财富完全是物质产品，同时又说一切的劳动不论是否能生产物质产品，都同样可以生产财富。为了避免这种矛盾，他便改变了他的定义，把物质产品一词取消了。因此，我们所要弄清楚的便是他像这样做之后，是不是背离了我们为名词下定义时所应遵循的最明显的原则。"③ 这样，麦克洛克一会儿把财富看作是物质产品，一会儿取消物质产品的概念，就导致了其思想上的混乱和自相矛盾。

最后，马尔萨斯得出了自己的财富定义。针对当时人们在财富定义上通常犯的两个错误，马尔萨斯进行了严肃更正：第一，财富就是物质产品；第二，财富尽管与交换价值之间存在着某种关系，但并不能用价值来定义财富。"无庸置疑，在这种情况下，财富和交换价值没有关系。可是，这不是实际的情况，也不是未来任何时候会发生的情况；没有人类自己的努力，自然的恩赐只能给予人类很少的生活必需品、便利品和奢侈品；对勤勉努力的重大的实际刺激，是人们希望占有只有通过某种劳动或牺牲才能取得的东西；由于这些原因，我们可以看到，在人类的现实生活中，财富和交换价值，虽然决不相同，但在许多方面是有密切关系的。"④

---

① ［英］马尔萨斯：《政治经济学定义》，何新译，商务印书馆1960年版，第31页。
② 同上。
③ 同上书，第33页。
④ ［英］马尔萨斯：《政治经济学原理》，厦门大学经济系翻译组译，商务印书馆1962年版，第249页。

所谓财富，"是个人或国家自愿占有的，对人类必需的、有用的和合意的物质的东西"①。物质产品供应越是丰富，一个国家就越是富裕。马尔萨斯进一步地区分了效用和财富："对人类有用或有益的品质。一般认为，一个对象的效用跟这种用处与益处的必要性和真正重要性成比例……一切财富都必须是有用的，但一切有用的东西并不必然是财富。"② 因此，财富也可以看作是"需要一部分人类劳作来取得或生产的必需、有用或令人喜爱的物质对象"③。

2. 影响财富增长的因素分析

基于财富对于人类生活所具有的基础性的地位与作用，就必须对财富的增长予以特别的关注。马尔萨斯在对财富做出定义之后，详细分析了影响财富增长的因素。最为特别的是，马尔萨斯给他的分析限定了一个范围。因为由于各个国家所具有的自然资源、政治环境、道德风俗等都不同，如果不考虑这些客观因素的影响，一味地谈论财富增长是无益的。他说："影响国家财富的最重要的基本原因，无疑地必须包括政治方面和道德方面的原因。如果财产权没有一定程度的保障，就不可能鼓励个人的勤劳工作，而财产权的保障主要决定于一国的政治组织、良好的法律及其执行状况。而最有利于勤劳努力和正直品质，因而最有利于财富的生产和维持的那些风尚习惯，主要也决定于这些原因以及道德和宗教的教育。"④ 很显然，马尔萨斯要分析的并不是一般意义上的影响财富增长的原因，而是要分析在某些客观因素都相等的前提下，为什么有的国家财富增长快，有的国家财富增长慢。"有许多国家，在财产权的保障方面，在人民的道德教育和宗教教育方面，并没有什么重大差异，同时在自然潜力方面，也差不多相等，可是，它们的财富增长的情况却大不相同。"⑤ 造成这一现象的原因究竟是什么呢？

第一，人口因素。马尔萨斯闻名于世的身份是人口学家，但这是对他的极大误解。实际上，马尔萨斯是一位经济学家，他是站在经济增长的角度来看待人口问题的，其提出的人口理论也是出于经济学的目的。针对当时人们普遍认为"人口增长可以刺激财富增加"的观点，马尔萨斯指出这

---

① ［英］马尔萨斯：《政治经济学原理》，厦门大学经济系翻译组译，商务印书馆1962年版，第33页。
② 同上书，第100—101页。
③ 同上书，第100页。
④ 同上书，第257页。
⑤ 同上书，第258页。

是错误的认识。"许多学者认为人口增殖是使财富增长的唯一的必要的刺激因素。因为他们认为，人口既是消费的重大来源，因而它必然会支持增加产品的需求的，而这就自然会引起供给的不断增加。"① 在马尔萨斯看来，仅靠人口增长是无法刺激财富增长的。但财富与人口增长之间确实存在密不可分的关系。"可以毫不犹豫地承认，人口的不断增加是需求不断增加的一个有力而必要的因素。但是，单单人口的增加，或者更正确地说，单单人口对有限的生活资料的压力，不能成为财富不断增长的有效的刺激。这不仅在理论上是明显的，而且也为普遍的经验所证实。倘使单单欲望，或者劳动阶级想占有生活必需品和便利品的愿望，就足以刺激生产，那么，欧洲或全世界任何一个国家的财富的增长除了受生产能力的限制以外，没有任何其他实际的限制了，而且地球上的人口，早在这个时期以前就至少已经有了十倍于目前地球上所养活的人数。"②

既然如此，为什么将人口因素作为影响财富增长的因素之一呢？这是因为人口数量的变动将会影响到社会财富的增加或减少。"在理论上，当不需要增加劳动时，人口的增加将因就业机会的缺乏和已就业的劳动者生活的恶劣而立刻受到抑制；同时人口的增加也不会刺激财富比例于生产能力的增加而增加。"③ 那么，在什么样的情况下，人口数量与财富增长之间成正比关系呢？那就要关注底层人民的生活状况，最大限度地提高底层人民的生活水平，将人口数量控制在一定的合理范围之内，这样，人口的增长才能促进财富的增加。如果人口数量超过财富可能增长的速度，不仅不能带来财富的增加、生活的富裕，反而会让自己陷入贫困的境地。这就是马尔萨斯所提出的人口数量增长与财富增长之间的均衡比例关系理论。

第二，资本的增长。与斯密等古典经济学派一脉相传，马尔萨斯对资本之于财富增长的意义深信不疑。"那些反对仅仅把人口作为对财富增加的适当刺激的人，通常总是把一切都归因于积累。的确，没有资本的不断增长，就不可能有财富的长期的和持续的增加。"④ 但是，是什么因素影响资本的增长呢？马尔萨斯认为对这个问题进行研究是非常必要的。"但是，我们还须研究，甚么情况使得一个国家总是倾向于积累；其次，甚么情况

① ［英］马尔萨斯：《政治经济学原理》，厦门大学经济系翻译组译，商务印书馆 1962 年版，第 258 页。
② 同上书，第 258—259 页。
③ 同上书，第 259—260 页。
④ 同上书，第 260—261 页。

会使这种积累发生最大的效果并促使资本和财富进一步不断地增长。"① 与那些生产论者对资本的强调不同，马尔萨斯对于影响资本增长的因素有自己的理解。生产论者在谈到资本时，不外乎强调两个方面：一是节俭创造资本；二是生产创造资本。马尔萨斯对此都提出了批评。

首先，对生产论的批评。马尔萨斯说："萨伊先生、穆勒先生和李嘉图先生是这些新学说的主要创作者。我觉得他们对这一问题的看法有一些基本的错误……首先，他们把商品看作仿佛是许许多多其相互关系应加以比较的数学数字或算学符号，而不是必须与消费者的人数和欲望联系起来看的消费品。"② 需求受制于生产，但这只是在一定程度上的。需求在很大程度上由消费者的主观欲求来决定，而这种主观欲求是这些经济学家们忽视的问题。马尔萨斯说："上面提到的这些学者和他们的追随者的另一种基本错误是，他们不考虑人类天性中像懒惰或贪图安逸这种非常普遍的和重要的因素的影响。"③ 从这个角度，不是财富导致了人的欲望的产生，恰恰是人的欲望影响到了财富的产生。"人类欲望问题的主要部分关涉到人类唤起作那种为获得消费手段所必要的努力的能力。财富产生欲望，固然是真实的；可是欲望产生财富，却是一种更重要的真理。"④ 消费正是与人的欲望相关的一个内容。所以，不是生产影响资本的增加，而是消费带来资本的增加。

其次，对节约（节俭）的批评。马尔萨斯一方面肯定节约对于资本增加的作用，另一方面提出，从消费的角度，一味地节约对资本增加是无益的，反而会有很大的副作用。"所以，很明显，如果没有一种足以刺激商业、制造业和私人服务的指出，就没有充分的刺激可以促使土地占有者好好地进行耕种；一个像我国这样一向富庶的国家，如果有了节约的习惯，势必要变得贫穷，人口也会相对地稀少。"⑤ 但是，"很明显，当节约的习惯超过某一限度时，首先会发生使人非常苦恼的影响，然后就可能出现财富和人口的显著减退"⑥。马尔萨斯一再强调：

① ［英］马尔萨斯：《政治经济学原理》，厦门大学经济系翻译组译，商务印书馆1962年版，第261页。
② 同上书，第262—263页。
③ 同上书，第265页。
④ 同上书，第330页。
⑤ 同上书，第268页。
⑥ 同上书，第270页。

当然，我并不是说：节俭，或者甚至消费的暂时减少，对财富的增长并非常常是极为有用的，并且有时候是绝对必要的。浪费确实可以使一个国家衰败，实际支出的缩减，不仅因此而是必要的，而且，当一国的资本和人们对它的产品的需求比较起来显得缺少的时候，就需要暂时节制消费，以便准备资本的供给，因为只有这种资本的供给能够满足将来日益增长的消费需要。争论的焦点是：没有一个国家可能通过长期缩减消费来积累资本而成为富国。因为，这样的积累，超过了供给产品有效需求所需要的程度，其中一部分很快就会丧失它的作用和价值，不复具有财富的特性。①

所以，对从斯密开始就强调的节俭，马尔萨斯认为需要做一个中肯的分析与评价。过分的节约对财富的增加会起到不利的作用。

亚当·斯密说过，资本是通过节俭而增加起来的，每个节俭的人都是公众的恩人，而财富的增长决定于生产超过消费的差额。毫无疑问，这些定理在很大的程度上是正确的。没有一定程度的节俭，每年将收入的一部分转化为资本，并且创造出生产超过消费的差额，就不可能实现财富的大量的、持续的增长。但是，十分明显，这些定理并不是漫无止境地正确的；节约的原则，过分强调了，就会破坏生产的动机。假如每个人都满足于最简单的食物，最破敝的衣服和最简陋的住屋，那末其他各种较好的食物、衣服和住屋就肯定不会存在。同时，由于土地所有者没有适当的动机可以使他们精耕细作，不但由便利品与奢侈品繁衍出来的财富会全部停止增加，而且，假如同样的土地分配继续下去，那末食物的生产就会过早地受到抑制，人口也将在土地还没有精耕细作之前就停滞不增。如果消费超过生产，全国资本就必定减缩，而全国财富一定会由于缺乏生产能力而逐渐被破坏；如果生产大大超过消费，积累和生产的动机一定会由于拥有主要购买手段的人缺乏有效需求而停止。两个极端是明显的，因此，一定有一个中间点，在这一点上，能同时兼顾到生产能力和消费愿望，而最有力地促进财富的增长。尽管政治经济学的能力或许还不能确定这个中间

---

① ［英］马尔萨斯：《政治经济学原理》，厦门大学经济系翻译组译，商务印书馆 1962 年版，第 270 页。

点在那里。①

马尔萨斯在这里提出了一个与财富有关的重要问题：生产不等于财富，消费也不等于财富，财富是在生产与消费之间的某个均衡点。古典经济学派讨论财富可以分为两派：生产派和消费派。生产派认为，财富就是生产出来的产品，产品越丰富，财富就越多。但是，这派观点没有认识到的是，假如不考虑人们的消费因素，生产出来的财富无法被人们所使用、所消费，这种财富就不是财富，仅仅只是一些纯粹的货币而已，或者说一些产品罢了。消费派认为，财富就是人们可消费的东西，人们消费得越多，财富就越充足。但是，这派观点没有认识到的是，消费必须建立在一定的生产基础之上，消费不能是无本之木。所以，这就涉及节俭的评价。"节俭"是美德吗？从生产角度，节俭节约了消费，也就节省了货币，节省下的货币就可投入生产，产生出更大的财富；但同时节俭也意味着抑制了消费的欲望，生产没有消费的支撑，这种生产就不能创造财富。反之亦然。"节俭"的美德在于在生产和消费之间寻找到某一个合适的点。从马尔萨斯关于节俭的评价可以看出，他认为，财富就是均衡，是在生产与消费之间的某种均衡。一方面，财富就是生产出足够多的商品，极大地满足人们消费的欲望；另一方面，人们也有足够的消费能力，购买丰富的产品，在这样的均衡状态下，社会财富才能得以平稳增长。

第三，土地的肥力。土地的肥力属于自然因素，在与其他各种条件相配合的情况下，这种自然因素将会影响财富的增长。"我们说到土地的肥力不一定能对财富的不断增长提供充分刺激时，必须常常记住，在一个国家可能拥有的财富中，肥沃的土地往往能立即提供最大的自然潜力。"② 但是，土地肥力并不一定就能带来财富的增长，通过对一些国家现实的分析，马尔萨斯试图说明，依靠土地肥力的作用，有时会带来很不利的影响。"这些记述显著地说明，人民中间普遍存在着懒惰和缺乏远虑的习惯，这种习惯必然是财富和人口迅速增加的重大障碍。这种习惯一经完全养成，就只有经过一种强烈的和有效的刺激，才能逐渐地慢慢地改掉。"③ 所

---

①　［英］马尔萨斯：《政治经济学原理》，厦门大学经济系翻译组译，商务印书馆1962年版，第12—13页。

②　同上书，第274页。

③　同上书，第281页。

以，"单单土地的生产力不能充分地刺激财富的不断增长"①。

第四，节约劳动的新发明。资本主义大工业化生产与机器化是分不开的。面对一个改变时代的庞然大物，人们对机器的感情是复杂的，一方面看到了机器对劳动生产率提高的巨大作用；另一方面也看到因机器的普遍使用而导致的相对人口过剩。在这个问题上，马尔萨斯是乐观的，对机器之于生产的推动作用予以了肯定。"节约劳动的发明，除了在确实需要的时候，很少能大规模地出现。这种新发明是进步和文明的自然结果，而通常是为了弥补土地生产能力的不足才以更完整的形式来出现。土地的肥力是自然的恩赐，不管人们需要不需要，它总是存在的；因此千百年来土地肥力往往超过人们充分使用土地的能力。以机器代替手工操作的种种发明，乃是人类智慧的产物，是由人的需要所唤起，因此，可以料想得到，发明很少超过人的需要。"② 当然，机器的使用要使财富增长还需要同提高人的消费能力相配合。如果没有人的消费，机器生产得越多，整个社会就越贫困。"如果用机器制造的那种商品并不因价格低廉而就扩大消费，那么，由于使用机器而得到的财富的增加，就不会怎么大，也不会怎么有把握。"③

为此，马尔萨斯强调，机器的使用只是一种充分条件，要使机器使用真正促进财富增长，还取决于消费者的能力，即市场的消费能力的大小：

> 大家知道，生产的便利具有在国内外开辟市场的极强烈的趋势。所以，实际的情况是，从机器的采用中，我们可以预期重大的利益；担心机器的推广会引起任何经常性的弊害，是没有甚么理由的。我们的推论总是：机器的增加会导致财富和价值的增加。但是，仍然必须承认，用机器代替手工劳动能不能取得显著的利益，还决定于所生产的商品的市场能不能扩大，以及对消费的刺激是不是增加。如果市场不扩大，消费不增加，机器的利益就会大大地减少。一种优良机器的发明，就像土地的肥力一样，会给人带来巨大的生产能力。但是，如果地位和环境或者社会的习惯和嗜好等都不利于充分地开辟市场和适当地增加消费，那么，不论是土地或机器，我们都不能使它们的巨大

---

① ［英］马尔萨斯：《政治经济学原理》，厦门大学经济系翻译组译，商务印书馆 1962 年版，第 290 页。
② 同上。
③ 同上书，第 291 页。

生产能力发挥充分的作用。①

当然，除了上述因素之外，对外贸易等也会对财富增长产生影响。马尔萨斯得出了一个重要结论，影响财富增长有三个重要因素，要使财富增长，必须使这些因素相互协调。"对生产最有利的三大重大因素是：资本的积累、土地的肥力和节约劳动的新发明。这三种因素在同一方向发生作用；由于它们都倾向于便利供给，而与需求无关，它们不可能单独地或者共同地对财富的不断增长提供充分的刺激。"②

这就是说，所谓的财富生产完全取决于生产与分配的配合，单靠其中的一个因素是无法实现财富的增长的。"为了保证财富的不断增长，生产能力与分配手段必须结合……生产能力无论怎样大，总不足以单独保证财富按比例地增长。为了使生产能力充分发挥作用，似乎还必须有其他的因素。这就是不受阻碍的对全部产品的有效需求。看来最有助于达到这个目的的，是一种能使全部商品的交换价值不断增加的产品分配方式，并使这种产品能适应消费者的欲望。"③

三　马歇尔的财富道德观

学界通常将马歇尔看作是新古典主义的代表，并认为他开创了一个与旧古典主义不同的经济学研究思路。但实际上，新古典主义仍然保存着与旧古典主义传统之间的连续性，在某些具体的问题上随着时代的发展与变化而有所改变，毕竟马歇尔生活的时代已经到了19世纪末20世纪初，离斯密的时代已经整整过去200多年了。米尔斯说："它（指马歇尔的新古典主义）所保存着的与旧古典主义之间的连续性，也与国家保持社会稳定性的需要相一致，尽管它所强调的重点有所转移，但这种转移本身也再一次反映了当时那个变换着的时代。……新古典主义那种描述性而非规范性的气质，正是对这种传统的反映。"④马歇尔正是一位这样的新古典主义代表，他在承继古典学派的同时，进一步发扬了古典学派的传统，尤其是他的财富道德观体现得最为明显。

---

① ［英］马尔萨斯：《政治经济学原理》，厦门大学经济系翻译组译，商务印书馆1962年版，第297页。
② 同上书，第297—298页。
③ 同上书，第298页。
④ ［英］约翰·米尔斯：《一种批判的经济学史》，高湘泽译，商务印书馆2005年版，第208—209页。

1. 经济学研究的主要内容是财富与人

马歇尔并没有否定经济学是一门研究财富的学问，其相比于以往的古典经济学家有所进步的地方表现在：他明确表示经济学研究应该更加关注人的福利。他认为，经济学既是一门研究财富的学问，也是一门研究人的学问。这两个方面的研究内容，后者居于更为重要的位置。马歇尔说："政治经济学或经济学是一门研究人类一般生活事务的学问；它研究个人和社会获得中与获取和使用物质福利必需品最密切相关的那一部分。因此，一方面它是一种研究财富的学科，另一方面，也是更重要的方面，它是研究人的学科的一个部分。"① 当然，经济学并不能研究"人"的全部内容，它所关注的只是"人"的一个部分的内容，即人的福利。

从马歇尔的这个论述中，我们可以清晰地看到他与古典学派之间的连续性。"财富"是古典经济学派关注的重大问题，成为古典经济学派的一个重要学术特征。马歇尔继承了这一学术传统，对财富问题予以了关注。但是，随着时代的发展，人的福利问题成为经济学家们关心的热点，尤其是关涉底层人民生活的福利。为什么学术视角会如此转换？原因之一是，资本主义的发展已经摆脱了幼稚阶段的不成熟，对底层人民采取了一种更为温和的经济政策，大大提高了底层人们的生活待遇。马歇尔也说，19世纪工人阶级的生活在不断地进步。"贫困和愚昧可以逐渐被消灭的希望，的确从十九世纪工人阶级的不断进步的事实中得到很大的支持。……以'下等阶级'这个名词的最初意义来说，大部分技术工人已经不再属于这个阶级了，其中有些人所过的生活，已经比即使是一个世纪以前的大多数上等阶级所过的生活更为美好和高尚。"② 古典经济学派肯定不能无视这个事实，也就必须对人的福利问题更为关注。

另一个原因是因为人的经济状况的好坏直接影响到了人的身体、精神和道德状况，这些将会造成严重的社会问题。"极端贫困的环境，尤其是在环境拥挤不堪的地方，总会消弱较高的才能。那些被称为我们大城市中的贱民的人，很少有寻求友谊的机会；他们不知道什么叫文雅和宁静，甚至对家庭生活的和谐也很少理解；而且宗教力量也常常达不到他们那里。毫无疑问，他们身体的、精神的和道德的不健康，虽然部分是由于贫困以

---

① ［英］阿弗里德·马歇尔：《经济学原理》上，朱志泰译，商务印书馆1964年版，第23页。
② 同上书，第25页。

外的其他原因，但贫困却是主要原因。"① 所以，从某个方面来说，贫困是造成社会危害的一个根源。为了最大限度地减少人类社会在各个方面的堕落，就需要对贫困问题进行研究，就需要研究财富问题。可见，财富总是与人的福利及人的生活状况联系在一起的。"虽则有些常常与贫困同来的苦难，并不是贫困的必然结果；然而，大概说来，'穷人的祸根是他们的贫困'，所以研究贫困的原因，就是研究大部分人类堕落的原因。"②

但是，经济学的自身发展却偏离了经济学研究本身该有的方向，总是为财富而财富，忽视或者说是漠视人的福利问题。马歇尔说："我们也许曾经这样期望，一门研究与人类福利有关的这样重要问题的科学，已经引起历代许多最有能力的思想家的注意，到现在已发展到接近成熟了。但事实却是这样：科学的经济学家的人数，与要做的工作的困难相比，总是最少的；因此这门科学差不多仍在幼稚时代。这个事实的一个原因，就是经济学与人类的较大福利的关系被忽视了。"③ 我们知道，从西斯蒙第开始，古典学派就开始强调并呼吁经济学对人的福利的关心。马歇尔明确地将人的福利列为经济学研究的内容之一，就是这种思想的延续。进入 20 世纪之后，福利主义的影响是广泛的，造就了诸多资本主义福利国家。这一进步不得不归功于古典经济学派，其中马歇尔也是功不可没的。

2. 财富的定义

在财富定义上，马歇尔从纯粹客观标准转向了人的主观价值尺度。马歇尔强调要以人的满足为标准，要以是否给人带来利益或好处作为区分财富的标准。"一切财富是由人们要得到的东西构成的；那就是能直接或间接满足人类欲望的东西。但并不是一切人们要得到的东西都可算作财富。例如友人的情感是幸福的一个重要因素，但除了在诗中的特殊用法外，它是不算作财富的。"④ 当然，这样的财富定义是很宽泛的，显然没有给财富限定一个范围与框架。马歇尔自己也意识到这个问题，他借用了穆勒关于研究对象分类的说法，认为一个定义首先在于给对象进行分类，当分类清晰之后，概念的定义也就清晰了。"正像穆勒所说：'如将研究的对象归入不同种类，关于这些种类能够作出许多一般的命题，而这些命题比这些对

① ［英］阿弗里德·马歇尔：《经济学原理》上，朱志泰译，商务印书馆 1964 年版，第 24 页。
② 同上书，第 24—25 页。
③ 同上书，第 26 页。
④ 同上书，第 74 页。

象也能归入的其他种类所能作的命题更为重要，则可达到科学分类的目的.'"① 所以，在给出了一个宽泛的财富定义之后，马歇尔对财富进行了详细的分类：

首先，财富可以分为物质的财货②或非物质的财货。"人们要得到的东西或者说财货，有物质的财货，或个人的和非物质的财货。物质的财货包括有用的有形东西，以及保有或使用这些东西、或从它们获得利益、或到将来再获得它们的一切权利。"③ 物质的财货是有形的东西，包括一切权力，甚至是客观存在的物质便利条件都是物质的财货。马歇尔将旅行的机会和一切精神享受的机会都看作是物质的财货，认为尽管欣赏的能力属于个人的内在品质，但能够享受这种机会就是物质的财货。这种认识是有道理的。如果没有一定的物质基础，是无法获得这样的享受的，即便一个人具有天才般的洞察力。

个人的非物质财货有两类：一是个人的才能；二是个人之间的能够带来利益的某种关系。"人的非物质的财货分为两类。一类是由他自己的特性和活动及享乐的才能构成的，例如人的经营能力、专门技能，或从阅览或音乐中得到享受的能力，都属于这一类。这一切都在人身之内的，所以称为内在的财货。第二类称为外在的财货，因为这类财货是由有利于他与别人的关系构成的。例如，过去的统治阶级经常向农奴和其他下属索取的各种劳役和义务，就是属于这一类。但是，这些现在已经消灭了，现在这种有利于所有者的关系的主要例子，就是商人和自由职业者的信誉和营业关系。"④

其次，财货可以分为可转让的和不可转让的。有的财货是无法转让的；有的是可以通过自由买卖的方式进行转让与交换的。"其次，财货可分为可转让的和不可转让的。属于后一类的财货，是一个人的特性和活动及享乐的能力（就是他的内在的财货），还有他的营业关系中依靠他的个人信用而不能转让的部分，也就是他的有价值的信誉的一部分，也属于这一类；又如气候、阳光、空气的利益，以及他的公民权利和使用公共财产

---

① ［英］阿弗里德·马歇尔：《经济学原理》上，朱志泰译，商务印书馆1964年版，第70页。

② 虽然马歇尔未对"财富"和"财货"概念进行划分，但从其论述中，可以认为，经济学中的财富可以用"财货"这个名词，以此与其他学科运用的财富概念相区别。例如，他所列举的人的感情虽然不是经济学中的财富，但也是人生的宝贵财富，所以感情这种东西不是财货，但也可以称为是"财富"，只要不在经济学意义上使用就可以。

③ ［英］阿弗里德·马歇尔：《经济学原理》上，朱志泰译，商务印书馆1964年版，第74页。

④ 同上。

的权利和机会，都属于这一类。"

在市场社会下，财货如果是可以转让的，必须具备两个基本条件：财产所有权和可被货币衡量。马歇尔认为，财货如果是可以被转让的，其一，要界定他的财产所有的权利性质。一个人无法转让不归他所有的财货。其二，转让的财货必须可以用货币来衡量，否则就没有一个转让的标准。"经济财货。因为，它包括一切客观存在的东西，这些东西（ⅰ）属于某一个人所有，而不是同样地属于他的邻人所有，因而显然是他的东西；（ⅱ）是直接能用货币衡量的东西——这种衡量一方面代表生产这些东西的努力和牺牲，另一方面代表它们所满足的欲望。"① 因此，财富的所有权标志和货币标准是财富的两个最为明显的特征。如何确定财产所有权，马歇尔认为，"财富的个人和国家的所有权，是以国内和国际的法律为根据的，或者至少是以具有法律效力的风俗为根据的"②。

最后，财富还有个人财富和国家财富之分。事实上，马歇尔所讲的物质财货和非物质财货；可转让的财货和不可转让的财货都是指个人财货。他将个人财富区分为两种："第一种财货是他具有私有财产权（根据法律或风尚）的那些物质财货，因为它们是可以转让和交换的……第二种财货是属于他所有的、在他之外存在的、而且直接作为使他能够获得物质财货的手段的那些非物质的财货。这样，这种财货就不包括一切他自己的个人特性和才能，即使是使他能谋生的才能也不包括在内，因为他们都是内在的财货。……包括他的营业和职业的联系，他的企业组织……等等。"③ 也可以这么说，"个人的财富包括一切直接有助于使人们获得产业效率的精力、才能和习惯在内；我们前已算作狭义的财富的一部分的各种营业联系和联合，也可列入个人的财富一类。产业的才能被看作是经济的另一理由，因为这种才能的价值通常能够加以某种间接的衡量"④。

国家的财富并不仅仅只是个人财富的相加。马歇尔认为，"国家的财富包括个人的财产和国民的共同财产在内"⑤。这个观点是非常重要的，因为它抛弃了功利主义的那种原子主义的个人立场，而是将国家视为了某种整体，具有整体性的利益。古典学派自斯密以来，在处理个人与国家的关系上，秉承的都是功利主义的原子主义立场，即整体利益就是个人利益的

① ［英］阿弗里德·马歇尔：《经济学原理》上，朱志泰译，商务印书馆 1964 年版，第 77 页。
② 同上书，第 81 页。
③ 同上书，第 76 页。
④ 同上书，第 77—78 页。
⑤ 同上书，第 79 页。

总和。从这样的价值观出发，我们自然就可以得出这样的结论：每个人对自我利益的实现与获取自然就能增大整体社会的福利。当然，个人与社会之间并不是单个的马铃薯与整袋马铃薯之间的关系，而是整体与部分的关系。当社会中的一部分利益与原来相比有了较大提高，从总体上也与原来的从数量角度来看的整体福利有了较大的提高，并不意味着社会成员的福利有了提高，也不意味着社会整体对福利的满意度有了提高。只有将社会看作是一个整体利益，才能将社会的各个阶级有机地组合在这个整体之中，才能尽可能地通过整体利益的满足来实现整体中的个人利益的提升。

从上述马歇尔的关于财富分类的观点来看，区分财富的标准在于是否能给人们带来利益或者好处。这种利益和好处不是精神上的，而是物质的利益和好处，说得更为直接一点，就是是否可以获利是衡量财富的标准。

3. 影响财富增长的因素

什么因素能够促进财富的增长，影响财富的生产呢？马歇尔虽然没有对这个问题予以正面回答，但从其分析上可以看到，他将消费和人口作为影响财富增长的两个主要因素。

第一，消费对财富的影响。马歇尔之所以被称为古典主义的继承者，是因为他思想的很多方面都延续了古典学派的传统。萨伊曾提出，我们创造的并不是财富，而是效用。马歇尔重复了萨伊的这个观点，提出"人类所能生产和消费的只是效用，而不是物质本身"①。这就是说，"人类不能创造物质的东西。诚然，在精神和道德的领域内人可以产生新的思想；但是，当我们说他生产物质的东西时，他实在只是生产效用而已；或换句话说，他的努力和牺牲结果只是改变了物质的形态或排列，使它能较好地适合于欲望的满足"②。当然，如果马歇尔仅仅停留在这个思想水平，就无法被称为新古典主义的开创者。他与萨伊生产论思想的明显区别就是，他坚定地支持消费优先的理论。马歇尔提出的财富道德观是一种消费论观点。

首先，消费是生产的目的。正因为我们创造的是效用，而不是具体的物质，马歇尔认为，消费从某个角度来说也是生产。因为，消费是消费效用，是对物质进行重新排列。消费与生产只不过是创造效用的两种不同方式而已。生产也是消费。马歇尔将财货区分为消费者财货和生产者财货。前者是用于满足欲望的东西，后者是用于生产的东西。用于生产也是一种

---

① ［英］阿弗里德·马歇尔：《经济学原理》上，朱志泰译，商务印书馆 1964 年版，第 82 页。
② 同上。

消费。"生产的消费，当作一个术语用的时候，通常解释为使用财富以生产更多的财富的意思。"① 更进一步地，消费还是生产的目的，"消费是生产的目的；一切有益的消费都是产生利益的"②。

其次，一切有利于生产的消费都是正当的。与西斯蒙第等消费论者对消费看法所不同的是，马歇尔并没有对奢侈品的消费持反对意见，而是认为，只要是有利于生产的消费都是正当的。在消费品问题上，马歇尔的"必需品"的概念与以往的经济学家有着明显的不同。西斯蒙第认为，所谓必需品就是满足生活所必需的最基本的物质产品。马歇尔将必需品分为"维持生活的必需品"和"维持效率的必需品"。他认为，"必需品"的界定是最不好区分的。因为按照一般的对"必需品"的定义，"必需品是满足必须满足的欲望所必需的一切东西"③。显然，不同的人对必须满足的欲望有着不同的理解。一个有烟瘾的人认为抽烟是必需的；一个爱美的人认为华服是必需的；一个"饕餮"认为美食是必需的……甚至，这种必需如果没有得到满足同样对他们的生活会产生极大的影响。因此，马歇尔强调应该用"维持生活的必需品"和"维持效率的必需品"来界定"必需品"的概念。这样的界定，实际上就是将"必需品"的概念扩大到一切的消费产品，也就是说，任何消费品只要能够被人们所需要，那就都是必需的。显然，奢侈品也是必需品。"许多被正确地称为多余的奢侈品的东西，在某种程度上也可视为必需品；在那种程度上，当这种奢侈品是被生产者所消费的时候，它们的消费也是生产的。"④ 这与之前的思想家对奢侈的批评无论是在程度上，还是在认识上都有所区别。事实上，马歇尔将消费正当的标准更加简单化和抽象化。以有利生产作为消费是否正当的标准，也就是对消费问题的去道德化，从而为资本主义的物质主义开辟了一条康庄大道。马歇尔一再表现出对消费的赞扬和崇拜，他说，"生产资料只是在其有助于生产供消费用的商品范围内，才对国家有所贡献"⑤，而"在最近之前，需要或消费这个问题是有些被忽视的"⑥。

最后，消费优先是由人的欲望决定的。马歇尔首先肯定欲望与财富之间有着非常密切的关系，社会的每一次向前发展都意味着对欲望的扩大。

① ［英］阿弗里德·马歇尔：《经济学原理》上，朱志泰译，商务印书馆1964年版，第86页。
② 同上。
③ 同上书，第87页。
④ 同上书，第90页。
⑤ 同上书，第100页。
⑥ 同上书，第103页。

"人类的欲望和希望在数量上是无穷的，在种类上是多样的：但它们通常是有限的并能满足的。未开化的人的欲望的确比野兽多不了多少；但是，他向前进展的每一步都增加了他的需要的多样化，以及满足需要的方法的多样化"①；而且，"当一个人的财富增大时，他的食物和饮料就变得更为多种多样和昂贵了"②。随着社会的发展，即使是最低限度的欲望也变得多种多样。马歇尔以英国社会服饰的变化为例，说明了随社会发展而变化的风俗对人的欲望有着极大的影响。"风俗所要求的作为最低限度的那种多样化和奢费，和风俗所容许的作为最高限度的那种多样化和奢费，都在不断的增大。"③ 从人的本性来说，总是贪求更为舒适的满足。不仅如此，人们还追求更高级的精神上的满足。这些满足都是欲望！所以，"在人类发展的最初阶段中，虽然是人类的欲望引起了人类的活动，但以后每向前进新的一步，都被认为是新的活动发展引起了新的欲望，而不是新的欲望发展引起了新的活动"④。

但是，这种对消费的强调并不是为消费而消费。马歇尔认为，在经济学基础上，消费仍然不能作为最首先与最基本的出发点。"'消费理论是经济学的科学基础'这句话是不对的。"⑤ 尽管对消费的重要性予以了肯定，却并不意味着马歇尔只重消费不重生产。他要求将生产与消费联系起来，以消费来引导生产，而生产仍然是最根本、最基础的。生产要考虑到消费，不能仅仅为生产而生产。"从长期看来，一个商人或制造商对一样东西所能付给的价格，毕竟要看消费者对这样东西，或用它所制成的东西肯付的价格而定。所以，一切需要的最终调节者是消费者的需要。"⑥

无论如何，马歇尔对消费仍然是极为重视的。马歇尔正是从消费理论中，提炼出了著名的边际效用理论。"欲望是无止境的多种多样，但每一个别的欲望却是有限度的。人类本性的这种平凡而基本的倾向，可用欲望饱和规律或效用递减规律来说明：一物对任何人的全部效用（即此物给他的全部愉快或其他利益），每随着他对此物所有量的增加而增加，但不及所有量的增加那么快。如果他对此物的所有量是以同一的比率增加，则由此而得到的利益是以递减的比率增加。换句话说，一个人从一物的所有量

① ［英］阿弗里德·马歇尔：《经济学原理》上，朱志泰译，商务印书馆 1964 年版，第 105 页。
② 同上书，第 106 页。
③ 同上书，第 107 页。
④ 同上书，第 109 页。
⑤ 同上。
⑥ 同上书，第 111 页。

有了一定的增加而得到的那部分新增加的利益，每随着他已有的数量的增加而递减。"① 在经济学上，边际效用可以更为有效地说明市场需求的变化。当市场达到一定程度的饱和以后，需求就会下降。这就是边际效用的递减。当需求严重不足时，就会产生强烈的市场需求，这就是边际效用的递增。边际效用理论一方面说明了市场的需求变化，另一方面可以用来表示人的需求的弹性变化。这种经济学理论的转型从经济伦理的角度，也就是将经济学的重点开始转向对人的需求的关注，对人的需求的关注也就是对人的福利的关注，经济学是应该有道德关怀的。

第二，人口因素对财富的影响。在马歇尔看来，人类本身就是经济学的一个研究内容，因此关注人口问题就很自然了。"人类在数目上，在健康和强壮上，在知识和能力上，以及在性格丰富上的发展，是我们一切研究的目的。"② 而且，人口与财富增长之间也存在着密切的关系，"人口在各种行业间的分布，却更加受到经济原因的影响"③。基于这样的目的，就必须对人口因素和财富之间的关系进行研究。马歇尔说："财富的生产不过是为了人类的生活，满足人类的欲望，和身体的、精神的及道德的活动之发展的一种手段。但是，人类本身就是那种以人类为最终目的之财富生产的主要手段。"④

在对魁奈、斯密和马尔萨斯人口学说进行分析及评价之后，马歇尔认为，人口素质与物质财富增长之间是一个互为影响的关系，既可以是顺向的正增长，也可以是逆向的负增长。"我们必须考虑身体的、精神的和道德健康与强壮所依靠的种种条件。这些条件是工业效率的基础，而物质财富的生产要看工业效率而定；同时，相反地，物质财富的最大重要性在于下一个事实：物质财富如被明智地使用，就可增加人类身体的、精神的和道德的健康与强壮。"⑤

在人口与财富之间的关系上，马歇尔更为关注人口素质与财富增长的关系。他认为，人口素质的提高是物质财富迅速增长的原因，而人口素质的提高有赖于教育的作用。"对于可巧是出身低微的天才，任其消磨于低级工作而置之不问，实在是一种最有害于国家财富增长的浪费。有助于物

---

① ［英］阿弗里德·马歇尔：《经济学原理》上，朱志泰译，商务印书馆1964年版，第112页。
② 同上书，第158页。
③ 同上书，第162页。
④ 同上书，第192—193页。
⑤ 同上书，第212页。

质财富之迅速增加的变化，无过于我们学校的改良。"①

　　反过来，财富增长也会对人口产生一定的影响。但是，马歇尔认为，这种影响是间接的、缓慢的。"经济原因对于整个人口多寡的影响，大都是间接的；是通过生活上伦理的、社会的和家庭的习惯而发生的。因为，这些习惯本身受经济原因的影响虽然很慢，但是很深，而在方式上有些是难以探索的，而且是不可能预测的。"②

　　可见，与其之前的经济学家相比，马歇尔对人口与财富之间的关系有了更为深刻的认识，不再停留在表面的关于人口数量对财富增长的影响，而是更为深入地探讨了人口素质对财富的影响以及财富对人口的作用及影响。

　　总之，从西斯蒙第开始，经马尔萨斯到马歇尔，古典经济学派的消费论者开辟了一条与生产论者不同的财富道德认识路径，更加关注了财富消费问题。对财富消费的关注，实际上也就是对人的主观价值的重视，就是将财富的评价标准从客观的事实标准转向了主观的价值标准。财富之于人的意义在消费论古典经济学派这里得到了确证。

---

① ［英］阿弗里德·马歇尔：《经济学原理》上，朱志泰译，商务印书馆 1964 年版，第 230 页。
② 同上书，第 235 页。

第五章　经济公正论

古典经济学派在以极大的热情赞美资本主义制度给财富增长带来好处的同时，并没有忽视社会贫富分化急剧扩大的社会现实。同时，古典经济学派看到分工不仅带来劳动效率的提高，而且使人们的联系比任何时期都密切。就如美国著名经济学家萨缪尔森所指出的那样，"专业化与分工引起一个严重的问题——相互依赖的问题"①。"相互依赖"是现代化分工带来的必然后果，也是不可忽视的社会现实。"极端专业化会有非常高的效率——但是要以极端的相互依赖作为代价。"② 萨缪尔森的这个认识并不是他的创见，早在斯密那里对这个问题就已经开始有了认识，并在古典经济学派的传统中得以延续。以此为逻辑的起点就会表现出对"公正"的极大关注，对工人阶级的处境表达同情和不合时宜地表示出对竞争或者机器的某种偏激的认识。这就是古典经济学派坚持的另一条伦理价值观主线——"公正"。米尔斯说："……新古典主义那种描述性而非规范性的气质，正是对这种传统的反映。"③ 这样的评价并不恰当。古典经济学派并不是如米尔斯所言缺乏规范性的气质，而是时刻透露出一种对规范的向往，并且在任何时候比任何时代的经济学家有着更为强烈的道德感与社会责任感。

当然，"公正"是一个永恒的历史主题，也是西方文化的核心价值理念。对公正的关注可以表现在社会的各个领域。对古典经济学派来说，他们对公正的关注主要集中在经济领域，强调对人们利益分配上的公平性。即使从政治、法律和道德角度阐述公正，其目的也是为了实现经济上的"公正"。因此，古典经济学派的公正论主要是一种"经济公正论"。

在理论界，"公平""平等""公正""正义"等概念是最难以区分的。即使是对其中任一概念的解释都存在不同的理解。显然，要在此处对我们

---

① ［美］萨缪尔森：《经济学》上，高鸿业译，商务印书馆1979年版，第79页。

② 同上书，第80页。

③ ［英］约翰·米尔斯：《一种批判的经济学史》，高湘泽译，商务印书馆2005年版，第208—209页。

提出的"公正"进行界定是一项非常困难的工作。因此，我们只从"公正"所能包含的一般内容来理解这个概念，即"公正"既表示"公平"，也表示"正义"。《新帕尔格雷夫经济学大辞典》中在"公平分配"词条下的解释是："在没有任何人除了他自己的一份想要其他任何人的一份的条件下，并且，当且仅当在此条件下，分配才是公平的。"① 在英语中，我们常常用 justice 来表示正义，其内涵是 "right and fair behaviour or treatment"②。Right 是这个概念的首要之义，其表示的主要是由法律所保障和规定的某种权利。因此，"正义"主要指的是由法律、制度和风俗习惯所规定的某种平等的权利。综合上述解释，我们此处所讲的"公正"既表示经济分配上的某种公平性，也表示由政治、法律制度和习惯所要求的某种权利上的平等。

第一节　主流古典经济学派的经济公正论

古典经济学派中代表人物众多，他们都对经济公正问题有过阐述，因此，要对他们的公正论进行归类是一件颇伤脑筋的事情。为此，我们采用了一种最为简单的归类方法，斯密、李嘉图、萨伊和穆勒通常被视为正统的古典经济学派，代表了古典经济学派发展的主流；西斯蒙第、马尔萨斯和马歇尔或者是被视为古典经济学派的另类，或者被认为是新古典主义，他们代表了一种异端的古典经济学派。

一　斯密的生产正义论

大家都认可斯密对"正义"问题是极为重视的。斯密留给后人两部伟大著作：《道德情操论》和《国民财富的性质和原因的研究》，前者是研究道德情感发生原理与机制的，后者是研究财富增长的。这两部著作奠定了斯密作为伟大思想家的历史地位，也肯定了斯密作为近代经济伦理研究开端者的地位。时任总理的温家宝在多种场合下③都谈到斯密，并认为他

---

① ［英］约翰·伊特韦尔、默里·米尔盖特、彼得·纽曼：《新帕尔格雷夫经济学大辞典》2卷，陈岱孙等编译，经济科学出版社 1996 年版，第 294 页。

② 见《牛津高阶英汉双解词典》中的 justice 词条。［英］霍恩比：《牛津高阶英汉双解词典》（第四版增补本），商务印书馆 2002 年版。

③ 温家宝在 2006 年 11 月中国文联第八次全国代表大会、中国作协第七次全国代表大会、2009 年 2 月的剑桥大学演讲中都提到了斯密的社会正义思想。

在《道德情操论》一书中表达了这样的观点：如果一个社会的经济发展成果不能真正分流到大众手里，那么它在道义上将是不得人心的，而且是有风险的，因为它注定要威胁社会稳定。温家宝总理将斯密视为为社会公平正义而奔走呼号的思想代表。

但是，斯密究竟是从分配角度还是从生产角度来倡导社会正义的，这是一个有争论的问题。有学者说："他（指斯密）似乎从重农学派那里借用了关于国内各阶级之间如何分配年收入的重要概念。他在格拉斯哥大学任教时，很少提到生产以外的任何问题，而在《国富论》中，分配问题占有很重要的地位。"① 事实上，斯密《国富论》中虽然提到过分配，但还是在生产的前提下提到的。斯密并不是不重视分配，而是认为在资本主义条件下，生产才是更重要的，生产如果得以解决的话，分配自然能够实现公正。从经济活动过程来说，生产本身就是分配的前提。尽管生产与分配是经济过程中的两个不同的环节，生产环节的解决并不一定代表分配环节的公正能够实现，但斯密确实没有明确地将生产与分配进行某种区分，并对二者的相关问题进行分别论述。因此，我认为日本学者大河内一男的说法更有道理：

> 前面说过，我们（即斯密）正处在转变时期的狂飙时代。这个时期的经济理论，如果以生产问题为中心而深入贯彻，那么新的经济道德规范一旦离开生产问题，也就不可能存在。德国的经济学的历史学派将经济道德规范驱逐于经济秩序之外，正像在古·施穆勒那里表现得最突出的那样，经济道德规范只作为"分配的正义"而存在。现在为了实现这种分配上的正义，必须首先要求创造出新的经济秩序，要求从旧的秩序中解放生产力要素并作出安全的继承、接受，这时就需要有主体的条件来推动，重新从经济秩序的内部寻求新的经济道德规范的位置。②

美国学者沃哈恩也说："在斯密所写的所有文章中，他都没有提出过

---

① ［法］夏尔·季德、夏尔·利斯特：《经济学说史》上，徐卓英等译，商务印书馆1986年版，第75—76页。

② ［日］大河内一男：《过渡时期的经济思想——亚当·斯密与弗·利斯特》，胡企林、沈佩林译，中国人民大学出版社2000年版，第320—321页。

分配公正的观点。"①

此外，斯密作为某种经济思想的开创者不仅说明其思想内容的新颖，而且还说明其思想内容对后人思想的某种包容性。也就是说，后来的一些思想内容都可以从斯密这里找到某种根源。这也就是说，李嘉图的"分配的正义"是可以从斯密这里找到源头的。斯密在经济公正观上倡导了一种"生产的正义"。

1. 生产正义论的基本内容

斯密认为，公正是一种基本的美德要求。公正架构了商业社会的基本制度框架，这个框架保证了自由市场制度所具有的优点，也保证了由私利出发而致的普遍利益的实现。自由价值导向只有在公正的前提下才有意义。资本主义的自由市场制度实际上就是由公正规制的自由竞争机制的作用。在这样的社会机制下，生产具有优先的地位和作用，并自然地能从生产而达分配的公正。也就是说，只要保证了生产的正义，就自然能够实现分配的公正。具体来说，斯密的生产正义论包括以下三个方面的主要内容：

第一，正义是社会的基础性美德。

斯密是资本主义制度的拥护者和倡导者，这是无可非议的。这就决定了斯密强调的生产是资本主义方式的生产。也就是说，斯密的生产并非是自然的，而是有序的、在特定社会制度——资本主义——下的生产。斯密强调，生产是社会的重要内容，而正义是社会的基础性美德。

"社会"的存在是每个人都无可回避的现实。"社会性"是斯密分析问题的出发点。斯密在《道德情操论》中有这样一句话，他说："如此说来，人只有在社会中才能生存，他生来就适合在塑造他的那种环境中生活。人类社会的所有成员都需要相互帮助，但也面临彼此伤害。"② 斯密无论是在《道德情操论》还是在《国富论》中所分析的"人"的行为，都是一种"社会人"的行为。当然，斯密对社会的分析不是先验式的理论假设，而是一种经验式的事实描述。这样的一种描述，在斯密那里是不带有任何感情判断的。斯密将社会的真实面以流畅的笔法、明快的语言表达了出来。"'社会'，在斯密那里，既不是简单的直观唯物主义所认同的那种孤零零的个人的机械组合，也不是法国和德国的主要启蒙思想家所认为的那种先

①　［美］帕特里夏·沃哈恩：《亚当·斯密及其留给现代资本主义的遗产》，夏镇平译，上海译文出版社2006年版，第87页。

②　［英］亚当·斯密：《道德情操论》，余涌译，中国社会科学出版社2003年版，第92页。

验性的人性内涵之反映，而是由现实社会中真实的人与人之间的伦理关系所构建而成的。"①

通过斯密对社会的经验式的描述，我们可以看到一个真实的社会是这样的：一方面人与人之间需要一种密切的相互合作关系才能生存；另一方面出于只关心自己的人性，又会造成人与人之间的相互伤害。人与社会的不可分割的依存关系，决定了人一方面必须调整自己的行为以适应社会的需求，这就决定了正义产生的社会基础；另一方面社会又对人的行为产生某种规制，这就决定了正义赖以实现的社会基础。正是斯密不加感情地对社会的客观描述，长期以来让我们感觉到斯密思想中存在某种矛盾性。似乎斯密一方面在肯定着人的自利性，另一方面又在强调人的利他性，这两个方面存在着一定程度的张力。事实上，通过斯密的社会分析方法，我们可以发现，所谓的斯密的矛盾并不存在。也就是说，斯密所给出的似是而非的矛盾性，本身就是社会生活复杂性所表现出来的矛盾性。斯密只不过将这样的矛盾性予以了真实呈现罢了。

斯密在《国富论》中曾对社会交换行为有过这样的描述："但是人总是需要有其他同胞的帮助，单凭他们的善意，他是无法得到这种帮助的。他如果诉诸他们的自利之心，向他们表明，他要求他们所做的事情是于他们自己有好处的，那他就更有可能如愿以偿。任何想要同他人做买卖的人，都是这样提议的。给我那个我想要的东西，就能得这个想要的东西，这就是每项交易的意义；正是用这种方式，我们彼此得到自己所需要的帮助的绝大部分。不是从屠夫、酿酒师和面包师的恩惠，我们期望得到自己的饭食，而是从他们自利的打算。我们不是向他们乞求仁慈，而是诉诸他们的自利之心，从来不向他们谈自己的需要，而只是谈对他们的好处。除了乞丐之外，没有人完全依靠自己的同胞们的仁慈来生活。即使乞丐，也并不完全依靠他人的仁慈。"② 人们通常将斯密的这个论述解读为斯密对自利心的强调。实际上，我们可以看到，斯密所强调的是人在社会中必须依赖于人们之间的相互帮助的关系才能生存。人的社会性决定了人们即便从自我利益出发，也自然会产生与形成这样的相互合作的社会关系。

沃哈恩也说："《国富论》中蕴含着以下假定：人是社会动物，他要关心他人的命运，至少从人的自我利益常常同他人的利益交织在一起的角

---

① 唐正东：《斯密到马克思——经济哲学方法的历史性诠释》，南京大学出版社 2002 年版，第 49 页。

② ［英］亚当·斯密：《国民财富的性质和原因研究》，杨敬年译，陕西人民出版社 2001 年版，第 18 页。

度，从人类需要合作的角度，从人希望得到他人赞同的角度，人需要关心他人的命运。……没有人会一点不考虑他人，没有人可以不考虑社会赞同的压力或者同他人进行交换、写作、合作的必要性或是欲望。"① 人之所以会与他人合作，正是社会所决定的。而且，正义是一个社会建立的基础，社会的正义法则也决定了人们相互之间必须形成某种合作的关系。

笔者以为，是否可以用这样的关系来解读斯密的著作：在《道德情操论》中斯密以社会为前提，解释了个体道德的社会生成机制，回答了在社会中个体道德如何形成的问题；《国富论》中，进一步回答在当时的商业社会中，个人如何满足自己物质欲望，国家如何繁荣的问题，当然，这个商业社会中的个人是《道德情操论》中就形成了的社会性的个人；商业社会的基础也是《道德情操论》和《法学讲稿》中已经阐述过了的公正的政治、法律和道德机制。斯密公正思想的前提就是"社会"。可见，"社会性"是斯密思想体系的基石。

需要指出的是，斯密的"社会"是当时正在崛起的那个"商业社会"，而且是不同于重商主义视角的工业资本主义的"商业社会"。在商业社会，每个人依靠着交换行为使自己参与到社会生活之中，并使自我利益得到满足。所以，在经济层面，资本——劳动的相互交换构成了社会的经济伦理关系；在政治层面，政府——公民权利构成了基本的政治伦理关系。而这一切伦理关系的调整都是通过公正实现的。斯密的"社会"，从唯物史观角度是一个历史的进步，"他的'社会'观点本质上是对在批判封建专制制度方面最具有冲击力的资本主义客观现实的一种反映。在已经具备了资本主义现实基础的地方，对资产阶级启蒙思想的最深刻的阐述就在于对客观现实的准确反映"②。

正义对维持社会的存在具有基础性的作用。斯密在《道德情操论》中提倡了四种美德：谨慎、仁慈、正义和自制。其中，谨慎作为自私和自爱的美德，是人天生就具有的品性，是一种自然性的品德。仁慈和正义属于社会激情和社会利益，同情是社会性品德得以形成的心理基础。自制是斯密在《道德情操论》最后一版中补充的美德，对于其属性斯密没有做出说明。但斯密认为自制是最为重要的美德，"自制，不仅其本身是一崇高的

① ［美］帕特里夏·沃哈恩：《亚当·斯密及其留给现代资本主义的遗产》，夏镇平译，上海译文出版社 2006 年版，第 104 页。
② 唐正东：《斯密到马克思——经济哲学方法的历史性诠释》，南京大学出版社 2002 年版，第 61 页。

美德，而且，所有其他美德都似乎因其而大放异彩"①。在这四种基本美德中，仁慈和正义都与社会有关。但斯密认为不是仁慈，而是正义构成了社会存在的基础。一个社会如果缺乏仁慈的品德，可能会很糟糕，但不会无法存在；但如果缺乏正义的品德，社会就无法存续。斯密说："一个社会，虽然其成员不会出于慷慨和无私动机而提供必要的帮助，虽然社会的不同成员离心离德、缺乏爱心，但该社会未必会解体——尽管说该社会不怎么让人感到幸福和心情舒畅。从人们对它的效用的意识出发，社会可以像在缺乏任何相互的爱心和感情的不同的商人中存在下去那样，在不同的人中存在下去。虽然，在这样的社会中，谁也不欠谁的情，或者说谁也不用感激谁，但是，它仍然可以存在下去，其途径即在于，根据彼此同意的价格做服务上的金钱交换。"②

"正义"是具有强制性的美德，它对人的行为约束表现为"必须"，而不是"应该"。因为正义在行为要求上就表现出"以牙还牙、以暴制暴"。"善应善报，恶应恶报，以牙还牙是自然加于我们的伟大法则。"③"正义"与"仁慈"相比，似乎更具有约束力，更需要某种"力"的强制。"斯密认为，有一种力（force），迫使人们遵守正义原则，但是我们不能凭借这种力来迫使人们遵循仁慈等其他美德。"④ 也就是说，与其他美德相比，公正具有更为消极的意义。斯密说："虽然违背正义将面临惩罚，但遵守正义原则简直不应受到任何奖赏。无疑，坚持正义存在一种合宜性，因此，它应得到合宜性应得的一切认可。但由于它不是实际而积极地行善，所以，不值得受人感激。在多数情况下，单纯的正义只不过是一种消极的美德，只是阻止我们不去伤害邻人罢了。"⑤ 但就是这样的消极美德，只要不去做侵犯他人的行为，也就得到了实现。从斯密关于正义美德的这一论述中，可以看到，斯密将正义视为了道德中较低的也是必需的行为要求。从道德层次来划分的话，显然仁慈是比正义更高级的美德要求。正是因为正义在道德中的底线特征，这种规范才能成为社会政治、法律规范的基本内容。所以，是"正义"而不是"仁慈"，才是社会的最为基础性的要求。

"正义"实现的心理依据是"公正的旁观者"。"正义"是外在的行为

---

① ［英］亚当·斯密：《道德情操论》，余涌译，中国社会科学出版社 2003 年版，第 272 页。

② 同上书，第 92 页。

③ 同上书，第 88 页。

④ 罗卫东：《情感、秩序、美德——亚当·斯密的伦理学世界》，中国人民大学出版社 2006 年版，第 103 页。

⑤ ［英］亚当·斯密：《道德情操论》，余涌译，中国社会科学出版社 2003 年版，第 88 页。

规范。一个外在的行为规范如何成为主体自觉的道德要求呢？为解决与说明这一道德情感的发生机制，斯密设计了一个"公正的旁观者"。"如果他要对哪位进行挑衅，或者把哪位给打倒，那么，旁观者的迁就将彻底终结。因为他违背了公平竞争的原则，这是他们不能容许的。在他们看来，他简直就是这样一个人：他的自爱使他根本没把这另一个人放在眼中。对这样的自爱他们是不会认同的，而且，他们也不能赞同他伤害这另一个人的动机。"① 斯密认为，"公正的旁观者"具有如下特征：抽象性、道德性和社会性。"公正的旁观者"与道德行为主体虽然同一，但并不是一个具体的个体形象，而是一种人格的抽象。这个抽象化的人格并不在所有的情形下都存在，他只在道德情境下出现，因而是道德性的。道德性的抽象人格进行行为评价的依据是自我对社会的认识，是基于对社会之于人的要求的认识下产生道德评价的。从一定意义上说，"公平的旁观者"就是社会认识，是社会行为规则。实际上，斯密的"公正的旁观者"形象就是一个抽象掉自我感情和主观价值判断，对社会道德规则予以如实反映而形成的主体内在道德意识，即抛开了主体自身价值观念影响的社会"道德良知"。"公正的旁观者具有一种眼光，能够根据其他类似情况来衡量这种情况，按照社会认为应该赞同的、并且按照社会的道德规则进行衡量。"② 可见，"公正的旁观者"赖以建立评价的依据仍然是"社会"，这就与"正义"要求建立了某种天然的呼应。"正义"不仅作为社会的道德基础，同时能被个体接受形成"正义"的美德。

　　具有"正义"美德的社会才能存在。斯密说："对社会生存而言，正义比仁慈更根本。社会少了仁慈虽说让人心情不舒畅，但它照样可以存在下去。然而，要是一个社会不公行为横行，那它注定要走向毁灭。"③ 这是斯密对社会的基本观点，也是他在阐述经济思想时预设的基本前提。学界曾出现过所谓"斯密问题"的讨论。随着对斯密研究的深入，人们认为所谓的"斯密问题"并不存在，无论是《道德情操论》还是《国富论》中都是"利己"和"利他"的统一。事实上，我认为这样对斯密的认识仍然有浅薄之处。应该说《道德情操论》中斯密讨论了作为社会制度基础的正义品德要求，解决了一个社会结构与制度的基本问题；《国富论》承继这样的一个制度前提，继续讨论如何在商业社会中实现财富的增加。这两本

---

① ［英］亚当·斯密：《道德情操论》，余涌译，中国社会科学出版社 2003 年版，第 90 页。
② ［美］帕特里夏·沃哈恩：《亚当·斯密及其留给现代资本主义的遗产》，夏镇平译，上海译文出版社 2006 年版，第 40 页。
③ ［英］亚当·斯密：《道德情操论》，余涌译，中国社会科学出版社 2003 年版，第 93 页。

著作是一个统一的整体，是连贯的。"利己"和"利他"并不是这两本著作的主线，而是"正义"。沃哈恩就说："在《道德情操论》中，公正既是一种社会美德，而且按照亚当·斯密的说法，还是可行社会的基础，如果没有公正，社会关系就不可能建立。因此，公正具有一种重要的功利作用，这点在《国富论》中表现得更加明显，公正在《国富论》中扮演着中心角色。"①

基于上述阐述，斯密将"正义"称作是"大厦的基石"，"行善是大厦的装饰物，而不是大厦的基础，因此，规劝即可，而决无必要强加于人。相反，正义则是支撑整个大厦的顶梁柱。倘若这顶梁柱被折断，人类社会这一庞大的组织系统——我可以说，为了它的建立和维持，在这个世界上它似乎受到自然特别的宠爱——顷刻间便会土崩瓦解"②。只有在正义的基石上建立的社会的"大厦"，才能坚不可摧；只有在这个坚固的大厦里，人们才能安居乐业。斯密在《道德情操论》中解决了基石问题，在《国富论》中进一步解决人们如何安居乐业的问题。

第二，生产的正义论。

如何在以正义为基石的"社会大厦"中实现人们的安居乐业，斯密认为是"生产"。只有劳动生产率的提高带来产品的丰富，人们才能享有更多的便利品和必需品，才能有富裕的生活。当然，从逻辑上来说，产品的丰富并不能使人们对产品享有权利。难道斯密会犯如此幼稚的逻辑错误吗？事实上不是！斯密之所以重视生产，并不看重产品的分配，因为他认为在"正义"的社会中，分配属于强制性的公正，这是社会制度的问题，而不是经济政策所要解决的问题。从经济层面来看，只要实现产品的丰富，在具有公正基础的社会里，自然就能达到正义。在他看来，这个问题在《道德情操论》和《法学讲稿》中已经得到解决。

人们通常引用斯密的这段话来说明斯密对分配问题的重视：

> 下层阶级生活状况的改善，是对社会有利呢，或是对社会不利呢？一看就知道，这问题的答案极为明显。各种佣人、劳动者和职工，在任何大政治社会中，都占最大部分。社会最大部分成员境域的改善，决不能视为对社会全体不利。有大部分成员陷于贫困悲惨状态

---

① ［美］帕特里夏·沃哈恩：《亚当·斯密及其留给现代资本主义的遗产》，夏镇平译，上海译文出版社 2006 年版，第 87—88 页。

② ［英］亚当·斯密：《道德情操论》，余涌译，中国社会科学出版社 2003 年版，第 93 页。

的社会，决不能说是繁荣幸福的社会。而且，供给社会全体以衣食住的人，在自身劳动生成物中，分享一部分，使自己得到过得去的衣食住条件，才算是公正。①

斯密这里虽然强调了社会成员对财富的分享是公正的，但实际上，从前文对斯密正义社会基础理论的阐述中，我们可以发现，斯密显然是在强调，公正的社会环境下人们可以分享社会财富。结合斯密在上下文的分析，他并不是要强调社会公正的缺乏，而是要强调社会财富的缺乏。由于社会的贫困，社会成员才无法享有更多的社会财富，导致了生活状况的恶化；反之，如果我们能够增加社会财富，使产品更加丰裕，公正的社会机制自然就能够保证社会成员享有社会的成果。我们不能忽视斯密紧接其后的另一段话，"对靠工资生活的人的需求，必须随着每个国家收入和资本的增长而增长，并且不可能脱离它而增长。收入和资本的增长就是国民财富的增长。因此，对靠工资生活的人的需求，自然随着国民财富的增长而增长，并且不可能脱离它而增长"②。当然，在这里，斯密也强调了下层阶级的生活状况需要引起人们更多的关注，带有强烈的对下层人民的道德同情感。但斯密还是站在生产正义论的角度来审视社会经济活动的。

社会生产是整体生产，是每个阶级分工合作的成果。有学者认为："斯密认为经济世界是通过分工建立起来的一个巨大的工场，并通过一个普遍的心理原则——即每个人改善自己处境的愿望——使这工场的错综复杂的现象达到统一。政治经济学最终所依据的不是个别阶级的利益，不论是工业阶级还是农业阶级的利益，它应考察整个社会的普遍利益。这就是斯密写作，指导他整理过去看来经济是一堆杂乱无章的经济事实的原则。"③ 这种评价是有道理的，我们可以从斯密关于社会阶级划分的论述中来找到论据。斯密说："每个国家的土地和劳动的全部年产物或这种年产物的全部价格（二者是一回事），自然分成三部分，上面已经提到：土地的地租、劳动的工资和资本的利润；它们构成三个阶级的人民的收入：靠地租生活的人、靠工资生活的人和靠利润生活的人。这是每一个文明社会的三个巨大的、基本的组成阶级，从他们的收入所有其他阶级得到自己的

---

① ［英］亚当·斯密：《国富论》上，郭大力、王亚南译，商务印书馆1972年版，第72页。

② ［英］亚当·斯密：《国民财富的性质和原因研究》，杨敬年译，陕西人民出版社2001年版，第91页。

③ ［法］夏尔·季德、夏尔·利斯特：《经济学说史》上，徐卓英等译，商务印书馆1986年版，第76页。

收入。"① 斯密认为，社会生产就是这三个阶级之间的分工与合作，这三个阶级的收入构成了社会的整体收入，也是其每一阶级成员的收入来源。斯密的社会阶级划分学说以及对社会阶级关系的认识是建立在其分工思想之上的。

斯密认为，分工是社会财富得以增加的一个最为重要的途径。分工不仅是社会生产环节内部的分工，而且从社会整体来说，每个阶级的构成也是社会的分工与合作的关系。因为分工的依据是某种交换的自然倾向。斯密说："劳动分工提供了这么多的好处，它最初却并不是由于任何人类的智慧，预见到并想要得到分工所能带来的普遍富裕。它是人性中某种倾向的必然结果，虽然是非常缓慢的和逐渐的结果，这是一种互通有无、进行物物交换、彼此交易的倾向，它不考虑什么广泛的功利。"② 这种交换依照斯密来说就是一种强制性的公正，是有道德心理基础的，即对自我利益的追求和满足。每一个人都有追逐并要求满足自我利益的需求，这是人自然而有的一种本性。但在一个商业社会中，每一个有着自我利益需求的社会成员，都能认识到必须通过相互间产品的交换才能满足自己的利益要求。在商品交换过程中，如果要使这个行为得以完成，需要借助的就是自我利益的杠杆。如果像茅于轼先生所列举的"君子国"中的君子，只从对方利益出发是无法使交换行为完成的。出于自我利益的交换行为为什么会产生双方彼此都满意的结果，这就是交换公正的必然。从《道德情操论》中，我们可以看到斯密一再地强调：正义是平等的必然要求。对处于平等地位的主体来说，要想彼此利益都不受侵犯，就需要遵守约定俗成的互不伤害的原则，这就是正义的基础。

> 无疑，就本性而言，每个人首先和主要的是要依靠自我关心；由于他更胜任于关心自己，而不是别人，所以，自我关心亦理所当然。因此，同那些与别人相关的东西相比，每个人都会更密切地关注一切与他自己切身相关的东西。……但是，尽管邻人倾家荡产可能还没有我们自己一点小小的不幸对我们触动大，然而，我们决无理由为了防止自己那点小小的不幸发生，或甚至是为了不致使自己破产，而去把邻人弄得倾家荡产。在这里同在任何其他情况下一样，与其说我们必

---

① ［英］亚当·斯密：《国民财富的性质和原因研究》，杨敬年译，陕西人民出版社 2001 年版，第 290 页。
② 同上书，第 17 页。

须用自然会面向自己的眼光看待自己，毋宁说必须用自然会面向他人的眼光来看待自己。虽然，如格言所说，在自己看来，人人都是一个完整的世界，但是在他人看来，他只不过是整个世界一个微不足道的分子而已。虽然，在自己看来，他的幸福可能比世界上所有他人的幸福都更为重要，但是，在任何别人看来，他的幸福不比所有他人的幸福更重要。①

每一个社会成员都能够深刻体会自我利益与社会利益之间的一致性。"他也意识到，他自己的利益与社会的繁荣密切相关，他自己的幸福，或许他的生存，都依赖于社会的保存。因此，从各方面考虑，他对一切可能摧毁社会的东西都深恶痛绝，同时也愿意运用各种手段去阻止那可恨又可怕的事情发生。"② 这样的社会机制和个体心理基础保证了一个商业社会中社会成员基于分工之上的相互协作，从而导致普遍利益的实现。

在《国富论》中，斯密还从社会生产方法的相互依存关系中阐述了社会整体化生产的思想。斯密认为生产资本有四种基本用法——生产、制造、运输和销售，"这四种投资方法，有相互密切关系，少了一种，其他不能独存，即使独存，亦不能发展。为了全社会的福利计，亦是缺一不可"③。对外贸易就是两个国家之间的相互合作。整个社会生产就是社会三个阶级之间的合作。因此，沃哈恩说："《国富论》中蕴含着以下假定：人是社会动物，他要关心他人的命运，至少从人的自我利益常常同他人的利益交织在一起的角度，从人类需要合作的角度，从人希望得到他人赞同的角度，人需要关心他人的命运。因此，尽管经济活动者是为了他们自己的利益从事业务，但是，社会激情——它被解释成合作以及为了发展自己的利益必须互相依靠——会管束行为，管束的程度要看每个个人在多大程度上把社会赞同内化为行动的规范，并且（或者）有赖于他人的合作。"④

可见，斯密的生产正义论就是在正义的社会制度基础上，建立起整个社会成员的分工合作关系，共享劳动的成果，共同负担政府的开支和税赋。正义制度下的共同生产、共同开支，自然能致普遍的富裕。

---

① ［英］亚当·斯密：《道德情操论》，余涌译，中国社会科学出版社 2003 年版，第 89 页。
② 同上书，第 95 页。
③ ［英］亚当·斯密：《国富论》上，郭大力、王亚南译，商务印书馆 1972 年版，第 330 页。
④ ［美］帕特里夏·沃哈恩：《亚当·斯密及其留给现代资本主义的遗产》，夏镇平译，上海译文出版社 2006 年版，第 104 页。

第三，以正义为前提的收入才是正当的。

在正义社会制度下，每一个社会阶级中的成员都可以获得自己的收入。但是，并不能保证每个人的收入都是正义的。因此，斯密进一步给出了收入正当的评价原则。"一个人决不应该为了自己获利而损人利己，侵犯或损害任何他人的利益，即使他所得之利益要远远大于他人所损之利益，亦不例外。一个穷人既不应该去骗取、也不应该去偷窃富人的钱财，即便穷人所获之钱财对他的益处要远远大于富人所失之钱财对他的损害，也不应该有如此行为。"① 斯密之所以提出正当收入原则与他对正义基本内涵的认识有关。在斯密看来，人类之所以会产生正义的品德要求，是因为地位平等的人都不希望受到伤害。要想不受到他人的伤害，前提就是不伤害他人；否则，必定会受到他人的惩罚。在这里，斯密综合了"己所不欲勿施于人"和"以牙还牙"的两种道德行为准则并给出了心理依据。正义原则总是与伤害行为具有某种必然的联系。它是在人们可能产生相互伤害行为的基础上被给出的，其所要实现的也是对伤害行为的制止。斯密说："还有一种美德，对它是否遵从不听任我们意志的自由，它可以被强求，违背它即遭人怨恨，因而亦面临惩罚。这种美德就是正义。违背正义即属伤害行为，它是从必然会遭人非难的动机出发对某些特定的人实施实在的伤害。"②

正是由于这样的认识，斯密提出，收入必须符合正义的原则。任何不符合正义原则所取得的收入都是不义的，即便它会给当事人带来各种好处。正义是斯密眼中的第一原则。所有的其他道德原则都必须以此原则为前提及评价的标准。这也就是说，假如一个穷人已经到了无法生存的地步，他铤而走险，抢夺富人的财物，这在斯密看来就是违背正义原则的。即使这个行为是出于可贵的生命权利而做出的，也是不可以的。

对斯密而言，假如不确定正义原则的优先性，任何人都可以基于生命原则的宝贵而做出伤害他人的行为，这将导致更大的动荡。但是，这种正义优先原则的局限性是明显的。中世纪经院哲学家托马斯·阿奎那早就看到了基于财产私有权利之上的可能会产生的财产私有与公众福利之间的某种冲突。阿奎那声称："人法的内容决不能损害自然法或神法的内容。根据神意确立的自然条理来说，物质财富是为了满足人类的需要而准备的。因此，由人法产生的划分财产并据为己有的行为，不应当妨碍人们对这种

---

① ［英］亚当·斯密：《道德情操论》，余涌译，中国社会科学出版社 2003 年版，第 148 页。
② 同上书，第 85 页。

财富的需要的满足。"① 阿奎那所讲的"人法"就是一个国家的实体法，"神法"也就是自然法，即某种自然的道德原则。生命权利是神法的要求，而财产权则是人法的内容。所以，阿奎那说："如果存在着迫切而明显的需要，因而对于必要的食粮有着显然迫不及待的要求，——例如，如果一个人面临着迫在眉睫的物质匮乏的危险，而又没有其他办法满足他的需要，——那么，他就可以公开地或者用偷窃的办法从一个人的财产中取得所需要的东西。严格地说来，这也不算是欺骗或盗窃。"② 托马斯·阿奎那显然同意当生存权与财产权发生某种冲突的时候，生存权具有更优先的地位，所谓正义就是人的生存。与阿奎那不同，斯密的正义就是神圣不可侵犯的个人财产私有权。

值得一提的是，斯密的认识与墨家学派的墨子思想具有相似之处。墨子就认为，"不与其劳获其实，已非其有所取之故"是判断不义之利的标准。有学者批评到，这是"模糊了劳动所得与财产所有的界限。……墨子区分'是所取'还是'非所取'的标准是立足于现实的财产所有的基础之上的。也就是说，财产属于谁的，拿走了就是'不义'。那么，这个财产所属是否正义，显然墨子是没有给予过多的考虑的。可见，墨子对现实的批评，立足于对现实财产制度的维护之上，反对任何形式的财产再分配"③。也就是说，无论出于怎样的目的，穷人都不能抢夺属于富人的财产，不管富人与穷人之间的财富分配是否正义，也遑论穷人的生存是否能够保障。

总之，斯密以正义为基础，阐述了一种生产的正义论。所以，认为斯密的正义观是一种"分配的正义"，这是值得商榷的。毕竟生产才是斯密关注的全部：

> 我们不能同意萨伊的看法，认为斯密的分配理论是他享有盛誉的主要原因之一。他对这问题的论述——分配理论后来成为李嘉图派经济学的核心——远逊于他关于生产问题的研究。我们也知道这是他著作中最没有独创性的部分，它只是作为一种后来想到的东西添加进去的，他的原意只讨论生产。如果我们把《国富论》与1763年他在格拉斯哥大学的讲稿相比较，就显而易见，该书全部是用来讨论生产问

---

① ［意］托马斯·阿奎那：《阿奎那政治著作选》，马清槐译，商务印书馆1963年版，第142页。
② 同上书，第143页。
③ 焦国成：《中国伦理学通论》，山西教育出版社1997年版，第171页。

题的。①

2. 生产正义论中的人道关怀

斯密的生产正义论对人予以了极大重视，衰现出一种强烈的人道主义关怀，具体内容如下：

其一，倡导高额劳动报酬改善人们的生活境遇。斯密认为，国民财富的增加必定会带来高额的劳动报酬，即高工资。"因此，丰厚的劳动报酬既是国民财富增加的必然结果，又是国民财富增加的自然征兆。反之，劳动贫民的生活资料贫乏是停滞状态的自然征兆，而他们的饥饿状态则是迅速倒退的自然征兆。"② 国民财富的增加意味着生产的扩大，生产的扩大就会增加对劳动者的需求。这种需求决定了劳动者报酬的提高。

高工资会给社会带来怎样的好处呢？斯密认为，高工资会给人民带来幸福生活，尤其是下层人民。当社会处于普遍贫困的状态，人们食不果腹，不仅没有生活的质量，甚至会影响到人口的数量。在斯密看来，虽然贫困对下层阶级的生育率没有太大的影响，但不利于子女的抚养，也就是会有高出生率、高死亡率。甚至当贫困给人们生活资料的索取带来困难的时候，人们会以极端的方式来限制人口的增殖。"在文明社会，只有在下等人之间，生活资料不够才能限制人类进一步繁殖。要限制进一步的增殖，除了杀死他们多子女婚姻所生的大部分子女外，没有其他方法。"③ 当社会出现这样的境况，不仅人民生活在水深火热之中，更为甚者会影响到社会的生产，造成恶性循环。反之，丰厚的劳动报酬会形成良性循环，带来社会的普遍繁荣和富裕。

> 丰厚的劳动报酬，由于它使劳动者能够改善他们儿童的给养，从而使他们能够养大较多的儿童，势必会放宽和扩大上述限度。应该指出，上述限度的扩大的程度，也必然尽可能和劳动需求所需要的程度相称。如果劳动需求继续增加，劳动报酬必然鼓励劳动者结婚和繁殖，使他们能够不断增加人口，来供给不断增加的劳动需求。④

---

① ［法］夏尔·季德、夏尔·利斯特：《经济学说史》上，徐卓英等译，商务印书馆 1986 年版，第 95 页。

② ［英］亚当·斯密：《国民财富的性质和原因研究》，杨敬年译，陕西人民出版社 2001 年版，第 95 页。

③ ［英］亚当·斯密：《国富论》上，郭大力、王亚南译，商务印书馆 1972 年版，第 73 页。

④ 同上。

丰厚的劳动报酬除给人们带来幸福生活外，还给人们带来了更为优良的道德品质。"充足的劳动工资，是勤勉的奖励。勤勉像人类其他品质一样，越受奖励越发勤奋。丰富的生活资料，使劳动者体力增进，而生活改善和晚景优裕的愉快希望，使他们益加努力。所以，高工资地方的劳动者，总是比低工资地方的劳动者活泼、勤勉和敏捷。"①

从斯密对高工资的阐述中，我们可以看到，斯密不仅认为高工资是促进社会财富增长的必要手段，从更为根本的意义上来说，高工资给底层人民带来了一种更有质量的生活，带来了自我道德品质的提升，从而完善其作为人之存在的意义。因此，斯密的高工资论不仅是功利主义的考量，更是对人的强烈的人道主义关怀。

此外，斯密关于丰厚劳动报酬的阐述具有积极意义。"亚当·斯密的工资论的历史意义，在于全面地转换历来的重商主义的工资论，……在重商主义者那里，低工资论一直是主流，在它的背后还隐藏着这样的观念，即将劳动者和'贫民'——请注意'贫穷劳动者'（the labouring poor）这种特有的表达——同等看待，将劳动者看作'懒汉'，看作以无纪律、低效率和消费癖为其特性的那种'世界上的渣滓'。"② 斯密的高工资论就是对当时这种流行观念的批判，具有历史进步性。

其二，倡导最低工资保障劳动者的最低消费。斯密是一个清醒的现实主义者，从来不对现实进行浪漫主义的美化。虽然他看到了高工资给社会带来的美好未来，但同时他认为，工资的基础取决于劳资之间的劳动供求关系。工资的高低一方面取决于劳动供求变化，一方面取决于双方的协议。从后一个方面来说，工资反映了劳资之间的契约关系。在这个契约关系中，任何一方都想更有利于满足己方利益。"劳动者的普遍工资，到处都取决于劳资双方所订的契约。这两方的利害关系绝不一致。劳动者盼望多得，雇主盼望少得。劳动者都想为提高工资而结合，雇主却想为减低工资而联合。"③ 在这场劳资双方的联合斗争中，尽管工人团结并联合起来，采取激烈的斗争方式，但往往是雇主们获得胜利。因为在这场斗争中，雇主们所拥有的资本使他能够支持更长久的时间，居于更有利的地位。"地主、农业家、制造者或商人，纵使不雇用一个劳动者，亦往往能靠既经蓄得的资本维持一两年的生活；失业劳动者，能支持一星期生活的已不多

---

①　[英] 亚当·斯密：《国富论》上，郭大力、王亚南译，商务印书馆1972年版，第75页。

②　[日] 大河内一男：《过渡时期的经济思想——亚当·斯密与弗·利斯特》，胡企林、沈佩林译，中国人民大学出版社2000年版，第197—198页。

③　[英] 亚当·斯密：《国富论》上，郭大力、王亚南译，商务印书馆1972年版，第60页。

见，能支持一月的更少，能支持一年的简直没有。"① 虽然斯密没有像马克思那样深入分析这场阶级斗争的本质，但他指出了这样的事实：谁占有生产资料，谁就具有斗争的本钱！

尽管这样，斯密认为雇主们也不是为所欲为的，必须遵守一个最低工资标准。也就是说，雇主们降低工人的工资，这个"低"必须有一个界线，否则就违背了社会的正义基础。斯密说："需要靠劳动过活的人，其工资至少须足够维持其生活。在大多数场合，工资还得稍稍过足够维持生活的程度，否则劳动者就不能赡养家室而传宗接代了。"② 这个最低工资也就是工人的最低生活费。如果一个社会的工资最低限越过人的最低生活费标准的话，这个社会就会陷入动荡，最后影响到整个社会。

最低工资标准也就是给予劳动者生存权的保障，不仅关系到其本人的生存而且还关系到其家庭的生存。这样的生存不仅具有维持社会稳定的功能，而且还有对人的权利的尊重。丰厚的劳动报酬固然可以带来人的生存品质的提升，但是，并不是所有的人在任何时候都能享有社会财富的成果。一个正义的社会，不仅要满足人们追求的高品质生活，更要为社会的边缘人群提供最基本的生活保障。这不仅是对社会弱势群体给予的人道关怀，更是对人的尊严的维护。这样的关怀和维护，是有利于社会的存续和发展的。

其三，倡导劳动自由保障人的权利。斯密说："劳动所有权是一切其他所有权的主要基础，所以，这种所有权是最神圣不可侵犯的。一个穷人所有的世袭财产，就是他的体力和技巧。不让他以他认为正当的方法，在不侵害他邻人的条件下，使用他们的体力和技巧，那明显地是侵犯这最神圣的财产。显然，那不但侵害这劳动者的正当自由，而且还侵害劳动雇用者的正当自由。妨害一个人，使他不能在自己认为适当的用途上劳动，也就妨害另一个人，使不能雇用自己认为适当的人。"③ 劳动也是财产，是神圣不可侵犯的。这与斯密阐述私有财产神圣不可侵犯是相一致的。人的劳动与人的私有财产一样，不仅是神圣不可侵犯的，而且具有自由的特性。对拥有者而言，他可以自由地出卖劳动；对雇用者而言，他可以自由购买劳动。假如谁破坏了这样的自由交换关系，就是破坏了社会的基本正义。当然，斯密这里混淆了两个基本概念："劳动"和"劳动力"。按照马克

---

① ［英］亚当·斯密：《国富论》上，郭大力、王亚南译，商务印书馆1972年版，第60页。
② 同上书，第62页。
③ 同上书，第115页。

思的说法，劳动者出卖的并不是劳动，而是劳动力；资本家购买的也不是劳动，而是劳动力。工资不是资本家付给工人劳动的价格，而是劳动力的价格。在资本主义社会，劳动力是一种可以自由买卖的商品，而且劳动力成为商品，也是资本主义制度赖以建立的前提之一。

劳动者拥有对劳动的绝对处置权，这是历史的进步，也是资本主义制度的进步所在。从某种意义上来说，这是解脱了在人身上缠绕千年的锁链。在奴隶社会，奴隶完全失去了自我的人身自由，成为奴隶主的所有物。在封建社会，农民虽然具有了人身独立，但是依附于土地之上的不自由仍然是封建社会农民的社会关系特征。资本主义制度打破了人身上的枷锁，让人具有了独立自由的平等地位，这是一个了不起的历史进步。当然，所谓的劳动的自由在资本主义机器化大生产的条件下，又使人产生了物化和异化。这是斯密所看不到的。但是，斯密歌颂劳动自由，也是对人的独立与自由的歌颂，是对人道主义的歌颂。

对斯密的生产正义论要予以实事求是的评价与认识。有的学者将斯密看作人类自由精神的导师，是伟大的马克思主义的先驱。"列腾瓦尔德认为，亚当·斯密研究的对象，是'人类在一个物质资源有限的世界上，不断地追求改善自身的命运，获得邻人的尊重而又不损害别人'。亚当·斯密有价值的提法，是'在最大限度个人自由条件下，使人人都获得利益和满足。''在斯密那里，善与恶是十分公平地分布于各个方面的。'亚当·斯密为'普通人'和'劳苦大众'代言，但没有'虚构的理想主义'和'片面性'。"[①] 这种认识显然是有问题的。斯密作为正在成长的工业资产阶级的代言人，尽管看到了当时资本主义发展过程中的缺陷，却没有认识到这样的缺陷是资本主义制度本身所带来的；他对工人阶级生活状况的同情并没有导致他对资产阶级的愤慨。也就是说，斯密是一位清醒的资产阶级思想家，他看到了资本主义制度存在的问题，并对这样的状况深表忧虑，试图给出一剂解决问题的药方。当然，他想要做的是治病，而不是"重生"。这样认识斯密的生产正义论才能以公允的态度对待斯密留给我们的宝贵财富。

二　萨伊和李嘉图的经济公正观

萨伊和李嘉图认为，效率就是公正，即生产效率的提高就是对人的福

---

① ［苏联］H. 查果洛夫主编：《亚当·斯密与现代政治经济学》，黎汶译，北京大学出版社1982年版，第119页。

利的提高，就是公正的表现。同时，他们在一定程度上对当时的社会现实予以了关注，对底层人民的生活状况表示了同情。

1. 萨伊的经济公正观

萨伊作为资本主义"辩护士"的形象深入人心。但是，尽管萨伊为资本主义制度的合理性进行了充分论证及热烈拥护，也不能否认其具有关于公正的思想。萨伊在为资本主义制度辩护的同时也表达了关于社会公正的思想。

（1）效率即公正

学界对效率与公正这对范畴非常关注，但往往将二者对立，以为强调效率就会牺牲公正；强调公正就会降低效率。阿瑟·奥肯说："如果平等和效率双方都有价值，而且其中一方对另一方没有绝对优先权，那么在它们冲突的方面，就应该达成妥协。这时，为了效率就要牺牲某些平等，并且为了平等就要牺牲某些效率。"① 这是一种具有代表性的观点。从古典经济学派来说，他们把公平和效率看作是一个东西，并不认为二者之间是对立的。在他们看来，效率就是公平。假如将公平视为财富的分配，他们认为，如果没有一定数量的财富，再公平的分配方式也无法说是公平的。这就是说，公平首先需要考虑人的生存和更高的生活质量。这是萨伊公平观的理论出发点。

萨伊将政治经济学视为是考察财富生产、分配与消费的学问。因此，经济学家的任务就是研究如何实现财富的最大限度的增长。一个有责任的经济学家就需要对财富的增长问题做出说明。基于这样的认识，萨伊对机器化大生产予以了高度的赞美。在当时，由于机器的大规模使用，在一定程度上导致了工人阶级的失业。一些人将工人失业的原因归结为机器的使用。"什么时候采用新的机器或更方便的新方法替代先前采用所使用的力，什么时候就可以这样巧妙地节省一部分勤勉的人的劳动，这些人于是不免失业。由于这个原因，机器的采用曾经受到多方面反对。机器的采用不但常常受到民众暴动的阻碍，有时也受到政府自己行动的阻碍。"② 萨伊认为，这种认识本末倒置。于是，他对机器给人类带来的贡献进行了说明：

第一，机器的使用带来劳动生产率的提高。萨伊说："工具不过是简单机器，而机器不过是复杂工具。我们凭借工具和机器来扩大手和指的有

---

① ［美］阿瑟·奥肯：《平等与效率——重大的抉择》，王奔洲、叶南奇译，华夏出版社
　1987年版，第86页。

② ［法］萨伊：《政治经济学概论》，陈福生、陈振骅译，商务印书馆1997年版，第87—
　88页。

限能力。在许多方面，工具和机器只不过是所凭借以取得自然力的合作的手段。工具和机器的显著效果，在于减少生产同一数量产品所必需的劳力，或与此相似，在于扩大同一数量人力所能获得的产品量——这些就是劳动的最高目的或最大功效。"①

第二，劳动生产率的提高并不意味着对劳动需求的降低。对此，萨伊给出了三个理由：

> （一）制造新机器是一个缓慢的过程，而采用新机器是一个尤其缓慢的过程。这就使有利害关系的人有时间采取未雨绸缪措施，同时也使政府当局有时间筹划补救办法。
> （二）制造机器得使用大量劳动力，这就使由于采用机器而失业的人们得到新的工作机会。例如，使用水管供应城市用水所引起的建筑水道、安装总水管分水管等等工程，给木匠、瓦匠、铁匠、铺路工人提供了更多的工作机会。
> （三）一般消费者包括受到机器的影响的工人的情况，由于这些工人此前所从事生产的产品的降价，比以前都有所改善。②

第三，机器的使用意味着廉价产品的出现，工人可以更好地提高自己的生活水平。"消费者从采用更迅速的制造方法所得到的好处，不仅限于产品价格的便宜，他通常还得到产品质量提高的利益……机器给人类扩大了许多和机器没有直接关系的品种的产品。"③

萨伊对机器的赞美具有合理之处。机器的使用确实在一定程度上会造成工人的失业，但从长久利益来看，机器的采用必然带来社会生产力的进步，对整个社会包括工人阶级都是有利的。这是因为，机器的采用，会带来更多相关产业的发展，因机器的使用而失业的工人将会有更多的就业机会；而且，机器使用带来了更为廉价的产品，这对工人阶级的生活水平的提高是有利的。此外，对消费者来说，机器的使用给消费者带来了更多精美的消费产品。由于整个社会采用机器生产，社会财富得到了大大的增长。萨伊对机器的强调还有一个极为重要的原因，那就是对西斯蒙第的批评做出反应。西斯蒙第是一位浪漫主义的小资产阶级思想家，他对产业阶

---

① ［法］萨伊：《政治经济学概论》，陈福生、陈振骅译，商务印书馆1997年版，第87页。
② 同上书，第88—89页。
③ 同上书，第91页。

级的被剥削充满着深切的同情，但是，他将造成产业阶级悲惨境况的矛头指向机器的使用。对于西斯蒙第的这一批评，萨伊是不同意的。当然，萨伊对由机器使用而来的人的异化、社会和人的单向度化是没有认识的；也没有认识到在当时条件下，尽管机器带来了更为廉价的产品，但工人的实际工资却在下降，因此，工人不仅没有享受到机器带来的便利，反而为机器的普遍使用支付了高昂的代价。

（2）"市场分配"制度就是公正的制度

市场理论是萨伊思想中极具特色的内容。萨伊将一切的经济活动都用市场理论来加以解释，包括社会各阶级的收入。在萨伊看来，整个社会就是一个大的市场，每个阶级都是这个市场的交易者。大家将自己所有的那一部分投入市场进行交换，获得其所需。因此，这样获得的收入就是一种公正的结果。资本家和工人之间就是资本和劳动的交换。"每一个阶级都从所生产的总价值得到自己的一份，而这份就是这个阶级的收入。一些阶级是零零碎碎地收到它们的那部分收入，并且一收到就花费掉。这些阶级在人数上最多，因为这些阶级包含大多数工人。地主和资本家不自己利用他们的生产手段，他们收到定期的收入，或是一年一次，或是一年两次，或是一年四次，这要看他们和受让人所订的契约条款是怎样而定的。但不论收入是按什么方式得到，它在性质上总是相似，而且必须来自所生产的实际价值。"①

将萨伊称为资本主义的"辩护士"是有道理的。从萨伊的"市场分配"理论来看，他的市场交换理论掩盖了资本主义制度的剥削，从市场交换的公正性得出了资本主义分配制度公正性的结论。因此，萨伊认为现实中的不公正是劳动供需状况和工作中的一些相关因素带来的：

> 首先，从劳动的利润比率和资本与土地的利润比率的比较，我们可看到，在充足的资本引起大量的劳动力的需求的地方，像革命前的荷兰，劳动利润的比率最高。
>
> 其次，从不同生产部门的劳动力的利润的比较，我们可看到，这些利润的大小和以下成比例：第一，工作的危险、困难或疲劳的程度，愉快或不愉快的程度；第二，工作的定期性或不定期性；第三，所需要的技巧或才干的程度。②

---

① ［法］萨伊：《政治经济学概论》，陈福生、陈振骅译，商务印书馆1997年版，第356页。
② 同上书，第366页。

除此而外，一些需要技巧的职业将获得更高的报酬，这是因为为了获得职业的技巧，将会有长时间和代价很高的训练。"由于这个原因，所有需要长期教育和才能的工作即需要高等普通教育的工作，比不需要那么多教育的工作有更高的报酬。教育是资本，它应当产生和劳动的一般报酬没有关系的利息。"①

因此，萨伊得出结论，资本的收入是资本的利息；劳工的收入是劳动的报酬，二者都是合理的。萨伊反对任何形式的社会收入的再分配，认为市场机制已经决定了收入的合理性，对这种合理性的干涉就是不公正的表现。公正的社会制度就是政府减少干涉，让市场自由发挥作用。他说："硬要社会一个阶级养活另一个阶级，是重大侵犯财产权，而一些人有权支配另一些人的私事，更是严重的侵犯，因为在所有权利中，最不容许侵犯的，就是个人行动自由。"②

（3）政府对劳工的救济是有条件的

萨伊认为劳工所获得的收入是合理的分配，他不像斯密那样倡导为劳工阶级提供更为丰厚的劳动报酬，而是认为只要给予劳工的劳动所应得到的报酬就是合理。他说："任何身体健康的人，都能搞简单或粗笨劳动，所以仅仅维持生存就可确保这种劳动的供给。因此，在任何国家，这种劳动的工资很少超过绝对必需的生活费用。"③ 对于资本家刻意压低工人工资的做法，萨伊认为这是无益的。因为劳工的报酬完全受着市场的调节，劳动的市场供需关系会将报酬调整到适当的范围。萨伊说："如果最低级劳动的工资，不够维持家庭生活，不够抚养子女，那末这种劳动的供给势必减少，它的需要将超过流通中的供给量，而它的工资将增加，一直到这个劳工阶级又能教养子女来补充不足的数额为止。"④ 尽管如此，与资本家相比，劳工阶级处于更为不利的地位。一旦遇到社会的变动，就会造成贫困。对于这一点，萨伊也表示赞同。他说："制造业的劳动工资往往高于农业的劳动工资，但前者容易遇到最悲惨的波动。生产的劳动陷于非常贫困的状态。市场的反复无常，往往成为整个阶级的致命伤。"⑤

针对这样的情况，萨伊表示同意政府对劳工阶级的救济。但仍然认为，政府的救济是有条件的。萨伊说："一切政府，为装着对人民福利无

---

① ［法］萨伊：《政治经济学概论》，陈福生、陈振骅译，商务印书馆1997年版，第369页。
② 同上书，第383页。
③ 同上书，第375页。
④ 同上书，第376页。
⑤ 同上书，第377页。

微不至的家长式关怀，在任何意料不到的事故使普通劳动工资意外地下降
到劳工生活费水平以下的时候，都表示愿意帮助贫困阶级。但政府的仁慈
意图，往往由于它不能精明地选择适当补救办法而落空。"① 这个条件就
是：政府要针对原因采取不同的方法来实现对贫困阶级的救济。

"需要调查研究劳动价格下降的原因。如果下降属于永久性质，临时
性金钱帮助完全无用，只不过使灾难的紧迫性在一个时间有所缓和。"② 这
种永久性劳动价格下降的情况有：新办法的发明、新输入产品的使用和许
多消费者的移住等。对于这种情况，萨伊认为，用金钱的救济毫无用处，
必须寻求更为积极有效的补救方法，例如提供新的岗位、鼓励新部门的建
立和到更为遥远的地方建立企业等。

"如果下降不属于永久性质，只是由于农作物的丰收或歉收而产生，
那末临时性帮助应当限于那些因波动而不幸遭受痛苦的人。"③ 也就是说，
政府的救济限定于遭受自然灾害的那些贫民。这样的灾祸是临时降临，也
是很快就会过去的。因而最有效的办法就是政府提供金钱的帮助。

萨伊认为，如果政府不分清情况，不采取不同的方法，就产生不了好
的效果。"政府或个人如果不分皂白广施博济，事后必定后悔这样做没有
效果。"④ 所以，并不是在任何情况下政府都不加以援手，而是政府的救济
是有条件的，并且针对不同的情况要采用不同的方式。当然，对一个公正
的市场制度来说，出现政府的救济那是不得已而为的情况。从根本上来
说，出于市场分配的收入机制就是公正的，任何形式的干预都是不公正。
显然，萨伊强调的不是对收入的再分配，而是当社会出现危机时，政府在
一定程度上的干预。

萨伊将公正的标准归之于市场的调节，公正的依据归之于市场的机
制，这显然是有问题的。资本主义市场经济的现实证明了市场是无法实现
公正的。一个有效率的市场机制未必就是一个公正的社会。但是，处于资
本主义上升时期的萨伊无论从其思维视野还是其理论水平都无法对资本主
义制度进行深刻分析，也无法对社会公正问题做出有价值的、积极的思
考。这个任务就有待后来的李嘉图、穆勒等人来完成。

2. 李嘉图的经济公正观

众所周知，马克思经济学的来源之一就是古典经济学，其中李嘉图对

---

① ［法］萨伊：《政治经济学概论》，陈福生、陈振骅译，商务印书馆 1997 年版，第 378 页。
② 同上。
③ 同上。
④ 同上书，第 377 页。

他有着主要影响。李嘉图经济学说对马克思的影响主要是社会阶级利益对立的分析。正如马克思指出的那样，古典经济学的"最后的伟大的代表李嘉图，终于有意识地把阶级利益的对立、工资和利润的对立、利润和地租的对立当作他的研究的出发点"①。在分析社会阶级利益对立的过程中，李嘉图展开了他的经济公正观，并通过机器与失业之间关系的分析表达了其对资本主义制度的某种批判。

（1）通过社会阶级利益的分析揭露资本主义的剥削

我们曾指出，李嘉图比斯密进步的一点就是开始重视财富的分配问题。正如马克思指出的："力求在一定社会结构中来理解现代生产并且主要是研究生产的经济学家李嘉图，不是把生产而是把分配说成是现代经济学的本题。"② 李嘉图对分配问题的重视，从某种程度上来说，就是对劳动阶层的重视；对分配问题的分析，揭露了资本主义剥削的本质。由此，在经济学上，李嘉图比斯密更具争议并受到更多的指责。"在经济学方面，李嘉图的大名，仅次于斯密，而围绕李嘉图学说展开的争论，远比斯密学说展开的争论激烈。斯密没有建立学派，他的智慧和稳健使他免于学派之争。所以，每一个经济学家，不论他的观点如何，都奉他为泰斗，谛听他的纶音。但李嘉图没有居于超然的地位。他总是处于火热的战斗之中——成为众矢之的。"③ 让李嘉图成为众矢之的的重要原因就是他在不经意中将资本主义的剥削关系予以了揭露。

与萨伊不同，李嘉图不认为资本家的利润是资本的利息，而是认为来自所生产的产品价值。所有产品的价值都是工人的劳动所创造的，但是资本家只是将其中的一部分以工资的名义支付给工人，剩下的部分就构成了资本家的利润。李嘉图说："他们的商品的全部价值分成两部分：一部分构成资本利润，另一部分构成劳动工资。"④ 这个利润实际上就是马克思所分析的剩余价值。当然李嘉图认识不到剩余价值的真正本质，但从中我们可以看到，李嘉图并不否认资本家的利润来自工人的劳动。基于这样的认识，李嘉图的整个经济学立足于社会分配，阐明了社会产品是如何分配为

① 《马克思恩格斯全集》23 卷，中共中央马、恩、列、斯著作编译局译，人民出版社 1972 年版，第 16 页。

② 《马克思恩格斯全集》12 卷，中共中央马、恩、列、斯著作编译局译，人民出版社 1976 年版，第 747 页。

③ ［法］夏尔·季德、夏尔·利斯特：《经济学说史》上，徐卓英等译，商务印书馆 1986 年版，第 163 页。

④ ［英］大卫·李嘉图：《政治经济学及赋税原理》，周洁译，华夏出版社 2005 年版，第 92 页。

地租、利润和工资三种收入形态，并将此作为自己的政治经济学的研究对象。并认为，确定支配这种分配的法则，就是政治经济学研究的主题。

虽然李嘉图是不经意间发现资本主义生产的这个本质的，却具有极为重要的现实意义。因为他对社会阶级之间的利益对立关系予以了揭露。尽管李嘉图只是认为地主阶级利益与其他社会阶级利益相对立，将资本家和工人之间的利益关系看作"某种既定的东西，看作生产过程本身所依据的自然规律"①，但毕竟他没有像斯密、萨伊和巴师夏那样，将资本主义社会看作是一个利益的统一体，自然地就充满着和谐。正如马克思所指出的那样，李嘉图对于地主和资本家"总是尖锐地看到了经济上的差别"，而萨伊"却经常忘记这种差别"②。所以，"李嘉图解释并说明了阶级之间经济对立——正如内在联系所表明的那样——这样一来，在政治经济学中，历史斗争和历史发展过程的根源被抓住了，并且被揭示出来了"③。

但是，如果将李嘉图视为资本主义制度的反对者，那是大错特错的。虽然李嘉图将资本主义的阶级利益对立的实质反映了出来，但这是不经意的，并且李嘉图毫无顾忌地对资产阶级的利益进行了宣扬。这一点，我们在李嘉图财富道德观的分析中就已经有过说明。正是基于对工业资产阶级利益的维护，李嘉图认为只要能够促进生产力的发展，牺牲工人阶级的利益就是正当的。正如马克思所评价的那样，"李嘉图曾把资本主义生产方法，当作生产一般的最有利的方法，当作财富生产的最有利的方法。这种看法，对于他的时代，是正确的。他冀求为生产的生产，这是正当的。……如果李嘉图的见解大体上合于工业资产阶级的利益，那只因为（并以此为限）他们的利益，和生产的或人类劳动生产性的发展的利益相一致"④。

李嘉图的思想中糅合了这样的矛盾：一方面解释了利益分配的阶级性；另一方面又力图为某一阶级利益的至上性做出辩护。萨缪尔森评价道：

---

① ［德］马克思：《剩余价值理论》第3册，中共中央马、恩、列、斯著作编译局译，人民出版社1975年版，第473页。

② ［德］马克思：《剩余价值理论》第2册，中共中央马、恩、列、斯著作编译局译，人民出版社1975年版，第183页。

③ 同上。

④ ［德］马克思：《剩余价值学说史》2卷，考茨基编，郭大力译，生活·读书·新知三联书店1957年版，第296—297页。

李嘉图设想的前景却是：地租会上升而不能扩大的土地会束缚经济的发展。这种对经济社会的悲秋式的观点——大多数人将不可避免地走向贫困状态——就是普通人和饱经世故的人从李嘉图那里得到的东西。同样重要的是：对于李嘉图而言，经济学中最重要的规律是国民产品在社会各大阶级之间的分配规律：劳动者的工资、资本家的利润和地主的地租。当社会总产品的增长具有一定限度时，分给一个社会阶级的部分必然取自另一阶级。这可以说明，为什么资本家喜爱李嘉图。他们可以根据他的著作来证明，工会和改良措施不会给广大群众带来什么好处。这也可以说明，为什么社会主义者喜爱李嘉图。他们可以从他那里得到证据来论证：如果劳动者想要得到他们应得的全部产品，则必须摧毁资本主义制度。具有讽刺意味的是：斯密和李嘉图所假设存在的那种利己心，在二十世纪像"一只看不见的手"那样，引导无产阶级参加投票选举——以便通过政府的行动争取在国民生产总值中赢得较大的份额。①

事实确实如此，20 世纪的资本主义的发展就是通过对古典经济学派所揭露的资本主义制度中存在的某些缺陷的纠正与修改，从而获得了更为长足的发展。从这个角度来说，李嘉图是有历史贡献的。对资本主义的阶级剥削和压迫有所认识，这是李嘉图经济公正观的一个内容。

（2）从机器与失业的关系揭露资本主义生产实质

作为一位重视经济增长问题的古典经济学派思想家，李嘉图对提高劳动生产率的方式与手段极为重视，这是那个时代思想家的普遍特点。无论是萨伊、李嘉图，还是穆勒、西斯蒙第、马尔萨斯等人都对机器之于劳动的影响发表了自己的观点。这与当时的社会现实是一致的。产业革命之后，英国的资本主义由工场手工业阶段开始进入到机器大工业阶段，加之新产品、新技术的发明和运用，机器的采用日益普遍。随着机器的大规模使用，相对剩余人口问题益发严重，开始出现了大量的失业工人。虽然相对剩余人口的出现其实质原因是资本主义的内在矛盾，但是，从表面上看这是由机器带来的。因此，关注失业工人、关注社会贫困问题的经济学家就会将视角转向对机器使用的分析。李嘉图也是如此。

在对机器与失业问题之间关系的认识上，李嘉图是有一个思想转变过

① ［美］萨缪尔森：《经济学》下，高鸿业译，商务印书馆1979年版，第293页。

程的。在《政治经济学及赋税原理》一书的最后,李嘉图将自己对机器认识的思想变化过程予以了展示。从书后附录的介绍中,我们知道,这是李嘉图在此书发行第三版时增加的新内容。在第一、第二版中,李嘉图对机器的认识与第三版有明显的区别。在第一、第二版中,李嘉图认为,机器使用的普遍化不仅带来资本家利润的增加和地主地租的增加,也带来工人阶级收入的提高,因此将机器运用到生产部门是社会的普遍利益所在。李嘉图说:"自从我开始注意政治经济学问题以来,我一直认为在任何生产部门内应用机器,只要能节省劳动,便是一种普遍的利益,其不便之处只是资本和劳动由这一种用途转移到另一种用途时在大多数情形下会出现的一些麻烦。"① 而且,这种便利不是针对哪个阶级的,是针对所有阶级的。

但当时的实际情况却是随资本积累和机器化生产而来的失业者的增多,工人阶级处在普遍的贫困之中。在现实面前,李嘉图不得不重新思考机器与工人失业之间存在的某种必然联系。1817 年约翰·巴顿发表了《论劳动阶级生活状况》的小册子。在这本小册子中,巴顿用例子说明了社会所能雇用的劳动力与国家财富增长之间并不构成正比例的关系,随着机械化水平的提高,劳动对工人数量的要求将会减少。虽然在册子发表之时,李嘉图还没有改变自己的认识。但当时学界的学者思想家都开始普遍认可巴顿的说法,这些人的思想也开始同样影响李嘉图。因此,这才有了《政治经济学及赋税原理》第三版中"论机器"一章的添加。在这里,李嘉图承认,"我现在深信,用机器来代替人类劳动,对于劳动者阶级往往是极为有害的"②。

李嘉图明确指出,确实如他自己以前所讲,机器的使用给地主和资本家带来了利益的提升,但是给劳动阶级带来的却是极为不利的影响。"但我现在有理由确信,地主与资本家从以取得其收入的那种基金增加时,劳动阶级主要依靠的另一笔基金却可能减少。所以如果我没有错的话,使国家纯收入增加的那一原因同时可以使人口过剩,从而使劳动者生活状况恶化。"③ 接着,李嘉图用具体的例子来说明了这个问题。也就是说,随着机器的使用,一方面资本和人口不断增加,另一方面粮食生产困难增大,因为粮价上涨,带来劳动工资的上升。工资上升导致资本家更多地使用机器生产。尽管在资本积累过程中,资本家会产生比原来更多的劳动力需求。

① [英]大卫·李嘉图:《政治经济学及赋税原理》,周洁译,华夏出版社 2005 年版,第331 页。
② 同上书,第332 页。
③ 同上书,第332—333 页。

但这部分的劳动力需求相对机器使用增多带来的劳动力减少来说，前者是远远小于后者的。就这样，用在机器使用上面的资本加大，用来雇用工人的资本在减少，工人就开始失业，生活就陷于贫困。

李嘉图运用科学的经济规律分析了机器使用与工人失业之间存在的必然联系，更为重要的是，他不是就机器谈机器，而是联系资本积累，将机器的使用与资本主义生产过程联系起来。这就说明了并不是所谓的机器强夺了工人的岗位，实际上，造成工人生活贫困的真正原因是资本主义的生产过程，是整个的资本主义制度。正如马克思指出的那样："李嘉图表述了正确的资本增加规律。"①

总之，李嘉图在不经意之间揭露的资本主义剥削实质从一定程度上来说表达了他对劳动阶级的同情，并将之体现在他的分配理论上面。虽然李嘉图的经济公正观的立场仍然是资本主义的，但毕竟已经开始对现实中存在的剥削事实做出某种认识，因此成为马克思剩余价值学说的来源。所以，有人将李嘉图称为"社会主义的先行者"。当然这样的称呼并不合乎实际，但李嘉图是马克思对资本主义制度分析与批判的思想来源之一是无可否认的。

三　穆勒的作为分配的正义

对穆勒的认识与理解要联系社会主义运动的发展历程，"只有以社会主义日益加强的挑战为背景，才能理解他的著述"②。穆勒生活的时代，正是英国发生宪章运动、法国产生空想社会主义的时代，也是资本主义开始走向稳定与成熟的时代。因此，穆勒必须对资本主义所暴露出来的现实问题进行修正，以期应对社会主义运动对资本主义制度的挑战。罗尔说："他和宪章运动派保持密切的联系；正是由于他的工人阶级的追随者的支持，他才赢得了议会中的一个席位。他依靠限制遗产、鼓吹合作、扩大自耕农制、教育以及类似的措施，在不触动其基础的情况下清除资本主义的恶果。"③ 有别于他之前的古典经济学派，穆勒将经济学研究中心从财富的生产转向财富的分配，并关注作为分配的社会正义问题，形成了他独具特色的经济公正观。

---

① 《马克思恩格斯全集》26 卷第 2 册，中共中央马、恩、列、斯著作编译局译，人民出版社1973 年版，第 476 页。
② ［英］埃里克·罗尔：《经济思想史》，陆元诚译，商务印书馆 1981 年版，第 347 页。
③ 同上书，第 353 页。

1. 提出了两分法的财富法则

正如前文所述，古典经济学派对财富增加问题予以了极大的关注热情，这是一种"仅仅为了积累而积累财富的思想"①。相比于斯密、李嘉图等人，穆勒将财富的分配视为经济学研究的中心议题之一，"这种对于较大程度的财富和机会均等的人道主义的关心，便他有别于其他古代经济学家"②。尤为特别的是，穆勒提出了一个两分法的财富法则。

穆勒认为，财富的生产和分配是政治经济学研究的两个主要议题。这两个议题由于"各民族之间的这些显著差异，同所有别的现象一样，肯定是由很多因素造成的"③。因此，需要对造成这和差异的因素进行研究，这就是政治经济学的目的。但是决定财富的生产和分配依靠的法则是不同的。穆勒认为，决定财富生产的是经济法则，也可以说是自然法则；决定财富分配的是社会法则，也可以说是人为法则。这就是他"著名的两分法"④。

第一，决定财富生产的是经济法则。穆勒说："生产财富，从物质世界索取人类生存和享受的手段，显然不是一件随心所欲的事，而是有其必要条件的。这些条件中有些是物理方面的，取决于物质的性质，取决于人们在特定地点和时间对这些性质了解的程度。政治经济学不研究这些，而只是予以默认，让人们从自然科学或日常经验中去寻找原因。政治经济学把这些有关外部世界的事实同有关人类本性的其他真理结合起来，试图探索出一些次要的或派生的规律；这些规律决定了财富的生产，可用来解释现象和过去贫富的差异，以及预言财富会有什么样的增加。"⑤ 穆勒说得很清楚，财富的生产具有自然科学那样的真理性质，这是人为不可任意选择，也不可随意改变的。我们只有通过对财富生产规律的发现，然后加以运用，才能实现财富的增长。正如车尔尼雪夫斯基所言，"人们所生产的一切，都是根据外部自然环境和人们自己物质和精神的内在性质所规定的

---

① ［美］小罗伯特·B. 埃克伦德、罗伯特·F. 赫伯特：《经济理论和方法史》，杨玉生、张凤林等译，中国人民大学出版社 2002 年版，第 154 页。

② 同上。

③ ［英］约翰·穆勒：《政治经济学原理及其在社会哲学上的若干应用》上，赵荣潜、桑炳彦、朱泱译，商务印书馆 1991 年版，第 33 页。

④ ［美］小罗伯特·B. 埃克伦德、罗伯特·F. 赫伯特：《经济理论和方法史》，杨玉生、张凤林等译，中国人民大学出版社 2002 年版，第 146 页。

⑤ ［英］约翰·穆勒：《政治经济学原理及其在社会哲学上的若干应用》上，赵荣潜、桑炳彦、朱泱译，商务印书馆 1991 年版，第 33 页。

方法和条件生产的"①。

第二，决定财富分配的是社会法则。财富的分配是人为的制度，"与生产规律不同，分配规律在很大程度上是人为的制度，因为某一社会中财富分配的方式取决于该社会的法令或习惯"②。为什么财富的分配和人类制度有关呢？这是因为从财富的拥有来说，纯粹是个人的事情；而从人类存在来说，又是群体的生存，个人无法离开集体而存在。因此，个人想保有自己的所有物，就必须得到相互之间的对财物所有的"共识"，这种"共识"固定化就是社会的制度。穆勒说："因此，财富的分配要取决于社会的法律和习惯。决定这种分配的规则是依照社会统治阶级的意见和感情而形成的。"③ 虽然社会的统治阶级决定着分配的规则，也不意味着这个规则的制定是随意的。"毫无疑问，人类的意见和感情不是偶然产生的。他们是人类本性的各种基本法则同当时的知识、经验、社会制度、智力和道德修养状况相结合的产物。"④ 这也就是说，基于社会赞同基础上产生的财富分配法则，需要根据当时的社会状况予以适时的调整。这种出于人类主观意志制定的法则，同样具有与自然法则相似的真理性。穆勒认为，政治经济学就需要研究财富的分配问题，需要研究根据当时社会的分配法则造成的财富分配结果，也就是要审视这样的分配结果是否具有公平性，是否是合于社会正义的。如果不是，就需要根据时代发展的特点予以调整财富的分配法则。这是政治经济学家的时代任务。

当然，对于穆勒两分法的财富法则，是需要一分为二地分析的。从积极方面来说，穆勒看到了财富分配问题之于社会公正的重要意义，并以财富分配结果是否公正来衡量财富分配法则是否正义，这是具有时代进步性的。但是，财富的分配与财富的生产显然并不如穆勒所言的那样是"两分"的，二者之间有必然联系，而且财富的分配取决于财富的生产。也就是说，现实中财富分配法则的制定取决于统治阶级对生产资料的占有权，取决于其在财富生产过程中的主导地位。割裂财富的生产与分配之间的必然联系，也就无法真正说明财富分配的正义。正如马克思所批判的那样，"约翰·穆勒等把资产阶级的生产形式看成是绝对的，而把资产阶级的分

---

① ［俄］尼·加·车尔尼雪夫斯基：《穆勒政治经济学概述》，季陶达、季云译，商务印书馆1984年版，第3页。

② ［英］约翰·穆勒：《政治经济学原理及其在社会哲学上的若干应用》上，赵荣潜、桑炳彦、朱泱译，商务印书馆1991年版，第33页。

③ 同上书，第227页。

④ 同上。

配形式看成是相对的，历史的，因而是暂时的，是多么愚蠢。"① 财富的分配方式并不仅仅是人为的法则，还是由生产关系来决定的人为的法则。仅仅通过改变现实中的具体财富分配方案是无助于改变工人阶级贫困事实的。只有改变资本主义的生产关系，才能真正实现穆勒所想要的"作为分配的正义"。

2. 财富分配的具体原则

财富的分配要基于某种原则。穆勒认为，在财富分配上存在着两种基本的原则：私有制原则和公有制原则。针对当时社会主义者们对资本主义私有制的批评，穆勒首先分析了共产主义公有制的财富分配原则，并鲜明地提出，作为资本主义分配原则的只能是私有制，是基于私有财产制度之上的某种改良。

首先，穆勒看到了当时社会主义者，主要是空想社会主义者们对私有财产制度的批评。他说："抨击私有制原则的人可以分成两类：一部分人要求生活和享乐的物质手段的分配绝对平均，另一些人则认为不平等可以存在，但是它必须以某种已有的或设想的公平或整体利益原则为依据，而不像现有的很多社会不平等现象那样只是出于偶然。第一类人中为首者是欧文先生和他的信徒。"② 从穆勒的叙述中我们可以看到，当时的欧洲空想社会主义正成为一股热潮，冲击着资本主义的私有制度。欧文、圣西门和傅里叶等人进行的科学社会主义实践使资产阶级思想家们开始正视资本主义制度带来的现实问题。因此，穆勒认为，必须对共产主义的思想和原则进行分析与考察。

其次，对共产主义的分析与批判。针对共产主义的财产共有和产品平均分配原则，穆勒进行了所谓的"分析与考察"，并对其中存在的问题予以了批评：其一，共产主义无法解决人们劳动态度问题。穆勒认为，共产主义制度不存在类似于资本主义的雇用制度，劳动者的劳动热情主要依靠个人的自觉，但是，在劳动者普遍受教育程度较低的情况下，无法解决人们劳动的消极性。相反地，出于追求私利导致的竞争反而能够更大程度地开发人们的劳动热情。穆勒说："人类会在任何情况下公开地进行竞争。即令是为了无意义的事情，或者大家都得不到好处的事情，也会这样做。为了共同利益而相互争着多干，这种竞争社会主义者并不否定。因此，在

---

① ［德］马克思：《剩余价值理论》第 3 册，中共中央马、恩、列、斯著作编译局译，人民出版社 1975 年版，第 86 页。

② ［英］约翰·穆勒：《政治经济学原理及其在社会哲学上的若干应用》上，赵荣潜、桑炳彦、朱泱译，商务印书馆 1991 年版，第 230 页。

共产主义制度下劳动的干劲会降低到什么程度，或者最后是否会完全消失，不能不认为是现在（1852年）尚未解决的一个问题。"① 其二，共产主义制度会导致无节制的人口增加，终致社会陷入赤贫。受马尔萨斯人口论的影响，穆勒也持人口繁殖的悲观论调。他说："如果社会每个成员都肯工作，他本人和任何数目的子女都保证会有饭吃，对人类繁殖的审慎的限制就会消除，于是人口开始以一定的速度增长，生活水平由此不断降低，终于使全社会陷于真正的饥荒。"② 共产主义摆脱了私有制度下的对人口的积极约束，代之以人类的自觉约束。这在穆勒看来，即使共产主义给出人们控制人口的忠告，但苦于没有可行的限制人口增长的措施，还是无法真正有效地约束人口的繁殖。其三，共产主义制度对劳动的分配原则难以确定。共产主义制度在于财产共有、共同劳动并共享劳动成果。穆勒认为，共产主义的共同劳动难以确立分配劳动的法则，往往在平等劳动的名义下造就新的不平等。"更为现实的困难是如何在社会成员中间公平地分配社会的劳动。……共产主义著述家们深切地感觉到在不同性质的劳动之间进行调整的难处，因而他们通常认为，必须使所有的人轮流从事各种有用的劳动。这种废止职业分工的安排会牺牲掉很多协作生产的好处，从而大大降低劳动生产率。此外，即令在同样的工作中，有些劳动名义上是平等的，实际上却很不平等，因而如果强制实行，人们就会从正义的感情出发表示反对。"③ 因此，穆勒得出分析的结论，"共产主义作为一种社会制度，还只是在观念上存在；目前人们对它所存在的困难的了解远甚于对其具有的能力的了解"④。

最后，即使私有制本身仍然存在诸多不完善之处，相比于共产主义的分配原则，它仍具有更适当的好处。穆勒说，如果将共产主义与现实中的私有制相比，共产主义的困难是微不足道的。但是，现实中的私有制并不是理想的私有制度，也无法代表私有制度的优点。如果将现实中的私有制度进行某种改良，使其具有公正性，它将比共产主义更加具有优越性。"正当的为私有制辩护的理论是以公平原则（即报酬与努力成比例）为依据。因此，要判断所有制的最终目标，我们必须假定使这一制度违反这一原则的每一件事都已纠正。我们还必须假定已实现两项条件，其一为普

---

① ［英］约翰·穆勒：《政治经济学原理及其在社会哲学上的若干应用》上，赵荣潜、桑炳彦、朱泱译，商务印书馆1991年版，第233页。
② 同上。
③ 同上书，第234页。
④ 同上书，第235页。

及教育，另一为适当地限制社会人口；……如果具备这两项条件，则即使是在现在的社会制度下，也不会产生贫困。"①

根据对共产主义制度的考察和私有制度的分析，穆勒得出结论：改良了的私有制度可以使财富分配实现公正。需要指出的是，穆勒所针对的共产主义是法国空想社会主义的思想，穆勒所指出的共产主义的问题并不能代表马克思主义的共产主义学说。以空想社会主义为靶子来论证私有制度的合理性，这是穆勒分配正义论的出发点。

3. 实现分配正义的具体措施

穆勒提出只有进行私有财产制度的改良才能实现分配的正义。如何进行改良实现分配正义呢？穆勒主要强调了如下三个内容：

其一，以合作关系代替劳资的雇佣关系。由于劳资之间的雇佣关系主要是以工资的形式表现出来的，因此工资收入是否公正直接影响分配的正义。穆勒首先对当时流行的以竞争来调节工资的论调予以了批评。古典经济学派认为，工人的工资反映了劳动的市场供求关系，因此必须依靠市场来调节。自从斯密提出了工资保证最低消费学说以来，一些资产阶级经济学家认为，只要制定了工资的最低标准，就可以依靠市场竞争来自行调节工人的工资。穆勒认为，这样的工资是不公平的。他说："由于由竞争决定的工资率，是将现有的全部工资基金总额，在全部劳动人口中间进行分配，所以，如果法律或舆论使工资固定在这一比率之上，某些个人就将失业。……即使规定了工资的最低限额，但是如果不规定对所有的求职者给予工作，或至少是给予工资，那也是毫无意义的。"② 因此，针对这样的工资状况，穆勒认为国家有义务保证所有的穷人都能得到工资合理的工作。但是，这样的做法在现实中将遇到沉重的人口压力。即使国家采取各种措施来保证工人的最低生活收入，也只能让工人维持基本的生存，并不能达到一种更为幸福的生活。要真正解决这个问题，就需要调整劳资之间的雇佣关系，代之以相互间的合作关系。

穆勒认为，只要存在劳资之间的雇佣关系，就不能实现社会的正义或公平。工人和资本家之间的利益总是相对的。

在目前人类发展阶段，平等的思想正日益广泛地在穷人当中传

---

① ［英］约翰·穆勒：《政治经济学原理及其在社会哲学上的若干应用》上，赵荣潜、桑炳彦、朱泱译，商务印书馆 1991 年版，第 236 页。

② 同上书，第 403 页。

播，要阻止平等思想的传播就得完全取消出版自由，甚至完全取消言论自由，因而可以预言，人类是不会永远分为两个世袭阶级即雇主阶级和雇工阶级的。这两个阶级之间的关系不仅对雇工来说是不能令人满意的，而且对雇主来说也是不能令人满意的。富人认为穷人天经地义就是他们的奴仆和随从，而穷人则把富人看作是捕食对象和牧场，而且他们的欲望是无止境的，会得寸进尺。无论是雇工还是雇主，在他们的相互关系中，都丝毫不尊重正义或公平。一般说来，工人阶级并不认为得到高工资就应好好干活，他们大都只想尽可能多地索取，尽可能少地回报。总有一天，雇主会无法再与雇工保持朝夕相处的亲密关系，因为二者的利益和感情是敌对的。资本家的利益所在几乎与工人的利益所在一样，就是把工业生产活动建立在这样的基础之上，使那些为他们干活的人像独立经营者那样，对工作具有同样的兴趣。①

因此，为实现社会正义与公平，就需要将劳资之间的利益关系予以更为密切的连接。这种连接的方式就是相互间的合作。穆勒说："如果我们希望得到的是热心于公益的精神、宽宏大量或真正的正义和平等，那么养成这些美德的环境就不是利益的互不相关，而是利益的相互关联。工业改良的目的并不是使人们老死不相往来，而是使人们在没有依附关系的情况下，相互合作或相互服务。……如果工业改良（即使是强大的军事独裁统治也只能延缓而不能停止这种改良）发展下去，则毫无疑问，只有那些道德素质低下不适于做独立工作的人，才会沦为雇佣劳动者，雇主和个人的关系将逐渐为合伙关系所取代。"②

其二，通过土地税使地租社会化。土地所有者拥有土地然后向使用者征收地租，这在古典经济学派看来是再自然不过的事情了。但穆勒认为，土地是大自然的馈赠，却被少数人以私有权的名义占为己有，这是极不公平的。"当谈到'所有权的神圣性'时，应该经常记住，土地所有权并非在同样程度上具有这种神圣性。任何人都未曾创造土地。土地是全人类世代相传的。对土地的占用完全出于人类的一般利益。……在社会的大多数人不能参加土地的分配，土地成了极少数人的藜藿的情况下，人们通常都试图通过如下的解释，即土地私有与一些义务相关联，具有法律或道义上

---

① ［英］约翰·穆勒：《政治经济学原理及其在社会哲学上的若干应用》下，商务印书馆1991年版，第332—333页。

② 同上书，第334—335页。

的职责，以使土地私有与他们的公正观念相一致（至少在理论上）。"① 穆勒对地租提出了激烈的批评，认为地租的征收是一件反常的事情，同时也是妨碍个性的。当一部分人将从大自然中占有的土地据为己有，向耕种土地的人征收地租时，就意味着某些人在享有非自己应得的劳动成果，这是对个性发展的妨碍。"地租使某些人享有并非自己劳动的成果，而个人主义的目的总是使每一个人得到自己劳动的果实——不论是谁。"② 由于地租违反了社会的公平，也违反了个人主义的价值要求，因此，就必须将地主的地租所得收归社会所有。穆勒提出了向地主征收土地税的措施，通过税收杠杆将不公正的收入纳入社会再分配，以求实现社会公平。穆勒说："可以使全体地主转变为公债持有人或领年金者，可以强行以爱尔兰地主的平均收入作为固定地租，而将承租人提升为业主。如果地主愿意接受这种条件，可以按土地的全价偿付他们。"③ 通过这样的措施，可以将由独占权所带来的社会不公平予以化解，通过社会财富的再次分配实现公平和正义，这是穆勒对私有制的一个改良措施。

其三，限制遗产继承权以减小贫富的分化。"穆勒对我们古老的继承法同样感到惊愕，它使人们拥有他们决不能生产的财产。"④ 在穆勒看来，私有财产制度意味着个人对自己生产的东西具有所有权。"私有财产制度，就其根本要素而言，是指承认每个人有权任意处置他靠自身努力生产出来的物品，或不靠暴力和欺诈从生产者那里作为赠品或按公平的协议取得的东西。整个制度的根本是生产者对自己生产的物品具有权益。"⑤ 穆勒看到了基于财产继承制度之上的贫富差距的日益扩大。在私有制社会，财产的所有不仅是生产者的权利，而且还是其子孙后代的权利。当父辈积累了大量财富之后，遗产的继承保证了其后代对财产的所有权。日积月累之后，财富的积累将呈几何级数般增长。相应地，对穷人来说，尽管也受到遗产继承权利的保护，但由于其父辈对财产拥有的欠缺，事实上，他是无法享有继承财富的权利的。这就会产生所谓的"马太效应"，富者越富、贫者越贫，社会的贫富差距不断扩大。

---

① ［英］约翰·穆勒：《政治经济学原理及其在社会哲学上的若干应用》上，赵荣潜、桑炳彦、朱泱译，商务印书馆1991年版，第260页。

② ［英］埃里克·罗尔：《经济思想史》，陆元诚译，商务印书馆1981年版，第425页。

③ ［英］约翰·穆勒：《政治经济学原理及其在社会哲学上的若干应用》上，赵荣潜、桑炳彦、朱泱译，商务印书馆1991年版，第261页。

④ ［英］埃里克·罗尔：《经济思想史》，陆元诚译，商务印书馆1981年版，第425页。

⑤ ［英］约翰·穆勒：《政治经济学原理及其在社会哲学上的若干应用》上，赵荣潜、桑炳彦、朱泱译，商务印书馆1991年版，第244页。

　　然而，将私有财产制度限定为生产者的所有，是无法解释资本家以资本获得收入的合法性的。因为，资本家获得利润的原因是拥有资本，但是资本并不会从天而降，总是有一个积累的过程。甚至在有的时候，这个积累的过程不是某个人能够完成，往往靠几代人才能实现。如果按照穆勒的说法，这样的资本积累岂不是不公平。穆勒采取了一个折中的办法，将资本积累视为几代人节欲所得，利润就是予以这种节欲的报酬。所谓反对非生产所得的财产是指继承了超过一般所得的财产。穆勒认为超过标准的不劳而获的所得，是不公平的。"当富人们以其储蓄留给子孙时，这种不劳而获的利得应当削减到与公平原则相符的程度。"① 从这样的理由出发，穆勒并不是反对一切的继承权利，而是要求对遗产的继承权予以一定程度的限制。

　　这种限制包括：继承只限于直系亲属的继承，旁系亲属继承权是没有理由成立的；子女的遗产继承应该适度；任何子女所得的遗产不应多于私生子所得；等等。穆勒说，"可以肯定，在大多数情况下，遗赠给子女适度的而不是大量的财产，不论对社会或是对个人来说都更好一些"②；"无论从公正还是从个人和社会的真实利益着想，父母给私生子在义务上应该给与的数额，如同给长子以外的孩子一般认为合理的数额，已经足够"③。不仅对继承权，对于遗赠权，穆勒提出也应该予以限制。一个拥有足够多财富的人，就无法接受别人的遗赠。根据穆勒的观点，只要以这样的方式干预财产的继承和遗赠，就会大大减少社会的贫富差距，使社会上的大多数人都保持在中等财产水平：

　　　　如果实际上这种限制能够有效地实行，则会有很多好处。不能再用于使少数人特别富有的财产，可以用于公益目的，或者分给许多人。除去炫耀或显示不正当的权力以外，没有会需要巨大的财富用于个人目的。拥有巨大财富的人将大大减少，而生活舒适、悠闲，享受着除虚荣以外财富所能给予的一切乐趣的人则大为增加。这些人即所谓有闲阶级，由于他们的直接努力，或他们对公众的情绪和嗜好所产

① ［英］约翰·穆勒：《政治经济学原理及其在社会哲学上的若干应用》上，赵荣潜、桑炳彦、朱泱译，商务印书馆1991年版，第245页。
② 同上书，第250页。
③ 同上书，第252页。

生的影响，可以按照人们的期望为国家作出比目前有益得多的贡献。①

需要指出的是，穆勒已经提出了社会稳定的力量在于中产阶级人数的扩大，形成一个橄榄形的社会组织结构。他提出的有闲阶级，也就是后来凡伯伦所言的有闲阶级，也就是当前资本主义社会人数最为庞大的中产阶级。应该说，穆勒的这种想法是有前瞻性的。一个社会贫富差距的扩大无论如何都是不利于社会稳定的。但是，穆勒提出的限制措施并没有使贫富阶层之间的距离真正缩小，反而使社会中富裕阶层与贫穷阶层的距离加速扩大。只不过在人数上都有所减少而已。橄榄形的两端之间的差距仍然在不断扩大。

4. 政府应提供社会福利解决贫困

穆勒认为，应该关注社会的贫困问题，这是公正的题中之意。穆勒说："要是人类的大多数总是像现在这样，成为与自己没有利害关系、因而感觉不到兴趣的辛苦工作的奴隶，只是从早到晚为了获得仅能维持生命的食物而忙碌；这种辛苦的工作，既不需要智慧和道德，也无从提供精神和感情；他们没有教养，因其所受的教育同其所吃的食物一样粗劣；他们自私，因为他们完全为自己着想，没有作为一个公民和社会成员所应有的关心或感情，对于自己所无和别人所有的东西一概都抱反感，认为这不公平；我真不知道有什么办法能使一个略有理智的人去关心人类的命运。"②如果一个人只是独善其身，认为不伤害他人就是公正，这样的观点是站不住脚的。穆勒认为，应该对人类的贫困予以足够的关注，政府应该采取各种福利政策来解决社会的贫困问题。

第一，用法律干预人口增长。穆勒认为造成工人阶级贫困的一个重要原因就是人口增长过快。因此，必须用法律来限制人口的过快增长。穆勒和马尔萨斯一样，认为人口增长速度会影响社会经济的增长，并进而影响工人工资的收入水平的提高。穆勒认为，"适度的人口限制是劳动阶级的唯一保障"③。但是人们往往对人口限制措施批评诸多，在穆勒看来，这是缺乏良知的表现，是凭感情冲动行事的表现。"人们固然往往对于贫民的困境逐渐加深同情，认为贫民有受到别人救济的权利，同时都几乎普遍地

---

① ［英］约翰·穆勒：《政治经济学原理及其在社会哲学上的若干应用》上，赵荣潜、桑炳彦、朱泱译，商务印书馆1991年版，第255页。

② 同上书，第416页。

③ ［英］约翰·穆勒：《政治经济学原理及其在社会哲学上的若干应用》上，赵荣潜、桑炳彦、朱泱译，商务印书馆1991年版，第326页。

不愿正视贫民处境的真实困难，根本不愿注意他们物质生活的改善所应具备的各种条件。……这些论客无形中都忽视了工资的法则，或称之为'狠心的马尔萨斯主义'，把它抛在一边。但是，告诉人们可以多生孩子（孩子出生后肯定是可怜的，大部分将会堕落），比告诉人们不要生这样的孩子更为'狠心'。另外，人们虽然认为反对生育是残酷的，但是他们忘记了这种生育的行为既是当事者'对动物本能的屈从'，又是当事者'令人厌恶的权力滥用'。"① 依靠贫民自己主动自觉地控制人口增长，这是不可能的。必须依靠法律的规定来限制人口的过快增长，从而在一定程度上改善贫民的处境。穆勒说，"人口的限制在某些情况下是由法律规定的"②；"最低工资限额及就业保证，其必要的条件是用法律限制人口"③。

　　第二，以租地分配制度来补贴工资。穆勒认为，"由法律或习惯来决定工资的最低限额，并保证就业"④。但这并不意味着工人就能养活自己和家人。在保证了最低工资限额的条件下，如何解决工人的贫困呢？穆勒反对对工人的直接救济，认为这是侵犯个人主义权利的。"每个人都有生存的权利。我们认为这是对的。但是，谁也没有权利生出孩子让别人去抚养。"⑤ 生存权需要保障，个人权利也需要保障。如何解决二者之间的冲突？穆勒提出了一种租地分配制度。他认为，这种制度很好地解决了二者之间的矛盾。既使工人的生存权得到了保障，同时也没有侵犯他人的个人权利。租地分配制度是补足工人工资的一种办法，"即工人可以租得一小块土地，精耕细作，栽培马铃薯和其他自用的蔬菜，如有多余，还可出售"⑥。穆勒认为，这是用促使工人自己勤劳的办法去帮助工人，既保障了工人的生存权，亦没有侵犯他人的个人权利，同时也避免了因救济带来的工人的游手好闲的懒惰品质。

　　第三，用教育和贫困干预措施来改变人们的习惯。穆勒认为，种种干预贫困的措施，如果没有人们思想上的转变，是难以起到作用的。"救济低工资的各种方法，如果不是通过人们的意志和习惯发生作用，都是没有

① ［英］约翰·穆勒：《政治经济学原理及其在社会哲学上的若干应用》上，赵荣潜、桑炳彦、朱泱译，商务印书馆1991年版，第397页。
② 同上书，第391页。
③ 同上书，第403页。
④ 同上书，第401页。
⑤ 同上书，第405页。
⑥ 同上书，第410页。

效果的。"① 改变人们习惯的最为重要的方法就是教育。"因此，为了改变
劳动人民的习惯，对于他们的智力和贫困，需要同时采取双重行动。首
先，对于劳动阶级的子女，要进行有效的国民教育。与此同时，要采取一
系列的措施（像法国大革命时的情形那样），消除整个一代人的极端贫困
状态。"② 通过教育形成一种普遍的社会舆论，并进而形成人们的行为习
惯。"在人民中实施一种能传播有益常识的教育，使他们得到能够判断自
己行动倾向的知识，这样的教育，即使不经过直接的反复灌输，也必定会
形成一种舆论，认为各种放纵和不顾未来的行为都是不光彩的。"③ 但是，
仅靠教育是难以消除贫困的。也就是说，对没有过过好日子的人，仅靠口
头宣传好日子的好处是没有说服力的。必须让他们实际上经历或者目睹什
么是好日子。亲身的实践比任何口号都更具有说服力。因此，穆勒说：
"这样的舆论一旦形成，必定使人口的增加具有一定的限度（我认为这是
不能怀疑的），但是，这种舆论的形成，只靠教育是不够的。教育与极端
的贫困是不能共存的。对贫困不堪的人进行教育是不可能收效的。没有尝
过富裕生活滋味的人，是不容易知道富裕生活的价值的。"④ 干预贫困的具
体措施主要有：移民和大规模的直接救济。穆勒认为只要这样双管齐下，
人们就会形成一种新的价值观念，从而使政府的各项福利干预措施得到更
为有效的结果。

总之，穆勒阐述了以财产私有制为原则的分配的正义。那么，这种所
谓的分配正义是什么？显然不是共同富裕。穆勒说："财富的完全均等，
对于人们积极增加财富的努力来说是不利的。一般而言，如果人们拥有的
东西和其邻人的一样多，或自认为和其邻人一样多，则人们就往往不会努
力来获取更多的东西，无论是就财富来说，还是就才能、知识和美德来
说，情况莫不如此。但是，社会并不因此而就需要有一些大富豪来让穷人
妒忌和羡慕。靠劳动获得的财产同样可以达到上述目的，而且可以更好地
达到上述目的。"⑤ 穆勒的作为分配的正义强调的并不是社会贫富差别的消
失，而是在一定程度上对极度贫富差距的适度调整。从其根本立场上来

① ［英］约翰·穆勒：《政治经济学原理及其在社会哲学上的若干应用》上，赵荣潜、桑炳
彦、朱泱译，商务印书馆1991年版，第414页。
② 同上书，第425页。
③ 同上。
④ 同上书，第425—426页。
⑤ ［英］约翰·穆勒：《政治经济学原理及其在社会哲学上的若干应用》下，赵荣潜、桑炳
彦、朱泱译，商务印书馆1991年版，第477页。

看，他仍然是为维护资本主义的私有制服务的。既然如此，财富的不平等显然也是正义观的应有之义。从穆勒的这个思想来说，与中国古代荀子所谓的"两贵之不能相事，两贱之不能相使"（《荀子·王制》）具有类似之处。也就是说，生产资料私有制的社会就会有阶级的分化，就会有种种形式的财产不平等，也就无法实现真正的正义。

第二节　异端古典经济学派的经济公正观

古典经济学派的划分非常复杂，人们的观点各异。既然本文将古典经济学派予以了一个宽泛的划分，显然就将一些非正统的古典经济学者包括了进来。这些人在正统古典经济学派看来，就是异端分子。他们站在古典经济学派的内部，对古典经济学派的思想进行了批判和攻击。但实际上，这些人还是被看作是古典经济学派，他们的基本价值导向仍然是自由主义的，重视并强调市场的作用。只不过对古典经济学派思想中的某些漏洞进行了补缺。这些异端分子包括西斯蒙第、马尔萨斯和马歇尔等人。异端古典经济学派的社会正义思想主要就表现在对资本主义制度剥削性的无情揭露及深刻反思。

一　西斯蒙第的社会正义论

西斯蒙第生活的时代，正是工业革命蓬勃兴起的时代。工业革命给资本主义生产带来旺盛生产力的同时，也造就了资本主义的贫困，社会中的一大部分人挣扎在生存的边缘，入不敷出，过着贫苦的生活。一些有良知的资产阶级思想家面对这样的社会现实，开始对资本主义制度进行新的思考和批判，并提出了一些富有建设性的社会改良措施。西斯蒙第就是其中的一位。西斯蒙第基于社会正义的立场，对资本主义剥削制度进行了深刻的揭露与批评，呼吁并强调政府干预市场活动，改良不合理的经济制度。然而，西斯蒙第的社会正义理论的社会理想竟然是倒退回田园牧歌式的小农市场模式，这显然只是小生产者的幻想。毕竟历史的车轮一旦开动，总是滚滚向前，不管会遇到怎样的阻碍，都不能挡住它前进的步伐。因此，西斯蒙第对资本主义弊病的批评，值得肯定；但试图倒退历史的做法，应受到批评。

1. 对资本主义剥削制度的揭露与批评

西斯蒙第对资本主义弱肉强食制度下的贫富两极分化的现实感到非常

痛心，对底层人民的生活状况寄予了深切关怀与同情。他一方面对穷人所处的悲惨境况进行事实的描述，另一方面指出上层阶级的好生活是建立在下层人民的贫困之上的，而这一切都是资本主义剥削制度所带来的。"从那时起，我们就竭力唤起人们注意工业主义遵循的错误道路。我们已经指出，机器抢走了工人的饭碗，全面的竞争减少了各种劳动的合法利益，一泻千里的生产不仅没有给穷人带来富足生活，反而扼杀了穷人，从那时起，我们几乎陷于四面楚歌。"① 西斯蒙第从如下三个方面对资本主义剥削制度进行了揭露与批评：

其一，对资本主义制度下的底层人民的贫困生活予以了揭露。资本主义制度并未造就社会富裕的神话，而是将一小部分人的幸福生活建筑在大多数人的痛苦之上。这样的事实不仅有违国家繁荣的目标，也有违政治经济学的目的。

首先，西斯蒙第对古典经济学派只关注财富增长进行了严厉的批评。西斯蒙第认为，古典经济学派的做法是"只关心物不关心人"，无视社会中大部分人的生活现实，从这个意义上来说也就是对财富的意义予以了扭曲的认识。古典经济学派所赞美的社会制度事实上造成了财富越来越集中在少数人手中，社会上的大多数人生活在贫困的边缘。西斯蒙第说："代替以前社会秩序的当前制度是建立在完全不同的原则上的，而财富学派认为这种制度是它的胜利。从某种意义上来说，这个学派是抽象地追求财富的增长，而不问为谁的利益来积累这些财富，却提出尽可能地生产大量廉价物品作为国家的目的。"② 在财富增长的同时，人们的实际生活怎样呢？

在初看令人眼花缭乱的豪富之中，再没有比英国所呈现的情景更令人惊异、更令人可怕的了。如果只是按照这个王国贵族议员的巨额财产——五十万法郎的进款（二万英镑）对于这个王国贵族说来只不过是一笔平凡的收入——来判断这种豪富，也按照真正价值和给人带来的享受来评价他们那种可耻的穷奢极侈的社会（他们乘坐豪华的车辆，有无数仆从手执棍棒在大街上到处乱跑，他们的一个猎狐队就有二十四马和四十只猎犬，每年要有十万英镑以上耗费在这上面），并且把这种挥霍和穷人的痛苦比较一下，人们就会感到愤怒。大路上络

---

① ［瑞士］西斯蒙第：《政治经济学研究》第二卷，胡尧步等译，商务印书馆1989年版，第130页。

② ［瑞士］西斯蒙第：《政治经济学研究》第一卷，胡尧步等译，商务印书馆1989年版，第26页。

绎不绝地过着成群结队被人从工厂赶出来的乞丐，和从一个农场到另一个农场自动以低价要求做一切田间工作的、衣衫褴褛的爱尔兰人。这一部分人和另一部分人一样，只是在人们拒绝他们的劳动时才向人请求布施的；但是，各种位置都被人站满了。农村的工人——cottager（贫农），痛苦地看到这些外地人来和他争夺那份从前勉强养活他的工作。在城市里，在首都，在有最豪华的车辆风驰电掣络绎不绝的、海德公园周围的大街上，十个一群、二十个一伙的产业工人带着失望的神情，四肢无力地在那里死死地坐着，但是他们引不起人们的丝毫注意。①

　　对于这样的社会现实，西斯蒙第感到非常的痛心。他说："长期来如此吹嘘的富庶阔气又变成了什么？要我们拜倒的导致兴旺发达的进步又在哪里？自从这些国家致富以来，他们不是更能养活自己的百姓了吗？在不遗余力地增加物质财富时，只见物不见人，结果不是只制造了一批穷人吗？刺激每个人都去寻找各自的利益，而取得这些利益的手段是损害那些与之缔结契约的工人的利益，个人的配合行动只是为了个人，而不是为了各种力量的平衡，可是，这样做的结果不是对谁都不利吗？"②

　　其次，国家繁荣的目的和政治经济学研究的目的都是要对全体社会成员的生活予以关注。西斯蒙第认为，财富的意义是为人所享受，而享受财富的人不能仅限于社会的一部分人。西斯蒙第说："真正富有的国家应该有丰富的物品，它既给富人，又给穷人最多的物质享受。……穷人的享受包括丰富、多样化和卫生的食品；与气候相适应、数量足够的衣服；同样考虑到气候和取暖需要的卫生的、舒适的住宅。最后，通过同样的劳动，穷人至少将得到同样的享受，确信未来的社会决不会低于现在。如果哪一个国家穷人没有达到上述四个方面，这个国家就不能算是繁荣发达的国家。达到这种标准的生活条件是人们的共同权利，对所有使共同劳动取得进展的人们来说，这种社会都应该得到保障。穷人生活宽裕了，全体国民才能安居乐业，国家也就愈能兴旺发达。"③

　　因此，对一个好的政治经济学家来说，就要关注穷人的福利和生活；政治经济学要以社会全体成员的福利享受作为其研究目标。"尤其对一门

---

① ［瑞士］西斯蒙第：《政治经济学新原理》，何钦译，商务印书馆2007年版，第458页。
② ［瑞士］西斯蒙第：《政治经济学研究》第一卷，胡尧步等译，商务印书馆1989年版，第36页。
③ 同上书，第13页。

好的政治经济学来说，最重要的是认识穷人的地位，并向我们保证，只要穷人劳动，社会就能使他们丰衣足食、安居乐业。"①

其二，对机器的"双刃剑"的效应予以了分析。西斯蒙第不像有的资产阶级思想家那样将资本主义的悲惨现实都归之于机器的作用，而是对机器之于社会贫困的影响做了实事求是的分析。他一方面对机器给社会进步带来的作用予以了肯定，另一方面认识到在资本主义条件下机器的使用与工人的贫困是有关系的。

首先，机器的使用是有进步意义的。西斯蒙第肯定了机器的使用给劳动生产率的提高带来的进步意义，也肯定了由六机器化生产给工人带来的某些方面的道德进步。他说："那么，能不能就断定说，凡是节约劳动力的技术发明都必定是对某些人有害的吗？当然不能。因为正是通过这样的发明社会才有进步；正是依靠这样的发明，人类的劳动才能满足自己的需要，才能很快地满足自己的欲望，社会才会只月部分人劳动就能获得整个社会的繁荣，并且在供应大量消费品的同时积累大量的财富。"② 不仅机器的使用为创造大量财富提供了便利的条件，而且对工人来说，大机器化的生产给他们带来某些方面的道德进步。"可是说公道话，根据优秀的法官（专家）的观察，英国工场手工业的工人在觉悟、教育和道德方面都胜过农业工人。这些优点当然应该归功于无数的教育方法，因为在这个国家里，人民中的各个阶级都能受到教育。他们经常在一起，不那样劳累，彼此交谈的机会较多，在他们中间思想传播较快，他们一受到刺激，由于竞争心的驱使，很快就会比任何其他国家的工人都先进。这种精神方面的利益比财富的增加更具有特殊的重要意义。"③ 正如马克思所言，资本主义机器化大生产创造了具有优良道德品质的无产阶级。他们具有团结精神、共同协作的美德，诚实守信，他们是历史上最进步的生产力的代表。西斯蒙第也看到了机器的大规模使用在塑造工人阶级品德方面的积极作用。但是，机器的使用是"双刃剑"，它给社会创造财富的同时，也使得社会财富快速积聚到少数人手中；它为工人培养道德进步性的同时，也对工人品德的培养产生了极为不利的影响。而这种消极因素，主要是由资本主义制度带来的。

其次，资本主义制度下的机器使用具有极为不利的作用。西斯蒙第指

---

① ［瑞士］西斯蒙第：《政治经济学研究》第一卷，胡尧步等译，商务印书馆 1989 年版，第 20 页。

② ［瑞士］西斯蒙第：《政治经济学新原理》，何钦译，商务印书馆 2007 年版，第 211 页。

③ 同上书，第 237 页。

出，资本主义条件下，尽管机器的使用创造了大量的社会财富，但同时也带来了大量的失业人口。在资本主义条件下，存在着这样的阶级过着这样的生活，"这个不幸的阶级的生活没有任何享受可言，饥饿和痛苦，使他们的道德情感窒息了。他们不得不时时刻刻为生活而挣扎，他们的一切情欲必定集中于自私主义，他们都由于自己受苦而忘掉别人的痛苦；天然的感情变得迟钝了，恒久不变、劳累不堪的单调劳动损坏了他的一切智能"①。而这一切都是资本主义制度所带来的。既有政治制度方面的影响，也有经济方面的影响。在经济方面，造成这一切现实的主要原因就是机器的使用。"技术的发展，实业的发展，因而也是财富与繁荣的发展，发明出用更少的工人生产一切劳动果实的经济方法。几乎农业中的所有劳动都用牲畜代替了人，几乎工业中的所有工序都用机器代替了人。"② 这样做造成了严重的后果，就是将社会财富快速地积聚到少数人的手中，而让大多数人陷入贫困。"如果工厂主用蒸汽机代替英国的工人可以节约百分之五的话，那末，英国的工人就都要流落街头无家可归了。……在大不列颠，农村中大农场制度的实行，使亲自操作而能维持温饱的佃农阶级消失了；人口大大减少；而他们的消费量比人口减少得更多。……在城市人口中也发生了类似的变化。在机械技术方面的发明的最后结果总是把工业集中到少数更富的商人手中。"③ 工人大量失业，生活陷于贫困，更为重要的是，"有害的习气，或者求乞、怠惰，都在居民中扎下了根；使商业走上另外一条道路，使市场进入另外一个方向，甚至在死亡率使工人阶层大大减少以后，活下来的人们也无力抵抗外国人的竞争了"④。

最后，机器的不利后果是与制度联系在一起的。西斯蒙第认为，要消除机器的使用给人类社会带来的不利影响并不能采用限制使用机器的方法。机器的使用是人类的进步，这是历史发展不可抗拒的潮流，任何阻挡使用机器的方法都是无济于事的。而且使机器产生这样不利后果的原因并不是机器本身，而是社会制度，主要是社会的分配制度。"虽然机器的发明增加了人的力量，应该为人类造福，但是，由于我们对机器所产生的利润分配得不合理，它们竟变成了穷人的灾难。"⑤ 这种灾难并非是机器的过错，而是社会组织的问题。"如果由于工人在两小时内就能做出以前十二

① ［瑞士］西斯蒙第：《政治经济学新原理》，何钦译，商务印书馆2007年版，第447页。
② 同上书，第449页。
③ 同上书，第455页。
④ 同上书，第448页。
⑤ 同上书，第12页。

小时的工作，却不能因此更加富裕和获得更多的空闲，而另一方面他却做了超过需要六倍的工作，这并非机械科学进步的过错，而是社会组织的问题。"① 机器所导致的穷人的灾难并不能靠限制机器的使用来解决。要真正解决机器给穷人带来的灾难，就需要提高穷人的生活水平。只有提高穷人的消费能力，机器所具有的进步性才能得以显现、破坏性才能得到消灭。"因此，工业的进步，与人口相比较的生产的进步，能大大加强人类不平等现象的趋势。一个国家在技术和工业方面愈先进，劳动者和享受者的命运之间的不协调现象也就愈严重，前者受苦越多，后者越可以恣意挥霍，除非国家通过一些好像和增加财富的纯经济目的相反的制度，就不能改善分配，就不能保证创造享受资料的人得到更多的享受。"②

其三，对自由竞争予以了批判。自由竞争是市场经济的基本特征，也是古典经济学派所极力倡导的伦理价值观。但是西斯蒙第却反对资本主义市场经济的自由竞争，认为自由竞争不仅导致了生产的盲目性，产生资源浪费，而且还导致了社会经济危机和贫富的两极分化：

> 这个计算彻底推翻了政治经济学方面一个为大家特别坚持的公理，即：最自由的竞争，决定着工业的最有利的发展；因为每个人对自己的利益比庸碌无能和漠不关心的政府了解得更透彻，而每个人的利益就是大家的利益。这两个公理本身都正确，可是它的结论却是错误的。包括在所有其他人的利益中的个人利益确实是公共的福利；但是，每个人不顾别人的利益而只追求个人的利益，同样，他自己力量的发展并不包括在与他力量相等的其他人的力量之内；于是最强有力的人就会得到自己所要得的利益，而弱者的利益将失去保障；因为人们的政治目的就在于少损失多得利。在这各种利益相互竞争的斗争中，不合理的事几乎常常在邪气占上风的情况下得到社会力量的支持，而社会力量自以为是大公无私的，事实上它也会干出这种事的，因为它不问青红皂白，总是同情强有力者。③

首先，自由竞争导致了生产的盲目性，产生社会资源的浪费。基于个人利益的自由竞争导致人们往往从自我利益出发来进行生产，从而将社会

---

① ［瑞士］西斯蒙第：《政治经济学新原理》，何钦译，商务印书馆 2007 年版，第 211 页。
② 同上书，第 61 页。
③ 同上书，第 243 页。

消费排除在生产目的之外。这种为生产而生产的结果造成产品的极大浪费。西斯蒙第认为，社会化的生产将生产和消费之间人为地进行了割裂，这是极为有害的。因为，一个正常有序的社会化生产应该是生产和消费之间保持着某种合适的比例关系。而在自由竞争的市场条件下，人们不能正确地判断出生产与消费之间的比例关系，往往专注于生产，这就造成了生产的浪费。西斯蒙第指出，在自由市场条件下，正确判断生产与消费的比例关系是困难的，"要确切了解和估计市场上的这种波动是困难的，对于每个生产者来说，这种困难更大，因为，并不是每一个生产者都洞悉其他商人的数目和购买力，以及要和他竞售商品的竞争对手"①。这样，生产的盲目性就表现出来了。"每一个人在追求个人的目的时，看不见整体的利益，也无法准确地衡量自己的行动，使之符合一切人的需要。"② 所以，"政府不能贸然地鼓励生产，它应该对盲目的热情进行适当监督，因为，这种盲目的热情往往不利于本国公民，至少是对别人不利的"③。生产的盲目性不仅从人道主义目的来说没有增加人的福利，并未有效地增加社会的财富，而且，还造成了社会资源的极大浪费。

其次，自由竞争带来经济危机。社会资源的极大浪费的突出表现就是经济危机。当社会生产超过消费之后，就会产生经济危机。"一旦生产猛然超过了消费，就会引起严重的贫困。"④ 当经济危机产生之后，对待超过消费的产品就会采用浪费的方式。这种产品的剩余并不是绝对的剩余，而是相对的剩余。这就是经济危机的实质。西斯蒙第清晰地觉察到无限制的自由竞争产生了一对根本性的矛盾：一方面是生产力和社会财富的无限发展；另一方面是底层人民只能获得最低限度的生活必需品，供给和需求之间严重脱节，这就导致了经济危机的产生。李嘉图、萨伊等古典经济学派生产论者认为，生产自然就能解决需求的问题，也就是供给自己会给自己创造需求。他们认为，无须考虑需求问题，资本主义的社会生产自然就能解决需求的问题。因此，资本主义条件下，根本就不会发生生产过剩的危机。但是，这是与现实不符的。当时的社会现实就是：随资本主义自由竞争而来的小生产者大量破产，劳动者挣扎在贫困的边缘，社会的整体消费能力下降，产品大量过剩。西斯蒙第对马尔萨斯的经济危机论也同样提出

---

① ［瑞士］西斯蒙第：《政治经济学新原理》，何钦译，商务印书馆2007年版，第201页。
② ［瑞士］西斯蒙第：《政治经济学研究》第一卷，胡尧步等译，商务印书馆1989年版，第51页。
③ 同上书，第207页。
④ ［瑞士］西斯蒙第：《政治经济学新原理》，何钦译，商务印书馆2007年版，第221页。

了批评。他肯定了马尔萨斯对消费问题的重视，但是马尔萨斯将消费仅仅视为是富人的消费，忽视穷人的利益也是有问题的。"他（指马尔萨斯）看到了市场可能发生壅塞，以致使生产活动成为生产者本身破产的一个原因。但是无论是他，还是他从那里派生出来的学派，都确信，财富的一个巨大的、有效的起源就是永远生产得更多，生产得更快；他们确信，各国应该用自己的全部力量加速工业的发展。他得出了一个有点奇怪的结论，认为加速消费也一样重要，认为富人的责任就是赶紧享受，迅速消灭正在堆积起来的产品，而无论是他们挥霍无度也好，政府大肆浪费也好，对于那些不得不靠劳动谋生的人来说，都是做好事。"① 所以，西斯蒙第将造成这一切的原因归结为自由竞争。认为是资本主义的自由竞争造成了生产与消费之间的矛盾，在增加社会财富生产的同时，没有关注人民的消费能力与水平的提高，尤其是底层人民的生活。当然，西斯蒙第对资本主义经济危机的认识与之前的古典经济学派思想家相比，是进步的，但是，将经济危机的产生根源归结为生产与消费之间的脱节，将解决经济危机的根源归结于提高底层人民的福利，这是错误的。我们知道，造成资本主义经济危机的实质在于资本主义社会的基本矛盾，也就是资本主义的生产资料私有制与社会化大生产之间的矛盾。因此，不改变资本主义生产资料私有制的社会制度，是无法真正解决经济危机的。

最后，自由竞争带来了社会的贫富两极分化。自由竞争导致的经济危机在现实中就表现为社会的贫富两极分化越来越严重。一方面，富人们锦衣玉食；另一方面，穷人在死亡的边缘苦苦挣扎。西斯蒙第指出："富人所用的东西不会比穷人所用的东西多到无限的地步；他所用的东西的质量却是好得多；他的要求是工精料美，而且是来自远方。……这些富有的家庭吃的必是珍馐美味，喝的必是国产的醇葡萄酒和啤酒，……这些家庭的成员穿的必是本国工厂出产的上等衣料。"② 富人们的生活享受总是社会一小部分人的特权，对于社会的大多数人来说，却是另一番景象。"九十九户穷困家庭吃的是马铃薯和奶酪，因此他们所消费的只不过是一部分土地收入，还不及富人的十分之一；他们穿的是不催钱的因而也省工的粗布衣，而且缺少可替换的东西。"③ 这样的社会贫富分化是不公平的，是对社会正义的践踏。"这种不平衡的现象，既不是社会的目的，也不是政治经

---

① ［瑞士］西斯蒙第：《政治经济学研究》第一卷，胡尧步等译，商务印书馆 1989 年版，第 47 页。

② ［瑞士］西斯蒙第：《政治经济学新原理》，何钦译，商务印书馆 2007 年版，第 216 页。

③ 同上书，第 217 页。

济学的目的，而且不仅不是对财富的保证，反而是对财富的浪费。如果剥夺穷人的童年和老年的休息，如果剥夺短工夜间的休息时间而让他劳动，如果为争取生活资料的奔波而被剥夺了参加宗教仪式的时间，那末，干这些事情的那只手同时也必然给富人纸醉金迷的生活平添新的享受，助长他们的懒惰，使他们能够吞噬新劳动所生产的一切产品。"①

社会贫富两极分化导致大量无产者出现。"实际上，在一个允许自由竞争的国家里，从这一极端到另一极端，都激励这样的主导思想，即不论谁在作生产劳动计划，不论谁在对这种劳动支付代价，总要使同样多人类劳动数量生产出更多的货物，或者使用较少的人类劳动数量生产出同样多的货物，或者用较少的报酬取得同样多的人类劳动；可是，在任何时候，取得前两种节约的任何一种时，也就必然会得到第三种节约，因为人们对市场抛出了剩余劳动者，他们也就不得不减价出售他们的劳动力"②；这样，"由于竞争所产生的普遍的斗争和这种斗争的直接后果，社会的根本改变猝然产生，这就是在各种身份的人中间出现了无产者，从古罗马借用的这个名称是很旧的，但它的存在却是崭新的事实"③。虽然无产者并不是自由竞争的产物，自由竞争只不过是无产者产生的一个手段而已，从其产生的根本原因来说，是资本主义制度。但自由竞争确实给无产者的产生提供了必要的社会条件。

总之，自由竞争给社会带来的不是幸运而是一场灾难。西斯蒙第说："这样的竞争，在一个国家内，存在于城市与城市之间；在一个城市内，存在于工场与工场之间。任何地方都有一场生死搏斗，它导致业主们的毁灭和他们从属者的死亡；它毁坏了的财产和增多的财产一样多；最兴旺发达的商业分枝，大概就存在于破产最多的行业，就整个来讲，因为新财产只是在旧财产的颠倒中建立起来的。"④ 西斯蒙第沉痛地说："本世纪的经济奇迹：凡是物取得进步的地方，人就得受苦；无论吹什么牛皮也解决不了这个简单的问题：这种奇迹使谁获得幸福？"⑤ 当然，这一切并非是社会发展的目的，更不是社会正义的要求。"富足并不是社会组织的目的；社

① ［瑞士］西斯蒙第：《政治经济学新原理》，何钦译，商务印书馆2007年版，第231页。
② ［瑞士］西斯蒙第：《政治经济学研究》第一卷，胡尧步等译，商务印书馆1989年版，第28页。
③ 同上书，第29页。
④ 同上书，第27页。
⑤ ［瑞士］西斯蒙第：《政治经济学研究》第二卷，胡尧步等译，商务印书馆1989年版，第131页。

会的财富只有当它能为每一个阶级造福，才是人们所期望的。只有当加强劳动就能够提高各个阶级的享受的时候，这种劳动本身才是国民的幸福。反之，如果不考虑从事劳动的人，而只考虑那些应该享受的人，这种劳动就会变成可怕的灾难。"①

2. 呼吁以政府干预来实现社会正义

对由自由竞争带来的资本主义现状该如何进行改变呢？如何将社会的不正义予以纠正呢？西斯蒙第认为，必须由政府对经济活动进行有效干预，推动社会经济的发展，改变穷苦人民的生活现状，这样才能实现社会正义。"企业主和农场主不断地在研究节省人类劳动的方法，要置人类劳动于无用之地；每当农业或工业获得进步时，他们总是要辞退一定数量的无产者，以致无产者陷于无工作可做的竟地，如果社会不给予救济，他们只有死路一条。正义和人道同样地在呼吁合法赈济的必要，呼吁由社会当局来对穷人提供食物救济，穷人在死亡线上挣扎，既痛苦又可怕。"② 西斯蒙第反对古典经济学派所倡导的自由主义，反对他们否定政府干预的作用，明确地提出政府必须干预社会经济活动，解决资本主义制度的危机。

首先，政府应该干预具体的经济活动。正如前文所分析的那样，基于自由竞争基础之上的生产与消费的脱节是生产者个人所无能为力的，为了解决这个问题，就需要政府及时地对生产进行干预，尽可能地避免生产过剩危机。"亚当·斯密一直反对政府干预一切有关增加国民财富的事，我们却一再呼吁政府对此进行干预。亚当·斯密的基本主张是最大限度的自由竞争使每个生产者以最低的价格出售产品，从而使每个消费者在购买时尽多地省钱。亚当·斯密是以抽象的方式来看财富的，而不考虑财富与应该享用这种财富的人的关系。"③ 西斯蒙第批评了斯密抽象对待财富的方式，也就是只重生产，忽视消费与财富的分配。显然，西斯蒙第所谓的干预就不仅仅只是分配领域的干预，同样包括生产领域的干预。西斯蒙第对社会生产有一个形象的比喻，将社会看作是一架大机器，每一个生产过程就是这个机器中的齿轮。如果某个齿轮运转过快，超先完成了任务，就会产生灾难。由于生产中的具体个人无法看到齿轮运转是否过快的问题，总是将"生产"这个齿轮转得过快，这时就需要政府对"生产"的齿轮进行

---

① ［瑞士］西斯蒙第：《政治经济学新原理》，何钦译，商务印书馆2007年版，第232页。

② ［瑞士］西斯蒙第：《政治经济学研究》第一卷，胡尧步等译，商务印书馆1989年版，第36页。

③ ［瑞士］西斯蒙第：《政治经济学新原理》，何钦译，商务印弓馆2007年版，第460页。

调节，延缓它的运动，从而配合整个机器的运转。从这个比喻中，我们就可以看到，西斯蒙第所谓的政府的干预就是将生产与消费等各个环节进行综合考虑，协调相互之间的关系，从而使社会生产得以更加有序地进行。西斯蒙第的政府干预理论是有前瞻性的。资本主义发展现实告诉我们：资本主义机器高速运转要建立在市场的无形调控和政府的有形调控共同作用的基础之上。萨缪尔森所称颂的混合资本主义经济模式即是如此。被资本主义世界津津乐道的政府干预并不是凯恩斯革命所带来的新思维，早在古典经济学派内部，西斯蒙第就提出了政府干预经济活动的基本论调。

其次，政府应该干预社会的分配。西斯蒙第认为，资本主义的分配制度是不合理的。资本主义制度总是赞成并实行低工资制度。他说："人们往往把低工资看成国家的利益，都不去考虑它是名义上的还是实际的；工厂主拒绝提高个人的工资，往往被人们推崇为爱国主义的表现，而政府有时也通过规定工资的定额并且强制维持这种定额来支持这样的工厂主。"①这样的认识是有问题的，因为国家的利益并非是某个阶级的利益。以国家利益的名义为某一个阶级牺牲其他阶级的利益，肯定是违反社会正义的。"国家的利益决不是工厂主的利益，而是把生产所得的利益在一切参加生产的人中进行合理分配。国家的利益要求劳动所产生的国民收入，由各个阶级来分享。"②但这一切在现实中正好相反，人数最多，贡献劳动最多的阶级生活得最贫困，尽管他们为了自己的权利与资本家进行斗争，但实力上的悬殊，让他们几无胜算。"他们的收入比任何人都少，他们的社会地位比任何人都坏；他们创造财富，自己却几乎享受不到财富，他们为了自己的生活不得不与雇主斗争，但是，双方的力量是相差悬殊的。……这些不幸的人，为了争得自己赖以为生并用来养育子女的工资，即使在最痛苦的情况下，也要遵守压迫他们的纪律；军队和警察虎视眈眈地监视着他们，只要他们发生骚乱行动，立即把他们送交法庭严惩。"③面对这样的残酷事实，就必须对国民财富的收入进行调控与干涉，由政府干预最低阶层的收入，实现财富分配的正义。

政府应该干预社会的分配。西斯蒙第说："在管理公共财富上，最高当局必须时常监督和约束个人，使他们为大家的利益而努力，当局永远不要忽略了财富的构成和分配，因为正是这一收入应该使所有阶级分享富裕

---

① ［瑞士］西斯蒙第：《政治经济学新原理》，何钦译，商务印书馆2007年版，第226页。
② 同上。
③ 同上。

和繁荣的好处；当局特别要保护贫穷的劳动阶级，因为它最没有能力自己保卫自己，往往为了别的阶级而被牺牲掉，它的痛苦成为最大的困难。最后，当局应该特别关心的不是国家财富或收入的增长，而是使之恒久和均衡，因为幸福有赖于长期在人口和收入之间保持一个不变的比例。"① 西斯蒙第强调，为了实现社会财富正常化的进步与发展，就必须进行政府的干预，他说："我再一次请求社会理论的干涉，以便使财富的进步正常化，而不使政治经济学遵循一个最简单、在表面上好象最自由的所谓'自由放任和自由竞争'的方针。"②

事实上，自由是生产领域的自由，干预则是分配领域的干预。什么是经济公平？在斯密、李嘉图等人看来，生产领域内的自由带来生产的增加、财富的增长，这就是公平。它使得人们各尽所能、各有所得。在西斯蒙第看来，生产领域内的自由不能带来人们分配结果上的公平。分配上的公平必须借助于政府的干预。从这个角度来说，斯密等人强调了起点、过程及规则的公平，并认为当实现了起点、过程及规则的公平，就必然会带来结果的公平；西斯蒙第对此并不赞同，而是认为必须要通过政府的干预来实现结果的公平，公平就体现在分配结果上的平等。西斯蒙第说："他们比我本人更有力地证明：我所脱离的那些学者是追求虚假的繁荣；他们的学说不管应用在什么地方，当然可以增加物质财富，不过，这些学说也会使每个人应得的享受量减少；如果说那些学说的目的在于使富者更富，那末它也同样使穷者更加贫困，更加处于依附地位，更加被剥削得一干二净。"③

如何实现分配上的公平？西斯蒙第强调，分配的公平不仅表现为结果上的公平性，而且表现为制度上的公平性。结果上的公平性不意味着分配是平均分配，而是某种有比例的分配。西斯蒙第说："我要阐明的是：财富既然是人的一切物质享受的标志，我们就应该使它给所有的人带来幸福；我们必须使财富的增长跟人口的增加相互一致；在这些人口之间进行财富分配时必须按照这样一个比例，即如果没有特大的天灾人祸，他们不会为生活所苦。"④ 按照某种比例来确定社会的分配，产生的分配结果就是公平的。既然如此，比例的确定就极为重要。如何来确定分配的比例，西

① ［瑞士］西斯蒙第：《政治经济学研究》第一卷，胡尧步等译，商务印书馆1989年版，第103—104页。
② ［瑞士］西斯蒙第：《政治经济学新原理》，何钦译，商务印书馆2007年版，第5页。
③ 同上书，第6页。
④ 同上书，第10页。

斯蒙第认为，就需要依靠社会的制度。因此，分配的公平不仅仅是结果上的公平性，更为重要的是制度上的公平。为实现制度上的公平，就需要立法者以公平为目标，确立一种有效的社会制度。"任何一种政治科学都不应当忽视立法者努力奋斗的双重目的，即一方面要全面考虑人通过社会组织可能获得的幸福，另一方面要使所有的人共享这种幸福。如果立法者为了使所有的人得到同等的享受，而不能使某些杰出的个人得到充分的发展，如果他不允许任何人出类拔萃，如果他不能为同类找出一个模范，作为寻求公共利益的先驱，那末，他就没有完成立法任务。如果只是以造成一些特权的人为目的，使一小撮人高高在上，而使其他一切的人因此受苦受难，那就更不能说他完成任务了。"①

与同时代的其他思想家一样，西斯蒙第认为，不平等的社会制度更有助于人的发展。分配的公平仅仅只是相对的公平，而不是绝对的公平，更不是所谓的平均。同样地，对于空想社会主义者们的理论他是予以反对的。在政治制度上，西斯蒙第既反对绝对的平均，即贫富差别的完全消失；也反对绝对的不平均，即社会贫富差距的极大化。他说："有些人坚持平均主义，反对一切差别。他们在估计一个国家的繁荣情况时，总是拿整个国家的财富、权利和文化来同每个人的那一份相比较；他们发现强与弱、富与贫、闲与忙、智与愚之间的距离以后，就下结论说：后者所以劣于前者，是由于政治上弊害过大。另一些人总是抽象地考虑人类努力奋斗的目标，他们一旦看到各阶级的权利都得到保障，发现有表示反对的方法（像在古代共和国那样）时，就说这是自由制度，哪怕这种制度是建立在奴役下层阶级的基础之上的。"② 显然，西斯蒙第强调的财富分配的公平，而不是平均，"虽然社会中的各种财富分配得不均匀，但是只要这种不均匀有利于所有的人，它们就会得到保障"③。

最后，政府干预分配就是使人民尽可能地远离自由竞争的危害。西斯蒙第强烈呼吁应该关注人的生活，尤其是穷人的生活，否则就会造成社会越进步，人类社会越不平等。通过干预社会的收入分配，可以在一定程度上实现这样的目的。但是，资本主义的现实是残酷的。西斯蒙第说："不错，在很多国家里，工人阶级的工资仅能勉强维持生活；政论家把一切从工人阶级的工资中扣除的部分都看成是利润，他们认为富人的纯收入是社

---

① ［瑞士］西斯蒙第：《政治经济学新原理》，何钦译，商务印书馆 2007 年版，第 19 页。
② 同上书，第 20 页。
③ 同上书，第 21 页。

会的唯一目的，同时，在这样的政论家眼里，个人只是生产财富的工具，一旦不需要他们的时候也同样可以取消他们。"① 资本主义越是发展，对穷人越是不利。"财富的发展，使工人聚集到大工厂里，他们的技能完全置于大资本家的支配之下，从这方面来看，财富的发展对穷人特别不利；因为大资本家们剥夺了穷人了解市场需求的一切可能性，虽然他们是为供应市场需求而劳动的。"② 因此，必须尽可能地减轻资本主义自由竞争给个人带来的这种危害。这是政府建立的目标，也是政府的应有责任。

　　政府的建立，是为了运用全民的力量保护个人不受他人的侵害。政府用全民的利益反对一切私人利益。政府这样做，并不是因为它的成员地位崇高，知识优越，而是因为它应该像运用全民的力量那样来运用全民的知识。司法是这种知识的表现。所有懂得什么是全民福利的人都同意，为了保护全体就必须根据个人的权利来制定法律和建立法院。然而，司法一方面是全民的最大利益，一方面又是反对个人私利的；因为私人利益一向促使人去抢夺别人的利益。政治经济学是社会知识的另一种表现。政治经济学同样教导人们分清全民的利益和个人的利益。全民的利益就是任何人都不过分疲劳，任何人都不致得不到报酬；个人利益是叫人尽多地劳动，尽多地拿到劳动的一切报酬，而且要把劳动工资压到最低限度。③

　　总之，西斯蒙第对无限制的自由竞争予以了激烈的批评，认为，"把政治经济学建立在无限制的竞争的原则上，就是为了同时实现一切个人欲望而牺牲人类的利益"④。为此，政府应该采取积极的措施来干预资本主义经济活动，以期资本主义制度的危害减低到最小。进一步地，西斯蒙第提出要改良现有的不合理的经济制度。

　　3. 改良不合理的经济制度来实现社会正义

　　西斯蒙第对资本主义制度的不合理性进行了深刻的揭露与批判，对资本主义社会的弊病进行了猛烈的鞭笞与抨击，并将下层人民悲惨的生活事实归之于资本主义制度。因此他认为应该对现存的这种不合理的经济制度进行改良。但是，西斯蒙第所谓的改良是一种怎样的改良呢？

---

① ［瑞士］西斯蒙第：《政治经济学新原理》，何钦译，商务印书馆 2007 年版，第 364 页。
② 同上书，第 420 页。
③ 同上书，第 461 页。
④ 同上书，第 478 页。

首先，他对科学社会主义的社会学说进行了批评，认为他们的理想是难以实现的，他们提出的劳动者联合的目的是难以达到的。西斯蒙第说："我认为共同参加劳动的人共同分配劳动果实是有缺陷的；而且，人类是无力了解与我们所经历过的财产状况完全不同的财产状况。……以合作的名义提出了一个崭新的社会制度，企图利用为完成社会所需的一切工作而组成的团体的利益来代替个人利益。……然而，这个学说的原则是不值一驳的；直到现在，还没有给人以深刻印象的关于这些原则的说明，……我不认为他们为了这个目的而提出的方法能够使他们在某一天达到这个目的。"① 从前文分析中，我们可以发现，西斯蒙第所谓的财产分配干预并不是对私有财产制度的否定。显然，西斯蒙第并不赞同社会主义学说，也不要求对资本主义的私有财产制度予以颠覆。

其次，西斯蒙第提出了基于私有制基础上的一种小生产者的联合制度。西斯蒙第将资本主义制度危害归结于社会化大生产带来的财富过度积聚。显然，他所批判的是资本主义的垄断。在资本主义发展过程中，为了在竞争中占据更为有利的地位，逐渐发展出了具有垄断性质的托拉斯，这些具有雄厚资本的资本主义组织和集团在竞争中让小生产者无处生存，沦为无产者，将社会的贫富差距拉大。因此，西斯蒙第所反对的并不是资本主义制度，而是当时资本主义制度发展过程中的垄断组织；他所期许建立的也不是自由人的联合体，而是在资本主义制度之上的小生产者的联合体。他说："我所希望的是把城市的作业拿来和田间的作业那样分给为数众多的独立作坊，而不是只把它汇集在制驭着成百上千工人的一个首领手中；我所希望的是把工场的财产分给为数众多的中等资本家，而不是把它汇集在一个拥有亿万……的人的手中；我所希望的是，唯愿明智的工人在自己的面前有机会、并且差不多是确定与他的老板进行联合，以便使这种个人当自己在商业中享有一个股份的时候就去结婚，而不像他今天所造成的毫无提前的希望那样要到老的时候才结婚。"②

最后，改变不合理的社会制度是通过法律的手段。西斯蒙第提出，实现他的社会理想要通过法律。他说："为了进行这些改革，我所要求的只是法律上的缓慢的、间接的办法，只要求在老板和工人之间实现一种完全合理的裁判，要老板对他给工人所造成的危害负完全责任。希望法律不断促进遗产的分散，而不推动财产的积聚，希望法律能使老板与工人的关系

① ［瑞士］西斯蒙第：《政治经济学新原理》，何钦译，商务印书馆 2007 年版，第 476 页。
② 同上书，第 476—477 页。

更加密切，以更长的时间雇用个人，使工人分享他的利润，获得经济利益和政治利益，这样，具有正确方向的私人利益可能单独弥补私人利益给社会所造成的不幸。于是，工厂的厂主们就会想方设法为自己培养工人，使他们关心财产和节约，特别是使他们成为人和公民，而不是像今天那样尽力把他们变成机器。"①

总之，西斯蒙第所谓的对现成不合理的经济制度的改良，只不过是运用立法的程序将垄断资本主义的历史进程予以阻断，这显然是历史的倒退。资本主义内在的矛盾运动决定了其发展历史必然由自由竞争阶段走向垄断阶段，还将从私人垄断阶段走向国家垄断阶段。这是任何个人所无法阻挡的。正如马克思所批评的那样："他中肯地批判了资产阶级生产的矛盾，但他不理解这些矛盾，因此也不理解解决这些矛盾的过程。不过，从他的论据的基础来看，他确实有这样一种模糊的猜测：对于在资本主义社会内部发展起来的生产力，对于创造财富的物质和社会条件，必须有占有这种财富的新形式与之适应；资产阶级形式只是暂时的、充满矛盾的形式，在这种形式中财富只是获得矛盾的存在，同时处处表现为它自己的对立面。这是始终以贫困为前提、并且只有靠发展贫困才能使自己得以发展的财富。……在这方面，他常常求救于过去；他成为'过去时代的赞颂者'，或者也企图通过别的调节收入和资本、分配和生产之间的关系的办法来制服矛盾，而不理解分配关系只不过是从另一个角度来看的生产关系。"② 当然，西斯蒙第自己并不认为自己是历史的倒退，他辩解道："我不能用别的方法来判断现在，只能把它和过去比较，当我用废墟来证明社会的永恒的需要时，我远不想恢复废墟。"③ 但是，他在幻想用一种资本主义私有制来反对现行的另一种资本主义私有制，就是一种虚幻的社会理想，是无法实现的。马克思和恩格斯在《共产党宣言》中，深刻地揭示了小资产阶级的局限性。他们指出："在现代文明已经发展的国家里，形成了一个新的小资产阶级，它摇摆于无产阶级和资产阶级之间，并且作为资产阶级社会的补充部分不断地重新组成。但是，这一阶级的成员经常被竞争抛到无产阶级队伍里去，而且，随着大工业的发展，他们甚至觉察到，他们很快就会完全失去他们作为现代社会中一个独立部分的地位，在商业、工业和农业中很快就会被雇工和雇员所代替。……用小资产阶级和小

---

① ［瑞士］西斯蒙第：《政治经济学新原理》，何钦译，商务印书馆2007年版，第477页。
② 《马克思恩格斯全集》26卷第2册，中共中央马、恩、列、斯著作编译局译，人民出版社1973年版，第55页。
③ ［瑞士］西斯蒙第：《政治经济学新原理》，何钦译，商务印书馆2007年版，第514页。

农的尺度去批判资本主义制度的，是从小资产阶级的立场出发替工人说话的。这样就形成了小资产阶级的社会主义，西斯蒙第不仅对法国而且对英国来说都是这类著作家的首领。"①

资产阶级的经济学家也是如此评价西斯蒙第的。利斯特说："他的改革计划，正如他对经济学家的批评那样，表现出一定程度的缩手缩脚，这无疑是由于理智和情感之间的永恒的斗争。他既过于敏锐而不能不看到新工业制度带来的好处，又过于敏感而不能不为其某些痛苦的后果所感动，又过于保守和谨慎而不希望推翻整个社会，以致他对这种弊病下人类的惨状，只满足于作一个吃惊而悲观的旁观者。"②

无论如何，西斯蒙第从对现行的资本主义剥削制度的批评出发，强调了政府对经济活动的干预和对收入再分配的干预，构建了他的社会正义观。一方面他认为社会应该对全体成员的福利予以重视；另一方面他强调了一种小资产阶级的社会理想。可见，西斯蒙第的经济公正观是建立在社会正义基础上的有限度的公正，并不是真正的社会阶级的平等，更不是消灭阶级剥削与压迫。西斯蒙第建构在人道主义思想之上的社会正义理论对资本主义的剥削现实是有批判意义的，但其社会理想是虚幻的。

二　马尔萨斯的人口正义论

人口是影响社会发展的重要因素，对于这一点，恐怕没有一位学者如马尔萨斯般对此有如此的重视。在马尔萨斯的年代，一方面，随着物质产品的丰富，人口增长比以往任何时期都要迅速。奇波拉的《欧洲经济史》对此有个材料，约从 1750 年开始，欧洲的人口增长率开始大幅上扬，到 1800 年，人口从 1 亿左右增加到 1.8 亿左右。50 年间，人口总数差不多翻了一番。③ 另一方面，随着资本主义机器化大生产的发展，社会中产生了大量的失业人口。一面是人口绝对净值的增加；一面是人口相对的过剩，致使穷苦阶层生活日益贫困。针对这样的社会现实，马尔萨斯认为要实现社会正义，就必须将人口增长与社会发展控制在一个可协调的范围之内，要限制人口的增长，放慢人口增长的速度。这就是马尔萨斯的人口正

---

① 《马克思恩格斯选集》1 卷，中共中央马、恩、列、斯著作编译局译，人民出版社 1995 年版，第 297 页。

② ［法］夏尔·季德、夏尔·利斯特：《经济学说史》上，徐卓英等译，商务印书馆 1986 年版，第 224 页。

③ 参见［意］卡洛·M. 奇波拉主编《欧洲经济史》3 卷，吴良健等译，商务印书馆 1989 年版，第 19 页。

义论。马尔萨斯认为，只有适应社会发展的人口增长，才能保证社会的公正。马尔萨斯的人口理论，历来饱受非议。熊彼特说："从《人口论》问世之日起，直到今天，马尔萨斯很幸运地——因为这是一种幸运——是同样不合理的、彼此矛盾的评价的主题。有人说他是人类的恩人。又有人说他是恶魔。有人说他是深刻的思想家。又有人说他是笨伯。"① 季德也说："没有哪种学说比马尔萨斯的学说受到的辱骂更多了。自从高德文令人难忘地把它称为'随时准备扼杀人类希望的阴森可怕的恶魔'以来，它一直受着各种各样的诅咒。"②

但是，无论对马尔萨斯的人口理论作何种评价，不可否认，人口问题一直是经济学研究中的一个重要问题。正如季德所言："人口问题迄今并没有失掉其重要性，虽然其面貌已有所改变。马尔萨斯所说的预防性抑制几乎在每一个国家都发挥着巨大作用，以致现代经济学家和社会学家所特别关心的倒是出生率的不断和普遍的下降，而不是人口的无限增殖。而且大家同意其原因是社会性的。"③ 既然人口问题是一个社会性问题，也是一个经济问题，马尔萨斯以人口为中心阐述的社会正义思想就具有极为重要的经济伦理研究价值。马尔萨斯的人口正义论从关注人口增长带来的社会贫困现象入手，对造成社会贫困的人口原因进行了分析，进而提出了抑制人口增长的有效途径。其核心内容就是：只有人口增长与社会发展协调才能实现社会的正义，才能带来社会整体的福利增长。

1. 人口的迅速增长是社会贫困的根源

马尔萨斯认为，人类社会有着两个基本的法则：一是食物是人类生产所必需的；二是两性间的情欲也是必然的。前者受物质资料增长规律的支配；后者受人口增长规律的支配。这两个规律之间并不能总是保持一致，当二者之间产生矛盾时，就产生了社会的贫困。"这无可争辩地是实在的。通过动物界和植物界，大自然用它的最大方和最慷慨的手法广泛地散布了生命的种子；可是它在为抚养它们所必需的空间和滋养料方面却比较吝啬。地球上所有的生命胚种，假使能自由发育的话，则在几千年里就能填满几百万个这样大的世界。必要性，这个专横而又无所不在的自然规律，

① ［美］约瑟夫·熊彼特：《经济分析史》2卷，朱泱、孙鸿敞、李宏、陈锡龄等译，商务印书馆1996年版，第159—160页。

② ［法］夏尔·季德、夏尔·利斯特：《经济学说史》上，徐卓英等译，商务印书馆1986年版，第157页。

③ 同上书，第162页。

把它们限制在规定的范围之内。"① 但是，对于人来说，这个生产的可能性与现实性之间的矛盾则更为突出。马尔萨斯说：

> 这种对人的抑制是更为复杂的抑制。人一面受到同样强有力的本能的驱使去繁殖自己的族类，一面理性又打扰了他的行径，质问他，在无力供给子女以生活资料时，可不可以产生新生命到世上来？假如他听从自然的暗示，那末这种约束往往会产生罪恶。假如他不听，则人类将不断奋发繁殖以至超过生活资料所允许的范围。可是，因为我们的自然规律规定了食物是人类生活所必需的，人口实际上永远不能增加到超过可以支持它的最低限度的滋养料。所以，由于获取食物的困难，一个对人口的有力抑制是时常在运行着的。获取食物的困难必然会落到某个地方，而且大部分的人类必然会严重地感受到这一种或那一种不同的困难，或对苦难的恐惧。②

而且一个客观的事实就是：生活资料是以算术比率增长的，而人口则是以几何比率增长的。"因此，我们可以稳当地宣布，人口如果没有受到抑制，每二十五年增加一倍，或按照几何比率增加。"③ 这样的结果就是，人口繁殖的速度远远大于人类所能提供生活资料的能力，于是陷于贫困之中。

马尔萨斯分析了由人口增长带来的社会贫困的两种情况：

第一，穷人更加贫困。"因此，从前维持一千一百万人的事物现在必须由一千一百五十万人来分配了。其结果贫者势必生活得更坏，而其中许多人且将沦于极度的贫困。劳动者的数目既超过市场上工作的数目，劳动的价格必然趋于低落，而同时食物的价格则必趋于高涨。一个劳动者因此必须做更多的工作以赚得和从前一样多的工资。"④ 也就是说，由于人口的增长使贫困阶级陷于生活的困境难以自拔。

第二，使社会富裕阶层的生活水平下降。"由人口的增长快于有限的土地所产生的生活资料的增多的自然倾向所造成的，以最简单的社会状态明显地表现出来的贫困，使发达的、人口众多的国家中的上层阶级清楚地认识到他们自己难以按同样的生活方式供养家庭。"⑤ 也就是说，人口增长

①　[英] 马尔萨斯：《人口原理》，子箕等译，商务印书馆 1961 年版，第 2 页。
②　同上。
③　同上书，第 4 页。
④　同上书，第 11 页。
⑤　同上书，第 174 页。

带来的压力不仅仅是针对贫困阶级的，它会使全社会都感到增长的压力。对上层阶级而言，意味着生活无法维持原来的水平，生活质量在下降，社会福利在减低。

可见，马尔萨斯认为，由人口增长而来的压力是对社会整体而言的。因此，必须关注人口的增长问题。那么，如何解决人口增长带来的社会贫困呢？马尔萨斯认为，如果不对人口的增长予以限制，光靠社会制度的变革是无法消除社会贫困的。针对当时流行的葛德文的社会制度学说，马尔萨斯认为，人口增长并不是人为的社会制度带来的。

　　　　这里不存在人为的制度，所以葛德文先生不能把最坏的人的原始罪孽，归因于制度。这里公共利益与私人利益的冲突并不是由人为的制度产生出来的。这里也并没有由于某些利益产生垄断，而这些利益却受理性的指使而归公众所享有。人们对社会秩序的破坏，并不是被不公正的法律所逼迫出来的。在一切人的心灵里，仁爱早就占了统治地位。可是在五十年这样短的时间里，暴戾、压迫、欺诈、贫困以及使社会的现状堕落和悲惨的各种痛苦，好像都由最横暴的环境，由人类天性中所固有的、而与一切社会制度完全无关的规律产生出来了。①

马尔萨斯认为，在一个财产共有和人人平等的社会，每个人的生活条件都是相似的，大家依靠自然情欲的控制来增加人口。因此，"在一种平等制度下，虽然大家都努力于获取更多粮食，但是人口仍紧紧地压迫着生活资料的限度，而且所有的人都变得很贫困"②。而且，事实上，"人类不可能优裕地生活。他们不可能都平等地分享到大自然的赐与。假如没有一种确定的财产制度，那末每个人就不得不用他自己的力量来保卫他的小量财物了。自私自利的力量会占上风。争端也将永不停息。每个人都要为肉体的需要而时刻焦虑；因此他的心智就丝毫也不能在思想领域中漫游。"③所以，"贫困的主要的和最难消除的原因是与政府的形式或财产的不平等分配没有多大关系或没有任何直接关系的"④。要解决社会的贫困最根本的原因在于控制人口的过快增长。

---

①　[英]马尔萨斯：《人口原理》，子箕等译，商务印书馆1961年版，第321页。

②　同上书，第332页。

③　同上书，第317—318页。

④　同上书，第551页。

2. 控制人口增长是合于社会正义的

在马尔萨斯时代，将人口增长与财富增长视为正比例关系是一个很正常的观点。马尔萨斯通过对当时流行的人口增长理论进行辨析并得出只有控制人口增长才能实现社会正义的结论。

首先，对斯密理论的辩驳。斯密就曾经说过，"各种动物的增殖，自和其生活资料成比例。没有一种动物的增殖，能超过这个比例。然而，在文明社会，只有在下等人中间，生活资料不够才能限制人类进一步繁殖。"① 在斯密看来，解决人口繁殖压力的关键在于社会财富，社会财富如果能够得以增加，人口就自然能得以增长。"充足的劳动报酬，鼓励普通人民增殖，因而鼓励他们勤勉。"② 针对斯密的这个说法，马尔萨斯予以了反驳。他认为，斯密的论证是站不住脚的。原因有二：一是社会财富的增长未必带来工人工资的提高；二是工人工资的提高未必能改善下层人民的生活。"仔细考察一下，我们就可以明白，维持劳动的基金，并不一定随着财富的增加而增加的，而且也很少是按着财富增长的比例而增加的；同时社会中下层阶级的状况，也并不是只靠维持劳动的基金或养活更多的劳动者的力量的增加而改善的。"③ 马尔萨斯以具体的实例有说服力地为自己的论点提供了支持。他指出，当社会财富增加时，下层人民更容易受到如下两种不利的影响："第一，就是在现存的社会习俗之下，他们在生活必需品方面养活子女的能力会减低；第二，有更大一部分人被雇用于更为不利于健康的工作，同时还更容易遭受到需求动荡和工资不稳定的威胁。"④ 总之，斯密所设想的社会状态是不现实的。要想真正改变贫民的生活状态，马尔萨斯认为："只有将个人谨慎与生产财富的技能和勤劳结合起来，才能给社会里下层阶级的人带来一份总之是十分理想的财富。"⑤ 控制人口就是谨慎的表现。

其次，对葛德文的辩驳。葛德文对人类社会的未来充满着乐观主义精神。他不仅认为地球可以供养足够多的人口，而且认为人类的理智有足够大的力量可以控制人的利欲。他说："对这种反驳的直截了当的答复是推究这种情况是为了预测远在未来的这种困难。我们所居住的地球，现在还

① ［英］亚当·斯密：《国民财富的性质和原因的研究》上，郭大力、王亚南译，商务印书馆 1972 年版，第 73 页。
② 同上书，第 75 页。
③ ［英］马尔萨斯：《人口原理》，子箕等译，商务印书馆 1961 年版，第 426 页。
④ 同上书，第 430 页。
⑤ 同上书，第 436 页。

有四分之三尚未垦殖。已经垦殖了的部分也能够无可限量地加以改进。人口可以不断增加，而再过千百万个世纪之后，地球仍然足以养活它的居民。"① 进而葛德文乐观地说："人类社会里有一条原理，它会把人口的数目永远压低到生活资料的水平。"② 针对葛德文的盲目乐观，马尔萨斯予以了反驳。马尔萨斯以数据说明葛德文的乐观是没有道理的。当人口增长以几何级数进行的时候，生活资料却没有如此增长，久而久之，地球是无法负担如此多的人口的。在出现生活资料匮乏情况时，人类的一切的恶就表现出来了，自私自利、贪婪、残暴等促使着人们为了占有生活资料而陷入争斗之中。因此，葛德文所设想的通过平等的社会制度来解决生活贫困，那是一种空想。

最后，对孔多塞③的批驳。孔多塞并不反对人口增长可能会超过生活资料增长的事实，但是他认为这个事实将在一个遥远的将来才能到来。而且即使这个事实到来，由于人类科学技术的发展，人口可以在智力和体力方面无限地完善自己。"由于医学上的进步，由于使用更为卫生的食品和住所，由于一种生活方式能以有节制、不过度、无害处的体格锻炼来增加体力，由于消灭了使人堕落的两大原因，即贫困和过多的财产，由于有了卫生知识的改进……根据这些他推出结论，以为人类将来虽然不能绝对地长生不老，但是人的自然寿命将不断地延长而没有一定的期限，真可以用无限这一个词来表达。"④ 马尔萨斯认为，孔多塞的认识是没有道理的。其一，人口增长超过生活资料的事实已经出现，它并不是遥远的未来才可能出现的某种可能。其二，人口寿命的增长是没有什么科学依据的。"人类自从有可靠历史以来自然寿命是否有过真正可以觉察得到的最小的增进，恐怕还是可疑的。"⑤ 马尔萨斯批评他们将无法证明的东西视为科学上可行的东西，是不负责任的行为。"他们把无从证明有否进步的东西和那些已经有了显著的、确定的、和公认的进步的学问混为一谈。"⑥

通过对以上三种当时较为流行的且被人们广泛接受了的观点进行批驳之后，马尔萨斯明确指出，要解决社会的贫困问题关键在于控制人口的增长。从社会正义角度来说，解决贫困问题是社会正义的应有之义。因此，

---

① 转引自 [英] 马尔萨斯《人口原理》，子箕等译，商务印书馆1961年版，第318页。
② 同上书，第322页。
③ 法国思想家，在马尔萨斯的《人口原理》这一版译为康多塞。
④ [英] 马尔萨斯：《人口原理》，子箕等译，商务印书馆1961年版，第309—310页。
⑤ 同上书，第310页。
⑥ 同上书，第315页。

控制人口增长也是社会道德的必然要求。马尔萨斯说：

> 在努力提高任何国家的生活资料数量对消费者数量的比例时，我们的注意力自然首先集中在生活资料的绝对数量的增加上。在这样做的时候，我们立即发现消费者的人数增加远远速于生活资料的增加；并且发现不管我们怎样努力，生活资料老是瞠乎其后。这时我们就该相信我们仅仅在这个方向上努力一定是不会成功的。这好像是驱使乌龟去赶上兔子一样。既然发现了由于自然法则的作用，我们不能使生活资料赶上人口而达成适当的比例，那末次一步的打算自然就该使人口去适应生活资料了。假使我们能说服兔子使它乖乖地睡着，那末乌龟便一定能够赶上它。①

从马尔萨斯的这个论述我们实际上可以看到，基于当代人生存权利优先的考虑，他认为有节制地控制人口，这是合乎社会的正义法则的。控制人口增长的道德争论主要集中在"何者权利重要"上。从生存权来考虑，任何人都享有生存的权利，我们无法来决定谁该在这个世界上生存下去。但是，当生存权面临冲突的时候，当生活资料只能满足部分人所需的时候，显然，已见的，即事实上生存的人的权利更为现实；未见的，即可能上存在的人的权利因为没有变成现实，成为可以控制的对象。否则，那些可能上应该，或事实上可能会存在的人的权利将成为现实中的人的权利的最大障碍。虽然任何人都无权决定他人的生死，无法以任何方式来挑选谁将生存，但是为了人类整体利益和福利，控制人口成为一种有道义的选择。通过对社会贫困根源的分析，马尔萨斯得出了控制人口的道德正义论结论。

3. 控制人口的有效手段

如何积极有效地控制人口的增长，马尔萨斯提出了"两种抑制"。一种抑制是所谓的积极抑制，也就是通过贫困、罪恶、饥饿、瘟疫、战争等来阻止人口的增长。这种抑制方式是自然的、客观的，是不以人的意志为转移的。一种抑制是所谓的预防抑制，也就是通过晚婚、晚育和不结婚等方式来进行，也就是以人为的、自觉的、主观的手段来改变人们的道德观念，从而来控制人口的增长。前一种抑制包括"罪恶"和"贫困"两种方式；后一种抑制指的是"道德的节制"。

---

① ［英］马尔萨斯：《人口原理》，子箕等译，商务印书馆 1961 年版，第 469—470 页。

这两种抑制手段是互补的、相互对应的。一种是预防的手段，一种是现实的手段。在很长的时间内，人们对马尔萨斯的一个误解就是认为他强调用"罪恶"和"贫困"来减少人口。事实上，马尔萨斯认为，如果人口增长超过生活资料的增长，就会产生过剩人口和导致生活资料的匮乏，社会就可能自发地通过战争、饥荒、瘟疫等方式减少人口，以至于人口与生活资料之间保持平衡。这是一种客观存在的、事实的人口调节方式。假如我们不能以更为积极有效的方式来控制人口，社会规律就会起作用，自行调节人口。马尔萨斯说："在本书的初版中，我已经指出自然法则既已显示人口必然要受到某种抑制，那末这种抑制与其来自饥饿和疾病，不如来自对家庭的困难及依赖救济为生的恐惧的预见。"① 也就是说，与其放纵人口增长，然后不得已以战争、疾病等方式来减少人口，不如一开始就有预见性地采用道德的措施控制人口增长。"如果道德节制是避免由这个原理所产生的附带的害处的唯一美善的方式，我们显然就有遵守它的义务，正如我们有遵守任何其他道德的义务一样。"②

但是，道德抑制的手段也不是那么轻易就能在社会中得到实现的。马尔萨斯说："凡制定道德规章或行为戒律的人，不管他怎样坚定地相信人，都有严格遵守它的义务，他决不痴想每个人都能够严格地奉行不悖。"③ 道德方式需要依靠主体的自觉才能得以有效地践行。不仅如此，任何一种新道德观念的普遍实行总是会遇到现实道德观念的阻碍。在很多时候，这种阻碍的力量还很强大。在当时，这种道德观念的阻碍是什么？"对于信仰摩西律法、摩奴法典或孔子礼教的民族，生育子女是为了保证济度众生和实现真正的不朽。在婆罗门教徒、中国人或犹太人看来，没有子女不但意味着是一种不幸，而且是枉生一世。在希腊人和罗马人中间，养育子女是每一个公民和爱国者所应有的神圣义务。贵族阶级要求祖辈创业的光荣决不能绝嗣而湮没。甚至在处境困难和经济上依赖别人的工人阶级中，也有一些人希望子女愈多，每星期的工资收入愈大，争取公众同情的力量也更大。同时在每一个新兴的国家里，需要很多的劳动者去开垦处女地和建立新的民族。"④ 一方面是道德约束力的软弱，一方面是世俗道德观念的强大影响，如何才能让控制人口增长的道德抑制方式真正发生作用呢？

---

① ［英］马尔萨斯：《人口原理》，子箕等译，商务印书馆1961年版，第451页。
② 同上书，第458页。
③ 同上书，第494页。
④ ［法］夏尔·季德、夏尔·利斯特：《经济学说史》上 徐卓英等译，商务印书馆1986年版，第159页。

马尔萨斯指出，必须运用利益杠杆，才能让道德抑制方式真正发挥作用。这个利益杠杆就是废除《济贫法》对贫民的救济，让那些不采用道德抑制的贫民受到积极抑制的惩罚。"如果有人无力赡养家庭而决定要结婚，……虽然显系一种不道德的行为，但并非是社会有权主动地予以制止或惩罚的一种行为，因为大自然规律对于这种行为所规定的惩罚将直接地、极其严厉地加诸于违反者本人，而社会通过它所受的惩罚则比较间接、轻微。大自然既代替我们来管制和处分，我们偏要从它的手里把笞杖拿过来，自己来做行刑者这个恶人，未免枉费心机。因此应当让大自然来处罚他，让人挨受穷困。他面对着一个极其明显而且谨严的警告尚且犯错，那么自作自受只有怨己而无尤人之理。教堂不应当给他任何照顾，而应让他乞求私人随意施舍。必须让他从生活中体会到自然规律（也就是上帝的法律）由于他不听迭次警告而罚他和他的家庭受苦，并且让他觉悟到除靠他的劳力所能得到的公平代价为，他没有权利要求社会给他颗粒粮食。"① 按照马尔萨斯的理解，一个无法负担结婚生育责任的人如果不顾生存压力执意结婚并由此造成生活的贫困，那就是自作自受，社会不应该以任何名义对他进行救济。社会的救济如果给那些无法养家糊口就结婚成家的人，就会形成一种不好的道德风气，从最终结果来说是有害于人口增长的道德抑制作用发生的。因此，社会应该普遍形成这样的一种道德风气，如果不能养家糊口就不结婚成家，依靠自己而不是社会的救济，这样人口的道德抑制作用就能显现。

马尔萨斯的人口道德抑制设想是美好的。但是，他将能否结婚生子的决定权交予社会的某种经济标准，这似乎陷入了某种恶性的怪圈循环之中。社会之所以要控制人口的快速增长，目的是为了解决社会的贫困，让贫困阶层生活得更好；至于哪些人能拥有生育的权利，马尔萨斯认为是那些能独立生存的并能让自己的子女过得更好的人，其最后得出的结论必然是：下层人民就应该节育，就不应该结婚生子。从谋求底层人民生活福利角度出发的社会正义理论最后的解决办法就是损害社会底层人民的权利，而且是最为基本的生存权。可见，马尔萨斯所谓的人口控制的道德抑制方式主要是针对底层人民而言的，这也就意味着只有贫困阶层才担负着控制人口的任务。这显然是社会最大的不公平。"当他对穷人说他们的苦难是自己造成的，因为他们有不注意节俭的习惯、早婚、子女众多，而且也没有什么成文法律、社会制度和慈善事业可以加以挽救等话时，他没有意识

---

① ［英］马尔萨斯：《人口原理》，子箕等译，商务印书馆1961年版，第494—495页。

到他给了有产阶级一个很好的借口，使他们可以对工人阶级的名义不闻不问。"①

当然，抛开马尔萨斯人口正义理论有违社会正义的这一面，其中仍然存在着一些富有正义的思想。那就是，将人口的自我控制与人类整体生存权利联系在一起，要求人类自觉地对人口进行控制，这是符合社会发展规律，也是符合社会正义的。因此，马尔萨斯的人口正义论中的合理因素要被我们予以继承和发扬，对其中的不合理的一面要予以揭露和批判。

三 马歇尔的福利正义论

深受穆勒功利主义思想浸淫的马歇尔对社会公平问题是极为关注的。正如经济学史专家评论马歇尔说，他是一位极具现实感的思想家。"马歇尔是一个热心肠的慈善家和人道主义者。他在研究他所面对的主题的时候所具有的那种务实的紧迫感，使他的著作无论与奥地利人的效用理论相比还是与瓦尔拉斯的一般均衡体系相比，都更具现实感而少抽象气质。"② 埃里克·罗尔也认为马歇尔将某种伦理的价值取向以纯经济学方式予以了表达，这是和穆勒的影响分不开的。"马歇尔固然不承认有什么功利主义的偏见，但他基本上是个后期的功利主义者，就是说，是一个自由主义社会改良家。虽然他渴望不放弃现代经济学对于总的现存经济制度所能提供的任何有利的论证，但他更切望不对任何特殊改良的建议关闭大门。"③ 马歇尔基于对现实贫困问题的关注，极为重视社会分配，强调社会分配应考虑社会底层人民的整体福利，提出了一种福利主义的正义理论。这种福利思想对其学生、西方福利主义学派的开创者庇古产生了重要影响。庇古1920年出版了《福利经济学》一书，强调了对福利问题的重视，其中的许多观点就来自他的老师——马歇尔。

1. 从关注贫困而产生的福利思想

马歇尔在《经济学原理》一书的开篇讲得很清楚，人的经济状况，或者说财富状况直接影响到人的精神状况，包括他的性格、个性和品质。因此，经济学关注财富的增长也就是关注人。从现实来说，贫困对于人的精神状态的影响更加明显。由于贫困而来的缺衣少食，致使底层人民缺少应

① ［法］夏尔·季德、夏尔·利斯特：《经济学说史》上，徐卓英等译，商务印书馆1986年版，第161—162页。

② ［英］约翰·米尔斯：《一种批判的经济学史》，高湘泽译，商务印书馆2005年版，第201—202页。

③ ［英］埃里克·罗尔：《经济思想史》，陆元诚译，商务印书馆1981年版，第395页。

得的教育，生活的压力总是让他们感到极度的疲劳并带来肉体与精神的双重痛苦，这在马歇尔看来就是人类的堕落。"过度工作和教育不足、疲乏和忧郁、没有安静和没有空闲，他们就没有尽量发挥他们智力的机会。"①贫困的出现是因为忽视人的福利，而忽视人的福利必然带来人的堕落。

首先，科技的不断进步从某种程度上来说使贫困逐渐消灭，社会福利有所进步。马歇尔看到了科技进步和社会发展给人们福利带来的提升。随着资本主义的发展，工人阶级的悲惨境况已经大有改善。在西斯蒙第时代，即 19 世纪初，工人阶级深受资本主义的剥削，生活极为艰难。"十九世纪上半叶，工厂生活是无数论著的主题。人们常常注意到，各种年龄的童工几乎经常是在不卫生的并往往是严酷的条件下干活，劳动时间常常被无限延长，工资微薄，并注意到一般工人的愚昧无知，以及在这些不正常情况下所产生的畸形发展和罪恶。在英国，医务报告、下议院的调查以及欧文的演讲和刊物等，激起了公众的愤怒。"② 资本主义的早期罪恶历经西斯蒙第、穆勒等资产阶级思想家的批评与揭露，以及资本主义制度自身的调整，到 19 世纪末，工人的境况已经有了很大的改变。正如马歇尔所说的那样，"大部分技术工人已经不再属于这个阶级了，其中有些人所过的生活，已经比即使是一个世纪以前的大多数上等阶级所过的生活更为美好和高尚"③。

其次，社会中仍然还存在大量的贫困现象。马歇尔一方面肯定科技进步与社会发展对消除贫困所具有的积极意义，另一方面也指出现实中仍然存在大量的贫困现象。当代经济学将贫困区分为绝对贫困和相对贫困。马歇尔虽然没有明确地提出这样的区分，但实际上，其仍然认识到了贫困具有相对性和绝对性。社会的进步固然可以提高人们的生活水平，使之与前一个时代的"高层次"生活水平相比有较大幅度的提高，但是，贫困不是以一个绝对的标准来区分的。贫困在每一个时代，都有着相对性。贫困总是以一个时代的平均生活水平作为相对标准来标示的。在马歇尔那个时代，工人固然已经不需要以沉重的工作负担来获得自己及家庭的基本生活资料必需品，已经能够享有较为丰厚的物质生活条件了，但与此同时，上

① ［英］阿弗里德·马歇尔：《经济学原理》上卷，朱志泰译，商务印书馆 1964 年版，第 24 页。
② ［法］夏尔·季德、夏尔·利斯特：《经济学说史》上，徐卓英等译，商务印书馆 1986 年版，第 205 页。
③ ［英］阿弗里德·马歇尔：《经济学原理》上卷，朱志泰译，商务印书馆 1964 年版，第 25 页。

层阶级的生活奢华将底层人民的生活映衬得毫无光彩。马歇尔说："这种进步比其他任何事情都更使人对下一问题加以实际的关心：一切的人初入世界都应有过文明生活的公平机会，不受贫困的痛苦和过度机械的劳动呆板影响，这真是不可能的吗？这个问题正被当代的日益热烈的要求推居前列。"①马歇尔在这里提出了两个问题：一是绝对贫困随着技术进步得以消除，但是贫困不仅仅只是绝对的贫困，还有相对贫困；二是相对贫困的存在对社会公平提出了强烈的挑战。马歇尔毫不讳言当时社会存在的贫困问题仍然是相当严重的，并没有随科技的进步而得到解决。

马歇尔肯定了当时社会尽管存在着一定的财富分配不公现象，但相比以前已经有了很大的进步。"国民收入的分配虽有缺点，但不像一般所说的那样多。实际上英国有许多技工的家庭，美国这种家庭更多（尽管在那里曾发现了巨大的宝藏），它们会因国民收入的平均分配而受到损失。因此，人民群众的境遇虽然通过废除一切不均而在短时期内势必有很大的改善，但是甚至暂时也决不会改善到社会主义者所童憬的那种黄金时代给他们规定的水平。"②尽管是一个进步，可并不意味着从道义上肯定贫困存在的合理性。"但是这种审慎的态度并不意味着对现时财富分配不均的默认。许多世纪以来，经济科学越来越相信，极端贫困半随着巨大财富是没有实际必要的，从而，在伦理上是不对的。财富的不均，虽没有往往被指责的那样厉害，确是我们经济组织的一个严重缺点。"③

最后，社会应致力于消除贫困现象。既然在社会拥有巨大财富的同时存在着贫困是不道义的，那么，就该采取多种方式来解决贫困问题，提高全社会的福利。早在1893年他对皇家专门调查委员会就老年贫困问题所做的证词中就指出："现存济贫法文献中的经济学教义，能够直接追溯到那个时代；我觉得他们所制定的这些教义在那个时代简直就是真理。他们认为，如果你对富人征税并把钱给予工人阶级，那么结果将是工人阶级人数的增加，以及下一代人工资的降低，这种转让从整体上看并不能改善工人阶级的地位。关于这种看法，已经有了变化，这种变化使当代经济学区别于过去；但是在我看来这种变化还没有深入到济贫法文献中去；这也正是我希望推进的重要事情。新的看法强调这样的事实，即如果花钱是为了

---

① ［英］阿弗里德·马歇尔：《经济学原理》上卷，朱志泰译，商务印书馆1964年版，第25页。

② ［英］阿弗里德·马歇尔：《经济学原理》下卷，陈良璧译，商务印书馆1965年版，第364页。

③ 同上。

增加下一代人的挣钱能力，那么工资也许就不会降低。"①

在《经济学原理》中，他仍然强调要对工人阶级进行救济，以期消灭在工人阶级中存在的贫困：

> 对那些在体力上、智力上和道德上都不能做一整日工作赚一整日工资的"社会残渣"（它的人数很多，虽然现在有不断减少的征兆），需要采取迅速措施。这个阶层，除了那些绝对"不能就业的"人以外，也许还包括一些其他的人。但那是一个需要特殊处理的阶层。经济自由制度对那些身心健康的人来说，不论从道德或物质的观点来看也许是最理想的制度。但那些社会残渣却不能善于利用这种制度。如果让他们按自己的方式教育儿童，则安格罗撒克逊的自由通过他们势必殆害后代。②

那些反对济贫法的人总是基于自由主义的立场，反对对贫民的救济，认为这是对个人自由的践踏。马歇尔肯定了自由制度的优越性，站在自由主义的立场，却对济贫法予以了拥护。每个人都有天然的不可侵犯的权利，要求一个人牺牲自己的权利来弥补另一个的权利，这是侵犯自由的，但是，自由制度只有在身心健康、权利平等的前提下才具有可能。事实上，人们无论是在体力还是智力方面，总是存在着某种差别，也就是天赋能力差异的存在是天然的。天赋能力的差异在自由制度下就会导致人们之间差距的进一步扩大。为了弥补由天赋能力差异带来的贫富差距，就应该对自由制度进行某种补充。济贫法就是这样的一种补充措施。当代罗尔斯的正义理论深入人心，其立论的依据仍然是马歇尔式的。他的第一正义原则就是强调公民权利的平等性。这个正义原则具有优于一切的地位。为了保证一切公民都享有平等的权利，就需要以社会制度来保证天赋能力有缺陷的人享有自己的平等权利。从逻辑推导上来说，罗尔斯与马歇尔具有极为相似的方面。

为消除社会贫困，马歇尔强调要提高工人的工资。累进税制也是消除贫困的一个非常积极的措施。早年，马歇尔曾反对实行累进税。但在1907年以后，他也开始支持累进税。在1917年的一篇文章中，他指出："战前

---

① 转引自乔洪武《论马歇尔的经济伦理思想》，《经济评论》2000年第1期，第48页。

② ［英］阿弗里德·马歇尔：《经济学原理》下卷，陈良璧译，商务印书馆1965年版，第365页。

就已经存在的纳税累进的趋势在战后将继续发展下去。"① 之所以支持累进税，马歇尔说得很清楚，"富人对社会福利的热心，可以大大有助于收税人尽量利用富人的资金来为穷人谋福利，并可以消除贫困之害"②。累进税就是将富人所拥有的财富以再次分配的形式给予穷人，通过对穷人福利的提高来减小社会的贫富差距。当今天累进税成为西方国家的基本税收准则时，说明马歇尔曾经所宣扬的关注穷人福利的思想得到了普遍的实践。

2. 财富分配中的道德考量

我们知道，马歇尔以"边际生产力"为财富分配的标准，但并不意味着他在财富分配中会忽视道德的因素。马歇尔在财富分配问题上的道德考量既表现在他对财富分配原则所做的道德评判，也包括他认为财富分配应综合考虑伦理因素。

首先，以效率工资提升工人福利。马歇尔认为，财富分配原则是一种特殊的原则，"自由人的培养而参加工作不能和机器、牛马、奴隶适用同样的原则"③。也就是说，工人付出劳动所得的报酬并不仅仅表现为劳动的报酬。假如工资只是表现为劳动的报酬，就是将人视为与机器、牛马和奴隶一样的手段，人也就失去了其存在的意义。因此，马歇尔对当时流行的生活费用工资理论提出了强烈的批评，要求以"效率工资"来代替"必需品工资"。古典经济学派从斯密开始都赞同工资是为了保证工人及其家庭的基本生活所需，决定工资的标准是满足工人及其家庭的基本生活所需。马歇尔认为，这样的财富分配原则是有问题的。其一，它将财富分配问题简单化了。"分配问题比以前任何经济学家所想像的要难得多，任何自认为很简单的解决办法都是不能信以为真的。"④ 以满足工人基本生活所需作为工资标准，是一种简单的财富分配方案。这样的方案忽视了现实生活的复杂性。其二，这种财富分配法则是有违社会正义的。这样的工资意味着将工人及其后代固定化在某一社会地位上，意味着工人的后代难以获得更好的教育机会以改变自己的命运。当社会缺乏阶级、阶层流动的可能，实际上就是人为地将社会等级固定化，这与封建社会的宗法等级特权制度并无二致。马歇尔用了大量的证据来说明，工人家庭难以和上层社会家庭在子女的社会地位的提升上获得同样的竞争力。致使工人的孩子只能继续成

① 参见乔洪武《论马歇尔的经济伦理思想》，《经济评论》2000 年第 1 期，第 48 页。
② ［英］阿弗里德·马歇尔：《经济学原理》下卷，陈良璧译，商务印书馆 1965 年版，第369 页。
③ 同上书，第 179 页。
④ 同上书，第 184 页。

为工人。

在上层社会中大多数人都能清楚地预计将来，并"以低利率加以折算"。他们尽量设法为自己的儿子选择最好的终身职业，以及该业所需要的头等训练。他们愿意而且也能够在这方面支出巨大的费用。尤其是自由职业阶段，一般都愿意为他们的子女储蓄一部分资本，同时更注意把这宗资本投在他们身上的机会。一旦高级职业中有一个新的机会，而这又需要专门的教育，那么，为了争抢这个职位，将来的报酬也不必高出现在的费用很多。

但在下层社会中这种祸害为害很大。因为父母的境遇不佳，所受的教育有限，和预计将来的能力的薄弱，都使他们不能把资本投在教育和培养他们的子女上，像用同样的自由和勇气运用资本来改良一个管理得法的工厂中的机器一样。工人阶级的子女很多都是衣不蔽体、食不果腹的。他们的住宅条件既不能促进身体的健康，也不能促进道德的健全。虽然现代英国的教育并不算很坏，但他们所受的教育却很少。①

效率工资不仅能够保证工人的基本生活所需，而且还能保证工人家庭对后代进行更好的教育。马歇尔说："效率工资，或从广义上说，效率报酬。这就是说，它不像计时工资按取得工资所消耗的时间计量，也不像计件工资按产品的数量计量，而是按工人的效率和能力的运用来计量的。"②所谓工人的效率和能力，就是站在社会正义的角度，最大限度地促进工人及其家庭成员的福利。

可见，马歇尔把"效率工资"作为财富分配原则，也就是对财富分配原则予以了伦理评判。显然，合理的工资报酬能使工人福利得以增加，并在多方面促进工人及其家庭在精神、道德等各个方面的发展。

基于这样的标准，马歇尔赞同提高工人的工资，反对低工资说。当时流行的一种观点认为，如果大幅度地提升工人的工资，将给社会的经济增长及财富增加带来不利的影响，因此，将工人工资维持在满足基本生活消费的最低标准就可以了。马歇尔认为，这样的观点是错误的，应提高工人

---

① ［英］阿弗里德·马歇尔：《经济学原理》下卷，陈良璧译，商务印书馆1965年版，第230—231页。

② 同上书，第219页。

的工资收入水平，而且这样的提高不是绝对数额上的增加，而是效率工资的增加。因为绝对的工资数额只是名义上的工资，效率工资才能表现出工资的实际水平。马歇尔说："提高工资的种种方法，即用减少而不是增进效率的手段以维持较高的安逸程度的方法，是违反社会利益的，也是近视的，从而会引起迅速的报复。"① 最典型的不顾效率提高工资的做法就是缩短工作时间。早期的资本主义剥削方式之一就是延长工人的劳动时间。随着无产阶级罢工斗争的胜利，资本家缩短了工人的劳动时间，提高了工人的工资。这似乎是无产阶级的胜利，但马歇尔认为，"如果人们过度劳累，而工作时间的缩短又不能使他们立即振作起来，则工人的物质与精神生活条件的改善，从而效率的提高与工资的增加，就不能立即显现出来"②。工资的提高不应该体现为工作时间的缩短和绝对数额的增加，而应该体现为在劳动中如何关心工人的劳动环境及条件，最大限度地改善工人的福利待遇。

其次，在财富分配中应综合考虑道德的因素。既然财富的分配标准要以伦理标准为衡量的依据，显然在财富分配中应该对道德的因素予以考虑。工人的工资不应仅满足生活所需，还应包括提高其家人的福利，如健康、教育等。马歇尔说："总之，我们不能把有效率的人的生产成本当作一个孤立的问题来看；它必须被看成有效率的人和那些妇女的生产成本这一较大问题的一部分，这些妇女善于使她们的家庭生活过得愉快，善于把她们的子女培养成身心健全、诚恳纯洁和文雅而勇敢的人。"③ 考虑道德因素的工资报酬不仅对当代人来说是有利的，这种利益对其后代也继续存在。"在付给工人高工资和关心工人的福利与文化方面，这个慷慨的雇主所提供的各种利益也不会在他那一代消失。因为工人的子女分享这些利益，长大以后，身体和性格必因此而更加健壮和坚强。"④

最后，马歇尔对这样的财富分配原则实施中的困难是有认识的。他说："不论谁用自己的资本来提高工人的本领，而这种本领终归是工人自己的财产；因此，对于帮助工人的那些人来说，美德，大半就是他们的报酬。"⑤ 以"效率工资"作为财富分配的标准，可以大幅度提升工人的福

① ［英］阿弗里德·马歇尔：《经济学原理》下卷，陈良璧译，商务印书馆1965年版，第352页。
② 同上书，第353页。
③ 同上书，第232—233页。
④ 同上书，第234页。
⑤ 同上书，第233—234页。

利，但对于资本家而言，其所获报酬是微小的，不能给他带来任何福利的增长。这就是马歇尔所说的，"效率工资"建立在资本家的"美德"报酬基础之上。问题在于，建立在道德基础之上的财富分配标准具有多大的可操作性呢？现实中又如何成为可实行的措施呢？马歇尔也承认雇主包括雇主的后代都无法在"效率工资"中获得任何的好处。对于自己提出的问题，马歇尔也没有做出任何回答。显然，他自己也认识到所谓的福利正义依靠资本家的个人自觉是难以实现的。这样的福利正义必须要依靠强有力的政治、法律制度。将提高工人的福利措施进行法律化、制度化，这样才能真正实现社会的正义。这也就是罗尔斯正义论中所要解决的政治哲学问题。

　　总之，从西斯蒙第的社会正义理论到马尔萨斯的人口正义理论，再到马歇尔的福利正义理论，古典经济学派内部从批评现存制度的不合理性出发，为弥补资本主义制度的缺陷设计了种种正义方案。无论这些方案对公正的价值理念进行了怎样的重视，不可忽视的一点就是：他们所要建立并极力维护的公正仍然是资产阶级的公正，是以资产阶级利益为核心的公正。但另一面，他们对社会公正的倡导直接影响到 20 世纪资本主义国家采取福利主义制度以及从制度上保证社会公正的实现。20 世纪以来纷呈的福利学派、制度学派、边际学派和自由选择学派等的经济伦理观都受着他们的深刻影响。

第六章　社会发展价值观

关注社会发展问题是思想家们的共同学术目标，因为社会科学研究的目的是为了拥有一个更加美好的明天与未来。思想家们会为社会的发展勾画蓝图、设计未来，经济学家也不例外。因此，社会发展价值观也就成为了经济伦理研究中的一个重要问题。古典经济学派在社会发展价值观上的突出特点是将经济的增长视为社会发展的中心问题，认为经济的增长必将带来社会福利的提升，并对社会的未来发展走向或寄予了乐观的希望，或表达出某种悲观的绝望。

第一节　斯密的以经济增长为中心的发展价值观

学术界普遍赞同，关注经济增长是古典经济学派的共同点。丹尼尔·贝尔说："从亚当·斯密到约翰·穆勒的古典经济学家所关注的是财富和经济的增长。衡量经济福利的尺度是产品的数量，后者又是劳动的数量与它的生产率的函数。对古典经济学家来说，测量商品的'实际'尺度是它们的'价值'，而不是它们的效用。"[1] 财富问题和经济增长问题，是古典经济学派两个非常重要的经济伦理问题。"关注经济增长是古典派的另一个共同点。自从斯密把研究国民财富的性质和原因作为经济学的主题突出出来，并且对之作了划时代的经典论述和分析以后，经济增长问题就成为古典经济学家的一贯的中心议题。"[2] 当然，古典经济学派关注经济增长问题不是单一的，而是全方位的，将经济增长作为了社会发展的基础。同时他们还强调要实现快速的经济增长必须要有社会制度、文化基础和道德观

---

① ［美］丹尼尔·贝尔：《经济论述中的模型与现实》，［美］丹尼尔·贝尔、欧文·克里斯托尔：《经济理论的危机》，陈彪如等译，上海译文出版社 1985 年版，第 69 页。

② 苏东斌：《我讲〈国富论〉》，中国经济出版社 2007 年版，第 169 页。

念等多种因素的配合。古典经济学派中首次提出经济增长问题的就是斯密。斯密阐述了以经济增长为中心的社会发展观。

一　经济增长之于社会发展具有基础性作用

斯密之所以对经济增长问题予以高度关注，原因在于他认为，经济增长是社会发展的基础与核心。任何一个社会要想得到进步与发展，都需要有基本的物质基础与条件。经济增长就是获得基本物质基础与条件的主要措施与手段。正如"著名管理专家哈默尔说：无论是布拉格还是圣地亚哥，广州还是加尔各答，这些城市新兴繁荣的背后都有亚当·斯密经济思想的贡献。我们完全可以说，是亚当·斯密的《国富论》为现代工业经济奠定了哲学基础"①。哈默尔之所以得出这样的判断，就是现代城市进程充分证明了斯密"经济增长"理论的正确性。经济增长确实是社会发展的物质基础，离开物质基础去谈社会发展，那是毫无意义的。当然，关注经济增长的社会发展理论也招致了诸多批判。因为它带来了一系列社会问题，如单纯为 GDP 增长而增长导致了社会发展中的急功近利和对弱势群体权利的损害，造成了社会贫富差距的两极分化等。功也好、过也罢，斯密以自己独特的学术视角对经济增长之于社会发展的基础性作用予以了描述。

1. 财富是幸福生活的必要条件

从前文论述中，可以看到斯密对财富的作用毫不否认，甚至予以了高度的肯定。斯密认为，一个人要想有幸福的生活，就需要有基本的物质条件。财富不仅给人提供了生活的基本物质条件，而且从精神上带给了人们某种满足。斯密说："由于人们更多地倾向于同情我们的欢乐，而不是我们的悲伤，所以这使得我们喜欢炫耀自己的富裕，掩饰自己的贫穷。对我们来说，最难堪的事情莫过于不得已而当众露穷，或者是感到，虽然我们处境人人皆知，但谁都对我们的穷困无动于衷。此外，更是考虑到人的上述情感，这使得我们去求富避贫。"② 一个富人会因他的财富向世人炫耀，这样的炫耀使他得到心理上的满足；一个穷人因他所处的贫困而感到自卑。两相对比，前者显然比后者更具幸福感。

斯密虽然肯定了财富对于幸福生活的意义，但并没有把幸福等于财富。也就是说，财富是人生幸福的必要条件，但不是充分条件。有财富未见得生活幸福，但是幸福的生活必须建立在充足的物质财富基础之上。斯

① 转引自苏东斌《我讲〈国富论〉》，中国经济出版社 2007 年版，第 170 页。
② ［英］亚当·斯密：《道德情操论》，余涌译，中国社会科学出版社 2003 年版，第 52 页。

密既不像中世纪的禁欲主义者那样，将财富看作洪水猛兽，视其为道德败坏的诱因；又不像享乐主义者那样，将财富视为唯一乐趣，而是对财富给予了一个较为中道的评价。财富是人们生存的基本物质条件，缺少了财富，也就失去了生存的最基本的物质条件。但财富却不是人们追求的唯一目标，它仅仅只是幸福的一个要素，还需要有美德、智力等其他要素的配合才能构成完满的幸福。

既然财富对于个人的生活具有如此重要的意义，那么，个人该如何追求财富呢？斯密认为，个人是社会的一员。在商业社会中，个人对财富的追求必须建构在经济关系之上。这也就意味着个人是无法单凭自己的能力来获得财富的，需要通过与他人之间的交换才能实现自我的利益。"他也意识到，他自己的利益与社会的繁荣密切相关，他自己的幸福，或许他的生存，都依赖于社会的保存。"① 而且从社会发展的现实来看，出于个人需求而形成的交换导致了社会的分工，进而形成一个富强的商业社会。

斯密认为，个人的幸福生活依赖于社会的发展，而个人幸福的满足又促进了社会的繁荣。这是由社会分工的必然性所决定的。"交换能力引起劳动分工，而分工的范围必然总是受到交换能力的限制，换言之，即受到市场范围的限制。当市场很小时，没有人能得到任何的鼓励，去专门从事一种职业，这是因为，他没有能力去把他自己劳动产品的远远超过自己消费的剩余部分，去交换他所需要的其他人劳动的剩余部分产品。"② 当劳动分工完全确立以后，社会就产生了以交换为目的的商业行为，进而形成了商业社会。"当劳动分工完全确立以后，一个人自己劳动的产品就只能满足他的需要的很小一部分。他把自己劳动产品的超过自己消费的剩余部分，用来交换自己需要的他人劳动产品的剩余部分，以此满足自己的绝大部分需要。这样，每一个人都靠交换来生活，在某种程度上变成了一个商人，而社会本身也就变成了真正可以称作的商业社会。"③

斯密通过这样的描述试图说明，财富是获得幸福的必要条件，在商业社会中，个人获得财富必须依靠整个社会的努力。只有当社会财富增长时，才能有个人财富的实现。如果社会只能满足一部分人获得财富，那一部分没有获得财富的人最终仍然会影响到那些已经获得财富的人的利益。因此，个人的幸福生活依赖于整个社会的经济增长。

---

① ［英］亚当·斯密：《道德情操论》，余涌译，中国社会科学出版社2003年版，第95页。

② ［英］亚当·斯密：《国民财富的性质和原因研究》，杨敬年译，陕西人民出版社2001年版，第22页。

③ 同上书，第28页。

2. 经济增长意味着社会所有阶级的富裕

斯密在《国富论》中用了相当多的篇幅阐述社会分工的问题。结合他在《道德情操论》中关于商业社会的理解，可以得出这样的解释：斯密将社会生产视为一个整体协作劳动，社会分工就是对协作化劳动所做的最好诠释。因此，分工带来了劳动生产力的提高，使得社会产品获得了极大丰富，国家财富得以增长，人民过上了富裕的生活。这是斯密对财富增长所做的逻辑推论与证明。他说："由于实行劳动分工的所有不同行业的产量成倍增长，在一个治理得很好的社会出现普遍的富裕，推广到了最低层的人民。每一个工人自己劳动的产品，除了供应自己的需要而外，还可大量出售；每一个其他的工人也完全一样，能用自己的大量产物去交换他人的大量产物或其等价品。他对他们的需要作出丰富的供应，他们也对他的需要作出同样丰富的供应，于是社会的所有不同阶级都变得普遍富裕起来。"①

斯密之所以能得出经济增长意味着社会所有阶级的富裕的结论，是因为他将重商主义者对劳动者的认识予以了纠正。劳动者，或者在某些思想家那里表述为"贫民"的阶级，在整个重商主义时期，是不受重视的。"在整个重商主义时期，劳动者一般不作为独立的社会阶级，而作为从属的、低等的贫困阶层受到轻视，遭到厌恶，同时在另一方面，在将劳动者看作人力时，他们又作为国富的源泉、能导致贸易顺差的有用的要素而受到尊重。"② 这种对劳动者既爱又恨的复杂态度直到斯密这里才得以纠正，赋予了对劳动者的重视并给予了他们以应有的社会地位。斯密认为，劳动者是一国财富的创造者。因为劳动是财富创造的源泉，所以，只要是劳动者，那就是社会财富的创造者。更重要的是，财富还是一个人所能享有的必需品、便利品和娱乐品。劳动创造财富，财富必须为人所享用，这才是社会财富运动的基本规律。使用财富的人是谁呢？斯密认为，不仅仅是社会的上层阶级，一切以劳动为生的劳动者都是财富的消费者。"一国国民每年的劳动，本来就是供给他们每年消费的一切生活必需品和便利品的源泉。"③ 所以，以财富为中介，构成了从劳动到劳动的一个循环。劳动是抽象的，总是以具体的劳动者表现出来的。劳动—财富—劳动的循环过程实

---

① ［英］亚当·斯密：《国民财富的性质和原因研究》，杨敬年译，陕西人民出版社 2001 年版，第 14 页。

② ［日］大河内一男：《过渡时期的经济思想——亚当·斯密与弗·利斯特》，胡企林、沈佩林译，中国人民大学出版社 2000 年版，第 178 页。

③ ［英］亚当·斯密：《国富论》上，郭大力、王亚南译，商务印书馆 1972 年版，第 1 页。

际上也就表示为从劳动者—财富—劳动者的循环过程。"斯密认为,历来的'贫民'或'贫穷劳动者'正在重新以生产阶级、工人阶级的身份露面。他们凭借劳动分工和新的生产技术组织起来,为国内市场生产'生活必需品和便利品',同时凭借他们领取的工资总额,又以国内市场的商品—'生活必需品和便利品'—消费者的身份出现。"①

在从财富到劳动者的这个过程中,劳动者以工资收入的形式获得对财富的占有。斯密在《国富论》中阐述了收入的三种形式:地租、工资和利润。通过对收入的分析,斯密得出了这样的结论:工资与整个社会的利益是相一致的。斯密将社会成员分为三个阶级:地主阶级、劳动者阶级和雇主阶级(即资本家)。地主阶级的收入表现为地租,"第一阶级即地主阶级的利益,是和社会一般利益密切相关,不可分离的。凡是促进社会一般利益的,亦必促进地主利益,凡是妨害社会一般利益的,亦必妨害地主利益"②。当然,斯密也认为这是一个不劳而获的阶级,但是,这个阶级在分享社会财富的成果。而且他们深知这一点,所以他们会为了维护整个社会的利益不遗余力。从根本上来说,这个阶级的利益与整个社会的利益是相一致的。"第二阶级即靠工资过活的阶级的利益,也同样与社会利益密切相关。"③ 这是一个与社会利益直接相关的利益阶层。当社会利益发生变动时,受影响最大的阶级就是这个劳动者阶级。"劳动者在繁荣社会中不能享有地主阶级那样大的利益,在衰退的社会中却要蒙受任何阶级所经验不到的痛苦。"④ 但是,这样一个与社会整体利益存在最为密切关系的阶级,限于自我的理解能力,他们"没有了解一般社会利益的能力,更没有能力理解本身利益与社会利益的关系"⑤。只有第三个阶级,总是利用自己的特有地位,通过刻意压低其他阶级利益来提高自己的利益。从这个角度来说,这个阶级的利益是与整个社会利益相背离的。当社会利益整体提升的时候,他们获得的利润就会减少;反之亦然。但是,斯密这里暗含了一个经济学的原理,那就是,利润率的降低可以通过规模经济效益使利润的总量得到提高。这就是说,当规模化生产出现以后,利润率的降低反而没有

---

① [日]大河内一男:《过渡时期的经济思想——亚当·斯密与弗·利斯特》,胡企林、沈佩林译,中国人民大学出版社 2000 年版,第 182 页。
② [英]亚当·斯密:《国富论》上,郭大力、王亚南译,商务印书馆 1972 年版,第241 页。
③ 同上。
④ 同上。
⑤ 同上。

减少利润总量，甚至是带来了利润量的上升。所以，从整个范围来说，这个阶级的利益与整个社会利益仍然是保持一致的。这个阶级从自我利益出发，结果却导致了这样的结果：表面上，社会越发展繁荣，他们的利润率就越低；实际上，社会越是发展繁荣，他们的规模经济效益也就越大。在这样的社会关系中，三个阶级的利益得到了统一。因此，斯密得出结论，社会的发展导致全体社会阶级的富裕。

从斯密对三个阶级收入关系的分析中，我们可以清晰地看到，斯密将经济增长视为了社会发展的必要条件，也是社会各个阶级普遍得到富裕的前提。经济增长实际上就是社会发展的衡量指标，同时也是社会发展的目的。"使劳动工资增高的，不是庞大的现有国民财富，而是不断增加的国民财富。"① 需要指出的是，在斯密眼中，社会发展要以经济增长为中心，并不意味着任何其他的问题就不重要了。斯密认为经济增长尽管是社会发展的中心问题，提高社会成员的整体精神面貌也很重要。社会的经济增长状况与社会成员的精神状态之间有着非常密切的关系。在斯密的关于社会状态的三种划分中就表达了这样的思想。

二　三种社会状态说

经济增长是社会发展的目的，那么，怎样的社会发展状态才是最好的、最值得我们追求的呢？斯密区分了三种经济社会的发展状态或者说是三种模式：进步状态、静止状态和退步状态。"在社会处于进步状态并日益富裕的时候，贫穷劳动者，即大多数人们，似乎最幸福、最安乐。在社会静止状态下，境遇是艰难的；在退步状态下，是困苦的。"② 斯密将社会进步状态作为社会发展的最佳模式。

1. 退步状态

退步状态是社会发展最糟糕的模式，斯密以"东印度的孟加拉国及其他若干英领殖民地"为例，描述了一个悲惨的社会生活事实：

　　　　每年各等职业所需要的雇用和劳动者，都比前一年少。许多不能在上等职业中找得工作的上等阶级的人民，也想在最下等的职业中找工作。这样，在最下等职业中，就不但有了超过需要的最下级劳动者，而且还有过多的从其他各阶级纷纷拥入的人。结果，职业的竞争

① ［英］亚当·斯密：《国富论》上，郭大力、王亚南译，商务印书馆1972年版，第63页。
② 同上书，第74页。

变得非常剧烈，以致把劳动工资减低到极悲惨极贫困的生活水准。而且，即使忍受这些苛刻条件，还有许多人找不到职业。这些人，要么饿死，要么沦为乞丐，不然也许只有搞罪大恶极的勾当才能取得生活资料。接着，贫乏、饥饿和死亡等灾祸就落到最下级的劳动者身上，或来波及所有上等阶级，终至国内居民人数到经过苛政或灾祸而硕果仅存的收入和资本所能容易维持的人数。①

斯密一再强调，这个状态是劳动者处于饥饿的状态，食不果腹、饿殍遍地。从斯密的描述中，我们可以看到退步状态的基本特征是：相对人口大大过剩、劳动工资满足不了最低生活所需、整个社会的阶级都处于贫困之中。这样的三个特征是有机地统一在一起的。造成退步状态的前提是："指定用来维持劳动的资金显著减少"②。造成这个前提的根本原因是什么？斯密认为是"压迫与压制东印度的商业公司"③。斯密所讲的"压迫与压制东印度的商业公司"在当时指的就是仍然在英属殖民地保留的重商主义政策。由于重商主义政策强调政府对商业活动的干预以及它们那种错误的财富观，导致社会对生产投入严重不足。在这种状况下，生产不足意味着社会无法提供更多的工资收入和更多的工作机会。为了抢夺这些少有的工作岗位，社会的各个阶层都投入到一场恶性竞争当中，结果自然是工资报酬的降低。工资报酬的降低让社会各个阶层陷于贫困，以更为激烈的竞争方式参与到社会劳动之中，这就是社会的一次恶性竞争循环。

从斯密的阐述中可以看到，他对重商主义政策的抨击与反对以及对新兴的工业资本主义制度的拥护与赞同。斯密认为，要想解决社会的贫困问题，改变社会的退步状态，根本措施在于发挥以大规模的工业生产为基础的资本机制的作用。只有将社会资本投入社会生产之中，创造出更多的社会财富，才能为社会提供充足的工资基金，社会才会有更加安宁与幸福的生活。显然，劳动者的工资报酬仅仅只是造成退步状态的一个表现，其根本的原因在于生产的严重不足，而这种生产的不足是由于社会资本投入不够所造成的。所以斯密认为，判断一个国家是否处于退步状态非常简单："如果一个国家土地肥沃，人口又经大大减少，因而生活资料并不十分困难，可是年年仍不免有三四十万人因饥饿而濒于死亡，我们就可以断言，

---

① ［英］亚当·斯密：《国富论》上，郭大力、王亚南译，商务印书馆1972年版，第66页。
② 同上。
③ 同上书，第67页。

那是因为该国指定用来维持贫困劳动者的资金正在迅速减少。"① 退步状态与天灾无关，与土地是否肥沃无关，只与社会生产的投入相关，与社会经济增长状况相关。

2. 静止状态

静止状态是一个不好不坏的状态，斯密以中国为例，描述了一个处于社会发展停滞状态的模式。

> 一国尽管非常富有，如若长久陷于停滞状态，我们就不能希望在那里找到极高的工资。指定用来支付工资的资金，换言之，居民的收入和资本，也许达到极大的数额。但这数额如果数世纪不变，或几乎不变，那么每年所雇用的劳动者人数就很容易供应下一年所需劳动者人数，甚或还有剩余。这样，劳动者既不缺少，雇主也不会为要获得劳动者而相互竞争。在另一方面，劳动者的增长却自然会超过需要雇用的人数。就业机会常感不足，于是劳动者为要获得工作，不得不互相竞争。假如，该国劳动者的工资，本来足够养活他们各自的身家而且还有剩余，那末劳动者间的竞争和雇主们的利害关系，不久就会使工资减低到合乎一般人道标准的最低工资。②

斯密是用投入生产规模的大小来标示社会发展状态的，即社会经济增长状态与社会发展之间是因果关系。当一个社会生产投入陷于停滞，尽管国家富裕，也会陷入静止状态。在这个状态中，社会生产对劳动者的需求不足，相应地，由于自然的人口增长，社会又能自然为生产提供过多的劳动者。这样，就会导致劳动者的工资报酬趋于最低。但是，由于这个社会的维持劳动资金并没有表现出明显地减少，只不过随着社会的发展没有得到应有的增加，因此，社会并没有陷入退步状态，而是停留在一个基于原有标准基础的不动状态。在这样的状态下，底层人民的生活最受影响：

> 中国耕作者终日劳作，所得报酬若够购买少量稻米，也就觉得满足。技工的状况就更为恶劣。欧洲技工总是漫无所事地在自己工场内等候顾客，中国技工却是随身携带器具，为搜寻，或者说，为企求工

---

① ［英］亚当·斯密：《国富论》上，郭大力、王亚南译，商务印书馆1972年版，第66—67页。

② 同上书，第65页。

作，而不断在街市东奔西走。中国下层人民的贫困程度，远远超过欧洲最贫乏国民的贫困程度。据说，在广州附近，有数千百户人家，陆上没有居处，栖息于河面的小渔船中。因为食料缺乏，这些人往往争取欧来船舶投弃船外的最污秽废物。腐烂的动物尸体，例如死猫或死犬，纵使一半烂掉并发臭，他们得到它，正像别国人得到卫生食品那么高兴。结婚，在中国是受到了奖励的，但这并不是由于生儿育女有出息，而是由于有杀害儿童的自由。在各大都市，每夜总有若干婴孩被委弃街头巷尾，或者像小狗一样投在水里。而这种可怕的杀婴工作，据说是一部分人公然自认的谋生手段。①

当然，斯密的对于 18 世纪中国的描述存在许多不真实之处，其关于中国资料的道听途说性质非常明显。抛开斯密对中国的不真实描述，我们可以看到在斯密所描述的停滞状态或者说是静止状态下，劳动人民处于悲惨的生活境地。造成这种状态的原因主要就是由于维持劳动资金投入没有得到显著的增加。

不过，中国虽可能处于静止状态，但似乎还未曾退步。那里，没有被居民遗弃的都市，也没有听其荒芜的耕地。每年被雇用的劳动，仍是不变，或几乎不变；因此，指定用来维持劳动的资金也没有显然减少。所以，最下级劳动者的生活资料虽很缺乏，但还能勉强敷衍下去，使其阶级保持着原有的人数。②

在斯密对节俭的赞扬与奢侈的批评中，已表示出对资本投入于社会生产重要性的认识。在斯密看来，只有节俭才能将资本更多地投入生产，资本的投入才能促进经济的持续增长，创造更多的社会财富。显然，节俭是社会的恩人，而奢侈则是社会的敌人。更重要的是，斯密认为一个社会的发展依赖于对社会生产的持续投入。所谓的静止状态就是一个随历史的发展，在社会生产投入方面既没有减少，也没有增加的状态，人们的生活收入水平也保持着一个相对稳定的状态。当然，人们生活水平的相对稳定是在一个最低生活水平上的稳定。在这样的社会状态下，人们的生活显然无

① ［英］亚当·斯密：《国富论》上，郭大力、王亚南译，商务印书馆 1972 年版，第 65—66 页。
② 同上书，第 66 页。

法实现富足。

3. 进步状态

进步状态是人民生活最幸福安乐的状态，斯密以英国、美国①为例，描述了处于进步状态的社会模式：

北美虽没有英格兰那样富裕，但比英格兰更繁荣，并以大得多的速度增加财富。一国繁荣最明确的标识，就是居民人数的增加。英格兰以及欧洲大多数其他国家的居民，在大约五百年内，不敢说有一倍的增加，但在北美英属各殖民地，在二十年或二十五年内，就增加了一倍。就现在说，这种迅速增加的主要原因，不是新居民的不断移入，而是人口的迅速繁殖。据说，当地高龄居民往往能亲眼看到五十、一百甚至一百个以上的直系子孙。由于劳动报酬优厚，多子女不但不成为室家之累，反而成为家庭富盛的源泉。……尽管早婚招致了人口很大的增加，但北美人民却仍不断发出劳动者不足的诉苦声。对劳动者需求的增加，和维持劳动者资金的增加，似乎比劳动供给的增加快得多。②

之所以处于进步状态，根源就在于社会生产投入的增加，带来了劳动报酬的增加，进而带来了劳动人口的增长，而劳动人口的增加不仅没有成为负担，反而成为促进社会经济增长的有力手段。这就是说，劳动报酬最高的情况不是在最富裕的国家中出现，而是在经济增长得最快的国家出现。因为劳动工资反映的是劳动的供需关系，只有在经济增长最快的国家，劳动才会产生不足，才会有很高的劳动报酬。因此，劳动工资与社会的经济增长之间是正态比例关系。

所以，斯密才得出结论："不列颠现今的劳动工资，显然超过了维持劳动者一家生活所需的数额。……有很多迹象表明，不列颠各地劳动工资，不是以符合人道标准的最低工资为准则的。"③斯密分析了不列颠的劳动工资水平说明当时的英国在进步状态下人民生活可以保持在一个较高的水准。第一，不列颠有夏季工资和冬季工资之分。在夏季，人们的生活支出最低，反而工资收入最高。显然，人们的工资收入不依其生活必需品来

① 特别是美国，在斯密看来，是进步状态的最为典型的代表。
② ［英］亚当·斯密：《国富论》上，郭大力、王亚南译，商务印书馆1972年版，第64页。
③ 同上书，第67页。

指定。冬季工资既然在与夏季工资相比更低的情况下都能让人们过上更为舒适的生活，显然，从全年的工资收入水平来说，不列颠保持了一个较高的水准。第二，虽然食品价格经常变动，但是劳动的货币工资经年不变，即便如此，"这些地方的贫穷劳动者，在食品最昂贵的年岁，能够维持他的身家；那末，在食品价格一般而供给又很充足的年岁，必能过舒适生活；在食品异常低廉的年岁，就过着优裕生活"①。所以，在不列颠，工人可以过上优裕的生活。"世人往往说，奢侈之风，波及下等阶级，连贫穷劳动者现在也对从前的衣食住条件感到不满足，他们这样说，使我们确信，劳动的货币价格与其真实价格增大了。"②

工资报酬的增加带来的直接后果就是人口繁殖速度加快。因为贫困不利于子女的抚养，人们无形之中就会降低人口的出生。而"丰厚的劳动报酬，由于它使劳动者能够改善他们儿童的给养，从而使他们能够养大较多的儿童"③，人口就保持着一个持续的增长。所以，社会的生产决定着人口的生产。"因此，像对其他商品的需求必然支配其他商品的生产一样，对人口的需求也必然支配着人口的生产。生产过于迟缓，则加以促进；生产过于迅速，则加以抑制。世界各地，不论在北美，在欧洲，或是在中国，支配和决定着人口繁殖程度的正是这一需求。这需求在北美，成为人口迅速增加的原因，在欧洲，成为人口缓慢而逐渐增加的原因，在中国，就成为人口不增不减的原因。"④

通过对这三种状态的分析，斯密得出结论："不是在社会达到绝顶富裕的时候，而是在社会处于进步状态并日益富裕的时候，贫穷劳动者，即大多数人们，似乎最幸福、最安乐。在社会静止状态，境遇是艰难的；在退步状态下，是困苦的。进步状态实是社会各阶级快乐旺盛的状态。静止状态是呆滞的状态，而退步状态则是悲惨的状态。"⑤ 所以，"劳动报酬优厚，是国民财富增进的必然结果，同时又是国民财富增加的自然征候。反之，贫穷劳动者生活维持费不足，是社会停滞不进的征候，而劳动者处于饥饿状态，乃是社会急速退步的征候"⑥。

---

① ［英］亚当·斯密：《国富论》上，郭大力、王亚南译，商务印书馆1972年版，第68页。
② 同上书，第72页。
③ 同上书，第73页。
④ 同上书，第73—74页。
⑤ 同上书，第74—75页。
⑥ 同上书，第67页。

三　斯密社会发展价值观述评

斯密开创的以经济增长为中心的社会发展观对近代西方思想家的影响是极为深刻的。在其之后的李嘉图和穆勒在斯密的社会发展状态基础之上，对社会发展得出了或悲观，或乐观的不同认识。斯密的社会发展价值观不仅在经济伦理思想发展史上具有重要的影响力，而且对具体的经济政策也发挥了实际作用。重视经济增长成为很长一段时期内，西方政府的核心经济政策。当然，斯密的社会发展价值观仍然存在着严重的理论不足。

1. 斯密的社会发展观是横向的比较，难以真实反映社会发展的全貌

发展对任何个体来说，都是自身内在矛盾运动所决定的自我完善与变化。因此，任何事物的发展不仅仅是从横向角度与其他个体之间的比较，更是从纵向角度与自我的比较。斯密将社会发展区分为三种模式，并以不同的国家来表示这三种不同的发展状态。这样的比较有利于对不同的社会状态做出更为深刻与直观的认识与理解。但显然，这一理论欠缺发展的历史性。更为重要的是，斯密的横向社会发展观理论存在着理论的不足。

大河内一男认为："斯密比较了经济发展的三种'状态'，认为'进步状态'是最幸福的经济社会，但由美国和英国代表的这种状态，其本身并没有独立地达到这种'社会上的一切阶级都愉快欢乐的状态'，斯密本人当然没有意识到，实际上这只是在牺牲出于其他两种'状态'的经济社会的情况下才有可能达到。斯密举出'在东印度实施压制、独断专行的商业公司的精神'，作为招致'退步状态'的根源，但这不正是整个重商主义时期英国精神的显现吗？如果将世界经济秩序理解为一个总体，则'进步状态'只是在牺牲'停滞状态'和'退步状态'的情况下能认为是可能的。英国先于欧洲其他各国，在一些落后国家蒙受巨大的牺牲和不幸的情况下创立了'进步状态'和'社会上的一切阶级都愉快欢乐的状态'。"①这样的分析是有道理的，整个 19 世纪世界经济史的发展充分证明了这一点。显然，斯密并没有看到这一点。

在当前世界市场条件下，各个经济体之间存在着更加密切的关系。斯密时代的以牺牲部分国家的经济发展利益来实现个别国家利益的做法是行不通的。世界市场的形成，要求我们站在人类的高度来审视社会的发展问

---

① ［日］大河内一男：《过渡时期的经济思想——亚当·斯密与弗·利斯特》，胡企林、沈佩林译，中国人民大学出版社 2000 年版，第 194 页。

题。我们要寻求的不仅仅是一个国家的经济与社会的发展，更为重要的是实现人类的整体利益。

2. 建立在劳动工资报酬上的社会发展是不真实的

斯密以经济增长为中心来看待社会的发展，将劳动者的劳动工资报酬作为了提高社会发展程度的基本条件。当然，劳动者劳动工资报酬的提高可以使劳动者获得更好的生活享受，这是一个进步发展的社会的应有之义。但是，劳动者工资收入的提高就一定能让劳动者达到愉快欢乐的状态吗？是不是物质生活水平的提高就是社会的发展呢？

我们知道，物质生活水平的提高仅仅是社会发展的一个方面。社会发展是一个全方位的概念。不仅包括更好的物质生活水平，而且包括更高的精神生活水平。从社会来说，即便是物质生活水平也不仅仅只是由个人劳动工资报酬提供的。当我们说，住上更大的房子，是生活水平提高的标志。是否能够住上大房子依赖于劳动者是否有足够的劳动报酬负担得起。但是，如果一个房子周围环境脏、乱、差，能够说居住水平得到了提高吗？显然，周围的环境并不是依靠劳动者的工资收入能够解决的。因为，周围的环境属于社会的公共财产，是需要政府通过各种努力来实现的。这样的公共福利，并不能依靠实现个人福利得到解决。

不仅是一些必要的物质生活条件，满足人们精神文化所需的条件更是需要政府的投入。如体育馆、图书馆、各种各样的文化教育机构、医院、福利院等。一个处于进步状态的社会发展不仅具有较高的物质生活水平，还需要有丰富的精神生活。仅依赖于提高劳动者的工资，显然是达不到这个目的的。

3. 以经济增长为中心的社会发展容易导致短视行为的发生

经济的增长往往是直接的、更为可见的。正是因为它的直接可见性，容易导致诸多短视行为的发生，最终造成更大的社会灾难，对社会发展不利。当今社会发展的事实，可以充分证明这一点。自斯密时代以来所倡导的经济增长为中心的发展理论，强调了大规模的工业化大生产。这样的工业化大生产以是否能够生产足够多的物质产品作为衡量进步的标准与依据，这就导致了为生产而生产的社会经济目标的制定。在这个目标的指导下，人们往往趋于急功近利，不考虑长远的经济发展和社会发展。这样的经济发展模式给当今世界带来了沉重灾难。

工业化污染严重：19 世纪末，工业革命的"故乡"，斯密理论的直接践行者——英国，就发生了人类史上最早的由工业化废气造成的环境污染。1952 年 12 月上旬，伦敦城被一团巨大的黄色烟雾笼罩得严严实实，短短 5 天内烟雾就夺去了 4000 多人的生命。① 20 世纪 40 年代以来，美国的洛杉矶每年从夏季至早秋，只要是晴朗的日子，城市上空就会出现一种弥漫天空的蓝色烟雾。这种烟雾使人眼睛发红、咽喉疼痛、呼吸憋闷、头昏、头痛。1943 年以后，烟雾更加肆虐，以致远离城市 100 千米以外的海拔 2000 米的高山上的大片松林也因此枯死。仅 1950—1951 年，美国因大气污染造成的损失就达 15 亿美元。1955 年，因呼吸系统衰竭死亡的 65 岁以上老人达 400 多人；1975 年，约有 75% 以上的市民患上了红眼病。这就是著名的 "洛杉矶光化学烟雾污染事件"②。光化学烟雾主要是由汽车尾气和工业废气排放造成的。洛杉矶在 20 世纪 40 年代就拥有 250 万辆汽车，每天排出 1000 多吨碳氢（CH）化合物、300 多吨氮氧（NOx）化合物和 700 多吨一氧化碳（CO）。另外，还有炼油厂、供油站等其他石油燃烧排放物，这些化合物被排放到阳光明媚的洛杉矶上空，不啻制造了一个毒烟雾工厂。20 世纪 50 年代初，在日本九州岛南部熊本县的一个叫水俣镇的地方，出现了一些患口齿不清、面部痴呆、手脚发抖、精神失常的病人，这些病人经久治不愈，就会全身弯曲，悲惨死去。这个镇有 4 万居民，几年中先后有 1 万人不同程度的患有此种病状，其后附近其他地方也发现此类症状。经数年调查研究，于 1956 年 8 月由日本熊本国立大学医学院研究报告证实，这是由于居民长期食用了八代海水俣湾中含有汞的海产品所致。汞进入海洋的主要途径是工业废水、含汞农药的流失以及含汞废气的沉降。此外，含汞的矿渣和矿浆也是其来源之一。水俣湾为什么会有含汞的海产品呢？这还要从水俣镇的一家工厂谈起。水俣镇有一个合成醋酸工厂，在生产中采用氯化汞和硫酸汞两种化学物质作催化剂。催化剂在生产过程中仅仅起促进化学反应的作用，最后全部随废水排入临近的水俣湾内，并且大部分沉淀在湾底的泥里。③ 人类为自己曾经创造的最灿烂、最辉煌的工业化文明，付出了沉重的代价，饱尝了以牺牲环境为代价的工业发展所带来的灾难性苦果。今天，这样的苦果还有很多，悲剧仍然在继续，影响还在持续扩大。

全球化的气候恶化：环境污染伴随着全球化的气候恶化，这也是工业化给我们带来的另一个大自然的惩罚。近些年来，世界各国都出现了几百

---

① 《中国制造需跳出污染怪圈、世界工厂不能成为垃圾场》，《经济参考报》，2005 年 5 月 12 日。

② 引自 "百度百科" 之 "洛杉矶光化学烟雾污染事件" 词条，http://baike.baidu.com/ link? url = gLgb3ksup8 − wdZY3EGtrbqVmIQH81fr6p − 0IwzYhhpaVsQM6smNjCVoxBqyBol53。

③ 同上。

年来历史上最热的天气。世界气象组织 2009 年 12 月 8 日在气候变化大会上表示，最近 10 年极有可能是自 1850 年有记录以来天气最热的 10 年，而 2009 年能排进历史上最热年份的前 5 名。飓风、海啸、地震频发，给世界各国造成了极为严重的经济损失和人员伤亡。从全球环境来说，由地球变暖而来的海平面在缓慢上升。专家预计 2100 年海平面可能会上升 50 厘米。这将给沿海经济发达城市带来灾难。气候变化，将给植物带来影响，使世界范围内的许多地区的农业和自然生态系统无法适应全球的气候变化，带来大范围的森林植被破坏和农业灾害。更有甚者，气候变化将给人类健康带来影响。气候变暖可能加大疾病的危险和死亡率，带来新的传染疾病。一些由昆虫传播的疾病与温度上升有很大关系，这将使全球陷入新一轮的疾病传染时期。很多专家认为，全球气候问题与人类活动之间有着密不可分的关系。正是因为人类肆无忌惮地追求经济利益的行为造成了对自然环境的破坏，进而影响到全球气候的变化，人类将为此付出沉痛的代价。

物质主义导致的精神空虚：对物质享受的过度追求造成了人类精神家园的失落，精神虚无主义造成了人类近代历史的灾难。资本主义的发展进程与世界范围内的战争存在着依附的关系。20 世纪上半叶就爆发了两次规模巨大的、世界范围的大战，给人类带来灾难。第二次世界大战期间，纳粹的犹太灭绝计划致数以千万计的犹太人惨死于集中营。尤其是近 100 年来，暴力与色情似乎是人类活动的两个主题。在宗教正义的旗号下，无辜平民伤亡惨重；在弘扬个性的旗帜下，纵欲成为唯一的行为目的。从马克思批评工业化对人的异化开始，法兰克福学派、存在主义等现代思潮也对工业主义进行了批判，人们开始意识到物质主义给人类精神带来的巨大伤害。精神的空虚比物质的不足更加可怕。它不仅同样会造成与物质不足一样的对生命的伤害，而且会践踏人性的尊严和人道的精神，甚至会带来人类种群的生存危机。

第二节 两种论调各异的社会发展价值观

继斯密的社会发展理论，在其后的古典经济学派发展出两种论调各异的社会发展理论。沿着斯密开创的社会发展状态学说，李嘉图持有一种对社会发展静止状态的悲观论；相反地，穆勒则对社会发展静止状态给予了乐观主义的肯定。同时，针对斯密以经济增长为中心，忽视了人的福利的不足，李嘉图和穆勒等人都予以了一定程度的补充与纠正。西方近代以来的社会发展理论从而向福利主义的思路靠拢与迈进。

一 李嘉图的悲观主义社会发展观

正如萨缪尔森对李嘉图的评价那样，李嘉图为我们描绘了一幅悲秋式的资本主义图卷。从阶级利益对立关系入手，李嘉图得出了社会发展的悲观主义论调，即社会的发展将带来各阶级的普遍贫困。李嘉图之所以得出这样的社会发展结论，建立在其对工资、地租和利润三者之间关系的分析上。

1. 工资、地租和利润之间有密切关系

斯密给我们描绘了一个利益和谐的资本主义社会，并认为随着资本积累扩大的社会化大生产，将有一个光明的未来。但是，这样的美好未来在现实中并没有得到实现，斯密所设想的社会各阶级之间的利益和谐关系反而被利益冲突所代替。因此，李嘉图就必须对这个问题做出回答。通过对社会三个主要阶级之间利益关系的分析，李嘉图得出了对未来发展的悲观主义论调。

第一，工资。李嘉图将工人工资区分为自然价格和市场价格。工资的自然价格由其生活所需的物质产品所决定，"劳动的自然价格是让劳动者大体上能够生活下去并不增不减地延续其后裔所必需的价格"①。显然，这种工资的高低不取决于其获得的货币量，而取决于当时市场供应的生活资料价格的高低。如果生活资料价格昂贵，即使工资收入较高，也不意味着有较高的生活水平。② 李嘉图的第一个结论是：工资的市场价格受供求关系的影响有高有低，但并不偏离其自然价格。李嘉图在这里表达了一个工资报酬的价值规律。工资的市场价格围绕着自然价格做上下波动。在工资的两种价格中，反映工人劳动价值的显然是自然价格，而不是市场价格。根据李嘉图的这个结论，斯密所言的工人劳动报酬的提高仅仅只是市场价

---

① ［英］大卫·李嘉图：《政治经济学及赋税原理》，周洁译，华夏出版社 2005 年版，第77 页。

② 李嘉图的这个理论是很容易解释一些生活现实的。比如，当前一个在北京工作的大学毕业生的收入是 6000 元，而一个在小城市工作的大学毕业生的收入是 2000 元左右。但前者的生活并不一定就比后者的生活更好。因为生活需要建立在消费支出基础上。北京的房价平均在万元以上，小城市的房价平均在 2000 元左右；北京出行一定要公共交通工具，小城市也许步行就可；北京的一碗牛肉面要 10 元，小城市的只要 5 元……对这样的生活消费进行比较，北京的 6000 元的收入显然低于小城市的 2000 元收入。李嘉图的工资自然价格想要说明的就是这个问题。

格的提高，这个提高并不能反映工人的实际生活水平。

李嘉图的第二个结论是：自然价格随社会的发展总是在上涨。李嘉图认为工人的生活消费品主要由两部分构成：粮食和工业用品。这两部分的价格随社会的发展表现出完全相反的趋势。粮食，作为生活消费的主要用品，随社会的发展总是表现为上涨的趋势。"随着社会的进步，劳动的自然价格总有上涨的趋势，原因是规定其自然价格的一种主要商品由于生产困难加大而有涨价的趋势。"① 这个主要商品就是粮食。李嘉图认为随着人口增长的压力，原有的土地已经无法提供满足人们生活的粮食。于是，地主就不得不开垦那些比较偏远的、土质较差的土地，随着改良难度的加大，地主就要提高土地的租金。这就是李嘉图的级差地租理论。这个理论说明了随社会的发展，地租的上涨带来的粮食价格上涨的发展趋势。而且这个趋势在李嘉图看来是很难改变的。他说："由于农业改良和发现有食物可供进口的新市场，可能暂时抵消必需品价格上涨的趋势甚至可以使其自然价格下降。"② 如果想降低粮食价格，只能依靠两个途径：农业改良和农产品大量进口。这样两个途径在李嘉图时代是非常困难的。农业改良需要依靠先进的农业技术，在当时的生物技术水平条件下，很难让人看到农业改良的希望；粮食进口依赖于别国的粮食生产的富余，由于人口压力是世界范围的难题，寄希望于别国粮食出口也是虚幻的。因此，李嘉图说，让粮食价格下降只是暂时的表现，从长远来看，粮食的价格总是上涨的。与此相反的是，生活所需要的工业制品的价格表现为下降的趋势。虽然由于农产品价格上涨导致工业制品的原料价格上涨，但是由于新技术的使用、劳动分工以及科技进步等要素的共同作用，工业制品的价格处于下降之中。可是，工业生产的必需品消费总是耐久消费，不像粮食那样总是有着旺盛的需求。因此，工业制品的价格实际上对工人的生活水平的影响甚微。相形之下，粮食的价格是影响工人工资自然价格的主要因素。

李嘉图的第三个结论是：市场价格随社会的发展表现出上涨的趋势，但机器的"双刃剑"的效用总是会抵消这种上涨。因为工资的市场价格取决于生产。一方面，在资本主义条件下，生产总是在不断地扩大，总是会产生对劳动的巨大需求，这种需求刺激着工资市场价格的上涨。然而，机器的使用在使工人工资的自然价格下降的同时，却导致了工人的大量失

---

① ［英］大卫·李嘉图：《政治经济学及赋税原理》，周洁译，华夏出版社 2005 年版，第77 页。
② 同上。

业。另一方面，人口增长规律总是在自然地起着作用。由机器带来的失业人口和自然增长的人口为资本主义的扩大再生产提供了充足的劳动资源。劳动的供应超过劳动的需求，就导致工资市场价格的下降。因此，工人实际上总是处于贫困的边缘。

根据李嘉图的理解，只有工人工资的市场价格高于自然价格，才能使工人有幸福的生活。事实上，工资的自然价格不断上涨，而工资的市场价格难以得到同步增长，甚至有下降的趋势。这将导致工人的贫困。"在社会的自然发展中，劳动工资就其受供求关系调节的范围而言，将有下降的倾向。因为劳动者的供给继续按照相同的比率增加，而其需求的增加率则较慢。"①

第二，利润。李嘉图认为地主阶级是不生产价值的阶级，但却要享有社会创造的一部分价值。这部分价值以农产品的消费得以实现。从名义上看，资本家并不会为地主阶级来支付这一部分的收入。所有社会生产的全部价值一般分为两个部分：资本利润和劳动工资。"耕种规定价格的那种数量的土地的农场主，以及制造商品的制造业者，都不会牺牲任何一部分产品来支付地租。他们的商品的全部价值只分成两部分：一部分构成资本利润，另一部分构成劳动工资。"② 实际上，工人必须以自己的劳动工资来支付这一部分收入，这就是工资的自然价格的上涨。自然价格上涨必然促使市场价格上涨。在商品全部价值不变的前提下，由地主利益所带来的是资本家利益的降低，即资本利润的下降。这就是李嘉图发现的一个经济规律：工资和利润是成反比例的。"工资上升，利润就会成比例地降低。"③

李嘉图说："如果农场主不能从他致富地租后剩下来的谷物中获得更多的价值，如果制造业者不能从他的制造品中获得更多的价值，如果两者不得不支付更大价值的工资，那么工资上涨时利润就必然低落。这一点岂不是再清楚也没有了吗？"④ 为了获取更多的利润，资本家在投入扩大再生产过程中，势必会采用机器化大生产。只有这样，才能使他在生产同样多价值的前提下，因支付更少的劳动工资而获得更多的资本利润；只有这样，才能使他在雇用同等多工人的前提下创造更大的商品价值，从而使自己获取更多的资本利润。这就是说，资本家扩大利润获得的两种方式是：

① ［英］大卫·李嘉图：《政治经济学及赋税原理》，周洁译，华夏出版社2005年版，第84页。
② 同上书，第92页。
③ 同上书，第93页。
④ 同上书，第97页。

在商品价值不变的前提下，以机器代替人工，降低工资支出，扩大资本利润；提高商品价值总量，在支付不变的劳动工资的前提下，扩大资本利润。

但是，随着社会的发展，资本利润是呈下降趋势的。这是因为随社会的发展，农产品价格的上涨是必然趋势，这就会导致工资的自然价格的上涨，使资本利润呈下降趋势。"利润的自然趋势是下降的；因为在社会和财富的发展中，必要的食品增加量是通过牺牲越来越多的劳动获得的。"①李嘉图认为，随着人口的增多，可供耕种的肥沃土地会越来越少，人们不得不去耕种那些较难耕种的土地，这就势必要为农作物的生产付出更多的劳动，因此，农产品价格的上涨是必然的。农产品价格的上涨实际上就造成了资本利润的下降。这就意味着，工资、利润和地租三者之间存在密切关系，牵一发而动全身，社会各阶级之间存在着千丝万缕的利益联系。

2. 利润、工资和地租与人的生活

利润、工资和地租之间存在着密切的关系，共同参与到对社会创造的全部商品价值的分配之中。因此，任何一个收入的变动都将影响到人们的实际生活。

首先，工资的自然价格和市场价格的高低对劳动者的生活是有影响的。李嘉图描述说：

> 当劳动的市场价格超过其自然价格时，劳动者的景况是繁荣而幸福的，能够得到更多生活必需品和享受品，从而可以供养健康而人丁兴旺的家庭。……当劳动的市场价格低于其自然价格时，劳动者的景况就最困苦；这时，由于习惯而成为绝对必需的享受品就会因贫困而被剥夺。②

当然，工资的市场价格与自然价格之间的差距不是绝对的，总是相对的，而且劳动的供求关系决定了工资的市场价格总是会回到自然价格基础之上。即当工资的市场价格超过自然价格时，就会有更多的劳动力供应到劳动中去，将工资的市场价格下降到自然价格的基础之上；当工资的自然价格超过市场价格时，贫穷就会促使劳动者的人数减少，劳动的需求就会

---

① ［英］大卫·李嘉图：《政治经济学及赋税原理》，周洁译，华夏出版社 2005 年版，第101 页。

② 同上书，第66 页。

将工资的市场价格拉升上去。

> 当高额工资刺激人口增加，使劳动者的人数增加时，工资又会降低到其自然价格上去，有时的确还会由于一种反作用而降到这一价格以下。……只有在贫穷已经使劳动者的人数减少，或劳动的需求已经增加之后，劳动的市场价格才会再提高到自然价格上，劳动者才会得到自然工资率所将提供的适度享受品。①

其次，资本的增长对劳动者的生活是有影响的。显然，工资的增长会给劳动者的生活带来较大幅度的提高。而工资的增长依赖于资本的增加，也就是资本积累带来的扩大再生产。李嘉图说："如果资本的增加是逐渐而继续不断的，劳动需求就会连续不断地刺激人口增加。"② 在一个国家，通常有两种资本增加的方式：资本的价值和数量同时增加；资本的数量增加而价值不变或者减少。"资本的数量可以在其价值增长时同时增加。一个国家的食物和衣服，在生产增加量需要比以前更多的劳动的同时，可以增加。在这种情形下就不但是资本的量会增加，而且它的价值也会上涨。资本也可能在其价值不增加、甚至实际上在减少的情形下增加。因为一个国家的食物和衣服不仅可以增加，而且追加量可以借助于机器获得，而无需增加、甚至可以实际减少生产他们所需的相应的劳动量。"③

这两种情况对劳动者生活所产生的影响是不同的。虽然资本的增加都能使劳动者的生活水平有所提高，但提高的程度是有区别的。在前一种情况下，虽然劳动者的生活状况将得到改善，但改善的程度不会很大，"因为食物和必需品价格的上涨，会把他新增的工资吸收掉一大部分。因此，小量的劳动供给或微不足道的人口增加，很快会使劳动的市场价格回跌到当时已经上涨的自然价格上去"④。在后一种情况下，劳动者的生活状况会有很大改善，他不仅能够得到工资货币量的增加，而且生活必需品价格的下降，使得其工资的自然价格也在降低。

最后，地租的大小对劳动者的生活起实质性的影响。在地租、工资和利润的变动关系中，最关键的是地租。"在任何国家和任何时期中，利润

---

① ［英］大卫·李嘉图：《政治经济学及赋税原理》，周洁译，华夏出版社2005年版，第78页。
② 同上。
③ 同上书，第79页。
④ 同上。

都取决于在不支付地租的土地上用不支付地租的资本为劳动者提供各种必需品所必需的劳动量。"① 为什么在工资、利润和地租三者中，地租对劳动者的生活起决定性作用呢？

其一，地租的上涨是人口自然增长规律的必然结果。人口增长是自然的，而土地的供应是有限的：

> 随着这种国家的人口繁殖、品质较劣的土地投入耕种，资本增加的趋势就会成比例地降。因为在满足现有人口的需要以后，余下的剩余产品必然会与生产的便利程度成比例，也就是必然会和生产上雇用人数减少的程度成比例。因此，在最有利的条件下，生产力虽然可能仍大于人口的繁殖力，但这种情形不会长期继续下去。因为土地的数量有限，质量也各不相同，土地上所使用的资本每增加一份，生产率都会下降，而人口繁殖力却是始终继续不变的。②

因此，人口与土地供应之间始终存在着紧张的关系。当然，这种紧张关系有两种情况：一种情况是土地供应充足，但人们获取生活资料非常困难；一种情况是人口增长超过土地供应，造成生活困难。"有些国家肥沃土地很多，但由于居民愚昧、懒惰和不开化而遭受着贫困与饥馑的一切灾害，人们说这里的人口对生活资料发生了压力。有些定居已久的国家，则是由于农产品供给率递减而遭受着人口过密的一切灾害。"③

这两种情况的解决方法是不同的。"在前一种情形下，灾害来自政治不良。改良教育，便可以增进他们的幸福；因为照这样办，资本的增加便必然会超过人口的增加。"④ 但在后一种情形下，人口的生产始终超过农业的生产，生产的增加相应地必须要减少人口，否则任何方法都无济于事。

从解决方法来看，解决人口与生活资料之间的压力的方法主要有两种：减少人口或是加速生产。这两种方法在不同的情况下作用是不同的。

> 在一切肥沃土地都已投入耕种的富庶国家中，第二种补救方法既非十分实际可行，也非十分有好处。因为这种办法如果一直推行下

---

① ［英］大卫·李嘉图：《政治经济学及赋税原理》，周洁译，华夏出版社 2005 年版，第 106 页。
② 同上书，第 82 页。
③ 同上。
④ 同上。

去，其结果会使所有的阶级陷于同样的贫困状态中。但在由于有肥沃
土地尚未投入耕种因而还存有丰富的生产资料的贫穷国家中，这种方
法便是唯一安全而有效的祛除灾害的方法，特别因为其效果将提高所
有各阶级人民的生活。[①]

在这里，李嘉图的态度是鲜明的，即用资本的扩大再生产来解决人口
问题并不适用于一切国家。只有在那些自然资源非常丰富，人们还没有养
成勤快工作习惯的地方，采用促进生产的方式将给人民生活水平带来极大
的提升。李嘉图说："在欧洲一些国家、亚洲许多国家和南洋各岛中，人
民生活是悲惨的，其原因要不是由于政治不良，便是由于懒惰的习惯使人
们安于目前的安逸怠惰，虽然时虞贫乏，却不愿做适当的努力以取得丰富
的食物和必需品。"[②] 只有在这样的情况下，才可以通过鼓励生产的方式来
改变现状：

> 仁爱的人们都不能不希望一切国家的劳动阶级全都喜爱舒适品与
> 享用品，并且要用一切合法手段来鼓励他们努力获得这一切。要防止
> 人口过剩最好的办法莫过于此。在劳动阶级需要最简单并满足于最廉
> 价食物的国家中，人民容易遭受最大的困苦与灾难。他们无以躲避灾
> 难，他们不能再降低生活状况以求安全，因为他们的生活已经很低，
> 无法再降了。生活资料的主要物品有任何缺乏时，他们就无法取得代
> 用品，而粮荒米贵会使他们遭受到几乎一切的饥馑的灾害。[③]

我们可以看到李嘉图与斯密对待经济增长不同的态度。斯密对于经济
增长给予人们幸福生活的作用推崇备至。李嘉图则更为冷静地分析了不同
的情况。当人口增长压力大于生活资料供应时，生产的增长未见得能够解
决这个问题。因此，生产与人口的增长应当保持适当的比例关系，否则整
个社会将陷入普遍的贫苦之中。

在肥沃土地已经耕种完毕，社会生产已经有了较大提高的社会中，人
口增长带来的必然结果就是农产品价格的上涨，这归根到底是由地租上涨
所带来的。李嘉图一再重复这个结论，并强调地租的上涨影响到了整个社

---

① ［英］大卫·李嘉图：《政治经济学及赋税原理》，周洁译，华夏出版社 2005 年版，第
83 页。

② 同上。

③ 同上书，第 83—84 页。

会的扩大再生产。

其二，地租上涨影响资本积累，进而影响劳动者的生活。所有的劳动价值区分为资本利润和工资。由地租上涨带来的工资的上涨使得资本利润降低。当资本利润普遍降低的时候，资本积累就停止了。李嘉图认为，当资本利润下降到一个限度，一切的社会生产都将停止。这个限度也就是资本家获益的零度界线。当工资和农产品价格上涨到一定程度，资本家在支付完工资之后，所剩不足以弥补自己投入生产的利益，就会停止投入生产，资本积累就会停止。这个限度就是资本投入的零度界线。

> 我已经说过，早在这种物价状况成为持久的以前，就已经没有积累的动机；因为人们积累只是为了使积累能够生产，而且唯有这样使用，它才会产生利润。没有积累的动机就没有积累，所以这种物价状态决不可能发生。劳动者没有工资就活不下去，农场主和制造业者没有利润也是一样。他们的积累动机会随着利润的每一减少而减少；当利润低落到不足以补偿其用于生产的资本所必然碰到的麻烦和风险时，积累动机就会全然终止。①

李嘉图描绘了一个利益冲突的社会。其中，地主阶级是坐享其成的，并且总是享用最大部分的阶级。当他们以粮食价格上涨的形式掠夺走社会全部劳动价值的一部分，剩余部分就由资本家和工人来分享。因此，劳资之间存在着一种斗争。任何工资的提高都会降低利润，利润的提高都会降低工资。当地租上涨到一定程度，将会吞噬所有的工资，也会造成积累资本的诱因消失。这时资本将停止增长，新土地将不被耕种，人口的增长也将突然停顿。"在这种情形下，任何资本都不能提供利润，劳动的需求也不会增加，因此人口就可能达到了最高点。事实上早在达到这个时期以前，很低的利润率就已经使一切积累停止，一国的全部产品在支付劳动者的工资以后，几乎都会成为地主和杂税及赋税的收受者的财产。"②

可见，李嘉图远远没有斯密那么乐观，也没有像斯密那样对社会各阶级之间的利益关系持乐观的态度，而是认为地主阶级的利益与社会其他两大阶级之间的利益存在着激烈的冲突。"必然会有这样一天到来，那时，

---

① ［英］大卫·李嘉图：《政治经济学及赋税原理》，周洁译，华夏出版社 2005 年版，第103 页。

② 同上书，第 102 页。

必要的工资将吞掉一切，不给利润留下任何东西。历史上将出现一个新纪元，因为随着利润的消失，积累资本的一切诱因也将消失。资本将停止增长，新土地将不再被耕种，人口的增长将突然停顿。这种停滞状态及其凄惨景象迟早会出现。"①

当然，李嘉图的社会发展观的论证是基于当时社会条件做出的。季德说："我们所看到的资本家是一个英国农业经营者的形象，他在谷价昂贵时，不得不提高他的雇工的工资，但却不能从谷物涨价中得到好处，因为额外的收入被地主以高额地租的形式拿去了。但利润不能无限制地下跌，因为超过一定的限度，旧资本的使用和新资本的形成必将会停止，这将阻碍新土地的耕种，并抑制谷物的高价和降低地租。"② 李嘉图没有看到地主的地租和资本的利润一样都分享了工人创造的剩余价值。地租和制造业等其他一切行业的利润一样都将参与到平均利润的分配之中，从而达到一个相对均衡的水平。

资本主义发展事实充分证明了李嘉图社会发展理论的错误性。然而需要指出的是，李嘉图对封建地主阶级的批判为资本主义的发展扫清了障碍。在李嘉图看来，只有自由的资本主义市场制度，才能真正将封建势力予以清除，人类社会发展的悲惨图景才不会实现。李嘉图的悲观主义态度并不是对资本主义制度的悲观，恰恰是对即将成为历史的封建制度的悲观。从这个角度看，他与其他古典经济学派思想家一样，对资本主义制度的未来是持乐观态度的。

二　穆勒的乐观主义社会发展观

穆勒既继承了李嘉图的收益递减规律理论，又发挥了马尔萨斯的人口增长学说，推导出一个未来社会陷于停滞状态的结论。"穆勒对于未来社会的观点。总的来说，他的动态学是遵循李嘉图的。"③ 虽然穆勒遵循李嘉图的动态社会发展理论，对社会发展做出了将陷于停滞状态的结论，但与李嘉图不同的是，穆勒对人类社会发展的未来持乐观态度。当然，有学者并不同意将穆勒归于乐观主义队伍，认为他对社会的未来仍然是悲观主义的。"穆勒很可列入悲观派经济学家的队伍，这特别是因为他继承了他们只看事物阴暗面的倾向。不仅人口规律使他万分恐惧，而且在他看来收益

①　[法] 夏尔·季德、夏尔·利斯特：《经济学说史》上，徐卓英等译，商务印书馆 1986 年版，第 182 页。
②　同上书，第 183 页。
③　[英] 埃里克·罗尔：《经济思想史》，陆元诚译，商务印书馆 1981 年版，第 359 页。

递减规律是整个经济学的最重要的问题；他的一切著作充满了悲观色彩，认为社会进步是徒劳无益的……关于人类社会的前景，他预言人类生命之河最终将消失在停滞的大海之中。"① 事实上，穆勒确实对人类经济发展的未来并不看好，认为它将陷于经济发展的停滞状态。但社会并不仅仅只存在着经济的活动和生活，除此以外，伦理的、道德的生活也很重要。人类社会的未来虽然会在经济发展上陷于停滞，但将在伦理、道德和精神生活方面有着光明的未来和充满活力的发展前景。综合来看，穆勒对人类社会的未来仍然持乐观的态度。

穆勒认为，人类的发展就是进步，当社会处在进步状态下，人类会在许多方面有所长进。主要表现在三个方面：支配自然能力的提高，安全感的增强和合作能力的提升。"社会进步有助于增加对自然力的支配，有助于增加安全，有助于增加合作能力。"② 社会的进步给经济的发展带来新的机遇，影响着经济生活的各个方面并带来变化。

> 工业蓬勃发展，国家欣欣向荣，财富总额大幅度增加，甚至在某些方面，财富的分配也有所改善；不仅富者更富，而且贫民中也会有许多人富裕起来，中等阶级的人数和力量会增加，舒适品会被愈来愈多的人所享用；但与此同时，处于社会底层的穷苦老百姓阶级却可能只是人数增多，而其生活水平和教养都无所改善。③

1. 社会进步就是经济的增长

穆勒认为，社会的发展会对商品的价值产生某种影响并促使其发生变化，商品的价值则是经济增长的必然结果。因此，社会的进步是以经济增长来衡量的。当然，社会发展对商品价值产生的变化是复杂的，主要有如下几种情况：

第一，社会发展使商品价值下降。在社会发展过程中，由于人类支配自然能力的提高，将大大提高人们的劳动生产力，从而使商品价值下降。"人类不断获得的、越来越大的支配自然的能力，使人类劳动的效率愈益提高，换句话说，使生产费用不断降低。发明只要使人们能以同样的劳动

① ［法］夏尔·季德、夏尔·利斯特：《经济学说史》下，徐卓英等译，商务印书馆1986年版，第426页。
② ［英］约翰·穆勒：《政治经济学原理及其在社会哲学上的若干应用》下，赵荣潜、桑炳彦、朱泱译，商务印书馆1991年版，第257页。
③ 同上书，第261页。

生产较多的商品，或者能以较少的劳动生产等量的商品，或者能缩短生产过程从而使资本垫付时间不必象过去那样长久，就会降低商品的生产费用。"① 商品价值下降是经济发展的一个标志，说明人们可以以更为低廉的价格获得更好的享用品。从某种角度来说，这是对人类福利的提升。以中国近30年工业的发展变化为例，可以清楚地看出这一点。20世纪80年代中期，人们在谋求票据的前提下购买一台电视机将耗费当时一个普通工人的大约半年的工资总收入，而且还是黑白电视；现在，购买一台普通的彩色电视机只需一个普通工人的大约半月工资收入。从生活享用品来说，社会的发展降低了商品的价值，从而给人们带来了更大的物质享受。

使商品价值下降的另一个途径是对外贸易。"有助于降低生产费用的另一因素是世界各个地区之间交往的增加。"② 要指出的是，穆勒所谓的贸易并不是今天建立在相互主权独立、地位对等基础之上的国家贸易，而是以殖民地形式进行的对外扩张和掠夺。穆勒认为，世界上还存在着大量资源丰富、生产落后的国家，这些国家为像英国这样的老牌工业国家提供了很好的生产基础。运用这些国家的资源和劳力进行生产不仅可以缓解国内生产的压力，而且还可以降低商品生产的费用。"许多自然资源最为丰富的地区，现在仍处于愚昧无知和管理不善的状态，它们要达到欧洲最文明地区目前的水平，也许还得经过许多世代的努力。而且，生产费用的降低还有赖于劳动和资本愈益向地球上未被占用的地区转移，人们通过运用现有的大量勘察手段已经查明，这些地方的土壤、气候和位置不仅能向产业提供很大的报酬，而且能为生产适合于各古老国家市场需要的各种商品提供很大的便利。"③

第二，农产品的价值会上升。由于人口增长的压力和与制造业不同的生产方式，农产品的价值不仅不会因为社会的发展有所下降，反而有所上升。"当产业的发展和生活资料的增加为人口增长留有余地时，人口总是增长的，而在人口增长时，人们对大多数土地产品、特别是粮食的需求也会按比例增加。这时，我们已多次阐述的有关土地生产的基本法则（即，在一定的农业技术状态下，产品的增加总是赶不上人口的增加）便会产生作用。在其他条件不变的情况下，土地产品的生产费用，会随着需求的增

---

① ［英］约翰·穆勒：《政治经济学原理及其在社会哲学上的若干应用》下，赵荣潜、桑炳彦、朱泱译，商务印书馆1991年版，第262页。
② 同上书，第263页。
③ 同上。

加而增加。"①

　　但是，农产品价值的上升并不像李嘉图设想的那么悲观。穆勒认为，社会进步状态下，农产品价值的波动并不会那么剧烈，而且还有一些控制农产品价值上升的方法和手段。首先，进步状态下，农业生产的改良会抵消农产品价值的上升。虽然这个方法李嘉图是认可的，但他对农业改良的未来并不抱希望。因此，李嘉图认为依靠这种方法抵消农产品价值的上升是不可能的。穆勒却与此相反，肯定了农业技术改良对农产品价值的抑制作用。当然，这与二者所处的时代是有密切关系的。穆勒时代的农业技术相比于李嘉图时代已经有了长足的进步，让人们对用技术来解决粮食问题充满希望。"从整个世界来看，在一些（也许是大多数）社会状态下，农业技术和人口二者都是停滞的，或者增长得很慢，因而，粮食的生产费用几乎是静止不变的。在财富正在增长的社会里，人口的增长一般快于农业技术的改进，因此，粮食价格渐趋高昂；但是，有时农业的改进也会得到强有力的促进。在过去二三十年间，英国就曾呈现这样的情况。"②

　　除此而外，由于运输技术进步，长距离运送粮食变得更为方便。"安全而便宜的运输，使一地的商品不足能由另一地的商品剩余来弥补，价格只比正常价格高一些，甚至只略高于正常价格，因而价格的变动比过去缓和得多。"③　在这个过程中，投机商人起着重要的作用。不像大多数经济学家对投机商人往往给予尖锐的批评，穆勒对投机商人在经济活动中的作用予以了肯定。他认为投机商人在降低粮价上涨方面是有贡献的。

　　穆勒之所以要分析社会发展，或者说社会进步对商品价值的影响，其目的在于要说明社会的进步状态也就是经济增长状态。社会进步带来经济增长的同时也给人们带来更为有利的商品享受，而且社会的发展为经济增长提供了各种便利的可能。从这一点上来说，穆勒是继承了斯密开创的以经济增长为社会发展中心的思想路线的。

　　2. 社会进步影响收入分配

　　穆勒认为社会进步有三个基本特征：资本增加、人口增长和技术改良。这三个基本特征对社会经济生活共同发挥着影响，其中就包括分配。当然，这三者对收入分配会产生怎样的影响，主要取决于如下几种情况：

　　第一，人口增长，而资本和生产技术不变。在这个情况下工资将会下

① ［英］约翰·穆勒：《政治经济学原理及其在社会哲学上的若干应用》下，赵荣潜、桑炳彦、朱泱译，商务印书馆1991年版，第265页。
② 同上书，第266页。
③ 同上书，第268页。

降，而资本家可以获得更多的利润。"这种变化所带来的一个结果是十分明显的，就是工资将下降，劳动阶级的境况会恶化。相反，资本家的境况则将得到改善。"① 但是，由于生产技术条件不变，意味着农产品的价值将会不断上涨，资本家境况得到改善的结果是不会出现的。因为，工人工资要满足工人的基本生活所需，在农产品价值上升的情况下，将带来工资的上涨。工资的市场价格上涨，而自然价格也在上涨，甚至高于市场价格的上涨，工人的生活境况将进一步恶化；而工资市场价格的上涨将会带来利润的降低，资本家同样无法改善其生活境遇。这就是说，"只有地主总能分享到人口增加带来的好处"②。

第二，资本增加，人口保持不变。资本增加意味着需要更多的劳动；而人口保持不变，意味着劳动供给没有增加。这种情况下，劳动需求大于供给，因此，工人的工资将会上涨，资本家的利润将会降低。工人工资收入的提高意味着需要比原来更多的消费品，这将会导致农产品价格的上涨。"劳动者生活状况的改善会增加对粮食的需求。劳动者以前的生活也许很糟，甚至吃不饱，现在也许会增加粮食消费量，或用一部分或全部增加的收入来购买更好的粮食。"③ 这些因素都将导致地租的上涨。所以仍然只有地主是获益者。"此时，资本家的所失变化超过劳动者的所得，超过的这部分，有些会转给地主，有些会被在劣质土地上种粮食的费用或用生产率较低的方法种粮食的费用所吞噬。"④

第三，人口和资本以相同的速度增加，而生产技术保持不变。这时，农产品的价格和货币工资会同时上升，而劳动者的实际工资却没有改变。资本家的利润量可能上升，而利润率却下降。这种状态会导致地租再次上涨。"人口增长而劳动者的生活状况不恶化，当然会增加对粮食的需求。由于假设生产技术保持不变，增加的粮食必然要用较高的费用来生产。"⑤ 由于所有生产部门的货币工资都将提高，资本家必然要损失利润所得。其结果是"资本和人口增加的趋势会在牺牲利润的情况下使地租上升"⑥。

第四，生产技术进步，而人口和资本保持不变。技术进步会带来工业

---

① ［英］约翰·穆勒：《政治经济学原理及其在社会哲学上的若干应用》下，赵荣潜、桑炳彦、朱泱译，商务印书馆 1991 年版，第 275 页。
② 同上书，第 278 页。
③ 同上。
④ 同上书，第 279 页。
⑤ 同上。
⑥ 同上书，第 280 页。

产品价格的下降，使工人的实际工资有所提升。"生产上的改良一般都会降低劳动阶级所消费的商品的价格。"① 但是一方面技术改良对农产品价格的影响是有限的；另一方面工人实际工资的提升会提高工人消费的"习惯标准"，实际上，这种改变对工人的生活状况改善起不到作用。农业改良对地租的影响甚微，"这是因为农业改良从来不是突然发生的，而总是缓慢发生的，从未远远超过而常常是落后于资本和人口的增长"②。同时，实际工资的提高将导致人口增长。过了一代人之后，实际工资将会下降。"劳动者的报酬实际上取决于前面我们所说的他们过惯的生活水平，即取决于他们在情愿要孩子以前作为一个阶级所要求达到的生活水平。……实际工资之所以会下降，一方面是因为货币工资将降低，另一方面是因为粮食价格将上涨，粮食价格上涨的原因是人口增长导致需求增加，而需求的增加又使生产粮食的费用上涨。"③ 造成的结果就是：只有地租上涨，而劳动者的工资和资本家的利润都将下降。

第五，三个要素都向前发展。穆勒认为，前四种情况实际上可以分为两种：一是人口和资本的增长对分配的影响；二是技术进步对分配的影响。在前一种情况下，利润会降低，而地租和劳动成本会提高。后一种情况则会降低地租，并且所有的技术进步都会带来产品价格的下降，从而降低生产成本，提高利润。但是，在人口、资本和技术都上升的情况下，收入分配的变动与这个推理结论大不一样，特别是对土地的影响更不一样。对地租的影响是使得地租不断上升。"我们曾说过，虽然突然而普遍的大规模农业改良最初会不可避免地降低地租，但随着社会的进步，这种改良会使地租逐渐上升到比以前高得多的水平。"④ 这样的结果是："虽然总产量提高了，分配给劳动者的产品更多了，总利润也增加了，但工资却要由更多的人口分享，利润也要分摊在更多的资本上，因此，没有哪个劳动者的境况会比过去好，也没有哪个资本家不增加资本就能获得更多的收入。"⑤

通过以上繁复的分析，穆勒得出了一个基本上与李嘉图相同的结论："在由地主、资本家和劳动者组成的社会中，经济进步往往使地主阶级越

---

① ［英］约翰·穆勒：《政治经济学原理及其在社会哲学二的若干应用》下，赵荣潜、桑炳彦、朱泱译，商务印书馆1991年版，第281页。

② 同上书，第285页。

③ 同上书，第286页。

④ 同上书，第290页。

⑤ 同上书，第291页。

来越富有，而劳动者的生活费用整个说来则趋于增加，利润趋于下降。农业改良是抵消后两种结果的力量，但是农业改良虽然有时也会暂时抑制第一种后果，可最终会大大加重第一种后果；而人口的增加往往也会把得自农业改良的全部收益完全转给地主。"①

3. 社会进步中的利润变化

穆勒肯定了斯密提出的随社会发展利润率下降的结论，但对造成利润率下降的原因却与斯密有着不同的认识，"随着社会的进步，利润会趋于下降"②。

首先，造成资本利润率下降的原因是社会的进步。穆勒不同意斯密的资本竞争决定了利润下降的说法，而是认为利润率的下降是社会进步所带来的。穆勒认为利润率的高低取决于投入生产的资本的多少，而是否将货币投入生产取决于两个因素：有效积累欲望的强度和安全感。前一个因素决定了人们的储蓄倾向，是储蓄还是即时消费；后一个因素决定了如何使用储蓄，是投入生产还是放在身边。实际上这两个因素对利润率产生着至关重要的影响。在穆勒看来，社会进步对这两个因素有着重要影响。穆勒说："标志着当代文明的那种社会进步有降低这种最低利润率的趋势。"③这是因为，其一，社会进步带来了安全感的增强。"战争的破坏以及私人和公家的暴力掠夺给人带来的忧虑越来越少；教育和司法可望得到改良，舆论也更受尊重了，这些都为防止欺诈和胡乱经营提供了越来越大的保证。所以，为补偿生产性投资所冒的风险而要求具有的利润率，现在已比一个世纪以前更低了，今后还会比现在更低。"④ 其二，社会进步使资本积累膨胀到一定程度无可再增。"人类已不再是眼前利益的奴隶，而越来越习惯于在遥远的未来实现自己的愿望和目的。"⑤ 我们知道，从斯密开始就赞赏节俭的意义，节俭作为一种伦理的美德，对社会经济发展具有极为重要的促进作用。它促使人们将货币投入资本积累当中，进行扩大再生产，实现经济增长目标。在穆勒看来，社会的进步将使资本积累成为人们的习惯，而当资本膨胀到一定的程度，其回报也会降到最低。两者都是社会进步带来的，其造成的结果就是达到最低利润率。"一旦达到最低利润率，

---

① ［英］约翰·穆勒：《政治经济学原理及其在社会哲学上的若干应用》下，赵荣潜、桑炳彦、朱泱译，商务印书馆1991年版，第291页。

② 同上书，第292页。

③ 同上书，第297页。

④ 同上书，第297—298页。

⑤ 同上书，第298页。

资本就会暂时停止增加。于是国家也就处于政治经济学家所说的那种停滞状态。"①

其次，可以采取措施延缓资本利润率走向最低点的过程。穆勒认为，虽然利润率趋向最低点的这个过程是不可逆的，但是仍然存在一些延缓这个过程的措施。这些措施或者是商业社会发展过程中本来存在的，或者是可以通过政府来实施的。第一，周期性的经济危机。西斯蒙第曾对资本主义周期性的经济危机做了深刻的揭露。穆勒认为，不能只看到经济危机对经济发展的危害，更要看到经济危机对社会经济发展的促进作用。穆勒将经济危机称为"商业突变"。他说："在停滞时期，许多企业倒闭，或即使不倒闭也不赢利，大量工人被解雇，各个阶层都有很多人挣不到钱，不得不靠以前的储蓄过活，危机过后，都或多或少地陷入贫困境地。"② 但当这个时期过去之后，社会经济就会开始复苏，就会开始新一轮的经济增长。"投机活动连同随后的商业危机，会消耗大量资本或把大量资本转移给外国人，从而暂时提高利息和利润，为新的资本积累创造条件，由此开始同样的一轮循环。"③ 穆勒对经济危机的认识是深刻的，他充分认识到经济危机实际上是资本主义制度的一次内部调整。其表现为危机，实际上蕴含着资本主义经济增长的又一次机会。事实对此已有充分的证明。第二，生产改良。生产改良对利润率的影响是双向的，既可能带来利润率的增长，也可能带来利润率的降低。生产改良提高利润率，这取决于某些前提。"生产改良要做到这一点，必须具备这样一个条件，即劳动者的习惯不因生产改良而改变，劳动者的需要不因生产改良而相应提高。"④ 更为重要的是，生产的改良主要是针对劳动者消费物品的改良，而不是资本家消费的奢侈品的改良。"几乎所有商品的生产得到的改良，都在某种程度上有助于延缓静止状态的到来，但是，劳动者消费的物品得到的改良要在更大得多的程度上有助于静止状态的到来，因为这些物品的生产得到的改良会在以下两方面发挥这种作用，一方面它们会诱使人们为较低的利润积累，另一方面它们还会提高利润率本身。"⑤ 第三，输入廉价的生活必需品。控制利润率降到最低点的一个关键是农产品价格。假如能够在人口增长的前提下，

① ［英］约翰·穆勒：《政治经济学原理及其在社会哲学上的若干应用》下，赵荣潜、桑炳彦、朱泱译，商务印书馆1991年版，第298页。
② 同上书，第302—303页。
③ 同上书，第303页。
④ 同上书，第304页。
⑤ 同上书，第305页。

提供更多的廉价粮食供应，就可以延缓利润率的下降。在国内市场无法满足这个要求的前提下，就需要开拓更多的廉价粮食生产地。"必需品价格的降低，无论是生产改良引起的，还是外国商品引起的，对工资和利润的影响都完全相同。只要劳动者不得到价格下降的全部利益，只要劳动者所习惯的生活水平不提高，从而劳动者不一直享有价格下降的全部利益，劳动成本就会降低，利润率就会提高。"① 第四，资本输出。资本输出对利润率的降低具有双重影响：一是可以通过减少国内资本积累提高国内资本的利润率；二是可以通过资本投入国外的生产为本国提供更为廉价的产品。穆勒在这里强调了资本扩张的作用。资本扩张不仅是为国内资本寻求更有利增长的途径，也是扩大国内市场和获得更多资源的途径。本主义的发展事实充分证明了穆勒理论的价值，证明了这一措施在延缓资本利润率下降过程中具有重要作用。

最后，利润率降到低点也会带来好处。穆勒认为，利润率降到最低，停止了经济增长并不一定就是坏事，它从某种角度来说可能会给我们带来一些好处。第一，利润率降低促使人们抽走资本，用于一些基础设施的建设。这种建设从长远来说是有利于人民生活幸福的。穆勒强调资本积累速度过快，将会使利润率降到最低点的那天很快到来，为此，就需要将资本积累自动放慢。让资本积累自动放慢可以通过将资本投向非生产事业来达到目的。所谓非生产事业就是不直接带来经济增长，但却可以提高人民福利的产业，即 "为了实现社会正义或慈善救济方面的某一伟大目的，例如复兴爱尔兰的产业、开拓殖民地或推广公共教育"② 。第二，机器的大范围使用给人们生活带来有利的影响。在经济发达的国家，当资本积累有所剩余的时候，将资本投入到机器的广泛使用和采纳中，将会给人民生活带来好处。穆勒列举了修建铁路对资本及人民生活的影响，得出的结论是："在富裕国家，因为修建铁路，或因为建立工厂，造船，制造机器，开凿运河，采矿或修建排水灌溉工程而把流动资本转变为固定资本，并不会减少总产量，也不会减少劳动就业机会。"③

总之，社会的发展及进步给我们生活带来了深刻影响，在各个方面都产生了改变。从社会发展的未来来说，人类社会的终点将是 "静止状态"。

---

① ［英］约翰·穆勒：《政治经济学原理及其在社会哲学上的若干应用》下，赵荣潜、桑炳彦、朱泱译，商务印书馆 1991 年版，第 305 页。
② 同上书，第 311 页。
③ 同上书，第 314—315 页。

4. 社会发展的未来——静止状态

穆勒说："财富的增长并不是无限的，在所谓进步状态的尽头便是静止状态，财富的增长只不过延缓了静止状态的到来，我们每向前迈进一步，便向静止状态逼近一步。"① 社会的发展带来了进步，进步不可逆地将人类社会带入一种静止的状态。社会进步的作用是复杂的，一方面由社会进步带来发展的静止；另一方面社会的进步又在一定程度上延缓了进入静止状态的步伐。穆勒认为：

首先，古典经济学派思想家们对静止状态的悲观主义态度是不对的。穆勒对古典经济学派所持的对静止状态的悲观主义态度进行了批评。"对于上两代政治经济学家来说，最终不可能避免静止状态，即人类工业的水流最终将不可抗拒地汇入表面静止的大海，肯定是令人不愉快、叫人感到沮丧的前景，因为他们在论述中总是把经济上美好的东西同进步状态联系在一起，而且仅仅同进步状态联系在一起。"② 从斯密到麦克库洛赫都是如此。麦克库洛赫将繁荣视为财富的迅速增长而不是财富的良好分配，将繁荣的标准视为利润，因此，当社会进步带来利润率的下降也就意味着对繁荣的破坏与消灭。"在他看来，经济进步必然趋于消灭繁荣。"③ 斯密认为社会进步状态中人民生活是幸福的，而在静止状态虽然谈不上绝对贫困，但也是十分拮据的。更有甚者认为："不管人们的不懈努力会把人类的末日推迟多久，社会进步都必然会'搁浅而落得悲惨结局'。"④ 的确，马尔萨斯发现的人口原理对人类未来的发展做出了有说服力的解释，但是，这一人口原理的理论在进步状态下也是适用的。因此，并不是在静止状态下才会出现悲惨的人类命运结局，就是在进步状态下，如果不注意控制人口增长的话，底层人民的生活状态也是在持续恶化之中的。所以，对进步状态的盲目乐观和对静止状态的盲目悲观同样是错误的。"即便是在古老的国家，在资本不断增加的状态下，也必须使人们出于良知和远虑对人口加以限制，以防止人口的增长超过资本的增长，防止社会最底层人民的生活状况进一步恶化。如果全体人民或很大一部分人不下决心阻止生活状态的恶化，不下决心维护已经确立的生活水平，则最贫穷阶级的生活状况，即

---

① ［英］约翰·穆勒：《政治经济学原理及其在社会哲学上的若干应用》下，赵荣潜、桑炳彦、朱泱译，商务印书馆 1991 年版，第 317 页。
② 同上书，第 317—318 页。
③ 同上书，第 318 页。
④ 同上。

使在进步状态下，也会降到他们不得不忍受的最低点。"①

其次，静止状态并不可怕，它会给人类生活带来如下好处。

第一，带来普遍的整体福利的提升。在文明进步的过程中，必然会带来相互间的利益斗争，并出现财富的严重的两极分化。"人类生活的正常状态就是生产竞争；认为相互倾轧和相互斗争，是激动人心的社会生活，是人类的最佳命运，而决不是产业进步诸阶段的可恶象征。"② 在社会发展进程中，人们为了自我利益孜孜不倦地奋斗着，为经济增长的目标而不懈努力，社会也给渴望致富的人们提供了各种机会。在这样的社会状态下，有些人得到了更多的机会、得到了更多的财富；有些人则相反，社会产生严重的贫富两极分化。然而，到了静止状态，一切的财富增长都变得没有意义，人们就会将目光投向财富的分配，而不是财富的增长。

第二，带来身心的健康状态。在静止状态下，一切停止了增长，人们有了更多的闲暇关注自我的心灵，从而带来身心合宜的健康状态。"大多数劳动者工资较高，生活富裕；人们除了自己挣得和积累的财富外，不拥有其他巨额财富；比现在多得多的人不仅可不再做繁重的粗活儿，而且还可不再做机械琐碎的工作，而又充足的闲暇，可在身心两方面培养高尚的生活情趣，为贫困阶级树立生活的榜样。"③

第三，人口的减少让人类更能享受大自然的财富。静止状态下，人口增长将得到控制。对人口的控制将减缓或制止对自然环境的破坏，让人类更好地享受大自然给予的财富。穆勒说："现在，在所有人口最为稠密的国家，人口密度都已达到了使人类能够从合作和社会交往中得到最大利益的限度。即使每个人都能得到充足的粮食和衣物供应，人口仍然有可能过分拥挤。人挤人、人撞人的状态是不好的。"④ 静止状态将人口控制在一定的数量范围之内，避免人类过度地破坏自然环境，从而让人们有更加闲适的心情来领略自然的美好。"如果仅仅为了使地球能养活更多的而不是更美好、更幸福的人口，财富和人口的无限增长将消灭地球给我们以快乐的许多事物，那我则为了子孙后代的利益而真诚地希望，我们的子孙最好能

---

① ［英］约翰·穆勒：《政治经济学原理及其在社会哲学上的若干应用》下，赵荣潜、桑炳彦、朱泱译，商务印书馆 1991 年版，第 318—319 页。
② 同上书，第 319 页。
③ 同上书，第 321 页。
④ 同上。

早一些满足于静止状态，而不要最后被逼得不得不满足于静止状态。"①

总之，静止状态带来精神文化以及道德和社会的进步。就此来说，穆勒对社会发展的目标予以了新的确认。在以往的古典经济学派思想家看来，社会发展的目标就是经济发展。当经济增长陷于停顿，财富不再增加的时候，显然就是人类的末日。但是假如社会的发展不仅仅是为了经济的增长，而是更加全面的人类精神生活、道德生活的进步的话，当经济增长陷于停顿，而精神生活和道德生活有所进步的话，社会仍然可被看作是发展的。穆勒就是以社会发展目标的改变重新确立了对静止状态的价值评判。在他看来，静止状态带来了一种新的生活方式，这种生活方式将关注经济增长的视角转向关注人的精神和道德生活。当人类已经具备丰厚的物质财富基础时，静止状态下的生活将提升人们的精神品质，带来道德的进步，所以，静止状态是在进步状态的物质财富基础上进一步的发展，这样的发展肯定是人类进步而不是末日。"不用说，资本和人口处于静止状态，并不意味着人类的进步也处于静止状态。各种精神文化以及道德和社会的进步，会同以前一样具有广阔的发展前景，'生活方式'也会同以前一样具有广阔的改进前景，而且当人们不再为生存而操劳时，生活方式会比以前更有可能加以改进。"②

从社会发展角度，穆勒对进步状态和静止状态的意义都没有予以否认，而是赋予了二者不同的社会作用。进步状态具有重要的经济意义，它为社会的发展提供了充足的物质财富，奠定了雄厚的物质基础；静止状态具有重要的伦理意义，它为社会的发展提供了更高的精神享受，带来了道德上的进步，二者对于人类生活来说都是不可或缺的。从这个角度来说，穆勒给我们勾画的人类发展目标具有更加实际的现实意义。

第三节 马歇尔的社会发展价值观

作为一位可以归为新古典主义开创者的经济学家，马歇尔对社会现实问题是极为关注的。秉承古典经济学派的传统，他对于社会发展的进步状态寄予了充足的信心。他认为，社会的进步状态不仅带来了经济的增长，

---

① ［英］约翰·穆勒：《政治经济学原理及其在社会哲学上的若干应用》下，赵荣潜、桑炳彦、朱泱译，商务印书馆1991年版，第322页。

② 同上。

而且带来了生活程度的提高。马歇尔对社会发展的未来充满信心，"马歇尔是个现实主义者，敏锐地感觉到经济生活的复杂性，渴望充分利用他所能发挥的任何工具，但是他相信那种工具未必能包罗万象，必然还有一些在那个时代仍然未被认识的东西游离在外。……他坚决希望：经济学继续被看成能产出结果来，比如，能够提供意见和影响政策"①。现实的改变就是我们充满希望的未来。基于这样的信念，马歇尔对当时他认为已经达到进步状态的英国社会进行了全面描述。从这个描述中我们可以一窥马歇尔关于社会发展的观点及信念。

一　进步是经济的增长

马歇尔认为社会进步首先就表现为经济的增长，表现为报酬的递加、财富的增长以及收入水平的提高等。这些结果是资本增加以及科学技术的进步所带来的。经济的增长为社会的发展提供了坚实的物质基础。一个进步状态的国家肯定是一个经济发达的国家，是创造了巨额物质财富的国家，是全体人民生活水平和收入水平都有所提高的国家。

1. 进步状态下的报酬是递加而不是递减

从斯密开始到李嘉图和穆勒，对社会发展所带来的报酬递减规律深信不疑。他们认为，经济的增长必然带来的报酬的逐渐降低，以致达到一个最低限度的零点，此时，社会将进入静止状态。马歇尔虽然对社会发展的未来是不是静止状态的这个问题没有做出回答，但其对经济增长带来报酬递减规律的否定，实际上已经说明他对社会发展的悲观主义论调是不同意的。因为从经济学规律来说，根本就不存在报酬的递减规律，那么所谓的社会静止状态也就是不成立的。

第一，认为社会发展表现出来的只是报酬的递减，这是不对的。马歇尔以新开放的市场为例来说明一个社会从落后向进步的发展过程。通过对这个过程的分析，他得出的结论是："报酬递加和报酬递减规律似乎势均力敌，有时这一规律，有时那一规律占优势。"② 即使是在公认的报酬递减规律起作用的农业生产领域，也能发现报酬递加规律和报酬递减规律在相抗衡。他并不否认报酬递减规律在社会发展过程中的存在和作用，但是他认为报酬递加规律同样也在起着作用。以往的经济学家之所以只看到报酬

① ［英］埃里克·罗尔：《经济思想史》，陆元诚译，商务印书馆1981年版，第389页。
② ［英］阿弗里德·马歇尔：《经济学原理》下卷，陈良璧译，商务印书馆1965年版，第325页。

递减规律，其原因在于他们在研究工资变动时，只考虑普通消费品，实际上，安逸品和奢侈品的消费也是人们消费的一部分。如果将这些因素考虑进去，就难以得出报酬递减的结论。马歇尔说："许多历史学家在比较各个时期的工资时，所注意的只是那些普遍的消费品。但是从这个问题的性质来看，普遍消费品恰是遵守报酬递减规律的那些东西，并且随着人口的增加而有稀缺的趋势，因此，这样得出的结论是片面的，而就其一般意义而论，也是错误的。"①

第二，由于两个动力的作用，英国工业的发展表现出来的是报酬的递加而不是递减。马歇尔认为当时的英国就是一个进步工业国家的代表，所以，他以英国为例考察一个进步国家所应有的基本特征。从英国工业现状可以看到在机械发明使用和国外市场开拓这两重因素的影响下，报酬递加规律在现实中得到了证明。"现代运动的关键在于把大多数工作化为同一类型的工作，和减少各种摩擦，而这种摩擦使得强大的要素不能充分发挥集体作用，并把它们的影响散布于广大区域，以及在于用新的方法和力量来发展运输。"② 由于机械化在工业生产中的使用，大多数的工业劳动已经成为一个集体协作的劳动。集体协作的工业劳动使生产效益得以大大提高，加上海外市场的拓展，表现出来的是报酬的递加而不是递减。

第三，英国工业尽管经历了衰退，但它从运输业中的获利使其财富仍然保持增长状态。英国在工业上的进步很快就被别的国家赶超，致使其在工业产出方面的优势不再。马歇尔说："发明上的进步，为英国的特殊产品开辟了广阔的销售场所，并使她也可能专门在报酬递减规律不十分显示自己作用的条件下生产她的粮食。但是这种好运昙花一现。她在工业上的改良，为美国、德国和其他国家所效法，而近来往往为它们所超过。她的特殊产品几乎丧失了自己的全部垄断价值。"③ 新兴的工业化国家的出现使早期英国的工业帝国地位被取代，英国特有的工业利润也就无法保持了。但是，由于运输业的出现和发展，这个负面的影响有所减小，并为保持财富的增长状态做出了贡献。"因为我们时代的基本经济事实是运输业的发展，而不是工业的发展。正是运输业，无论在总体上或在个别威力上，都发展得很快，而它们正在产生着最令人头痛的问题，即大资本有使经济自由的力量转而消灭那种自由的趋势。但是，另一方面，也正是运输业，对

---

① 〔英〕阿弗里德·马歇尔：《经济学原理》下卷，陈良璧译，商务印书馆 1965 年版，第 326 页。

② 同上书，第 327 页。

③ 同上书，第 329 页。

于英国财富的增加做出了最大的贡献。"①

2. 社会进步带来生活必需品价值的降低

社会的进步对生活必需品的价值有着重大影响，表现为价值的不断降低而不是提高。马歇尔说："新的经济时代所曾带来的是，劳动与生活必需品在相对价值上的巨大变动。其中许多变动的性质，在前世纪的初期是料想不到的。"② 马歇尔分析了小麦、肉类等食物必需品和房租、燃料等生活必需品的价值变动来说明，基本上所有的生活必需品的价值随着社会发展的进步都在不断地降低。即使有的物品价值相对来说有所上升，但是其给予人们的价值不是下降反而是上升，例如肉类。"一世纪以前，工人阶级所吃的肉很少，而现在虽然肉的价格比以前略高，平均起来，他们所消费的肉也许比英国历史上任何时期都多。"③ 显然，生活必需品价值的降低不仅表现在价格上，而且表现在人们对它们的享用上。这样的事实表明了进步状态下的人们可以享用更多的社会必需品，也可以享用更好的、更高级的消费品。从实质上来说，这就是人们生活上的巨大进步。

3. 社会进步带来的是土地价值的提高

马歇尔认为马尔萨斯、李嘉图他们主张的那种随社会发展地租不断上涨，从而使地主阶级获利，并让其他社会阶级所得报酬不断降低的那种状况并没有发生。虽然在 18 世纪的初期，曾出现过类似马尔萨斯和李嘉图他们所讲的那种地租上涨的状况，但这种状况并没有得到持续。从 19 世纪中叶开始，随着谷物自由贸易的推行，不仅带来了农业土地价值的上涨，也带来了城市土地价值的上涨。农业地租的优势正在减弱。这一切带来的结果就是全民福利的提升，而不是下降。"在十八世纪初期，当连年歉收袭击着无法输入粮食的人民的时候，英国的地租大涨。但是，这种上涨，就其性质来说，是不能进一步持续的。十九世纪中叶，谷物自由贸易的实行，继之以美国麦田的扩大，这就迅速提高城乡土地的实际价值，这就是说，提高所有城乡土地所有者用总租金所能购买的生活必需品、安逸品和奢侈品的数量。"④

4. 社会进步带来个人财富的增加

社会进步带来的最显著的变化就是个人财富的增加。"我们知道，人

---

① ［英］阿弗里德·马歇尔：《经济学原理》下卷，陈良璧译，商务印书馆 1965 年版，第329 页。
② 同上书，第 330 页。
③ 同上。
④ 同上书，第 333 页。

口中每人所积累的财富数量是在节节上升的。"① 个人财富的增加对社会生活的影响是深刻的。首先它带来了人们思想观念上的变化。马歇尔说，由于个人财富的增加，使"他获得了较大的'远视力'；这就是说，他预计将来和防患未然的能力增加了；他比较勤俭，比较克己，因此，也就比较乐于重视将来的不幸和利益，这些名词一般是用来包括人心的高尚和卑贱的感情的。他较不自私，因此，也较愿工作和等待，以便使他的家庭无后顾之忧；光明的未来，已隐约可见，那时，人们一般都愿意工作和等待，以便增加公共财富和使大众过一种较高的生活"②。个人财富的增加提高了工作热情、改进了工作态度，带来了勤俭和克己的道德美德，这将更加有力地促进财富的进一步增长。其次，它使人们的生活态度产生了变化。马歇尔说："许多世纪以来，西方世界的人不断地变得更加勤勉——假日减少了，工作时间增加了，人们由于自愿或被迫而愈来愈不愿意在工作范围以外寻求乐趣了。但是，这种动向似乎已经达到了极点，而现在正在下降。在除了最高级的各种工作中，人们对于休息比以前更加重视，而对于过度紧张所引起的疲劳则越来越不耐烦了；一般说来，他们也许不如以前那样为取得现在的奢侈品，而愿意经受长时间工作的不断'折磨'。这些原因就使他们不如以前那样乐于辛勤地工作，以应未来的需要。"③ 从生活态度来说，进步状态带给人们最大的变化就是：人们更加注重当前的生活享受。人们不再愿意只是为了工作而工作，工作是为了更好地享受。因此，人们更加注重工作之外的享乐，更加注重工作给人们带来的精神上的满足而不仅仅是物质上的报酬。

5. 社会进步带来全体国民收入的提高

社会的发展与进步对人们的工作技能有了更高的要求，同时由于教育的普及让更多人受益，因此，进步带来的是全体国民收入的提高。马歇尔说："文明的发展和对青年人的责任心的提高，使国家大部分增加着的财富从物质资本的投资转向培养人才方面去了。结果使技能的供给大量增加，这些技能大大增加了国民收入，并提高了全体人民的平均收入。"④ 教育的普及将原有的技能垄断予以了打破，很多技能不再拥有特殊的优势并得到特别的报酬。也就是说，社会的进步将行业间的报酬差距不是拉大而

---

① ［英］阿弗里德·马歇尔：《经济学原理》下卷，陈良璧译，商务印书馆 1965 年版，第334 页。
② 同上。
③ 同上书，第 335 页。
④ 同上书，第 336 页。

是缩小，从而使平均收入有所提高。

马歇尔列举了抄写和新工业部门的工资报酬来证明这一点。抄写在原来是一个技术活儿，不是大家都能干得了的，但是现在几乎每个人都能很容易地从事这个工作，原先这个工作的优厚报酬就不存在了。对于新工业部门的报酬也是这样。当新工业部门的技术工作成为普及性的工作，高报酬也就消失了。这样的结果就是："势必增加从事于所谓技术性工作的人数，不论技术一词现在用得适当与否。高级行业中工人人数的不断增加，使得全体工人的平均工资比各业中平均典型工资上涨的要快得多。"① 原先存在的熟练技术工人和非熟练技术工人之间报酬的差距在不断缩小并得到收入的实际增长。因为对熟练技术工人来说，机器的大规模使用使得对技术的要求更高，他们可以得到比原来更高的劳动报酬。对非熟练技术工人来说，社会的进步给他们提供了更多的工作机会，使他们可以获得比原来更高的劳动报酬。对那些仍然从事最底层工作的技术工人来说，高报酬是对其劳动强度的回报。因为这种工作并不值得令人羡慕，因此它的高报酬并不会造成实际的社会影响。"有些需要责任心的技术工作，如铁工厂的炉前工和转滚工，需要有强壮的体力，且引起很大的不便，它们的工资很高。因为时代的趋势使那些从事高级工作并能轻易获得优厚工资的人，除了很高的报酬，是不愿意忍受折磨的。"②

无论是对男工还是对女工来说，都能得到更高的劳动报酬，至于原来存在的童工，由于教育的普及和机器的使用，使得他们更能从事原来所不能从事的工作。对于社会其他行业的从业人员来说，社会的进步意味着中等收入阶层人数的扩大，富有阶层人数在不断减少。社会从而迈向一种较为平均化的收入局面。马歇尔说："进步对劳动工资提高的促进作用比一般想像的要大些，……表明中产阶级的收入比富人增长得快；技工的工资比自由职业者阶级增长得快；强健的非熟练工人的工资甚至比一般技工增长得也快。富人的总收入，现在比以前，或许不占英国全部收入的较大部分。"③ 马歇尔试图通过对社会各阶层收入变化的分析来说明随着社会的进步带来的将是一个普遍富裕的社会，而不是一个贫富两极分化更为严重的社会。

---

① ［英］阿弗里德·马歇尔：《经济学原理》下卷，陈良璧译，商务印书馆1965年版，第337页。
② 同上书，第338页。
③ 同上书，第340—341页。

二　进步是生活程度的提高

社会的进步不仅仅是经济的增长，也是生活程度的提高。什么是生活程度？马歇尔对此有个解释。"生活程度一词在这里指的是适应需求的活动的标准。因此，生活程度的提高，意味着知识、能力和自尊心的增加；在开销方面更加审慎，只满足食欲而不增加力量的饮食，避而不用，有损于身体和道德的生活方式，加以拒绝。"① 生活程度实际上就是一种更加进步的生活方式。这种生活方式依赖于新的生活观念、道德观念的确立，也依赖于社会是否能够提供一种更佳的物质生活基础。社会进步带来生活程度的提高主要表现在如下方面。

1. 工作效率的提高带来了更多的闲暇

马歇尔认为，社会发展的进步不仅没有带来人口的压力，而且带来了更多的劳动报酬，并且劳动报酬是建立在工作效率提高而得以增长的基础之上的。

首先，马歇尔对之前经济学家所赞同的由社会发展而带来人口增长压力的说法予以了否认。从马尔萨斯到李嘉图、穆勒都认为，随着社会的发展会带来人口增长的压力，最后人口的增长将抵消经济增长所带来的利益，从而使社会陷于发展的末日困境。针对这一说法，马歇尔提出了不同的意见。马歇尔认为，这些经济学家之所以会得出这样的结论，是基于获得生活资料困难的前提。如果今天的社会发展已经解决了获得生活资料，主要是粮食的困难，那么，人口增长的压力就不会存在。"果真劳动者的实际工资主要由于获得事物的困难而被迫下降，如英国一百年以前的情况那样，则劳动阶级只有减少他们的人数，才能摆脱报酬递减规律的压力。但是，他们现在不必这样做，因为这种压力并不存在。1846 年英国港口的开辟，是铁路发达的许多原因之一，这些铁路把南北美洲和澳洲的广大农田和海口连接起来。在最有利条件下生产的小麦运给英国工人食用，其数量足以维持他的家庭，而所用成本只占他工资的一小部分。"②

其次，劳动效率的提高使工人的工资报酬得以增加。一方面人口压力不存在，使得所谓的报酬递减规律失去了效力；另一方面人口的增长为社会提供了大量的劳动力。这些大量劳动力的出现是否给工资增长带来了压

---

① ［英］阿弗里德·马歇尔：《经济学原理》下卷，陈良璧译，商务印书馆 1965 年版，第 342 页。
② 同上书，第 344 页。

力？马歇尔认为，由于新技术、新发明的使用大大提高了劳动的效率，从而使工人的报酬得以增加。马歇尔强烈批评了早期资本主义社会以牺牲工人劳动时间和加大劳动强度的方式来提高工人工资，并进而提高资本利润的做法。认为这是一种"短视"。从长远角度，只有以提高劳动效率的方法来提高工资的报酬才是可取的。他说："如工作时间、所做工作的性质、工作所处的物质条件和报酬方法，是造成身体、心灵或身心二者巨大耗损的原因，并导致生活程度的降低，如缺乏产生效率所必需的闲暇、休息和睡眠，则这种劳动从一般社会观点来看是不经济的。"① 相反，只有给工人提供更好的劳动条件，才能有助于他们提升生产效率。"适当缩短工作时间，只会暂时减少国民收入，因为一旦生活程度的改善有时间对工人的效率发挥充分作用之后，他们的干劲和智力的增加以及体格的增强，就会使他们能在较短的时间内完成和以前一样多的工作。"② 总之，在马歇尔看来，不是以增进效率的方式来提高工资的做法，都是"短视"的。"提高工资的种种方法，即用减少而不是增进效率的手段以维持较高的安逸程度的方法，是违反社会利益的，也是近视的，从而会引起迅速的报复。"③

从马歇尔的这个论述中，我们需要看到的是，他之所以倡导以提高劳动效率的方式来提高工资主要是基于两个方面的考虑：其一，社会的潮流是不可逆的。科学技术的进步及应用，是社会发展的潮流。如果像以往的经济学家那样，将工人悲惨生活境遇的原因归于机器的使用，从而要求将机器逐出生产领域，这是一种不切实际的做法。从历史发展进程来看，人类社会将由大规模的机器生产代替人工生产，这是一种历史发展的必然。而且先进科学技术的使用将成为一种不可逆的时代潮流。马歇尔正是顺应了这一时代发展的变化，给予了科学技术在经济活动中的应有地位，并提出了一种如何将机器使用和工人待遇提高结合在一起的经济学理论以及经济政策。其二，从长远来看，只有以提高劳动效率的方式来提高工资才能使社会趋于稳定。早期的资本主义事实造成了劳资之间的利益冲突，并带来了激烈的矛盾冲突。马克思主义的诞生以及社会主义革命让资产阶级思想家的危机意识更加强烈。马歇尔正是从这里认识到必须以提高工人福利的方式来抵抗工人阶级运动对资本主义制度的冲击。如果仍然停留在早期的资本主义剥削制度基础之上，资本主义将不可避免地迎来死亡的命运。

① ［英］阿弗里德·马歇尔：《经济学原理》下卷，陈良璧译，商务印书馆1965年版，第346页。
② 同上书，第347页。
③ 同上书，第352页。

工人阶级将适时地将资产阶级送入自己掘出的坟墓。

2. 财富分配更加趋于平均

从马歇尔关于财富分配的论述中可以看到其最后的结论：在社会进步状态下，财富的分配将趋于平均。"现有的社会经济力量使财富的分配日趋完善；这些力量是经常起作用的，日益壮大的。"① 马歇尔对财富分配的不均是持反对态度的，认为"极端贫困伴随着巨大财富是没有实际必要的，从而，在伦理上是不对的"②。但这并不意味马歇尔赞同社会主义者们提出的财富共同分配的生产资料公有制。他承认财富分配不均是资本主义的社会现实，但是他强调一定程度上的不均等对社会是有利的。而财富的绝对平均对社会发展来说是没有益处的。财富的平均分配将人们创造财富的欲望予以消灭，将经济增长的基础建立在人们道德自觉的基础之上，这在马歇尔看来是不实际的。他说："生活资料的集体所有制，除非在实现以前，全体人民已养成现在比较罕见的那种忠于社会福利的能力，会挫伤人类的积极性和阻碍经济的进步。……它也许把私人和家庭生活关系中最美丽而和谐的东西毁其大半。这些就是使那些慎重的经济学家一般认为经济社会和政治生活条件的急剧改造是害多益少的主要理由。"③ 正确的做法就是以当时英国的普通技工家庭的收入为标准，尽可能地提高在其下的劳动者的收入，控制其上的劳动者收入，从而使社会收入趋于平均化。"把一切提高到超过特别富有的技工家庭业已达到的那种水平，是不可能的，但是不到该水平的应加以提高，甚至不惜在某种程度上降低该水平以上的所得，自然是合算的。"④

马歇尔基于自由主义的立场，对生产资料的公有制度予以反对，坚持了生产资料私有制合理存在的立场。在其经济公正观上，他强调要以限定最低工资的办法来提高最低收入者的所得。这样做的最终目的就是培养出一个使社会趋于更加稳定的阶层——中产阶级。"在上层技工中有广阔的天地；而在上层中产阶级中对后进者也有广阔的天地。正是由于这个阶级的卓越人物的创造和智慧，才出现了大多数的发明和改良，而这些发明和改良使今天的工人有可能拥有几代以前最富的人也不常有的那些安逸品

---

① ［英］阿弗里德·马歇尔：《经济学原理》下卷，陈良璧译，商务印书馆1965年版，第352页。

② 同上书，第364页。

③ 同上。

④ 同上书，第365页。

和奢侈品。"① 为此，马歇尔大力呼吁提高贫困阶级的生活水平和收入水平。他说："国家似乎需要对贫苦的工人阶级本身无法举办的那种福利要大力资助，同时要坚持室内必须清洁，适于日后成为强壮而有责任感的公民居住之用。每人应有若干立方尺空气的强迫标准必须加以稳步提高，这和不准建造房前房后没有适当空地的高楼的规定结合起来，将加速工人阶级从大城市中心市区移向有较空旷场所的那个地方。同时国家对医药卫生的补助和管理将在另一方面减轻贫苦阶级儿童迄今所受的压迫。"②

3. 使人的能力提高成为可能

工作效率的提高给人们带来了更多的闲暇。这样的闲暇为劳动者接受更好的教育提供了可能。教育使劳动者们提高了利用闲暇的能力，从而促进了个性的高度发展。马歇尔说："经济学家不得不提起注意的一个事实是，正确地使用一个家庭的收入和利用它所拥有的机会的那种能力本身就是一种最高级的财富，是各阶级极其罕见的一种财富。"③ 社会的进步带来了财富的巨大增长，但并不一定带来使用及利用财富能力的同步增长。使用财富的能力是需要培养的，社会的进步为培养财富使用能力提供了机会。同时，马歇尔认为，这一方面的进步是落后于经济进步的。他说："在各个时代，各个国家和各个社会阶层里，懂得善于工作的人比懂得善于利用闲暇的人要多得多。但是另一方面，只有通过有利用闲暇的自由，人们才能学会善于利用闲暇。"④ 尽管如此，这种能力的获得首先取决于人们是否具有闲暇。"没有一个缺乏闲暇的体力劳动者阶级，能够具有高度的自尊并成为完全的公民。在使人精疲力竭而无教育意义的工作之后，有一些可以自由支配的时间，是高等生活程度的一个必要条件。"⑤

在具备了这样的条件之后，政府和国家就应该通过各种各样的教育手段来培养人们的能力，从而促进个性的全面发展：

在这个场合，像在所有类似的场合一样，正是青年人的能力和才干对于道德家和经济学家具有头等重要的意义。我们这一代最迫切的任务是给青年人提供发展其所长并使其成为有效率的生产者的各种机

---

① [英] 阿弗里德·马歇尔：《经济学原理》下卷，陈良璧译，商务印书馆 1965 年版，第 369 页。
② 同上书，第 368 页。
③ 同上书，第 370 页。
④ 同上。
⑤ 同上。

会。而达到这个目的的一个主要条件是长期免于机械劳动的自由；和有上学与进行各种有助于个性发展的游戏的充分时间。①

当然，这个工作是艰苦的，也是需要很长时间才能看到成效的。而且在马歇尔看来，我们所能做的是对人的能力的提高，企图改变人性从而使人类达到一个所谓的光明未来，这是不现实的。他说："在几世纪以来的战争、暴力和卑鄙下流的放荡行为中形成的那些人性因素，用一代的时间也是不能大大加以改变的。现在像往常一样，那些高尚而热心的社会改造家们曾给他们的想象所便于虚构的那种制度下的生活描绘了美丽图景。但那是一种不负责任的想象，其所以不负责任，就在于它从这一虚伪的假设出发，即在新制度下人性将迅速改变，而这种改变在一世纪内，甚至在有利的条件下也是不可企求的。"② 马歇尔认为，对人类社会发展未来的悲观主义和乐观主义态度都是不对的，都是对现实生活不利的③。可以说，马歇尔的现实主义个性在此表露无遗。他从来不对社会的未来发展寄予某种希望或是失望，而是对当时社会的发展及进步予以现实的分析。认为只有基于在现实基础之上的改变才能给人类生活带来某种改变，使人们具有一个更加美满的幸福生活。

总之，马歇尔对社会发展的总的观点就是：社会的进步首先是物质基础的发展，是建立在经济增长基础之上的；其次，社会的进步是人们生活程度的提高，表现为更轻松的工作强度、更高的劳动效率以及由此而来的更多的社会福利和教育等各种机会的普及化。也就是说，一个进步的社会是人民生活更加富裕、更加闲适及更加文明的社会。

---

① ［英］阿弗里德·马歇尔：《经济学原理》下卷，陈良璧译，商务印书馆1965年版，第370页。
② 同上书，第371页。
③ 同上书，第371—372页。

第七章　古典经济学派经济伦理思想的整体特征

马克思对古典经济学派予以了一个较为狭义的划分，将李嘉图和西斯蒙第作为古典经济学派终结的标志。划分的理由是基于一种政治哲学目的，"英国古典政治经济学是属于阶级斗争不发展的时期的。它的最后的伟大的代表李嘉图，终于有意识地把阶级利益的对立、工资和利润的对立、利润和地租的对立当作他的研究的出发点，因为他天真地把这种对立看做社会的自然规律。这样，资产阶级的经济科学也就达到了它的不可逾越的界限"①。这就是说，古典学派所具有的基本特征在于：它是在资本主义上升时期代表资产阶级同封建残余势力进行斗争并要求进一步发展资本主义生产的资产阶级学说。于是，马克思将马尔萨斯、穆勒、西尼尔、巴师夏和马歇尔等人都排除在了古典学派的范围之外。本书的古典学派的界限范围超出马克思对古典学派的定义，是基于经济伦理研究的视角，因此，从斯密开始到马歇尔结束的古典经济学派在经济伦理思想上具有如下的整体性特征：哲学方法论上的经验主义感觉论、伦理价值观上的个人主义。

第一节　经验主义感觉论的哲学方法论

"任何一种经济理论体系，都是以一定的哲学思想作为基础的，不管提出这种经济理论体系的经济学家是自觉的还是不自觉的，都是要按照某种哲学去思考和处理问题。"② 15、16 世纪的欧洲正处于文艺复兴时期，

---

① 《马克思恩格斯全集》23 卷，中共中央马、恩、列、斯著作编译局译，人民出版社 1972 年版，第 16 页。

② 吴易风：《英国古典经济理论》，商务印书馆 1988 年版，第 27 页。

各种哲学思潮澎湃而出，并随着自然科学的进步而获得很大的发展。人们将 16—18 世纪的欧洲哲学与古希腊时期相提并论，将之视为一个天才辈出的时代。这其中，经验主义的感觉论具有较强的影响力并深刻影响了古典经济学派，成为古典经济学派的哲学方法论基础。

一　经验主义感觉论的主要内容

弗朗西斯·培根开创了近代的经验主义哲学理论，奠定了一切观念和知识来源于感觉经验的基本原理。之后的霍布斯、洛克等延续了培根的经验主义传统，并提出了新的社会政治和伦理理论，他们的思想深刻地影响了同时代的经济学家，主要是古典经济学派。经验主义的感觉论成为了古典经济学派经济伦理思想的哲学方法论。经验主义哲学是近代欧洲哲学园地中的一朵奇葩。它扎根于资产阶级政治革命和科学革命的时代背景之下，在反对封建神学和经院哲学的斗争中，产生了一个新的哲学体系。其主要内容有以下三个方面：

1. 感觉是一切知识的源泉

经验主义有别于理性主义的标志就在于对关于普遍必然知识来源的回答。经验主义认为，唯有来源于感觉经验的知识才是可靠的，才真正具有普遍必然性。

培根认为，"知识就是存在的表象"①，存在就是客观的自然对象。因此，培根将知识定义为对自然事物及规律的认识，其实质是对客观存在的内在规律的把握和反映。认识，就是要找到事物背后的规律，并将这一规律在头脑中予以观念的反映。进一步地，培根指出，科学知识的来源是我们的感觉经验，感觉表象是认识过程的起点。他说："既然全部解释自然的工作是从感官开端，是从感官的认识经由一条径直的、有规则的和防护好的途径以达到理解力的认知，也即达到真确的概念和原理，那么，势必是感官的表象愈丰富和愈精确，一切事情就能够愈容易地和愈顺利地来进行。"② 知识来源于感性经验，就意味着人类应该在实践的基础上考察和改造知识，建立科学的体系。在培根的哲学思想中，"他把各门科学中实用的部分比作印章，把相应的抽象思辨部分比作印章所盖的印记，认为印记应当由印章来决定，要符合印章的原型。就是说，必须根据实践的需要，

---

① ［英］弗朗西斯·培根：《新工具》，许宝骙译，商务印书馆 1984 年版，第 93 页。
② 同上书，第 216—217 页。

以实用为本决定各种知识的取舍"①。尽管培根重视感觉经验和实践,但他也并不轻视理性的作用。在培根看来,从感觉经验得来的表象要成为真正的知识,必须要按照一定的规律,接受理性的指导。培根的"假相说"中就有"族类的假相"。也就是说,人类基于感觉经验上的认识往往带有主观的成分,并不能反映事物本来的真实的面貌:

> 人类的理智就好像一面不平的镜子,由于不规则地接受光线,因而把事物的性质和自己的性质搅混在一起,使事物的性质受到了歪曲,改变了颜色。②

这就是说,人类在认识事物时,往往会以自己的主观感觉和成见为尺度而不是以事物本身为尺度,因而得出的认识自然就不具有真实性。在培根看来,这是一个人类共有的毛病,是根植于人类本性中的问题。因此,他将这种遮蔽认识真相的不真实认识称为"族类的假相"。

霍布斯继承了培根的经验主义认识论,并更加明确地表达了经验论的基本思想。霍布斯指出,"知识的开端乃是感觉和想象中的影像"③。也就是说,一切知识都是从感觉开始的。"人类心里的概念没有一种不是首先全部或部分地对感觉器官发生作用时产生的。其余部分则是从这根源中派生出来的。"④霍布斯认为,观念只能通过感觉才能得到,是后天形成的。在认识论上,霍布斯反对神学和经院哲学,不承认非物质实体的存在,只强调具象的实体存在。在霍布斯看来,表象和概念只不过是具有广延的物体在人的头脑中的反映。当然,承认感觉是知识的开端和起源,并不意味着霍布斯否认理性和理性认识的作用。他认为,理性认识是继感觉经验之后的阶段。感觉是人生而具有的能力,理性认识则是要通过辛勤努力得来的能力。关于理性认识,霍布斯分为了三个步骤:第一步,给概念所表示的事物命名并恰当地使用名称;第二步,把一个名称和另一个名称联结起来组成断言或命题;第三步,把一个命题和另一个命题联结起来,进行推

---

① 罗国杰、宋希仁主编:《西方伦理思想史》下卷,中国人民大学出版社1985年版,第9页。
② 北京大学哲学系外国哲学史教研室编译:《十六—十八世纪西欧各国哲学》,商务印书馆1961年版,第13页。
③ 同上书,第66页。
④ [英]霍布斯:《利维坦》,黎思复、黎廷弼译,商务印书馆1985年版,第4页。

论，直到得出有关问题所属名词的全部结论，这就是科学知识。[①] 可以看出，霍布斯在继承培根关于一切知识和观念起源于感性经验的原理的同时，也重视理性认识的作用。但由于他并没有解决感性和理性知识之间的关系，在其哲学基本立场上仍然表现出经验论的基本态度。

洛克在培根和霍布斯的基础上进一步发展了经验论。"他不仅一般地认为一切知识产生于经验，而且进而认为经验是来自感觉和感性材料的积累。"[②] 洛克对西方哲学史上流传广泛的"天赋观念论"进行了批判。他指出，根本不存在什么全人类普遍同意的天赋原则，所有的原则都来自后天的学习。进一步地，洛克还揭露了天赋观念论的危害。他指出，天赋观念论会使人类变成思想懒汉，放弃自己独立的理性和判断，盲目信仰权威，受宗教和一些坏的学说支配，被一些别有用心的人所利用。[③] 洛克认为，人的心灵就像一块"白板"，上面没有任何记号，没有任何观念。但实际上，人的心中又存在观念。既然如此，人的知识来自哪里？洛克提出，一切观念和知识都是从经验得来的。"我们全部的知识是建立在经验上面的，知识归根到底都是导源于经验的。"[④] 什么是经验？经验就是人对外物的观察或者对自身心灵活动的观察，它供给了人的理智以全部的思维材料。对外物的感觉和对内心活动的反省成了观念的两个基本来源。他对"观念"进行了详细的解说和阐述。从洛克的认识论中，我们可以看到经验主义的基本思路就是：我们心中的一切观念都是从经验，也就是感觉和反省中得来的。

2. 哲学研究要运用自然科学方法

在资产阶级革命的同时，欧洲爆发了近代史上的第一次科学革命。从16世纪哥白尼发表日心说以来，自然科学就摆脱了神学的羁绊。到了16世纪末和17世纪，欧洲自然科学和技术方面更是达到了空前的繁荣。由于工场手工业和航海业发展的需要，当时主要是力学和天文学在科学发展中占有重要地位。"16世纪末和18世纪初自然科学的发展表明：建立在实验基础上的、以精密数学为重要工具的、系统的自然科学以及确立并取得了重要的成果，其中尤以力学的成果最为显著，它首先达到了相当完善的

---

① 苗力田、李毓章主编：《西方哲学史新编》，人民出版社2002年版，第282页。
② 吴易风：《英国古典经济理论》，商务印书馆1988年版，第32页。
③ 苗力田、李毓章主编：《西方哲学史新编》，人民出版社2002年版，第335页。
④ 北京大学哲学系外国哲学史教研室编译：《十六—十八世纪西欧各国哲学》，商务印书馆1961年版，第366页。

形态。"① 科学上的发展与进步势必要影响到这个时期的思想发展，哲学也是如此。经验主义感觉论的哲学家都普遍认同：要将自然科学的研究方法运用于哲学研究。

培根认为知识来源于感觉经验，而要获得科学的认识，就必须使用科学的方法。为此，培根提出把科学的归纳法作为获得科学认识的基本方法。在培根看来，我们获得经验材料之后，就需要对材料进行消化和加工。"按照培根的看法，人的认识是从分析个别事物和个别现象开始的。只要以大量的事物为根据，对大量事实进行比较，找出它们的因果联系，就能从个别上升到一般，从单一的、个别的事实上升到一般的原理和结论。培根把自然科学的实验的方法移到哲学中来，突出强调归纳法的作用。"② 培根把他提出的科学归纳法看作是对以往逻辑方法论的超越。因此，他将自己的著作命名为《新工具》，以示有别于亚里士多德的《工具篇》。对此，人们评价："培根在概括当时实验科学方法的基础上，探讨了对自然事物的认识从个别上升到一般的思维过程，创立了科学归纳法，在哲学和逻辑史上做出了重要贡献。"③ 马克思在谈到培根时也认为："英国唯物主义和整个现代实验科学的真正始祖是培根。在他眼中，自然科学是真正的科学，而以感性经验为基础的物理学则是自然科学的最重要的部分。……按照他的学说，感觉是完全可靠的，是一切知识的泉源。科学是实验的科学，科学就在于用理性方法去整理感性材料。归纳、分析、比较、观察和实验是理性方法的主要条件。"④

霍布斯结合伽利略的机械力学原理并继承培根的方法论，在哲学研究上坚持以自然科学研究方法作为主要方法。霍布斯认为，物理学的经验归纳法不能普遍适用于其他科学，几何学中的方法就不同于经验归纳法的理性演绎法，而这种演绎法才是真正科学的。霍布斯所认为的演绎法也就是数学中的数量研究方法。他说："我所谓'推理'是指计算。计算或者是把要加到一起的许多东西聚成总数，或者是求知从一件事物中取去另一件事物还剩下什么。所以推理是与加减相同的。"⑤ 数学家是用数字加减，几

---

① 苗力田、李毓章主编：《西方哲学史新编》，人民出版社 2002 年版，第 260 页。
② 吴易风：《英国古典经济理论》，商务印书馆 1988 年版，第 28 页。
③ 苗力田、李毓章主编：《西方哲学史新编》，人民出版社 2002 年版，第 279 页。
④ 《马克思恩格斯全集》2 卷，中共中央马、恩、列、斯著作编译局译，人民出版社 1957 年版，第 163 页。
⑤ 北京大学哲学系外国哲学史教研室编译：《十六—十八世纪西欧各国哲学》，商务印书馆 1961 年版，第 61 页。

何学家是用线、面、体等图形加减，而政治学家是用契约加减以找到人们的义务，法律学家是用法律和事实加减找出人们行为中的是非，等等。这就意味着，只要运用加减的数学计算方法，就可以解释事物的因果联系，获得科学的知识。正如马克思所说的那样，在霍布斯的哲学中，"物理运动成为机械运动或数学运动的牺牲品；几何学被宣布为主要科学"①。

洛克深受牛顿力学的影响，与培根、霍布斯一样，将自然科学的方法运用于哲学。他着重批评了经院哲学家常用的"三段论"方法，认为"这种三段论式顶多亦不过是用我们所有的少量知识进行诡辩的一种艺术，它并不能丝毫增加我们的知识"②。既然如此，获得知识的主要方法是什么？洛克认为，是经验归纳的方法，也就是从个别、特殊中归纳出一般的方法。因为，一切知识和推论的直接对象是一些个别、特殊的事物，那么，我们的知识的正确途径也只能从个别、特殊进展到一般。他说："我们的知识是由特殊方面开始，逐渐才扩展到概括方面的。只是在后来，人心就采取了另一条相反的途径，它要尽力把它的知识形成概括的命题。"③ 当然，洛克也并不完全反对演绎法的使用，而是对它做出了新的解释。"演绎法不能局限于三段论式即从一个普遍的大前提出发进行推演，而应当是寻找观念之间的联系的'直观'和'推理'的方法。……当找到了两个远隔观念间的联系，也就获得新的知识了。"④ 可见，洛克的哲学研究坚持的仍然是自然科学的研究方法。

3. 道德观念起源于人的感觉和情感

近代哲学的研究并不是为哲学而哲学，其真正的目的在于重树一种新的生活伦理观，以使从基督教神学束缚下解放出来的人们拥有一种新的道德信仰。为此，伦理学就成为当时哲学家们所关注的一个重要内容。与经验主义感觉论哲学一脉相承，培根、霍布斯和洛克等坚持了伦理学上的感觉主义和情感主义，重视人的感觉和情感在道德观念形成上的作用。

培根认为，伦理学是研究人类的欲望和意志的科学，是要给人们提出行为和相互关系的指导，以实现人生的自律。为此，他一方面对以往的伦理学说没有重视对人的情感研究提出批评；另一方面提出情感研究应该成为伦理学主要任务。在培根看来，"个别学派和个别伦理学家虽然注重到

---

① 《马克思恩格斯全集》，中共中央马、恩、列、斯著作编译局译，人民出版社 1957 年版，第 164 页。

② ［英］洛克：《人类理解论》，关文运译，商务印书馆 1981 年版，第 678 页。

③ 同上书，第 598 页。

④ 苗力田、李毓章主编：《西方哲学史新编》，人民出版社 2002 年版，第 350 页。

情感在德性形成中的作用，但是他们或者只限于抽象的深奥的定义，或者没有把研究情感作为伦理学的任务。……对情感的研究应该是伦理学的重要任务，甚至是伦理学的'主要对象'"①。而且，以往的伦理学说研究方法上的抽象化、逻辑化导致了伦理学的"去生活化"，伦理学离人们的现实生活渐行渐远。从研究方法来说，以往的一些伦理学说大多是从先验的一般原理、原则出发，用演绎推论的方法得出行为的准则。这样的准则是否对复杂多变的现实生活具有指导意义，是非常值得怀疑的。而如果伦理准则无法适用于现实的生活，这样的准则就会成为空洞的口号，没有实际的意义。培根认为，伦理学研究也应该按照自然的规律和生活的经验，把理性和经验密切结合，用观察和归纳的方法，从道德生活事实中引申出普遍的公理和原则，以此来指导人们的生活。可以说，培根不仅在哲学认识论上，而且在伦理学理论上都推行了一条经验主义的道路，以人类经验生活的事实作为了其思想理论的全部出发点。

霍布斯根据力学原理将人理解为机器，而人的一切情欲、情感都是服从因果性规律的人体机械运动的表现，伦理学就是研究感情的原因的知识。从感觉论从发，他认为，凡是引起人们快乐的就是善，让人痛苦的就是恶。霍布斯说："任何人的欲望的对象对他本人说来，他都称为善，而憎恶或嫌恶的对象则称为恶。"② 也就是说，所谓善恶只有与人的欲望相关时，才具有道德判断的内容，事物本身是无所谓善恶的。伦理学作为研究人性的学说，其内容就是要考察人的欲望和情感产生的原因，以及原因与结果之间的关系。那么，人的基本欲望是什么？霍布斯认为，人性中有四种基本欲望：权力欲、财富欲、知识欲和荣誉欲。其中最基本的欲望就是权力欲。因此，人的天性好争斗，为了权力不惜一切，人的本性是自私的、恶的。就是在这个人性理论基础上，霍布斯提出了自己的契约论和国家理论。而霍布斯关于人性自私自利的思想也深刻地影响了同时代及其后的思想家，比如古典经济学派。

洛克从自然主义感觉论出发，认为事物之所以有善恶之分，在于人们有快乐和痛苦的感觉。洛克认为，所谓善，就是能引起快乐或减少痛苦的东西；所谓恶，就是能产生痛苦或减少快乐的东西。而且，他强调，痛苦也好，快乐也罢，都不仅仅只是肉体的感觉，而是包括精神感觉在内的身心同感。进一步地，快乐和痛苦又导致人们情感的发生。人们一反省事物

---

① 罗国杰、宋希仁主编：《西方伦理思想史》下，中国人民大学出版社 1985 年版，第 18 页。
② ［英］霍布斯：《利维坦》，黎思复、黎廷弼译，商务印书馆 1985 年版，第 37 页。

如何在自己心上起作用，便可以观察到自己的情感。因此，人的情感大多是共通的。从这个立场出发，洛克认为幸福就是快乐。但是，幸福是相对的，是比较而言的。追求幸福、避免不幸，这是人类固有的本性。既然幸福与快乐相连，又是个人的感受，那么，个人的感受程度就决定着幸福的程度。人的苦乐情感就是人的行为的导师。可见，洛克将个人的主观感觉视为了个人行为的指导，并对幸福做了相对主义的论证。幸福的主观性和相对性也就为个人行为原则的不定性和利己性做了理论上的辩护。洛克思想成为古典经济学派的理论基石也就不足为奇了。

二 古典经济学派的经验主义方法论

正如马克思所指出的那样，"一般说来，英国早期的经济学家都把培根和霍布斯当作自己的哲学家"①。古典学派遵从经验主义感觉论的路线，在其思想中，从可感知的经验事实出发，以大量的经验材料作为理论的依据。这种经验主义的方法论同样也是古典经济学派经济伦理思想的方法论。Terence Hutchison 就说："最近一位斯密格拉斯哥大学的继任者写道：'……与其说他（斯密）像一位严格逻辑体系的构建者，不如说他更像是一位感性的思考者，……尽管实际上这两个方面他都具有。他总是以其谦逊与智慧来准确判断实事。他有选择和使用真实数据的天赋。实际上他连家门都不出。他很享受把事实挑选出来并给予他们以正确位置。'"②（A. L. Macfie, *supra note* 12, at 13, 139）

1. "经济人"中的经验主义色彩

"经济人"是古典经济学派经济伦理思想的一个重要内容。从斯密的"经济人"思想中就可以看到非常浓重的经验主义色彩。之后的西尼尔、穆勒关于"经济人"的抽象，其方法论同样也是经验主义的。限于篇幅，此处只对斯密的"经济人"思想予以展开。斯密经济伦理的研究方法论是经验主义的，他以经验主义方法刻画了一个真实的"人"——经济人。在斯密眼中，市场经济下的人或者说是人性，并非是抽象的、逻辑上的，而是具体的、现实的。存有"利己"和"利他"双重本性的经济人，与其说

---

① 《马克思恩格斯全集》23 卷，中共中央马、恩、列、斯著作编译局译，人民出版社 1972 年版，第 428 页。

② Terence Hutchison, Adam Smith and The Wealth of Nations, *Journal of Law and Economics*, Vol. 19, No. 3, 1776: The Revolution in Social Thought（Oct. , 1976），pp. 507 - 528, The University of Chicago Press for The Booth School of Business of the University of Chicago and The University of Chicago Law School.

是理论上的论述，不如说是经验上的描述。

德国历史学派对斯密思想的解读提出了"斯密难题"的结论，也就是说，斯密在《道德情操论》中的思想出发点是"同情"，在《国富论》中的思想出发点是"自利"，二者之间是相矛盾的。针对"斯密难题"的结论，相关的批判不绝于耳，给出的论据也各有其说。但大家普遍赞同的是，所谓"斯密难题"是不存在。"斯密难题"是对斯密思想理解的矛盾，而不是斯密本人的矛盾。事实上，关于"斯密难题"并不存在的解释，我们还可以通过斯密的经验主义方法论来做出回答。在《道德情操论》开篇，斯密说："无论人如何被视为自私自利，但是，在其本性中显然还存有某些自然的倾向，使他能去关心别人的命运，并以他人之幸福为自己生活所必需，虽然除了看到他人的幸福时所感到的快乐外，他别的一无所获。这就是怜悯和同情。"① 从"同情"出发，斯密建立了他的伦理学体系。但同时，斯密从来也没有对人性予以乐观主义的评价，反而是清醒地看到了人性之中的不足。就是在《道德情操论》中，他也仍然强调："由于人们更多地倾向于同情我们的欢乐，而不是我们的悲伤，所以这使得我们喜欢炫耀自己的富裕，掩饰自己的贫穷。对我们来说，最难堪的事情莫过于不得已而当众露穷，或者是感到，虽然我们处境人人皆知，但谁都对我们的穷困无动于衷。此外，更是考虑到人的上述情感，这使得我们去求富避贫。"② 斯密之所以对人性予以如此的描述，就是在他眼中，人是"如此软弱和不完美的生灵"。人性本来就不是单一的、纯粹的，而是复杂的、多样的，糅合了善和恶的统一。这种关于人性的认识与其说是理论论证意义上的，不如说是经验事实的一种描述。

人性复杂的认识也延续到《国富论》的思想中。将斯密《国富论》中的人性仅仅理解为"自利"是不够的。斯密在《国富论》中所描述的人性仍然是统一了"利他"和"利己"的两重本性的。在阐述分工起源原因时，斯密将人性视为了分工产生的原因。他说："劳动分工提供了这么多的好处，它最初却并不是由于任何人类的智慧，预见到并想要得到分工所能带来的普遍富裕。它是人性中某种倾向的必然结果，虽然是非常缓慢的和逐渐的结果，这是一种互通有无、进行物物交换、彼此交易的倾向，它不考虑什么广泛的功利。"③ 我们知道，将分工产生的原因诉诸人性，这显

① ［英］亚当·斯密：《道德情操论》，余涌译，中国社会科学出版社2003年版，第3页。
② 同上书，第52页。
③ ［英］亚当·斯密：《国富论》，杨敬年译，陕西人民出版社2001年版，第17页。

然是一种非历史主义的做法，当然这也是与斯密同时代的思想家们的普遍做法。马克思就对这一做法进行过猛烈的抨击。暂且不谈论斯密思想中的历史局限性，斯密将人性视为自己学说的基石．这是无可争议的。《国富论》中斯密像在《道德情操论》中一样，刻画了一个复杂的"人"的形象："他"既是利己的；又是利他的。

> 但是人总是需要有其他同胞的帮助，单凭他们的善意，他是无法得到这种帮助的。他如果诉诸他们的自利之心，向他们表明，他要求他们所做的事情是于他们自己有好处的，那他就更有可能如愿以偿。任何想要同他人做买卖的人，都是这样提议的。给我那个我想要的东西，就能得这个想要的东西，这就是每项交易的意义；正是用这种方式，我们彼此得到自己所需要的帮助的绝大部分。①

2. 社会分析方法上的经验主义色彩

古典经济学派通常还对社会发展历史进行阐述，如斯密。斯密就曾描述了一个现实的社会，而这个社会是其经济伦理思想赖以产生的基础。而以斯密为代表的古典经济学派阐述社会，总是以经验叙述的方式，是对一种并不完满的现实的客观描绘。

斯密在其著作中详细分析了社会历史发展的进程，以经验的描述给出了资本主义市场经济制度产生的合法性论证。在坎南所编著的《亚当·斯密关于法律、警察、岁入及军备的演讲》中，斯密分析了政府产生的条件，并进而分析了不同社会制度下的生产环境。在早期的渔猎时代，人们之间是相互平等的关系，不存在统治与被统治。这是因为人们并不存在私有财产，大家普遍陷于缺乏资料的困境之中。游牧时代出现了财产的贫富分化，造成了人与人之间关系上的不平等，统治与被统治就出现了：

> 造成财富不均的对牛羊的私有，乃是真正的政府产生的原因。在财产权还没有建立以前，不可能有什么政府。政府的目的在于保障财产，保护富者不受贫者的侵犯。在这个游牧时代，如果一个人有五百头牛，而另一个人连一头也没有，除非有个政府准许他取得这些牛，否则他是无法取得的。使贫富悬殊的这种财富不均，使富者对贫者具

---

① ［英］亚当·斯密：《国富论》，杨敬年译，陕西人民出版社2001年版，第18页。

有很大的左右力量。那些没有牛羊群的人必须倚靠有牛羊群的人，因为它们现在不能再靠打猎维持生活，从前可供打猎的野物现在都变得驯服，成为富人的财产。因此，占有若干牛羊群的人对于其他的人必定拥有很大的左右力量。①

秉承历史发展的线索，斯密还继续分析了奴隶制度与封建制度的发展。值得注意的是，斯密是以"自由"为主线来考察历史的变化与发展的。无论是对奴隶制度下的各种政权形式的变更还是对封建制度下的各种政权形式的变更，他都以"自由"为主题进行了考察。在斯密看来，一个进步的制度和政权就是给予人民以最大自由的制度和政权，反之亦然。以奴隶制度下的共和政治为例，其产生、发展及消亡与人民自由程度息息相关。而且，斯密认为，"我们已经讨论了政治的原始原则及其在社会最初各阶段的发展，并发现政治一般都是民主的"②。当一个新的阶级产生，一个新的社会制度酝酿产生的时候，总是表现出某种进步性。这也是被马克思主义所认同的。但是，当这个阶级掌握政权以后，往往会从进步转向反动，其根源在于生产资料私有制。斯密虽然看到了这个过程，但对于造成这一原因的分析显然是经验主义和形而上学的。他将造成这一结果的原因归之于机械手工业、商业和军事工业的发展。以古希腊为例，其繁荣在于耕作水平的发达，因为其处于适合耕作和其他技艺的地区。与其相比，鞑靼或阿拉伯由于地理位置的不利，难以发展高度发达的耕作技艺，也就难以采用民主的共和制度。从发达的耕作技艺发展到共和政治，是由财富所刺激的。斯密认为，当希腊人民获得了较为丰富的剩余产品之后，就会将剩余产品与邻国进行交换。这一方面刺激了本国人民的劳动积极性，另一方面也会引起邻国对他们财富的嫉妒和侵略。为此，希腊人民就不得不在边境设立防御工事，也就是城市的出现。随着时间的推移，由于发达的物质基础，艺术、科学和货物的交换活动就在这些城市中发展起来了。这样，"雅典从酋长统治转变为类似君主的政治，又从君主政治转变为贵族政治"③。那么，共和政治又是如何陨落的呢？

---

① ［英］坎南编著：《亚当·斯密关于法律、警察、岁入及军备的演讲》，陈福生、陈振骅译，商务印书馆 2005 年版，第 41—42 页。
② 同上书，第 47 页。
③ 同上书，第 49 页。

当人们变得越富裕、过着越奢侈的生活时，有钱的人非在异常紧急的时候不愿意出征，因此必须使用雇佣兵和社会下层的人来参加战争。……由于希腊公民不屑拿起武器，把国家交给雇佣兵去保卫，所以他们的军事力量削弱了，给希腊政权提供了一个衰亡原因。另一个衰亡原因是作战技术的改良，它使一切变得岌岌可危。在古代，很难攻克一个城市，因为当时只有通过长时期封锁才能攻克一个城市。①

所以，斯密得出的结论就是："由于机械手工业、商业和军事工业的发展，小共和国——防御性共和国或侵略性共和国——最后趋于解体的情况。"② 可以看出的是，在这个过程中，希腊社会最为发达的时期，也是奴隶制度最为繁盛的时期。共和政治只是针对一部分人而言的民主，对社会的大多数人来说，民主是奢侈品。恰恰就是这些缺乏自由的人成为这个繁荣社会的掘墓者。斯密通过对奴隶制度和封建制度各种政权和国家的考察，认为，由于这些制度无法给予人民足够的自由，所以这些制度的历史命运就是消亡，取而代之的是能够使人的自由得到充分保证的资本主义制度。资本主义制度之所以能够使人获得最大限度的自由，是市场经济的必然要求。

斯密以当时虽以奴隶制度耕作，但还较为富裕的地区来说明：由于缺乏自由，其富裕不仅无法持久，更有甚者将带来社会文明的退步。他说："我们已经说明，社会越文明，奴隶受到越苛刻的待遇。自由和富裕增加了奴隶的痛苦。极度的自由是奴隶最大的束缚。'③ 从社会发展来说，奴隶缺乏勤勉工作的动力，从长远来说，其结果必然不够好。

奴隶耕作只为满足自己；由于剩余产物都归主子所有，所以对于如何最有效地耕种土地他们是不关心的。一个自由的佃农，把租金以外的剩余产量归为己有，所以有勤勉工作的动机。我们的殖民地，如果由自由人耕种，结果必定好得多。④

---

① ［英］坎南编著：《亚当·斯密关于法律、警察、岁入及军备的演讲》，陈福生、陈振骅译，商务印书馆 2005 年版，第 53 页。
② 同上书，第 55 页。
③ 同上书，第 118 页。
④ 同上书，第 119 页。

斯密高度肯定了自由制度的价值，这个自由制度实际上就是资本主义市场经济制度。他举了一个雇用自由人耕种土地和用奴隶耕种土地的地主对社会产生不同利益的例子。一个有大量土地的地主，雇用自由民耕种土地，不仅为自己创造了财富，更重要的是为耕种土地的自由民带来改善生活的机会，从这个角度来说，基于自利的出发点带来了社会共同繁荣的结果。但是，假如这个地主不是雇用自由民，而是用奴隶耕种土地，这就意味着他所创造的财富仅归自己所有，对社会而言，是没有任何意义的。奴隶占据了自由民的地位，但未产生如自由民一样的社会繁荣的结果。这就是斯密的例子所要说明的问题。此处说明的问题与其在《国富论》中所阐述的"利己的打算产生利他的社会后果"的观点是一致的。自由制度能促进资本主义经济的发展；资本主义经济的发展必然要求自由的制度。而这个所谓的自由制度就是拥有人身自由的劳动力。马克思曾给出了资本主义产生的两个前提：一是资本；二是自由流动的劳动力。斯密的前瞻与马克思的深邃是不谋而合的。

我们知道，斯密的经济伦理思想的阐述始终是立足于资本主义经济制度的，也就是说，资本主义社会现实是其思想的出发点和基础。从斯密关于社会历史发展的分析中，可以看出，经验主义的分析方法特征是极为明显的。这一特征同样也影响到其经济伦理思想，致使斯密往往采用经验主义的方法来表述其经济伦理观点和主要理论。这种经验主义的分析方法并不独独只有斯密采用，李嘉图、穆勒，包括马歇尔等人的社会分析方法都是如此。

3. 经济学研究方法上的经验主义

古典经济学派思想家并没有将经济伦理思想划出来作为一个独立的主题，往往是包含于其繁杂的经济思想之中的。他们的经济学研究方法上的经验主义影响到其经济伦理思想，这是不难理解的。这一点，在配第、穆勒和马歇尔那里表现得尤为突出。

威廉·配第是早期古典经济学派的代表人物之一，他坚持在经济研究中以可感知的经验事实出发，以经验材料作为立论依据。配第认为，经济研究不应只是单纯地进行思维的活动，而是要进行诉诸人们感观的论证；不是抽象的理论研究，而是对经验材料的研究；不是考察那些以个人变化无常的意图、见解、爱好和情绪等为根据的原因，而是考察那些以看得见的事实为根据的原因。他说："我进行这项工作所使用的方法，在目前还不是常见的。因为和使用比较级或最高级的词语以及单纯作思维的论证相反，我……只进行能诉诸人们的感官的论证和考察在性质上有可见的根据的原因。至于那些以某些人的容易变动的思想、意见、胃口和情绪为根据的原因，则留待别人去研究。在这里敢坦白地说，老实说，以这些因素（容易变动的思想等等）为依据（即使这些因素可以叫做依据）的原因是不能谈得透彻的。"① 不仅如此，配第还坚持经济学研究需要遵循自然的规律，要以自然规律作为经济研究的主要内容。他说："我们应该很好地考虑一下这种情况，就是高明的医生并不乱给病人用药；相反，他们都密切注意并遵循自然的运动，而不用他们自己的猛烈药方来反抗自然的运动。同样，在政治问题及经济问题上，也必须用同样的方法。因为，人虽能一时强胜自然，但自然仍将恢复其威力。"② 古典经济学派所谓的"自然规律"事实上就是西方传统意义上的"自然法"，即自然的、天然的道德准则。总结配第上述思想，他所强调的内容无非是两个方面：一是经济学研究要运用经验主义的方法；二是经济学研究要遵从自然的道德法则。由于人类社会天然地存在着一种道德法则，这种社会的法则是经济学研究所无法违背的，要找到这样的法则，必须诉诸人们的感观，对经验的材料进行研究才能获得。这样的经济学研究方法在其后的古典经济学派人物那里也有鲜明表现。

穆勒政治经济学是一门科学，是与物理科学等自然科学有区别的一门科学。这个科学有别于自然科学的地方就在于研究的法则。研究法则的不同决定了政治经济学是一门特殊的道德科学。物理科学等自然科学是以物质法则为准则的科学，而道德科学等是以精神法则为准则的科学。二者构成了人类知识的领域，虽然二者在知识领域内是分开的。穆勒说："人类已获得或可获得的知识的整个领域……明显分成两个部分……以至在我们知识的一切分类中两者始终是分开的。这就是物理科学和道德或心理科学。"③ 作为研究法则的精神法则与物质法则之间有着显著不同，具有性质上的差异，但无碍于其作为科学研究的法则。正是因为政治经济学是一门道德科学，是以精神法则为研究法则的科学，它就会以人作为研究的对象。既然人是道德科学的研究对象，人性就必然成为政治经济学研究的基本法则。当然，政治经济学讨论的人性是有别于道德科学所讨论的人性的。在穆勒看来，有这样一类人性的法则，它"关系到生活中的人产生的

①　[英] 威廉·配第：《政治算术》，陈冬野译，商务印书馆1978年版，第8页。
②　[英] 威廉·配第：《赋税论：献给英明人士、货币略论》，陈冬野等译，商务印书馆1978年版，第57—58页。
③　[英] 约翰·穆勒：《政治经济学定义及研究这门科学的哲学方法》，程恩富、顾海良主编《海派经济学》第6辑，上海财经大学出版社2004年版，第134页。

思想和情感，这个人即是为了一个或几个共同目的而结成的人类整体或集体的一分子"①。以人性法则作为政治经济学的研究法则，也就意味着经验主义路线的成功。即使穆勒对所谓的人性，也就是"经济人"进行了方法论上的抽象，仍无碍于其研究的出发点是建立在经验主义的感觉论基础之上的。这样的经验主义研究思路与其在伦理学上的功利主义立场也是相一致的。

三　经验主义方法论分析

经验主义感觉论作为古典经济学派的主要研究方法，对古典经济学派产生了极为深远的影响。这样一种研究方法一方面使古典经济学派用直观、简洁的叙事方式对资本主义生产方式做了理论上的申辩；另一方面又制约了其思想分析的深度，产生了思想上的局限。

1. 经验主义感觉论直观地为资本主义生产方式进行了申辩

古典经济学派思想家所具有的共同时代任务就是：为资本主义的市场制度高唱凯歌。无论是早期的古典学派，还是晚期的古典学派；无论是直接表达对资本主义制度赞美的古典学派，还是看似对资本主义制度进行无情揭露的古典学派，这个时代任务已然成为他们不二的选择。

卢森贝也赞同斯密是一位伟大的现实主义叙事者的看法，认为斯密通过对事实的描写来赞美事实，即资本主义的生产事实。他说："我们不能不承认，斯密对描写现象是很有技巧的。他并不是简单地把事实记载了起来，而且从某种一定的观点出发——即从当时还是代表进步现象的经济自由主义的观点出发——来阐明了这些事实。因此使他的记载成了一种完整的东西，充满了深刻的自信。斯密不是描写事实，而是宣传事实，更正确些说，他是利用事实来广布他所心爱的思想。"② 卢森贝这里所谈到的"代表进步现象的经济自由主义观点"实际上就是资产阶级思想家的学说，即为资本主义制度高奏凯歌的学说。众所周知，斯密的时代正是资本主义制度产生并有了一定发展的时期，这个时期，封建主义的生产方式仍然在一定的范围内继续存在，但资本主义作为具有历史进步性的生产方式的优越性已经得以体现。作为资产阶级代言人的斯密，就必然会为这个进步的生产方式进行辩护。当然，斯密进行辩护的方式与其说是抽象的，不如说是

---

① ［英］约翰·穆勒：《政治经济学定义及研究这门科学的哲学方法》，程恩富、顾海良主编《海派经济学》第6辑，上海财经大学出版社2004年版，第134页。

② ［苏联］卢森贝：《政治经济学史》1卷，李侠公译，生活·读书·新知三联书店1959年版，第307页。

直观的；与其说是理论的，不如说是现实的。也就是说，斯密采用的方式是现实的、经验的、直观的，而不是理论的、理性的、抽象的。在《国富论》一书中，斯密对分工的阐述就是经验主义的直观。他以制造针的例子说明了分工所带来的效率的提高。这样的论证无论如何都不能说是理论的、理性的。我们可以看到斯密以生动的例证、直观的数据说明了分工给生产带来的效率的提高，并以此论证了资本主义机器化大生产的进步性。这样的直观方式为资本主义制度进步性进行申辩取得了极大的成效，正如《国富论》一书的译者杨敬年先生所提出的那样：

> 他①在封建欧洲解体之末、近代世界开始之时写作，在这个世界中，封建制度仍以既得利益集团表现的顽固性在坚持。他正是为反对这种利益集团而写作的。结果是，他的书不只是为图书馆架藏而写的。它出过许多版，翻译成几乎每一种文字。读这本书的人主要是看来会从它的世界观获益的人——正在兴起的工商业者阶级，他们在世界各国议会中的政治执行委员会，他们在学术机关中的思想执行委员会。通过所有这些人，这本书对下层人民产生了深刻的影响。因此，这本书对经济意见和国家政策产生了深刻的影响。它形成了我们今天住在其中的整个生活环境。②

古典经济学派的另一位代表西斯蒙第通常被视为是资本主义制度的批评者。然而，这种批评并不是对资本主义制度的颠覆，而是一种对资本主义制度的新的诠释。正如大多数研究者所认为的那样，西斯蒙第是站在小生产者的立场对大资本进行批判与揭露，从而要求建立小生产者的资本主义制度。卢森贝说：

> 西斯蒙第提出来同不自觉地站到为资本主义关系"做辩护的立场上"的客观主义相对立的，不是本身包含有革命的党性即无产阶级的党性的唯物主义，而是本身包含有不前倾而后倾的小资产阶级的党性的主观主义和唯心主义。③

---

① 这里指的是斯密。
② ［英］亚当·斯密：《国富论》，杨敬年译，陕西人民出版社2001年版，第4—5页。
③ ［苏联］卢森贝：《政治经济学史》2卷，李侠公译，生活·读书·新知三联书店1959年版，第120页。

这样的定性一定程度上是对西斯蒙第作为资本主义制度辩护士角色的论证。西斯蒙第之所以进行对资本主义的批判和揭露，源于当时资本主义制度发展不可避免带来的社会矛盾和局限。资本主义制度对封建主义的胜利是以社会化大生产的确立为标志的，这要归功于产业革命。"产业革命和大革命虽然推翻了封建制度，但同时也给广大劳动群众带来了破产和贫困。资本主义对封建制度的胜利，同时就是大生产对小生产的胜利。"① 西斯蒙第站在小生产者的立场对资本主义的社会化大生产制度进行了揭露与批判。当然这种批评的目的不在于推翻资本主义制度，一定程度上在于调整资本主义制度进而巩固资本主义制度。在西斯蒙第这里，经验主义的分析方法也是非常清晰的。

西斯蒙第说："英国的例子格外引人注目，因为它是一个自由的、文明的、管理得很好的国家，它的一切灾难的产生只是由于它遵循了错误的经济方针。"② 言下之意，错误的思想导致了错误的行动，纠正错误的思想就可以使现实得到改变。西斯蒙第所谓的"错误的思想"就是错误的伦理观。因为斯密、李嘉图等人只"关心财富而不关心人"，以错误的伦理观指导了政治经济学的研究，从而导致英国现实的经济政策采取了错误的方针，造成了极为严重的社会后果。那么，西斯蒙第所提倡的伦理观是一种怎样的伦理观呢？西斯蒙第提出政治经济学应当从属于伦理学，经济学家不但要诉诸理智，更要诉诸良心。即要以功利的人道主义伦理观指导政治经济学的研究，促使经济学更加注重人的福利和社会的公平、正义。强调伦理学研究对于经济学研究的优先性，决定了西斯蒙第研究方法上的经验主义。需要指出的是，西斯蒙第经验主义方法论所要达到的目的不是对资本主义制度的反叛，恰恰是对资本主义制度进行的某种纠正，至于这种纠正是否能够真正解决资本主义的社会问题，这是无法回答的。列宁对西斯蒙第有这样的评价："但是我们已经知道，在一切最重要的问题上，小资产者的'良心'是战胜了经济理论家的'理智'的。"③ 为了唤起大家的良心，西斯蒙第采用的方法就是对资本主义的悲惨现实进行赤裸裸的描述：

① ［苏联］卢森贝：《政治经济学史》2 卷，李侠公译，生活·读书·新知三联书店 1959 年版，第 103 页。
② ［瑞士］西斯蒙第：《政治经济学新原理》，何钦译，商务印书馆 2007 年版，第 22 页。
③ ［苏联］列宁：《评经济浪漫主义：西斯蒙第和我国的西斯蒙第主义者》，中共中央马、恩、列、斯著作编译局译，人民出版社 1957 年版，第 72 页。

我们已经指出，机器抢走了工人的饭碗，全面的竞争减少了各种劳动的合法利益，一泻千里的生产不仅没有给穷人带来富足生活，反而扼杀了穷人，从那时起，我们几乎陷于四面楚歌。有人指责我们是文明的敌人和进步的敌人；人们带着嘲讽的口气问我们，穷人急切需求产品，而我们怎么会相信生产过剩。①

马克思继承但同时又超越并扬弃了古典经济学派的思想，实现了对资本主义制度和生产方式的彻底批评，这一切得益于马克思与古典经济学派经验主义方法论的决裂。尽管马克思也运用了大量经验的材料，但在对资本主义制度和生产方式的分析上则不是停留于经验的表面，而是进行了深刻地抽象。海里希说："马克思引用了大量的经验资料，比当时的其他经济学家中的大多数都要多。对于资料，他近乎痴迷。但是我所谓的'经验主义'，指的是与资料的使用不同的、别的东西。它是这样一种论调：社会是一种清楚、透明的东西，只要你精确地观察。就能看得一清二楚。这种观点马克思在《德意志意识形态》和《共产党宣言》里都提到过。在《资本论》中，马克思强调：我们能看到的只是衰象，但内核我们却看不到；你必须去揭示这个内核，必须去理解某些秘密，比如商品拜物教性质的秘密。在《资本论》中，马克思谈了很多有关'秘密'或价值的'超自然'特征的话题。这些概念并非古怪风格的表达，而是力图使不透明的资本主义社会透明化，而这种不透明性却被经验主义忽略了。因此，《资本论》的基本概念，如'价值'和'剩余价值'都是'非经验的'概念。你能以一种经验的方式观察到价格、利润、利息率和租金。但是价值和剩余价值不是这种意义上的经验概念。马克思用非经验的概念来解释经验的行为，这是马克思与古典和新古典经济学又一重大区别。"② 这也从另一个侧面印证了古典经济学派经验主义方法论的局限。

2. 经验主义方法论提供的理论论证是有局限的

基于经验主义的古典经济学派力图以直观的方法发现资本主义经济规律，并将资本主义的经济规律视为是永恒的自然规律。将由历史规定的某一个时代的经济规律视为永恒的自然规律，决定了这样的理论论证的局

---

① ［瑞士］西斯蒙第：《政治经济学研究》2 卷，胡尧步等译，商务印书馆 1989 年版，第130 页。

② 魏小萍：《马克思的劳动价值论及其同古典经济学的四个决裂——德国柏林工业与经济学院海里希教授访谈》，《马克思主义研究》2012 年第 7 期。

限性：

> 古典经济学家的理论是他们的时代的经济关系的理论表现，是他们的时代的需要的表现，可是他们却像启蒙学派那样，认为是同人的本性相符合的理性的表现。古典经济学家所发现的经济规律是历史地规定的资本主义的经济规律，可是他们却像启蒙学派那样认为是同人的本性相符合的永恒的自然规律。启蒙学派没有超出时代所给予的限制。……与此相似，古典经济学家也没有超出时代所给予的限制。①

这样的局限性在古典学派的思想家那里都有表现。以人性为出发点是斯密理论的特色②。虽然学界对于斯密在《道德情操论》和《国富论》中的人性理论是否一致还存在着诸多争议，但对人性是斯密研究的出发点这一点是普遍赞同的。卢森贝就认为，斯密在《道德情操论》和《国富论》中的人性出发点是分离的。卢森贝评价斯密："他没有能够把这两个世界联系起来。他研究道德世界的出发点是同情心，他对于同情心的定义，就是'对于别人的遭遇的关心'；他研究经济世界的出发点，是利己主义——在经济生活中所追求的完全是个人的利益。"③ 当然，对于斯密在其两部主要代表作中的人性理论是否是分离的，也有不少学者持否定意见。但斯密将人性看作自然的、永恒的东西，这是无可否认的。斯密将由这种人性所决定了的社会规律视为自然规则。我们可以通过对斯密《国富论》

---

① 吴易风：《英国古典经济理论》，商务印书馆 1988 年版，第 61 页。

② 海里希教授认为："马克思与古典经济学派决裂的一个方面就表现在人类主义，人类主义的方法论是古典经济学派的特征。而马克思继承的人类主义不同于古典经济学派的人类主义，并以此对古典经济学派进行了批判，但最后，马克思抛弃了一切人类主义的方法论，代之以实践作为研究的出发点与基础。在古典政治经济学的话语中，首先会遇到'人类主义'。它是一种特定的人类学，它把人类的本质看作是自然的。例如，亚当·斯密有一段著名的文章讨论人与动物的区别，他认为，动物可能会为了什么东西争吵，但只有人类能够进行交换。斯密总结说，交换是人类特有的一种属性。因此对亚当·斯密来说，商品所有者就是人的本质。而且，对斯密而言，充满商品所有者的资本主义社会就是社会的自然形式。青年马克思继承了某种人类学，而这种人类学对斯密的人类学持批评态度，它在某些方面是对斯密人类学的否定。但是，在《关于费尔巴哈提纲》和《德意志意识形态》中，马克思不仅批判了斯密的人类学，而且批判了有关人类本质的一切观念，批评了所有人类主义。"魏小萍：《马克思的劳动价值论及其同古典经济学的四个决裂——德国柏林工业与经济学院海里希教授访谈》，《马克思主义研究》2012 年第 7 期。

③ ［苏联］卢森贝：《政治经济学史》1 卷，李侠公译，生活·读书·新知三联书店 1959 年版，第 243 页。

的分析看到这一点。

斯密的《国富论》一共有五卷。前两卷研究的是狭义的经济学理论，也就是说我们通常所说的"政治经济学"理论。第一卷中，斯密分析了分工，说明了分工之于国民财富的意义和分工产生的原因，进而揭示了货币的产生并提出了商品的交换。在这一卷的最后，斯密分析了社会的三种基本收入：工资、利润和地租。第二卷中，斯密研究了资本，分析了资本的构成、作用、资本积累的条件、形态等问题，并提出了劳动价值理论的雏形。第三卷中，斯密分析了经济发展的历史，通过对城市和乡村分工的考察，他对社会经济发展的历史进程进行了分析。第四卷中，斯密主要对重商主义的经济理论与政策进行了批判，尤其是对重商主义的财富观进行了深刻的揭露和透彻的分析。在该卷的最后，斯密还对重农主义的思想和政策进行了批判，当然比对重商主义的批判温和得多。第五卷中，斯密主要分析了财政税务政策，也就是国家的经济政策和国家富裕问题。在《国富论》中，斯密提出的主要思想就是经济自由主义，强调了分工的自由发展就是一个社会的最好的发展。这个经济自由主义的思想基础就是自然秩序的思想：

> 在前两卷书里发挥的经济理论，实际上不过是自然秩序在经济范畴中的表现而已。分工、货币、自然价格、自然工资、利润和地租、资本、资本的组成部分、资本的积累以及资本的不同的应用，——所有这些现象，其实都是自然秩序的表现和体现。在第三卷和第四卷书里指出了自然秩序是如何跟人为秩序相斗争的，是如何越过了各种不同的经济政策体系所给与它的各种障碍和阻力，而向前开拓自己的道路的。而在第五卷书里，则规定了以正确了解自然秩序为出发点，国家经济的范围和国家收支的基础。①

斯密在《国富论》中费尽心思以自然秩序为出发点解释资本主义经济运行制度，进而得出资本主义经济制度的永恒性、自然性的结论是否能够真正说服人，具有科学性呢？对此，马克思有着深刻的分析：

> 斯密本人也带着天真的稚气，在经常的矛盾中兜圈子。一方面，

---

① ［苏联］卢森贝：《政治经济学史》1 卷，李侠公译，生活·读书·新知三联书店 1959 年版，第 252—253 页。

他研究各种经济范畴的内部联系，或资本主义经济体系的隐藏着的结构。另一方面，他把外表上在竞争诸现象中表现出来的联系排列了出来，即把不懂科学的观察者所见到的联系，以及实际参加并关心资本主义生产过程的人所见到的联系，完全同样地排列了起来。在这两种理解方法中，有一种渗入了内部联系，即渗入到资本主义体系的生理上去了；而另一种只不过是把外表上在生活过程中显露出来的事物，照它所显露和表现的形态，加以描写、分类、讲述，并且把它归纳在一个多少系统化的观念定义之下。在斯密的著作中，这两种理解方法不仅是毫无拘束地相互并行着的，而且是相互交错着，相互矛盾着的。①

马克思的分析是中肯的。斯密对资本主义制度的研究是有意义的，其科学性在于试图给出资本主义制度永恒性的论证，但其采用的经验主义感觉论研究方法反而使资本制度中的缺陷暴露无遗。斯密在《国富论》中一开始就试图寻求资本主义经济的本质，即马克思所讲的"资本主义制度的生理学"，通过"生理学"的解剖，将资本主义制度的机理显现出来，探讨这一制度产生与存在的合理性。另一方面他又试图通过对资本主义经济的外部联系的分析，看待资本主义制度的历史性与现实性。但结果是不如意的，这样的两种理解方法不仅没有相互配合，反而造成了相互的矛盾。究其原因，与其经验主义感觉论研究方法不无关系：

> 为什么斯密在大体上找到了剩余价值及其特殊形式的源泉时，又被竞争所表现出来的假象所迷惑。斯密在抽象和具体问题上表现出来的混乱，显然是受到英国唯物主义经验论者的影响。恩格斯在评论经验论者的有关观点时说：先从可以感觉到的事物造成抽象，然后又希望从感觉上去认识这种抽象的东西，希望看到时间，嗅到空间。经验论者深深地陷入了体会经验的习惯之中，甚至在研究抽象的东西的时候，以为自己还是在感性的认识的领域内。恩格斯对经验论者的这一评语，也适用于亚当·斯密。②

---

① ［德］马克思：《剩余价值学说史》2 卷，考茨基编，郭大力译，生活·读书·新知三联书店 1957 年版，第 12 页。

② 吴易风：《英国古典经济理论》，商务印书馆 1988 年版，第 53 页。

在斯密身上表现出来的局限性在古典学派经济学家那里都不同程度地存在着，成为古典经济学派所具有的整体性特征。一个时代的人物总是脱离不了所处时代的影响，并表现出那个时代的特征。经验主义感觉论研究方法是近代西方颇具影响力的研究方法，它不可避免地要对该时代的思想家产生影响。由于这种研究方法本身所表现出来的局限，也就必然对研究的结果产生负面作用。正确的方法才能产生科学的结论。古典经济学派力图采用经验主义感觉论方法为资本主义制度辩护，其结果反而背离初衷，说明了这一方法本身是有问题的。

第二节　个人主义的道德立场

古典经济学派强调了伦理之于社会经济的作用，并在其研究中表现出了鲜明的道德立场。伦理学与经济学的融通，成为古典经济学派一个非常突出的特征。而且，古典经济学派无疑都持有一种个人主义的伦理观，在个人主义道德原则指导下构筑他们的经济学体系，并提出了一种个人主义的经济伦理思想。西方学术界甚至将"个人主义"视作古典经济学派的标签，如德国历史学派代表李斯特。"李斯特指责支持自由贸易和放任主义的古典经济学为世界主义、物质主义、地方分立主义，尤其指责它是个人主义，认为古典经济学派为了满足个人对财富的欲望和追求而牺牲民族共同体的福利。"① 对古典经济学派的经济伦理思想做整体性特征分析就无法回避个人主义道德立场这个话题。

什么是个人主义？《不列颠百科全书》是这样定义的：一种政治和社会哲学，高度重视个人自由，广泛强调自我支配、自我控制、不受外在约束的个人和自我。这种政治和生活哲学，包含着一种价值体系，一种人性理论，一种对于某些政治、经济、社会和宗教行为的总的态度、倾向和信念。② 可见，个人主义是一个庞杂的思想体系，其内容是非常丰富的。在西方思想史上，个人主义的思想观念源远流长，并对西方资本主义的发展起到了极为有利的促进作用。法国思想家托克维尔在对美国资本主义的发展做了考察之后，提出"个人主义"是资本主义发展的结果并推动了美国

① ［英］史蒂文·卢克斯：《个人主义》，阎克文译，江苏人民出版社 2001 年版，第 15 页。
② 中国大百科全书出版社《简明不列颠百科全书》编辑部译编：《简明不列颠百科全书》3 卷，中国大百科全书出版社 1985 年版，第 406 页。

社会的发展。哈耶克将个人主义看作是西方近代文明的象征，"由基督教和古典哲学提供基本原则的个人主义，在文艺复兴时代第一次得到了充分的发展，此后逐渐成长和发展为我们所了解的西方文明。这种个人主义的基本特点就是把个人'当作'人来尊重，也就是承认在他自己的范围内，纵然这个范围可能被限制得很狭窄，它的观点和爱好是至高无上的，也就是相信人应能发展自己个人的天赋和爱好"①。哈耶克认为，尽管个人主义是在近代得到发展的思潮，但西方的古代文明和基督教文化为个人主义提供了基本的原则，个人主义的精神早已有之。

一　西方个人主义源流及表现

在托克维尔给出"个人主义"定义之后，并不意味着这一概念的确切化和固定化。关于"个人主义"的定义和基本内容，一直到现代也仍然是学者们所探讨和争论的话题。卢克斯就说："'个人主义'一词的用法历来就非常缺乏精确性。"② 但他肯定地指出，"个人主义"是 19 世纪的术语。言下之意，也是将托克维尔的"个人主义"定义视为了个人主义源头。哈耶克对个人主义有着这样的看法，认为个人主义在本质上是与社会主义理论体系针锋相对的思想体系，它是一种社会理论，是一种政治行为规范，更为主要和根本的，是一种理解个人自身、个人和他人以及个人与社会关系的方法。③ 这一定义也是将"个人主义"视为现代社会的产物。实际上，他们对"个人主义"的定义都做了方法论的理解。具有工具意义的个人主义是近代社会的产物，但其思想精髓，或者说作为观念和认识的个人主义早就产生。虽然"个人主义"的定义是托克维尔提出的，即其系统化、理论化的工作是托克维尔完成的，但个人主义的思想早在古希腊时期就已萌发，并已在人们现实生活中发挥着实际的作用。

1. 古希腊时期的个人主义思想表现

有学者将古希腊时期的个人主义称为"原子式的个人主义"，认为它表现为个人的地位的确立、把个人视为价值尺度。④ 作为西方文明源头的古希腊文化，对"个人"的思考有其文化中特有的内容。德尔菲神庙前镌

---

① ［奥］哈耶克：《通向奴役的道路》，滕维藻、朱宗风译，商务印书馆 1962 年版，第 19 页。

② ［英］史蒂文·卢克斯：《个人主义》，阎克文译，江苏人民出版社 2001 年版，第 1 页。

③ ［奥］哈耶克：《个人主义与经济秩序》，贾湛等译，北京经济学院出版社 1991 年版，第 6 页。

④ 夏伟东、李颖、杨宗元：《个人主义思潮》，高等教育出版社 2006 年版，第 107 页。

刻的箴言就是"认识你自己"。这一箴言还被称为古希腊圣贤苏格拉底的口号。可以说，思考"人"和思考"人"的价值和生活的意义成为古希腊思想的主要内容。当然，当时人们思考"人"的问题主要是对作为个体的"人"的思考，是对个人主体地位、个人价值的思考。

第一，智者学派的个人思想。

"人是万物的尺度"。这是智者学派代表普罗泰戈拉的名言，也代表了其基本的思想。当然，对于这一句中的"人"是指个体还是整体，并不具有统一的意见。"'人是万物的尺度'语句究竟是指每个个人，或是泛指群众，或是包含全人类，这种'整体'与'部分'的理解，也就决定这语句的意义。史家所认为的，此句之'人'是指'个人'，亦即每个个别的人都是'万物的尺度'，都是'真理的标准'。"① 但我们一般还是认为普罗泰戈拉所谓的"人"主要指的是"个人"。

首先，普罗泰戈拉以个人感觉作为评价的标准。普罗泰戈拉说："我认为真理就是我所写的那个样子，即我们每个人都是存在或不存在的尺度。对于同一个事物，一个人的感觉与另一个人的感觉可以有极大的不同，因为有些事物向他显现，而有些则不然。"② 在普罗泰戈拉眼中，个人感觉是评价事物的标准和尺度。当个人感觉成为一种尺度，这就意味着所谓绝对的、客观的、至高无上的权威是不存在的，一切取决于个体的判断。这样，个体就具有了无上的价值，其主体地位也就不言而喻了。显然，普罗泰戈拉的思想是针对当时的神权而言的。当时，神在人的生活中居于无上地位，具有无可置疑的权威，人类生活中的所有内容都是由神来决定的，人在神面前是毫无作为的。针对这样的思想认识，普罗泰戈拉提出，关于神，我们既不知道他们是否存在，也不知道他们具有什么样的形状。也正是因为不敬神，普罗泰戈拉被雅典人驱逐，并把他的著作当众销毁。普罗泰戈拉把人从神中解放出来，赋予了人更为积极主动的含义，也就是对人的主体地位的肯定。

其次，普罗泰戈拉认为人人都有德行。在古希腊人眼中，德行意味着优良的品性和功能，具有善的意义。德行的功能内涵使古希腊的"善"具有工具意义。是不是人人都具有如此优良的品性和功能呢？当然不是，当时流行的说法是：只有神的子民才具有德行。神的子民是谁？就是当时的贵族阶层。这样，道德就成为一个阶级所拥有的特权，也就成为地位的某

① 邬昆如：《希腊哲学》，五南图书出版公司2001年版，第70页。

② 苗力田主编：《古希腊哲学》，中国人民大学出版社1989年版，第184页。

种象征。对于这样的说法，普罗泰戈拉是反对的，他提出德行不是少数人的特权，而是人人都拥有的权利。这样，他不仅赋予了个体以主体地位，而且赋予了个体以平等地位。普罗泰戈拉使用普罗米修斯的神话故事，说明了作为正义和尊敬德行的品德是人人都具有的，并不仅仅只是供少数人享用的，而技术则可以为少数人拥有。普罗泰戈拉借宙斯之口说："我愿意人们都有一份，因为如果只有少数人分享道德，如分享技术那样，那么，城邦就会不能存在了。此外，再遵照我的命令立一条法律，把不知尊敬和不正义的人处死，因为这种人是邦国的祸害。"① 人人均有德行不仅说明了人在道德面前的平等，进而也说明了人获得道德的主动性。因为德行可有，人人均可以通过自己的努力获得德行。如果一个人不正义、虔敬和节制，那是自我放弃的结果，是自己不愿意学习、不接受教诲的结果。任何人只要愿意学习，他都能获得应有的德行。这也就是中国人所讲的"为善由己"和"我欲仁，斯仁至矣"！

最后，普罗泰戈拉的个人思想具有相对主义和享乐主义的内容。当把个人感觉作为评价标准的时候，一方面肯定了人所具有的主体地位和主体价值，另一方面也模糊了评价的标准和尺度。我们知道，每一个人的感觉尽管有相同的内容，但也有非常不相同的内容。所谓"见仁见智"，面对同一种事物，不同的人根据自己的感觉可能会得出不同的结论，甚至是相反的。庄子就曾经非常精辟地阐述过这个问题，所谓"是亦彼也，彼亦是也"。当以个人感觉作为了评价的标准，所谓是与非的界限就是模糊的。"在克莱门特的《杂记》中有这样的记载：'希腊人说，普罗泰戈拉首先提出，一切理论都有相对性的说法。'"② 以个人感觉作为评价的标准还有可能导致享乐主义的结论。因为个人感觉的内容主要是生理感觉的快乐和痛苦，这就将生理感官的满足与否置于首要地位。文德尔班在《哲学史教程》中就说："任何人，只要他感觉合意、有用、如意的东西就是对他合意、有用、如意的，在此，个人的意识状态，也是衡量事物的尺度，对事物的其他普遍有效的价值规定是不存在的。在这方面，亚里斯提卜的享乐主义就是从普罗泰戈拉的这个理论发展而来的。"③

总之，西方古希腊时期的普罗泰戈拉可谓是个人主义思想的源头。"之所以将普罗泰戈拉视为思想家的鼻祖，将他的'人是万物的尺度'的

① 周辅成主编：《西方伦理学名著选辑》上卷，商务印书馆1964年版，第22页。
② 转引自夏伟东、李颖、杨宗元《论个人主义思潮》，高等教育出版社2006年版，第109页。
③ ［德］文德尔班：《哲学史教程》上，罗达仁译，商务印书馆1987年版，第130页。

格言视为个人主义思想的源头，正是从他的个人价值的独立性以及事物的价值尺度的相对性着眼的。"①

第二，伊壁鸠鲁的个人主义思想。

我们通常将伊壁鸠鲁的思想看作快乐主义，然而其思想中所包含的不仅仅是快乐主义，还有非常突出的个人主义思想内容，而且伊壁鸠鲁思想对近代西方资本主义时期的伦理思想史具有重要影响。"伊壁鸠鲁的快乐主义伦理学说，对他以后的伦理学的发展有着重大的影响。除古罗马时代的卢克莱修以外，十六世纪的托马斯·莫尔，十七世纪的霍布斯、洛克，十八世纪的休谟、爱尔维修、霍尔巴赫，以及十九世纪的边沁、密尔和西季威克等人的伦理学说，无不对伊壁鸠鲁快乐主义伦理学有所继承。"② 当然，仅仅将这种继承看作是对快乐主义的继承是不够的，个人主义思想内容也是一个重要方面。

首先，原子论既是伊壁鸠鲁的哲学理论，也是社会理论基础。伊壁鸠鲁哲学最为有影响的就是他对德谟克利特原子论思想的继承和发展。他认为，宇宙万物都是由不可分割的物质粒子——原子构成的。因而，一切事物都可以用原子的运动和变化来解释。更进一步地，他提出由于原子本身存在着大小、形状、重量和体积的差异，才使得事物之间存在着明显不同。物与物的差别实际上是组成物的原子的差别。伊壁鸠鲁对德谟克利特哲学的发展还表现在关于原子运动的理解上。他认为原子的运动不仅是必然的，也是偶然的，直线运动的必然性和偏斜运动的偶然性，都是原子运动的特性。伊壁鸠鲁的原子论不仅仅是他的哲学理论，而且也是他对社会运动与发展的认识基础。作为社会而言，其本身就是由每一个个体，即原子所组成，而且原子的必然运动和偶然运动构成了社会的发展。对一个社会来说，决定其发展方向的并不一定只是历史的必然，还有人为的偶然。他说："必然性是不容劝说的，反之，偶然性是不稳定的。所以，宁可听信关于神灵的神话，也比当物理学家所说的命运的奴隶要好些，因为神话还留下个希望，即由于敬神将会得到神的保佑，而命运却是铁面无情的必然性。应该承认的是偶然，而不是众人所相信的神。'在必然性中生活，是不幸的事，但是在必然性中生活，并不是一个必然性。通向自由的道路到处都开放着，这种道路很多，它们是短而易走的。因此谢天谢地，在生

① 夏伟东、李颖、杨宗元：《论个人主义思潮》，高等教育出版社 2006 年版，第 109—110 页。

② 罗国杰、宋希仁主编：《西方伦理思想史》上，中国人民大学出版社 1985 年版，第 255 页。

活中谁也不会被束缚住，而对必然性本身加以制约倒是许可的'。"① 从这段话中可以看出，伊壁鸠鲁并不认为现实的必然就是永恒，也并不认为个人对于现实就是无能为力，而是对现实存在的合理性提出质疑，并对个人的能力寄予了极大希望和肯定。对宿命论的反叛，一定意义上就是对人的主观能动性的高扬。"它推翻了对外界必然性的宿命论，冲击了法律和命运的束缚，在希腊民族精神的发展中，提出了一个极为重要的'能动的原则'，使人们看到了自己的主观能动性和自由，得到了精神上的拯救。"②

　　其次，快乐是人生最高的善。伊壁鸠鲁坚持了普罗泰戈拉的感觉主义，认为感性知觉是判断善恶的根据。他说："如果抽掉了嗜好的快乐，抽掉了爱情的快乐以及听觉与视觉的快乐，我就不知道我还怎么能够想象善。"③ 也就是说，肉体和感官的快乐才是一切快乐的起源和基础，离开这个基础，别的快乐和幸福也就不存在。但是，与一般的享乐主义不同的是，伊壁鸠鲁的快乐不仅仅是感官上的快乐，而是在肯定感官快乐的基础上，更为强调精神快乐的重要性。在伊壁鸠鲁看来，精神的快乐高于感官的快乐，而且更为持久、稳定和深刻。"对于人生来说，真正的快乐不在于肉体的不死，而在于精神的快乐。"④ 从伊壁鸠鲁的快乐主义思想来看，其基础就是个人主义。毕竟只有建立在个人感觉基础之上的快乐才是真实的、可靠的，而且每个人感受的快乐的不同与其欲望是相联系的。也就是说，每一个人出于自己个人利益的目的和考虑，得出来的认识是不同的。对于久病不愈的人来说，健康就是最大的快乐，就是最高的善；但对一个健康的人来说，健康就显得没有那么重要，也让他的快乐感受不够明显。

　　最后，个人利益是社会秩序建立的基础。伊壁鸠鲁对于公正进行了深刻阐述，强调了"公正对于每个人都是一样的，因为它是相互交往中的一种互相利益"⑤。伊壁鸠鲁认为，自然的公正就是引导人们避免彼此伤害的互利的约定。由自然公正而达社会的公正，此时公正就是一种社会的契约，表现为国家的法律。作为社会的公正，必须具备两个基本条件：一是

---

① 《马克思恩格斯全集》40卷，中共中央马、恩、列、斯著作编译局译，人民出版社1982年版，第204页。
② 罗国杰、宋希仁主编：《西方伦理思想史》上，中国人民大学出版社1985年版，第234页。
③ 周辅成：《西方伦理学名著选辑》上卷，商务印书馆1964年版，第95页。
④ 罗国杰、宋希仁主编：《西方伦理思想史》上，中国人民大学出版社1985年版，第239页。
⑤ 北京大学哲学系外国哲学史教研室编译：《古希腊罗马哲学》，商务印书馆1961年版，第347页。

符合法律的精神与要求；二是有利于人们之间的相互关系。所谓相互关系，也就是人们之间的"相互利益"。在伊壁鸠鲁看来，后者，也就是相互利益在公正中具有基础性的地位。如果一件事情仅仅只被法律所承认，但没有符合相互利益或者说相互关系，也就不能被认为是公正的。因此，公正也就不是绝对的。当由时间、地点等具体条件变化带来人们相互关系，或者说相互利益变化时，公正的要求也就会产生变化。一些过去被认为是公正的事情，现在就会被认为是不公正的。"利益是公正的基础；相互的利益、社会关系的利益是公正的基础。"① 那么，伊壁鸠鲁所谓的相互利益究竟是一种怎样的利益？是个体利益还是集体利益呢？这个问题的答案是非常重要的，因为它涉及对伊壁鸠鲁思想的整体评价。显然，从其将自然公正视为彼此免除伤害的约定来看，个人利益是伊壁鸠鲁思想的出发点。正是为了让自我利益在社会中免受伤害，正是出于保护个人利益的目的，人们之间才会达成协议，遵守某种规定以此来保护自我利益，这就产生了社会的公正，才有了国家的法律。正因如此，伊壁鸠鲁才会将利益视为是法律的基础和前提。"个人为了自卫而与别人建立友谊，与别人结成集团，遵守相互利益的契约。绝对的公正是没有的，一切法律的、道德的制度和规范，只要能使个人摆脱痛苦、获得安宁，就是公正的、合理的。"②

总之，伊壁鸠鲁从个人利益出发，强调了一种快乐主义的伦理学说。在他的思想中，个人就是社会的原子，是有主观能动性的，他的活动可以决定社会的发展和变化。伊壁鸠鲁的个人主义思想对古希腊而言，无异于一束启蒙之光。正如黑格尔所认可的那样，"在外族统治下的失去民族独立和自由的时代，在个人精神上的一切美好的崇高的理想和激情受到摧残的时候，个人的内心自由无疑是具有重大意义的"③。

2. 文艺复兴时期的个人思想

西方的中世纪时期以神权对人权的胜利作为了一个时代的标记，人被套上了沉重的神的枷锁。这一封建神学的专制主义在文艺复兴时期被打破，人们重新唤起了对"人"的肯定和重视。文艺复兴时期也用人对抗神，以人性反对神性是这一时代的特征。

文艺复兴时期，无论是哲学思想界还是文学艺术等各个领域，都充斥

---

① 罗国杰、宋希仁主编：《西方伦理思想史》上，中国人民大学出版社1985年版，第243页。

② 同上书，第257页。

③ 同上书，第258页。

着个人主义的思潮。一定程度上，所谓的"复兴"也就是就古希腊的个人主义思想的复兴，并且从思想体系上将个人主义的思想进行了理论化。这一时期的个人主义思想成为近代个人主义思想的直接来源。在这个时期，大批的思想家、艺术家以各种不同的方式，如艺术创作、文学作品和理论著作表达了个人主义的思想内容。

首先，高扬了人的价值和尊严。中世纪基督教对人的桎梏的表现之一就是对人的价值和尊严的否定。我们从当时基督教对异教徒的迫害和基督教教义中就都可以看出这一点。中世纪的基督教都有"宗教裁判所"，对于不信神或信仰其他宗教的异教徒予以残酷的迫害，哥白尼、伽利略等人的遭遇就是明证；十字军东征就是以上帝之名义行使了最严重的罪行。从基督教教义来说，中世纪的天主教，甚至于加尔文和路德的新教，都认为人是属于上帝的，是为上帝而生，为上帝而死的，因此，要尽可能地忘却自己，将自己交付给上帝。人生的目的不是为了自己，而是为了全心全意地爱上帝，把一切奉献给上帝，以求获得上帝的救赎。这样的教义显然将人的主动性予以了根本的否定和放弃。因此，反对封建主义神权，首要的就是要将人从神那里解脱出来，赋予人应有的价值和尊严，对人进行毫不吝啬的赞美。莎士比亚在《哈姆雷特》中对人的赞美成为名篇："人是多么了不起的一件作品！理想那么高贵、力量多么无穷！仪表和举止是多么端正，多么出色，论行动，多么像天使，论了解，多么像天神！宇宙的精华、万物的灵长！"① 除了在文学作品之中，在当时的艺术作品中也突出表现了人所具有的价值，达·芬奇的《蒙娜丽莎》就是代表。即使是当时的宗教题材的绘画，也以表现人性之美为主题，这是对中世纪绘画主题的挑战，如拉斐尔的圣母像。当人们从神的桎梏中解脱出来，就获得了作为人所应有的荣誉与满足，就会为作为一个人而感到自豪。意大利思想家皮科·米朗多拉的《论人的尊严》就对人的价值和尊严进行了阐述，在当时产生了极大影响。他认为，把人的价值从上帝那里夺回来还给人，就是人的价值所在。当人的价值得以确定，对人的评价与衡量的尺度与标准就不再是上帝，而是人自身。薄伽丘说："我们人类是天生一律平等的，只有品德才是区分人类的标准，那发挥大才大德的才当得起一个'贵'字；否则只能算是'贱'。"②

其次，倡导个性的自由与发展。包尔生对文艺复兴有着这样的评述：

---

① ［英］莎士比亚：《莎士比亚戏剧集》4 卷，朱生豪译，作家出版社 1954 年版，第 187 页。
② ［意］薄伽丘：《十日谈》，方平、王科一译，上海译文出版社 1980 年版，第 267 页。

"文艺复兴的第一次和第二次浪潮的共同特点是对个人自由的热烈渴望：个人不再情愿受既定的意见和制度束缚，而是欲望他的特殊个性的全面和自由的发展，欲望他所有的冲动和力量的全面和自由的训练，在正确自由的斗争中他以他的本性对抗传统习惯，而这也正是希腊人所致力的目标——个人的最自由的发展，因为这个原因，希腊精神成为人性的理想。"① 基督教神学对人的枷锁最突出的表现在人的不自由，人成为神的附庸和奴仆。反对基督教神学，解放人，就要肯定人是自由的。文艺复兴时期，人们对个性的自由寄予了希望和歌颂。意大利著名诗人但丁就对人的自由进行了歌颂，肯定了人天生所具有的高贵品质和自由意志，被恩格斯誉为"中世纪最后一位诗人和新时代的最初一位诗人"。但丁说："他追寻自由，自由是如何可贵，凡是为它舍弃生命的人都知道。"② 另一位法国著名作家拉伯雷则在《巨人传》中构建了一个理想的、自由的社会，表达了对个性解放和自由的要求。他说："他们整个的生活起居，不是根据法律、宪章或规则，而是按照他们自己的意愿和自由的主张来过活的。他们高兴什么时候起床，就什么时候起床；其他如喝、吃、工作、睡觉，都是喜欢在什么时候就在什么时候。没有人来吵醒他们，没有人来强迫他们吃、喝，或者做任何别的事情。高康大是这样规定的。他们的会规就只有这么一条：想做什么，就做什么。"③ 也就是从文艺复兴以来，自由成为个人主义原则中最为重要的内容。当然，这个时期的自由观是简陋、不成熟的，将自由理解为不受约束也只是针对封建的专制主义而言。近代之后的思想家，如洛克等人就对自由予以了更为深刻的认识与理解，并将其作为个人主义的主要内容予以了强调。

最后，现实的幸福和快乐是人生的目的。中世纪基督教对人的禁锢表现在对人的欲望的克制上。它们打着神的旗号和名义，对人的一切欲望都予以了否定，甚至是人的合理欲望。在基督教看来，人从一开始就背负着沉重的罪，人生在世所要做的无非是对罪的救赎，因此就要放弃所有的欲望，以求获得上帝的拯救。在《圣经·新约》中就提出肉体为恶，情欲为恶，而性又是其中最大的恶，是忠于上帝和灵魂得救的最大敌人。基督教神学之父圣奥古斯丁完成了基督教禁欲主义的理论体系，确立了"性就是罪"的基本原则。从形式上，基督教强调了教士独身制和苦修制，修道士

---

① ［德］弗里德里希·包尔生：《伦理学体系》，何怀宏、廖申白译，中国社会科学出版社1988年版，第113页。

② ［意］但丁：《神曲·炼狱篇》，朱维基译，上海译文出版社1984年版，第3页。

③ 周辅成主编：《西方伦理学名著选辑》上，商务印书馆1964年版，第403页。

们以自我虐待式的苦修实现对上帝的景仰和追随。更为严重的是，基督教认为性的诱惑之源在于女性，以"女巫"之名行使了对妇女的迫害。1484年教皇英诺森八世正式下令审判制裁女巫，最高刑罚是火刑处死。在西班牙、德国、瑞士、英国、意大利及其他一些欧洲国家，几十万男女（其中主要是妇女）被打成巫师、魔术师、女巫而受到惩罚。那时，一封诬告信、一个因追求某个女子而不得的报复性的"检举"，就会使一个无辜的女子堕入地狱。举行审判时，在公众面前，她们被扒光全身衣服，刑吏和一些"绅士"对她们肆意侮辱。但同时，那些本来应过着严格遵守戒律的禁欲生活的修道士却在性方面十分放纵，自甘堕落，这种情况在16世纪的罗马天主教教会达到顶点。一方面是基督教自身的自相矛盾，另一方面是当时资本主义发展的历史需求，都让人们开始提出对现实幸福与快乐的认可与重视。因此，文艺复兴时期的思想家们一方面对基督教自身的相互矛盾进行了深刻的揭露，另一方面为适应当时社会发展的需求，适时地提出了享乐主义的口号。意大利作家薄伽丘在其名著《十日谈》中就以辛辣的笔锋对封建禁欲主义的虚伪、荒谬进行了猛烈的抨击，并提出了对人间现实幸福的向往。文艺复兴时期也是资本主义萌芽产生的时期，这个时期，在地中海沿岸的一些地区已经出现了资本主义的生产方式。为了推动资本主义生产关系的进一步发展，就必须对人的现实幸福与快乐进行肯定，对人的欲望进行肯定，因为，人的欲望是资本主义发展的巨大动力。当时的一位思想家伊斯拉谟就认为，肉体绝不是灵魂的桎梏，灵魂也不可能摆脱肉体，一切感觉都与肉体有关，物质和肉体的快乐是值得追求的，人应当把追求财富放在第一位，把肉体的快乐放在第二位。[①] 这是资产阶级的赤裸裸的宣言，预示着一个新的时代的到来。

总之，这个时期的个人主义思想尽管是简单的、不成体系的，但具有重大影响和意义。因为这是一个转折时期，对于历史的发展具有重大意义。它一方面对封建专制主义提出了反抗，另一方面为资本主义制度的发展而呐喊，反映了进步的资产阶级的利益要求。可以说，文艺复兴时期的个人主义思想是西方近代个人主义产生的直接来源，没有文艺复兴时期，也就没有西方近代的资本主义的产生与发展。

3. 近代个人主义思想

个人主义思想的发展与成熟，是在近代资本主义时期完成的。其中霍布斯、洛克和卢梭为个人主义思想体系的完善做出了成就。"如果说，文

---

① 夏伟东、李颖、杨宗元：《论个人主义思潮》，高等教育出版社2006年版，第117页。

艺复兴时期的个人主义思想奠定了西方个人主义思想体系的基石，那么，近代资产阶级的个人主义，尤其是洛克、卢梭所阐发的个人主义，使西方个人主义的思想体系的大厦臻于完成。"① 然而，使这个概念得到确定并产生广泛世界影响的则是托克维尔。

第一，英国的个人主义思想。

英国个人主义思想的两个主要代表是霍布斯和洛克。卢克斯将霍布斯视为伦理个人主义的开创者。他说："自霍布斯以后，各式各样的利己伦理学观点都坚持认为，我们应该努力保障我们自己的利益，而不是社会整体或其他个人的利益。"② 包尔生则认为，霍布斯是"自我或个人主义的功利主义在现代的第一个代表"③。也就是说，霍布斯不仅是英国而且还是世界个人主义的开端。"近代思想史上，激进个人主义或极端个人主义的思想始于霍布斯。"④

霍布斯认为人性是自私的，为了满足自我利益，就陷入无止境的争斗之中。这样的状态，霍布斯称为"自然状态"。因此，自然状态也就是战争状态。在自然状态下，人们有平等的自然权利和自由。所谓自然权利就是，"每一个人按照自己所愿意的方式运用自己的力量保全自己的天性——也就是保全自己的生命——的自由。因此，这种自由就是用他自己的判断和理性认为最适合的手段去做任何事情的自由"⑤。而自由则是"按照其确切的意义说，就是外界障碍不存在的状态'⑥。虽然在自然状态下，每个人都拥有平等的自然权利，但并不意味着权利是不可放弃的。在人的本性之中，除了有对利益的追求之外，还有自保和理性。人对自我生命的保护和理性决定了人们要改变自然状态下的战争。如何放弃战争，就需要放弃人天然所具有的那种不可侵犯的权利。为了从战争走向和平，就需要从自然状态过渡到社会状态，就需要寻求一种公共的权力来保证自然法的实现。这时，每一个人都放弃自己所拥有的部分权利，大家订立信约，把让渡出来的这部分权利交付给一个集体，这就是国家的产生。霍布斯说："承认这个人或这个集体，并放弃管理自我的权利，把它授予这人或这个

① 夏伟东、李颖、杨宗元：《论个人主义思潮》，高等教育出版社2006年版，第119页。
② ［英］史蒂文·卢克斯：《个人主义》，阎克文译，江苏人民出版社2001年版，第93页。
③ ［德］弗里德里希·包尔生：《伦理学体系》，何怀宏、廖申白译，中国社会科学出版社1988年版，第208页。
④ 夏伟东、李颖、杨宗元：《论个人主义思潮》，高等教育出版社2006年版，第119页。
⑤ ［英］霍布斯：《利维坦》，黎思复、黎廷弼译，商务印书馆1985年版，第97页。
⑥ 同上。

集体，但条件是你也把自己的权利拿出来授予他，并以同样的方式承认他的一切行为。这一点办到之后，像这样统一在一个人格之中的一群人就称为国家，在拉丁文中称为城邦。这就是伟大的利维坦的诞生。"① 可以说，霍布斯不仅坚持了伦理学上的个人主义立场，而且坚持了政治学上的个人主义立场。在道德上，他倡导对个人利益和个人欲望的追求与满足，从而为资产阶级经济的发展做了道义上的辩护；在政治上，他倡导个人自由的重要性，并阐述了国家之于个人自由实现的必要，从而为资产阶级君主制国家的合法性做了辩护。由于霍布斯的个人主义是一种极端利己的个人主义，是激进的个人主义，从而受到了来自各方的批评。洛克正是在这个意义上实现了对个人主义思想的完善。

洛克是近代西方一位重要思想家，罗素曾将洛克作为欧洲哲学思想的发源，马克思将洛克称为"自由思想的始祖"②，很多重要的个人主义思想观念都可以从洛克这里找到源头。而且，洛克克服了霍布斯个人主义中的片面性和极端性，建立了一种更为温和的个人主义思想，并构筑了政治个人主义的理论体系。洛克提出了与霍布斯不同的自然状态思想。洛克认为自然状态是平等状态，而不是战争状态。在自然状态下，人人都有相同的权利，没有人拥有比别人更多的权利，但又不会由此挑起战争。除此而外，自然状态下，人们还是自由的状态，人人都拥有处置自己人身或财产的自由。也就是说，自然状态下每个人都知道自己拥有权利，同时也尊重他人对其权利的拥有。平等和自由建立在理性的基础之上，从而构建了一个理想的社会状态。"人们既然都是平等和独立的，任何人就不得侵害他人的生命、健康、自由或财产"；"正因为每一个人必须保存自己，不能擅自改变他的地位，所以基于同样理由，当他保存自身不成问题时，他就应该尽其所能保存其余人类，而除非为了惩罚一个罪犯，不应该夺去或损害另一个人的生命以及一切有助于保存另一个人生命、自由、健康、肢体或物品的事物"③。这是洛克对个人自由与权利的集中表述。尽管自然状态下，人的理性保证了个人自由和权利，但是也有种种不足：缺少稳定的众所周知的法律和评价标准，缺少公正的裁判者等。为了保证人民更好地保护自己，更好地实现自己的权利和自由，就需要通过订立契约建立社会，

---

① [英] 霍布斯：《利维坦》，黎思复、黎廷弼译，商务印书馆 1985 年版，第 132 页。

② 《马克思恩格斯全集》7 卷，中共中央马、恩、列、斯著作编译局译，人民出版社 1959 年版，第 249 页。

③ [英] 约翰·洛克：《政府论》下，叶启芳、瞿菊农译，商务印书馆 1964 年版，第 6—7 页。

这就是国家的产生。"人们联合成为国家和置身于政府之下的重大的和主要的目的，是保护他们的财产。"①

总之，在英国，经由霍布斯和洛克的阐释，个人主义思想成为其资本主义经济发展的思想基础，也是资产阶级国家建立的理论基础，英国成为个人主义的大本营。卢克斯说："'个人主义'在英国被广泛用于表示经济和其他领域内没有或少有国家干预，而且，它的信徒和对头通常把它与古典自由主义相提并论。"②

第二，法国的个人主义思想。

"个人主义"一词在法国并不具有多少褒义，反而成为让人们心存戒备的东西。卢克斯说："从巴尔扎克往后的许多人，都强调'个人主义'和'个性'之间的对立，认为前者意味着无政府状态和社会的原子化，后者意味着个人独立和自我实现。"③ "尽管如此，但法国思想——尤其是在19世纪——的主流，是由'个人主义'来表达的。"④ 这个主流就是由卢梭开创的，并使法国开辟了另一条个人主义的道路，以此区别于霍布斯、洛克的英国个人主义。

卢梭对人性持有更为乐观的态度，认为人天然地存有怜悯之心，尽管人有自我保存的自利性，但怜悯心会调整人的自爱心，从而使人的自然状态成为人类的黄金时代。卢梭非常反对霍布斯的人性恶的思想，"我们尤其不可像霍布斯那样作出结论说：人天生是恶的，因为他没有任何善的观念；人是邪恶的，因为他不知美德为何物；人不肯为同类服务，因为他不认为对同类负有这种义务。我们也不可像霍布斯那样下结论说：人根据他对于所需之物有正当要求的权利，便疯狂地把自己看作是整个宇宙的唯一所有主"⑤ 卢梭认为，自然状态下的人是平等的，但是由于私有制的产生，人类之间就开始出现不平等。虽然私有制的出现是历史的必然趋势，但它却是一切不平等的根源和基础。当人类社会出现不平等之后，就需要订立契约，以一种全体联合的形式来保证人的自由与平等的实现。这就是社会契约的作用，它是构成社会的基础。当人们订立社会契约之后，就必须服从，因为服从契约就是服从自己的意志。可以说，卢梭强调社会契约

---

① ［英］约翰·洛克：《政府论》下，叶启芳、瞿菊农译，商务印书馆1964年版，第77页。

② ［英］史蒂文·卢克斯：《个人主义》，阎克文译，江苏人民出版社2001年版，第36页。

③ 同上书，第5页。

④ 同上书，第11页。

⑤ ［法］卢梭：《论人类不平等的起源和基础》，李常山译，商务印书馆1979年版，第98页。

就在于它保证了人的平等的实现。"基本公约并没有摧毁自然的平等，而是以道德与法律的平等来代替自然所造成的人们之间的身体上的不平等；而且，人们尽可以在力量上与智慧上不平等，但由于约定和根据权利，人人都成为平等的。"①

虽然卢梭和霍布斯、洛克在人性论上持有不同的看法，但其个人主义立场是一样的。也正是因为人性论是个人主义思想的理论前提，也决定了卢梭的个人主义开辟了新的一脉。文德尔班曾如此评价卢梭和霍布斯的差异，"霍布斯与卢梭之间的对立也有其理论背景，如果人的本性被认为是天生自私的，那么他必然要被国家的强大臂力所强制去遵守社会契约；但如果人在他的感情上是善良的、合群的，正如卢梭的看法那样，那么，人们期待他自动地站在整体的立场上永远按照契约所规定的内容行事"②。尽管他们在个人主义的具体内容上有差异，但其基本立场是一样的。"他们的个人主义理想都是资产阶级民主共和国，他们都宣扬个人主义的基本理念，即资产阶级的自利、个性、自由、平等、博爱、人权。"③

第三，美国的个人主义思想。

在法国具有消极意义的"个人主义"在美国则获得了积极的表达。"在美国，'个人主义'最初是唱着对资本主义和自由主义民主的颂歌而出现的。它成了一种具有巨大意识形态意义的象征性口号，表达了包含在天赋权利学说、自由企业的信念和美国之梦中的不同时代的所有理想。"④ 然而，使美国的个人主义思想得以概念性表述的恰恰是一位法国的思想家——托克维尔。也正是他通过对美国民主制度的考察，对"个人主义"一词做了更为系统的概念表述。

托克维尔认为，以个人为中心是个人主义的显著特点，也是个人主义进步性的表现。因为资本主义相对封建主义取得的进步就是对人身依附关系的解放，就是对人的解救。个人主义是民主主义的产物，是由身份平等而带来的。"随着身份日趋平等，大量的个人便出现了。这些人的财富和权力虽然不足以对其同胞的命运发生重大影响，但他们拥有或保有的知识和财力，却可以满足自己的需要。这些人无所负人，也可以说无所求于人。他们习惯于独立思考，认为自己的整个命运只操于自己手里。"⑤ 也就

---

① ［法］卢梭：《社会契约论》，何兆武译，商务印书馆1962年版，第30页。
② ［德］文德尔班：《哲学史教程》下，罗达仁译，商务印书馆1987年版，第711—712页。
③ 夏伟东、李颖、杨宗元：《论个人主义思潮》，高等教育出版社2006年版，第127页。
④ ［英］史蒂文·卢克斯：《个人主义》，阎克文译，江苏人民出版社2001年版，第24页。
⑤ ［法］托克维尔：《论美国的民主》下，董果良译，商务印书馆1988年版，第627页。

是说，随着人与人之间平等关系的确立，每个人都有权力决定自己的事情，将自己的命运牢牢地控制在自己手中，而不是交付他人。

进一步地，托克维尔将个人主义与利己主义做了区分。他指出，利己主义是对自己的一种偏激和过分的爱，利己主义者只关心自己的利益，以自我为中心，"利己主义是跟世界同样古老的一种恶习，它的出现于社会属于什么形态无涉。"① 但是，个人主义则是一个民主时代的产物，是"一种新观念创造出来的一个新词"②。尽管如此，并不意味着个人主义与利己主义完全没有关系。托克维尔以法国人特有的对个人主义的抵触情绪表达了对个人主义可能隐藏的坏处的担忧。他说：

> 个人主义是一种只顾自己而又心安理得的情感，它使每个公民同其同胞大众隔离，同亲属和朋友疏远。因此，当每个公民各自建立了自己的小社会后，他们就不管大社会而任其自行发展了。……利己主义可使一切美德的幼芽枯死，而个人主义首先会使公德的源泉干涸。但是久而久之，个人主义也会打击和破坏其他一切美德，最后沦为利己主义。③

为了克服个人主义的弊病，就需要用民主制度来抵消它的消极方面。民主制度所具有的第一个特点就是自由。个人主义所具有的内容就是人与人之间的平等，但这种平等可能造成人们之间的相互孤立、互不关心。要解决这个问题，就要诉诸政治自由。托克维尔说："许多法国人认为身份平等是第一大恶，政治自由是第二大恶。当他们不得不容受前者时，至少要想方设法避免后者。至于我，我认为同平等所产生的诸恶进行斗争，只有一个有效的方法：那就是政治自由。"④ 也就是说，只有在资本主义的民主制度下才能克服个人主义所具有的消极性，发挥个人主义所有的积极作用。民主制度的第二个特征是对个人利益的正确理解。在民主制度下，人们才能获得关于个人利益的正确认识，才能更好地将个人利益与社会利益结合起来。虽然，这个原则早就存在，但并未得到公开的承认，只有美国人将这个原则普遍化了。这个原则也就是我们都很熟悉的"我为人人，人人为我"。也就是说，道德并不是自我牺牲的产物，恰恰是实现自我利益

---

① ［法］托克维尔：《论美国的民主》下，董果良译，商务印书馆1988年版，第625页。
② 同上。
③ 同上。
④ 同上书，第624页。

的产物。人们都是在追求自我利益的基础上，来实现社会的整体利益。

托克维尔通过对美国民主制度的考察，对个人主义做了详细的理解，并对美国式的个人主义予以了赞扬。尽管他看到了个人主义可能具有的负面影响，但对资本主义民主制度的乐观让他对个人主义予以了赞美。然而，美国人不但没有用"自由克服个人主义的利己主义倾向，反而使个人主义膨胀为热带丛林弱肉强食的原则，个人主义日益瓦解着美国社会"①。

综上所述，古典经济学派的时代正是个人主义思潮蓬勃兴起的时代，也是个人主义思想逐渐成为社会主流思潮的时代。在这样的时代背景下，个人主义影响着古典经济学派的思想家，成为他们分析社会经济现象的特有道德原则，也就不足为奇了。在一定意义上，个人主义也是资本主义社会的一种美德。正如詹姆斯·布赖斯所评论的那样："个人主义，对事业的热爱，对个人自由的自豪，不仅已被美国人视为他们的最佳选择，也是他们的祈求；他们已经接受了资本主义文化的这一经济美德。"②

二　古典经济学派的个人主义

个人主义原则的基本内容强调了个人利益之于集体利益的优先性，肯定了个人利益所具有的正当合理性。古典经济学派坚持个人主义的道德立场，在其经济伦理思想中坚持了一种个人主义的道德原则。对于这一点，现当代西方主流经济学家也是认同的。熊彼特在分析英国古典政治经济学时说："国家仍然是个人无定形的聚焦。社会阶级不是生活和战斗的集体，而只是贴在经济职能（或按职能划分的类别）上的标签。个人本身也不是生活和战斗的实体；他们仍然是晒衣绳，用了悬挂有关经济逻辑的命题。而且，随着表达方式的日益严谨，这些晒衣绳比在前一个时期的著作中更显眼了。"③ 对于古典经济学派来说，个人不是一个融合在整体中的分子，而是单独地组成整体的原子。在表达和理解社会经济逻辑时，个人成为研究的出发点；个人利益成为经济行为的动力；理性成为调控行为方向的约束力。这三个方面的内容构成了古典经济学派特有的道德立场，突出地体现了个人主义的道德行为原则。

---

① 夏伟东、李颖、杨宗元：《论个人主义思潮》，高等教育出版社2006年版，第132页。
② 转引自［英］史蒂文·卢克斯《个人主义》，阎克文译，江苏人民出版社2001年版，第28页。
③ ［美］约瑟夫·熊彼特：《经济分析史》3卷，朱泱、孙鸿敞、李宏、陈锡龄等译，商务印书馆1996年版，第206页。

1. 孤立的个人是古典经济学派的研究出发点

古典经济学派个人主义原则首先就表现在它们分析资本主义生产关系是以孤立的个人作为研究出发点，将社会看作是单个人构成的某种集体，所谓社会关系只不过是单个人与单个人之间的某种联系。"'个人主义'的观点是：必须从个人出发来理解社会。你必须首先理解个人的属性；然后你才能理解他们的行为，而后才能理解作为这些行为的结果的社会。这个观点不仅是斯密和李嘉图的核心，而且对新古典经济学来说是如此，对马克斯·韦伯的社会学也是如此。"① 古典经济学派思想家认为，他们所要做的任务就是要揭示单个人如何在与其他单个人的相互联系中实现自我利益并同时满足他人利益实现社会的繁荣。在古典经济学派的分析中，孤立的个人成为他们研究的出发点。

无论是斯密还是李嘉图，他们分析社会经济现象都是以单个的人作为对象，考察单独的个体是如何在社会中进行经济活动的。《国富论》中，斯密以某个孤立的猎人和渔夫来分析交换的产生，并以此作为分析社会经济现象的基础，引出其经济学体系中的全部理论问题。李嘉图也是一样。正如马克思所说："被斯密和李嘉图当作出发点的单个的孤立的猎人和渔夫，属于十八世纪的缺乏想象力的虚构，这是鲁滨逊一类的故事。"②

斯密在《国富论》中说道："劳动分工提供了这么多的好处，它最初却并不是由于任何人类的智慧，预见到并想要得到分工所能带来的普遍富裕。它是人性中某种倾向的必然结果，虽然是非常缓慢的和逐渐的结果，这是一种互通有无、进行物物交换、彼此交易的倾向，它不考虑什么广泛的功利。"③ 人性成为斯密经济学理论的基础，并从人性出发揭示了社会经济活动现象。具体说来，斯密的这一推论可以表现为这样的逻辑关系：第一，人们是相互需要的；第二，在相互需要的基础上，人们相互帮助；第三，相互帮助在社会中的表现就是交换。也就是说，人的本性决定了交换的发生，人性是自然的，因而，交换也就是一种自然的现象，交换引出了分工。斯密说："就像我们通过契约、交易、购买彼此获得文明所需要的绝大部分的帮助那样，劳动分工最初也是从这种交换倾向产生的。"④

---

① 魏小萍：《马克思的劳动价值论及其同古典经济学的四个决裂——德国柏林工业与经济学院海里希教授访谈》，《马克思主义研究》2012 年第 7 期。

② 《马克思恩格斯全集》46 卷上，中共中央马、恩、列·斯著作编译局译，人民出版社 1979 年版，第 18 页。

③ ［英］亚当·斯密：《国富论》，杨敬年译，陕西人民出版社 2001 年版，第 17 页。

④ 同上书，第 19 页。

那么，这个"人""人们"和"人性"都是什么呢？在斯密这里的"人"或者说"人们"并不是一个抽象的分析概念，而是一个具体的经验概念，就是社会生活中的每一个活生生的单个的人。所谓的"人性"也不是别的，而是资本主义市场条件下的单个的人所表现出来的人性。在斯密的思想世界中，单个人通过交换行为与他人发生了关系，于是就产生了社会。斯密说："当劳动分工完全确立以后，一个人自己劳动的产品就只能满足他的需要的很小一部分。他把自己劳动产品的超过自己消费的剩余部分，用来交换自己需要的他人劳动产品的剩余部分，以此满足自己的绝大部分需要。这样，每一个人都靠交换来生活，在某种程度上变成了一个商人，而社会本身也就变成了真正可以称做的商业社会。"① 对于斯密的这种个人主义研究法，卢森贝评价道："斯密的个人主义仅是意味着：社会是由个人组成的，而社会现象——包括经济现象在内——其实就是社会的这些不可分裂的成员——各个个人——活动的结果；这些个人也是一种特殊的原子，这些原子组合成了社会的整体。"② 事实上，不仅是斯密，古典经济学派的其他人在理解社会时，也是如此认识的。他们认为，所谓社会只不过是每一个孤立的、原子式的个人组成的集合体。要解释社会的经济规律，揭示社会经济生活的奥秘，就必须从个人出发，对组成这个社会的个体进行研究。经济学研究大厦就是建基在个人主义的基石之上的。马克思在《政治经济学批判大纲》中明确指出，"社会不是由个人构成，而是表示这些个人彼此发生的那些联系和关系的总和"③。因此，社会不是由个人构成的，而是个人之间关系的样本。理解社会必须从"关系"出发，而不能从"个人"出发。因而，从个人主义的立场出发，就不可避免地决定了古典经济学派思想家们以极强的道德感，以个人主义的道德立场来为资本主义的经济制度做解说和辩护。

李嘉图与斯密一样，直接地就以猎人和渔夫作为了分析社会发展的起点，而且这样的猎人和渔夫本质上是个人的。李嘉图说："野物的价值不仅要由捕猎所需的时间和劳动决定，而且也要由制备那些协助猎人进行捕

---

① ［英］亚当·斯密：《国富论》，杨敬年译，陕西人民出版社 2001 年版，第 28 页。

② ［苏联］卢森贝：《政治经济学史》1 卷，李侠公译，生活·读书·新知三联书店 1959 年版，第 263—264 页。

③ 《马克思恩格斯全集》46 卷上，中共中央马、恩、列、斯著作编译局译，人民出版社 1979 年版，第 220 页。

猎工作的资本（武器）所需的时间和劳动决定。"① 李嘉图的批评者认为，李嘉图将资本主义的生产关系视为永恒不变，甚至将原始社会的猎人和渔夫的劳动都视为资本主义的生产劳动。不仅如此，李嘉图对原始社会的劳动分析还很清晰地说明了他将孤立的个体作为分析社会劳动，分析劳动价值的出发点。在这一点上，李嘉图与斯密无疑都犯了同样的毛病。这样的毛病当然是由他们的个人主义道德立场决定的。个人主义的思想特质之一就是以个人作为出发点，将个人利益的实现放置于至高无上的地位。

2. 个人利益是经济行为的动力

由于对个人抱有原子主义观点，在古典经济学派看来，所谓社会利益无非就是每一个个体利益的相加。只要社会能够满足每个个体的利益，自然就能达致社会繁荣。以个人利益至上来处理个人利益与社会利益之间的关系，强调个人利益的满足，并将个人利益视为个体经济行为的动力，就成为古典经济学派个人主义道德立场的突出表现。这样的思想逻辑从休谟那里就有阐述，并经斯密、李嘉图的阐发成为古典经济学派的共同特征。

第一，休谟关于个人利益的论述。

休谟虽然不是古典经济学派，但其思想对古典经济学派的创始人斯密产生了极大影响，可谓是古典经济学派的先驱。因而，分析休谟在一定程度上就是对古典经济学派思想的说明。

作为情感主义伦理学代表的休谟认为，道德是来源于人的情感，而不是理性。道德与其说是被判断出来的，不如说是被感觉出来的。既然如此，人的感觉就成为评判善恶的根据。所谓善，就是让我们感觉到快乐的东西；所谓恶，就是让我们感觉到痛苦的东西。休谟说，"德和恶是被我们单纯地观察和思维任何行为、情绪或品格时所引起的快乐和痛苦所区别的"②；"德的本质在于产生快乐，而恶的本质在于给人痛苦"③。进一步地，休谟将德和恶区分为自然的和人为的。自然的"德"就是人类为了满足自我利益需要而做出的道德行为，这样的"德"是一种原始道德。显然，这样的道德无法实现社会的正义。为了达到社会正义，就需要建立人为的道德。人为的道德则是由协议所确定的。协议是什么？是人们的一般的共同利益的感觉。休谟说："在人们缔结了戒取他人所有物的协议、并且每个人都获得了所有物的稳定以后，这时立刻就发生了正义和非义的观

---

① ［英］大卫·李嘉图：《李嘉图著作和通信集》1 卷，郭大力、王亚南译，商务印书馆 1962 年版，第 18 页。

② ［英］大卫·休谟：《人性论》，关文运译，商务印书馆 1983 年版，第 515—516 页。

③ 同上书，第 330—331 页。

念，也发生了财产权、权利和义务的观念。"① 从休谟关于自然道德和人为道德的论述，我们可以看到，自然道德是出于人性自利而产生的。在休谟看来，对财富的占有是人的一种天性，构成了自然道德的起源。"财富有使人享受人生一切乐趣的能力，由于这种能力，人们对于财富确实有一种原始的快乐。"② 然而，在人的天性中除了这种原始情感之外，还存在着另一种社会性的情感——同情。正是因为同情，让人们遵守协议，实现正义。休谟认为，人们通过同情可以联想到别人的苦乐感觉。由于同情感在自己的心灵中产生快乐感觉，就会给予善的评价；反之亦然。别人的苦乐、善恶通过同情感使自己产生苦乐感觉和善恶道德评价。就这样，利己的本性和利他的本性在一个人的身上有机地融合在了一起。

休谟从情感主义伦理学出发，在经济伦理上坚持了个人主义的道德立场，强调了个人利益的满足是个人经济行为的出发点。首先，每一个人都天然地有对利益的追求。在休谟看来，追求利益的满足在每一个人那里都是自然的道德行为。我们从休谟关于正义原则建立的讨论中就可以看到。休谟认为，人们之所以会遵守人为的规则，就是源于对利益的考虑。他说："他们最初只是由于利益的考虑，才一般地并在每个特殊例子下被诱导了以这些规则加于自己身上，并加以遵守；而且在社会最初成立的时候，这个动机也就是足够的强有力的。不过当社会的人数增多、扩大成一个部族或民族时，这个利益就较为疏远了；而且人们也不容易看到，这些规则每一次所遭到的破坏，随着就有混乱发生，如像在狭小的社会中那样。"③ 也就是说，凭借着人们天然就有的对利益的追求，我们可以很好地遵守人为制定的协议，也就是实现社会的正义。人们就是凭借着利益的原则来建立社会性规则的。人们看到了遵守社会性规则对人的有利性，就会遵守这样的社会规则。其次，人们的经济行为的出发点是个人的利益。休谟认为，人们的经济活动是出于满足个人的利益需求。他认为："世界上的每一样东西都要靠劳动来购买，人们的欲望则是劳动的惟一动机。"④ 在休谟看来，与其他动物相比，人的生存具有更大的局限性，"不但人类所需要的维持生活的事物不易为人类所寻觅和接近，或者至少是要他花了劳动才能生产出来，而且人类还必须备有衣服和房屋，以免为风雨所侵

---

① ［英］大卫·休谟：《人性论》，关文运译，商务印书馆1983年版，第531页。
② 同上书，第402页。
③ 同上书，第539页。
④ ［英］大卫·休谟：《休谟经济论文选》，陈炜译，商务印书馆1984年版，第10页。

袭"①。为了弥补人的这一缺陷，人们就结成社会，并进行分工与协作，这时候就产生了交换等经济行为。休谟说：

> 社会使个人的这些弱点都得到了补偿……社会给这三种不利情形提供了补救。借着协作，我们的能力提高了；借着分工，我们才能增长了；借着互助，我们就较少遭到意外和偶然事件的袭击。社会就借这种附加的力量、能力和安全，才对人类成为有利的。②

从休谟的这些论述中，我们可以清晰地看到，社会的建立是缘于弥补人的局限；经济活动的产生是为了满足个人的利益需求。最后，由个人利益而达到了社会利益的实现。休谟不仅看到个人利益在推动经济行为当中的重要性，而且认为从个人利益出发的经济活动自然能够达到社会利益的实现。他说："一般公认，国家的昌盛，黎民百姓的幸福，都同商业有着密切难分的关系。"③ 在其文章《论商业》中，他就探讨了物品的交换，也就是商业的活动对于经济发展的促进作用。休谟有这样的认识：如果没有物品之间的交换的话，那么，当人们生产出超过他们生活所需的财物时，他们的生产情绪就会低落，就会没有生产热情。由此，懒惰的习性就会乘虚而入，蔓延滋长，致使田地无人耕作而荒废。这样的结果显然与个人利益的满足是背道而驰的。④ 交换还使得国家更加强大，因为交换促进了生产效率的提高，将人力解放出来加入到军队，充斥军事的实力。正如休谟指出的那样，"勤劳、知识和仁爱，非但在私生活方面显示出其益处，而且也在社会生活中扩散其有利的影响：它们既使个人富庶幸福，又使国家繁荣昌盛"⑤。

休谟从来就不讳言对于财富的尊敬，也正是这样的尊重产生了自然和人为的所有道德。我们从休谟关于人们为什么尊敬富人的分析中可以看到，休谟个人主义道德立场的基础就是人对财富有一种天然的渴求。休谟说："第一，归之于一个富人借其所有的美丽的衣着、陈设、花园或房屋的景况、所给与我们的那种直接的快乐。第二，归之于我们希望由他的慷

---

① ［英］大卫·休谟：《人性论》，关文运译，商务印书馆1983年版，第525页。
② 同上书，第525—526页。
③ ［英］大卫·休谟：《休谟经济论文选》，陈炜译，商务印书馆1984年版，第5页。
④ 唐正东：《斯密到马克思——经济哲学方法的历史性诠释》，南京大学出版社2002年版，第67页。
⑤ ［英］大卫·休谟：《休谟经济论文选》，陈炜译，商务印书馆1984年版，第26页。

慨好施而获得的那种利益。第三，归之于他本人从他的财产获得的快乐和利益，那种快乐和利益引起了我们的愉快的同情。"①

第二，斯密的个人利益认识。

卢克斯将斯密、李嘉图等人的古典经济学说看作是"经济个人主义"：

> 在英国的亚当·斯密和大卫·李嘉图以及 18 世纪末法国重农主义者的著作中，他们认为经济是一种自然的和谐秩序。此后，经济个人主义既成了一种经济理论，也成了一门规范性学说。它断言（如果把一个如此复杂的传统或一系列传统简化为一个公式的话），建立在私有财产、市场、生产、契约和交换自由，以及不受束缚的个人自利基础上的自发经济制度，或多或少有利于自我调节，有助于个人的最大满足和（个人与社会的）进步。②

这就是说，"经济个人主义"的标志就是从个人利益出发而达到社会进步。显然，个人利益成为斯密理论的出发点。也正是因为这样，人们认为在斯密的思想中，个人利益是经济行为的动力。"梁先珂曾经写道：'斯密在后面这部著作（指《道德情操论》——笔者注）中发挥了他的半利己主义的同情心论，他通过自己对于'自然法'和'政治'的见解，得出了最后的结论——这结论就是：经济的'个人主义'，是经济生活中的自然的和正当的原动力。"③ Samuel Hollander 也认为："毫无疑问，《国富论》中提及的基本行为动机，即'自利'满足了这个条件。"④ 那么，斯密在其思想中是如何表达这一点的呢？

首先，自利是"经济人"的人格形象中的重要内容。在斯密《国富论》一书中，他从来就没有讳言在经济社会中，个人是如何追求自我利益的，也就是说，斯密从来就没有对经济社会下的个人进行一种文学化的修饰和道德上的美化。在斯密眼中，任何一个在社会中进行经济活动的人，其行为的出发点必然是自我利益的考量，除此之外没有别的。我们可以在

---

① ［英］大卫·休谟：《人性论》，关文运译，商务印书馆 1983 年版，第 659 页。

② ［英］史蒂文·卢克斯：《个人主义》，阎克文译，江苏人民出版社 2001 年版，第 83 页。

③ ［苏联］卢森贝：《政治经济学史》1 卷，李侠公译，生活·读书·新知三联书店 1959 年版，第 244 页。

④ Samuel Hollande, "Adam Smith and the Self-Interest Axiom", *Journal of Law and Economics*, Vol. 20, No. 1 (Apr., 1977), pp. 133 – 152, By The University of Chicago Press for The Booth School of Business of the University of Chicago and The University of Chicago Law School.

书中找到如下经典论述：

> 各个人都不断地努力为他自己所能支配的资本找到最有利的用途。固然，他所考虑的不是社会的利益，而是他自身的利益，但他对自身利益的研究自然会或者毋宁说必然会引导他选定最有利于社会的用途。①

对于斯密来说，在经济社会中活动的"人"，也就是说我们通常所说的"经济人"，其本质上与一般的人并没有什么不同。因此，斯密对"经济人"的分析也就是对"人"和"人性"的分析。正因为这样，斯密的两部著作之间是有联系和相关性的。认为《道德情操论》和《国富论》之间存在着人性的冲突，代表斯密思想的困惑的说法是行不通的。从逻辑上来说，斯密是先写作《道德情操论》，再写作《国富论》的。在《道德情操论》中，斯密对一般的人性进行了深刻分析，指出了人性复杂，既是自利的也是利他的；既有对自我利益的追求，也有对他人的同情。进一步地，斯密分析了在经济社会条件下，主要是在资本主义条件下，"人"是如何进行经济活动从而实现自我利益的增长和国家的富裕。这就是我们所熟知的"经济人"形象。"经济人"从本质上来说与一般的人并没有什么区别，也是在人性的推动下进行经济活动和行为的。既然如此，对人性的刻画，也就会影响到思想对于"经济人"的刻画：

> 人类是利己主义者，——这便是人类的本性。人们所追求的——尤其是在他们的经济行为中——完全是自己的私人的利益。私人利益之追求，既然是从人类的本性中产生出来的，所以这种追求是合法的，即有存在的权利。每个个人的私人利益仅为其他许多个人的私人利益所限制；除此以外，便不存在，而且也不可能存在其他的限制。②

其次，在资本主义自由制度下，出于个人利益考虑的经济活动自然能实现社会利益。斯密说：

---

① ［英］亚当·斯密：《国民财富的性质和原因的研究》下，郭大力、王亚南译，商务印书馆1974年版，第25页。

② ［苏联］卢森贝：《政治经济学史》1卷，李侠公译，生活·读书·新知三联书店1959年版，第258—259页。

用不着法律干涉，个人的利害关系和情欲，自然会引导人们把社会的资本，尽可能按照最适合于全社会利害关系的比例，分配到国内一切不同用途。①

为什么会在资本主义经济条件下产生这样的结果？为什么出于自利的打算并没有造成社会的战争，就如霍布斯所言的"人对人就如狼一样"。斯密从如下三个方面做出了阐述：其一，合法的个人利益追求决定了每一个人都拥有个人利益的正当合理性。由于个人对自我利益的追求是自然的，因此，社会中的每一个个人都有对于自我利益的正当合理的追求。在生活中，无法证明一个人的利益高于另一个人的利益，人人在利益面前都是平等的。一个人若想要获得自我利益，就需要承认并肯定他人利益存在的合理性，否则，社会就会失去起码的公平与正义。基于这个理由，斯密给予了社会公正以高度的关注，并将其置于基础性的地位，作为资本主义制度的前提条件。对于这一点，在前文中笔者就已阐述过这个问题，此处不再赘述。其二，每个个体个人利益存在的正当合理性决定了相互帮助的自然性。既然每一个人的个人利益都有正当合法的理由，那么，个人利益的边界是什么？社会公正决定了这个边界是对他人利益的不侵犯，这是从否定角度对这个问题的回答。从肯定的角度，是相互帮助决定了个人利益的边界。社会的产生与存在是对个人能力局限的弥补，每一个人都需要在社会中获得他人的帮助，因此，就产生了交换并出现了分工。卢森贝对斯密进行评价时就说："一个人的私人利益为其他个人的私人利益所限制，这也是自然的。因为每个人需要其他人的帮助，而这种帮助是可以很好地获得的，因为那些应该给与这种帮助的人本身也是需要此种帮助的。"② 其三，个人利益是一个人经济行为的巨大推动力，造就了社会财富的繁荣。每一个人都有对财富欲望的渴求，这种渴求会成为其经济行为的巨大动力，其最终的结果是造就了一个繁荣的社会。斯密在《国富论》中就有这样的阐述：

支配着最初计划建立殖民地的动机，似乎是痴想与不义。探求金

---

① ［英］亚当·斯密：《国民财富的性质和原因的研究》下，郭大力、王亚南译，商务印书馆 1974 年版，第 199 页。
② ［苏联］卢森贝：《政治经济学史》1 卷，李侠公译，生活·读书·新知三联书店 1959 年版，第 259 页。

银矿山，足见其痴想；贪图占有一个从未损害欧洲人，而且亲切殷勤地对待欧洲最初冒险家的善良土人居住的国家，足见其不义。①

但是，就是这样，其造就的结果是：

> 它哺育了、造就了能够完成如此伟大事业，建立如此伟大帝国的人才。世界上，没有任何其他国家的政策，能够造就这种人才，实际上亦不曾造就此种人才。这些殖民地应当把它们富有积极进取心的建设者所受的教育与他们所以具有伟大眼光归功于欧洲政策。②

因此，"历史上的'经济人'就是一个个体，他的所有行为都反映出自爱；除了那些计划用以提升他人福利的行为，（在贸易关系中）一切皆是如此"③。

第三，李嘉图的个人利益思想。

李嘉图的时代正是功利主义思想兴起的时代。从其生活时代来看，李嘉图生于 1772 年，卒于 1823 年。功利主义的奠基者和创始人边沁则是生于 1748 年，卒于 1832 年。可以说，李嘉图是与功利主义同时代诞生的思想家。对于功利主义之于李嘉图的影响，边沁曾有如此的阐述，"我是穆勒的精神上的父亲，而穆勒是李嘉图的精神上的父亲；所以李嘉图是我的精神上的孙子"④。功利主义以"最大多数人的最大幸福"为基本准则，提出了平等、自由与博爱的口号，以行为的效果作为了评价行为善恶的根据，对那个时代的资本主义发展产生了深远影响。需要指出的是，功利主义所谓的整体利益实际上是个体利益的相加，是在个人利益基础上实现的。"根据边沁的哲学，社会是追逐自己的个人利益、从而建立共同福利的各个个人的结合。边沁所说的共同福利，就是最大多数人的最高幸

---

① ［英］亚当·斯密：《国民财富的性质和原因的研究》下，郭大力、王亚南译，商务印书馆 1974 年版，第 159 页。

② 同上书，第 160—161 页。

③ Samuel Hollande, "Adam Smith and the Self-Interest Axiom". *Journal of Law and Economics*, Vol. 20, No. 1（Apr., 1977）, pp. 133 – 152, By The University of Chicago Press for The Booth School of Business of the University of Chicago and The University of Chicago Law School.

④ 转引自［苏联］卢森贝《政治经济学史》1 卷，李侠公译，生活·读书·新知三联书店 1959 年版，第 384 页。

福。"① 显然，功利主义处理个人与社会的关系仍然坚持的是个人主义的道德原则。既然李嘉图深受功利主义影响，功利主义的个人主义道德原则也是李嘉图思想中的重要内容。强调从个人利益出发实现社会的整体利益也是李嘉图经济伦理思想的一个重要方面。

其一，李嘉图也认为个人利益是经济行为的动力。李嘉图深受斯密思想的影响，这是无可非议的。卢森贝就说："斯密有一个原则，认为基本的动力是个人利益，认为个人利益应当有完全的活动自由。李嘉图对于这个原则非但完全承认，而且把它继续发挥了。"② 这个评价是有事实依据的。李嘉图说："虽然每个人都自由地随其所愿支配其资本，但人们都会自然地寻求一种最为有利的资本用途。如果有一个人利用资本能获得百分之十五的利润，那么他自然不会满足于百分之十的利润。所有资本使用者都愿意放弃利润较少的行业去追求有较高利润的行业。这种愿望极强地促使利润平均化。"③ 在这里，李嘉图赤裸裸地描绘了资本家的逐利本性，并以社会资本的运行证明了个人主义原则的合理性。可以说，李嘉图比斯密更进一步地是用更为科学的经济学研究方法对个人主义道德立场的合法性做了辩护。也就是说，个人利益的经济行为达到社会利益的实现，从经济学研究来说，是具有科学依据的，这就跳出了斯密的经验主义描述框架，具有了更为严谨的理论阐述意义。

> 把李嘉图当作隐在遥远的云端里的抽象的思想家，是没有根据的。不应该把抽象方法跟狭窄的学院主义，跟逃避轰动当代的现实问题混为一谈。李嘉图的方法恰正是为当前的时代服务的；他用自己的抽象法，最正确地，即最科学地（在资产阶级经济学者的李嘉图的可能范围以内）解决了当时轰动资本主义社会的一切问题。④

其二，个人应对其行为负有相应的责任，而不是社会。李嘉图个人主义立场更为坚定地表现在他对社会贫困的态度上。基于个人主义的历程，

① ［苏联］卢森贝：《政治经济学史》1卷，李侠公译，生活·读书·新知三联书店1959年版，第375页。
② 同上书，第384页。
③ ［英］大卫·李嘉图：《政治经济学及赋税原理》，周洁译，华夏出版社2005年版，第61页。
④ ［苏联］卢森贝：《政治经济学史》1卷，李侠公译，生活·读书·新知三联书店1959年版，第383页。

李嘉图认为，每个人都应对其行为负有相当的责任，如果一个人陷入贫困，并不是社会的责任，而是其自身原因。所以，贫困是基于个人行为的结果，而不是社会的责任。李嘉图说："如果贫民自己不关心，立法机关也不设法限定贫民人口的增加数量，减少贫民之间不审慎的早婚，那么贫民的舒适和福利便无长久的保障。这一点无可置疑。《济贫法》的运行已经直接背离了这一点。该法规定勤奋节俭的劳动者的部分工资须分他人，这样做使节俭成为不必要，而鼓励了不节俭的行为。"① 李嘉图将贫民贫困的原因归结为他们的不节俭，相反，资本家的富裕则是由于其节俭所然。也就是说，贫民和资本家之所以会有如此不同的命运，主要原因在于其自我行为。节俭带来了富裕，不节俭带来了贫困，因此，以社会的名义将勤奋节俭的劳动者的工资分给他人是不必要的。资本家发家致富的秘密在于他们的节俭和勤奋，其言下之意就在于个人的成功与否取决于个人的努力。个人主义的内容之一就是对个人努力、个人实现的肯定与鼓励。在个人主义者看来，个人是完全可以凭借自己的努力来获得成功的，这与社会无关。社会树立的榜样就是凭借自己的努力获得成功的个体。被誉为"个人主义"代名词的"美国梦"所宣扬的也就是这个思想。

总之，对于古典经济学派来说，个人利益始终是他们分析经济现象与经济行为的出发点，这是古典经济学派的研究范式。正是基于这样的范式，我们可以将从斯密开始，直到马歇尔的大多数经济学家都纳入古典经济学派的范围之内。这一研究范式反映了古典经济学派所坚持的个人主义道德立场。古典经济学派认为，社会是由个人组成的，这种组成并不是利益的相互统一，而是利益的相加。既然此次，就如数学运算一般，解决了个人利益的实现问题，自然也就能达到社会利益的实现。因此，个人利益成为古典经济学派研究经济行为的出发点。克里斯托尔说："经济学作为一门知识的学科，是作为创造出'现代'世界的哲学革命的一个方面产生于十七世纪和十八世纪。率直地说，那是这样一个世界，在其中，爱和节约在一定场合是道德上允许的，而不是像基督教传统教义所说的那样在道德上应受到严厉的指责。……个人私利作为人类行为的一个动力从神学的轻蔑中被解放出来，不仅是资本主义经济的一个前提条件，也是自由社会和自由政治的一个前提条件，这一点只要翻阅一下《基督教义文献》就很

---

① ［英］大卫·李嘉图：《政治经济学及赋税原理》，周洁译，华夏出版社 2005 年版，第 75 页。

清楚。它是社会学家称之为'现代化'过程的最本质的方面。"①

3. 理性调控个人行为方向

从个人逐利就能达到对社会利益的满足，这样的逻辑论证显然是不够的，也是站不住脚的。古典学派之后的西方经济学对古典经济学派的批判大多与此有关。凡勃伦说：

> 经济人是一个闪电似的快乐和痛苦的计算者，他在使他到处移动但是于他无损的种种刺激的冲动下，像一个快乐欲望的同性血球那样，踌躇摆动。他没有前因，也没有后果。他是一个孤立的、固定不变的标准人，处于稳定的平衡状态，除非受到刺激的力量的冲击，这种力量把他推到这个或那个方向。他自己置身于自然力的空间之中，绕着自己的精神轴心两面旋转，听任不同的力量对他发生影响，最后跟着合力的路线走。冲击的力量完竭，他就停止不动，仍旧是一个独立的欲望的血球，和以前一样。②

当然，古典经济学派的"经济人"并不仅仅只是一个受着欲望驱使的人，也不是一个仅凭欲望刺激而行动的人。如果这样的话，从私人利益出发所造成的结果必然是霍布斯所言的那种战争状态，而不是斯密所言的国民的富裕。显然，在古典经济学派个人主义思想中还有一个极为重要的思想内容，那就是理性是个人经济行为的调控力。每一个从自我利益出发的个人，在理性的调控下，遵守着社会的秩序和自然的秩序，从而实现了整个社会的繁荣。

理性调控是个人主义思想中不可缺少的重要内容，这是大多数思想家都认可的。卢克斯认为，"自主"是个人主义的重要观念，而自主就意味着理性。他分析了托马斯·阿奎那的个人主义之后，引述厄尔曼的评论说：

> 他（即阿奎那——笔者注）所倡导的普遍原则是，"每个人都必须按照理性来行动"——"Omnis enim homo debet secundum rationem agree"。这项原则有力地说明了个人伦理学的进步，并开始在道德领

---

① ［美］欧文·克里斯托尔：《经济学中的理性主义》，陈彪如等译，丹尼尔·贝尔、欧文·克里斯托尔《经济理论的危机》，上海译文出版社1985年版，第272—273页。

② 转引自［美］康芒斯《制度经济学宣言》上，于树声译，商务印书馆1962年版，第272页。

域内主张个人自主。①

　　这就是说，理性原则是个人主义中一个重要的准则。一个从自我利益出发的经济人之所以能够实现社会的利益，归根于他是一个理性的人，是依据理性原则行动的人。这样，才能不致违反社会的正义规则，才能保证自己的行为符合社会的基本规范要求。这样的思路在古典经济学派这里是明显的。

　　古典经济学派认为，"经济人"对自我利益的考虑是理性的。萨伊说："生产者不但能知道人类需要什么，而且能预知人类需要什么，这是他的多种才能中的一个。他为着自己利益必须竭力培养这种才能。"② 也就是说，在经济社会中，作为生产者的个人必须是理智的，必须对自己行为的环境、条件及后果等相关因素有深入的了解。这样，才能保证自己的行为符合自我利益的最大化。"经济人"主要从哪些方面以理性考虑自我利益呢？

　　其一，考虑自我利益与他人利益之间的关系。正如前文所阐述的那样，个人主义绝不意味着利己主义，更不意味着损人利己。也就是说，在个人主义支配下的自我利益是以不损坏他人利益为前提的。显然要认识到这一点，需要"经济人"有足够的理性。斯密的审慎"经济人"形象就对这个问题有着深刻论述③。

　　其二，考虑自我利益实现的途径。"经济人"的理性决定了对自我利益实现途径必须进行审慎的思考。如何更有效地实现自我利益？也就是说自我利益的最大化这是古典经济学派经济伦理思想的一个基本原则。我们可以看到，后人认为古典经济学派的"经济人"形象就是一个追逐自我利益最大化的理性的人。这样的看法不无道理，毕竟，最大化原则是经济学中效率原则的一个表现。古典经济学派对效率的追求是不可否认的。从斯密强调"经济的增长"到之后古典经济学派思想家们对生产效率的重视都可以看出这一点。既然在生产中强调效率的重要性，也就意味着对自我利益最大化的重视。古典经济学派大多数代表都对社会的分工予以了分析，认为这是社会效率得以提高的最佳途径，也是自我利益最大化得到实现的最佳途径。这样的思考不能不说是理性的。

———————————

① ［英］史蒂文·卢克斯：《个人主义》，阎克文译，江苏人民出版社 2001 年版，第 49 页。
② ［法］萨伊：《政治经济学概论》，陈福生、陈振骅译，商务印书馆 1997 年版，第 156 页。
③ 这方面的内容在前文"斯密'经济人'思想"中就已经阐述过了。

其三，考虑行为成本与收益的比较。"经济人"所可能带来的社会后果可能是极糟糕的，这也从另一个不同的角度证明了"经济人"对自我利益的理性计量。一个理性的"经济人"在离开道德规范约束的时候，就会以理性计算来考虑如何以违反社会规则的方式获得最大化的自我利益满足。这一点被后来的许多思想家看作是古典经济学派"经济人"固有的缺陷，这一缺陷恰恰就是"经济人"理性思考的证明。我们知道，每一个人对行为的理性计算肯定包含着对行为的成本与收入的计算。当一个行为的收益远远超出其成本的时候，这个人就会将法律、道德等诸规范抛之脑后。马克思曾经对此有过深刻揭示，当资本家的利润达到300%时候，就会有上断头台的风险。这样的结果并非是没有理性所带来的，恰恰是理性所告知的最佳选择。德国历史学派代表李斯特曾经对古典经济学派的"经济人"有着猛烈的抨击，这一抨击尽管是对"经济人"思想缺陷的揭示，但也是对"经济人"理性的最佳解释：

> 这个学派没有看到，商人在达到他的目的（那就是争取交换价值）时，可能使工农业或国家的生产力受到牺牲，甚至可能损害到国家的独立自主。商人按照他职业的性质来说，当他输入或输出商品时，这一行动对国家在道德、繁荣或力量等方面会引起什么作用，在他正不必操心太过；对他反正都是一样的。他可以输入药品，也可以同样欣然地输入毒品。他可以用鸦片或火酒损害任何国家的元气。他凭着进口贸易或走私活动，可以使千百万人获得工作与生计，也可以使他们沦落到赤贫地位，不论结果如何，对他作为一个商人来说，并没有多大出入，只要他自己的钱袋因此得以更加充实。假使由于他的活动，有些人无法在祖国生存，不得不向国外逃亡，这个时候他还可以为这批移居者作出安排，从中博取利润。在战争时期，他可以向敌人供应军火。假使可能的话，他未尝不可能把祖国的田地卖给外国，当他卖到最后一块地时，他还可以溜到船上，把他自己输出国外。①

综上所述，古典经济学派以个人主义的道德立场分析了资本主义条件下的经济现象与经济活动。个人主义的道德立场表现在其经济伦理思想上就是：从孤立的个人出发，强调了个人利益是经济行为的动力，并以个人

---

① ［德］弗里德里希·李斯特：《政治经济学的国民体系》，陈万煦译，商务印书馆1983年版，第221页。

理性实现了个人利益与社会利益的统一。当然，古典经济学派的个人主义表现还不仅仅限于此，自由、竞争和平等都是个人主义的表现。只是在这其中，个人利益是首要内容。古典经济学派的个人主义道德立场突出表现了资本主义制度的基本特点，也构成了近代西方经济世界的主导价值观念。对于这样的价值观念，是需要我们做出谨慎分析的，一味地肯定和一味地否定都是有问题的。

三　个人主义道德立场的伦理分析

"个人主义"恐怕是一个最为毁誉参半的词语了。有的人对这个词报以热烈的赞美，有的人对这个词予以激励的批判。卢克斯说，"'个人主义'一词的用法历来就非常缺乏精确性"①，"在美国，'个人主义'最初是唱着对资本主义和自由主义民主的颂歌而出现的。它成了一种具有巨大意识形态意义的象征性口号，表达了包含在天赋权利学说、自由企业的信念和美国之梦中的不同时代的所有理想"②；而在法国"个人主义是一种危险的思想；在另一些人看来，个人主义是一种社会或经济的无政府状态，缺乏必要的制度和规范；还有一些人认为，它是指普遍的个人自私自利的态度"③。之所以对"个人主义"有着如此巨大的分歧，是因为"个人主义"本身就蕴藏着两面性。因此，对于古典经济学派的个人主义道德立场我们也需要进行伦理分析，理清其中的积极意义和负面作用，从而对古典经济学派的经济伦理思想有更为确切的认识。

1. 古典经济学派个人主义道德立场的积极意义

任何一种学说的产生与其时代背景是密切相关的，古典经济学派也不例外。作为资产阶级的代言人，古典经济学派的时代任务就是为资本主义制度的产生、发展与巩固进行辩护与论证。在一定意义上，它所倡导的个人主义是对封建专制主义的反抗，是对新时代历史要求的回应。

第一，反对封建专制主义，为资本主义扫清道路。古典经济学派的个人主义道德立场是有深刻的社会原因的。其从一开始就肩负着沉重的时代任务，即反对封建专制主义，为资本主义摇旗呐喊。熊彼特就曾雄辩地指出，资本主义是产生在封建主义之中的，是在封建主义基础之上产生的。任何时代的到来都不是戛然而至的，总是在与旧制度的斗争中产生，并在

---

① ［英］史蒂文·卢克斯：《个人主义》，阎克文译，江苏人民出版社 2001 年版，第 1 页。
② 同上书，第 24 页。
③ 同上书，第 6 页。

一定时期内与旧制度相伴随而存在的。

在斯密的时代，手工业作坊是非常发达的，甚至有人将斯密称为"手工业作坊时代的经济学家"①。手工业作坊就是带有明显封建主义色彩的资本主义初期生产关系形式。因为，资本主义的萌芽就是从手工作坊中产生的。但是，随着资本主义的发展，手工作坊的生产始终是封建主义性质的，对资本主义的发展的阻碍作用越来越明显。"手工业作坊对于资本主义生产方式，在技术上组织上是一个不充分的基石；它是立脚在手工业劳动之上的，因此，它的发展的可能性很有限。"② 与手工业作坊阻碍资本主义发展相对应的是政治制度上的国家干预制度对资本主义的阻碍。以英国为例，"光荣革命"之后，英国的资本主义就在封建主义的妥协中得到了发展。封建贵族适应时代要求成了农业资本家。因此，他们对于土地收益提高的重视远远超出工业收益。然而，资本主义总是以大工业生产为特征的。工业化始终是资本主义发展的目标，工业化的发展带来的是商业化。无论是工业化还是商业化都要求有一种更为自由的经济制度，更少干预的政府政策以及对于个人利益的更多保护。"英国在自己的国内商业上，已经大大地从重农主义的影响下解放出来了，但是跟完全的经济自由还距离得很远，亚当·斯密甚至不相信这自由很快实现。……伊丽莎白时代的学徒法是继续有效力的，按照这个法律，不管做什么手艺，都只有经过七年学徒生涯才有可能。其他的行会组织的限制也继续有效。此外，在整个对外贸易和对外政策上，重商主义差不多还是完全占着统治地位。"③

显然，当时的思想家具有的责无旁贷的历史任务就是要解决这个问题。因此，从思想上他们借助了"个人主义"这个有利的武器，要求重视个人利益，将个人利益置于至高无上的地位。"个人主义"原则的确立，是一个强大的思想武器。因为，"个人主义"原则作为一种评价的标准，将一切的社会政策和制度，甚至是观念都置于其评价之下。任何违背了这一准则的政策、制度和观念都是恶的，反之即为善。所以，无论美国的《独立宣言》还是法国的《人权宣言》，都将私有财产神圣不可侵犯作为一条首要原则。古典经济学派也正是在这一道德原则的指导下，提出了经济自由，并强调了一种更为宽松、约束更少的经济制度。

第二，对人的尊严的重视。古典经济学派的个人主义道德立场折射出

① ［苏联］卢森贝：《政治经济学史》1卷，李侠公译，生活·读书·新知三联书店1959年版，第221页。

② 同上书，第224—225页。

③ 同上书，第238页。

的另一个积极意义就是对人的尊严的重视。可以说，资本主义就是在封建主义争夺"人"的战争中得到胜利的。我们知道，在中世纪，人与神之间的关系是毋庸置疑的，人是神的附庸。即使是对于教会来说，教会之于人也有至高无上的权威。厄尔曼在《中世纪的个人与社会》中就谈到了这一点，厄尔曼指出了"个人为共同体或社会所吞噬"（集体性惩罚），并着重提到了有机体的观念，按照这种观念，每个人"都被赋予了某种特殊的职能来为公益服务"，这种有机体的观念就是：

> 　　这样一种理论，即个人不是为了他自己，而是为了整个社会才存在的。这种有机论的论点迟早会导致一种共同体统治的全面一体化理论，在那种共同体中，为了社会自身的福祉，个人将完全被淹没在社会的汪洋大海之中。①

当然，这场战争从文艺复兴开始打响，并以个人对整体、对神的胜利作为了结果。对于这一点，我们在前文的"个人主义发展渊源"中就已有表述。古典经济学派遵从个人主义的这一路线，继续给予了人的尊严以特有的地位。李嘉图、马尔萨斯等人针对大机器生产带来的大量失业人口的社会现象予以了强烈的批评。这样的批评一方面在于古典经济学派思想家对于人的生存问题的深切关注，一方面在于对人的尊严受到侵犯而感到痛心。李嘉图再三强调："我确信一点，即用机器替代人力劳动往往对劳动者是非常有害的。"② 为什么是有害，不仅是对其生存权利的侵犯，更是对劳动者尊严的侵犯。当一个人连生存的权利都无法保障的时候，何来个人尊严。因而，从斯密以来的古典经济学派思想家都对社会财富问题予以了极大关注。斯密将其著作就命名为《国民财富的性质和原因的研究》并将其写作目的定位为"实现国民富裕"。这就说明了，古典经济学派重视个人利益的目的就在于个人尊严。当一个人无法保有其个人利益，也就无法实现基本的生存，这个时候，尊严就无法实现。对个人利益的重视也就是对人的尊严的重视。

可以说，基于这样的目的，个人具有无上的价值，他是社会价值得以实现的保证。古典经济学派思想家秉承这一思路，将社会利益、公共利益

---

① 转引自［英］史蒂文·卢克斯《个人主义》，阎克文译，江苏人民出版社 2001 年版，第44 页。

② ［英］大卫·李嘉图：《政治经济学及赋税原理》，周洁译，华夏出版社 2005 年版，第278 页。

看作是个人利益的总和。卢克斯引用了托马斯·潘恩的一句话对这个问题进行了绝佳表述："公共利益不是一个与个人利益相对立的术语；相反，公共利益是每个个人利益的总和。它是所有人的利益，因为它是每个人的利益；因为正如社会是每个个人的总和一样，公共利益也是这些个人利益的总和。"①

2. 古典经济学派个人主义道德立场的负面作用

被视为是"个人主义"鼻祖的托克维尔对"个人主义"从来就没有保有盲目的乐观，尽管他看到了"个人主义"与民主制度之间的积极互动关系，但同时也对"个人主义"可能带来的负面性有着深刻认识。托克维尔说："个人主义是一种只顾自己而又心安理得的情感，它使每个公民同其同胞大众隔离，同亲属和朋友疏远。因此，当每个公民各自建立了自己的小社会后，他们就不管大社会而任其自行发展了。利己主义来自一种盲目的本能，而个人主义与其说来自不良的感情，不如说来自错误的判断。个人主义的根源，既有理性缺欠的一面，又有心地不良的一面。"② 坚称个人主义道德立场的古典经济学派显然也未能使个人主义的负面作用得以消除，甚至在一定程度上助长了个人主义的负面作用，产生了极为有害的社会恶果。

首先，造成了个人与社会的疏离。以独立的个人为出发点的个人主义所带来的必然结果就是个人与社会的疏离。德国历史学派的李斯特对于古典经济学派的批评就与此有关。李斯特将古典经济学派称为"支离破碎的狭隘的本位主义和个人主义，对于社会劳动的本质和特征以及力量联合在更大关系中的作用一概不顾"③。李斯特站在其民族主义的立场，强调社会和经济的有机联系，反对古典经济学派以个人作为经济分析的出发点，强调了经济活动的历史和民族背景，反对古典经济学派不顾社会只顾个体的分析方法。"因此，李斯特指责支持自由贸易和放任主义的古典经济学派为世界主义、物质主义、地方分立主义，尤其指责它是个人主义，认为古典经济学为了满足个人对财富的欲望和追求而牺牲民族共同体的福利。"④ 当然，李斯特对于古典经济学派的指责源于其民族主义的情感，但他对古典经济学派所可能带来的与社会的疏离的结果的认识是正确的。对于这一

---

① ［英］史蒂文·卢克斯：《个人主义》，阎克文译，江苏人民出版社 2001 年版，第 46 页。
② ［法］托克维尔：《论美国的民主》下，董果良译，商务印书馆 1988 年版，第 625 页。
③ ［德］弗里德里希·李斯特：《政治经济学的国民体系》，陈万煦译，商务印书馆 1983 年版，第 152 页。
④ ［英］史蒂文·卢克斯：《个人主义》，阎克文译，江苏人民出版社 2001 年版，第 15 页。

点，卢森贝也评价道："斯密的个人主义仅是意味着：社会是由个人组成的，而社会现象——包括经济现象在内——其实就是社会的这些不可分裂的成员——各个个人——活动的结果；这些个人也是一种特殊的原子，这些原子组成了社会的整体。斯密由于采取形而上学的方法，所以不了解对立的统一；因此他也不会了解：商品生产者——即斯密的经济人——同时也就是从社会整体中分立出来的个人，是社会整体中的私人和一分子。"①个人与社会之间的关系本身就是对立统一的。社会是由个人组成的一个有机系统，任何个人都不是单独地存在着的。个人与个人之间、个人与社会之间都存在着一种有机的联系。这不仅是马克思主义的唯物史观，也是对个人与社会之间关系的正确解说。马克思曾经对于功利主义的个人观有过如此的评述：他们的个人就如同装在袋子里的马铃薯。也就是说，将社会视为由孤立个人组成，就好比将个人与社会的关系看作是马铃薯与装马铃薯袋子之间的关系。不仅马铃薯与袋子是互不相干的，就是袋子里的每个马铃薯之间也是互不相干的。个人与社会的疏离，个人与个人之间的疏离造成的直接后果就是个人对他人利益、集体利益的漠视，就是人与人之间在情感上的疏远。古典经济学派力图证明：社会利益是个体利益的总和，每个个体利益的实现就自然能够实现社会的利益。那么，当个体利益无法依靠个人的力量来实现，当一部分的人实现了个体利益，另一部分人没有实现，是否就意味着社会利益的实现呢？我们可以以这样的例子来阐述：某一个地区共有 10 户人家，其中的 A 年收入 1000 万元，剩余的 9 户每户年收入只有 1000 元，这个地区的社会利益，即收入共有 1000.9 万元；另一个地区也同样有 10 户人家，每一户人家年收入都在 10 万元，共计 100 万元。依据古典经济学派的看法，显然前一地区更好地实现了社会的利益，因为其总数远远大于后者。但从现实来看，后一地区的人们显然比前一地区的人们拥有更加幸福的生活。这就如古典经济学派那个时代的社会状况，一部分人所获得的丰裕的财富使他们忽视了社会中的多数人的生活现实，也无视于社会的真实状况。

其次，造就了"单向度发展"的个人。古典经济学派的个人主义倡导社会经济生活中的自由竞争制度，并将个人的成功归结于个人的努力。这是达尔文的进化论在社会生活中的表达。在古典经济学派看来，在自由竞争中失败的人是不值得同情的，马歇尔将这些人称为"社会残渣"，是

---

① ［苏联］卢森贝：《政治经济学史》1 卷，李侠公译，生活・读书・新知三联书店 1959 年版，第 233—234 页。

"感染全民的大毒瘤"①。从斯密、李嘉图到马歇尔对当时政府颁布的《济贫法》都进行了猛烈的抨击。可以说,他们抨击的立场正是基于个人主义的道德立场,认为《济贫法》是对个人权利的侵略,是无助于个人利益的实现的。对自由竞争的尊崇造就了财富的崇拜,对于人的人格与个性的全面发展是不利的。经济的高度发达、财富的过度膨胀与精神的萎缩、道德的衰微形成了强烈的对比,马尔库塞将这一体制下的人,称为"单向度"的人。人不再是立体的,而是平面化了。

古典经济学派个人主义道德立场的主要内容就是追求个人利益的最大化,从斯密到马歇尔所遵循的都是这样的路线。这也是古典经济学派招致最多批评的地方。有人认为:"理性经济人的潜在假定存在于投入和产出、刺激和反应之间。他不高不矮、不肥不瘦、不曾结婚也不是单身汉。我们不知道他是否爱狗、爱他的妻子或喜欢儿童游戏胜于喜欢诗。我们不知道他要什么。但我们知道,无论他要什么,他会不顾一切地以最大化的方式得到它。"② 这样的讽刺一方面对"理性经济人"的内在缺陷做了毫不留情的揭露,另一方面对古典经济学派"经济人"的单面性做了揭露。从人的现实来看,"理性的经济人"是不存在的。因为任何人的活动都无法纯粹从理性出发,他的爱好、兴趣、个性乃至性格都会对他的行为产生影响,也就是说非理性因素在人的经济行为中是存在并发生作用的。而且,一个只追求经济利益的人,只知道积累财富的人,无论如何都不能视为是人格完善、身心健康的人。马克思对资本制度的深刻批判之一就是对资本主义制度下的人的异化现象的批判。这也正是看到了古典经济学派个人主义道德立场给人的个性发展带来的问题。未来社会的发展方向绝不是古典经济学派的"人",而是人的个性的全面发展,而这一目标在资本主义制度下是无法实现的。这正是马克思所要揭示的社会发展规律。

最后,道德缺失。尽管古典经济学派主张经济学家应该抱有"良心",但个人主义的道德立场导致他们在具体的经济问题研究中缺失的恰恰就是道德,表现出经济学家的冷酷无情。马尔萨斯在很长时间内以冷酷形象受到批判,因为他对人口增长提出了极端的控制方式。前文阐述过马尔萨斯的基本思想,他认为物质资料的增长与人口增长相比往往更慢,必须将人

---

① ［英］阿弗里德·马歇尔:《经济学原理》下卷,陈良璧译,商务印书馆 1965 年版,第365 页。

② ［英］G. M. 霍奇逊:《现代制度主义经济学宣言》,向以斌等译,北京大学出版社 1993年版,第 104 页。

口控制在适度的范围之内。社会控制人口的方法既有积极性的方法，也有消极性的方法，必须对社会的过剩人口进行控制。那么，无论采取什么方法，哪些人属于被控制增长的范围呢？马尔萨斯认为，就是在竞争中的失败者。在《人口原理》第2版中曾有这么一段话，但在后来的版次中被删掉了。这段话就是：

> 一人出生在早已被人占有的世界之上，如果他不能够从他享有正当要求的父母那里获得生活资料，而且假使这个社会不需要他的劳动的话，那么他就没有要求获得最小一份食料的权利，事实上，也就没有他吃饭之地的问题。在大自然的伟大宴会上，也就没有为他而设的席位。她（大自然）告诉他必须滚开，而且要马上执行她自己的命令，如果她不顾他的某些客人的同情心的话。①

显然，马尔萨斯认为，在竞争中失败的人是不值得同情的。对于那些无法养活自己孩子的父母来说，让这些孩子成为人口控制的对象，是再合理不过的了。对于社会而言，所谓的善只不过是让那些能够适应社会竞争的人得以生存。帮助那些无法在社会竞争中获胜的人生存不仅不是慈善，而是一种罪恶。这样的道德评价标准，无论如何都无法视为是有良心的经济学家应有的。

这样的结果是有违古典经济学派的初衷的。从斯密提出"看不见的手"以来，古典经济学派为自由竞争的资本主义经济秩序所预设的前提就是：公正的社会制度和经济人的美德。个人主义者从来就不是非道德主义者。在个人主义者看来，个人的利益之所以不致侵犯他人和社会的利益，之所以不是利己主义者，是因为他们对社会的法律和道德秩序能够尽心尽力地遵守。事实是否如此？在一个没有政府干预、没有权威的社会中，法律和道德要想得到完全的遵守是不可能的。之后的布坎南和哈耶克对此都有深刻的分析。哈耶克说："宽容和尊重其他的个人和他们的意见，独立精神，正直的性格和维护自己的意见而不为一个上级的意见所左右的那种意愿，……对于弱者和衰老者的体恤，……他们似乎还缺少很细小的、但很重要的品质，就是在一个自由社会里，使人与人之间便于互相交往的那

---

① 转引自［英］埃德蒙·惠特克《经济思想流派》，徐宗士译，上海人民出版社1974年版，第171页。

些品质。"① 也就是说，仅靠个人主义是无法保证社会法律和道德得到遵守的。这是个人主义无法克服的弱点，也是市场经济所天然带有的缺陷。而要纠正这一缺陷只能有赖于一种公正的社会制度。可以说，这也是古典经济学派重视"公正"问题的原因所在。

---

① ［奥］哈耶克：《通向奴役的道路》，滕维藻、朱宗风译，商务印书馆 1962 年版，第 143 页。

第八章　结语:"古典经济学派经济伦理思想的现代价值"[①]

市场经济体制在中国已施行 30 多年,一股市场化的潮流席卷而来,裹挟着人们随利益的洪流自觉或不自觉地向着未来前进。在这个过程中,社会发生了巨大变化,包括道德,"一些过去为人们所熟悉的道德准则和行为方式受到冲击而无所适从,一些陌生的观念和倾向正在形成和扩展,社会道德领域中的矛盾和冲突已经这样那样地从各个方面表现出来"[②]。社会道德领域的矛盾和冲突反过来又成为社会经济发展的阻碍,妨碍了社会主义市场经济的健康运行。在此背景下,我们重温资本主义市场经济发展过程中起过重要作用的学派——古典经济学派的经济伦理思想可谓正逢当时。不可否认,资本主义在市场经济发展过程中也曾出现过这样或那样的社会、道德问题,但这几百年间,无数思想家的努力使资本主义的市场经济制度运行有序,把其负面的、消极的作用始终控制在一个适当的程度与范围。就此而言,深入研究资本主义市场经济的经济伦理思想对于当前我们国家的经济伦理建设大有裨益,也必能对我国的社会主义市场经济建设起到积极作用。

[①] 古典经济学派的经济伦理思想对现代西方经济学产生了重大影响,也对现代西方国家的经济政策产生着重要影响力。从学理上说,分析古典经济学派经济伦理思想的现代价值也应该包括其对现代西方国家和思想家的影响。但是,从现实价值来说,研究西方思想的主要目的是对我国当下的社会有所启示,提炼其中的精华成为我们可资借鉴的宝贵资料。因此,本章"古典经济学派经济伦理思想的现代价值'主要指的是对我国社会主义市场经济建设而言的意义。

[②] 贾高建等:《市场经济与道德流变:当前若干重大问题研究》,中央党校出版社 1997 年版,第 2 页。

第一节　对人的福利的关注

古典经济学派的思想中心从关注经济增长逐渐转向人的福利，这是历史发展的必然要求，也是思想家的学术自觉和道德担当。正如英国学者诺曼·巴里所指出的那样，"福利"是一个现代概念，"当前关于福利的政治论争中运用的一些思想至少两百年以前就开始形成，真正的差别是现在将它们置于中心位置。……'福利'便成为一个特别'现代'的概念"①。作为现代概念，意味着"福利"概念的出现是在近代资本主义国家出现之后，是伴随着资本主义市场经济的发展而出现的。可以说，当下资本主义国家对人的福利的关注其源头就可以追溯至古典经济学派。"现代福利观念来自18世纪后半叶开始的经济学和社会科学的重要发展，特别是功利主义的兴起。然而，功利主义、自由放任经济学与福利之间的联系是微妙的，而且是许多混乱的源泉。"② 不管这些流派对于"福利"概念的理解存在怎样的差别，但不可否定的是，他们认为关注人的福利是一件极为重要的事情，经济学不应只考虑财富的增长，而应转向增加人的幸福和满足。

一　福利具有重要作用

斯密一再强调，社会的存续依赖于人与人之间的合作。因个人能力的有限和满足个人利益的需要，开始出现社会分工，进而出现了产品交换，这就是商业社会的起源。在现代商业社会中，每个阶级之间以及每个个体之间都存在密不可分的合作关系。这就决定了一个社会需要对所有的成员予以关照。当然，斯密认为，每个人出于对自我利益的追求，自然就能实现社会的繁荣和全体国民的富裕，这是自由市场的必然结果。"个人努力能够而且的确导致不平等：斯密常常对此发表评论，而且有时甚至建议法律和政府的最初理由是保护不平等。然而，他再次预言了现代自由主义福利论，他认为它显然是可以接受的，因为它比任何其他的体系更好地帮助了穷人：甚至商业社会中的最糟糕者也比野蛮社会中的部落首领更富裕。而且这里有一种隐含的信念，认为市场社会有所谓的'溢流'效应，就是说，富人的消费最终导致穷人财富的增加。正如曼德维尔早前所说：'许

① ［英］诺曼·巴里：《福利》，储建国译，吉林人民出版社2005年版，第1页。

② 同上书，第19—20页。

多东西一度被视为奢侈的发明——其实是非常必要的,以致我们认为没有人应该想要它们。'"① 从斯密开始,穆勒、马歇尔等人都对人的福利问题予以了高度重视。古典经济学派对人的福利的重视可以使我们看到:

首先,重视人的福利是维持社会稳定的需要。古典经济学派之所以重视福利问题,一个重要的原因就是:稳定有序的社会必须考虑到所有人的满足和需求。然而,人的天赋上的自然差异以及后天的种种原因导致社会中的某一部分人无法依靠自己的能力获得更好的生活。如果不对这一部分的需求和满足予以重视的话,长此以往,必将对整个社会的安定带来不利影响。大家普遍认为,当前影响我国社会稳定的主要问题是:失业、农民收入偏低、贫富两极分化和腐败。

失业。据公开数据显示,国家统计局公布的中国登记失业率自 2002 年来,一直维持在 4.0%—4.3% 的水平。即使是经济波动明显的 2007 年及国际金融危机影响最显著的 2009 年,也均未脱离这一区间。② 由于国家统计局一般统计城镇失业人口,农民工不在此列,故真实的失业人口数据将大大超过这一数据。有记者把中国的失业问题称为中国社会的"定时炸弹"③。失业就是某一部分群体利益未能得到实现与满足,久而久之,这部分的不满情绪将日益高涨,从而造成剧烈的社会矛盾冲突,对社会稳定造成极不利的影响。

农民收入偏低。我国是一个农业大国,农民收入直接影响到国家安定与社会稳定。由于长期形成的农产品剪刀差,致使我国农民收入一直处于低水平状态。虽然国家采取了大量助农、扶农政策,使农民收入有了很大的提高,但扣除物价上涨外,农民的相对收入水平并未有很大增长。据调查,农民家庭现金收入连年增长。2010 年,农民家庭户均现金收入为 34080.34 元,比 2009 年增长 12.75%。2011 年农民家庭户均现金收入攀升至 38894.38 元,同比增长 14.13%。而另一方面,农民的家庭支出也在逐年攀升。以医疗支出为例,2009 年农村家庭户均医疗支出 1941.61 元,人均支出 514.31 元,到 2011 年户均医疗支出和人均支出分别增加到 2506.86 元和 673.89 元,年平均增幅分别为 13.63% 和 14.47%。此外,

① [英]诺曼·巴里:《福利》,储建国译,吉林人民出版社 2005 年版,第 23 页。
② 《中国失业率统计已有完整数据,2015 年前公布》,"腾讯网·财经"2013 年 6 月 20 日,http://finance.qq.com/a/20130620/021021.htm。
③ 邱泽奇:《爆发点在哪里——失业问题对中国社会稳定的影响分析》,《云南大学学报》2003 年第 5 期。

生活消费、人情支出和教育支出等也大大增加。[①] 两相比较，我国农民收入仍处于偏低水平，是影响我国社会稳定的潜在力量。

贫富两极分化。基尼系数是经济学衡量居民收入差距的常用指标（见图8－1）。数据显示，2003 年以来，我国的基尼系数整体运行在 0.4 的水平线以上，其中在 2008 年达到 0.491 的峰值，随后逐步回落，2012 年我国基尼系数达到 0.474。[②] 这一数据反映了我国居民"富者愈富，贫者愈贫"的事实。另据一则统计数据，在 1996—2000 年，城镇最低收入困难户人均收入和人均支出增长率分别为 1.2% 和 1.6%，而最高收入户人均收入和人均支出增长率分别为 9.7% 和 9.3%。他们之间人均收入和人均支出的相对差距分别由 1996 年的 4.12 倍和 2.98 倍迅速扩大为 2000 年的 5.70 倍和 3.99 倍。[③] 而收入差距与就业状况之间亦有明显联系，收入越高，就业状况越理想，失业率越低，反之亦然。更为严重的是，收入差距的扩大导致民众仇富情绪高涨，进而对社会产生强烈的不满情绪，影响社会的稳定。

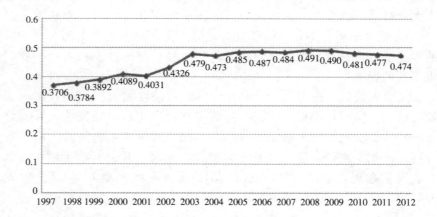

年份

图 8－1　1997—2012 年中国基尼指数[④]

数据来源：1997—2002 年数据来源于国家统计局文章，2003—2012 年数据来源于国家统计局。

---

① 《〈中国农民经济状况报告〉发布，农民生活支出压力增大》，"中国经济网" 2012 年 8 月 21 日，http://district. ce. cn/zg/201208/21/t20120821_ 23606435. shtml。

② 陈月石：《中国基尼系数十年超越警戒线》，《东方早报》2013 年 1 月 19 日。

③ 王绍光：《安邦之道：国家转型的目标与途径》，生活·读书·新知三联书店 2007 年版，第 23 页。

④ 《国家统计局：2012 年中国基尼系数 0.474 2008 年后逐步回落》，"财经网" 2013 年 1 月 18 日，http://economy. caijing. com. cn/2013－01－18/112444588. html。

可见,满足并照顾社会某一部分人的需要与福利不仅仅是其个人的责任与义务,更是社会和社会每一成员的责任与义务。正如斯密所言,任何人都离不开社会而独立生存。这就需要我们每一个人都应对社会成员的福利状况予以关注,尽力照顾到每一个社会成员的利益需求。重视人的福利才能有利于社会的稳定,才能使每个人的利益满足成为可能。

其次,对人的福利的重视也就是对人的权利的重视。西方自文艺复兴以来开始逐渐产生近代人权思想,经格劳修斯、斯宾诺莎、霍布斯、洛克、卢梭等人的发展,形成了较为完备的"天赋人权"理论,成为资产阶级革命的理论基础。西方思想家认为,生命、自白、平等等权利都是人与生俱来的天然权利,是神圣不可侵犯的。虽然关于"人权"的认识与理解一直是仁者见仁、智者见智,是"一个最受人尊重而又确实模糊不清的概念"①,但人权中所包含的某些基本内容是得到共识的。其一,生存权是人权的基本内容。生存是人的基本诉求,也是人之所以为人的前提条件。奥地利法学家安东·门格尔就认为,在人的所有欲望中,生存的欲望具有优先的地位。生存权就是个人按照生存标准提出而靠国家提供物质条件保障的权利。② 其二,发展权构成人权的另一基本内容。生存与发展是相互依存的,在生存的基础上必须得到发展,而发展则是为了更好地生存。1986年联合国大会通过的《发展权利宣言》指出:"发展权利是一项不可剥夺的人权,由于这种权利,每个人和所有各国人民均有权参与、促进并享受经济、社会、文化和政治发展,在这种发展中,所有人权和基本自由都能获得充分实现。"③ 发展是一个动态的概念,也就意味着"人权"的实质就是一个使人的需求不断得到满足的过程。

福利一词的基本内涵是"能给人带来幸福的因素,其中既包含物质的因素,也包含精神和心理的因素"④。有学者指出,福利的基本含义包括两个方面:"第一,福利是一种好的或健康、幸福的生活状态。这种状态是客观的,也是主观的。……第二,美好的状态需要通过一定措施来实现,所以,福利又是一个动态的实现过程。在这个过程中,健康的、幸福的状态作为目标是向上开放的,是有层次的,最底层的应该是能保障人的生存

---

① M. Freeden, *Rights.*, University of Minnesota Press, 1991, p. 1.
② 转引自郑秉文《社会权利:现代福利国家模式的起源与诠释》,《山东大学学报》2005年第2期。
③ 转引自谢琼《福利制度与人权实现》,中国人民大学出版社2013年版,第14页。
④ 李琼主编:《西欧社会保障制度》,中国社会科学出版社1989年版,第145页。

的基本状态；也是相对的，是随着时代进步和社会发展不断提高的。"①

可见，生存权和发展权构成了人权的主要内容，福利的基本内容也就是在保障人的生存的前提下，促使人获得更加健康、幸福的生活，二者在内容上具有一致性。这也就意味着，如果我们对人的福利予以足够的重视，也就是在保障并促进人权的实现。同时，满足实现人的健康与幸福的"福利"，基础在于使人权能够具有基本的保障。这两个方面是相辅相成的。

二 福利实现依赖于公共政策

尽管古典学派以个人主义和自由主义作为了学术的基本立场，但也不排除他们坚持要依靠公共政策才能实现人的福利。斯密强调，个人自主能比政府干预发挥更好的作用，但任何一个社会都无法完全消除贫困，这就需要社会采取行动来改变这一局面。学术界对于斯密的评价有很大分歧，有人认为斯密是一个冷酷的学者，对贫困毫不关心；有人则认为斯密是一个对底层人民充满同情、富有道德责任感的学者。有学者指出："在近两个世纪中，由于斯密持有的有关饥荒与萧条的'一般原则'，使之被视为了穷人的敌人，冷酷而无情。这些原则被英国 18 世纪 90 年代的食物危机所证实，同时也标志着作为保守主义学者，斯密学说经久不衰的开端。"② 这样的认识在 18 世纪末 19 世纪初被打破了，这就是 Samuel Whitbread 在 1795 年提出最低工资立法，他所提出的有力证据就是斯密的理论，他赞同用"立法介入"来保障穷人的"权利"。"Whitbread 在其国会陈述中援引了斯密《国富论》中的论述。斯密本人在工资规则方面毕竟是一个宽容主义者：当这个规则对工人有利时，它总是公正正直的；但当它有利于雇主的时候，则不然。斯密所谈及的就是当时的最高工资制度，这种制度总是有利于那些雇主。Whitbread 补充到，因为这给了地方长官权力，并以此来压迫工人。斯密总是站在公正的立场上主张高工资：如果一个社会中的大部分成员处于贫困、悲惨的境地，那么没有任何一个社会会是繁荣幸福的。但是，只要在一个公正的社会中，那些可以给自己提供食物、衣物和居处的人，不仅是给自己提供，也要

---

① 谢琼：《福利制度与人权实现》，中国人民大学出版社 2013 年版，第 3—4 页。
② Emma Rothschild, "Adam Smith and Conservative Economics", *The Economic History Review*, New Series, Vol. 45, No. 1 (Feb., 1992), pp. 74 – 96. Blackwell Publishing on behalf of the Economic History Society, Blackwell Publishing on behalf of the Economic History Society.

宽容地提供给社会中的其他成员分享。"① 因此 Whitbread 认为斯密是穷人的朋友,认为他"在《国富论》中提出,'对劳动的自由报酬'是'导致最大公共财富的最基础条件',在他《早期手稿》中,他写道,'对劳动的高报酬'是'公共繁荣的基础'。"② Whitbread 对斯密的认识与评价得到了阿马蒂亚·森的赞同,那就是,斯密把贫困不仅看作是经济上的缺失,而且主要是权利缺失所造成的。要改变这样的局面,显然是需要政府、国家采取公共的政策来进行纠正的。学术界认为,Whitbread 的斯密更接近真实的斯密。

　　尽管之后的李嘉图认为《济贫法》并不能改善贫民的状况,反而会使富人也变穷,所以坚决主张废弃《济贫法》。但之后的功利主义却为福利实现提供了心理基础和理论依据。而且,在具体的政策方面,英国是 1601 年颁布《济贫法》的,并且通过政府的介入来干预贫困问题。英国的《济贫法》规定,由政府划定贫困线,对有需要者提供收容和救助,开创了济贫制度的先河。之后,英国政府又不断地对《济贫法》进行修正。与此同时,欧洲各国也开始纷纷仿效英国,制定《济贫法》,如瑞典 1763 年的《济贫法》和 1871 年的《济贫法修正案》,荷兰 1854 年的《济贫法》。这一制度的产生充分验证了 Tratter 所言,"社会福利发展的历史就是从慈悲到正义之路,慈悲是善心的情操,正义是制度化公理,前者无法持久,而后者却可以长久运行"③。诺曼·巴里也认为:"福利命令意味着,在广义上,公共政策应该趋向增加人们(个人或集体)的幸福和满足:无论是一种限制市场力量自由运作的消极政策,还是相信交易体系不能生产所有可欲东西的国家积极行动,在伦理上都没有什么区别。"④

　　之后资本主义国家福利制度的发展也充分说明,福利是一项公共政策,是需要依靠政府推动才得以实现的。1881—1889 年,德国先后出台了《疾病保险法》《工伤保险法》和《老年与残疾保险法》,成为世界上第一个建立起社会保险制度的国家。1935 年,美国制定了《社会保障法》。"二战"结束之后,许多国家相继建立全面的国家福利制度,进入了资本主义福利国家的繁荣发展阶段。这一切从源头来说,都可以追溯至古典学

---

① Emma Rothschild, "Adam Smith and Conservative Economics", *The Economic History Review*, New Series, Vol. 45, No. 1 (Feb., 1992), pp. 74 - 96. Blackwell Publishing on behalf of the Economic History Society, Blackwell Publishing on behalf of the Economic History Society.

② Ibid. .

③ 转引自谢琼《福利制度与人权实现》,中国人民大学出版社 2013 年版,第 32 页。

④ [英]诺曼·巴里:《福利》,储建国译,吉林人民出版社 2005 年版,第 12—13 页。

派。今天，我们研究古典经济学派的经济伦理思想在一定程度上有助于我国福利制度的建设与完善。

三　中国福利制度的发展与完善

新中国成立之后，我国就开始了建设社会主义"福利"道路①的探索，初步实现人的劳动权与福利权，为新中国的经济发展和社会稳定做出了巨大贡献；改革开放之后，我国开始了新时期条件下构建中国特色社会主义福利制度的探索与实践，取得了举世瞩目的成就。

第一，新中国成立到改革开放前的福利制度探索。新中国成立之后，我们开始了福利制度从"无"到"有"的探索历程，建构了一个城乡二元分割福利体系：在城市，建立起以国家保险为主体、单位福利制度为补充的制度；在农村，则建立起以社会救济为主体、集体福利为补充的制度。②

在城市，1951 年出台了《中华人民共和国劳动保险条例》，标志着我国最基本的社会保障制度开始建立。之后，将针对职工的劳动保险制度逐步演变为面向职工及其家属的福利制度，比如单位开始包揽幼儿园、食堂、医院、图书馆等福利，构建了一个以单位福利为主体且无所不包的单位福利制度。除此之外，针对社会弱势群体归属民政部门管辖建立了基本的社会救助与福利。

在农村，主要是构建一个以国家救济和集体保障为主体、以家庭保障为补充的福利制度。一是农村合作医疗制度的建立；二是针对无儿无女、无依无靠、没有收入来源的鳏寡孤独的老年人以及无人抚养儿童所建构的农村五保制度。

当然，我国改革开放之前的社会福利制度受到计划经济体制的深刻影响，国家统包统配、平均主义盛行、城乡差异严重、身份特征明显等缺陷制约了福利制度的大众化、社会化和深入化，但是，这种福利制度与当时低工资、低水平基础是相适应的，也力图实现了社会主义福利制度的普遍化，为社会主义劳动者最大限度地解决了后顾之忧。总之，这一阶段的福

---

① 当然，当时并没有明确提出"福利"的概念，但并不意味着当时我们没有为建立一种社会主义"福利"制度进行探索。从"福利"概念的基本内涵来说，其就是为了实现与满足人的基本权利，使人拥有一种幸福生活。新中国的成立，意味着我们开始了社会主义和共产主义的征程。社会主义和共产主义的本质就是要让人获得独立的自主地位，消灭阶级和阶级剥削，实现共同富裕，这与"福利"的基本内涵是一致的，甚至是超越一般的"福利"内容。因此，我们把新中国成立以来所进行的对人的权利的实现与满足称为"福利"制度的探索。

② 韩克庆：《中国社会保障制度的改革与发展》，《新视野》2013 年第 4 期，第 78—81 页。

利制度探索尽管存在着诸多问题与缺陷,但为社会主义福利制度的构建迈出了坚实的一步。

第二,改革开放以来中国福利制度的建立与完善。改革开放以来,随着经济体制从计划经济向市场经济转变,我国的社会福利制度也在悄然发生改变。历经 30 多年的改革摸索,我国基本上建立了以社会保障制度为主体的具有中国特色的社会主义福利模式,形成了包括社会保险、社会救助、社会福利、优抚安置等制度的较为全面的保障体系。

社会保险制度是我国福利制度的核心,包括养老、医疗、失业、工伤和生育五大方面。

养老保险制度。1995 年国务院颁布了《关于深化企业职工养老保险制度改革的通知》,各地可以进行两个方案的试点:一是大个人账户、小社会统筹;二是小个人账户、大社会统筹。[①] 1997 年 7 月,《国务院关于建立统一的企业职工养老保险制度的决定》规定,企业缴费不超过 20%,个人缴费达到 8%,然后从企业缴费中划入个人账户,按本人缴费工资 11% 为职工建立基本养老保险个人账户。2005 年 12 月,《国务院关于完善企业职工基本养老保险制度的决定》规定,从 2006 年 1 月 1 日起,个人账户的规模统一由本人缴费工资的 11% 调整为 8%,全部由个人缴费,单位缴费不再划入个人账户。[②] 2009 年,在向社会发布农民工参加基本养老保险办法征求意见稿之后,"新农合"养老保险的《指导意见》正式公布,农民被正式纳入我国的基本养老保险范畴。截至 2012 年年底,我国城乡居民参加养老保险的人数已达 4.84 亿,城乡居民社会养老保险基金的收入、支出和累计结余也分别达到 1829 亿元、1150 亿元和 2303 亿元。[③]

医疗保险制度。1993 年我国开始医疗保险制度改革试点,目前,我国基本上建立了多层次的医疗保险制度。现行的医疗保险制度包括基本医疗保险体系(城镇职工基本医疗保险、城镇居民基本医疗保险、新型农村合作医疗)、城乡医疗救助体系和补充医疗保障体系三个层次,其中基本医疗保险体系发挥着核心作用。基本医疗保险费用由用人单位和职工共同缴纳,用人单位缴费率控制在职工工资总额的 6% 左右,职工缴费率一般为

---

① 吴敬琏:《当代中国经济改革教程》,上海远东出版社 2010 年版,第 308—309 页。

② 同上。

③ 徐博:《我国城乡居民参加养老保险人数目前已达到 4.84 亿》,"新华网" 2013 年 2 月 27 日,http://news.xinhuanet.com/fortune/2013 - 02/27/c_ 114826367. htm。

本人工资收入的 2%。① 截至 2012 年年底，全国参加城镇基本医疗保险的人数为 53641 万人，其中参加城镇职工基本医疗保险的人数为 26482 万人，参加城镇居民基本医疗保险的人数为 27156 万人，参加医疗保险的农民工人数为 4996 万人。②

失业保险制度。1986 年，国务院颁布了《国营企业职工待业保险暂行规定》，标志着我国失业保险制度的建立。1999 年，国务院发布《失业保险条例》，进一步扩大了失业保险的范围，调整了失业保险基金的来源。截至 2012 年年底，全国参加失业保险人数 15225 万人，其中参加失业保险的农民工人数 2702 万人，全国领取失业保险金人数 204 万人。③

工伤保险制度。1994 年通过的《中华人民共和国劳动法》，其中第 73 条规定：“劳动者在下列情况下，依法享受社会保险待遇：……（三）因工伤残或者患职业病。”这是我国以法律形式保障了工伤者及其亲属享受工伤保险待遇。原劳动部 1996 年颁布了《企业职工工伤保险试行办法》，第一次将工伤保险作为单独的保险制度统一组织实施，对沿用了 40 多年的企业自我保障的工伤福利制度进行了改革。2003 年，国务院颁布《工伤保险条例》，规定所有企业及其职工都要参加工伤保险制度，由用人单位缴纳工伤保险费，实行社会统筹，设立工伤保险基金，对工伤职工提供经济补偿和实施社会化管理服务。2004 年 6 月，劳动保障部发出了《关于农民工参加工伤保险有关问题的通知》，进一步扩大了工伤保险惠及范围。④截至 2012 年年底，全国参加工伤保险的人数为 19010 万人，其中参加工伤保险的农民工的人数为 7179 万人。⑤

生育保险制度。1994 年，原劳动部颁发了《企业职工生育保险试行办法》，规定生育保险按属地原则组织，生育保险费用实行社会统筹。由企业按照不超过职工工资总额 1% 的比例向社会保险经办机构缴纳生育保险

---

① 林嘉：《中国特色社会保障制度的发展》，“人民网”2009 年 11 月 25 日，http：//theory. people. com. cn/GB/10446431. html。
② 徐博：《全国参加城镇医保人数达 53641 万人》，“新华网”2013 年 5 月 27 日，http：//news. xinhuanet. com/fortune/2013 – 05/27/c_ 115927434. htm。
③ 同上。
④ 《中国的工伤保险制度》，“中华人民共和国劳动和社会保障部门户网站”2007 年 12 月 14 日，http：//www. molss. gov. cn/gb/ywzn/2007 – 12/14/content_ 214164. htm。
⑤ 徐博：《全国参加城镇医保人数达 53641 万人》，“新华网”2013 年 5 月 27 日，http：//news. xinhuanet. com/fortune/2013 – 05/27/c_ 115927434. htm。

费,建立生育保险基金。女职工在生育期间可享受生育保险待遇。[①] 截至 2012 年年底,全国参加生育保险的人数为 15429 万人。[②]

以社会保险制度为核心,我国还建立了面向社会弱势群体和贫困人群的社会救助制度,解决养老、住房、教育等民生问题的社会福利制度,针对社会优抚对象的优抚安置制度的多层次中国特色社会主义福利体系。

从我国福利体系的建立与发展历程来看,尽管取得了不小的成绩,但也面临着严峻的挑战,如市场与政府职责划分不够明确、体制与制度不够健全、公平性不够突出等。面对当代西方社会日益高涨的福利主义浪潮,如何在我国现有福利体系基础上,合理吸收西方的福利思想进一步完善中国特色社会主义福利体系是我们迫切需要解决的问题。古典经济学派对福利问题的关注以及对公共政策实现福利的重视是值得我们好好研究并在现实中进行实践的。

第二节 公正对社会具有基础性作用

古典经济学派主要是以市场经济为对象展开其经济研究的,对于公正对社会的重要作用予以了强调和肯定。正如我们熟知亚当·斯密那段十分著名的话——"不是从屠夫、酿酒师和面包师的恩惠,我们期望得到自己的饭食,而是从他们自利的打算。我们不是向他们乞求仁慈,而是诉诸他们的自利之心,从来不向他们谈自己的需要,而只是谈对他们的好处"[③]——所表述的,我们可以发现其中揭示了一个隐秘的"真理"。即出于自利考虑的"经济人"之所以能在市场经济中实现他人利益的满足和社会的繁荣,有赖于社会提供的公正制度安排。阿马蒂亚·森也认为,"这里还揭示出了一个更加复杂和微妙的价值体系,这一体系具有更大的作用。屠夫、啤酒商和面包商人必须决定他们的顾客能够消费多少肉、啤酒和面包。此时,在买卖双方之间就会出现一个隐性契约,结束于商品与

---

① 林嘉:《中国特色社会保障制度的发展》,"人民网" 2009 年 11 月 25 日,http://theory. people. com. cn/GB/10446431. html。

② 徐博:《全国参加城镇医保人数达 53641 万人》,"新华网" 2013 年 5 月 27 日,http://news. xinhuanet. com/fortune/2013 - 05/27/c_ 115927434. htm。

③ [英] 亚当·斯密:《国民财富的性质和原因研究》,杨敬年译,陕西人民出版社 2001 年版,第 18 页。

金钱交易之后。包含如上内容的"交易原则"是一个最为基本的原则"①。为了保证这一"商业原则"的实现，古典经济学派对于公正的重要作用予以了强调和重视。

一　公正的实现有赖于制度的安排

公正对一个社会的重要性是不言而喻的，然而，公正的实现是需要条件的，其中最为重要的条件就是社会的制度安排。公正就其本质而言，指的就是社会的制度。罗尔斯在《正义论》开篇就指出，"正义是社会制度的首要价值，正像真理是思想体系的首要价值一样"②，"正义的主要问题是社会的基本结构，或更准确地说，是社会主要制度分配基本权利和义务，决定由社会合作产生的利益之划分的方式。所谓主要制度，我的理解是政治结构和主要的经济和社会安排"③。在古典经济学派内部，对于公正的理解经历了自然法则观到制度观的演变。作为开创者的斯密，把正义看作是自然法则的应有之义，并把正义视为社会建立的基础和最为重要的社会美德。到了穆勒那里，公正开始成为某种具有保障作用的制度设计与安排。

斯密以"社会性"为出发点，强调了由自然法则而建立的社会美德——正义的重要作用，并把正义视为资本主义市场经济制度下不言而喻的规则，它保障了市场交换的公平性，约束了人的自利性，实现了国民的富裕和社会的繁荣。萨伊站在自由主义的立场，把"市场制度"视为"公正"的化身，在他看来，在充分市场条件下，生产效率的提高自然就能实现正义。穆勒强调了"分配的正义"，财富分配依赖于社会的法则，提出了改良社会分配法则以实现"正义"的设想。西斯蒙第一反古典经济学派的自由主义立场，强调了政府干预对于实现正义的重要意义，提出了对现行制度进行改革以实现正义的思考。马尔萨斯提出了控制人口增长来实现人口与经济协调发展的正义观。马歇尔从穷人的"福利"入手，强调了分配规则以及社会制度对于实现正义的重要作用。总之，无论古典经济学派的思想家对于"公正"持有怎样不同的认识与看法，但都强调了公正的实现离不开社会制度的安排。因此，改良不合理的社会制度以促进公平的实

---

① Amartya Sen, Economics, Business Principles and Moral Sentiments, *Business Ethics Quarterly*, Vol. 7, No. 3（Jul. , 1997）, pp. 5–15, Philosophy Documentation Center.

② ［美］罗尔斯：《正义论》，何怀宏、何包钢、廖申白译，中国社会科学出版社 1988 年版，第 3 页。

③ 同上书，第 7 页。

现成为大多数古典经济学派思想家的共同主张。

当前,我国存在着较为严重的"公正"缺失问题,实现"公平正义"成为人民群众最基本、最直接、最现实的利益诉求。党的十八大报告中指出,"必须坚持维护社会公平正义。公平正义是中国特色社会主义的内在要求。要在全体人民共同奋斗、经济社会发展的基础上,加紧建设对保障社会公平正义具有重大作用的制度,逐渐建立起以权利公平、机会公平、规则公平为主要内容的社会公平保障体系,努力营造公平的社会环境,保证人民平等参与、平等发展权利"①,对以制度建设推进社会公平正义做出了明确要求。党的十八届三中全会提出了全面深化改革的总目标和总任务,并明确指出:"全面深化改革的总目标是完善和发展中国特色社会主义制度。"在此目标之下,要"坚持社会主义市场经济改革方向,以促进社会公平正义、增进人们福祉为出发点和落脚点,进一步解放思想、解放和发展社会生产力、解放和增强社会活力,坚决破除各方面体制机制弊端"②。《中共中央关于全面深化改革若干重大问题的决定》中,明确提出了经济、政治、社会、文化、生态等各方面的制度改革设计,为社会公平正义的实现打下了坚实的制度基础。

总之,立足中国社会主义初级阶段的基本国情,吸收全人类一切优秀文化成果,直面当下现实问题,完善和改革各项社会制度,是社会公正得以更好实现的基本途径。

二 公正的核心是分配的公正

古典经济学派在阐述"公正"问题时,不可避免地把"分配"作为了核心内容。正如戴维·米勒所言:"在绝大多数当代政治哲学家的著作中,社会正义被视作分配正义的一个方面,的确,这两个概念经常被相互替换使用。"③ 而且,在古典学派这里,更是把分配正义当作是正义的主要内容。"这些早期倡导者基本上是自由主义社会哲学家,他们写作的时代则是占统治地位的经济和社会制度不断受到伦理审查和政治挑战,国家的职能稳步扩张的时代。……英国作家约翰·穆勒……时常提到社会正义,尽

---

① 胡锦涛:《坚定不移沿着中国特色社会主义道路前进,为全面建成小康社会而奋斗——在中国共产党第十八次全国代表大会上的报告》,《人民日报》2012 年 11 月 18 日。

② 《中国共产党十八届三中全会公报发布(全文)》,"新华网"2013 年 11 月 12 日,http://news.xinhuanet.com/house/suzhou/2013 - 11 - 12/c_ 118113773.htm。

③ 〔英〕戴维·米勒:《社会正义原则》,应奇译,江苏人民出版社 2005 年版,第 2 页。

管他们没有把它与一般意义上的分配正义明确区分开来。"① 的确如此，在古典经济学派思想家穆勒、马歇尔等人那里，分配正义成为他们社会公正观的核心内容。

分配正义的重要性早在亚里士多德那里就有阐述，托马斯·阿奎那也曾就分配的正义进行过讨论。古典经济学派对分配正义的重视既是思想史的发展，也是对现实社会的回应。有学者认为，"收入分配理论是亚当·斯密全部经济学思想的核心"②。斯密从社会阶级结构出发，将一国土地和劳动的全部年产物按土地地租、劳动工资和资本利润三部分来进行收入分配，"这是每一文明社会的三个巨大的、基本的组成阶级，从他们的收入所有其他阶级得到自己的收入"③。被马克思视为是"英国古典经济学的完成者"的李嘉图也把分配理论作为其经济理论体系的中心。李嘉图从劳动价值论出发，把社会一切阶级的收入都归之于由劳动创造的产品价值，区分为资本利润和劳动工资。由于斯密和李嘉图都只重视了分配的数量，没有看到分配所涉及的经济关系与范畴；只看到了地租收入的不公正，没有看到资本利润收入的剥削性，因而，他们的分配正义是针对封建制度而言的，目的在于构建资本主义的分配制度，而这个制度在他们看来就是公正的。当然，抛开他们二人的这一历史局限性，他们对于分配正义的重视也就是对公正的重视，这是具有积极和进步意义的。萨伊在继承斯密和李嘉图分配理论的基础上，提出了著名的"萨伊法则"，即在正常情况下市场上的一种供给会引起对它的需求，而且，一切的产品都是由人类的劳动、资本和自然力创造出来的，那么，分配也就是以此三要素为基础来实现的。萨伊认为，这三个要素的拥有者各得其所，这样的分配也就是公正的。萨伊相比于斯密和李嘉图来说，生活在资本主义制度更加完善的时代，他提出的观点是为证明资本主义分配制度的公正与合理而服务的，因而他的理论获得了资产阶级和资产阶级经济学家的拥护。

总之，古典经济学派的分配理论主要是解释工资和利润这两个分配变量的问题，所谓的公正也就是这二者之间如何实现的问题。当然，分配是取决于所有权的。之后的古典经济学派代表，如穆勒、西斯蒙第、马歇尔等人同样在不触动资本主义制度的前提下，对如何从制度层面来设计所有权和分配结果以实现公正进行了深入思考。

---

① ［英］戴维·米勒：《社会正义原则》，应奇译，江苏人民出版社 2005 年版，第 3—4 页。
② 马强、孙剑平：《西方收入分配的重要思想理论述评》，《现代管理科学》2011 年第 1 期，第 24—26 页。
③ ［英］亚当·斯密：《国富论》，杨敬年译，陕西人民出版社 2001 年版，第 290 页。

从我国现实情况来看,分配正义仍存在较为严重的问题,不公平、不公正的情况还比较普遍。其中比较突出的问题有两个:一是收入分配的不公平。现阶段,我国初次分配和再次分配中都存在着较为严重的不公,尤其是在初次分配中劳动报酬所占比例偏低。2002 年之前,我国劳动者报酬占 GDP 的比重基本在 50% 以上,2003 年下降到 49.6%,2007 年进一步下降到 39.7%。① 据学者刘植荣先生研究,中国的人均 GDP 在世界排名第 99 位,而我们最低工资在世界 183 个国家和地区中排在了第 158 位,甚至低于 32 个非洲国家的最低工资。② 在中国目前的各种不公正现象中,贫富差距过大成为突出问题。据媒体在 2011 年两会之前的调查问卷显示,民众对于贫富差距的关注程度已超过腐败等热点问题。造成这一现象的原因在于一些部门利用自己手中的权力暗开"小金库",一些国有企业垄断经营,一些管理人员薪酬过高,一些手握权力的公务人员的"灰色收入""隐性收入"大量存在等。二是城乡差距的进一步扩大。一直以来,我国的社会经济制度都是二元结构形式。广大农村在户籍、投资、教育、医疗、社会保障等方面与城市相比明显不足,城乡之间的差距越来越大。尽管国家在这方面进行了很多制度方面的创新与改革,城乡收入差距不断缩小,但由城乡二元结构带来的收入差距并没有得到根本的扭转。据中国社会科学院城市发展与环境研究所发布的《中国城市发展报告 No. 4 聚焦民生》显示,目前我国城乡收入差距为 3. 23:1,尽管与 2010 年相比有所下降,但仍是世界上城乡收入差距最大的国家之一。其中,在中西部地区,城乡收入差距在 4:1 以上。③

面对这一严峻事实,党和政府予以了高度重视。十八届三中全会明确指出,要"形成合理有序的收入分配格局。着重保护劳动所得,提高劳动报酬在初次分配中的比重。……完善以税收、社会保障、转移支付为主要手段的再分配调节机制,加大税收调节力度。……规范收入分配秩序,完善收入分配调控体制机制和政策体系,建立个人收入和财产信息系统,保护合法收入,调节过高收入,清理规范隐性收入,取缔非法收入,增加低收入者收入,扩大中等收入比重,努力缩小城乡、区域、行业收入分配差

---

① 孙立平:《置业时代的"需求锁闭"——兼论内需不足的中国悖论》,《经济观察报》2010 年 2 月 8 日。

② 刘植荣:《国外工资概览——世界工资研究报告》,"人民网"2010 年 3 月 16 日,http://theory. people. com. cn/GB/11147737. html。

③ 《中国成世界城乡收入差距最大国家之一》,"网易网"2011 年 9 月 20 日,http://money. 163. com/11/0920/01/7EBV0K7800252G50. html。

距，逐步形成橄榄形分配格局"①。把分配公正视为社会公正的核心内容，是现代社会的应有之义。正如米勒所言："公民身份联合体的首要的分配原则是平等。公民的地位是一种平等的地位：每个人都享有同等的自由和权利，人身保护的权利、政治参与的权利以及政治社群为其成员提供的各种服务。……这样，平等的公民身份具有分配财产、收入和其他社会资源的派生结果。"②

三　公正是社会的美德

斯密认为，正义是一种社会性美德，是德行中最基础的部分。他说："虽然违背正义将面临惩罚，但遵守正义原则简直不应受到任何奖赏。无疑，坚持正义存在一种合宜性，因此，它应得到合宜性应得的一切认可。但由于它不是实际而积极地行善，所以，不值得受人感激。在多数情况下，单纯的正义只不过是一种消极的美德，只是阻止我们不去伤害邻人罢了。"③尽管斯密把正义视为消极美德，只具有底线伦理的性质，但这一美德对于社会公正的实现具有重要作用。穆勒进一步强调了功利原则的公正观。虽然关于公正和平等之间关系的认识与理解，在拥有不同利益立场的人看来差异巨大，"正义的概念也仍然因人而异，甚至比其他角度的理解有过之而无不及，并且总是随他们的功利概念的变化而变化的。每个人都坚持认为，平等是正义所必需的，但当他认为利益需要不平等的时候，便另当别论了。坚持认为正义意味着所有人的权利都应得到平等保护的人，也可能支持最骇人听闻的权利不平等"④。可即便如此，公正也是极其重要的准则，"正义是某些道德要求的名称，从整体上说，这些道德要求在社会功利的范围内比其他任何道德要求的地位都高"⑤。既然如此，只有找到大家共同认可的"平等"，才可被当作"正义"的标准。"它包含在'功利'或'最大幸福原理'的本来含义之中。因为'最大幸福原理'之所以含有合理的意义，全在于它认为，一个人的幸福，如果程度与别人相同

---

① 《中国共产党十八届三中全会公报发布（全文）》，"新华网"2013 年 11 月 12 日，ht-tp：//news. xinhuanet. com/house/suzhou/2013 – 11 – 12/c_ 118113773. htm。

② ［英］戴维·米勒：《社会正义原则》，应奇译，江苏人民出版社 2005 年版，第 40 页。

③ ［英］亚当·斯密：《道德情操论》，余涌译，中国社会科学出版社 2003 年版，第 88 页。

④ ［英］约翰·穆勒：《功利主义》，徐大建译，世纪出版集团、上海人民出版社 2008 年版，第 46 页。

⑤ 同上书，第 64 页。

（种类可适当地容有不同），那么就与别人的幸福具有完全相同的价值。"①
在功利原则的指导下，正义的客观标准得以建立，并且成为我们的道德义
务。穆勒说："我们应当平等地善待所有应得到它平等善待的人，亦即平
等地善待所有应绝对得到平等善待的人。这是社会正义和分配正义的最高
抽象标准，一切社会制度以及所有有德公民的行为，都应当尽最大可能达
到这个标准。"② 在此思想指导下，穆勒对社会分配的批判也是站在道德立
场上的，强调了正义所应具有的道德内涵。可见，古典经济学派不仅把正
义看作社会制度的安排，还看作道德观念的反映。

当前，我国的社会不公正现象不仅仅是制度体制弊端所造成的，也是
人们道德观念中公正观缺失的结果。现阶段我国的不公正问题较为突出地
表现在如下几个方面：一是环境公正的缺失。一些人出于自我利益的需
求，罔顾他人的环境利益，造成了对环境的严重破坏，带来了较为突出的
不公正问题，如代际间的不公正，即为了这代人的环境利益牺牲下一代人
的环境利益；族群间的不公正，即为了某一部分人的环境利益牺牲另一部
分人的环境利益；区域间的不公正，即为了某地方人群的环境利益牺牲其
他地方人群的环境利益。二是司法公正的缺失。当前较为突出的有法不
依、执法不严，造成了较为严重的司法腐败问题。众所周知，法律的基本
精神就是公正，违背了公正精神的法律必定是对公正的最大伤害。三是经
济公正的缺失。市场条件下，公正构成了交换的基本原则，也是保证市场
秩序的基本条件。但是，当前我国市场条件下日趋严重的诚信缺失和不断
涌现的假冒伪劣产品构成了对经济公正的严峻挑战。四是社会公正的缺
失。经济社会发展的成果还没有做到普惠大众，一部分社会群体的利益受
到了损害，基本权利没有得到保证，这是当前我国社会公正存在的主要问
题。而与以上不公正现象有密切联系的不仅仅是体制机制的弊端，也是人
们头脑中公正观念的缺失。对于上述突出的不公正现象与问题，有部分社
会成员表现出道德冷漠，以至于是非不分。体制机制的弊端急需得到纠正
和解决，同样，人们思想和头脑中的观念也急需得到纠正和解决，甚至于
在紧迫性上超过了前者。因为，体制机制的执行者仍然是"人"，"人"
的观念对于执行的结果有本质联系。罗尔斯说："一种正义感至少以两种
方式表现出来。首先，它引导我们接受适用于我们的、我们和我们的伙伴

---

① ［英］约翰·穆勒：《功利主义》，徐大建译，世纪出版集团、上海人民出版社 2008 年版，
第 63 页。
② 同上。

们已经从中得益的那些公正制度。……其次，正义感产生出一种为建立公正的制度（或至少是不反对），以及当正义要求时为改革现存制度而工作的愿望。"①

第三节　经济伦理是市场法则的有力补充

古典经济学派对伦理之于经济发展的作用予以了强调，看到了道德因素在市场经济中的重要性。当前我国市场经济建设中存在的很多问题都与道德的缺失有关，建设伦理的经济应当成为社会主义市场经济的目标，社会主义市场经济需要培养具有道德修养和内涵的"经济人"。有学者认为，在资源配置方式中，市场调节可看作是"无形之手"；政府调节可看作是"有形之手"，而道德调节就是介于"有形之手"与"无形之手"之间的"第三只手"。② 早在古典经济学派思想家那里，就对经济伦理对于市场运行的重要性予以了揭示，强调了道德在经济运行过程中的重要作用。

一　古典经济学派对经济伦理的珍视

一般地，我们把古典经济学派作为经济学家来看待，过于偏爱他们关于经济的论述。实际上，这些思想家从来就不单单是以经济学家的身份出现的，他们的思想包罗万象，而道德显然是他们思想中的一个重要内容。这就意味着，他们在阐述经济问题时，或者会抱有某种道德的立场，或者对现实经济予以了道德的批判。Terence Hutchison 就认为："实际上毫无疑问，对亚当·斯密本人来说，他总是把自己看作是一个极其综合型的哲学家——并非如同时代的洛克、贝克莱和休谟那样仅关注于认识论问题。他还更深入探究社会哲学、法哲学和道德心理学。斯密由始至终保持着哲学家的态度。他从来没认为自己仅研究经济学。他认为经济学或者政治经济学仅仅只是一个篇章，甚至都不是研究的主要部分。更广泛地，他对社会和人类进步的广泛研究包括了心理学和（社会与个体意义上的）伦理学、

①　[美] 罗尔斯：《正义论》，何怀宏、何包钢、廖申白译，中国社会科学出版社 1988 年版，第 476—477 页。

②　厉以宁：《超越市场与超越政府——论道德力量在经济中的作用》，经济科学出版社 2010 年版，第 15 页。

法律、政治学以及科学与艺术的发展。"① 古典经济学派之所以会使自己的研究成为如此庞大的体系,究其原因就在于他们有着一种强大的道德理性主义色彩——为人类进步或社会进步,"实际上,在他(斯密)的'研究'中的每一重点就是,他始终不断地使经济和政治经济学的要素相互依赖和相互渗透,同时也包括法律、道德、心理学和政治学。在斯密的宏大、未完成的工作中的一个最为重要的主题似乎就是以人类进步或者社会进步为中心"②。

继承斯密思想的巴师夏同样强调伦理、道德在经济活动中的重要性,提出了"和谐经济"的论点。M. G. O'Donnel 认为:"巴师夏坚定地捍卫个人自由原则,主张在不受强制政府机构约束的市场中,才会存在生产者与消费者之间的和谐经济关系。像斯密那样,巴师夏相信存在着一种自然的秩序,它包括实现宇宙和谐的要素。在他的伦理构想中,需要关于自然秩序的通识知识,并认可其为道德正确系统中的一个部分。"③ 在巴师夏看来,"一个只按照经济学原则建构的社会也许是运转良好的社会,但肯定是一个不受欢迎的社会"④。可见,古典经济学派在经济研究中从来就没有脱离对道德、伦理的重视,这一点对于当下中国社会主义市场经济的建设具有重要的现实意义。

二 中国市场经济的伦理现状

中国市场经济体制推进 30 多年来,社会主义道德规范体系已基本建立,人民道德水平有了一定的提高,但在社会道德领域也引发了一些比较严重的问题,而经济领域的道德问题尤为严重。"我国道德领域出现受到普遍关注和产生广泛争论问题的时期,集中表现在改革发展的节点时期,比如,实行改革开放政策、商品经济制度、市场经济体制的初期等。新的政策特别是新的制度推行的初期,常常也是新旧社会规范(法律、行政和道德)冲突的时期,旧规范往往失范,新规范尚待建立。……与市场经济联系紧密,容易发生权钱交易和容易受到金钱腐蚀的领域,是腐败、诚信

---

① Terence Hutchison, Adam Smith and The Wealth of Nations, *Journal of Law and Economics*, Vol. 19, No. 3, 1776. The Revolution in Social Thought (Oct., 1976), pp. 507 – 528, The University of Chicago Press for The Booth School of Business of the University of Chicago and The University of Chicago Law School.

② Ibid..

③ M. G. O'Donnell, Economics as Ethics: Bastiat's Nineteenth Century Interpretation, *Journal of Business Ethics*, Vol. 12, No. 1 (Jan., 1993), pp. 57 – 61, Springe.

④ Ibid..

等问题多发易发的重灾区。"① 从市场经济伦理来看，当前的现实主要表现为如下两个方面：

第一，随着社会主义市场经济的推进，中国市场经济伦理规则初步建立，人们的经济伦理水平有了一定的提升。中国市场经济是在计划经济模式下推进的，加之中国社会延绵千年的自然经济和小农经济模式，使得市场经济从一开始就饱受非议。但是，市场经济的发展实现了中国经济社会的高速发展，使人民生活水平有了很大提高，同时，随着市场经济的实现，中国社会的市场经济伦理规则也开始得以初步建立，人们头脑中的经济伦理意识开始初步形成。市场经济条件下，人们的道德心理和行为特征由封闭走向开放，由单一走向多元，由"依赖顺从型"走向"独立自主型"。伴随着市场交换，人们的独立意识和竞争意识得到了大大的张扬；市场交易规则的逐步完善，使诚信观念得到了弘扬与重视；市场秩序的建立与完善，使人们的规则意识大大增强。在市场经济活动中，人们开始意识到个体存在的现实性与客观性，对于个体人格的平等、独立和尊严的追求大大增强，人们在参与市场竞争的过程中，创新性和能动性得到了发挥，一种新的道德观念和道德意识正在形成，社会主义市场经济伦理开始建立。

第二，由于市场经济的逐利性和市场制度的不完善，中国市场经济伦理也出现了较为突出的问题。市场经济对人的自我利益予以了肯定，使得人们对于自我利益的追求得到了最大限度的发挥，这就造成了为追求个人利益不惜一切，不顾社会政治、法律和道德规则的现象及行为，以致物欲横流、唯利是图的拜金主义和个人主义盛行。此外，市场经济的推进在中国不过30余年，西方市场经济的推进已有300余年，两相比较，我们对市场体制的认识和了解尚不够深入，市场经济体制的建立仍有待进一步完善。在市场体制尚未完善的情况下，诸如企业伦理失范、职业道德缺位、经济诚信缺失和消费道德沦丧的现象层出不穷，社会主义市场经济伦理的重要性与紧迫性日益凸显。

企业伦理失范。每一年的"3·15"晚会都会曝光一些企业的产品质量与失信问题，说明当前我国企业伦理存在较为严重的失范现象，一些企业的行为甚至触犯了我国的法律。当前企业伦理失范突出表现在如下几个方面：一是企业诚信缺失。一些企业缺乏基本的市场精神，不讲诚信，严

---

① 秋石：《正确认识我国社会现阶段道德状况》，"求是理论网" 2012 年 1 月 1 日，http://www.qstheory.cn/qszq/qskt/201112/t20111228_ 132528.htm。

重地损害了消费者和社会的利益。如出售不安全产品、夸大产品功效甚至是虚假宣传、违反合同等。二是漠视企业职工利益。一些企业单纯为追求和实现企业利润,置广大职工的健康安全乃至生命安全于不顾,以致安全事故、拖欠农民工工资、员工跳楼等问题频发。三是企业缺乏社会责任感。一些企业不惜以破坏环境和牺牲生态为代价来获取企业利润和发展,造成了严重的环境问题,给人民群众的身体健康和生命安全带来了严重伤害。四是规则意识淡薄。一些企业在市场竞争中采用不正当手段,不讲市场规则,欺行霸市,唯利是图,严重扰乱了市场秩序。

"经济人"的道德缺失。市场条件下,每个个体都参与到市场活动中,成为所谓的"经济人"。"经济人"不应该只是唯利是图的、追求自我利益最大化的"人",而应该是遵循市场规则和经济伦理秩序的"人"。然而,当前我国的市场经济条件下,却出现了比较严重的"经济人"道德缺失现象,主要表现:一是"经济人"的诚信缺失。市场交易的前提是公平、公正,也就是我们通常所说的"契约精神"。但是,当前我国市场经济条件下,一些"经济人"缺乏起码的"契约精神",不讲诚信,从而造成了严重的道德问题,如短斤缺两,制假售假,骗买骗卖,公然诈骗等。二是"经济人"的职业道德水准不高。职业道德是社会道德的重要组成部分,也是市场经济伦理体系中的重要内容。一个社会的经济伦理状况很大程度上取决于其职业道德水准。当前我国职业道德建设中仍然存在职业道德水准不高的问题,一些人岗位责任意识不强,缺乏爱岗敬业的责任心和职业感;一些人的职业服务意识不够,把自己当作权力的拥有者,缺乏对社会的服务意识和奉献精神;一些人的职业作风不正,工作马马虎虎,人浮于事,办事不公;一些人的职业态度不端,缺失职业劳动精神、职业理想和职业追求,把工作当作累赘,甚至是负担。

消费道德沦丧。经济活动的基本环节由生产、分配、交换和消费构成,因此,消费道德也是经济伦理中的基本内容。古典经济学派对于消费问题予以了高度重视,强调了节俭美德对于经济增长的作用。现代社会以来,凯恩斯主义对消费道德产生了颠覆性的影响,开始逐步倡导消费对经济增长的拉动作用。炫耀式消费、奢侈性消费、过度消费成为了消费的主题。当前,中国社会出现了比较严重的消费道德的沦丧,中国传统的节俭、朴素和适度的消费道德观念受到了严峻挑战。当然,消费不是一个可以以绝对标准来衡量的问题,它具有时代性和相对性。但是,消费也不是完全的个人私德问题,消费是具有社会性的。因而,消费这一经济行为是应受到道德约束的,是有基本的道德要求的。当下的炫耀式消费、奢侈性消费和过度消费问题背后所反映出的问题正是在市场条件下人的逐利性所带来的拜金主义、物质主义和精神虚无主义的表现。这也就是说，当前的消费道德沦丧一定程度上也是市场体制不够完善、市场经济伦理有待推进的表现。

当前，围绕着"经济学"与"伦理学"二者之间的关系存在着激烈的争论。有学者主张二者之间的分离，认为二者属于不同的学科，各自的关注主题、研究方法和问题是不一样的，因而主张效率的经济学和主张公平的伦理学存在着张力，甚至在一定程度上是对立的；也有学者提出二者应融合，认为二者本质的目标是相一致的，均是为了实现人类的幸福，同时一个美好的社会必定是效率与公平二者之间得以共同实现的社会。古典经济学派可以说是后一主张的典型代表，他们为构建市场条件下的伦理框架而不懈努力。"斯密的时代，伦理学与经济学并不具有相互分离或独立的知识特性，它们均属道德哲学范畴。这意味着经济学不仅有社会实证科学的知识特性，同时也有人文价值的规范特性。1752 年斯密就任格拉斯哥大学的道德哲学讲座教授时，便从道德哲学这一总科目中，先后开出神学、伦理学、法学、政府学和政治经济学等课程。这一知识概念与其时代的知识信仰和文化理智气候是相宜的，共享宗旨是：为人类寻求合乎人性的幸福生活，探明正确的道路或方式，因此，无论是探究人类心灵之善的伦理学，还是探究有效实现人类物质之善的经济学，抑或探究人类社会制度之善（好社会或好政府）的法学和政府学，都万变不离其宗。其所变者在探究方式的差异，而其所宗者则始终是人性之善或人类幸福。"① 当代西方经济学的发展恰恰偏离了古典经济学派的这一认识，招致阿马蒂亚·森的强烈批评，呼吁经济学要实现与伦理学的融合，构建一个经济伦理的新图景。这一争论的现实反映就表现为市场体制的伦理约束和道德制裁，表现为市场活动中的伦理规则和道德规范。西方资本主义市场经济的发展也充分证明，一个高效的市场制度是离不开伦理制约和道德约束的，经济伦理是保障市场规则的重要手段。可以说，当前我国市场经济条件下出现的种种道德问题，与市场经济伦理规则的不完善是有关系的。研究古典经济学派的经济伦理思想，结合中国社会主义市场体制，建构具有中国特色的经济伦理迫在眉睫，是当下一项十分重要的时代任务。

---

①　万俊人：《论市场经济的道德维度》，《中国社会科学》2000 年第 2 期，第 4—13 页。

参考文献

专　著

一　马恩经典

1. 《马克思恩格斯选集》，中共中央马、恩、列、斯著作编译局译，人民出版社 1995 年版。
2. 《马克思恩格斯全集》2 卷，中共中央马、恩、列、斯著作编译局译，人民出版社 1957 年版。
3. 《马克思恩格斯全集》7 卷，中共中央马、恩、列、斯著作编译局译，人民出版社 1959 年版。
4. 《马克思恩格斯全集》12 卷，中共中央马、恩、列、斯著作编译局译，人民出版社 1976 年版。
5. 《马克思恩格斯全集》13 卷，中共中央马、恩、列、斯著作编译局译，人民出版社 1962 年版。
6. 《马克思恩格斯全集》23 卷，中共中央马、恩、列、斯著作编译局译，人民出版社 1972 年版。
7. 《马克思恩格斯全集》26 卷第 2 册，中共中央马、恩、列、斯著作编译局译，人民出版社 1973 年版。
8. 《马克思恩格斯全集》40 卷，中共中央马、恩、列、斯著作编译局译，人民出版社 1982 年版。
9. 《马克思恩格斯全集》46 卷上，中共中央马、恩、列、斯著作编译局译，人民出版社 1979 年版。
10. ［德］马克思：《剩余价值学说史》，考茨基编，郭大力译，生活·读书·新知三联书店 1957 年版。
11. ［德］马克思：《剩余价值理论》，中共中央马、恩、列、斯著作编译局译，人民出版社 1975 年版。

12. ［德］马克思：《资本论》，中共中央马、恩、列、斯著作编译局译，人民出版社 2004 年版。

13. ［德］恩格斯：《反杜林论》，吴黎平译，人民出版社 1965 年版。

14. ［苏联］列宁：《评经济浪漫主义：西斯蒙第和我国的西斯蒙第主义者》，中共中央马、恩、列、斯著作编译局译，人民出版社 1957 年版。

二　原著

1. ［荷兰］斯宾诺莎：《伦理学》，贺麟译，商务印书馆 1997 年版。

2. ［英］霍布斯：《利维坦》，黎思复、黎廷弼译，商务印书馆 1985 年版。

3. ［英］约翰·洛克：《论宗教宽容》，吴云贵译，商务印书馆 1982 年版。

4. ［英］约翰·洛克：《人类理解论》，关文运译，商务印书馆 1981 年版。

5. ［英］约翰·洛克：《政府论》，叶启芳、瞿菊农译，商务印书馆 1964 年版。

6. ［法］卢梭：《论人类不平等的起源和基础》，李常山译，商务印书馆 1979 年版。

7. ［法］卢梭：《社会契约论》，何兆武译，商务印书馆 1962 年版。

8. ［法］伏尔泰：《哲学通信》，高达观等译，上海人民出版社 1961 年版。

9. ［英］弗朗西斯·培根：《新工具》，许宝骙译，商务印书馆 1984 年版。

10. ［荷兰］伯纳德·曼德维尔：《蜜蜂的寓言：私人的恶德、公众的利益》，肖聿译，中国社会科学出版社 2002 年版。

11. ［英］亚当·斯密：《道德情操论》，余涌译，中国社会科学出版社 2003 年版。

12. ［英］亚当·斯密：《国富论》，郭大力、王亚南译，商务印书馆 1972 年版。

13. ［英］亚当·斯密：《国民财富的性质和原因研究》，杨敬年译，陕西人民出版社 2001 年版。

14. ［英］坎南编著：《亚当·斯密关于法律、警察、岁入及军备的演讲》，陈福生、陈振骅译，商务印书馆 2005 年版。

15. ［英］托马斯·孟：《英国得自对外贸易的财富》，袁南宇译，商务印书馆 1983 年版。

16. ［英］威廉·配第：《政治算术》，陈冬野译，商务印书馆 1978 年版。

17. ［英］威廉·配第：《赋税论：献给英明人士、货币略论》，陈冬野等译，商务印书馆 1978 年版。

18. ［英］大卫·休谟：《人性论》，关文运译，商务印书馆 1983 年版。

19. ［英］大卫·休谟：《休谟经济论文选》，陈玮译，商务印书馆 1984 年版。

20. ［英］魁奈：《魁奈经济著作选集》，吴斐丹、张草纫选译，商务印书馆 1979 年版。

21. ［法］布阿吉尔贝尔：《谷物论，论财富、货币和赋税的性质》，伍纯武译，商务印书馆 1979 年版。

22. ［法］布阿吉尔贝尔：《法国的辩护书》，伍纯武等译，商务印书馆 1983 年版。

23. ［英］西尼尔：《政治经济学大纲》，蔡受百译，商务印书馆 1977 年版。

24. ［英］大卫·李嘉图：《政治经济学及赋税原理》，周洁译，华夏出版社 2005 年版。

25. ［英］大卫·李嘉图：《李嘉图著作和通信集》1 卷，郭大力、王亚南译，商务印书馆 1962 年版。

26. ［法］萨伊：《政治经济学概论》，陈福生、陈振骅译，商务印书馆 1997 年版。

27. ［法］弗雷德里克·巴师夏：《和谐经济论》，许明龙等译，中国社会科学出版社 1995 年版。

28. ［英］约翰·穆勒：《政治经济学定义及研究这门科学的哲学方法》，程恩富、顾海良主编《海派经济学》第 6 辑，上海财经大学出版社 2004 年版。

29. ［英］约翰·穆勒：《政治经济学原理及其在社会哲学上的若干应用》，赵荣潜、桑炳彦、朱泱译，商务印书馆 1991 年版。

30. ［英］约翰·穆勒：《功利主义》，徐大建译，世纪出版集团、上海人民出版社 2008 年版。

31. ［英］约翰·穆勒：《穆勒自传》，吴良建、吴恒康译，商务印书馆 1987 年版。

32. ［瑞士］西斯蒙第：《政治经济学新原理》，何钦译，商务印书馆 2007 年版。

33. ［瑞士］西斯蒙第：《政治经济学研究》，胡尧步等译，商务印书馆 1989 年版。

34. ［英］马尔萨斯：《政治经济学原理》，厦门大学经济系翻译组译，商务印书馆 1962 年版。

35. ［英］马尔萨斯：《政治经济学定义》，何新译，商务印书馆1960年版。

36. ［英］马尔萨斯：《人口原理》，子箕等译，商务印书馆1961年版。

37. ［英］阿弗里德·马歇尔：《经济学原理》上卷，朱志泰译，商务印书馆1964年版。

38. ［英］阿弗里德·马歇尔：《经济学原理》下卷，陈良璧译，商务印书馆1965年版。

39. ［古希腊］色诺芬：《经济论　雅典的收入》，张伯健、陆大年译，商务印书馆1983年版。

40. ［古希腊］亚里士多德：《政治学》，吴寿彭译，商务印书馆1996年版。

41. ［古希腊］亚里士多德：《尼各马可伦理学》，苗力田译，中国社会科学出版社1998年版。

42. ［意］托马斯·阿奎那：《阿奎那政治著作选》，马清槐译，商务印书馆1963年版。

43. ［日］大河内一男：《过渡时期的经济思想——亚当·斯密与弗·利斯特》，胡企林、沈佩林译，中国人民大学出版社2000年版。

44. ［英］埃里克·罗尔：《经济思想史》，陆元诚译，商务印书馆1981年版。

45. ［美］亨利·威廉·斯皮格尔：《经济思想的成长》，晏智杰译，中国社会科学出版社1999年版。

46. ［美］小罗伯特·B.埃克伦德、罗伯特·F.赫伯特：《经济理论和方法史》，杨玉生、张凤林等译，中国人民大学出版社2002年版。

47. ［美］乔治·恩德勒：《作为行动的经济伦理学》，高国希、吴新文等译，上海社会科学出版社2002年版。

48. ［英］约翰·米尔斯：《一种批判的经济学史》，高湘泽译，商务印书馆2005年版。

49. ［英］波斯坦主编：《剑桥欧洲经济史》第4卷《16世纪、17世纪不断扩张的欧洲经济》，张锦冬、钟和、晏波等译，经济科学出版社2003年版。

50. ［英］波斯坦主编：《剑桥欧洲经济史》第2卷《中世纪的贸易和工业》，钟和等译，经济科学出版社2003年版。

51. ［美］内森·罗森堡、L.E.小伯泽尔：《西方现代社会的经济变迁》，曾刚译，中信出版社2009年版。

52. ［美］约瑟夫·熊彼特：《经济分析史》，朱泱、孙鸿敞、李宏、陈锡龄等译，商务印书馆1996年版。

53. ［美］约翰·凯克斯：《反对自由主义》，应奇译，江苏人民出版社2005年版。

54. ［美］丹尼尔·贝尔、欧文·克里斯托尔主编：《经济理论的危机》，陈彪如等译，上海译文出版社1985年版。

55. ［美］阿马蒂亚·森：《伦理学与经济学》，王宇、王文玉译，商务印书馆2001年版。

56. ［苏联］卢森贝：《政治经济学史》，李侠公译，生活·读书·新知三联书店1959年版。

57. ［美］萨缪尔森：《经济学》，高鸿业译，商务印书馆1979年版。

58. ［法］夏尔·季德、夏尔·利斯特：《经济学说史》，徐卓英等译，商务印书馆1986年版。

59. ［美］理查德·布隆克：《质疑自由市场经济》，林季红译，江苏人民出版社2000年版。

60. ［英］安德鲁·甘布尔格：《自由的铁笼：哈耶克传》，王晓东、朱之江译，江苏人民出版社2002年版。

61. ［美］西奥多·W. 舒尔茨：《人力投资》，贾湛、施炜译，华夏出版社1990年版。

62. ［英］W. D. 罗斯：《亚里士多德》，王路译，张家龙校，商务印书馆1997年版。

63. ［瑞典］拉尔斯·马格努松主编：《重商主义经济学》，王根蕾、陈雷译，上海财经大学出版社2001年版。

64. ［英］约翰·梅纳德·凯恩斯：《就业、利息和货币通论》，高鸿业译，商务印书馆2007年版。

65. ［英］约翰·希克斯：《经济史理论》，厉以平译，商务印书馆1987年版。

66. ［美］帕特里夏·沃哈恩：《亚当·斯密及其留给现代资本主义的遗产》，夏镇平译，上海译文出版社2006年版。

67. ［苏联］H. 查果洛夫主编：《亚当·斯密与现代政治经济学》，黎汶译，北京大学出版社1982年版。

68. ［美］阿瑟·奥肯：《平等与效率——重大的抉择》，王奔洲、叶南奇译，华夏出版社1987年版。

69. ［俄］尼·加·车尔尼雪夫斯基：《穆勒政治经济学概述》，季陶达、季云译，商务印书馆 1984 年版。

70. ［意］卡洛·M. 奇波拉主编：《欧洲经济史》第 3 卷，吴良健等译，商务印书馆 1989 年版。

71. ［英］史蒂文·卢克斯：《个人主义》，阎克文译，江苏人民出版社 2001 年版。

72. ［奥］哈耶克：《通向奴役的道路》，滕维藻、朱宗风译，商务印书馆 1962 年版。

73. ［奥］哈耶克：《个人主义与经济秩序》，贾湛等译，北京经济学院出版社 1991 年版。

74. ［德］文德尔班：《哲学史教程》，罗达仁译，商务印书馆 1987 年版。

75. ［英］莎士比亚：《莎士比亚戏剧集》，朱生豪译，作家出版社 1954 年版。

76. ［意］薄伽丘：《十日谈》，方平、王科一译，上海译文出版社 1980 年版。

77. ［德］弗里德里希·包尔生：《伦理学体系》，何怀宏、廖申白译，中国社会科学出版社 1988 年版。

78. ［意］但丁：《神曲·炼狱篇》，朱维基译，上海译文出版社 1984 年版。

79. ［法］托克维尔：《论美国的民主》，董果良译，商务印书馆 1988 年版。

80. ［美］康芒斯：《制度经济学宣言》，于树声译，商务印书馆 1962 年版。

81. ［德］弗里德里希·李斯特：《政治经济学的国民体系》，陈万煦译，商务印书馆 1983 年版。

82. ［英］G. M. 霍奇逊：《现代制度主义经济学宣言》，向以斌等译，北京大学出版社 1993 年版。

83. ［英］埃德蒙·惠特克：《经济思想流派》，徐宗士译，上海人民出版社 1974 年版。

84. ［美］罗尔斯：《正义论》，何怀宏、何包钢、廖申白译，中国社会科学出版社 1988 年版。

85. ［英］戴维·米勒：《社会正义原则》，应奇译，江苏人民出版社 2005 年版。

86. ［英］诺曼·巴里：《福利》，储建国译，吉林人民出版社 2005 年版。

87. 陈孟熙主编：《经济学说史教程》，中国人民大学出版社 2003 年版。

88. 张卓元主编：《政治经济学大辞典》，经济科学出版社 1998 年版。

89. 晏智杰：《古典经济学》，北京大学出版社 1998 年版。

90. 尹伯成主编：《西方经济学说史——从市场经济视角的考察》，复旦大学出版社 2005 年版。

91. 章海山：《当代道德的转型和建构》，中山大学出版社 1999 年版。

92. 陈泽环：《功利·奉献·生态·文化——经济伦理引论》，上海社会科学出版社 1999 年版。

93. 陆晓禾：《走出"丛林"——当代经济伦理学漫话》，湖北教育出版社 1999 年版。

94. 陆晓禾：《经济伦理学研究》，上海社会科学出版社 2008 年版。

95. 周中之：《伦理学》，人民出版社 2004 年版。

96. 薛进军编著：《中国的不平等——收入分配差距研究》，社会科学文献出版社 2008 年版。

97. 苏东斌：《我讲〈国富论〉》，中国经济出版社 2007 年版。

98. 宋希仁主编：《西方伦理思想史》，中国人民大学出版社 2004 年版。

99. 茅于轼：《中国人的道德前景》，暨南大学出版社 1997 年版。

100. 周辅成主编：《西方伦理学名著选辑》上卷，商务印书馆 1964 年版。

101. 周辅成主编：《西方伦理学名著选辑》下卷，商务印书馆 1987 年版。

102. 乔洪武：《正谊谋利——近代西方经济伦理思想研究》，商务印书馆 2000 年版。

103. 罗卫东：《情感·秩序·美德——亚当·斯密的伦理学世界》，中国人民大学出版社 2006 年版。

104. 杨春学：《经济人与社会秩序分析》，上海三联书店、上海人民出版社 1998 年版。

105. 李非：《富与德：亚当·斯密的无形之手——市场社会的架构》，天津人民出版社 2001 年版。

106. 陈岱孙：《陈岱孙文集》，北京大学出版社 1981 年版。

107. 晏智杰主编：《西方市场经济理论史》，商务印书馆 1999 年版。

108. 张人价：《重农学派的经济理论》，农业出版社 1983 年版。

109. 唐正东：《斯密到马克思——经济哲学方法的历史性诠释》，南京大学出版社 2002 年版。

110. 焦国成：《中国伦理学通论》，山西教育出版社 1997 年版。

111. 吴易风：《英国古典经济理论》，商务印书馆 1988 年版。

112. 罗国杰、宋希仁主编：《西方伦理思想史》，中国人民大学出版社

1985 年版。

113. 苗力田、李毓章主编：《西方哲学史新编》，人民出版社 2002 年版。

114. 夏伟东、李颖、杨宗元：《个人主义思潮》，高等教育出版社 2006 年版。

115. 邬昆如：《希腊哲学》，五南图书出版公司 2001 年版。

116. 苗力田主编：《古希腊哲学》，中国人民大学出版社 1989 年版。

117. 北京大学哲学系外国哲学史教研室编译：《古希腊罗马哲学》，商务印书馆 1961 年版。

118. 北京大学哲学系外国哲学史教研室编译：《十六—十八世纪西欧各国哲学》，商务印书馆 1961 年版。

119. 王绍光：《安邦之道：国家转型的目标与途径》，生活·读书·新知三联书店 2007 年版。

120. 谢琼：《福利制度与人权实现》，中国人民大学出版社 2013 年版。

121. 李琼主编：《西欧社会保障制度》，中国社会科学出版社 1989 年版。

122. 吴敬琏：《当代中国经济改革教程》，上海远东出版社 2010 年版。

123. 贾高建等：《市场经济与道德流变：当前若干重大问题研究》，中央党校出版社 1997 年版。

124. 厉以宁：《超越市场与超越政府——论道德力量在经济中的作用》，经济科学出版社 2010 年版。

辞　典

1. ［英］约翰·伊特韦尔、默里·米尔盖特、彼得·纽曼：《新帕尔格雷夫经济学大辞典》，陈岱孙等编译，经济科学出版社 1996 年版。

2. ［美］乔治·恩德勒：《经济伦理学大辞典》，李兆雄、陈泽环等译，上海人民出版社 2001 年版。

3. 中国大百科全书出版社《简明不列颠百科全书》编辑部译编：《简明不列颠百科全书》3 卷，中国大百科全书出版社 1985 年版。

4. ［英］霍恩比：《牛津高阶英汉双解词典》（第四版增补本），商务印书馆 2002 年版。

论　文

1. 魏小萍：《马克思的劳动价值论及其同古典经济学的四个决裂——德国柏林工业与经济学院海里希教授访谈》，《马克思主义研究》2012 年第 7 期。

2. 樊浩：《"经济伦理"：一个虚拟命题?》，《中国人民大学学报》2005 年第 1 期。

3. 许启贤：《经济伦理研究述评——经济伦理的几个问题》，《高校理论战线》2000 年第 2 期。

4. 东方朔：《经济伦理思想初探》，《华东师范大学学报》（哲学社会科学版）1987 年第 6 期。

5. 王小锡：《关于我国经济伦理学之研究》，《哲学动态》1997 年第 11 期。

6. 刘国红：《我国经济伦理研究综述》，《深圳大学学报》（人文社会科学版）2000 年第 5 期。

7. 夏伟东：《经济伦理学研究什么?》，《江苏社会科学》2000 年第 5 期。

8. 大卫·科茨：《新自由主义时代经济增长的矛盾：当今美国经济的积累与危机》，顾海良、颜鹏飞主编《经济思想史评论》第一辑，经济科学出版社 2006 年版。

9. 黄兰芳、魏锡华：《西方公平与效率理论的发展历程》，《北方经济》2007 年第 6 期。

10. 何学仁：《"华盛顿共识"对经济的影响》，《欧亚社会发展研究》2003 年年刊。

11. 强乃社：《金融危机与新自由主义的危机——近来国外一些学者观点的综述》，《金融危机的伦理反思全国学术研讨会论文集》，上海财经大学人文学院、上海市伦理学会 2009 年。

12. 赵茂林：《亚当·斯密"经济人假说"及其现代意义》，《特区经济》2008 年第 11 期。

13. 朱绍文：《〈国富论〉中"经济人"的属性及其品德问题》，《经济研究》1987 年第 7 期。

14. 邓春玲：《亚当·斯密的'经济人'思想探析》，《中共长春市委党校学报》2004 年第 10 期。

15. 杨金廷：《利己利他"斯密问题"的启示》，《河北大学学报》（哲学社会科学版）2008 年第 6 期。

16. 段雨澜：《"经济人"假定的人性基础与方法论问题》，《解决问题》2004 年第 7 期。

17. 聂文军：《亚当·斯密"看不见的手"的伦理得失》，《湖南文理学院学报》（社会科学版）2006 年第 3 期。

18. 薛永昶：《"看不见的手"的伦理意义阐释》，《江南大学学报》（人文社会科学版）2004 年第 6 期。

19. 刘会强：《"看不见的手"、理性设计与社会发展——斯密发展观及其当代意义》，《江西社会科学》2007 年第 1 期。

20. 邹薇、庄子银：《斯密经济学的制度因素研究》，《经济科学》1995 年第 6 期。

21. 郭怀亮：《论亚当·斯密调节经济活动过程的三只手》，《汉中师范学院学报》（社会科学版）2000 年第 3 期。

22. 乔洪武：《论马歇尔的经济伦理思想》，《经济评论》2000 年第 1 期。

23. ［美］欧文·克里斯托尔：《经济学中的理性主义》，丹尼尔·贝尔、欧文·克里斯托尔：《经济理论的危机》，上海译文出版社 1985 年版。

24. 邱泽奇：《爆发点在哪里——失业问题对中国社会稳定的影响分析》，《云南大学学报》2003 年第 5 期。

25. 郑秉文：《社会权利：现代福利国家模式的起源与诠释》，《山东大学学报》2005 年第 2 期。

26. 韩克庆：《中国社会保障制度的改革与发展》，《新视野》2013 年第 4 期。

27. 马强、孙剑平：《西方收入分配的重要思想理论述评》，《现代管理科学》2011 年第 1 期。

28. 万俊人：《论市场经济的道德维度》，《中国社会科学》2000 年第 2 期。

英文文献

1. Samuel Hollander, Adam Smith and the Self-Interest Axiom, *Journal of Law and Economics*, Vol. 20, No. 1（Apr., 1977）, The University of Chicago Press for The Booth School of Business of the University of Chicago and The University of Chicago Law School.

2. Joseph Persky, Adam Smith's Invisible Hands, *The Journal of Economic Perspectives*, Vol. 3, No. 4（Autumn, 1989）, American Economic Association.

3. M. G. O'Donnell, Economics as Ethics: Bastiat's Nineteenth Century Interpretation, *Journal of Business Ethics*, Vol. 12, No. 1（Jan., 1993）, Published by Springer.

4. Terence Hutchison, Adam Smith and The Wealth of Nations, *Journal of Law and Economics*, Vol. 19, No. 3, 1776, The Revolution in Social Thought（Oct., 1976）, The University of Chicago Press for The Booth School of Business of the University of Chicago and The University of Chicago Law School.

5. M. Freeden, *Rights*, University of Minnesota Press, 1991.

6. Emma Rothschild, Adam Smith and Conservative Economics, *The Economic History Review*, New Series, Vol. 45, No. 1（Feb., 1992）, Blackwell Publishing on behalf of the Economic History Society, Blackwell Publishing on behalf of the Economic History Society.

7. Amartya Sen, Economics, Business Principles and Moral Sentiments, *Business Ethics Quarterly*, Vol. 7, No. 3（Jul., 1997）, Philosophy Documentation Center.

8. Knud Haakonssen, *The Cambridge Companion to Adam Smith*, By Cambridge Press, 2006.

报刊、网络资料

1. 百度百科"华盛顿共识"词条, http: //baike. baidu. com/link? url = vZa9uSbO5rEbnVNd8AxE6G0UPsjoxFUkVBqk1i3UxUNtkCEtAFA77 or X3VbK LpON。

2. 《"华盛顿共识": 发展中国家第一波进化道路选择》, "凤凰网" 2009 年 9 月 22 日, http: //news. ifeng. com/history/special/zhongguojingyan/ 200909/0922_ 8129_ 1360059. shtml。

3. 《"三鹿奶粉事件"始末》, "央视网" 2009 年 1 月 15 日, http: // news. cctv. com/society/20090115/107648. shtml。

4. 《〈胡润富豪榜〉十年 48 名亿万富豪落马》, "央视网" 2009 年 8 月 21 日, http: //news. cctv. com/china/20090821/102912. shtml。

5. 《中国制造需跳出污染怪圈、世界工厂不能成为垃圾场》, 《经济参考报》2005 年 5 月 12 日。

6. "百度百科"之"洛杉矶光化学烟雾污染事件"词条，http：//baike. baidu. com/link？url = gLgb3ksup8 - wdZY3EGtrbqVmIQH81fr6p - 0IwzYhhpaVsQM6smNjCVoxBqyBol53。

7.《中国失业率统计已有完整数据，2015 年前公布》，"腾讯网·财经"2013 年 6 月 20 日，http：//finance. qq. com/a/20130620/021021. htm。

8.《〈中国农民经济状况报告〉发布，农民生活支出压力增大》，"中国经济网"2012 年 8 月 21 日，http：//district. ce. cn/zg/201208/21/t20120821_ 23606435. shtml。

9. 陈月石：《中国基尼系数十年超越警戒线》，《东方早报》2013 年 1 月 19 日。

10.《国家统计局：2012 年中国基尼系数 0.474　2008 年后逐步回落》，"财经网"2013 年 1 月 18 日，http：//economy. caijing. com. cn/2013 - 01 - 18/112444588. html。

11. 徐博：《我国城乡居民参加养老保险人数目前已达到 4.84 亿》，"新华网"2013 年 2 月 27 日，http：//news. xinhuanet. com/fortune/2013 - 02/27/c_ 114826367. htm。

12. 林嘉：《中国特色社会保障制度的发展》，"人民网"2009 年 11 月 25 日，http：//theory. people. com. cn/GB/10446431. html。

13.《中国的工伤保险制度》，"中华人民共和国劳动和社会保障部门户网站"2007 年 12 月 14 日，http：//www. molss. gov. cn/gb/ywzn/2007 - 12/14/content_ 214164. htm。

14. 胡锦涛：《坚定不移沿着中国特色社会主义道路前进，为全面建成小康社会而奋斗——在中国共产党第十八次全国代表大会上的报告》，《人民日报》2012 年 11 月 18 日。

15.《中国共产党十八届三中全会公报发布（全文)》，"新华网"2013 年 11 月 12 日，http：//news. xinhuanet. com/house/suzhou/2013 - 11 - 12/c_ 118113773. htm。

16. 孙立平：《置业时代的"需求锁闭"——兼论内需不足的中国悖论》，《经济观察报》2010 年 2 月 8 日。

17. 刘植荣：《国外工资概览——世界工资研究报告》，"人民网"2010 年 3 月 16 日，http：//theory. people. com. cn/GB/11147737. html。

18.《中国成世界城乡收入差距最大国家之一》，"网易网"2011 年 9 月 20 日，http：//money. 163. com/11/0920/01/7EBV0K7800252G50. html。

19. 秋石：《正确认识我国社会现阶段道德状况》，"求是理论网" 2012 年 1 月 1 日，http：//www. qstheory. cn/qszq/qskt/201112/t20111228_ 132528. htm。